INHALT

Als Friedrich Nietzsche in den 90er Jahren zunächst in Naumburg, dann in Weimar langsam dem Tode entgegendämmerte, hatten sich bereits die ersten Spuren der Bestürzung gezeigt, die seine Schriften auslösen sollten. Diese Bestürzung hat bis auf unsere Tage angehalten und meldet sich in veränderter Form immer aufs neue. Dahinter steht der skandalöse Charakter seines Denkens, das trotz mancher gegenteiligen Versicherung nicht bewältigt worden ist. Wie ein schwerer erratischer Block liegt das schriftstellerische Werk Nietzsches quer vor dem Eingang ins 20. Jahrhundert und versperrt den Weg, man kommt nicht ohne weiteres an ihm vorbei oder um ihn herum, kann sich nicht mit behendem Sprung darüber hinwegsetzen.

Nietzsche selbst ist Mensch aus der zweiten Hälfte des 19. Jahrhunderts, eines zu Ende gehenden Zeitalters, der sich auf ihren Abschied vorbereitenden bürgerlichen Welt.

Was kommt danach?

Das ist diejenige Frage, die ihn am meisten bewegt und auf deren Beantwortung er als Schriftsteller sehr viel Zeit verwandt hat. Die Antwort enthielt das Resümee seiner Hauptlehre, das alle Nebenlehren in sich aufgenommen hat. Die Welt mit ihrer Christlichkeit, ihrer Bürgerlichkeit, ihrer Moral, ihrem Humanismus als überlieferte Form im Hintergrund, dem Glauben an den Fortschritt, der Heraufkunft der Demokratie, des Sozialismus als perfekter Sicherheitsvorkehrung: sich von einer ferneren Zukunft davon etwas zu versprechen, bezeugt unendliche Naivität. Damit sieht es schlecht aus. Solchen Hoffnungen werden keine Avancen gemacht. Alles, was bisher geglaubt wurde, muß vergessen werden. Die Triumphkarten des Kommenden sind rohe Kraft, Barbarei, Morden, Niederbrennen, der Biß und die Kralle des Raubtiers, der »blonden Bestie«.

Darauf gilt es, sich einzustellen. Darauf gefaßt zu sein, kann Trost bedeuten in einer Zeit, wo die Menschen nicht mehr ein noch aus wissen.

Das schien einherzugehen mit einer allgemeinen Klage über einen allgemeinen Verfall und ein Ende der Kultur, wie sie später unter falscher Berufung auf Nietzsche um sich griff. Aber

7

davon kann hier keine Rede sein. Für Nietzsche selbst bringen die Nachrichten von den kommenden Katastrophen zugleich gute Kunde. Katastrophen und Explosionen, die die bestehende Welt zerstören, bereiten den Weg zu ihrer notwendig gewordenen Erneuerung vor. In ihnen wird Vorsorge für eine erfrischte Menschheit getroffen. Zur Rechtfertigung des Kriegs bedarf es darum keiner guten Sache, es ist der gute Krieg, der jede Sache rechtfertigt.

Wenn dieser Gedanke im 20. Jahrhundert zu einer Leitlinie angewandter Politik werden konnte, dann mußte es eine Bewandtnis damit haben. Aus instinktiver Abneigung einen Gegner mit Krieg zu überfallen und die theoretische Begründung dafür ausstehen zu lassen, sie nachzureichen, wobei Vorwände und Gründe, Wahn und Wirklichkeit kaum etwas miteinander zu tun haben müssen, wird Schule machen. Darin lag Anspruch auf Recht zur Anwendung von Gewalt nach der Devise: alles andere wird sich finden.

Wo diese vernunftlose Abfolge zur Praxis wurde, die man als Kennzeichen der faschistischen Bewegung in Europa oder Südamerika gesehen hat, war Nietzsches geistige Urheberschaft nicht leicht in Abrede zu stellen. Dann hatten Hitler und Mussolini ein gutes Recht dazu, sich ausdrücklich auf Nietzsche und seinen aus den Stahlgewittern des Kriegs hervorgehenden »Übermenschen« zu berufen. Dann hatte sich Nietzsches Voraussicht bestätigt.

Aber man mußte sich nicht eigens auf Nietzsche berufen, um so zu verfahren. Bewegungen, die mit dem Anspruch aufgetreten waren, an der Befreiung der Menschheit mitzuwirken, gerieten in das gleiche Netz der Verwicklungen. Der Kommunismus in der Stalinschen Version läßt sich durch den verlangten Nachweis von Gründen nicht in Verlegenheit bringen. Mit solchen Gebrauchsregelungen kann man Freiheit begründen wie abschaffen, kann man kolonisieren wie entkolonisieren, befindet man sich im Zustand grenzenloser Verfügbarkeit über die Mittel. Es gibt keine Richtung, auf die sie sich beschränken ließen. Hier waren von Nietzsche Verkehrsformen einer Politik der Zukunft in Aussicht gestellt worden. Mit ihnen wird zu rechnen sein, auf sie hat sich der Mensch einzustellen, sie hat er sogar zu bejahen, wenn er überleben will.

Nichts Geringeres als das ist gesagt. Aber weniger als Warnung für die andern, sondern als Wahrheit, die ins eigene Fleisch schneidet! Es liegt darin Nietzsches Abrechnung mit sich selbst, mit dem Überkommenen, Anerzogenen, Erlernten, Ererbten, mit dem, was durch die eigene Blutbahn fließt. So ist sein Denken immer auch ein Gegen-Sich-Selbst-Denken, sein Schreiben immer auch ein Gegen-Sich-Selbst-Schreiben und dies auch da, wo er sich den höchsten Rängen der Menschheit zurechnet, wo er sich als Gott unter Göttern fühlt.

Eine Selbsterhebung also, die ihren Sturz selbst nach sich zieht! Eine Tragödie, die sich in den bürgerlichen Formen des ausgehenden Jahrhunderts abspielt und aus der Nietzsche ein Lebensschauspiel mit sich selbst als Hauptdarsteller macht! In der der Weg vom jugendlichen Musterchristen bis zum Verkünder des Christentums als Religion des Unheils zurückgelegt wird!

Wie bei einem Stück des Aischylos, den Nietzsche über alle andern griechischen Tragiker stellt, ist in der Exposition bereits der Gang der Handlung, ihr möglicher Verlauf und ihr Ende angelegt. An der Wohlerzogenheit des Zöglings von Schulpforta gibt es nicht den geringsten Zweifel. Es gibt freilich ein Schulpapier, das in einer der damals üblichen Charakteristiken dem Alumnus einen »stieren Blick« nachsagte. Ein »Idiot der Familie«, wie Sartre den in vielem verwandten Gustave Flaubert mit dem Hinterherhinken in seiner geistigen Entwicklung während des frühen Jugendalters nennt, war Nietzsche gewiß nicht. Aber das Artige des Pastorensohns vom Lande, das seine Lehrer bezeugen, hat eine dunkle Seite. Unheimliches liegt früh auf dem Sprung.

Verband sich der Name Nietzsche schnell mit dem Bedrohlichen, das über Europa und die Welt heraufzog, traf es zu, daß er sich durch Erschreckendes in Anspruch nehmen ließ, so konnte – wie oft bei Nietzsche – auch das Gegenteil richtig sein. Nietzsche war »Europäer« zu einer Zeit, als das Wort und die Vorstellung davon noch tief überschattet wurden vom aufsteigenden Nationalstaat. Zu dieser Zeit stand Nietzsche schon für Europa als einer unverwechselbaren kulturellen Einheit. In Wien gerät bereits zu seinen Lebzeiten der junge Hugo von Hofmannsthal in seinen Bann, in Frankreich ist es André Gide, in Italien Gabriele D'Annunzio, die seiner ästhetischen Verführungskraft erliegen. Was unter dem weit verbreiteten Stichwort »décadence« in Umlauf kommt und überall in Europa verstanden wird, hat von Nietzsche seinen Ausgang genommen. Wenn von Krankheiten

oder Erkrankungen die Rede war, die die europäische Zivilisation mit fortschreitender Wirkung befallen hatten, dann war
Nietzsche, der als raffinierter Psychologe das Gespräch darüber
in Gang gesetzt hatte, immer mit von der Partie. Ohne diese Gedanken Nietzsches hätte Thomas Mann weder seine »Budden-
brooks« noch seinen »Zauberberg« schreiben können. Der im
amerikanischen Exil verfaßte »Doktor Faustus« enthielt zwar
eine ernsthafte Warnung vor ihm, war aber zugleich auch eine
letzte Huldigung an Nietzsche.

Die dreißiger Jahre brachten zwei bedeutende Nietzsche-Dar-
stellungen: die Freiburger Vorlesungen von Martin Heidegger,
die später als zweibändiges Werk herausgegeben wurden, und
das Nietzsche-Buch von Karl Jaspers. Bei Heidegger geht es
allein um das Denken Nietzsches und zwar so, als ob es ein von
ihm gelebtes Leben nie gegeben hätte. Jaspers bringt eingestreu-
te Bemerkungen zum Leben und wendet auch sein Augenmerk
Nietzsches Krankheit und deren Verlauf zu, aber das biographische Interesse oder die Absicht, Nietzsches Denken in einen Zusammenhang mit seinen Lebensverhältnissen zu bringen und
von hier zu erklären, ist kaum größer als das Heideggers.

Einen Gegenzug eröffnete Curt Paul Janz mit seiner dreibändi-
gen Nietzsche-Biographie, die eine respektable Dokumentation
auch für bisher unbekannte Vorgänge bot, sich aber jeder Auslassung über seine Philosophie oder besser ihrer Wertung enthielt. Das war sehr wohl vertretbar angesichts der Schwierigkeit,
gegenüber einem durch so viele Vorurteile belasteten Denken
wie demjenigen Nietzsches mit der erforderlichen Überzeugungskraft aufzuwarten.

Eine Biographie wie die von Janz war dringend geboten, nachdem Karl Schlechta die Zuverlässigkeit des Nietzsche-Bildes, das
die Schwester Elisabeth Förster-Nietzsche der Nachwelt vermittelt hatte, auf unanfechtbare Weise in Zweifel gezogen hatte und
der Boden, auf dem der »Nietzsche-Mythos« zum Gedeihen gebracht werden konnte, zu schwanken begann. Das Leben Nietzsches und Nietzsche selbst mußten hinfort mit andern Augen
gesehen werden. Alte Klischees waren dabei, sich selbst aufzulösen.

Durch die vorhandenen Werkausgaben und die Briefsammlun-
gen lagen die Arbeitsbedingungen dazu nicht ungünstig. Die
neue Edition von Giorgio Colli und Mazzino Montinari brachte

einiges Zusätzliche, ihr Abschluß ist jedoch noch nicht in Sicht. Was sie aber jetzt schon bietet, ist der vollständige Briefwechsel. Das verschafft der biographischen Arbeit Vorteile, die es vorher im gleichen Maße nicht gegeben hatte. Wenn etwa Karl Jaspers als anerkannter Psychiater noch ausgeschlossen hatte, daß Nietzsches »Psychose« ein Bewußtsein von der hereinbrechenden Geisteskrankheit enthielt, so zeigen die brieflichen Zeugnisse im Gegenteil sehr genau, wie stark er von der Furcht vor dem hereinbrechenden Wahnsinn befallen war.

In den Januartagen des Jahres 1889 endet für den Vierundvierzigjährigen die intellektuelle Biographie. Wie er Hauptdarsteller der eigenen Lebenstragödie ist, deren letzter Akt nunmehr beginnt und noch elf Jahre dauern wird, so hatte er bis dahin auch diese Biographie selbst verfaßt. Seine Bücher von der »Geburt der Tragödie« bis zur Schrift »Nietzsche contra Wagner« und den Dionysos-Dithyramben enthalten seine Lebensgeschichte. Nietzsche hat von den Jugenddichtungen an bis zu den Aphorismen mit der Leuchtkraft von Feuerwerkskörpern keine Zeile niedergeschrieben, die nicht wie eine feine Verästelung auf einen von seinem Leben ausgehenden eigentlichen Stamm zurückführt. In die philosophischen Widersprüche sind Erfahrungen der Lebenswidersprüche, der Kurswechsel, der abrupten Umschwünge, auch der biologischen Wandlungen durch Krankheit und körperliche Schwächungen wie Rekonvaleszenzen eingegangen. Hier liegt der Schlüssel für vieles sonst schwer zu Verstehende.

Die Lebensgeschichte mit ihren Stadien als Einführung in sein Denken, das Verständnis seiner Philosophie als Lebensphilosophie und das heißt immer auch als Mittel, Widerstandskräfte gegen Krankheit und drohenden Tod zu wecken! Diese Sicht ist hier jeder andern vorangestellt – aber ohne Anspruch, damit das »Rätsel« der Natur Nietzsches, wo »Künstler« und »Denker« zusammenfallen, der explosiven Kraft seiner Sprache zu lösen, aber auch ohne Anspruch, seine Philosophie in ihren letzten Konsequenzen auszumessen.

»Unsere ganze europäische Kultur bewegt sich seit langem schon mit einer Tortur der Spannung, die von Jahrzehnt zu Jahrzehnt wächst, auf die Katastrophe los.« Diese Worte, von Nietzsche in seinen unter dem Titel »Der Wille zur Macht« gesammelten Aufzeichnungen 1887 niedergeschrieben, sind den Wahrheitsbeweis nicht schuldig geblieben. Sie wurden zu Papier gebracht zu einer Zeit, die von außen gesehen noch nicht davon betroffen schien, in der allenfalls inmitten einer Welt unbetroffener bürgerlicher Sicherheit die Ahnung aufsteigen konnte, daß es damit dereinst ein Ende haben würde. Was Nietzsche hier vor Augen stellt, ist ein erschreckendes Bild von der modernen Welt, wo die Langeweile durch Rausch und Sensation übertäubt wird, die Maschine die Bedingungen diktiert und der zu ihrer Bedienung erforderliche atemlose Erwerb eine Öde erzeugt, der niemand entkommen kann. Maschine, Mechanisierung der Arbeit, Aufstieg der Massen haben die großen Bewegungen ausgelöst zu einer Welt hin, »wo alles wackelt, wo alle Erde bebt.« Der »Nihilismus« steht vor der Tür, seinem Eindringen in alle Lebensbereiche bis in die Poren der Haut wird niemand mit Aussicht auf Erfolg wehren können. »Die Herrschaft des Nihilismus«, so befindet der Visionär, »ist die Geschichte der nächsten Jahrhunderte.«

Ein Bild des Unheils! Nichts steht mehr fest, alles, was bisher geglaubt wurde, hat seinen Anspruch verwirkt, die Karten, die bis dahin noch stachen, werden aus dem Spiel genommen. Alles wird zerredet, alles wird verraten.

Dahinter steckt ein Wandel von längerer Hand. Seit der französischen Revolution ist in Europa trotz aller zeitweiligen Rückschläge die Demokratie auf dem Vormarsch. Gegen sie als eine Bewegung im Namen des Volkes hat sich keine Kraft als stark genug erwiesen; da, wo sie einmal Fuß gefaßt hat, läßt sie sich nicht mehr rückgängig machen. Ihr kann man nicht entgegentreten, es sei denn mit ihren eigenen Mitteln. Sie nimmt alles in Beschlag, nichts läßt sie aus. Auch das Christentum geht schließlich in der Demokratie auf und folglich darin unter.

Aber Demokratie ist nur Übergang. Sie als Ferment der Auflösung, als gelebter Nihilismus, in der alles und alles zur Debatte gestellt wird, ist sowohl gut als schlecht. Man wird es ihrer abtragenden Kraft noch einmal zu danken haben, daß sie den Weg für eine künftige Form der Regierung, der Weltregierung, freigemacht hat. Denn sie allein war imstande, die Voraussetzungen für eine neue Herrschaft zu schaffen, die bereits in ihr die eigenen Fundamente errichtet.

Das ist die entschiedenste Absage an jegliche Art des Glaubens, in der Demokratie mit ihren Versprechungen und Glückseligkeitserwartungen einen ewig währenden Endzustand zu sehen. Stark ist die Demokratie darin, den Glauben auszuhöhlen, den Willen zu schwächen und die Welt mit jenen Entwurzelten, Zerbrochenen, Durchbrochenen, Widerstandslosen zu überschwemmen, die am Ende des Zwischenzeitalters bereits auf Despoten warten, wie die Weltgeschichte sie bis dahin noch nicht gekannt hat. Deren Anspruch haben sie nichts mehr entgegenzustellen. Ihre Herrschaft hängt von der Masse ab, die beherrscht werden will; wie die Masse beschaffen ist, wird wiederum durch das Wesen ihrer Herren bestimmt.

Die Stunde der Tyrannen kommt. Aber mit ihrer Ankunft bereitet sich auch schon ein neuer Typus Mensch auf sein Erscheinen vor, der unter ihrer Herrschaft als neuem Klima gedeiht, in der die Rangordnung nach den Maßen des popularen »Mittelstands« aufgehoben und durch eine andere ersetzt wird. Hier ist auf die »Fürsprecher des Lebens« gesetzt, die durch körperliche Erkennungsmerkmale ihre Zugehörigkeit zu einer ganz anderen Menschenrasse bezeugen und die »Jenseits-Lehrer«, die »Willens-Verderber«, die »Priester«, die in der Hierarchie der »christlichen Gesellschaft« so lange obenan gestanden haben, auf die unterste Stufe verweisen. Das geht nicht von einer Stunde zur andern, sondern hat Vorgänge der biologischen Züchtung über längere Zeiträume hinweg durchzumachen. Die Erkennungsmerkmale sind Züchtungsmerkmale. Durch die Kraft zur Herrschaft wird die Umkehrung der Rangordnung besorgt und besiegelt.

Im Fahrplan, nach dem die Weltgeschichte hier abläuft, hat der »Nihilismus« sehr wohl einen Sinn, nämlich den der Notwendigkeit: »weil der Nihilismus die zu Ende gedachte Logik unserer großen Werte und Ideale ist, – weil wir den Nihilismus erst erleben müssen, um dahinter zu kommen, was eigentlich der

Wert dieser ›Werte‹ war.« Erst indem diese Werte sich in ihrer Wirkung gleichsam überschlugen, indem der Mensch in durch sie aufgestellte Fallen hineinlief, an ihnen »krank« wurde, gerieten ihre Inhalte an den Tag. Zum Christentum als Mitleidskult und organisierte Lebensverneinung kamen der vom 18. Jahrhundert beigesteuerte Glaube der Aufklärung an die Vernunft, den Fortschritt einer sich immer schneller auf ihr Glück hin bewegenden Menschheit, die Ideen von Freiheit und Gleichheit, bei denen allenfalls Unklarheit über den genauen Zeitpunkt bestehen konnte, wann alle in ihren wohltätigen Genuß würden gelangen können. Höchste Stufe der Aufklärung und zwar als Beitrag des 19. Jahrhunderts war der »Sozialismus«, die entschiedenste und alle Fortschrittslehren absorbierende Glückseligkeitsbewegung. »Fortschritt«, »Demokratie«, »Sozialismus« in engster Nachbarschaft des Versicherungswesens und der Bestrebungen nach völliger Schmerzfreiheit, mit ihren Abstraktionen und den grenzenlosen Verheißungen sind alle Kinder der gleichen Familie.

Ihr vorgeblicher Humanismus schlägt zu ihrem alten Gegner, dem Christentum, eine eigentümliche Brücke durch den Willen zur Verneinung des Lebens. Denn die organische Kreatur ist das letzte, was bei ihnen auf ihre Kosten kommt. Den großen Katastrophen der Weltgeschichte, die mit einem Schlage ihre Resultate wieder rückgängig machen können, sind sie nicht gewachsen. Aber es wird ihnen für den weiteren Ablauf der Weltgeschichte die Züchtung des »Herdentiers« zugute gehalten werden, das höchst intelligent, dressierbar, zu allem zu gebrauchen, bereit zu gehorchen ist, wie überhaupt die Masse sich danach drängt, Befehle entgegenzunehmen, vorausgesetzt, daß der Befehlende zu überzeugen versteht. Die »Vergutmütigung des demokratischen Herdentiers« erfüllt hier innerhalb der Vorgeschichte der Menschheit eine Funktion, die zu ihrer eigentlichen Geschichte mit dem »Übermenschen« als Machthaber über die Masse hinführt.

Hier schließt sich wieder der Ring. Die bisher verfolgbare Geschichte kennt die »ewige Wiederkehr des Gleichen«. Eine alt gewordene Welt wird durch eine neue ersetzt. An diesen Rhythmus im Wechsel wird auch in den neuen Größenverhältnissen mit dem »Übermenschen« als dem neuen »Herrn« und seinen Sklaven nicht gerührt. Der »Nihilismus« als Wertzerfall und das

Zeitalter der »großen Kriege« gehören zu der unerläßlichen Etappe, die den kosmischen Umbau der Welt mit ihrem neuen Menschen vorbereiten hilft.

Damit sind wir an die entscheidenden Inhalte von Nietzsches Denken herangeführt. Seine »Welten«, in denen er denkt, haben, jede für sich, einen Horizont, von dem sie überwölbt werden. Zugang von der einen zur andern ist kaum möglich. Griechenland, Rom, die italienische Renaissance, Frankreich bis 1789 sind solche Welten. Aber auch Deutschland mit seinen Preußen und Sachsen, seinem Naumburg, seinen lutherischen Pastoren, seinem Bier, seinen Schulsitten, seinen Philologen, ist eine geschlossene Welt. Mit keiner andern vergleichbar! Dann die Mediterranée, Venedig, Nizza, Turin mit der leichten Luft und dem immerblauen Himmel, mit Bizets »Carmen«, die in ihr und gegen die schwerer auffahrende Wagnerkunst komponiert wurde. So wird er später argumentieren. *Eine* Welt gibt es, die er über alle andern stellt, jene, die der klassischen griechischen Philosophie vorausgeht, die tief zurückgreift ins dunkel Vorgriechische, Asiatische: die der Naturphilosophen. Hier stoßen wir auf seine Grundlagen. Denn hier kommt es zur Begegnung mit *dem* Gott, der ihm mehr als jeder andere, mehr als Apoll, bedeutet. Es ist Dionysos, dessen Wiederkunft und Erdenwandel in der Gestalt Wagners zu seinem eigentlichen Lebensereignis wird. Diese Beschäftigung mit den »Vorsokratikern«, die ihm auch den Zugang zu den Anfängen der griechischen »Tragödie« vermittelt, hat seinen Ruhm als Schriftsteller begründen helfen, aber sie hat ihn als Universitätsgelehrten erledigt.

Daß der von ihm aufgebaute und so berühmt gewordene Gegensatz »apollinisch« und »dionysisch« ein großer wissenschaftlicher Irrtum war, hat schon die zünftige Wissenschaft von der Alten Welt gleich nach dem Erscheinen der frühen Schrift hinlänglich bemerkt. Es war dem nicht viel hinzuzufügen. Der Gegensatz zwischen dem Schönen mit allen Anzeichen des Harmonischen und des Maßes auf der einen und dem wild Rauschhaften auf der anderen Seite mochte sich in Nietzsches gewaltiger Phantasie abspielen, die Quellen gaben nicht viel her für die Sicht, in der er seine geistige Herkunft beschrieb. Hier zeigt sich schon früh, wie schnell er sich von der Universitätsphilologie trennte und nach Beglaubigungen anderer Art Umschau hielt. Die Umschau freilich führt seinen Blick auf die »Elemente«, auf

Feuer, Wasser, Luft, auf die Möglichkeit der Vermischung und auch des Streits. Nicht Ruhe ist das Prinzip der Welt, sondern Bewegung. »Alles fließt«, Feuer ist das Urelement des Kosmos, »der Krieg ist der Vater aller Dinge«, Dionysos, der Gott der Begeisterung und der Musik, steht für die Zeugung und damit für die Unendlichkeit des Lebens. Daß Dionysos den Phallus im Festzug offen zur Schau trägt, war ihm deswegen gestattet, weil er ein Gott war.

Hier bewegen wir uns schon unmittelbar auf das Wertzentrum Nietzsches zu. Er kann – was die zahlreichen scheinbaren Widersprüche ausmacht – die verschiedenen vorgeschichtlichen und geschichtlichen »Welten« ineinanderschieben, er kann von einem Standpunkt in irgendeiner dieser »Welten« her urteilen. Er hat dann nicht etwa seine Meinung geändert, sondern von dem Fixpunkt eines vorausliegenden Stadiums her gedacht. Alles ist in fortwährender Bewegung. Denn *Sein* bedeutet bei Nietzsche *Werden*.

Nach der heute vorliegenden Entwicklung des Geschichtsverlaufs darf man mit Recht, wie es geschehen ist, in Nietzsche einen der Zerstörer des 19. Jahrhunderts und einen Mitbegründer des 20. sehen. Daß er in beidem erfolgreiche Arbeit geleistet hat, kann ihm nicht abgesprochen werden. Einer seiner Hauptschläge galt dem »Christentum«.

An die Stelle der versunkenen Herrlichkeit der Antike war das Christentum, an die Stelle der alten Götter der eine einzige Gott mit seinem Sohn als Erlöser getreten. An Darstellungen über diesen Zerfall der griechisch-römischen Welt und das Aufsteigen einer neuen, mit dem Christentum sich verbreitenden Moral herrscht kein Mangel. Die Christen selbst verbreiteten die Kunde vom Triumph des Erlösers über die heidnischen Kulte, ihre Theologen sparten nicht an Beispielen, wo beherzte Männer und Frauen dem magischen Unwesen begegnet waren und es erfolgreich gebannt hatten. Auf den sakralen Stätten, die man niederriß, errichtete man die neuen Heiligtümer, so, als wären die alten nie gewesen.

Aber war der christliche Gedanke eine authentische Wahrheit, die vor dem Gesamtablauf einer verfolgbaren Weltgeschichte bestehen konnte? Es hat während aller christlichen Jahrhunderte Köpfe gegeben, die nie an das Christentum geglaubt haben. Der Gott, den seine Gläubigen sich als »von Ewigkeit zu Ewigkeit«

vorstellten, war in Wirklichkeit eine Schöpfung aus jüngerer Zeit. Was hatte seiner Herrschaft vorausgelegen oder sich gleichzeitig in den Herrschaftsgebieten anderer Kulte abgespielt? Der Siegeszug der Kirche war freilich unwiderstehlich gewesen. Über ihn und damit auch die Unvergleichlichkeit der christlichen Religion ließ sich nicht verhandeln. Die Christenheit selbst konnte hier keinen Zweifel zulassen.

Aber war mit dem Sieg des Christentums, der freilich auf einen Teil der Welt beschränkt blieb, für die Menschheit ein Gesamtfortschritt erreicht worden? Bei dieser Frage waren seit Jahrhunderten Männer, die man »Humanisten« nannte, immer ins Stocken geraten. Sie, die die großen Zeitalter der alten Welt kannten, konnten schlecht daran glauben. Der »Christ« der grauen statistischen Mitte aber kannte sie nicht, weil er sie nicht kennen wollte und man ihm ein Zerrbild davon bot.

Nun waren mit dem Untergang des Römischen Imperiums die zum Hellenismus zusammengeschmolzenen Reste des älteren Griechenland wie des jüngeren Rom an den Rand des Abgrundes geraten. Wie Gibbon in seiner Darstellung vom Fall des römischen Kaiserreichs sagt, war die alte Welt, die hier versank, an ihren Schwächen zugrunde gegangen. Aber eben ihre Schwächen zeigten noch einmal, wie stark sie in ihren großen Zeitaltern gewesen war. Als sie im Todeskampf lag, meldeten sich schon die Erben mit ihren Ansprüchen.

Das, was Gibbon wußte und Jacob Burckhardt wissen wird, gehört auch zu den Grundeinsichten Nietzsches. Nur wird er die Konsequenzen am entschiedensten ziehen und das Christentum von der Krise her, in die er es hineindachte, auf seinen Lebenswert befragen. Und seine Antwort wird wenig günstig ausfallen. Denn das Christentum ist von den Anfängen seiner Ausbreitung her belastet. Das Angebot der »Erlösung«, die es verheißt, begegnet einem Bedürfnis bei den Massen einer Welt in ihrer Auflösung, jenen Verlorenen, Volklosen, Entrechteten, den an Körper und Geist Geschädigten, den von allen Enden des Römischen Reichs nach Rom verschleppten Sklaven, denen, die ohne Hoffnung sind. Es waren die römischen Großstädte, wo es seine Hauptanhängerschaft fand. Jeder, der etwas auf sich hielt, auf die alten Tugenden baute, auf Schönheit, proportioniertes Maß, auf das Versöhnende in der Natur, mußte sich von ihm abgestoßen fühlen.

Daß das Christentum sich aller derer annahm, die von der hellenistischen Gesellschaft vergessen worden waren, mochte für seine gewaltige Verbreitungskraft sprechen. Es mochte dafür zeugen, daß hier eine zur Weltumspannung fähige Religion im Aufbruch war. Aber eine Religion, die sich dafür entschieden hatte, auf die zerstörten Instinkte des Menschen zu setzen, mußte von nun an für alle Zukunft als Werte verkünden, was nur Entwurzelten in einer verfaulenden Zivilisation heilig sein konnte. Der Christ der römischen Anfänge, der Mitleid mit den Zukurzgekommenen hatte, der selbst ein Zukurzgekommener war, hinterließ als Erbe den Neid gegenüber allen von der »Natur« reicher Bedachten. Und weil er der »Natur« feindlich gesinnt war, die ihn so sträflich benachteiligt hatte, setzte er an ihre Stelle die »Übernatur«, die die Gesetze der »Natur« annullierte. Er muß sich rächen für den ihm zugefügten Schaden des Defizits und er rächt sich durch den Argwohn gegen das gelebte Leben, gegen den Überfluß an natürlicher Kraft.

»Gott ist tot« war die Nachricht, mit der Nietzsche seine Zeitgenossen überraschte. Dieser Todeskunde wurde in der Folge energisch widersprochen. Aber für Nietzsche, der sie verbreitete, war es keine Traueranzeige, sondern eine Mitteilung, die für die Hinterbliebenen auch das »Prinzip Hoffnung« enthielt. Sie war ausgesprochen worden angesichts einer von ihm diagnostizierten Krise, die für die Zukunft nichts Gutes verhieß. Auf die Mitwirkung Gottes wird die Menschheit künftig verzichten müssen. Aber dieser Tod bot zugleich Erlösung vom Verstorbenen an.

Nietzsche, der die verhängnisvolle Partie beschrieb, wie die Religion sie in der Form des Christentums gespielt hatte, hat das System der Religion, seine »Psychologie«, seine Vorgeblichkeiten, das Ressentiment, das ihm zugrunde liegt, von wechselnden Positionen aus durchdacht. Warum das Christentum bei seiner Diagnose im Vordergrund stand? Nun, hier kannte er sich von Jugend auf genauestens aus. Er hatte es mit der Muttermilch eingesogen, hatte es vom Milieu her eingeatmet, er kannte die Bewußtseinsüberschüsse, die es vermittelt, ebenso wie die Nöte. Er wußte von den Ängsten, die es nährt, und auch von den Schleichwegen, über die es den Verängsteten wieder aus ihnen herausführt.

Darum war Nietzsches Diagnose stets auch Selbstdiagnose. In

die Krankengeschichte Europas, wie er sie beobachtete und beschrieb, war seine eigene immer eingeschlossen. Diese Selbstbeteiligung am Gegenstand seines Fragens ist von Anfang an unverkennbar gewesen und sicherte ihm schon zu Lebzeiten Gehör. Nietzsche hat die Anfänge seines Ruhms, der in den 20er Jahren des 20. Jahrhunderts auf seinen eigentlichen Höhepunkt gelangte, sehr wohl verfolgen können. Über die Ahnungen, welche Bedeutung ihm in der Zukunft zuteil werden würde, hat er sich bekanntlich unumwunden ausgesprochen. Diese Ahnungen verwandelten sich namentlich in der vorletzten Phase seines Lebens für ihn in unumstößliche Sicherheit. Es spricht daraus kühnste und anstößigste Vermessenheit, der im wahrsten Sinne alle Maße fehlten. Man konnte darin Anzeichen der Lebenskrise und einer inwendig in ihm arbeitenden Krankheit sehen und hat das nicht ohne guten Grund auch getan. Aber es war zugleich auch die Sprache eines Titanen, der sich gegen die Zeit erhob, der zwar am Ende unterlag, jedoch auch Gehör fand.

Schon vor der Jahrhundertwende gab es für jene kritische Intelligenz, die von dem Gefühl einer in der Zeit liegenden Ungewißheit angerührt wurde, ein Verwiesensein auf Nietzsche. Wer sich selbst nicht mehr im Einvernehmen mit der eigenen Zeit befand, konnte in Nietzsches »Unzeitgemäßen Betrachtungen« Anleitung zum neuen Leben finden.

Das griff weit über Deutschland hinaus, nach Frankreich, Italien, Skandinavien hinein. In Kopenhagen hielt Georg Brandes als erster Vorlesungen über Nietzsches Philosophie, in Italien stand Gabriele D'Annunzios Ästhetizismus im Bann von Nietzsches Heroenkult: zum Sterben bereite Schönheit verbindet sich noch einmal mit der Tat. In Frankreich, dessen Literatenwelt eh und je nationale Selbstgenügsamkeit gepflegt hat, war oft die Kenntnis der deutschen Welt auf Wagner und Nietzsche beschränkt. In ihnen bot sich »Deutsches« als jene seltsame Verbindung von Anziehendem und Abschreckendem. Es war übrigens Nietzsche, der fand, daß Wagners eigentliches Publikum in Paris zu Hause und sein Lebenselement die französische Romantik sei. Nietzsche hat die Bereitschaft der Franzosen, seinem Denken und Schreiben gegenüber sich weit zu öffnen, durch sein Verständnis für den französischen Formsinn vorweggenommen. In seiner Bewunderung Bizets mag er zu hoch gegriffen haben, aber was er über Stendhal und sein »Psychologenauge« sagt, war die eigentliche Wiederentdeckung dieses damals fast in Vergessenheit geratenen Schriftstellers. Stendhal war für Nietzsche ein Jahrhundertereignis der Literatur wie sonst nur Goethe.

Nietzsches Freiheit des Urteilens, wie sie hier blitzartig durchbrach, schlug umgekehrt, auf ihn selber angewandt, wieder zurück. Die Nachwelt wählte jeweils davon aus, was ihr gelegen kam und suchte es in andere vorhandene Systeme einzubauen. Es stimmte: Nietzsche konnte in Anspruch genommen werden, seine Philosophie glich in ihren Ideen einem Arsenal mit hochexplosiven Waffen. Er war niemandes Weggenosse. Und wenn – wie im Fall Wagner –, dann kein lebenslang Bedingungsloser! Er war, was unter Philosophen selten der Fall ist, ein Kämpfer. Er forderte seine Zeit, sein Jahrhundert, das, was zweitausend Jahre zu den unantastbaren Überlieferungen, zum Moralregister der Welt gehört hatte, heraus. Kein Wunder, daß Bewegungen umwälzenden Charakters seinen Namen auf ihre Fahnen schreiben mochten! Nietzsche der Revolutionär, der den »neuen Menschen« im Auge hatte, für die Zukunft den »Übermenschen« voraussagte und zwar als von einer Züchtung im biologischen Sinn hervorgebrachten Typus, konnte freilich zu widerrechtlicher Aneignung verführen. Und sicher besaß er etwas vom Verführer, das bis in den Stil der Sprache hineinreicht.

Was hat Nietzsche als Denker zu dem europäischen Ereignis werden lassen, als das er im 20. Jahrhundert wahrgenommen wurde? In einer sich bereits auf die Demokratie zurüstenden Welt Warner vor der Demokratie zu werden: darin stand er nicht allein. Aber er war der entschiedenste und der folgenreichste von allen.

Doch das hätte nicht den Sonderfall ergeben, den er darstellt. Es kommt hinzu, daß er die auf die Spitze getriebene Verwerfung der Demokratie, der er nach der nihilistischen Zwischenphase, die unter ihrem Namen auftritt, keine Chance läßt, mit dem Atheismus verbindet. Nietzsches Atheismus ist die theoretisch entwickeltste Form des Atheismus seit den Anfängen des philosophischen Denkens bei den griechischen Vorsokratikern, er enthält seine Summe. Alles, was seit dem 18. Jahrhundert, vor allem von Frankreich mit seinen Materialisten, Sensualisten, Positivisten und Ideologen ausgehend dem Atheismus benachbart war oder sogar unter diesem Namen firmierte, hat, an Nietzsche gemessen, episodischen Charakter. Nietzsches

Atheismus war wie der Hammerschlag von konsequenzenreicher Endgültigkeit.

Aber Nietzsches Atheismus ist auch sein Alibi. Er attestiert ihm mehr als alles andere über jeden Zweifel hinaus, daß alle Verbindungen zur politischen Reaktion abgeschnitten waren, auch wenn Nietzsche von ihr fallweise in Anspruch genommen werden konnte und kann. Denn der klassische Alliierte der politischen Reaktion war die historisch gewordene Religion. Der Buddhismus, der selbst atheistisch ist, paßt hier nicht ins Bild. Was wäre aber in Frankreich die altbourbonische Monarchie ohne die Kirche, die ihr die Weihe gab; was Preußen ohne »Thron und Altar«? Zum englischen Tory gehört der Hohe Stil kultischen Zelebrierens des anglikanischen Ritus. Als sich im Verlauf des 19. Jahrhunderts der Parlamentarismus zu etablieren begann, war in den romanischen Ländern der »Laizismus« das Merkmal, nach der die Sitzverteilung der Abgeordneten erfolgte; er war das Band, das in den lateinischen Monarchien Liberalismus, Republikanismus und Sozialismus in der Sicherheit vereinte, daß Gott, Kirche und Klerus die siegelbewahrende Macht der bestehenden monarchischen Ordnung darstellten. Abweichungen waren nur Abweichungen von der Regel.

Nietzsche hat die Maßstäbe versetzt. Nichts paßte hier mehr zusammen. Links und rechts tauschten die Namen aus, Oberes geriet nach unten und umgekehrt. Sein Denken war wie ein Orkan, der durch die Landschaft fährt.

Nietzsches Stärke ist der Fernblick. Das heißt auch: für die Beurteilung kürzerer Zeiträume ist er nicht zuständig. Auf das, was Nietzsche zum »Sozialismus« und zur »Arbeiterfrage« in seinem Jahrhundert zu sagen hat, läßt sich verzichten. Hier treten bei ihm lange Augenblicke temporärer Blindheit auf.

Er kennt sich in der Zukunft aus. In ihr werden gewaltige Entscheidungen fallen, in denen es um die Erdherrschaft geht. Sie werden durch Kriege fallen: »es wird Kriege geben, wie es noch keine auf Erden gegeben hat«. Die bisher noch geltenden nationalen Zustände und die zwischen Nationen geführten Kriege haben nur »Zwischenakts-Charakter«. Es kann in ihnen allenfalls darum gehen, eine gute Position im Kampf um die Erdherrschaft zu bekommen. Der Ausgang selbst ist noch offen. Hier hat Nietzsche verschiedene und auch sich widersprechende Modelle entwickelt. Entweder ein politisches Auseinanderbrechen Europas oder Einheit Europas, Weltregierung durch Europa oder dessen Verfall. Die Möglichkeit, daß Europa das klassische Verfallsschicksal ereilt, das Griechenland und Rom vernichtet hat, bleibt immer in Betracht zu ziehen; »die Verdummung Europas und Verkleinerung des Menschen überhaupt« kann sich als Gesamtrichtung sehr wohl ergeben. Aber es kann ebenso am »Intelligenzen-Chaos« zugrunde gehn, in dem der Europäer als »intelligentestes Sklaventier« die Kraft des Willens eingebüßt hat und von stärkeren Naturen bezwungen wird. Die Zukunft wird über die Rolle Amerikas und Rußlands entscheiden, aber auch darüber, ob »die Deutschen« überhaupt noch eine weitere Zukunft haben werden.

Nietzsche ist für das, was man im Deutschland des 19. Jahrhunderts unter »Kultur« verstand, ein zuverlässiger Zeuge. Und dies allein schon durch seine Herkunft aus dem lutherischen Pfarrhaus in Röcken bei Lützen!

Der Ort ist ein ländlicher Flecken im preußischen Teil Sachsens. Das sind Umstände, die zählen. Sachsen ist das alte Stammland der Reformation. Hier hatte Luther selbst mit Hilfe des Kurfürsten Friedrich des Weisen die Erneuerung der Kirche »an Haupt und Gliedern« vorgenommen. Die deutsche Sprache, wie sie heute gesprochen wird und der Luther durch seine Übersetzung der Bibel eine Norden und Süden, Westen und Osten verbindende einheitliche schriftsprachliche Form gegeben hatte, gründete sich auf die Sprache der »sächsischen Kanzlei«. Das bedeutete auch: hier lagen die Anfänge für die gesamte deutsche literarische Kultur der folgenden Jahrhunderte. Sachsen ist eine Landschaft der Humanisten, der Philologen, es ist das Land Lessings, aber es ist auch die Heimat und Wirkungsstätte großer Musiker. Bach kam aus dem benachbarten Thüringen, zu dem die Grenzen ohnehin weitgehend offen waren, nach Leipzig, der späteren Geburtsstadt Richard Wagners, der als Komponist von der Dresdner Hofopernkunst Carl Maria von Webers seinen Ausgang nehmen wird. Und Sachsen ist das Herkunftsland Robert Schumanns.

Gegenüber dem aufsteigenden preußischen Militärstaat ist Sachsen das Land der älteren Zivilisation. Im Dualismus zwischen Österreich und Preußen, den Friedrich der Große militärisch eröffnete, steht Sachsen auf der Seite der Gegner Preußens. Preußen war damals zukunftsfroher, Sachsen hatte mehr zu verlieren. Als Residenz des Königs von Sachsen, der gleichzeitig König von Polen ist, stand Dresden, das Elbflorenz, nördlich der Alpen im Architektonischen ohne Vergleich dar. Aber während sich Preußen hochgehungert hatte und die Verschwendungssucht des Königs Friedrich I. mit schlechtem Gewissen über sich ergehen ließ, gedieh die viel bedenkenlosere Üppigkeit Augusts des Starken ohne größere Anfechtungen. Das Königshaus war vorurteilslos genug, um für die Krone von Polen seine

lutherische Konfession einzutauschen, das Volk nahm ohne großes Murren den Glaubenswechsel seiner Herrscher hin und gab
sich zufrieden, selbst bei den angestammten Überzeugungen
bleiben zu dürfen. Dem König wurden seine über dreihundert il-
legitimen Kinder von den Untertanen nachgesehen – was wäre
ihnen schon anders übrig geblieben –, das Land genoß dafür eine
für das übrige Deutschland ungewöhnliche Religionsfreiheit.
Die Regel, nach der der Landesherr über den Glauben seiner
Landeskinder zu bestimmen hatte, galt in Sachsen nicht.
Nietzsches Geburtsstätte liegt in jenem sächsischen Gebiet, das
seit dem Wiener Kongreß 1815 der preußischen Krone unter-
stand, sich aber nach wie vor dem historischen Einflußbereich
Leipzigs und Dresdens zugehörig fühlte. Das bedeutete keineswegs, daß man durch die Schwerkraft der politischen Verhältnisse, die durch das wachsende Ansehen Preußens mit seiner
besseren Verwaltung zu wirken begonnen hatte, nicht die Vorteile des jüngeren, aber zielbewußter auftretenden Staats wahrgenommen hätte. Der lutherische Pastor Carl Ludwig Nietzsche, dem am 15. Oktober 1844 ein Knabe geboren wurde, hatte
übrigens allen Grund zur Dankbarkeit. Er war durch Anordnung
des preußischen Königs Friedrich Wilhelm IV. auf die Pfarrstelle
in Röcken gekommen. Der kirchliche Ernennungsakt folgte ob-
rigkeitlicher Weisung, die der junge Pfarrer mit gebotener Er-
kenntlichkeit vergalt, indem er seinen Sohn auf den Namen
Friedrich Wilhelm taufte.
Aus dieser in jedem Sinne zwischen Preußen und Sachsen gelegenen Region stammt Nietzsche. Das wird nicht ohne tiefere Bedeutung bleiben. Hier auf dem Land mit Pfarrhaus und Garten,
den vier Teichen und dem Weidegebüsch in unzerstörter ländlicher Natur und ihrer Stille, im Spiel mit Tieren, wo die größten
Ereignisse die im Rhythmus der Jahreszeiten mitgehenden
kirchlichen Feste sind, hat er die frühesten Jugendjahre verlebt.
Er wird das kindliche Glück dieser Zeit später nie vergessen.
Das Kennzeichen von Nietzsches christlicher Herkunft ist ihre
völlige Makellosigkeit. Die Summe der allerbesten Eigenschaften, wie sie das lutherische Pfarrhaus durch drei Jahrhunderte
kultiviert hatte: in Nietzsches Elternhaus ist sie gezogen. Bürgerliche Grundanständigkeit, Rechtschaffenheit, Wahrheitsliebe, Respekt vor der Vergangenheit haben sich hier von der väterlichen und mütterlichen Seite her noch einmal zusammengefun-

den. Man war vielleicht nicht immer mit der Zeit gegangen, war hier und da im Rückständigen verharrt. Aufklärerische Gesinnung war nicht die Sache eines gewissen Friedrich August Ludwig Nietzsche gewesen, der sich 1796 dem Kritizismus Kants mit der Schrift »Gamaliel oder über die immerwährende Dauer des Christentums, zur Belehrung und Beruhigung bey der gegenwärtigen Gährung der theologischen Welt« entgegenstellte. Der Verfasser, ein Pastor im Sächsischen, konnte damals nicht ahnen, daß sein Enkel mit der Gegenthese und weltweiter Wirkung dereinst von sich reden machen sollte. Er selbst war nach dem Tode seiner Frau die zweite Ehe mit einer Witwe eingegangen, die sich ihm auch dadurch empfahl, daß sie ebenfalls einer Pfarrersfamilie entstammte. Mit der Fruchtbarkeit des biblischen Patriarchen zeugte er zu den sieben Kindern aus erster Ehe in der zweiten noch drei weitere, die am Beginn von Friedrich Nietzsches Lebenslauf standen. Da ist der Sohn Carl Ludwig und dessen zwei ältere Schwestern, Auguste und Rosalie, die in seinem Leben eine so nachhaltige Rolle spielen sollten.

Carl Ludwig Nietzsche hatte zwar vom Vater den Glauben, aber nicht dessen Kraftnatur mitbekommen. Er war zarter besaitet, hatte die Bewegung der »deutschen Romantik« durchgemacht, ihre Schwärmereien geteilt und zog sie ins gelebte Leben hinüber. Nietzsche sollte später mit großer Verehrung von seinem Vater sprechen. Er hatte von ihm den Eindruck einer tiefen, sensiblen, weit geöffneten Natur, in der er sich selber wiederentdeckte. Welch eigentümlicher Ton der Euphorie hatte aus seiner Predigt bei der Taufe des Sohnes gesprochen: »Du gesegneter Monat Oktober, in welchem mir in den verschiedenen Jahren alle die wichtigsten Ereignisse meines Lebens geschehen sind, das, was ich heute erlebe, ist doch das Größte, das Herrlichste, mein Kindlein soll ich taufen! Oh seliger Augenblick, oh köstliche Feier, oh unaussprechlich heiliges Werk, sei mir gesegnet im Namen des Herrn! – Mit tiefbewegtem Herzen spreche ich es aus: So bringt mir denn mein liebes Kind, daß ich es dem Herrn weihe. «

Das war die Sprache eines felsenfesten christlichen Glaubens, der dennoch – wie die Zukunft zeigen sollte – auf nichts gegründet war. Carl Ludwig Nietzsche wies fremdartige Züge in der Welt auf, in der er lebte, und wurde vor allem durch die Autorität des Amts gehalten. Gegen den Diener des Wortes Gottes Zweifel anzumelden, ging nicht an. Und so galt der Pfarrer von Röcken bei seiner Gemeinde als am Schicksal seiner Schafe aufrichtig teilnehmender Hirte, er war angesehen, ein Gottesmann, dem man Respekt erwies, von jedermann verehrt. Als im Ort ein Brand ausbrach, leitet er Tag und Nacht die Löscharbeiten und erwirbt sich damit den Ruf eines tätigen Oberhaupts der Christengemeinde. Doch das Nervenkostüm dieses melancholischen Mannes war von anderer, viel empfindsamerer Art, es gab Züge – Nietzsche hat das erkannt –, die in Zonen jenseits von Amt und Talar wiesen. Carl Ludwig Nietzsche gehörte zur Generation derer, die am »Weltschmerz« litten wie die Helden Puschkins und Byrons. Was in seiner Zeit Mode wurde, kam der eigenen Gemütslage entgegen. Es war nichts von jenem Poltergeist lutherischer Pastoren, jenen rohen Kanzelmatadoren in ihm, in denen Nietzsche später die Signatur der Barbarei wahrnehmen sollte.

Nietzsches Vater ist 1813 geboren, im gleichen Jahr wie der Mann, der als Mentor, Vorbild und Meister für Nietzsche zu einer überdimensionalen Vatergestalt werden sollte: Richard Wagner. Bevor er die königliche Einweisung in die Pfarrstelle von Röcken erhalten hatte, war er nach einer kurzen Tätigkeit als Hauslehrer bei einem Hauptmann Baumbach Erzieher am Hofe des Herzogs von Altenburg gewesen, wo er drei Prinzessinnen, die Töchter des Herzogs, unterrichtete. Eine leise, unaufdringliche Weltläufigkeit, nicht zuletzt durch diesen Umgang gefördert, kennzeichnet sein Wesen und hob ihn, als er sein Pfarramt antrat, von Amtsbrüdern der derberen Provenienz vorteilhaft ab.

Im ansehnlichen, erst 1820 erbauten Wohnhaus seiner Landgemeinde führten die beiden Schwestern des zunächst unverheirateten Pfarrers ein emsiges Regiment. Seine Umschau nach der geeigneten Frau findet sehr bald ihre Belohnung in der Gestalt der siebzehnjährigen Franziska Oehler, der jüngsten Tochter des in der Gemeinde Pobles amtierenden Pfarrers. In der Familie hat sich die Überlieferung erhalten, daß sie bis kurz vor ihrer Heirat noch mit Puppen gespielt habe. Aus ihrer jugendlichen Wildheit sprach die intakte Natur. Aber dieses ländlich Unbefangene, vermischt mit Unerfahrenheit und dem Hang zum Verspielten, sagt nach ihrem Einzug den beiden den Haushalt führenden Schwestern, daß sie sich das Heft nicht aus der Hand nehmen lassen müßten. Die junge Ehefrau setzt ihnen keinen ernsthaften Widerstand entgegen, sondern fühlt sich bald in der Rolle der »Kindfrau« wohl. In jedem Fall ist sie so klug, alle Anflüge des Mißbehagens gut zu verbergen. Gelegentlich begehrt sie gegen Belehrungen der Schwägerinnen auf. Das mußte aber vor dem Ehemann verborgen bleiben, der sich alles sehr zu Herzen nimmt und in Fällen der Verstimmung nicht essen kann. Wenn er durch Zufall in solche Dispute verwickelt wird, schließt er gleich die Augen und gibt mit einer Kopfbewegung zu verstehen: ich will nichts davon hören.

Aber im Grunde handelt es sich hier um ein kaum ernsthaft gestörtes Einvernehmen aller Beteiligten. Die beiden Schwestern, für Nietzsche Tante Rosalie und Tante Auguste, waren in ihrer häuslichen Funktion nicht zu erschüttern. Und sie werden von den Kindern, Friedrich und Elisabeth, heiß und innig geliebt. Vor allem Tante Rosalies Herrschaft im Hause gilt unangefochten. Die im Haus ansässigen Schwestern des Vaters sind in der Zucht des Herrn groß gewordene evangelische Jungfrauen, wie das deutsche Bürgerhaus sie kannte, die bei der Arbeit kräftig Hand anlegen und sich unentbehrlich machen. Den größten Teil des Jahres als Gast im Haus ist auch die Großmutter, die als Pastorenwitwe »nach Gutsherrenart« den gehobenen Stil der lutherischen Landklerisei in den deutschen Ostprovinzen mustergültig pflegt. Das alles – dazu der Vater bei der Predigtvorbereitung oder am Klavier, wo er seinen Mendelssohn spielt – gehört zu jener Atmosphäre des »idealen Pfarrhauses«, das nicht im Überfluß lebte, aber auch keinen Mangel kannte. Der Eindruck des karg Genügsamen wiegt vor. Vor den Ponywagen, in den sich das Söhnchen mit seinem Schwesterchen setzt, werden mangels geeigneter Zugtiere Ziegen gespannt.

Die junge Pfarrfrau, die mit achtzehn Jahren zum ersten Male Mutter geworden war, hatte keinen Grund, sich ernsthaft über die Bevormundungen durch die Schwägerinnen zu beklagen. Ihre Stellung innerhalb der Familie und der Gemeinde stand ohnehin nicht in Frage. Sie gibt sich indessen redlich Mühe, aus dem weniger auf Umstände bedachten Stil der Oehlers in den konventionelleren der Nietzsches zu finden, was ihr nach eigenem Geständnis nicht leicht gefallen ist. Denn hier regiert ein mit aller Lauterkeit im Bunde befindlicher Familienstolz, der darauf hält, in den Lebensformen es dem Rittergutsbesitz wenn nicht gleichzutun, so doch, und sei es nur als Klischee, ihm möglichst nahe zu kommen. So verfügt das Haus nicht nur über die dazugehörigen Bediensteten, es bildet sich hier bei Nietzsche schon die Vorstellung der Abstammung der Familie von polnischen Grafen heraus. Ihr Wahrheitsgehalt ist so groß wie der von der Existenz eines Gespenstes in englischen Schlössern und zeigt nur an, daß man – hier wie dort – etwas auf sich hält. Wie sehr sie auf Phantasie gegründet ist, erhellt die Aussage der Schwester Elisabeth, die erklärt, daß sie selbst davon nie gehört habe. Sie läßt nur gelten, daß der Bruder über Papiere verfügt haben könne, die nach seinem körperlichen Zusammenbruch in Turin verlorengegangen seien.

Als Beglaubigung war das nicht viel, aber es reicht aus, um die gesellschaftliche Vorstellungswelt der Nietzsches in Röcken sehr anschaulich zu machen. Hier hat sich der junge Ehemann sehr angelegen sein lassen, die Ausbildung seiner Frau selbst in die Hand zu nehmen. Er führt sie auf Reisen in die sächsische Schweiz mit anschließendem mehrwöchigen Aufenthalt in Dresden, wo man die Oper und die Kunstsammlungen besuchte. Für sie waren es glückliche Jahre, und sie wird sich gerade an diese Aufenthalte in der sächsischen Residenz in späterer Zeit immer besonders gern erinnern.

Aber so glücklich sie waren, so kurz waren sie auch. Im Sommer des Jahres 1848 stürzt der Vater. Die Folge ist eine Gehirnerschütterung, die nach ärztlichem Urteil zu einer Entzündung führt. Elf Monate später – nach fünfjähriger Ehe, das Söhnchen ist vier Jahre alt – stirbt er.

Damit war auch das Ende der Röckener Zeit gekommen. Das Pfarrhaus der kleinen Landgemeinde kann keine Bleibe für die 24jährige Witwe mit ihren zwei Kindern mehr sein. Es ist die Großmutter, die die Wahl des künftigen Wohnsitzes bestimmt und Naumburg vorgesehen hat, wo ihr aus der Zeit, in der ihr Bruder dort als Domprediger gewirkt hatte, alte Freundschaften geblieben waren. Ihrem Wunsch leistet man ohne größeres Widerstreben Folge. Und so wird die bewegliche Habe auf Wagen geladen. An einem Apriltag des Jahres 1850 setzen sich die Pferdegespanne in Bewegung, um die Familie in die Stadtwohnung zu bringen.

Was in Naumburg eintraf, war ein Defilee, dem anzusehen war, daß man sich mitten im Zustand allertiefster Trauer befand. So erschienen die Ankömmlinge denen, die auf ihr Eintreffen warteten, um sie mit den näheren Umständen ihrer neuen Umwelt bekannt zu machen.

Was sie hier vorfanden, war etwas völlig neues für das stadtungewohnte »Fränzchen« mit den beiden Kindern. Die ländliche Stille in weiter offener Landschaft gehörte der Vergangenheit an. Es fehlte der freie Raum, an den sie gewöhnt waren. Stattdessen der Eindruck lähmender Enge, wo der Auslauf fehlte! Naumburg war alles andere als eine freundliche, einladende Stadt. Es hatte um die Mitte des Jahrhunderts noch seine mittelalterliche Abgeschlossenheit behalten. Abends um zehn Uhr wurden die Tore verriegelt und blieben es bis fünf Uhr am Morgen. Tiefe Gräben lagen um die Stadt herum und trennten sie von der Außenwelt, die aus Gärten, Feldern und Weinbergen bestand. Besser als das durch die Architektur geschah, konnte die in der Stadt herrschende Gesinnung, die auf das Regelrechte setzte, nicht anschaulich gemacht werden. Hier hatte die Revolution von 1848 kaum Spuren hinterlassen, am allerwenigsten waren ihre Ideen in der städtischen Honoratiorenwelt auch nur in Erwägung gezogen worden. Das galt übrigens auch für Nietzsches Vater. Der Gedanke an den drohenden Umsturz und die Programme, die dazu im Umlauf waren, hatten ihm wie alle zeitweilig auftretenden Störungen in der Familie oder in der Kirchengemeinde Magenbeschwerden verursacht. Er mußte sich dann immer in sein Studierzimmer zurückziehen. Naumburg war wie Röcken weit von Dresden entfernt, wo Bakunin auf den Barrikaden persönlich den Aufstand leitete und nach seinem Scheitern der Freund und zweite Hofopernkapellmeister Richard Wagner als daran Mitbeteiligter schleunigst über die Landesgrenze das Weite suchte. Dergleichen Gedankengut hatte im Ottoschen Haus in der Neugasse, wo die Neuankömmlinge eine Wohnung fanden, keine Heimstätte. Hier rückte die Großmutter ganz in ihre dominierende Rolle. Gut-naumburgisch-gesinnt-Sein hieß Königstreue und Herrschaft von »Gottes Wort« im Kleinen wie im Großen. Es bedeutete Anerkennung des Bundes von Thron und Altar, dem ja übrigens der eben verstorbene Vater seine Bestellung als Pfarrer in Röcken verdankt hatte. Auf ihr beruhten nach wie vor die Lebensgrundlagen der jungen und ansehnlichen Witwe. Darauf war schließlich die ganze preußische oder sächsische Pastorenwelt fest gegründet mit ihren von Pensionen zehrenden Hinterbliebenen.

Hier im Stadthaus in seiner der Notabelwelt entsprechenden Stattlichkeit war die trauernde Familien ansässig geworden, die vornehmlich aus Frauen bestand. Und hier neben dem täglichen Brot wird von der Großmutter und den beiden Tanten das Bibelwort beständig in Umlauf gebracht. Die Bibelweisheit als Zitat belehrt und gilt. Sie steht für alle Lebenslagen zu Gebote. Nietzsches profunde Kenntnis der Luther-Bibel hat hier ihren Grund. Es kann keine Rede davon sein, daß Nietzsche für das Mißliche und Schädliche, dem seine Erziehung ausgesetzt war, nicht von Anfang an ein offenes Auge gehabt hätte. Das Grundübel steckt in den häuslichen Verhältnissen. Er stellt als einziger das männliche Element in der Familie dar gegenüber fünf weiblichen Mitgliedern. Und alle wachen über sein Wohlbefinden, stehen ihm mit Handreichungen wie Spruchweisheiten, der liebevollsten Fürsorge wie der innigsten Mahnung zu Diensten, um seinem Weg die rechte Richtung zu geben. Sein Lerneifer ist beträchtlich, auffallend daran allerdings eine Vielleserei, die er einige Zeit später an sich selber tadelt. Als Bruch in seinem damals erst kurzen Leben sieht er in der selbstverfaßten Lebensskizze von 1864 den Tod des Vaters: »Sicherlich hatte ich vortreffliche Eltern; und ich bin überzeugt, daß gerade der Tod eines so ausgezeichneten Vaters, wie er mir einerseits väterliche Hilfe und Leitung für ein späteres Leben entzog, andrerseits die Keime des Ernstes und Betrachtenden in meine Seele legte.« Hier ist auch an die Wunde des Naumburger Familienlebens unter der Obhut der Großmutter, bei der Allgegenwart von Tante Auguste und Tante Rosalie und seiner ebenfalls der Fürsorge bedürftigen mädchenhaften Mutter, des »Fränzchen«, gerührt, wenn der Autobiograph fortfährt: »Vielleicht war es nun ein Übelstand, daß meine ganze Entwicklung von da an von keinem männlichen Auge beaufsichtigt wurde, sondern daß Neubegier, vielleicht auch Wissensdrang mir die mannigfachsten Bildungsstoffe in größter Unordnung zuführte, wie sie wohl geeignet waren, einen jungen, kaum dem heimatlichen Nest entschloffenen Geist zu verwirren und vor allem die Grundlagen für ein gründliches Wissen zu gefährden.«

Die Lebensführung dieser Familie ohne männliches Oberhaupt spielt sich trotz der Herkunft vom Lande ganz nach den Vorstellungen des städtischen Patriziats ab. Indessen bleibt eine gewisse Fremdheit. Der junge Nietzsche fühlt sich beklemmt, und dieses Gefühl des Eingeschlossenseins wird ihm beim Gedanken an Naumburg auch später immer bleiben.

Die Wohnverhältnisse in der Neugasse sind übrigens in mancher Hinsicht nicht günstig. In den Vorderräumen logiert die Großmutter, während Franziska mit den beiden Kindern die Hinterzimmer bewohnt, in die wenig Licht fällt. Nietzsches Augenschwäche, vom Vater vererbt, hat sich hier beim Lesen und Schreiben früh verstärkt. Auch eine Untersuchung beim Augenarzt, der das Leiden näher diagnostiziert, führt nicht zur Abstellung dieses Mißstandes. Offenbar sieht man dazu keine Möglichkeiten oder man schätzt die schädlichen Wirkungen zu gering ein. Das ist eigentümlich, denn die Mutter hat sehr wohl ein Gefühl für gesunde Lebensweise und bevorzugt beim Küchenzettel eine gemüsereiche Nahrung mit viel Obst. Aufenthalte an der frischen Luft und körperliche Übungen, vor allem das Schwimmen und Schlittschuhlaufen, gehören zu den Empfehlungen, die der Sohn gern befolgt. Der ökologische Instinkt, den er erst in die Philosophie einführen wird, ist bei ihm früh geweckt.

Die Pastorenwitwe mit ihren Kindern hat offenbar den Gedanken an eine Wiederverheiratung früh fallen lassen, wenn sie ihn überhaupt je ernsthaft gehabt hatte. Nach dem Tode der Großmutter führt sie einen eigenen Haushalt, was ihr wirtschaftlich nicht schwer fällt, weil sie zu ihrer sehr bescheidenen Pension in den Genuß einer anfallenden, nicht unerheblichen Erbschaft kommt. Sie kann sich in ihrer nun unabhängig gewordenen Lage ganz der Erziehung der Kinder mit liebevoller Fürsorge und der Hilfe eines Vormunds widmen. Ihre Muttergefühle dem Sohn gegenüber sind stark. Das entspricht ihrer unmittelbaren, spontanen Natur. Aber es scheint ihrer Aufmerksamkeit doch Bedeutsames im Wesen des Sohnes entgangen zu sein, aus dem einfachen Grunde, weil sie kein Auge dafür haben konnte. Denn sie ist ein schlichtes Gemüt. Ihr Gesichtskreis ist und bleibt eng.

Diese Spanne zwischen animalischer Zuneigung und völliger Verständnislosigkeit gegenüber dem Intellektuellen kennzeichnet die Beziehung der Mutter zum Sohn von ihren Anfängen an und bleibt bis zum Ende bestehen. In sie wirkt der Bruch des bürgerlichen Bildungsideals hinein, wonach die Bildung, insbesondere im humanistischen Sinn, dem Manne vorbehaltenes Privileg ist und die Frau als davon Ausgeschlossene die ihr zugeteilte Rolle durch entschiedene Bildungslosigkeit noch zusätzlich kultiviert. Das geht in dieser Weise selbst im lutherischen Pastorenhaushalt, wo der antik-humanistische Bildungsgrad im Deutschland des 18. und 19. Jahrhunderts die bekanntlich höchste Höhe erreicht hat, vor sich. Der evangelische Kleriker ist dem Typus des »Gelehrten« nachgebildet, seine Frau auf Küche und Keller, auf Handreichungen aller erdenklichen Art, die der Versorgung dienen, verwiesen. Nach dieser Vorlage war ursprünglich die nur kurz während Ehe zwischen Nietzsches Eltern geschlossen worden: der Vater, christlicher Amtsträger im vollen Besitz der Bildung, zugleich ein Romantiker, ein Freund und Anhänger der sentimentalischen Kultur seiner Zeit, ein »Nervöser«, der früh dahin gerafft wird, die Mutter der biologisch stärkere Teil, die zeitlebens – wie ihre Briefe zeigen – nie die Regeln der Orthographie beherrschen wird. Die Bauteile für Nietzsches spätere Kulturkritik sind also schon in der eigenen Familie vorhanden und Nietzsche wird später in einer vor ihm nie dagewesenen Weise mit ihnen verfahren.

Seine Erziehung in der Naumburger Zeit, der Schulbesuch über das Domgymnasium zum Alumnat in Pforta, geht, äußerlich gesehen, auf ausgetretenen Wegen vor sich. Von der Mutter hat er bereits in Röcken Lesen und die Anfangsgründe des Schreibens gelernt. In der städtischen Bürgerschule, in die er zunächst eintritt, faßt er nicht recht Fuß. Die Großmutter hat, nicht zuletzt in der Absicht, ihren Enkel früh mit allen Schichten vertraut zu machen, auf den Besuch dieser Schule gedrungen. Darin liegt vieles vom modischen Geschmack der oberen Stände, ein Entgegenkommen gegenüber den Bedürfnissen der Zeit, sich »sozial« zu zeigen. Nietzsches Reaktion: er sperrt sich, zieht sich auf sich selbst zurück, meidet jeden Kontakt. Dieser von Anfang an nur als vorübergehende, vorbereitende Einschulung gedachte Versuch wird denn auch bald abgebrochen. Nietzsche weist das ihm zugemutete Schulmilieu zurück. Der spätere Verächter der

Masse verweigert sich. Der Übergang in das private Webersche Institut wird ihm schmackhaft gemacht durch die beiden Freunde, durch Wilhelm Pinder und Gustav Krug, die schon vorher seine bevorzugten Spielgenossen waren und jetzt seine Klassenkameraden werden.

Über die Beziehung zu den beiden hat er sich in seinen autobiographischen Aufzeichnungen unbefangen und vertrauenswürdig ausgesprochen. Es sind Gleichgesinnte mit allen Anzeichen einer mehr auf das Innen gerichteten Bürgerlichkeit, Honoratiorensöhne, die sich dieses Umstandes sehr wohl bewußt sind. Es sind brave Familiensprößlinge, die der Kunstsinn, die Liebe zur Musik und Dichtung, der Wille zum Untadligen, vereint, Muster, wie sie sich bei gelegentlichen Anwandlungen zum Schabernack jede Familie und jeder Lehrer einer hochbürgerlichen Ära nur wünschen konnten. Bei Nietzsche bricht jetzt schon ein bleibender Zug durch, das Bedürfnis der Freundschaft, das in seinem Leben verschiedene Formen und Tönungen annimmt. Der Freund ist der, dem man sich öffnet, dem man sich mitteilt und von dem man Mitteilung empfängt. Diese Schülerfreundschaft der drei, die sich auf dem Domgymnasium fortsetzt, ist in der Folge nicht ganz frei von Anflügen des gymnasialen Freundschaftskults. Sie beruht – altertümlich gesprochen – auf dem Grundklang der gemeinsamen Empfindung, sie kennt dem Ideal der Freundschaft entsprechend nicht den Gedanken der Rivalität. Und es ist die »Antike«, aus der man berühmte Beispiele für Freundschaften und was sie bewirkten, hervorholt.

Freilich: die so verstandene Freundschaft hat auch eine ausschließende Funktion, sie unterscheidet diejenigen, die nicht dazu gehören, denen man sich verwehrt. Das sind die andern, ist die Mehrheit, die große Zahl. Es ist manches vom Zirkelwesen der Freundschaftsbünde, wie sie in der zweiten Hälfte des 18. Jahrhunderts aufschießen, in die Beziehung der Drei eingegangen und viel wird auch beim heranwachsenden Alumnus von Schulpforta im Spiele sein. Was hier in der Schulsphäre beginnt, zieht Anhaltendes nach sich. Das Bedürfnis nach dem Freund wird bei Nietzsche jede Beziehung zu den Frauen, mit Ausnahme zu denen der eigenen Familie, weit überlagern. Und er wird schließlich an einem Freund, dem von ihm am meisten verehrten, der zugleich eine der größten Gestalten der Weltkultur ist, zugrunde gehen.

Noch ein anderes Gefühl, ein ihn nie mehr verlassendes lebensnotwendiges Bedürfnis bildet sich in diesen frühen Jahren heraus: der Umgang mit der Musik. Musik wird die Grundlage seines Denkens. Der Flügel im Hause des Appellationsrats Krug, dem Vater seines Freundes Gustav, übt magische Anziehungskraft auf ihn aus. In der eigenen Wohnung steht ein Klavier, auf dem er Unterricht erhält, das aber im Besitz von Tante Rosalie bleibt, so daß die Mutter nach dem Umzug in die neue Wohnung, die sie nach einem Zwischendomizil im Hause Am Weingarten 18 bezieht, ein neues kaufen muß. In seinen Übungen macht er außergewöhnlich schnelle Fortschritte. Beethoven wird zeitweilig sein Favorit, daneben spielt er Mozart, Haydn, Schubert, Mendelssohn und Bach. Er spricht von einem »unauslöschlichen Haß gegen alle moderne Musik« während dieser Zeit und meint damit die Musik der Neuerer, die »Zukunftsmusik« von Liszt und Berlioz. Aber dieses Urteil wird er ändern, er wird sich noch auf die Seite eben jenes musikalischen Fortschritts schlagen und sogar zu seinen Propagandisten zählen.

Es gibt aus dieser Zeit schon erste eigene Kompositionsversuche, darunter eine vierhändig zu spielende Ouvertüre für Klavier sowie zwei Sonaten, die der Mutter als Geburtstagsgabe zugedacht sind. Überhaupt spielen Geburtstage – auch in seinen früh verfaßten Gedichten – als Anlaß für kleinere Produktionen beim jungen Nietzsche eine Rolle. So schreibt er eine »Geburtstagssinfonie« für Klavier und Violine. Neben diesen oft für bestimmte Personen gedachten und mit Widmung versehenen Werken gibt es über den Entwurf kaum hinausgekommene Kompositionsversuche – sehr fleißige Arbeiten, aber dilettantisch, ohne Kenntnis der handwerklichen Regeln zu Papier gebracht. Die Ausführung gilt hier so gut wie nichts, der Wille zum Ausdruck alles.

Musik, Dichtung, Christentum: das sind die Welten, in denen sich das Denken und Trachten des jungen Naumburger Gymnasiasten aufhält. Er bewegt sich dabei – das wird man sagen können – in Verhältnissen von unerhörter Gunst. Der Vaterlose lehnt sich an. Beim Appellationsrat Krug hat er es mit einem Freund der Musik zu tun, dessen Beherrschung des Klaviers das Virtuose streift. Sein Mendelssohn-Spiel erinnert Nietzsche an die Klaviervorträge des Vaters in Röcken. Das Krugsche Haus bildet ein privates Zentrum des Naumburger Musiklebens und einen Anziehungspunkt für durchreisende Künstler. Pinder dagegen, der wie Krug Jurist ist, hat eine besondere Vorliebe für die Dichtung. Vor allem Goethe steht bei ihm in hohem Ansehen. Es werden ausgewählte Teile seiner Werke vom Hausherrn selbst vorgelesen. Nietzsche hat später noch darauf hingewiesen, daß Pinder ihn mit Goethe bekannt gemacht habe. In der Stadt gilt Pinder als Mann eines Christentums der Tat, er ist eine bei Theologen und Laien anerkannte Autorität in allen Fragen der herrschenden Staatsreligion.

Das sind Stützen, zu denen der im Frauenhaushalt Heranwachsende bereitwillig greift. Alles hat hier seine Ordnung. Man kann sich zu Recht im Bunde mit der Obrigkeit fühlen, hat die Künste zur Hand, kennt sich darin aus, ist, obwohl antirevolutionär im politischen Sinn, durchaus vorurteilslos, glaubt es zumindest zu sein. Eine Bürgerlichkeit ohne Fehl und Tadel! Es würde schwer fallen, ihrer Wohlanständigkeit irgendeinen Makel anzuhängen.

Aus ihr also geht Nietzsche unmittelbar hervor. Als Dreizehnjähriger verfaßt er ein vielsagendes Dokument: einen autobiographischen Bericht über die Jahre 1844–1858. Abgesehen von der, trotz einiger stilistischer Verstöße, sehr anschaulichen Schilderung mancher Lebensumstände, Familiendetails, Erlebnisse, Gefühle des jungen und bisweilen etwas altklug wirkenden Verfassers ist die Schrift eine Ergebenheitsadresse an Kirche und preußisches Königtum. Es scheint hier der Enkel jenes Superintendenten Friedrich August Ludwig Nietzsche, der Kant und allem aufklärerischen Unwesen zum Trotz in seinem »Gamaliel« dem Christentum ewige Dauer vorausgesagt hatte, die Feder zu führen. Da ist die Rede von dem Besuch, mit dem »unser lieber König« Naumburg beehrt hatte unter Anteilnahme der gesamten Bürgerschaft, des städtischen Gewerbes und der auf dem Marktplatz zum Empfang aufgestellten Schuljugend. Ein Feuerwerk am Abend läßt den Dom in geisterhafter Beleuchtung erstehen. Politisch votiert man entschieden für die konservative Sache. Da ist es selbstverständlich, daß man beim Ausbruch des russisch-türkischen Kriegs ganz auf der Seite des Zaren als dem Schutzherrn des Christentums und überhaupt dem Hort der Reaktion in Europa gegen die »Heiden« steht. In einem »Rückblick« auf sein kurzes Leben legt Nietzsche ein Glaubensbekenntnis nicht ohne den Zug rührender Treuherzigkeit ab, in dem sich die überlieferten Anschauungen dieser Jahre widerspiegeln: »Ich habe nun schon so manches erfahren, Freudiges und Trauriges, Erheiterndes und Betrübendes, aber in allem hat mich Gott sicher geleitet wie ein Vater sein schwaches Kindlein. Viel Schmerzliches hat er mir schon auferlegt, aber in allem erkenne ich mit Ehrfurcht seine hehre Macht, die alles herrlich hinausführt. Ich habe es fest in mir beschlossen, mich seinem Dienste auf immer zu widmen. Gebe der liebe Herr mir Kraft und Stärke zu meinem Vorhaben und behüte mich auf meinem Lebenswege. Kindlich vertraue ich auf seine Gnade: Er wird uns insgesamt bewahren, auf daß kein Unfall uns betrübe. Aber sein heiliger Wille geschehe! Alles, was er gibt, will ich freudig hinnehmen, Glück und Unglück, Armut und Reichtum, kühn selbst dem Tod ins Auge schauen, der uns alle einstmals vereinen wird zu ewiger Freude und Seligkeit. Ja, lieber Herr, laß dein Antlitz über uns leuchten ewiglich! Amen!«

Das ist unverkennbar der Ton der lutherischen Kanzelsprache mit ihren angelernten Klischees. So hatte er es zu Hause und in der Kirche gehört. Das ist die Sprache eines Pastorensohns, der in dieser Zeit ernsthaft den Gedanken gefaßt hat, sich auf den überkommenen Familienberuf vorzubereiten. Zweifel an seiner Bestimmung scheinen bis jetzt kaum aufgekommen zu sein beim jungen Domschüler, der sich gut in der Bibel auskennt, aber auch in der Welt des griechischen und römischen Altertums Bescheid weiß. In der Sammlung seiner Gedichte, die er seit seinem zehnten Lebensjahr verfaßt hat und deren Titel er in chronologischer Reihenfolge am Ende seiner vierzehnjährigen Lebensgeschichte aufzählt, wiegen Themen der Antike vor. Das Schicksal der Andromeda wird in Reime gebracht, er schreibt u. a. Verse über den Argonautenzug, über »Leonidas und Telakeus«; die »Götter vom Olymp« werden beschworen, und für einen strebsamen Absolventen eines humanistischen Gymnasiums, der sich der Muse verschrieben hat, geradezu als Pflichtübung, dichtet er eine neue poetische Version von »Hektors Abschied«. Das Mittelalter ist mit Themen über Konradin und Barbarossa vertreten. Dazu Geburtstagsgedichte, Strophen über den Winter in fünf Gesängen, Geistliches über die »Osterfeier« und ein »Choral« unter dem Titel »Jesu, deine bittren Leiden«. Man sieht: am Verfasser solcher staaatsfrommen und glaubenstreuen Versübungen läßt sich nichts aussetzen, ihn als Schüler zu haben, muß die Freude eines jeden im Dienste des herrschenden Regiments stehenden Lehrers sein. Dementsprechend sind die Leistungen Nietzsches auf dem Domgymnasium schon bemerkenswert. Er sticht ab, auch von den Freunden Gustav Krug und Wilhelm Pinder, den Klassenkameraden. Dies im Unterschied zur Bürgerschule, wo er gehemmt erschienen war!

Ein Musterschüler also, jemand, der ganz in den an ihn gestellten Forderungen aufgeht! Das ist, bei allem, was dagegen gesagt worden ist, nicht abzuweisen. Seine Leistungen und sein Auftreten werden denn auch bald entsprechend honoriert durch das Anerbieten des Rektors von Schulpforta an Franziska Nietzsche, ihrem Sohn eine »Freistelle« zu gewähren. Ein angehender junger Mann, der mit dem »Christlichen« in bestem Einvernehmen steht, dessen Begabung in der Schule vor allem im Latein als außergewöhnlich gilt, der nach eigenen Worten alles abweist, was nicht »klassisch« ist, müßte an dieser berühmten Schule am rechten Platze sein.

Unter den Schulen im Deutschland des 19. Jahrhunderts galt Schulpforta als eine der angesehensten, wenn nicht als die erste überhaupt. Wie die Fürstenschulen von Meißen und Grimma war sie eine jener Gründungen, auf denen die sächsischen Landesherren sich aus den Kindern ihrer Untertanen den Nachwuchs für ihre eigenen Beamten, Juristen, Geistlichen, Gymnasiallehrer heranbildeten. Die hohen Anforderungen garantierten ein strenges Auslesesystem. Schulpforta verdankte seine Bestimmung als Gymnasium dem für den Schulunterricht sehr aufgeschlossenen Moritz von Sachsen, der die Anstalt 1543 ins Leben gerufen hatte. Das Gebäude war eine ehemalige Zisterzienserabtei, von der die Kirche und die Kreuzgänge stammten, die nach der Reformation einer neuen Bestimmung zugeführt worden waren. Aus den Klosterzellen hatte man Wohnräume für Schüler und Lehrer gemacht. Der Hauptanteil der Zöglinge bestand aus Bewohnern des Schulheims, die Zahl der Externen war ganz gering.

Wuchtige Mauern erinnerten noch daran, daß die Bestimmung der Baulichkeit darin gelegen hatte, klösterliche Abgeschiedenheit zu schaffen. Der Eindruck war geblieben. Aber nicht nur das: auch vom Geist des Klosters hatte sich vieles erhalten, er war in der Schulzucht mit ihrem System der Beaufsichtigung, des Entsagens um der Sache willen aufgegangen. Die Mauern umschlossen einen Staat im Staat. Als Idealtyp galt hier der »Gelehrte«. Der junge dreizehn oder vierzehn Jahre alte Schüler, der für Schulpforta ausgesiebt worden war, sollte in einer sechsjährigen Schulzeit diesem Idealtyp angenähert werden. Die Ausbildung galt als Vorbereitung zur Universität. Um sie sicher durchlaufen zu können, wurde der Schüler bei seinem Eintritt meist um eine Klasse zurückversetzt, am liebsten in die unterste, damit er Gelegenheit bekam, das hier herrschende Schulsystem von den Anfangsgründen an in sich aufzunehmen. Hatte er alle Klassen mit Erfolg durchgemacht, so konnte die Annahme zu Recht bestehen, daß er Schulpforta bereits als »junger Gelehrter« verließ.

Es war eine straffe Erziehung, vergleichbar mit der in preußischen Kadettenanstalten, nur mit anderem Ausbildungsziel. Es sollten keine Offiziere herangebildet werden, sondern humanistisch Gebildete, künftige Leute der Wissenschaft. Dazu war dem geltenden Bildungsideal entsprechend die Beschäftigung mit der Antike unerläßlich. Preußen gilt viel, aber der Weg zu ihm führt für den jungen Zögling von Schulpforta über das Studium der Alten Welt. Mit den klassischen Idealen sich in den Dienst des jungen emporstrebenden Staats zu stellen, war hier die Regel. Aber auch spartanische Lebensführung soll dem Schüler den Weg zum preußischen Athen weisen.

Im Schulsystem von Pforta war die erzieherische Summe einer langen Rechnung gezogen worden. Die »Pforte« bedeutete Eintritt in ein neues Leben, der »Pförtner« galt als Angehöriger der Bildungselite exklusivster Art. Man fand im Alumnat allen Grund, sich auf eine lange Liste aus ihm hervorgegangener Schüler etwas zugute zu halten, zu denen Klopstock, Fichte und Ranke gehörten.

Zweifel am Erfolg der hier geltenden Ordnung zu dulden, gab es keine Veranlassung. Im Mittelpunkt des Unterrichts stand die Sprache. Wohl auch die deutsche, aber noch mehr das Griechische und das Latein! Wer sie beherrschte, wer durch die strenge Schule der Philologie hindurchgegangen war, hatte seinen Geist so weit geschult, daß er hinfort imstande war, jede Tätigkeit auszuüben, in jedem Beruf zum Erfolg zu gelangen. Auf diesem Glauben beruhte das Gymnasium der humanistischen Version, nach ihm ist es in Theorie und Praxis jahrhundertelang verfahren. Höchster von der Menschheitsentwicklung hervorgebrachter Typus war in neuerer Zeit der »Philologe«. Hier ging der Glaube mit seinen offenen Grenzen zum vollen Wahn über: wer nicht diese Übungen des jugendlichen Gehirns an der Grammatik der beiden alten Sprachen absolviert hat, dem ist Entscheidendes verwehrt geblieben. Mit Sicherheit läßt sich von ihm sagen, daß er über die Vorhöfe der »Bildung« nie ernsthaft hinausgekommen ist.

Diese Auffassung lag im 19. Jahrhundert unangefochten im »bürgerlichen Bildungsbewußtsein«. Schulpforta gehörte wie die Fürstenschulen in Meißen und Grimma zu den Exerzierstätten des humanistischen Geistes, auf denen nach solchen Maximen verfahren wurde. Der Erfolg schien sie zu bestätigen und war ja auch durch die zahlreichen bedeutenden Köpfe, die hier in mehr als dreihundert Jahren eine der Zeit entsprechende, nicht zu übertreffende Ausbildung empfangen konnten, nachdrücklich unter Beweis gestellt worden. Der junge Friedrich Nietzsche saß hier an der Quelle. Schulpforta war ein Zentrum der humanistischen Ideologie.

Oberste Lehrmeisterin, nach deren Regeln verfahren wird, ist die Disziplin. So ist der Tagesablauf einem genauen und streng beobachteten Ritual unterworfen. Schlafen in einem Saal, gemeinschaftliches Einnehmen der Mahlzeiten und ein von Gebet eingerahmtes Studium! Das Tagesprogramm ist so eingerichtet, daß nicht nur jede Minute genutzt wird, sondern überhaupt kein Leerlauf eintreten kann. Es gibt wohl wöchentlich einen freien Tag für jeden Schüler, aber auch dieser Tag der Erholung ist in den strengen Wochenrhythmus genau eingefaßt.

In Naumburg mit seinen verschließbaren Stadttoren hatte die Revolution von 1848 nicht stattgefunden. In Schulpforta, eine Wegstunde entfernt, brauchte das dicke Mauerwerk anstürmenden Revolutionären erst recht nicht standzuhalten. Es sorgte die Gesinnung der Lehrenden wie die Bereitschaft der Lernenden, ihnen zu folgen, dafür, daß ihr Gedankengut hier gar nicht erst eindringen konnte.

Schulpforta ist eine klösterliche Welt. Am Geist der Askese hat auch die Reformation nicht viel geändert. Die Gebote von Strenge und Entsagung gelten hier unangefochten. Das kommt Nietzsches Charakter entgegen, entspricht seinen eigenen Forderungen an die Schule, insbesondere im Vergleich zu Naumburg. »Aber etwas zu frei war es auch, das wirst Du nicht leugnen«, schreibt er an seinen Freund Pinder, mit dem er in Naumburg auf der gleichen Schulbank gesessen hatte. Anflüge von Laxheit waren nie nach Nietzsches Geschmack. Was ist das für eine »Schule«, in der es jeder nach seinem Gusto treibt!

Von Pinder und Krug ist Nietzsche nach seinem Eintritt in das Internat jetzt getrennt. Er hält sich gegenüber den neuen Mitschülern sehr zurück, verschließt sich, sondert sich ab, wie er es auch in der ersten Naumburger Schulzeit getan hatte. Die Ursache liegt sicher auch darin, daß er für die zurückgebliebenen Freunde zunächst keinen entsprechenden Ersatz findet, bis er schließlich in Paul Deussen einem Gleichgesinnten begegnet. Deussen hat in seinem Erinnerungsbuch Nietzsches »Gleichgültigkeit gegen die kleinen Interessen der Kameraden« angeführt:

»sein Mangel an esprit de corps« ist im Alumnat sprichwörtlich und wird »ihm als Charakterlosigkeit ausgelegt«. Nein, mit seinen Mitschülern hat er in der Regel nichts zu schaffen. Seine zeitweilig ausschließliche Zuwendung zu Deussen ist als Auszeichnung zu verstehen. Deussen vermerkt denn auch: durch »stille Unterhaltung und tägliches Spazierengehn zu zweien isolierten wir uns von unsern Kameraden«; allerdings kehrt er hervor, daß Nietzsches Verhalten eher aus der vorweggenommenen Einsicht resultiert, bei ihnen auf kein Verständnis zu stoßen. Die Konfirmation knüpft dann zwischen den beiden ein zusätzliches Band: »Als die Konfirmanden paarweise zum Altar traten, um knieend die Weihe zu empfangen, da knieten Nietzsche und ich als nächste Freunde nebeneinander. Sehr wohl erinnere ich mich noch an die heilige, weltentrückte Stimmung, die uns während der Wochen vor und nach der Konfirmation erfüllte. Wir wären ganz bereit gewesen, sogleich abzuscheiden, um bei Christo zu sein, und all unser Denken, Fühlen und Treiben war von einer überirdischen Heiterkeit überstrahlt ... Indessen hielt eine gewisse Gläubigkeit noch bis über das Abiturientenexamen hinaus stand. Untergraben wurde dieselbe unmerklich durch die vorzügliche historisch-kritische Methode, mit welcher in Pforta die Alten traktiert wurden, und die sich dann ganz von selbst auf das biblische Gebiet übertrug, wenn z. B. Steinhart im Hebräischen in Prima den 45. Psalm durchaus als ein weltliches Hochzeitslied erklärte.«

Hier finden sich auf dem engsten Raum des Anstaltsmilieus von Schulpforta die für Nietzsche später wichtigsten Elemente bereits in erstem dissonierendem Verkehr. Deussen bekommt bald zu spüren, daß seine Freundschaft von der Gnade des Freundes lebt und sehr wohl einer von Nietzsche kurzfristig mit andern Mitschülern eingegangenen Koalition geopfert werden kann. In solchen Fällen gelangen dann nur noch über Mittelsmänner Botschaften an ihn, bis das Klima sich wieder verändert und langsame Annäherung durch Aufhebung der gegen ihn verhängten Sanktionen erfolgt. Aber auch der Peiniger selbst hat Schwierigkeiten und muß gegen das Mißbehagen ankämpfen, das sich aus der täglich und stündlich erneuerten Erfahrung der Benachteiligung durch Kurzsichtigkeit und Übergewicht ergibt. Die Turnstunden sind ihm ein Greuel. Er schafft, wie Deussen berichtet, nur eine einzige Übung. Sie besteht darin, »daß er am Barren von der einen Längsseite aus den Leib mit den Beinen voran zwischen den beiden Stangen durchschob, um jenseits der andern Längsseite herunterzukommen. Dieses so einfache Stück, welches ein geübter Turner im Nu ausführt, vielleicht gar ohne die Stangen zu berühren, war für Nietzsche eine schwere Arbeit, bei der er dunkelrot wurde, außer Atem kam und in Schweiß geriet.«

Ergänzende Auskünfte gibt das Pfortaer Krankenbuch mit einer Eintragung aus dem Jahre 1862 über den Alumnus Nietzsche: »Er ist ein vollsaftiger, gedrungener Mensch mit einem auffallend stieren Blick.« Bei einer Krankmeldung im Mai 1864 vermerkt es »Congestionen nach dem Kopf«. Auch über die mögliche Herkunft der Beschwerden hat man sich damals Gedanken gemacht und bringt zu Papier, was man aus dem jungen Patienten herausgeholt hatte: Sein »Vater starb jung an Gehirnerweichung und war im hohen Alter gezeugt«. In Pforta will man alles genau wissen. Merkwürdigerweise fehlen Angaben über die »epileptischen Zustände«, unter denen bis zum 17. Jahre gelitten zu haben Nietzsche später zu Protokoll gibt.

Inzwischen kommt ein reger Briefwechsel mit den alten Naumburger Schulkollegen zustande. Außerdem trifft man sich. Schulpforta liegt nicht aus der Welt. Das gilt auch für Nietzsches Verkehr mit Mutter und Schwester. An Sonntagen verabredet man sich öfter in einem auf halbem Wege zwischen Naumburg und Schulpforta gelegenen Ausflugslokal. Die alten Verbindungen sind durch den Schulwechsel nicht nennenswert unterbrochen.

Mit Krug und Pinder gründet Nietzsche um diese Zeit den literarischen Verein »Germania«. Es gelten feste Statuten, ein bescheidener Mitgliedsbeitrag wird erhoben. Das ist ein Zirkelwesen ganz im Stile der Zeit, wo die Mitglieder sich zu Arbeiten verpflichten, um sie durch Kritik gegenseitig zu begutachten. Nietzsche scheint dabei der Eifrigste in dieser kleinen Runde gewesen zu sein. Das Hauptinteresse des Vereins liegt nun freilich auf musikalischem Gebiet. Nietzsche ist wohl die treibende Kraft für den Beschluß gewesen, die »Neue Zeitschrift für Musik« zu abonnieren. Gründer war Robert Schuman. Er verstand sie als Organ für die modernistischen Tendenzen der neueren Musik. Daher macht sie den leidenschaftlichen Verfechter des »Klassischen«, der Nietzsche damals war, mit den romantischen

Innovationen der jetzt komponierten Musik vertraut. Neuere Musik meint Schumann, sie meint Liszt, Berlioz und – was sich erst später herausstellen sollte – vor allem Wagner.

Die Lektüre der Zeitschrift führt die drei Abonnenten unmittelbar in die große Musik-Debatte ein. Nietzsche steht damals noch im Bann von Schumann, ist auf eine gewisse Weise sogar »Schumannianer«. Die Gründung der »Germania« verbindet die drei Mitglieder mit dem Stil der »Davidsbündler«, denen Schumann einige bedeutende Klavierszenen gewidmet hat. Schumanns Antipode aus der Dresdner Zeit der 40er Jahre aber war Wagner gewesen. Wagner quittierte Schumanns Ablehnung des »Tannhäuser« mit völligem Überhören seiner Genoveva-Musik. Nicht der Mühe wert, darüber Worte zu verlieren! Inzwischen steht ein neues Werk zur Diskussion, ärgerlicher und provozierender noch als der »Sängerkrieg auf Wartburg«. Die Presse berichtet darüber, die »Neue Zeitschrift für Musik« kann die Beunruhigung der breiten Öffentlichkeit über den »Tristan« nicht verbergen. So haben die Abonnenten aus dem Kreise der »Germania« Gelegenheit, zu erfahren, welche neue Bewandtnis es mit Wagner hat. Mit dem kleinen Vereinsvermögen wird der gerade erschienene Klavierauszug des Werks käuflich erworben. Für Nietzsche hat die Zukunft begonnen. »Von dem Augenblick an, wo es einen Klavierauszug des Tristan gab« – schreibt er später in »Ecce homo« – »war ich Wagnerianer.«

Gerade in der Teilhabe an der Musik als seinem eigentlichen Lebenselement zeigt sich, wie Nietzsche dabei ist, die eigene Gegenwart im Zustande unmittelbarer Bewegung wahrzunehmen. Der junge Mann von Schulpforta befindet sich hier sehr wohl auf der Höhe seiner Zeit, steht sogar im Bann ihrer vorwärtsweisenden Tendenzen. Unverkennbar wird hier sein Drang nach allseitiger Ausbildung seiner Kräfte. Die Intensität, mit der er Musik treibt, sprengt eigentlich schon den Rahmen der Philologen-Anstalt. Musik ist als Fach dem Internat keineswegs fremd, aber doch eher eingeordnet in das formale Ausbildungssystem der Schule. Nietzsche, der an seinen freien Tagen an einem »Weihnachtsoratorium« komponiert und vor den Ohren der Mitschüler stundenlang am Klavier phantasiert, geht weit darüber hinaus. Hier bereitet sich die Bahn eines Denkers vor, für den später ein Leben ohne Musik als ein Mißverständnis erscheinen wird.

In Schulpforta sind seine Leistungen gemessen am höheren Gesamtniveau der Mitschüler beachtlich, aber keineswegs überdurchschnittlich. In der Mathematik versagt er sogar vollständig und kann diesen Ausfall nur durch seine guten Noten in anderen Fächern kompensieren. Hervorstechend ist der – abgesehen von harmlosen Plänkeleien – früh in ihm ausgeprägte Zug, der Umgebung die Anerkennung seiner Autorität abzugewinnen.

So steht er vor uns: der durch tägliches Gebet herangebildete junge Musterchrist, der seine »Konfirmation« als inneres verklärendes Erlebnis durchgemacht hat, durch seine Begabung in den Fächern, die in Schulpforta vor allen andern etwas gelten, Beachtliches leistet, in der Kleidung, im Betragen gegen Lehrer wie gegen Freunde nicht den geringsten Anlaß zu Klage gibt; ein Gymnasiast, der in dieser hochangesehenen Anstalt eine Einführung ins »Christentum« erhält und Mittel zu dessen Studium in die Hand bekommt, wie sie anderswo nicht leicht zu erlangen sind. Das heißt: Nietzsche kennt die Sache, von der er sprechen wird, in ihr ist er Experte.

Der christliche Geist, der hier weht, ist aber auch durchzogen von der Skepsis des Humanisten. Weil das christliche Heil für den Staat und das breite Volk notwendig ist, ist die Verbreitung des Evangeliums im Religionsunterricht der Volksschule das A und O. Die Volksschule macht vertraut mit der Geburt, dem Leben und Sterben des Herrn, sie unterrichtet außerdem von Ereignissen, die der »Heilsgeschichte« vorausliegen, wie der Entstehung der Welt, den Schicksalen der Patriarchen und ihrer Söhne und Enkel, dem Auszug der Israeliten aus Ägypten, den Weissagungen der großen und kleinen Propheten. Wenn der junge aus dem Volke kommende Erdenbürger sich darin auskennt, ist er für seinen künftigen Lebensweg mit geistlichem Rüstzeug bestens versehen. Ein »Mehr« wäre im christlichen Sinne »Weniger« und vor allem: wäre gefährlich. Warum soll man ihn belasten mit Kenntnissen über die Homerischen Helden, die ohnehin »Heiden« waren und darum ohne Aussicht auf das Licht künftigen Heils? Die Schicksale von Achill und Hektor, der ehebrecherischen Helena und des eitlen Paris können nur Verwirrung stiften. Darum ist es gut und für das Wohlergehen der Menschen nützlich, wenn man nicht ausdrücklich an sie erinnert.

Das waren über Jahrhunderte hinweg unangefochtene Regeln für die »deutsche Volksschule«. Sie belohnte den auf den Glauben hin erzogenen Menschen durch Vorenthaltung, bewahrte ihn gewissermaßen vor dem Gift der heidnischen Antike. Denn die Kenntnis der heidnischen Antike, ihrer Dichter, Philosophen und Geschichtsschreiber gehörte zum Privileg des Gymnasiums. In den Augen der »Humanisten« bedeutete das »Christentum« zwar die Grundlage der Moral, aber gemessen an der Lebenswelt der Griechen und Römer, ihrer Kunst und Zivilisation, befand es sich auf einer Kulturstufe minderen Ranges.

Das sind Anschauungen, die auch in Schulpforta Gültigkeit haben. Sie deuten auf jene Verbindung des »Christlichen« mit dem »Griechischen« hin, wie sie hier geübt und in einer gewissen Weise gelebt wird. Zugleich aber wird damit schon die leise Distanz vorbereitet, die Nietzsche zum allgemein gültigen Kirchenglauben langsam einzunehmen beginnt. Sein ursprüngliches Ziel ist keineswegs aus dem Auge verloren. Er will Theologe werden. Darum nimmt er auch das Studium des Hebräischen auf, ohne allerdings große Fortschritte zu machen. Daß er sich in die Familientradition beider Elternteile würdig einreihen möchte, hat von Anfang an festgestanden. Nun melden sich erste Zweifel, die nach den in Schulpforta geltenden Gesichtspunkten durchaus verständlich sind. Denn das »Christentum« wird mit den Augen klassischer Philologen als eine Bewegung auf dem Hintergrund der alten Welt gesehen, vor dem sie aufsteigt und sich unwiderstehlich ausbreitet. Aber was hier an neuer Moral und der Liebe als höchstem Gebot auf der einen Seite gegeben wird, wird auf der andern wieder genommen, wo die Zeugen alter Schönheit, die jetzt nichts mehr gelten, dem Verfall überlassen werden. Das »christliche Heil« hat seinen Preis.

Solchen Bedenken ist in einer Schule wie Schulpforta seit Jahrhunderten Vorschub geleistet worden. Dabei blieb die Vorstellung unangetastet, diese Bedenken müßten auf eine mit Kenntnissen der antiken Welt gut versorgte Bildungselite beschränkt bleiben, während das breite Volk wohl beraten wäre, wenn es sich ans »Christliche« hielt. Hier steht der Schüler Nietzsche ganz auf dem festen Boden seines traditionsreichen Internats.

Doch es gibt schon erste Erkundungen von bisher unzugänglichem Gelände. Dazu gehört die Bekanntschaft mit Wagners »Tristan«. Das ist Bekanntschaft mit Verbotenem. Nicht umsonst spricht Nietzsche später von den »Orgien«, die er mit dieser Musik gefeiert habe. Hier stößt ein Giftstrom in die Blutbahn des »Christen«. Das ist eine Droge, deren Entziehung ihm nie mehr gelingen wird.

Und da ist Hölderlin. Ein damals weit und breit Unbekannter: Der Deutschlehrer warnt den enthusiastischen Leser vor solchem Umgang. Aber vom Dichter des »Hyperion« fühlt Nietzsche sich angezogen. Aus ihm spricht ein verwandter Geist. Wie Hyperion an den Gestaden des Hellespont zu wandeln auf der Flucht vor dem niedrigen deutschen Alltag, den Kleinlichkeiten des Vaterlandes, in dem die hohe Gesinnung kein Heimatrecht mehr hat: das ist auch seine Sehnsucht. Hier sieht er seinen persönlichen Fall verhandelt. Das Mittelmeer, der Süden, der ewigblaue Himmel, die Klarheit des Lichts, das auf Menschen, Bewegungen, Gegenstände fällt, die Luft! In der Idealität von Hölderlins »Griechenland« erblickt er das »verlorene Paradies«, auf dessen Suche er sich von nun an lebenslang befinden wird.

Schon jetzt, in der fortgerückten Schülerzeit, ist Nietzsche dabei, sich innerlich langsam von seiner Umwelt zu entfernen. Das erfolgt, ohne daß er sich darüber im einzelnen immer Rechenschaft gibt. »Einsamkeit« als Grundgefühl war schon in der Naumburger Bürgerschule, im unterlassenen Verkehr mit seinen Mitschülern, hervorgetreten. Jetzt scheint sie weiter um sich zu greifen, insbesondere während seiner langsamen Lösung von der Mutter. Die Mutter hält an dem ihr herkömmlicherweise zugedachten Rollenpart fest. Es ist ihr unmöglich, den Gedankenflügen des Sohnes zu folgen, am allerwenigsten den vorgetragenen Zweifeln an den überlieferten Glaubensformen. Der Sohn erkennt instinktiv die Verletzbarkeit dieser Beziehung durch den »Pförtner«-Geist der Kritik. Die Mutter weist erste Einwendungen gegen den »Glauben« zurück. Es gibt Vereinbarungen, die Fragen ruhen zu lassen. Die Mutter warnt, der Sohn beginnt, taktvolle Zurückhaltung zu üben.

Aber das Abgrenzungsbedürfnis Nietzsches greift auch auf die Beziehung zu den Freunden über. Die »Germania«, für die Nietzsche am Ende die meisten Beiträge geliefert hatte, geht ein. Krug und Pinder werden in ihren Arbeiten einer beißenden Kritik unterworfen und verlieren so die Freude an der Sache. In Schulpforta blieb sein freundschaftlicher Verkehr lange auf Paul Deussen beschränkt, zu dem zeitweilig Guido Meyer hinzukam.

Diese Beziehung endete mit dem Tage, als der Freund wegen eines an sich harmlosen Verstoßes gegen die Disziplin die Anstalt verlassen muß. Nietzsche hat den Verlust sehr beklagt und den dunkelsten Stunden seines Aufenthaltes in Schulpforta zugerechnet. Aber dabei blieb es auch.

Die Freundschaft mit Carl von Gersdorff kommt erst später zustande. Gersdorff ist Externer, dazu eine Klasse unter Nietzsche, so daß der Verkehr erschwert ist. Erst in der Prima kommen sie sich näher. Gersdorff gegenüber läßt Nietzsche sein Abstandsbedürfnis zurücktreten.

Nun war Schulpforta keine Schule, der eine Verknöcherung der Lehre und des Lehrerkollegiums hätte nachgesagt werden können. Im Gegenteil! Die Alumnen wurden schon früh zu selbständigen Forschungen angeleitet. Die strenge Grenze von Gymnasium und Universität war hier in manchem bereits weitgehend aufgehoben. So sollten die Schüler eigene wissenschaftliche Themen über längere Zeiträume hinweg abhandeln. Es mochte der Zufall daran mitbeteiligt sein, daß Nietzsche auf Theognis aus Megara, einen griechischen Spruchdichter aus dem 6. vorchristlichen Jahrhundert, verwiesen wurde, für den er sich dann auch entschied. Die eigentümliche Artverwandtschaft zu diesem antiken Autor konnte ihm damals noch nicht bewußt werden. Immerhin kamen zwei charakteristische Züge dieses Schriftstellers dem jungen Bearbeiter entgegen. Theognis ist ein Meister der epigrammatischen Zuspitzung und ein Ideologe der Aristokratie. Das Thema hat Nietzsche damals gefesselt und auch während seiner Universitätsjahre noch ununterbrochen beschäftigt.

Die Beschäftigung mit Theognis, eine Pflichtübung, der Nietzsche gern nachkam, gibt nur einen sehr unvollkommenen Eindruck von Nietzsches Produktivität während der Jahre von Schulpforta. Die Themen der Aufsätze, die Titel der Gedichte und der Kompositionen machen eine stattliche Liste aus. Es spricht indessen so gut wie nichts für die Gültigkeit dieser Schüler-Kreationen. Sie bedeuten nicht viel mehr als mit Ausdauer betriebene Sprach- und Musikübungen und belegen eher die Interessen als die Meisterschaft ihres Verfassers.

Aber es gibt eine Ausnahme, nämlich ein für die »Germania« verfaßtes theoretisches Papier, das sich über die Frage des freien Willens ausläßt und zur historischen Rechtfertigung des Christentums Stellung bezieht. Hier erfahren die Mitglieder des literarischen Vereins: »es stehen noch große Umwälzungen bevor, wenn die Menge erst begriffen hat, daß das ganze Christentum sich auf Annahmen gründet.« Da ist es ausgesprochen: fest gegründet scheinender Glaube steht auf schwachen Füßen. Kommt erst einmal raschere Bewegung in den Entwicklungsverlauf der Menschlichkeitsgeschichte, gibt es ein Einsinken auf diesem bisher so sicheren Boden. Das steht alles noch aus. Aber darauf muß man gefaßt sein. Und die Philosophie? Von ihr, so wie sie sich in der bisher geltenden Form darstellt, ist nichts zu erwarten: »unsere ganze bisherige Philosophie ... ein babylonischer Turmbau.« Mit dem Menschen ist ein kaum richtig einzuschätzender Unsicherheitsfaktor im Spiel, ein »fatalistischer Schädel – und Rückgratsbau« hat ihn zur Gewöhnung an Umwelt und Umstände verurteilt, gegen die sich freilich immer wieder der Drang nach Individualität sträubt. Der Mensch ist wie seine biologische Konstruktion – mit gleichzeitigem Willen zur Vereinzelung.

Aus dem Papier des 18jährigen spricht der Alumnus von Schulpforta, sprechen seine bis dahin gemachten Erfahrungen. In dieser Schärfe liegt freilich ein neuer Ton, wie er von den Kathedern deutscher Universitätsphilosophen so nicht gehört werden konnte. Es ist aber zunächst nur eine eher private Auslassung, für einen kleinen Kreis literarisch Interessierter bestimmt, ein Versuch, verstreute Ideen in eine erste abgerundete Form zu bringen. Nicht mehr, aber auch nicht weniger!

Das Abgangszeugnis von Schulpforta, das Nietzsche ausgestellt wird, kann sich sehen lassen, ist aber im Sinne des herrschenden Schulverständnisses keineswegs brillant, denn es hat erhebliche Schönheitsfehler. Es scheint insofern vollkommen gerecht zu sein, als es seine später zum Vorschein kommende wirkliche Begabung schon sehr genau quittiert. Seine Stellung als Primus der Klasse hatte er verloren, was er später mit einem gewissen Stolz vermerkt. Die Noten »vorzüglich« bekommt er in Religion, deutscher Sprache und Latein. Im Griechischen erhält er »gut«, im Französischen »befriedigend«. Dagegen werden ihm ungenügende Kenntnisse des Hebräischen, der Mathematik und im Zeichnen bescheinigt. Aber das Kollegium von Schulpforta läßt altem Brauch folgend Gnade walten, wenn es heißt: »Die unterzeichnete Prüfungs-Kommission hat ihm dennoch, da er jetzt

die Königl. Landes-Schule verläßt, um in Bonn Philologie und
Theologie zu studieren, das Zeugnis der Reife erteilt, und entläßt ihn mit der Hoffnung, daß er bei stets ernstem und gründli-
chem Fleiße dereinst in seinem Berufe etwas recht Tüchtiges leisten werde.«

Daß die Wahl des Studienorts bei Nietzsche auf Bonn fiel, beruhte nicht auf Zufall. Mit ihm entschied sich mehr als eine Handvoll ehemaliger Pförtner-Zöglinge des gleichen Jahrgangs für die rheinische Universität. Ihr Ansehen war weit und breit gesichert und wurde von der preußischen Regierung durch großzügige Dotierung und Berufungen renommierter Gelehrter außerordentlich gefördert. Es gehörte zur preußischen Politik, das weitgehend katholische Rheinland fester an das protestantische Stammland zu binden und zugleich dieser von Berlin aus gesehen »halb-französischen« Landschaft die Segnung einer geordneten Administration teilhaftig werden zu lassen.

Was sich zweifellos unter den Verhältnissen der Zeit als notwendig erwies, hatte in Bonn während des 19. Jahrhunderts große Früchte getragen. So war Nietzsche mit seinen Studieninteressen in den von ihm in Aussicht genommenen Fachgebieten an der preußischen Universität bestens aufgehoben. Die klassische Philologie hatte in Jahn und Ritschl anerkannte Vertreter ihres Fachs und befand sich in einer berühmten Nachbarschaft. August Wilhelm Schlegel war es gewesen, der als Bonner Professor das Sanskrit als Lehrfach an der Universität eingeführt hatte. Mit Diez lehrte seit den 30er Jahren der Begründer der »romanischen Philologie« in Bonn. Diese Vergangenheit wirkte noch nach und machte Bonn zu einem Mekka für angehende Philologen, das zu besuchen vom Lehrerkollegium in Schulpforta den scheidenden Absolventen anempfohlen wurde.

Es gehörte zum damals noch nicht erkannten, aber offenbar bleibenden »Schicksal« Bonns, nie wie Königsberg, Berlin, Jena, Freiburg große Philosophen hervorgebracht oder berufen zu haben. Dennoch ist sein Name mit der Weltwende des Denkens verbunden. Nur: keiner der jemals dort lehrenden Professoren hat dazu beigetragen. Es waren zwei Studenten, die sich für einige Monate mehr oder weniger aufmerksam in den Hörsälen der Universität aufhielten. Der erste – Karl Marx – hatte 1835/36 ein wenig Nutzen bringendes Studienjahr dort verbracht und war dann gleich nach Berlin übergewechselt. Am 16. Oktober 1864 traf mit Nietzsche der zweite ein. Beide: Weltumstürzer auf verschiedenen Wegen, haben von Bonn ihren akademischen Ausgang genommen.

Die Fahrt vom heimatlichen Naumburg ins Rheinland zusammen mit Paul Deussen war ein Weg in die industriell am höchsten entwickelte Provinz auf deutschem Boden in jener Zeit. Im Wuppertal, dem deutschen Manchester, wohin die beiden Reisenden zunächst der Zug bringt, macht Nietzsche erste Bekanntschaft damit. Man steigt in Elberfeld aus, wo Deussen Verwandte wohnen hat. Das »Tal« selbst erscheint Nietzsche »wie eine lange, mächtige Kette von Fabriken«, die sich am Flußlauf entlangstrecken. Das ist ein bis dahin nie gesehenes Bild. Der hier herrschende Geist hat jene eigentümliche pietistische Frömmigkeit in sich aufgenommen, die schon Friedrich Engels, Sohn einer Barmer Fabrikantenfamilie, eindrücklich beschrieben hatte. Nietzsche bemerkt sie vor allem bei den Frauen und meint damit ihre »besondere Vorliebe für frommes Kopfhängen«. Das Sündenbewußtsein der Kreatur wird dezidiert zur Schau gestellt.

Das ist ein Phänomen, das der junge Reisende sofort Mutter und Schwester nach Naumburg im Brief mitteilt. Im übrigen geht die Fahrt an den Rhein mit Vergnüglichkeiten vor sich, wie man sie sich zu Hause kaum hatte vorstellen können. Das Rheinland gilt allgemein als fröhliche Region. Darum werden auch die Gasthäuser entsprechend frequentiert, wird dem Wein zugesprochen, kurz die Lebensfreude nach Gebühr gepflegt.

Der mitreisende Deussen ist ein Pfarrerssohn aus Oberdreis im Westerwald. Auch er hat die Absicht, in Bonn sein Studium zu beginnen. Aber vorher wollen beide in Deussens Elternhaus, das mit seinen ländlichen Zügen an Röcken erinnert, ein paar Erholungswochen verbringen. Aus dem Aufenthalt wird eine sommerliche Idylle. Dem Pfarrhaus ist ein Mädchenpensionat angegliedert mit – wie Nietzsche bemerkt – wenig reizvollen, aber dafür eifrig tätigen Töchtern. Es werden gemeinsame Ausflüge in die Umgebung gemacht, ganz im Stil der zeitgenössischen bürgerlichen Wanderlust. Höhepunkt ist ein Ausflug nach Königswinter, damals schon dabei, ein Dorado für die touristisch gepflegte »Rheinromantik« zu werden. Zum Aufenthalt an diesem Ort gehört der obligate Aufstieg zum Drachenfels – mit Reittieren, wie sich bei diesen ansehnlichen Besuchern natürlich von selbst versteht. Beim langsamen Ritt rätselt Nietzsche daran herum, ob er nicht auf einen Esel geraten ist. Natürlich! Es stehen für die Bergpartie von Königswinter aus gar keine Pferde bereit. Der Tag endet mit den ortsüblichen Schäkereien, mit dem Schwenken von Weingläsern, fröhlich angestimmten Rheinversen, einem lustigen Treiben, bei dem sich – Deussens Bericht zufolge – Nietzsche durch besondere Ausgelassenheit hervorgetan hatte.

Eine Wanderung über das Gebirge des Westerwalds bis in die Ebene des Neuwieder Beckens bedeutet den Abschluß der Wochen in Oberdreis. In Neuwied besteigen dann Nietzsche und Deussen das Schiff, um von hier nach Bonn zu fahren.

Es sind hohe Erwartungen, die Nietzsche an diese Stätte seines Aufenthalts für die nächsten Monate knüpft. Zwar soll das Studium im Vordergrund stehen, aber gleichzeitig in diesem für seine Heiterkeit berühmten Landesteil das Gesellige nicht vernachlässigt und darüber hinaus Bekanntschaft mit dem Musik- und Theaterleben hier und im benachbarten Köln gemacht werden. In Naumburg hatte er wegen der fehlenden Möglichkeit diese Interessen zwangsläufig vernachlässigen müssen. Gerade als Musiklandschaft stand aber der Rang dieser Region fest. Noch waren die Erinnerungen an die große Zeit der rheinischen Musikfeste nicht verblaßt, galt der Name Robert Schumann in diesem Zusammenhang so gut wie alles. Und Schumann bedeutete ihm in diesen Monaten noch die kaum ernsthaft in Frage gestellte Autorität für die moderne Musik.

Nach einigem Umsehen in der Stadt entscheidet sich Nietzsche für eine Wohnung in der Bonngasse Nr. 518, nicht weit übrigens entfernt vom Geburtshaus Beethovens. Über die in Frage kommenden monatlichen Unkosten muß mit der Mutter und dem Vormund Abstimmung erzielt werden. Das gilt namentlich für den Eintritt in die Burschenschaft »Frankonia«, bei der mit ziemlich hohen Ausgaben zu rechnen ist. Der Vorsatz war schon früh gefaßt und dann noch einmal durch das Beispiel fast aller von Schulpforta herübergekommenen Mitschüler bekräftigt worden, die die weiß-rot-goldenen Farben des Bundes vereinte. Es läßt sich jetzt bei der Lage der Dinge kaum noch rückgängig machen. Die Absicht Nietzsches und der Freunde war ohnehin gewesen, die Monate des Studiums durch Ausflüge und Kneipen mit entsprechender Biergeselligkeit so angenehm wie möglich zu gestalten. Man will die Welt in ihrer ganzen Weite, Breite und Fülle kennenlernen. Der studentische Kommers mit Gesang und Landesvater, die zu fechtende Mensur nach festem Reglement haben es ihm in diesen Wochen angetan. Er selbst schlägt eine Partie – aus Freundschaft –, zwingt seinen Gegner zum Abbruch und erhält einen Hieb quer über die Nase, der als Narbe bleibende Spuren hinterläßt: Zeichen für den absolvierten Initiationsritus des Männerbundes.

Mit diesem studentischen Eintreten für die Gedanken der deutschen Burschenschaften stehen Nietzsche und seine Freunde ganz inmitten der Bewegung ihrer Zeit. Die deutschen Burschenschaften hatten nach den napoleonischen Kriegen – so attestiert er ihnen – sich gegen »jenen schwülen und verderbten Hauch« gewandt, »der über der Stätte der Universitätsbildung lag«. Ihr machtvolles Wirken war wie ein über Deutschland hereinbrechendes reinigendes Gewitter gewesen. Aber gerade ihre Kraft weckte das Mißtrauen und regte ihre Verfolgung durch zähe Gegner an. Die Anschläge der Metternichschen Restauration waren ihnen nicht gut bekommen. Jetzt, in den 60er Jahren, der frühen Bismarck-Ära, scheinen sie den neuen Schwung mitzubekommen, der Preußen in drei Kriegen an die Spitze des »Reichs« bringen wird. Aus der Kommersfreude des Bonner »Frankonen« Nietzsche spricht jene Erwartung des kommenden Aufbruchs.

Der junge Student ist dabei, die bis dahin unbekannte Ungebundenheit in vollen Zügen zu genießen. Bonn mußte ihm wie das vollkommene Gegenteil von Schulpforta erscheinen. Das vorgenommene Tagespensum ist manchmal nur mit Mühe zu bewältigen. Die Musik steht im Vordergrund. Er hat ein Klavier gemietet und widmet sich stundenlang eigenen Kompositionen. Zu Weihnachten läßt er sich von zu Hause einen Klavierauszug von Schumanns »Manfred« schicken zusammen mit einer Werkausgabe des Aischylos. Deutlicher als durch diese Namen lassen sich die privaten Hauptbeschäftigungen Nietzsches während jener Wochen kaum aufführen. Überhaupt sieht Nietzsche Bonn als die Stadt Robert Schumanns, die traurige Endstation des großen Musikers, der sich im Zustand tiefster Depression in den Rhein gestürzt hatte und in Endenich qualvoll dahingesiecht war. Nietzsche ist in diesen Monaten von Schumann wie besessen. Offenbar macht seine Musik ihm das Leiden dieses »nervöser« werdenden bürgerlichen Zeitalters durchhörbar. Und so finden wir Nietzsche auf seinen Spuren. Er legt am Grabe des Komponisten Blumen nieder. Schumann ist für ihn damals das Maß aller Dinge in Fragen der »modernen« Musik.

Daneben nimmt Nietzsche als Musensohn aus der sächsischen Provinz natürlich an den Veranstaltungen des Beethovenvereins teil, ist er eifriger Besucher von Sängerfesten, wie sie in der Stadt und der Umgebung stattfinden. Bei der »Frankonia« hat er die Funktion des »musikalischen Beraters« – wie er es selber nennt – übernommen. Das bedeutet, er studiert die musikalischen Vorträge beim Festkommers ein und dirigiert sie auch. In den Augen der Kommilitonen ist er der »Ritter Gluck«.

Nach eigenen ausführlichen Schilderungen an die Familie bietet der Festkalender eine Fülle von Verführungen, deren sich der junge Kunstfreund nach einer Zeit langer Entbehrungen im trüben Naumburg schwer erwehren kann. Kaum etwas wird ausgelassen. Boulevard-Komödien im Bonner Schauspielhaus, dann aber auch Hebbels »Nibelungen« mit der Niemann-Seebach als Kriemhilde, ein Konzert mit der berühmten Sängerin Adeline Patti, ein Klavierabend mit Clara Schumann, in Köln Beethovens »Fidelio« und Meyerbeers »Hugenotten«! Besorgniserregend sind nur die Unkosten. In den Briefen an die Mutter legt er seine betrüblichen Geldverhältnisse dar. Kommt der monatliche Wechsel an, ist bereits durch anstehende Schulden alles so gut wie ausgegeben, so daß er fast nie Geld in der Tasche hat. Bonn gilt als eine der teuersten deutschen Universitäten. Das leicht- und schnellebige Rheinland verschlingt mehr als der flache deutsche Osten. Er tröstet sich und die Mutter: der Aufenhalt hier ist nur eine Ausnahme, später wirds billiger kommen.

Was ihn zum Genießen dieser Bonner Monate dennoch ermuntert, ist ein Gedanke, der wie ein schweres Gewicht auf der Zukunft lastet. Es ist der Gedanke ans Militär. Von diesem freundlichen Rheinathen mit den gefüllten Pokalen und dem frohen Becherklang sich auf den kargen spartanischen Boden des preußischen Kasernenhofs begeben zu müssen, sind düstere Aussichten. Das wäre ein Weg dahin zurück, von wo er gekommen war. Vielleicht hatte er einen Fehler gemacht, daß er das erste Dienstjahr nicht unmittelbar nach Abschluß der Schulzeit abgeleistet hatte. Aber die Gegenüberlegung überzeugt ihn mehr: gleich nach Schulpforta preußischer Unteroffizier zu werden, wäre zu viel gewesen: »Freiheit liebt das Tier der Wüste.«

Also tat er gut daran, in der knappen ihm verbleibenden Zeit kräftig in den Tag hinein zu leben. Das geschieht mit Dampfer-fahrten auf dem Rhein und natürlich mit genauen Beobachtun-gen von Land und Leuten. Er stellt dabei immer den Vergleich zum heimatlichen Naumburg an. Der humanistisch gebildete Kulturprotestant aus dem sächsischen Preußen befindet sich im rheinischen Bonn in einer katholischen Stadt. Das heißt: es gilt sich vorzusehen. Immer das eigene Panier hochhalten! Er kann sicher sein, daß die beiden Tanten erschrocken sind, als er ihnen das Milieu auseinandersetzt, in dem er sich befindet: »daß bei der Nähe von Köln der Katholizismus vorherrschend ist, ja leider auch der Jesuitismus« und dies mit dem Ziel der »Vernichtung des Protestantismus«, gibt ihnen zumindest Anlaß zu ernsthaf-ten Befürchtungen. Der Neffe beruhigt sie mit der Versicherung seiner Wachsamkeit als Anhänger des Gustav-Adolf-Vereins, wo er mit einem Vortrag über die kirchlichen Zustände der Deutschen in Nordamerika seine Aktivität für die evangelische Sache unter Beweis gestellt habe. Leider sieht's mit der Bonner protestantischen Geistlichkeit schlecht aus. Pures Mittelmaß, wohin man sieht!

Höhepunkt seines Aufenthalts am Rhein und seiner eigenen musikalischen Aktivitäten ist das Niederrheinische Musikfest im Juni 1865 mit einer Aufführung von Händels »Israel in Ägypten« im Kölner Gürzenich. Im Chor von mehr als sechs-hundert Sängern und Sängerinnen, für den der Kölner Männer-gesangverein den Stamm und der Bonner städtische Gesangver-ein die Verstärkung stellt, singt der künftige Verächter der Mas-sen in Frack und weißer Weste mit weiß-rot-seidener Schärpe. Die Damen ganz in weiß mit blauen Achselschleifen, dazu Blu-men im Haar und jede ein Bukett in der Hand! Bei ausbrechen-dem Jubel – Nietzsche hält die Szene fest – werfen die dreihun-dert Sängerinnen ihre dreihundert Sträußlein den Sängern ins Gesicht: verblümtes bürgerliches Gesellschaftsspiel auf dem Konzertpodium der rheinischen Metropole. Das Fest dauert drei Tage und zeigt die Stadt mit ihrem Dom, den Hotels am Rhein im Flaggenschmuck von der feierlichen Seite. Nietzsche schaut sich um und glaubt, die bei solchen Menschenaufläufen nicht ungewöhnlichen Taschendiebe an der Arbeit zu sehen. So jeden-falls im Bericht an die Schwester!

Einige Wochen später, in der 2. Juni-Hälfte, ist er wieder in

Köln. Diesmal zur Fünfzigjahr-Feier der Vereinigung des Rheinlands mit Preußen. Er ist nicht nur Zeuge des Besuchs, den der preußische König der Stadt abstattet, sondern bemerkt auch – in Gegensatz zur offiziellen Berichterstattung durch die Presse – die »Kälte«, mit der die Kölner ihn begrüßen, denen es schwerfällt, die Einverleibung in den Militärstaat als eine Wohltat zu verstehen. Beim Betrachter steigen erste Zweifel auf. Vielleicht ist es mit dem eben aus dem Krieg gegen Dänemark siegreich hervorgegangenen Preußen gar nicht so gut bestellt, wie behauptet wird. Es hat Verstimmungen über die Bismarcksche Politik gegeben. Die Reaktionen der Kölner bestätigen Nietzsches aufsteigende Skepsis. »Ich begreife aber auch wirklich nicht, woher jetzt gerade der Enthusiasmus für König und Minister kommen soll«, meint er in seinem Brief an Mutter und Schwester. Angesichts seiner Beanspruchungen durch private, insbesondere künstlerische Interessen, das Verbindungsleben, die Festlichkeiten in Bonn und Umgebung, seine Aktivitäten im Gustav-Adolf-Verein, tritt das Studium sehr bald zurück. Hinter dem Vorsatz, Theologie zu studieren, hatte mehr als die eigene Absicht der Wunsch der Mutter gestanden. Aber schon das erste Semester zeigt eine auffällige Vernachlässigung dieses Fachs, das er in seinem Wochenplan nur durch ein kirchengeschichtliches Kolleg berücksichtigt. Sein Studium geht von Anfang an in eine andere Richtung. Bei Sybel, dem national-liberalen Historiker, hört er eine Vorlesung, deren Wirkung auf ihn in seinem Urteil über den zurückhaltenden Empfang des Königs durch die Kölner Bevölkerung zu spüren ist. Sybel galt damals als Gegner Bismarcks und wird erst im Zuge der erfolgreichen Bismarckschen Politik gegenüber Dänemark und Österreich zu einem entschiedenen Anhänger, insbesondere von dessen kleindeutscher Lösung.

Natürlich liegen Nietzsches wirkliche Neigungen von Anfang an bei der klassischen Philologie. Das war auch in seinem Abgangszeugnis vermerkt worden. Aber es stellen sich bei der Aufnahme des Studiums dem aus Schulpforta herübergekommenen Adepten einige Schwierigkeiten entgegen. Es geht um eine Professorenfrage. Auf der einen Seite steht Otto Jahn, auf der andern Friedrich Wilhelm Ritschl. Jahn ist besonders Griechenland zugewandt, Archäologe und nebenbei Musiker und Musikwissenschaftler, der Verfasser einer Mozart-Biographie, Ritschl steht der historisch-kritischen Schule nahe, ist Homer-Sachverständiger, Kenner der griechischen Tragödie, insbesondere des Aischylos, und hat schon die Bedeutung der enthusiastisch-asiatischen Musik in der griechischen Frühzeit erkannt. Daneben ist er lateinischer Grammatiker. Die Rivalitätskämpfe der beiden Fachkollegen, die gerade auf ihren Höhepunkt gelangen, erklären Nietzsches auffallendes Zaudern. Eine Wahl zu treffen ist schwer. Von Ritschl waren Nietzsche und Deussen, als sie sich in der Privatwohnung des Professors vorstellten und ihre Pförtner Empfehlungsschreiben aus der Tasche zogen, ziemlich kurz abgefertigt worden. Briefliche Anspielungen bezeugen zunächst Nietzsches Parteinahme für Jahn, der seinem eigenen Naturell vielleicht nähersteht. Doch dann erfolgt plötzlich der Übergang ins Ritschl-Lager. Zu dieser Wende hat auch ein längeres Gespräch beigetragen, ein »Vortrag«, den Ritschl ihm in einer privaten Audienz gehalten hat. Nietzsche hat die Auseinandersetzungen der beiden Kontrahenten in den nächsten Wochen aufmerksam verfolgt, wobei Jahn sich mit Hilfe der Universitätsadministration durchsetzen kann, Ritschl dagegen beim Minister zunächst um seinen Abschied nachsucht und gleichzeitig seinen Weggang nach Leipzig vorbereitet.

Das Erwähnen dieser Hintergründe wäre keiner längeren Ausführung wert, wenn Nietzsches schwankend zustandegekommene Wahl nicht über seinen weiteren Lebensweg, seinen akademischen Aufstieg wie über seinen Sturz als Wissenschaftler vorwegnehmend mitentschieden hätte. Die Förderung, die ihm jetzt durch Ritschl zuteil wird und seine Blitzkarriere als klassischer Philologe einleiten hilft, bereitet nämlich auch sein bitteres Ende als akademischer Lehrer vor. Mit einer merkwürdigen Verhaltensunsicherheit wendet sich Nietzsche von Jahn ab. Es ist die gleiche Unsicherheit, die ihn in seinem weiteren Umgang mit der deutschen Universität bis zu seiner späteren vergeblichen Bewerbung in Leipzig nie verläßt. Indem er sich für die historisch-kritische Philologie Ritschls entscheidet, knüpft er selber an jenem Strick mit, den ihm eben diese Philologie schließlich dreht. Die Beziehung zu Ritschl ist eines der frühen Beispiele für sein fatales Ungeschick in der Wahl von Menschen, die ihm eigentlich nicht entsprechen, denen er aber zunächst mit der ihm eigenen Intensität nahesteht, ja geradezu anhängt, bis er früher oder später seinen Irrtum einsehen muß.

Dieses eigentümliche Schwanken geht bis in die internsten Lebensverhältnisse und zeigt sich auch im Episodischen. Am Karneval nimmt Nietzsche nicht teil, er ist aber fast um die gleiche Zeit, im Februar, in Köln, um sich hier umzusehen. Im Verlaufe seiner Besichtigungstour bringt ihn ein Dienstmann, sei es, weil er dem Fremden eine Lokalität für Nachtschwärmer vorführen will, sei es, weil der ihn ausdrücklich darum ersucht, in ein Etablissement. Wir kennen die Begebenheit aus dem Bericht Deussens, der sie durch Nietzsches Erzählungen erfuhr. Daß Nietzsche selber Wert darauf legte, gegen seinen Willen in das Bordell gelangt zu sein, mag verständlich erscheinen. Indessen ist am Ablauf der Szene selber kein ernsthafter Zweifel erlaubt, denn sie zeigt einen Nietzsche mit authentischer Reaktion. »Ich sah mich plötzlich umgeben von einem halben Dutzend Erscheinungen in Flitter und Gaze, welche mich erwartungsvoll ansahen«, sagt Nietzsche nach Deussen. »Sprachlos stand ich eine Weile. Dann ging ich instinktmäßig auf ein Klavier als auf das einzige seelenhafte Wesen in der Gesellschaft los und schlug einige Akkorde an. Sie lösten meine Erstarrung und ich gewann das Freie.«

Dieser der Öffentlichkeit entzogene Auftritt in einer Dunkelgasse der Kölner Altstadt ist natürlich bei der Beurteilung Nietzsches später mächtig zu Buche geschlagen. Das Herumtreiben in diesem lasterhaften Milieu mochte der Lebensführung des späteren »Antichristen« entsprechen. Wer konnte für die Wahrheit bürgen, daß sich der Besucher, wie er behauptete, durch Flucht vor der Verführung in Sicherheit gebracht habe? Und wenn er geblieben war, konnte nicht hier schon die Ursache für seine später ausbrechende luetische Erkrankung zu suchen sein? Die These war viel zu sensationell, als daß man sie sich hätte entgehen lassen können. Selbst Thomas Mann, der geniale Erzähler und Bewunderer Nietzsches, hat ihr in der Hitze Kaliforniens bei der Niederschrift seines Faust-Romans angehangen. In Faust-Leverkühn, im Musiker-Philosophen, hatte vieles von Nietzsche Gestalt angenommen, war die Schaffenseuphorie Begleiterin einer Krankheit, die geheimnisvoll im Blute kreiste und Züge von im bürgerlichen Sinne Verbotenem besaß. Im Kölner Freudenhaus könnten die Anfänge liegen.

Richtig an dieser These ist, daß Nietzsche sich tatsächlich von Bonn aus auf den Weg nach Köln gemacht und aus Neugier oder nach Übertölpelung durch einen »Schlepper« den Weg in den Damen-Salon gefunden hatte. Das besagt aber sehr wenig. Der Besuch öffentlicher Häuser galt in Verbindungskreisen, nicht bei den Burschenschaften, wohl aber den Corps, mit einer gewissen Rücksichtnahme gegenüber der Öffentlichkeit keineswegs als anstößig, ging sogar unter Umständen in geschlossener Korona vor sich oder erfolgte hier und da auf ausdrückliche Empfehlung erfahrener Mentoren. Denn solche Besuche waren in den Verhältnissen der universitären Männerwelt ein wirksames Mittel gegen eine Mesalliance mit ihren unliebsamen Dauerfolgen für den jungen Studiosus und seine Karriere. Mochte Bonn wegen seiner übersichtlichen Enge wenig geeignet sein für derartige Besuche und dort eine gewisse Kargheit im Angebot bestehen, so lagen die Verhältnisse im benachbarten Köln mit seinem Gassenlabyrinth günstiger. Die Dinge haben übrigens eine bis auf den heutigen Tag reichende Beharrungskraft.

Derartige Kavaliers-Heimlichkeiten gehörten ganz der »Lebenslüge« des bürgerlichen Zeitalters an, wie sie gerade während dieser Monate Nietzsche bereits zu durchschauen beginnt. Ganz besonders auf dem Gebiet der Bildungsinstitutionen! Unverkennbar ist seine Begeisterung für das deutsche Universitätsleben in seiner bestehenden Form gewesen, als er in Bonn eintrifft. Er rühmt später diesen Tagen »die Abwesenheit aller Pläne und Zwecke, losgelöst von allen Zukunftsabsichten« nach und empfindet sie noch nach vielen Jahren als »etwas Traumartiges«. Das Verbindungsleben, insbesondere das Waffenstudententum, erklärt er zu seiner Sache. »Wer als Studierender seine Zeit und das Volk kennen lernen will, muß Waffenstudent werden«, schreibt er im Mai 1865 an seinen Freund Gersdorff. Aber im gleichen Brief teilt er bereits Beobachtungen weniger günstiger Art mit. Bestimmte, immer wiederkehrende Erscheinungen innerhalb der »Frankonia« mißfallen ihm: »Das gilt z. B. in betreff des Trinkens und der Trunkenheit, aber auch in der Mißachtung und Verhöhnung andrer Menschen, andrer Meinungen.« Das ist ganz und gar nicht nach seinem Geschmack. Er mag übrigens von gewissen Auswüchsen der Intoleranz persönlich betroffen sein, denn ein Idealtypus des deutschen Burschenschafters ist er in seiner umständlich zögernden Kurzsichtigkeit gewiß nicht. Aber er hält aus – zunächst jedenfalls –, er will lernen und sieht in seiner Verbindung eine nützliche Vorschule für das Leben und den rechten Umgang darin, ein Gegengewicht zum Studium selbst.

Mit seinem heimlichen Abstecher in die Kölner Altstadt konnte er eine höchst bedeutsame private Erfahrung vom Bruch quer durch die bürgerliche Moral machen. Viel mehr läßt sich über den von ihm Deussen mitgeteilten Vorgang nicht sagen. Er hatte mehrere Male auf die Tasten des Klaviers geschlagen, und der Klang der Akkorde *löste* ihn aus der augenblicklichen *Erstarrung*: eine sehr sublime Reaktion des künftigen Musiker-Philosophen und in den Augen der »Schönen« sicher das merkwürdige Verhalten eines seltsamen Gastes. Aber so abwegig war dieses Verhalten in Wirklichkeit gar nicht: Es war Parsifal, der sich mit der Macht der Musik gegen die Verführung durch die Blumenmädchen wehrte. Wagner wird diese Szene später schreiben und komponieren. Die in Köln von Nietzsche durchgespielte Version dieser Szene erklärt, warum er später gerade zu diesem Werk Wagners eine so zutiefst persönliche, bis ins Fanatische reichende Beziehung haben wird. Hier war auch der »Fall Nietzsche« verhandelt.

Seine rege Teilnahme am studentischen Leben, insbesondere in der »Frankonia«, die Erledigung von Pflichten im Gustav-Adolf-Verein, seine vielen Ausflüge in die Umgebung von Bonn, die Chorproben, das Komponieren auf dem Zimmer, hatten dem eigentlichen Fachstudium erheblichen Abbruch getan. Nietzsche stellt im zweiten Semester das Dilemma fest, in dem er steckt. Die Vorlesungen hatte er nur ungeregelt besucht, keine ernsthaft durchgehalten. Als er jetzt die erste Bilanz des bisherigen Verlaufs seines Bonner Aufenthaltes zieht, bemerkt er einen nur mageren Ertrag. In Schulpforta hatte er mehr geleistet. Es ist in fachlicher Hinsicht viel Zeit vertan worden, findet er. Bei der Suche nach den Ursachen sieht er die Schuld vor allem in der Zeitvergeudung durch das Verbindungsleben, das sich überdies im Kreis von Kommilitonen abspielt, deren konventsübliche Robustheit nicht seinen Vorstellungen entspricht und ihn mehr und mehr abstößt. Im Verkehr mit ihnen hatten sich langsam Spannungen entwickelt. Das war bei seinem Charakter zu erwarten gewesen, ergab sich als natürliche Fortsetzung seiner Lebensgeschichte und lag auf der mit seinem Besuch der Naumburger Bürgerschule beginnenden Linie. Den von Nietzsche gesetzten Maßen kann die Umwelt nicht entsprechen. Erwartungen, wie er sie hegt, lassen sich nicht erfüllen. Das war in der Vergangenheit so und wird auch in der Zukunft immer so sein. Bei den »Frankonen« stößt ihn vor allem ihr Auftreten in der Öffentlichkeit ab. Kein Wunder, daß die Mehrzahl der Bundesbrüder in ihm den Eigenbrötler sieht, den Fremden in ihren Reihen! Wir wissen, daß Nietzsches Eintritt in die waffentragende Korporation aus dem Wunsch nach einer Lebensschule resultierte, die er nach den Jahren der klösterlichen Abgeschiedenheit in Schulpforta zu durchlaufen verlangte. Es war kaum mehr als ein Experiment. Daß es nicht gelingen würde, hat er wohl von Anfang an instinktiv geahnt. Gerade das Scheitern wird nun nicht nur die Ahnungen, sondern auch seine Gewißheit über sich selbst bestätigen.

Für den Aufenthalt in Bonn waren Nietzsche vom Vormund zwei Semester bewilligt worden. Das entsprach auch seinen eigenen Vorstellungen. In den Briefen an die Familienangehörigen wird das Unbehagen an den Bonner Verhältnissen während der letzten Wochen am Rhein deutlich unterdrückt. Es waren insbesondere die Querelen mit den Verbindungsleuten, die ihm zusetzten und seine Stimmung verdüsterten.

Für die Fortsetzung seiner Studien war Leipzig in Aussicht genommen worden. Das stand jedoch nicht von vornherein fest. Für Leipzig sprach, daß Schulpforta in seinem Strahlungsbereich lag, in Leipzig hatte der Vater studiert, Bonn war dagegen in den 60er Jahren gegenüber der Leipziger Tradition eine aufstrebende Universität. Zu wessen Vorteil der Vergleich ausfallen mußte, war nicht leicht zu sagen. Aber mit dem Wechsel der Universität wird seine Lebensgeschichte in einer Weise vorangetrieben, deren Folgen damals noch nicht voraussehbar waren. Denn mit diesem Wechsel ist unmittelbar der Übergang ins Ritschl-Lager verbunden. Hier ist aufschlußreich Nietzsches Brief an den Freund Gersdorff vom 25. Mai 1865, also zu Beginn des abschließenden Sommersemesters in Bonn. »Hier in Bonn«, so schreibt er, »herrscht immer noch die größte Aufregung, die größte Gehässigkeit wegen des Jahn-Ritschlstreites. Ich gebe Jahn unbedingt Recht. Es tut mir leid, ihn Michaeli verlassen zu müssen. Er ist ungemein liebenswürdig. Meine Danaerarbeit ist längst abgegeben und ich bin außerordentliches Mitglied des Seminars geworden.«

Deutlicher konnte er seine Parteigängerschaft für Jahn nicht zum Ausdruck bringen. Aber der gleiche Brief läßt sich auch über Ritschl aus und zwar in durchaus anerkennender Weise. Was Nietzsche dem Empfänger mitteilt, ist die Nachricht vom Weggang Ritschls nach Leipzig. Neuberufung nach vorausgegangenem Professorengezänk – also kein außergewöhnlicher Vorfall! Für Nietzsche ist der eigentliche Anlaß des Briefes Gersdorffs Nachricht, er wolle sein in Göttingen begonnenes Studium in Leipzig fortsetzen. Damit ist auch die Entscheidung Nietzsches für Leipzig ausgemacht, der mit dem Freund zusammensein möchte. Das bedeutet aber, daß er seine eigenen Studien bei Ritschl fortsetzen wird.

Dadurch ist Jahn als akademischer Lehrer fortan für ihn zweitrangig geworden. Nietzsche intensiviert denn auch von sich aus in den nächsten, den letzten Wochen seines Bonner Aufenthaltes, die Beziehung zu Ritschl. Man findet gegenseitig Gefallen aneinander. Ritschl, Sohn eines Dorfpfarrers aus dem thüringischen Großvargula, wird beim Anblick seines Schülers an die eigene Herkunft erinnert. So wie Nietzsche seinen künftigen Lehrer schon kennt, so wird der Lehrer auch seine übrige kleine Bonner Klientel mit nach Leipzig bringen. In diesem Sinne sind beide auf die Beziehung der nächsten Jahre vorbereitet.

An sich ein zulässiger und keineswegs anstößiger Vorgang, der dann aber bei der späteren Tragweite des »Falles Nietzsche« im akademischen Bereich sehr wohl dem Verdacht des »Nepotismus« Nahrung geben konnte, wie ihn Wilamowitz-Möllendorf als bedeutendste Autorität des Faches unverblümt aussprechen wird.

Das alles war damals noch nicht zu wissen. Die letzten Wochen in Bonn zeigen bei Nietzsche schon eine innerliche Aufbruchstimmung und den Willen, sich von den Unpäßlichkeiten, die ihm hier in mancher Hinsicht bereitet worden waren und die er sich selber bereitet hatte, langsam zu lösen. Das gilt insbesondere für seine Beziehung zu den »Frankonen«. Bei seinem Eintritt in den Bund hat Nietzsche sich durchaus im Einklang mit sich selbst befunden. Das Leben und Treiben darin läßt ihn, nach eigenen Äußerungen, zunächst sehr wohl auf seine Kosten kommen. Aber auf längere Dauer sind seine Interessen so vielseitig, daß sie sich nicht einbinden lassen von den Ansprüchen, die eine studentische Korporation, wenn sie etwas auf sich hält, an ihre Mitglieder stellt. Es ist nicht das Fechten und Schlagen, an dem

Nietzsche Anstoß nimmt, darin sieht er im Gegenteil »ritterliche Künste«, denen er voll zugetan ist. Abgestoßen ist er von den rohen Zügen in den Trinksitten, dem »Biermaterialismus«, der auf dem Kommers vorherrscht, dazu der geringen politischen Urteilsfähigkeit in den Köpfen der Mitglieder. Übrigens hat möglicherweise hier schon seine Behauptung, das Luthertum und seine Deutschheit habe etwas mit dem Bier zu tun, ihre persönlichen Erfahrungsgrundlagen; denn die Mitglieder der »Frankonia« waren allesamt Protestanten. Katholiken war der Beitritt in eine waffentragende Verbindung verwehrt.

Nietzsche entdeckt schließlich während des zweiten Semesters, daß er mit seinem Eintreten in die Burschenschaft einen Fehler begangen hat. Auf seinen Antrag erhält er trotz seiner wenig schmeichelhaften Urteile über die »Frankonia«, die natürlich die Runde machen, »eine ehrenvolle Entlassung mit Band« zugebilligt. Der Bund wahrt durchaus die Konventionen und zeigt äußerstes Entgegenkommen. Nietzsche, der selbst vom eigenen faux pas seiner Mitgliedschaft spricht, hätte sich damit zufriedengeben können. Solange er in Bonn ist, läßt er die Sache, in der er einen »Kompromiß« sehen muß, auch auf sich beruhen. Seine eigentliche Reaktion wird erst Monate später kommen, am 20. Oktober 1865, als er von Leipzig aus diesen »Kompromiß« aufsagt, indem er von sich aus seinen Austritt erklärt und sein Band zurückschickt. Das ist eine völlig unnötige Zuspitzung, aber es ist Nietzsche. Er erklärt einen Austritt, den er ja schon längst unter honorigen Umständen bekommen hat. Es soll reiner Tisch gemacht, ein noch möglicherweise bestehendes Band zerschnitten werden, damit kein Mißverständnis aufkommen kann. Der Konvent beantwortet diese Erklärung mit Ausschluß aus der Burschenschaft. Das bedeutet Annullierung der ehrenvollen Bedingungen, unter denen die erste Entlassung erfolgt war. Daß dieser Ausschluß Nietzsche auf das Schwerste getroffen hat, läßt sich nicht bestreiten; denn gerade sein letzter Brief in dieser Angelegenheit enthielt die ausdrückliche Erklärung, »die Idee der Burschenschaft überhaupt hoch zu schätzen«. Nun hatte sie mit ihm reinen Tisch gemacht.

Diese Darstellung der bis in die ersten Leipziger Wochen reichenden Folgen der Bonner »Frankonia«-Fatalitäten wirft ein Licht auf das Zerwürfnis mit der Verbindung, in dem Nietzsche sich tatsächlich in diesem Sommer befunden hatte. Sie zeigt, wie tief es war und wie stark es andererseits von Nietzsche gesucht wurde. In den letzten Bonner Wochen lastet deswegen ein schwerer Druck auf ihm. Dazu kommen rheumatische Beschwerden, so daß es mit seiner Stimmung schlecht steht. In der Erinnerung haben diese Spannungen den Eindruck der traumhaften Ungebundenheit während des ersten Semesters lange verwischt und machen die rückblickende Erklärung verständlich, daß er mit einem etwas unangenehmen Gefühl an Bonn zurückdenke.

Nietzsche wäre nicht der »Psychologe«, der er als Philosoph später sein wird, wenn er sich nicht über den eigenen persönlichen Anteil an den Verwicklungen, in die er mit den »Frankonen« geraten war, genauestens Rechenschaft abgelegt hätte. Die »Verfolgung« durch seine Bundesbrüder hatte er dem formalen Reglement nach sich selbst zuzuschreiben. Wie hätte es sonst auch dazu kommen können! Er hatte sich herausgenommen, sie sein Mißvergnügen an ihrem Stil wissen zu lassen. Die Richtung paßte ihm nicht, sie war ihm – dem künftigen Anwalt der »Aristokratie« – zu »plebejisch«. Er war der Angreifer gewesen, der sich darum nicht wundern konnte, wenn er von seiner Korona im wahrsten Sinn des Wortes vertrieben wurde. Als er zu mitternächtlicher Stunde am Rhein steht und auf den von Köln kommenden Dampfer wartet, um die Heimfahrt nach Naumburg anzutreten, hatte er das später in seinem »Rückblick« von 1867 ausgesprochene Gefühl: »Ich ging von Bonn weg wie ein Flüchtling.«

Aber was ihn in die Aggression getrieben hatte, beruhte von Anfang an auf dem Gefühl der Unterlegenheit. Es ist wieder Nietzsche selbst, der ehrlich genug ist, hierüber genau Buch zu führen. Aus dem Abstand kann er unbefangener urteilen und sogar zugestehen, den »Genossen« seiner Bonner Studienmonate »ungerecht« begegnet zu sein. Es ist auch ein gewisses Maß an Ressentiment im Spiel gewesen, eine Grundhaltung, die sich wie ein roter Faden durch seine ganze Lebensgeschichte hindurchziehen wird: »Ich selbst war noch viel zu scheu in mich versteckt und hatte nicht die Kraft, unter dem dortigen Treiben eine Rolle zu spielen.« Mit andern Worten: der in Schulpforta abgerichtete und in Bonn seiner weiteren Ausbildung entgegensehende »Philologe« hatte im lebenslustigen Kreis junger Freunde versagt. Der Rahmen des Bonner Verbindungslebens war nicht der seiner Natur entsprechende gewesen und hatte sich als ungeeignet erwiesen, ihn das gewünschte Profil gewinnen zu lassen. Wer das sagt? Niemand anders als Nietzsche selbst im Leipziger autobiographischen Papier: »In der ersten Zeit war mein Bemühen gewesen, mich in die Formen zu finden und das zu werden, was man einen flotten Studenten nennt. Da mir dies aber immer mehr mißlang, da der Hauch von Poesie, der auf allem diesem Treiben zu ruhen scheint, für mich verflogen war und die rohe philiströse Gesinnung mitten aus jenem Übermaß von Trinken, Lärmen und Schuldenmachen hervorsprang, da begann es leise in mir zu rumoren.« Der Mißvergnügte hatte zurückgeschlagen und er hat die Gründe für sein Mißvergnügen mit der Überzeugungskraft eines luziden Kopfes beim Namen genannt.

Hier sind die Umrisse der »Methode« seines Denkens schon klar abgezeichnet, die Anfänge eines Weges eingeschlagen, auf dem er sich so folgenreich weiterbewegen wird.

Wie hatte es in seinem Absagebrief an die »Frankonia« geheißen? »Ich höre damit nicht auf, die Idee der Burschenschaft überhaupt hoch zu schätzen. Nur das will ich offen eingestehen, daß mir ihre gegenwärtige Erscheinungsform wenig besagt.«

Die Sache »an sich« und »für sich« mag eine große Sache sein und ist es wohl auch. Nur: mit ihrer Ausführung sieht es nicht gut aus.

Mit solcher Unterscheidung können Religionen, Weltanschauungen, Staatslehren, Ideologien aus ihrer Macht gestürzt werden. Sie kann die Wucht eines gewaltigen »Hammers« haben: »Mit dem Hammer philosophieren.« Hier war er zum ersten Mal geschwungen worden. Und in einer für Nietzsche persönlich wenig einträglichen Weise.

Er befand sich in einer schlechten inneren Verfassung, als er, der von Deussen und seinem neugewonnenen Freund Mushacke zur Schiffsanlegestelle begleitet worden war, »in der feuchten regnerischen Nacht am Bord des Dampferschiffes stand und die wenigen Lichter langsam verschwinden sah, die Bonn am Ufer bezeichneten«.

Die Schwester Elisabeth notiert kurz und treffend: »So endete das erste Studienjahr etwas melancholisch.«

Kein Zweifel: In Bonn waren dem Studenten Nietzsche von seinen Kommilitonen der »Frankonia« schwere Wunden geschlagen worden. Sie hatten ihn verscheucht, wie er es sich selber eingestehen mußte. Seine offizielle Version für den Wechsel nach Leipzig hing indessen auch mit der Berufung Ritschls zusammen, aber sie war insofern nicht ganz zutreffend, als ihm für den Besuch der rheinischen Universität ohnehin nur ein Jahr eingeräumt worden war. Bonn galt wegen der Verführung zum festlichen Treiben mit »Wein, Weib und Gesang«, mit Drachenfels und Rolandsbogen als zum Aufwand einladender Studienort und auf die Dauer nicht recht geeignet für den Sohn der Naumburger Pastorenwitwe mit schmaler Pension. Der Wahrheit entsprach, daß Nietzsche sehr an der Nähe zum Freund Gersdorff aus Pfortaer Jahren gelegen war, der von Göttingen nach Leipzig zu gehen beschlossen hatte. Das hatte für Nietzsches Wahl den Ausschlag gegeben. Als dann Ritschls Weggang nach Leipzig beschlossene Sache war, erhielt Nietzsches Entscheid die letzte Bekräftigung. Schlagartig erlahmte das Interesse für Jahn; von nun an war Ritschl sein Mann, wurde er der verehrte Lehrer, dem er sich anvertraute und dem er seine Förderung anempfehlen sollte. Die aus Bonn geschriebenen Briefe geben lückenlosen Aufschluß über die genaue Abfolge der einzelnen Entscheidungsstufen bis zur schließlichen Abreise.

Der Streit mit den »Frankonen« brachte hier zunächst kein neues Motiv. Möglich, daß er zu diesem Zeitpunkt von Nietzsche nicht mit dieser Härte geführt worden wäre, wenn er sich für längeres Bleiben in Bonn eingerichtet hätte. Jetzt aber, wo er von Nietzsche einmal vom Zaune gebrochen und der Ton der Unerbittlichkeit aufgekommen war, wo die Schmähung nicht fehlte, gab es kein Zurück mehr. Jetzt wäre, hätte Nietzsches Abreißen seiner Zelte am Rhein nicht ohnehin festgestanden, an einen längeren Aufenthalt nicht mehr zu denken gewesen. Insofern hatten seine »Frankonen« ihn zum »Flüchtling« gemacht.

Die Ferien sehen ihn in Naumburg bei den Seinen: bei Mutter, Schwester, den beiden Tanten. Man findet, er ist etwas fülliger geworden. Das am Rhein getrunkene studentische Bier hat einige Spuren hinterlassen. Es ist nicht reine Freude, was er um sich herum verbreitet. In seine Depressionen wirken die Bonner Vorkommnisse mit hinein. Seine Wunden müssen gepflegt werden. Und er bringt auch neue »Standpunkte« mit, Vorstellungen des »Humanistischen«, die in die einfache Gedankenwelt der Mutter wie Granaten einschlagen, ihr angst und bange machen. Der künftige Umstürzer der Werte erprobt den Aufstand im Familienkreise: alle Behauptungen von christlichen Theologen müssen erst einmal auf ihre Richtigkeit geprüft werden. Nichts steht fest, alles ist vager Glaube, beruht auf Vermutungen, für die es keine Zeugen gibt.

Es hatte sich schon vor seinem Bonner Studienjahr im vaterlosen Haushalt der Nietzsches ein gewisser »Stil« ausgebildet: der Sohn provoziert die kirchenfromme Mutter, sie weist die Angriffe auf die Religion zurück, bittet, diese Dinge aus dem Spiel zu lassen, dringt in ihn, nicht weiter daran zu rühren. Die Gespräche und ihr gewöhnlicher Ausgang setzen sich in den Briefen fort. Sie berichten, wie es bei Nietzsches Besuchen zuging. Es ist nicht zu verkennen: der Sohn weist die auf Besitzergreifen bedachte Mütterlichkeit durch das Anzweifeln der »christlichen Wahrheit« zurück. Hier trifft er die Mutter im Zentrum ihrer Verletzbarkeit, er trifft sie da, von wo aus ihre Instinkte gegenüber dem Sohn organisiert werden.

Eigentümlich verhält sich die Schwester. Es gibt bei ihr Schwankungen im Verhältnis zu Nietzsche. Aber auch, wo sie das Gewagte seiner Auslassungen zu bemerken glaubt, stellt sie seine Autorität nicht in Frage. Sie hat das Bedürfnis, das, was er sagt, fest in Erinnerung zu halten, im Kopf gewissermaßen Buch darüber zu führen, es wie Weisheiten aus dem Munde des Propheten zu behandeln und ... nachzureden. Das geht sogar so weit, daß der Bruder sie schriftlich ermahnt, ihre Selbständigkeit im Denken nicht aufzugeben. Aber es gibt bei ihr auch immer wieder Zeiten des Widerstands und der Unberechenbarkeiten in ihrer Reaktion.

Dem Wechsel nach Leipzig voraus geht ein zweiwöchiger Aufenthalt Nietzsches in Berlin auf Einladung Mushackes. Der Eindruck von der preußischen Hauptstadt ist nicht besonders günstig, er erlebt die Stadt im Übergang, wo die Reste des »Altpreußischen« abgetragen werden von jenem Industrieliberalismus, wie er hier um sich zu greifen beginnt. Der Gedanke, in Berlin sein Studium fortzusetzen, ist ihm während dieser Tage nicht ernsthaft in den Sinn gekommen.

Am 17. Oktober 1865 trifft er zusammen mit Mushacke in Leipzig ein. Vom Bahnhof ziehen die beiden erst einmal ohne festen Plan durch die Innenstadt und lassen das Leben und Treiben in den Straßen auf sich wirken. In einem Restaurant liest man die Anzeigen der Tageszeitung und notiert die angebotenen Zimmer. Die ersten Besichtigungen fallen enttäuschend aus, Gerüche und der Anblick ausgemachter Schäbigkeit der Einrichtung vertreiben die Wohnungssuchenden. In einem kleinen Seitenweg, Blumengasse 4, findet Nietzsche endlich ein ansprechendes Quartier, Mushacke entschließt sich, im Hause nebenan zu wohnen.

Eine Woche später – man hat inzwischen die Formalitäten der Inskription an der Universität erledigt – hält der von Bonn herübergekommene Ritschl seine Leipziger Antrittsvorlesung. Die Aula ist überfüllt, die Zuhörer befinden sich in erwartungsvoller Erregung, als der berühmte akademische Lehrer den Saal in Filzpantoffeln betritt. Ritschl leidet an einer Fußkrankheit. Er freut sich, seine Bonner Schüler hier wieder zu sehen und winkt unter ihnen Nietzsche ausdrücklich zu.

Jetzt erst, in diesen Wochen, beginnen die Beziehungen zwischen Lehrer und Schüler sich enger zu gestalten. Ritschl will einen Kreis seiner treuesten Anhänger um sich aufbauen und Nietzsche spielt dabei eine besondere Rolle. Er empfiehlt ihm, seine schon in Pforta begonnene Arbeit über Theognis fortzusetzen, muß aber dann doch zum Abbrechen raten, als bekannt wird, daß von anderer Seite eine kritische Ausgabe des Autors bereits begonnen wird. Für die Veröffentlichung der bisher erarbeiteten Ergebnisse stellt Ritschl ihm seine Zeitschrift, das »Rheinische Museum für Philologie«, zur Verfügung.

Es ist nicht zu übersehen, wie Ritschl es versteht, den Schüler Nietzsche, dessen Hochbegabung er sofort erkannt hat, an sich zu ziehen, ihn anzuregen, ihn in seinem Fach auf die richtige Fährte zu bringen. Nietzsche dankt dies durch allergrößte Ergebenheit. Der Professor hat etwas vor mit diesem Adepten seiner Wissenschaft. Anstelle des Theognis rät er ihm zur Beschäftigung mit Diogenes Laertius, einem griechischen Autor aus dem dritten nachchristlichen Jahrhundert. Bei einer Preisaufgabe, die Ritschl öffentlich stellen sollte, wird das Thema eben jener Diogenes Laertius sein, in den Nietzsche sich bereits eingearbeitet hatte. So mußte der Gewinner der Ausschreibung feststehen, bevor sie selbst bekannt gemacht wurde. Die Zusammenhänge bleiben nicht unbeobachtet.

Die Rolle, die Ritschl bei Nietzsche jetzt zu spielen beginnt, entspricht im übrigen ganz dessen Bedürfnis nach einer ihn führenden Hand. Er sucht das Vorbild, den Meister, den Erzieher. Was dieser im akademischen Leben hochangesehene, allerdings auch als Meister der Intrige gefürchtete Mann ihm zu bieten hat, entspricht durchaus seinen Wünschen. Seiner Wegweisung kann er sich anvertrauen, ihr wird er ganz Entscheidendes verdanken. So bringt Ritschl ihm jetzt Aischylos nahe, dessen Werke er sich bereits in Bonn von zu Hause hatte zuschicken lassen. Aischylos ist der älteste der drei großen griechischen Tragiker. Und er ist auch der dunkelste von ihnen, derjenige, der am tiefsten in das »Vorgriechische« hineinreicht, in die rohesten, blutigsten Urgründe der »Tragödie«. Über sie liegt ausgebreitet der dichte Nebelschwaden der Mythologie, wo die Kulte sich begegnen, die »Europa« mit »Asien« verbinden: die »Tragödie« als Menschenopfer, bei dem die allmächtigen Götter ihre Hand im Spiele haben.

Das Wissen über Aischylos und die griechische Tragödie lag in den 60er Jahren gut geordnet vor. Hier ließen sich über Schulstreitigkeiten hinweg sehr wohl Übereinkünfte erzielen. Aber es befand sich in einem Grenzgebiet voller Gefahren. Und Nietzsche, von Ritschl dazu angeregt, auf der Suche nach dem wahren Aischylos, ist dabei – ohne es damals schon zu wissen –, sich die Mittel zur Grenzüberschreitung zu schaffen.

Nach dem eher mißglückten Zwischenspiel seiner beiden Bonner Semester knüpft Nietzsche in Leipzig wieder an die Gymnasialzeit von Schulpforta mit ihrer geregelten Arbeitsweise an. Der persönliche Umgang mit Ritschl, der durch häufige Besuche in dessen Haus ein privates Timbre erhält, ist ganz dazu angetan, ihn auf die Laufbahn des deutschen bürgerlichen Gelehrten vorzubereiten. Auch äußerlich gibt es eine sichtbare Fortsetzung der Naumburger Jahre durch die Gründung eines gelehrten Zirkels. Ritschl hatte die private Anregung zu einem »Philologischen Verein« gegeben, und Nietzsche greift sie gleich mit dem ganzen Eifer, dessen er fähig ist, auf. Eine akademische Vereinigung mit ihren Statuten, Sitzungen, Vorträgen, den Beiträgen, die eingereicht und begutachtet werden, war ja schon in der Gesellschaft seiner Schulfreunde Pinder und Krug Nietzsches eigene Domäne gewesen. Hier konnte ihm so leicht niemand den Rang streitig machen. Und so ist er auch hier wieder die von Ritschl und dem Kreis der Fachkollegen anerkannte treibende Kraft.

Es sind ganz konventionelle Bahnen, in denen Nietzsche sich jetzt bewegt. Das Bild der Mitglieder des Leipziger »Philologischen Vereins«, eine Gruppenphotographie, wie sie damals sehr beliebt war, zeigt zehn junge Männer, die zu den höchsten Erwartungen Anlaß geben. Einigendes Band ist die Liebe zu den antiken Autoren und der kritische Verstand im Umgang mit ihnen. Es sind Köpfe, auf deren Stirnen das »Prinzip Hoffnung« geschrieben zu stehen scheint.

Aber diesem Eindruck, der allen Karriere-Erwartungen zu entsprechen scheint, steht ein anderer gegenüber, der auf Verborgenem beruht. Briefliche Äußerungen, private Aufzeichnungen, Gespräche, auf die angespielt wird, zeigen bei Nietzsche früh Ansätze zu einem geistigen Doppel-Leben. Es gibt Bewegungen auf einem zweiten Geleise. Es gibt neben dem Offiziellen das Geheimzuhaltende, etwas, das das Licht der anerkannten Bürgerlichkeit zu scheuen hat. Es gibt Zweifel, mit denen sich der Zweifelnde nicht öffentlich vorwagen kann. Darum jetzt dieser von Nietzsche öfter bekundete Drang, sich einen Führer zu suchen, einen Gewährsmann, an den er sich anlehnen kann! Ritschl als renommierter Altertumsgelehrter steht für die anerkannte Wissenschaft.

Aber wo läßt sich Anleitung für den Weg in noch unerforschte Regionen finden? Hier ist der einundzwanzigjährige Student unentwegt auf der Suche. Er wird finden. Durch Zufall! Im gleichen Hause in der Blumengasse, wo er eine »kleine Stube nebst Kammer« als bescheidenes Unterkommen ausgemacht hatte, befindet sich das Antiquariat Rohn. Hier wird er beim Herumstöbern in den zum Verkauf ausliegenden Büchern den entscheidenden Fund machen: Schopenhauers Hauptwerk »Die Welt als Wille und Vorstellung«.

Nietzsche schildert den Vorgang, der zur Selbstfindung führt und im Buchladen begonnen hat, selber:

»Ich weiß nicht, welcher Dämon mir zuflüsterte: ›Nimm dir dies Buch mit nach Hause.‹ Es geschah jedenfalls wider meine sonstige Gewohnheit, Büchereinkäufe nicht zu überschleunigen. Zu

70

Hause warf ich mich mit dem erworbenen Schatz in die Sofaecke und begann, jenen energischen düsteren Genius auf mich wirken zu lassen. Hier war jede Zeile, die Entsagung, Verneinung, Resignation schrieb, hier sah ich einen Spiegel, in dem ich Welt, Leben und eigen Gemüt in entsetzlicher Großartigkeit erblickte. Hier sah mich das volle interesselose Sonnenauge der Kunst an, hier sah ich Krankheit und Heilung, Verbannung und Zufluchtsort, Hölle und Himmel. Das Bedürfnis nach Selbsterkenntnis, ja Selbstzernagung packte mich gewaltsam; Zeugen jenes Umschwunges sind mir noch jetzt die unruhigen, schwermütigen Tagebuchblätter jener Zeit mit ihren nutzlosen Selbstanklagen und ihrem verzweifelten Aufschauen zur Heilung und Umgestaltung des ganzen Menschenkerns.«

Das Erlebnis, das er mit der Schopenhauer-Lektüre hat, ist ein einziger Umsturz in seinem Denken. Hier hat er das gefunden, was er suchte, hier, im »Pessimismus« einer Lehre der Resignation, stößt er mit seinem Gefühl der Unsicherheit auf die Leitlinien fürs Überleben.

Als Philosoph hatte Schopenhauer an offizieller Wirkung hinter Hegel zurückgestanden. Er war kein Mann der Akademien und der Universitäten, vielmehr der erklärte Feind alles staatlich-institutionalisierten Philosophierens durch Beamte, die ihrer Bezahlung wegen von Staat oder Kirche abhängig waren. Ein Philosoph, der an einer Universität lehrt, muß sich Schopenhauers Meinung zufolge erst einmal vergewissern, was die Regierung, die ihn ernannt hat, von ihm erwartet und womit er die Zustimmung der Studierenden gewinnen kann. Ein Mann der »Fakultätsphilosophie«, wozu er die offiziellen Lehrer der Philosophie zählte, natürlich auch Hegel, kann nicht sein ganzes Leben gegen den Staat und die von ihm Unterrichteten anlehren. Er kann also nicht das »Ärgernis« sein, das er als ein echter Nachfolger des Sokrates sein müßte. Schopenhauer ließ allein eine einzige Ausnahme gelten – Kant –, weil dieser in Königsberg nicht seine eigene Philosophie vorgetragen, sondern nur die Philosophien anderer erklärt habe.

Schopenhauers Meinung von der »Universitätsphilosophie« konnte also nicht das geringste dazu beitragen, ihn selbst an Universitäten zu empfehlen. Hier blieb er immer ein Stein des Anstoßes, wenn man es für notwendig hielt, ihn überhaupt zur Kenntnis zu nehmen. Aber Schopenhauer war ein Geheimtip.

Sein Anhängerkreis blieb jahrzehntelang klein, sein Buch »Die Welt als Wille und Vorstellung« fand kaum eine nennenswerte Zahl von Lesern, ohne daß dies seinen Verfasser an der Wahrheit seiner Lehren hätte zweifeln lassen. Es erstaunte ihn darum auch nicht, daß plötzlich, Ende der 40er Jahre, sein Name mit einem Schlage berühmt wurde, seine Philosophie sich in bestimmten Kreisen durchzusetzen begann. An diesen schließlichen Erfolg hatte er selbst immer geglaubt.

Von den deutschen Universitätsphilosophen unterschied sich Schopenhauer neben dem Charakterzug des ausgemachten Sonderlings durch zwei bemerkenswerte Umstände, die unmittelbar in sein Denken hineinwirkten. Im Gegensatz zu fast allen philosophierenden deutschen Kathedergrößen war Schopenhauer ein begüterter Mann, der außerordentlichen Wert darauf legte, die Welt wissen zu lassen, wie wenig nötig er es hatte, mit der Philosophie sein Geld zu verdienen. Aus der Kargheit der materiellen Mittel eine Tugend zu machen, lag ihm fern. Sein Wohlstand mochte nicht unbedingt eine Gunst bedeuten, aber sein Auge war nicht getrübt durch Erwartungen an den staatlichen Pensionsfond oder an eingehende Kolleggelder wohlhabender Studierender. Das bedeutete nichts Geringes. Dazu war er ein Stilist von hohen Graden, ein Sprachkünstler, der in der deutschen philosophischen Prosa seinesgleichen nicht hatte. In Hegel sah er den »Kaliban«, den wilden mißgestalteten Sklaven aus Shakespeares »Sturm«.

Als Denker entsprach Schopenhauer nicht dem Typus des »deutschen Philosophen«. Seiner Lebensführung nach war er ein Mann, der eher an Voltaire als an Kant erinnerte, mehr ein »philosophe« als ein »Philosoph«, war er ein Privatier, der nicht den Ehrgeiz hatte, seine Meinung für die staatsoffizielle auszugeben, ein homme des lettres, den man sich eher im Frankreich des 18. Jahrhunderts vorstellen konnte. Er war Rentner in der während des 19. Jahrhunderts unverdächtigen Bedeutung des Wortes. Grundlagen für sein Denken waren immer auch die Zinsen, die aus seinem Privatvermögen flossen und ihm unerbetene Ansprüche einer sich aufblähenden Öffentlichkeit vom Leibe hielten. Umgekehrt provozierte er die Öffentlichkeit durch herausgekehrte Teilnahmslosigkeit an ihren Belangen. Seine Natur war durch und durch unpolitisch. Das einzig Politische an ihm, das eine Beziehung zur Zeit aufwies, war seine Ablehnung der

Revolution von 1848. Politische Revolutionäre waren ihm Narren, weil sie das Elend in der Welt, das ohnehin schon groß genug und für alle Ewigkeit unabwendbar war, noch zusätzlich und unnötig vergrößerten. Die Ablehnung war zutiefst persönlich begründet, denn er sah in den Revolutionären Leute, die es auf sein Privateigentum abgesehen hatten, um damit – ihr eigenes zu begründen. Darum stiftete er Geld für einen staatlichen Fond, aus dem die durch Revolutionäre zu Schaden gekommenen Soldaten und ihre Angehörigen versorgt werden konnten.

Mit Schopenhauers Philosophie war jeder Fortschrittslehre ein Riegel vorgeschoben, bevor sie sich überhaupt zu einer ernstzunehmenden Doktrin ausgebildet hatte. Das machte sie unerbeten in Zeiträumen, wo die Macht einbrechender Veränderungen im Vordergrund stand. Aber sie wurde jedes Mal wieder zu Rate gezogen, wenn die Schläuche der Revolution leer waren und die Leute des sogenannten Fortschritts das übernommene Erbe in alle Richtungen verschleudert oder sich selbst damit verköstigt hatten. Wenn sie die Welt in einem Zustand zurückließen, der bejammernswerter war als der, den sie selber angetroffen hatten! Bewegte sich die Weltmisere einer neuen Talsohle zu, mußten Schopenhauersche Erwägungen in Betracht gezogen werden. Von ihm war dann zu erfahren: was der »Fortschritt« gibt, holt er sich von seinen Schuldnern mit Zins und Zinseszins wieder zurück. Als Kenner der Weltgeschichte zog Schopenhauer ein Resümee: Völkern und Menschen werden keine Geschenke gemacht. Wo ein solcher Eindruck entstehen kann, wird er bald revidiert. Denn Schopenhauer weiss: die neue Welt ist am Ende wieder die alte, die sie gestürzt hatte. Das »Elend« als das von Anfang Mitgegebene ist etwas, das jeden Wandel überdauert.

Was Schopenhauer in den Augen der auf staatliche Anerkennung dringenden Schulphilosophen über alle Grenzen der verschiedenen Richtungen hinweg zu einem Unikum und noch mehr zu einem mit unverhohlenem Ärger betrachteten Kopf werden ließ, war der Umstand, daß seine Philosophie »Lebensphilosophie« sein wollte. Es stimmte: Schopenhauer, der so lange unentdeckt Gebliebene, der sich an die »Wenigen« wandte und dessen Name erst jetzt langsam bekannt zu werden begann, übte Wirkungen eigentümlicher Art aus. Er sprach diejenigen an, die von den auf Universitäten gelehrten Philosophien unbefriedigt waren, durch sie ihren Hunger nach »Wahrheit« nicht stillen konnten. Im aufsteigenden Bürgertum mit seiner Abwehr des Staatlich-Offiziellen und der Liebe zur privaten Lebensführung, dem Ruhebedürfnis nach den Jahren des revolutionären Aufruhrs und der Ahnung neuer heraufdringender Gefahren, war für Schopenhauers Lehre mit einem Male Platz. Hier war ein Philosoph, der dem Leser seines Buches den Seelenfrieden anbot. Er wandte sich damit an den Einzelmenschen, der die Last des Alltags von sich abschütteln will, den Bürger in einer individualistischer werdenden Zeit, aber auch den Künstler, den Dichter, den Musiker.

Als Nietzsche Schopenhauers Buch in Händen hält und es in einem Zuge verschlingt, hat er das Gefühl: hier ist ein Geist, dem er sich verwandt fühlen kann. Von ihm erfährt er zum ersten Male in ausgesprochener Form, was er schon dunkel geahnt hatte, daß die Musik die erste und höchste aller Künste sei. Mit der leidenschaftlichen Zuwendung zu Schopenhauer übertritt er zugleich ein Gebot Ritschls, der ihn gewarnt hatte, sich als »Philologe« ernsthaft mit der »Philosophie« einzulassen. Aber mit dieser Lektüre verläßt Nietzsche das »Gleis der gewöhnlichen Arbeiten, Gedanken, Plackereien«, wie er es nennt, und gerät mit einem Mal auf ein anderes, von dem aus sich die Frage nach dem »Sinn des Lebens« aufwerfen läßt.

Die Selbstbefragung, die er anstellt und an der er Mutter und Schwester teilnehmen läßt, ist zweifellos eine der Folgen. Hier zieht ein junger, ungewöhnlich intelligenter Mann, der in seinem Fach schon zur Zierde geworden ist, die große Hoffnung seines Lehrers, eine Bilanz. Das Resultat ist deprimierend. Man muß sich vor Augen halten: die Betrachtungen, die sich in einem Brief vom November 1865 niederschlagen, erfolgen vor dem Hintergrund der anerkannten bürgerlichen und christlichen Werte, die im lutherischen Deutschland zu einer unangefochtenen Einheit zusammengefunden hatten. Es geht um die Maxime: »Tue Deine Pflicht!« und »übe Enthaltsamkeit!« mit einer Praxis, an deren Entwicklung neunzehnhundert Jahre mitgewirkt hatten. Wer wird es wagen, sie in Zweifel zu ziehen?

Die Frage, wie sie Nietzsche jetzt an Mutter und Schwester stellt, ist in Wahrheit von unüberbietbarer Einfachheit. Sie gehört, wie alles bei Nietzsche, zu den Grundfragen des Lebens überhaupt. Sie ist teilnahmsvoll und echt familiär. Nietzsche erkundigt sich bei seinen nächsten Angehörigen, wie sie das Leben ertragen können: »Tragt Ihr es nur wirklich so leicht, dieses ganze widerspruchsvolle Dasein, wo nichts klar ist, als daß es unklar ist?« Und er gibt auch gleich seinen eigenen Eindruck wieder: »Mir ist immer, als ob Ihr im Scherze darüber hinwegkämt.«

Dahinter steckt Skepsis, mehr noch: dunkle Ahnung von einer Daseinsmisere, zu deren Überwindung die geltende staatliche Religionslehre und die religiöse Staatslehre keine Rezepte kennen. Hier stimmt etwas nicht. Pflichterfüllung muß nicht zu dem gehören, was allein den Menschen ausmacht: das »Lasttier« kann mehr als der Mensch die Pflicht tun, die man ihm abverlangt.

Und Enthaltsamkeit? An der christlichen Wahrheit ist dabei noch nicht entscheidend gerüttelt. »Das Christentum läßt sich nicht ›mitmachen‹ so en passant oder weil es Mode ist«, wird beinahe vorwurfsvoll gesagt. Aber: »Man weiß, daß das Leben Elend ist, man weiß, daß wir die Sklaven des Lebens sind, je mehr wir es genießen wollen, also man entäußert sich der Güter des Lebens, man übt sich in der Enthaltsamkeit …« Das ganze ist hier unter das Stichwort »Elend« gestellt, das Motto von Nietzsches neuem philosophischen Ratgeber. Und auch mit den »Sklaven des Lebens«, dem Gedanken von der Entäußerung als einer Weise freimachender Resignation ist Schopenhauer dabei, Nietzsches Vorstellung vom »Christentum« in Frage zu stellen.

Mit diesen neuen Erfahrungen sieht sich der Briefschreiber in der Lage, den Empfängerinnen genaue Antwort zu geben. »Und ist dann nun das Leben erträglich? Jawohl, weil« – entsprechend den Schopenhauerschen Empfehlungen der Willensverneinung – »seine Last immer geringer wird und uns keine Bande an dasselbe mehr fesseln. Es ist erträglich, weil es dann ohne Schmerz abgeworfen werden kann.«

Aus der Antwort der Mutter klingt das ganze Unbehagen an den tiefsinnigen, aber auch weitschweifigen Erörterungen des Sohnes. Für sie spricht daraus seine »innerliche Zerrissenheit«. Damit ordnet sie ihn – ohne es selbst zu wissen – in ein Klischee ein. Denn der »Zerrissene« war eine feststehende Erscheinung seit den 30er Jahren mit europäischem Verbreitungsgebiet. »Zerrissen« waren die Ausweglosen, die »Helden« des Weltschmerzes, jene, die am Leben litten: die sich wie Puschkins Eugen Onegin aus den erleuchteten Festsälen in die Nacht stürzten oder wie

Byrons Manfred auf den Felsengipfeln des Hochgebirges unter Adlern und Geiern ihr Asyl suchten. Richard Wagners »Fliegender Holländer«, der »ewige Jude des Ozeans«, war gleichfalls einer aus ihrem Geschlecht. Wir erinnern uns: auch der Vater Nietzsches, der Pastor aus Röcken, der an nervösen Magenbeschwerden litt und den eine Gehirnkrankheit früh dahingerafft hatte, konnte als ein still vor sich hin lebender Teilnehmer an der Bewegung des »Weltschmerzes« gelten. Sie selbst war inzwischen aus der Mode gekommen, aber die Erinnerung an sie und ihre unglücklichen Gestalten hatte sich erhalten. Wenn wir uns dem Urteil der Mutter anvertrauen, zählte Nietzsche zu ihren Nachfolgern.

Diese Leipziger Monate gehören der Vorbereitung einer weiteren entscheidenden Wende an, die Nietzsche allmählich seiner späteren Bestimmung zuführt. An Philosophie als selbständiges zu studierendes Fach hatte er nicht gedacht, er hatte auch weder in Bonn noch bis dahin in Leipzig philosophische Vorlesungen besucht. Seine erste wichtige Lektüre war David Friedrich Strauß gewesen mit einem Eindruck, der keineswegs gering war und auch auf sein kritisches Bewußtsein wirkte. Als theologischer Schriftsteller wurde Strauß in der christlichen Welt keineswegs als harmlos empfunden, im Gegenteil, bewährte Mittel wie Disziplinarverfahren, Amtsentzug, kirchenbehördliche Verfolgungsmaßnahmen waren Antworten, die er zu spüren bekam, aber natürlich das Aufsehen noch verstärkten, das er in Staat und Kirche machte. Sein »Leben Jesu«, worin er die vier Evangelien auf ihre Widersprüche untersuchte und einer wissenschaftlichen Kritik unterwarf, galt in kirchenfrommen Kreisen als berüchtigtes Buch, war aber ein ernsthafter Beitrag des Verfassers, die Kirche mit der Wissenschaft auszusöhnen.

Nietzsches Kennenlernen von David Friedrich Strauß' Schriften bedeutete zu diesem Zeitpunkt die Bekanntschaft mit dem damals exponiertesten Vertreter des »bürgerlichen Fortschritts«. Sie kamen zweifellos seiner Bereitschaft, die kritischen Instinkte in sich zu entwickeln, sehr entgegen. Es muß ja erst ein philosophisches Fundament gefunden werden, ein Muster für nachfolgende Orientierung. Dazu dient ihm Hegel, etwas Kant-Lektüre kommt dazu und das Hineinsehen in Dühring mit seinem sozialreformerischen Programm. Was Nietzsche später als »Sozialismus« bekämpft, ist im Grunde der Sozialreformismus Düh-

76

rings, der von Engels ätzend verhöhnt wurde, ist Lassalle und sein Auftreten als taktierender Parlamentarier.

All das bedeutet aber nur ein erstes Abmessen des Feldes. Nicht mehr! Erst Schopenhauer und die von Nietzsche nachvollzogenen Erfahrungen seiner Lehre bringen das eigene Denken in Bewegung, fordern auch zum Vergleich heraus. Nach Schopenhauer wird Straußens Optimismus, daß »alles am Ende noch gut« werde, von Nietzsche annulliert werden, hat jeder Anflug des Hegelschen Gedankens vom Fortschreiten der Geschichte zur »Freiheit« keine Chance mehr, ernsthaft in Betracht gezogen zu werden. Das geschieht nicht von heute auf morgen. Die Mühlen von Nietzsches Erwartungslosigkeit mahlen langsam. Es gilt: »Seitdem Schopenhauer uns die Binde des Optimismus vom Auge genommen, sieht man schärfer. Das Leben ist interessanter, wenn auch häßlicher.«

Schopenhauer also bedeutet Verlust der Illusionen, die selbst in Lehrsystemen unvoreingenommener Philosophen noch mitgeschleppt werden, indem sie Erwartungen wecken, die vom Verlauf der Geschichte nicht eingelöst werden. Die spontane Beschäftigung mit ihm ist für den jungen Nietzsche die »Kopernikanische Wende« in seinem Denken. Aber die Richtung, die er einschlägt, wird nicht eindeutig sein, sondern zu jenem »Knick« führen, an den er durch die Lektüre von Friedrich August Langes »Geschichte des Materialismus« gerät. »Das bedeutendste philosophische Werk, was in den letzten Jahrzehnten erschienen ist, ist unzweifelhaft Lange«, schreibt er im November 1866 an Mushacke: »Kant, Schopenhauer und dies Buch von Lange – mehr brauche ich nicht!«

Friedrich Albert Lange war Rheinländer und gehörte dem linksbürgerlichen demokratischen Fortschritt an, dessen Vertreter später in den Schatten der deutschen Sozialdemokratie und zwar der Version des »Allgemeinen Deutschen Arbeitervereins« Lassalles gelangten, hier aber bald der Vergessenheit anheimfielen. Im Gegensatz zu Marx und Engels, die den Manövern Lassalles im Berliner Parlament von England aus mit großem Mißtrauen zuschauten, war Lange bei der moralischen Begründung des Materialismus nicht von Hegel, sondern von Kant ausgegangen. Das bedeutete Abkehr von der dialektischen Methode, die er bekämpfte, Begründung des Materialismus aus ethischen Prinzipien und dessen Weiterbildung in einem industriell und naturwissenschaftlich werdenden Zeitalter. Die Unerklärbarkeit des Kosmos, die für Lange feststand, ließ ihn zurückgreifen auf die griechischen Naturphilosophen mit ihren Lehren von den Elementen. Sie bildeten für ihn den Ausgang nicht nur des materialistischen Denkens, sondern der Philosophie überhaupt.

Lange hatte sein Werk zum Teil während seiner Zeit als Gymnasiallehrer in Duisburg verfaßt. Es stellte eine Leistung von objektivem wissenschaftlichen Rang dar. Für Lenin, der erklärtermaßen seine Kenntnisse über die historische Entwicklung des materialistischen Denkens daraus bezog, besaß es unanfechtbare und von ihm selbst bezeugte Autorität.

Es war Lange, durch den Nietzsche seine erste und sehr tiefe Einführung in die griechischen Naturphilosophen erhielt.

Wenn von der griechischen Philosophie über Jahrhunderte hinweg die Rede war, so stand der Rang von drei immer wieder genannten Namen unangefochten fest: Sokrates, Plato und Aristoteles. Man mochte von Sokrates keine Schriften kennen, weil er keine verfaßt hatte, und sich in dieser Hinsicht auf Plato verlassen, der über des Sokrates Anschauungen und Methode Auskunft gab, man mochte Plato den »göttlichen« oder auch einen »Kunstfeind« nennen, mochte ihn im Lichte des Aristoteles oder Aristoteles in seinem sehen: an dem Gedanken, daß hier das Denken der »Griechen« seinen eigentlichen Zenit erreicht hatte, war ein ernsthafter Zweifel nicht gestattet.

Der Glanz der griechischen Philosophie hat denn auch dem aufsteigenden Christentum arge Verlegenheit bereitet. Wo sollte man diese »heidnischen« Geister unterbringen, wenn ihre »Wahrheiten« sich so konstant behaupteten und auch in der christianisierten Welt immer wieder neue Liebhaber fanden, wenn selbst die Theologen von ihren Ideen und Verfahren so fasziniert waren?

Der Weg, der beschritten wurde, war die Einverleibung. Es beruhigte, dem Plato eine von Natur aus christliche Seele zuschreiben zu können, und es rechtfertigte den Aristoteles, wenn sich die spätere katholische Normaltheologie des Thomas von Aquin seiner Dialektik bediente. Es wäre sonst noch schwerer zu ertragen gewesen, daß solche Geister ohne christliche Erleuchtung schon so klug gewesen waren. Für Sokrates sprach, daß sein Tod durch den Schierlingsbecher, den ihm als dem angeblichen Verführer der Jugend die athenischen Staatsbeamten durch ihre Schergen reichen ließen, an den Opfertod Christi erinnerte.

Das Christentum hat also, insbesondere nach der Wiederentdeckung des Aristoteles, ohne es zu wollen, das Ansehen des eigentlich klassischen Zeitalters der griechischen Philosophie noch erhöht. Das bedeutete aber auch: die Philosophen *vor* Sokrates rückten noch mehr in den Schatten. Daß es sie gab, stand fest, was sie gesagt hatten, schöpfte man insbesondere aus dem, was Plato, Aristoteles, Diogenes Laertius und andere spätere sie in ihren Schriften sagen ließen. Der Sinn ihrer Worte war dunkel, die Überlieferung fragmentarisch und vielfach ungesichert. Verglich man sie mit dem, was Sokrates unter Denken verstand, so standen sie für einen vor-zivilisatorischen, vorvernünftigen Zustand der Welt, über den Sokrates und seine Schüler das Licht der Aufklärung fallen ließen.

Die vorsokratische Philosophie ist Naturphilosophie, sie denkt von den Elementen her und denkt mit den Elementen. Natürlich geht sie über die Elemente hinaus, indem sie sich mit der Leere und den Beziehungen der Elemente in ihr befaßt, aber sie bliebe ohne die Elemente als Stoff selber unvorstellbar. Thales läßt alles vom Wasser ausgehn, Anaximander aus dem unendlichen Stoff, Anaximenes aus der Luft. Für die Pythagoreer steht am Anfang die Zahl, für die Eleaten das Eine einzige unveränderliche Wesen.

Unter den Vorsokratikern ist Nietzsche durch die Lektüre von Langes Buch zunächst vor allem auf Demokrit verwiesen worden. Der Name war ihm bekannt durch seine Arbeit über Diogenes Laertius, der ihn in seinem Schriftstellerkatalog erwähnt und charakterisiert. Demokrit ist der Materialist par excellence unter den Naturphilosophen. Der Körper und der Denkende sind für ihn ein- und dieselbe Sache. Wie sein Lehrer Leukippos gehört Demokrit den Atomikern an. Für Demokrit steht fest, daß die Teilung der Teile nicht ins Unendliche gehen kann, daß es unteilbare Körperchen geben muß.

Hier stehen wir am Anfang der Atomlehre. Im »Atom« fallen »Wort« und »Wesen« zusammen. Die Atomtheorie ist von ihren Grundlagen her Lehre von den unteilbaren Körpern. Ihre Zahl ist unendlich. Sie kennen keine Unterschiede der Qualität, sie sind alle von gleicher Art, aber von ungleicher Form. Atome können in der Form von Kugeln, Sicheln oder Haken auftreten. Quantitative Momente wie ihre Größe, ihre Anordnung und ihre Lage lassen sie voneinander differieren. Aber eben diese Differenz bekräftigt die Zusammengehörigkeit in einem einzigen Urstoff. Das Sein des Demokrit beruht auf der Eingestaltigkeit der unendlich vielen Atome mit ihren Eigenschaften wie der Gleichheit der Qualität und der Ungleichheit der Quantität. Im Wechsel der Lage können sie Veränderungen schaffen, womit sie zugleich die aus ihnen bestehenden Dinge verändern.

Damit war zugleich der Begriff der Leere ins Spiel gebracht. Denn zum Atom gehört die Leere, in der die Bewegung der Atome vor sich gehen kann. Ohne den leeren Raum wäre ihre Vielheit nicht denkbar und ihre Bewegung als Lageveränderung nicht möglich. Die Leere reicht nach Demokrit in die »porösen« Körper hinein und bedeutet zugleich umgebenden Raum. Bewegung ist nun für Demokrit der eigentliche Weltprozeß. Durch einen Automaten werden die Atome in den leeren Raum geschleudert und halten die Natur in Gang. Alles geschieht durch Notwendigkeit, Zweckursachen sind zu verwerfen. Das ist echt materialistisch.

»Der Materialismus ist so alt als die Philosophie, aber nicht älter.« Mit diesem Satz leitet Lange sein Buch ein. Das bedeutet: Der Materialismus steht am Anfang der Philosophie, er ist da, wo er auftritt, zu keiner Zeit vor-philosophisch, wenn auch den Rationalismus nicht immer befriedigend. Hier werden Ansätze von Nietzsches Denken deutlich. Das Axiom Demokrits: »Aus Nichts wird Nichts« geht jeder Art des »Nihilismus« voraus, bei aller Mehrdeutigkeit dieses schillernden Wortes. Das Nichts steht am Anfang und steht am Ende. Es produziert fortwährend Nichts. Gerade im Zurückgehen auf die Philosophie *vor* Sokrates bringt Nietzsche die Allgegenwart des Nichts wieder in Erinnerung. Natürlich waren die Vorsokratiker Kant so gut bekannt wie Hegel, aber indem Nietzsche deren Bewertung des griechischen Denkens, die bei Plato und Aristoteles ansetzte, annullierte und seine Norm aus den Vorsokratikern gewann, die er über Plato und Aristoteles stellte, legte er schon den Bruch für die »Umwertung der Werte« in seiner Philosophie an. Die Verschiedenheit der Dinge rührte für den Atomiker Demokrit von der Verschiedenheit der Atome an Zahl und Gehalt her. Nietzsches spätere Katastrophenlehre, die Ankündigung von bisher unvorstellbaren Ereignissen, knüpfte hier an Demokrit an. Wenn die Atomwirbel sich in voller Bewegung befinden, dann ist die Frage nach dem Urheber der Ereignisse unangemessen, sie ist sinnlos, weil überhaupt nicht zu beantworten.

Damit wurde die Frage, die Aristoteles später stellte, die Frage nach dem Urheber der Welt, dadurch beantwortet, daß sie für unstatthaft erklärt wurde. Heraklit wußte anderes zu berichten: »Der Krieg ist der Vater aller Dinge, ist aller Dinge König.« Heraklit und Empedokles, sagte Aristoteles, sind der Ansicht, daß die Welt in ihrem gegenwärtigen Zustand bald wieder zugrunde gehe und in einen anderen eintrete und daß dies unablässig so fortgehe. Am Ende jeder Welt steht ihre Verbrennung. Das Feuer ist unbesiegbar, es geht niemals unter.

Empedokles hatte dem alten Materialismus jene mechanistische Komponente hinzugefügt, die in Demokrits Denken zu voller Tätigkeit gelangte. Für Empedokles war alles auf vier Grundstoffen aufgebaut: Feuer, Wasser, Luft, Erde. Sie sind die Wurzeln des Seins, d. h. sie sind weder geworden, noch werden sie vergehen. Was Menschen unter Werden und Vergehen verstehen, ist nichts anderes als Mischung und Austausch vermischter Stoffe. Denn alles was geworden ist, ist durch Mischung und Trennung geworden. Das »Sein« selbst ist ungeworden, unzerstörbar, in seiner Qualität unveränderlich. Das »Werden« stellt ein automatisches Geschehen dar. Bei Heraklit wird mit einem Weltautomaten gerechnet, einer Atomschleuder, durch dessen Stöße die Atome getroffen und in Ewigkeit umhergetrieben werden. Diese mechanistische Erklärung der Atomiker macht eine »Schöpfung«, die es aus dem »Nichts« ohnehin nicht geben kann, überflüssig. Noch mehr: sie macht sie unvorstellbar. Alles beruht auf Sein ohne Anfang und Ende, alles was ist, ist, weil es notwendig ist. »Der Wirbel der Atome, aus dem alles entsteht«, so sagt Diogenes Laertius, auf den Nietzsche sich unter Ritschls Anleitung spezialisiert hatte, »ist die demokritische Notwendigkeit«. Die Beschäftigung mit Langes Materialismus-Buch, das Nietzsche so rühmend erwähnt und mit außerordentlicher Intensität studiert, erweitert die Kenntnisse, die er über die Anfänge der griechischen Philosophie durch die Lektüre des Diogenes Laertius und anderer Autoren besaß, nicht nur gründlich, sondern schärft überhaupt erst den Blick in eine damals noch weitgehend verschlossene Welt. Die Vernachlässigung der vorklassischen griechischen Philosophen galt als hergebrachte Sache, war sozusagen sanktioniert. Das war selbst noch bei Langes Werk der Fall, der sich zwar mit ihnen befaßte, aber sich doch vorwiegend auf Demokrit beschränkte, da er in ihm den älteren griechischen Materialismus zusammengefaßt sah.

Nietzsche hat einen Vorgänger bei der Einsicht in die grundlegende Eigenart der griechischen naturphilosophischen Systeme gegenüber der klassischen griechischen Philosophie gehabt. Es war Karl Marx gewesen, der in seiner Jenenser Dissertation über die »Differenz der demokritischen und epikureischen Naturphilosophie« von 1841 Hegel darin kritisierte, daß er den Naturphilosophen nicht die hohe Bedeutung zuerkannt habe, die sie für Philosophen der klassischen Zeit besaßen. Seine Bemerkung war definitiv: »Diese Systeme sind der Schlüssel zur wahren Geschichte der griechischen Philosophie.«

Eben als das aber waren sie vorher nicht gesehen worden. Nietzsche hat Marx' Arbeit nicht gekannt. Dennoch verbindet ihn mit ihr etwas Frappierendes: beide setzen in ihren allerfrühesten philosophischen Überlegungen bei Demokrit an. Er ist als Denker des Atomwirbels ihr Ausgang. Für Marx weniger, für Nietzsche mehr. Über die Kraft des mythologischen Denkens, wie sie die frühen Naturphilosophen entwickelt haben, ist nach der Meinung von Marx das spätere klassische Zeitalter nicht mehr hinausgelangt: »Prometheus ist der vornehmste Heilige und Märtyrer im philosophischen Kalender.«

Mit solchen Umkehrungen bestehender Wertbegriffe – statt Sokrates gilt einmal Prometheus, ein anderes Mal das Vorsokratische als Vorbild oder Maß – bewegen sich Marx und Nietzsche in ihrer Zeit außerhalb der akademischen Legalität. So zu denken und zu sprechen ist gegen die Kleiderordnung. Das bereitet Marx' Bruch mit dem »Elend der Philosophie« und Nietzsches späteres Hinausgestoßenwerden aus der Zunft der »Philologen« vor. Durch die Beschäftigung mit den griechischen Naturphilosophen und ihre umstürzende Ausdeutung, die sie über alles ihr Nachfolgende stellt, fallen Vorentscheidungen. Dieser Schritt muß notwendig einen zweiten nach sich ziehen.

Für Nietzsche war damit einer anderen Grundfrage der Boden bereitet, der Frage nach den orientalischen Ursprüngen des griechischen Denkens, Griechenlands überhaupt. Denn »griechisch« war nicht nur das Hellas Attikas und des Peloponnes, das Griechenland der Inseln, das bis nach Sizilien und Unteritalien reichte, »griechisch« war auch das kleinasiatische Festland. Die von Griechen besiedelte Küste aber wies auf die Herkunft des Volkes aus dem Inneren des Kontinents, aus dem es nach einer langen, in grauer Vorzeit liegenden Wanderung gekommen war. Sie wies auf Asien als seine Urheimat.

Die Frage nach dem, was Griechenland als dem Gipfel der menschlichen Kulturleistung vorausgelegen hatte, war nicht neu. August Wilhelm und sein Bruder Friedrich Schlegel hatten sie gestellt und sie mit dem Hinweis auf Indien und der Forderung nach dem Studium des Sanskrit beantwortet. Die indogermanische Sprachwissenschaft, die von den Brüdern Grimm und Bopp in den ersten Jahrzehnten des 19. Jahrhunderts begründet worden war, schloß aus der Verwandtschaft von in Indien gesprochenen Sprachen mit europäischen Sprachen auf Zentralasien als dem Ursprungsgebiet einer großen Völkerfamilie, deren Mitglieder sich nach Westen in Bewegung gesetzt hatten. Sprachreste aus dieser frühen Periode einer hypothetisch gesetzten »Ursprache« gab es in den germanischen Sprachen, aber ebenso im Griechischen und Lateinischen mit den aus ihm hervorgehenden romanischen Sprachen.

Das mochte von der Sprache her durch bedeutende Leistungen der Indogermanistik und vergleichenden Sprachwissenschaft als gesichert anerkannt werden. Aber direkte Quellen flossen hier spärlich. Darum waren diese Einsichten für die Altphilologie und ihre Autoritäten, für den Geist von Schulpforta, wo man den Homer las, grammatisch und metrisch auflöste, seine poetischen Schönheiten genoß, wenig überzeugend. Selbst wenn sie zutreffend sein mochten: wie wollte man sie von den Texten her beweisen? Die Hilfsmittel der Grammatik und Texterklärung reichten nicht aus, zu ihnen zu gelangen.

Das war die Lage, in die Nietzsche durch seine vom eigentlichen Fach wegführende Beschäftigung mit den vorsokratischen Philosophen geriet und in der sich, für seine Umwelt noch unbemerkbar, eine langsame Positionsveränderung vorbereitete. Ritschl hatte ihn vor der Beschäftigung mit der Philosophie gewarnt. Sie verdirbt den Kopf des Philologen, macht ihn für Spekulationen, für Glauben jeder Art und jeder Richtung anfällig. Von seiner Sicht der Dinge aus mochte Ritschl nicht unrecht haben. Proben für die Stichhaltigkeit seiner Ansichten ließen sich genug erbringen.

Philosophie bedeutete Abschied vom sicheren Wissen. Überall triumphierte die Vermutung. Sobald an »Vorgriechisches« in Griechenland gedacht wurde, brach für den Fachgelehrten des 19. Jahrhunderts leicht der Boden ein, der ihm ein sicheres Urteil garantieren konnte. Auf dem »Vorgriechischen« gar noch eine eigene Philosophie aufzubauen, mußte unfehlbar in Gefahrenzonen hineinführen.

Hier war für die Fachgelehrten eine nicht genau auszumachende Grenze gezogen. Wer sich wie Nietzsche daran macht, sie zu überschreiten, um zu tiefer liegenden Ursprüngen zu gelangen, hat sich vorzusehen.

Nach seiner Amtsübernahme im Jahre 1862 als preußischer Ministerpräsident sah sich Bismarck einer Aufgabe gegenüber, die parlamentarisch schwer zu bewältigen war und seinen Vorgänger hatte resignieren lassen. Er befand sich in der Frage der Heeresreform einer Mehrheit des Abgeordnetenhauses gegenüber. Aber das, woran sein Vorgänger gescheitert war, ließ ihn beim weiteren Erkunden des politischen Terrains auf ein Mittel sinnen und es auch finden, den Widerstand des Parlaments zu brechen. Er entschloß sich, über die Köpfe der Abgeordneten hinweg zu regieren. Das gehörte mit zu dem Weg, der zur deutschen Einheit von 1871 führen sollte. Freilich: als Bismarck mit Rückendeckung seines »königlichen Herrn« dabei war, *seine* Politik einzuleiten, konnte niemand deren Absichten kennen, waren ihm selbst ihre Ziele noch völlig ungewiß.

Schon beim ersten Schritt in der Führung der Auswärtigen Angelegenheiten, der Einfädelung eines Zusammengehens mit Österreich als dem ersten deutschen Bundesland, begann er ein für jeden undurchschaubares Geflecht von Beziehungen und Irritierungen anzulegen. Der Schritt bedeutet Einladung an Österreich, wegen der Schleswig-Holstein-Frage mit Preußen gegen Dänemark, zusammenzugehen, und bereitet schon den zweiten Schritt vor, nämlich nach dem gemeinsam erfochtenen Sieg über den Gegner den Bundesgenossen zu desavouieren. Auf Düppel folgt Königgrätz. Der Alliierte von 1864 wird das Opfer von 1866 sein. Aus dem habsburgischen Österreich, dem jahrhundertealten Kronland des Reichs, wurde ein Ausgestoßener. Es ist heute nicht mehr leicht, das Gefühl aus Wut, Ohnmacht und Resignation zu verstehen, das damals besonders in Österreich selber um sich griff, aber auch bei den Freunden, deren Österreich im deutschen Bunde nicht wenige besaß, insbesondere jenen Territorialstaaten, auf die nun selbst die Greifklaue des preußischen Okkupanten niederfuhr. Man konnte sich schwer erinnern, daß in der deutschen Geschichte mit regierenden Fürsten härter verfahren worden war, als es durch diesen pommerschen Junker geschah, und dies, ohne daß eine helfende Hand zur Stelle gewesen wäre. Ein Revolutionär, der ihnen Land und Leute raubte, hätte mit ihnen nicht ärger ins Gericht gehen können.

Und in der Sache selbst: Bismarck war dieser Revolutionär. Wenn Hegel recht hatte, daß der eigentliche Gegner des Feudalismus die Monarchie ist mit dem Ziel, dessen Macht zu zerschlagen und in die eigene übergehen zu lassen, dann war in der Gestalt Bismarcks tatsächlich jemand dabei, die auf die deutschen Stammesfürsten übertragenen mittelalterlich-feudalen Gewalten der Einheit im Namen des neuen deutschen Kaiserreichs mit Preußen als Führungsmacht zu unterwerfen. Es war ein gewissermaßen in der Natur der »Weltgeschichte« liegender Übergang von einer historischen Etappe in eine andere, wie ihn die englische Krongewalt im Anschluß an die Kriege der Rose hinter sich gebracht hatte und in Frankreich Richelieu durch die Zerschlagung der hochfeudalen Frondeure zu Nutz und Frommen der absolutistischen Monarchie besorgte. Was sich in Deutschland abspielte, war derselbe Vorgang, allerdings mit Verspätung, übrigens der gleichen Verspätung, die beim Risorgimento in dem in mancher Hinsicht durch die Aufsplitterung in kleine und kleinste Staatsgebilde an Deutschland erinnernden Italien Cavours vorwaltete.

Bismarck hat nun nicht mehr das Mittel Richelius zur Beseitigung der großen eigenwirtschaftlich auftretenden Seigneurs: das Beil, gebrauchen müssen, aber er kannte – worauf Friedrich Engels mit Recht hinwies, – die Enteignung. Zeugen dafür waren z. B. der König von Hannover und der Kurfürst von Hessen-Kassel. Bismarck hatte sie um ihr Erbe gebracht.

Aber: wenn jemals der Zweck die Mittel heiligte, dann war es hier der Fall gewesen. Einheit des Volkes in einem geeinten Staat ist keine geringe Sache.

Unaufhaltsam hat sich damals bei der Durchsetzung seiner Ziele Bismarck den Weg gebahnt. Es war ein Weg mit »Blut und Eisen«, aber auch mit Zittern und Zagen, das in den Perioden der Depression den Übersensiblen, den man der äußeren Erscheinung nach nicht in ihm vermutete, übermannte.

Was Bismarck damals vorbereitete und schon im Zuge war, zu verwirklichen, war nach der Ausführung trotz des allgemeinen Unbehagens ein in ganz Europa anerkanntes Meisterstück der Politik im Zusammenwirken mit dem Kriegshandwerk. Politische Lehrbücher, die etwas anderes sagen, taugen nicht viel.

Bismarcks Gegner, über deren geringe Zahl er sich nicht zu beklagen hatte, saßen nicht nur im außerpreußischen Ausland, sie saßen in den Reihen der eigenen Standesgenossen, beim altpreußischen Großgrundbesitz, der in seiner Politik die bestehende geheiligte Ordnung verletzt sah und das Ohr des Königs suchte. Denn daß Bismarck in den 60er Jahren gegen die Grundregeln des Konservativismus verstieß, ließ sich Zug um Zug nachweisen.

Dazu gehörte damals übrigens auch sein Umgang mit der deutschen Sozialdemokratie, genauer dem »Allgemeinen deutschen Arbeiterverein«, der in Lassalle einen außerordentlich fähigen Führer hatte. Für die Durchführung seiner Dänemark-Politik, d. h. seiner Kriegsvorbereitungen, brauchte Bismarck im Parlament eine Unterstützung auf breiter Grundlage, die durch Abhängigkeit von der liberalen Seite zu bekommen war. Aber eben durch Abhängigkeit! In dieser Lage näherte sich Bismarck dem Führer der Arbeiterpartei. Er brauchte von Lassalle die Zustimmung für seine Kriegspolitik gegen das nördliche Königsreich. Und er hatte dafür etwas anzubieten: das Wahlrecht des Arbeiters in Preußen. Hier kommen im Laufe der Verhandlungen die Dinge in Fluß. Sie kehren sich um. Die Überlegenheit von Bismarcks Verhandlungsposition gegen Lassalle stand von Anfang an fest, aber die Verhandlungen selbst zeigen ein eigentümliches Schillern verschiedener Perspektiven. Das Wahlrecht war eine Grundforderung der Sozialdemokratie. Sie war bereit, dafür alle erdenklichen Opfer auf sich zu nehmen – sogar, was Bismarck ihr hier abrang – die Beteiligung am Krieg.

Aber mit dem Köder des Arbeiterwahlrechts hatte Bismarck Lassalle in die Falle gelockt. Die deutsche Sozialdemokratie sollte noch lange an den Nachwirkungen zu leiden haben. Bismarck hatte vor aller Augen gezeigt, daß sich die Sozialdemokratie ihre Hilfe für den Staat, hier für Preußen, später für das Kaiserreich, eigens honorieren läßt. Die Hilfe der Sozialdemokratie kannte ihren Preis, aber wird er entrichtet, war sie zu haben: sogar für einen Gewaltkrieg.

Man muß Lassalle Gerechtigkeit widerfahren lassen: es stand hier ein brillanter Parteiführer einem Giganten der Politik gegenüber, ungleiche Gegner von Anfang an, der Anwalt der Entrechteten, der Besitzlosen, derer mit den leeren Mägen – und der Dirigent aus dem Lager der Herrenklasse mit der Verfügung über unbegrenzte politische und materielle Mittel. Der eine hatte nichts, der andere alles. Der eine ist dabei, die Türe, die zum Recht führt, um einen winzigen Spalt zu öffnen, der andere gibt vor, ihm dabei unter gewissen Auflagen zu helfen, aber gleichzeitig läßt er ihn, indem er ihn zu sich herüberzieht, die eigenen Anschauungen schon korrumpieren.

Mit einem Gegner wie Lassalle ist Bismarck, anders als in seiner späteren Auseinandersetzung mit der katholischen Kirche, fertig geworden. Und dies mit Hilfe seiner außerordentlichen Menschenkenntnis, der Ausnutzung menschlicher Schwächen, worin er ein Meister war. Hierbei kam ihm Lassalle sehr entgegen. Lassalle war im Grunde der Mann eines Kavalierssozialismus, bei dem sich ehrliches Mitleid mit den Armen, zu denen er, der jüdische Intellektuelle, nicht gehörte, und Eitelkeit die Waage hielten. Er war Romantiker und Abenteurer, ein Mann der Liebesaffären, die die Presse fleißig ausbeutete. Durch seine Geschichte mit der Gräfin Hatzfeld, die er als Anwalt gegen ihren Ehemann und ihre Familie vertrat und deren Prozeß er gegen alle Widerstände und sogar gegen alle Wahrscheinlichkeit am Ende gewann, war er zeitweilig in aller Munde. Aber dahinter steckte unübersehbar die Pose, es sprach daraus die bürgerliche Arriviertheit im »feudalen« Deutschland, das Bedürfnis, in der großen Welt um jeden Preis dabei zu sein.

Das Arbeiterwahlrecht in Preußen war jedoch mit Lassalles Namen unlösbar verknüpft. Das läßt sich nicht abweisen. Aber es war weniger, als der Name besagt. Für Bismarck ergab sich hier die Gelegenheit, den Arbeitern das Wahlrecht zu geben, was über kurz oder lang ohnehin nicht zu umgehen war, zugleich aber konnten unerwünschte Folgen durch die Filter des zensitären Dreiklassenwahlsystems mit arrondierten Wahlkreisen und Koppelung der Wählbarkeit an den Grundbesitz vermieden werden. Mit dem Wahlrecht für die Arbeiter war den geltenden Herrschaftsverhältnissen nicht beizukommen.

Diese Einsicht von der Chancenlosigkeit der Lassalleschen Sozialdemokratie innerhalb der deutschen Verhältnisse mußte schon darum ernst genommen werden, weil sie sich genau mit Bismarcks Einschätzung Lassalles deckte. Bei Marx war das Bild einer Scheibe in Kraft, durch die sich die Partei vermittels einer Drehung – wenn auch nur vorübergehend – im Lager ihrer Gegner befindet. Bismarck hatte es nicht schwer, Lassalles Charakter wegen der Partei den Ruch der fallweisen Käuflichkeit in nationalen Belangen anzuhängen. Damit hat sie in breiten Kreisen des Volkes über hundert Jahre leben müssen. »Mit einem hochgebildeten Manne wie Lassalle war freilich noch ein Auskommen«, sagte später Bismarck (16. August 1890) in einem rückblickenden Gespräch mit dem Redakteur Anton Memminger von der »Neun Bayrischen Landeszeitung«, »er verstand mich … Lassalle war ein äußerst fähiger Kopf! allerdings maßlos ehrgeizig und eitel.«

Hier war alles beisammen: die Charakterlosigkeit Lassalles, die ihm Bismarck und Marx gleichermaßen bestätigen, nationale Unzuverlässigkeit als Folge des »Internationalismus« und gleichzeitig die Praxis, in den Wein des reinen Sozialismus das Wasser des bürgerlichen Parlamentarismus zu gießen, ihn dem reaktionären Staat »angenehm« zu machen.

Das war die Lage des »Sozialismus« als abstrakte Idee während der 60er Jahre, an der sich in den nächsten Jahrzehnten nichts Wesentliches bei den in Deutschland tonangebenden Kreisen andern wird.

Der Aufstieg Bismarcks und seine Leistungen ließen auf einen Schlag vergessen, rückten zumindest in den Hintergrund, was an revolutionären Hoffnungen auch nach 1848 in jugendlichen Gemütern noch lebendig war. In den 60er Jahren wurden die letzten Eingekerkerten unter den Revolutionären aus den Gefängnissen entlassen. Unter ihnen befand sich August Röckel, der Freund Richard Wagners, den die sächsische Justiz für dreizehn Jahre auf die Festung nach Waldheim geschickt hatte. Wagner, ebenfalls steckbrieflich gesucht, war damals noch aus Dresden entkommen. Gerade aus der Haft entlassen, besuchte Röckel den alten Dresdner Kapellmeisterkollegen in Biebrich, wo er an den »Meistersingern« komponierte. Es war ein freudiges Wiedersehen der früheren Gesinnungsgenossen. Röckel, von der Haft ungebrochen, war noch voller Hoffnung. Auf Wagners Frage, was er zu tun gedenke, antwortete er: »Weiterwühlen«. Wagner hatte alle Veranlassung, nicht gut auf Preußen zu sprechen zu sein, er war selbst in Dresden Zeuge der Intervention durch preußische Truppen mit dem »Kartätschenprinzen«, dem nachmaligen Kaiser Wilhelm I., gewesen, hatte Flugblätter verteilt mit der Aufforderung an die sächsischen Soldaten, nicht auf die eigenen Landsleute zu schießen.

Außerdem war ihm der Typus des preußischen Junkers ein Greuel. Im Generaldirektor der preußischen Hofoper, von Hülsen, der die Aufführungen Wagnerscher Opern verhinderte, sah er dessen reine Ausgeburt. Am Berliner Hof hat man Wagners Vergangenheit auf den Barrikaden bis zu seinem Lebensende nie vergessen.

Mit der Unwiderstehlichkeit der Bismarckschen Politik bahnte sich jedoch auch im Lager der Umsturzfreunde ein Prozeß des Umdenkens an. Unabhängig davon, daß sich viele der alten Revolutionäre inzwischen längst in Amt und Würden befanden, und Dichter, die ehemals die »Freiheit« besungen hatten, an ihre politischen Taten wie an Jugendverfehlungen nicht mehr gern erinnert werden wollten, hatte Bismarck den Veteranen von 1848 den Wind aus den Segeln genommen. Mit Aufrufen zur Revolution war bald nicht mehr viel Staat zu machen. Handel und Wandel befanden sich in einem gedeihlichen Zustand, es war das Bürgertum selbst, das, mochten seine politischen Früchte auch nicht alle gereift sein, inmitten des wirtschaftlichen Aufschwungs optimistisch in die Zukunft blickte. Für die akademische Jugend eröffneten sich risikolose Chancen im Staatsdienst, das Militär hielt den Säbel gezückt und konnte in den Kriegen mit Glanz und Bravour seine Brauchbarkeit unter Beweis stellen. Selbst in der Arbeiterfrage, sofern sie für ihn damals existierte, zeigte sich Bismarck mit seiner Enschätzung nicht unrealistisch, weil trotz des Aufschwungs der Industrie deren Rückstand gegenüber England, Belgien und Frankreich immer noch erheblich ins Gewicht fiel, Preußen vorwiegend ein Agrarland und seine herrschende Klasse das agrarische Großgrundbesitzertum war, so daß die Arbeiterschaft schon ihrer zahlenmäßigen Unterlegenheit wegen für den Bestand der geltenden gesellschaftlichen Ordnung keine ernsthafte Gefahr bedeutete.

Die Erfolge der Bismarckschen Politik hatten die letzten Hoffnungen der 48er Generation endgültig zerstört. Die ernsthaften Revolutionäre waren entweder ins Ausland gegangen, nach England, Frankreich, Amerika, in die Schweiz, oder sie waren gezwungen, still vor sich hin und sehr oft im Elend zu leben. Als politische Kraft wurden sie jetzt rücksichtslos aus der Geschichte herausgestoßen. Lassalle und später Bebel konnten mehr oder weniger wirksame Opposition sein, eine Alternative zur Bismarckschen Politik waren sie nicht. Allerdings ließ Bismarck nichts unversucht, die ihm am wichtigsten erscheinenden Köpfe der eigentlichen Revolutionäre seiner Politik dienstbar zu machen. Bei Lassalle war es ihm in mancher Hinsicht gelungen. Über Lothar Bucher, seinen in diesen Dingen unentbehrlichen Helfer, lancierte er später auch an Marx ein Angebot, auf dem Weg über die Amnestie aus dem Exil nach Deutschland zurückzukehren. In richtiger Einschätzung der Lage lehnte Marx ab. Der erste Band des »Kapital« erschien 1867, ein Jahr nach Königgrätz, in Hamburg. Das geringe Aufsehen, das das Buch bei seinem Erscheinen begleitete, im Vergleich dazu die Wogen des Jubels und des Hasses, die nach dem Sieg der Preußen über die Österreicher hochschlugen, sprechen für sich.

Das ursprüngliche Motiv Nietzsches für seinen Wechsel nach Leipzig war die briefliche Mitteilung Gersdorffs gewesen, er wolle seine Studien im nächsten Semester in der sächsischen Universitätsstadt fortsetzen. Damit fühlte sich Nietzsche aller weiterer Überlegungen über die Wahl seines künftigen Studienorts enthoben.

Der Wunsch, mit Gersdorff zusammenzusein, konnte also erfüllt werden. Von Bonn war Mushacke mit von der Partie. Deussen, immer etwas schwerfällig, was sich schon in Schulpforta gezeigt und seitdem verstärkt hatte, schloß sich dem nach Leipzig wegziehenden Ritschl-Anhang nicht an. Übrigens war Deussen wenig traurig darüber, die persönliche Gesellschaft Nietzsches vermissen zu müssen. Dieser konnte zu oft der Versuchung nicht widerstehen, ihn seine Überlegenheit fühlen zu lassen.

Das Leben in Leipzig läßt sich für Nietzsche gut an. Es kennt nicht mehr jene Ausgelassenheit der ersten Bonner Monate. Schon am Rhein hatte er den Zugang zu Bonner Professorenkreisen ausdrücklich gesucht. Seine jetzt inzwischen persönlich gewordene Beziehung zu Ritschl und auch zu dessen Frau, die die Hochachtung ihres Mannes für ihn teilt, scheint ihn ganz auf dem Wege zu zeigen, den »deutschen Professor« um ein weiteres sehr ehrenwertes Beispiel zu bereichern.

Der Tagesablauf des Leipziger Nietzsche ist gekennzeichnet durch feste Ordnung im Wechsel mit mäßiger Improvisation. An der Gewohnheit des Früh-Aufstehens aus der Zeit von Schulpforta hält er fest. Die ersten Morgenstunden werden zur Arbeit genutzt, ihr Ertrag schafft ihm für den Rest des Tages eine größere Verfügbarkeit über seine Zeit: eine Disposition, zu der er auch später oft wieder zurückkehrt.

Durch seine Bonner Erfahrungen hatte Nietzsche gelernt. Das Leipziger Leben soll darum einer von keinem korporativen Zwang mehr beeinträchtigten freien Geselligkeit zugewandt sein. Er weiß inzwischen, was ihm zuträglich ist und wovor er sich vorzusehen hat. Leipzig ist eine Stadt, in der Weltläufigkeit etwas gilt. Darum hatte sie Goethes Vater dem Sohn für sein Jurastudium ausgewählt. An dessen Aufenthalt denken die Studenten gern. So warnt der Rektor die Neuimmatrikulierten mit Nietzsche unter ihnen davor, sich seine Sitten zum Vorbild zu nehmen. Was für den Jupiter gut ist, ist es für den Ochsen noch lange nicht. Eine harte Anspielung, die Nietzsche hier von einem Repräsentanten der vom Staat verwalteten Wissenschaft einstecken muß!

Für Nietzsche ist Leipzig das, was es schon für Lessing oder Goethe gewesen war: eine Stadt des Theaters, der Kaffeehäuser und der Weinstuben. Zum richtigen Studentenleben gehören natürlich ausgiebige Spaziergänge. Nietzsche weiß aus Instinkt und aus Reden der Mutter, was er seinem Körper schuldig ist. Er lernt Reiten und erscheint gelegentlich mit der Reitpeitsche in den Vorlesungen. Das ist in Leipzig, wo der Altphilologe Gottfried Hermann jahrelang gestiefelt und gespornt seine Kollegs gehalten hatte, nichts Ungewöhnliches. Der Kaffee wird bei Kintschy eingenommen, das Nietzsche vorzieht, weil hier Rauchverbot besteht, die Weinstube Simmer ist ein anderer beliebter Treffpunkt für das Beisammensein im Kreis der Freunde.

Auch Sachsen war durch die kriegerischen Ereignisse zwischen den beiden deutschen Großmächten um die Vorherrschaft im Bundesstaat unmittelbar in Mitleidenschaft gezogen worden. Es galt in den Augen Preußens als natürlicher Verbündeter Österreichs und war ja auch in der Vergangenheit mit Regelmäßigkeit als solcher hervorgetreten. Die Gründe für die Allianz lagen seit Friedrichs des Großen Zeiten auf der Hand. Als aufstrebende Macht bedeutete Preußen eine Bedrohung für die altetablierten Staaten, die am deutschen Kaisertum Habsburgs die milde, um nicht zu sagen schwache Hand besonders geschätzt hatten. Die österreichische Regierungskanzlei war immer gewandt im Ausspinnen der Fäden gewesen, womit am Netz gegen den Emporkömmling aus dem Norden gewirkt wurde. In Dresden war der Minister Beust Vertrauensmann der Wiener Politik, in München leitete von der Pfordten die österreichische Partei gegen den lange entschlußlosen König. Hier legte Bismarck wirksame Gegenminen, indem er über seinen ehemaligen Göttinger Studienfreund François Wille, den Gönner Richard Wagners in Zürich, diesem antragen ließ, bei Ludwig II. für Preußen zu intervenieren.

Im Gegenschlag machte Preußen bei Beginn der Feindseligkeiten gegen Österreich mit Sachsen nicht viel Federlesens und wählte es auf dem Marsch nach Böhmen, wo die kriegerische Entscheidung gesucht wurde, als bequemstes Durchzugsland. Die Preußen marschierten in Sachsen ein und erklärten dem Land den Krieg.

Als aufmerksamer Beobachter verfolgt Nietzsche in Leipzig die Ereignisse. Nietzsche aus der Provinz Sachsen, nicht aus dem Königreich, ist preußischer Staatsbürger, der in der sächsischen Universitätsstadt während der zweiten Hälfte des Juni den Einzug preußischer Truppen, also von Soldaten seines Landes, erlebt. »Wir leben also in der preußischen Stadt Leipzig«, berichtet er Mutter und Schwester in einem Brief aus diesen Tagen. Mögen seine Gefühle nicht ganz eindeutig, mag er hier und da für Sachsen, Leipzig, die hier herrschenden Lebensformen, den Rang der Universität eingenommen sein – aus dem Brief spricht der Parteimann Preußens und Bismarcks. Aber kein unkritischer und sogar ein besorgter! »Die Gefahr, in der Preußen steckt, ist ungeheuer groß«, heißt es darin, »daß es gar durch einen vollkommenen Sieg imstande wäre, sein Programm durchzusetzen, ist ganz unmöglich. Auf diese revolutionäre Weise den deutschen Einheitsstaat zu gründen, ist ein starkes Stück Bismarcks: Mut und rücksichtslose Konsequenz besitzt er, aber er unterschätzt die moralischen Kräfte im Volk. Immerhin sind aber die letzten Schachzüge vorzüglich: vor allem hat er es verstanden, auf Österreich einen gewaltigen, wenn nicht den größten Teil der Schuld zu wälzen.«

Man könnte über diese Zeilen mit den interessanten persönlichen Eindrücken und zeitgeschichtlichen Anspielungen schneller hinweggehen, wenn sie nicht schon Grundelemente der späteren Anschauungen Nietzsches enthielten. Bewunderung für die große Tat, die Unbedenklichkeit in der Anwendung der Mittel, sich im Handstreich der »Historie« zu entledigen, wo sie auf bloßer unfruchtbarer Überlieferung beruht. Und für den großen Täter, dessen Tun mit Kunst zu vergleichen ist! Die Moral bleibt dabei immer im Spiel, wird aber durch die Macht der Umstände, durch die Notwendigkeit, auf einen niederen Rang verwiesen. Das mag als Doktrin anfechtbar sein: aber in der Wirklichkeit der »Weltgeschichte«, von der Nietzsche hier kaleidoskopartig eine kleine Szene aus dem Jahre 1866 festhält, wird so und nicht anders verfahren.

Nietzsche war in diesen Wochen Zeuge geworden, wie sich in der Gestalt Bismarcks die Gewalt in voller Aktion gezeigt hatte. Es war Bismarck selbst, der in Deutschland für Jahrhunderte geltende Konventionen mit einem Zuge außer Kraft setzte und sogar noch Zustimmung erntete. Der König von Sachsen hatte es vorgezogen, das Land fluchtartig zu verlassen. Das brachte den Vorteil, daß Land und König erhalten blieben, im Gegensatz zu Hannover und Hessen-Kassel: »Einem anderen König und einem Kurfürsten hat man einfach den Garaus gemacht«, feiert Nietzsche in seinem Brief die Gewalttat zugleich mit dem passenden Kommentar: »Das ist die neueste Erklärung des Fürstentums von ›Gottes Gnaden‹«, und läßt sogar seiner Begeisterung für Bismarck freien Lauf: »Am Ende ist diese preußische Art, die Fürsten los zu werden, die bequemste von der Welt.«

Die raschen preußischen Siege haben den Nietzsche dieser Wochen in die Lage versetzt, sich seiner sächsischen Umgebung gegenüber selbst ausdrücklich als »engagierter Preuße« zu fühlen. Sein Zivilstand beginnt ihn zu beunruhigen: »Erkundigt Euch einmal ganz genau auf dem Landratsamt, wann die Einberufung der ›Einjährig-Freiwilligen‹ stattfindet«, schreibt er nach Hause. Es kann ihm nicht schnell genug gehen, in der siegreichen Armee mit dabei zu sein. Allerdings verkennt er auch nicht die Vorzüge, jetzt in Leipzig zu leben: Naumburg ist eine Stadt, wo es keine Zeitungen gibt und allenfalls die Meinung der konservativen »Kreuzzeitung« verbreitet wird. Mit dem Konservatismus aber, der sich gegen einen mitten im Fluß der Umwälzung befindlichen Bismarck wendet, ist ohnehin nichts anzufangen. Gut, daß die »Naumburg-Zeitzer Konservativen« bei den letzten Wahlen einen »glänzenden Durchfall« erlebt haben, läßt sich Nietzsche im Nachtrag des Briefes vernehmen. Diese »Egoisten« haben die Bedeutung der Stunde nicht begriffen.

Die Meinung der Leipziger in diesem Krieg ist gespalten. Zu stark sind hier die Sympathien für Österreich als dem Hort der Restauration. Es werden, was im Kriege üblich ist, Gerüchte in Umlauf gesetzt, die große Verluste der Preußen anführen, von denen fünfzehntausend Mann in Gefangenschaft geraten sein sollen. Nietzsche spricht von »armseligen Wiener Lügen« und hat auch schon eine Erklärung dafür: »In Wien werden ja zur Ermutigung der Massen alle Depeschen gefälscht und umgedreht.« Das Selbstgefühl, als Preuße auf der Seite der Sieger zu stehen, ist jetzt groß. An seinen Freund Gersdorff schreibt er einige Wochen später: »Aber stolz müssen wir sein, eine solche Armee zu haben, ja sogar ... eine solche Regierung zu besitzen, die das nationale Programm nicht bloß auf dem Papiere hat, sondern mit der größten Energie, mit ungeheurem Aufwand an Geld und Blut ... aufrecht erhält.« Und er fährt dann fort: »Im Grunde ist jede Partei, die diese Ziele der Politik gutheißt, eine liberale, und so vermag ich auch in der bedeutenden konservativen Masse des Abgeordnetenhauses nur eine neue Schattierung des Liberalismus zu sehen.«

Aus diesen Zeilen an Gersdorff spricht jemand, der innerhalb weniger Wochen nicht nur »engagierter Preuße«, sondern auch Anhänger der deutschen Einheit geworden ist. Von Bonn aus hatte es noch skeptischer geklungen. Sein Enthusiasmus unter dem Eindruck der preußischen Erfolge in der Politik und auf dem Schlachtfeld bricht jetzt voll durch: »Niemals seit 50 Jahren sind wir der Erfüllung unserer deutschen Hoffnungen so nahe gewesen.« Und gleich hinterher und aus der Stimmung der »Blut- und Eisen«-Zeit heraus niedergeschrieben und schon vorweggenommenes Postulat seiner späteren Philosophie: »Ich beginne allmählich zu begreifen, daß es doch wohl keinen anderen, milderen Weg gab, als den entsetzlichen eines Vernichtungskrieges.« Was fallen will, soll man auch noch stürzen.

Diese Maxime seiner späteren Lehre vom »Willen zur Macht« war hier aus der Erfahrung der großen Aktionen der Bismarckschen Politik heraus gewonnen. Ihr Kern wurde jetzt schon voll bejaht. Es lag darin Zeugenschaft, das Gefühl, als Zeitgenosse das Glück zu haben, dabei zu sein, wie ein Riese der Politik mit zwei oder drei Handstreichen eine Veränderung der europäischen Szene herbeiführte, die man vorher nie für möglich gehalten hatte. Im Zusammenwirken von Diplomatie und militärischer Überlegenheit wurden innerhalb kürzester Zeit vollendete Tatsachen geschaffen.

Aber dabei würde es nicht so ohne weiteres bleiben. Die skeptische Ader bei Nietzsche bricht wieder durch. Mit ein paar Strichen skizziert er die zu erwartende Gegenstrategie Österreichs. Einen in den politischen Künsten so erfahrenen Staat wie Österreich wird man nicht von heute auf morgen abschaffen. Fallende Säulen können selbst einander Halt geben und das Ganze noch für eine Zeit tragen: »Nun zertrümmert sich aber so ein altes

Gebäude nicht so leicht. Mag es noch so baufällig sein, so wird es doch immer ›gute und getreue‹ Nachbarn geben, welche es stützen; es könnten ja ihre eigenen Häuser bei seinem Sturz einen Schaden erleiden.« Österreich – so prognostiziert hier der junge Briefschreiber – wird sich nach dem durch den Sieg Preußens gestörten Gleichgewicht an seinen europäischen Garanten, also an Frankreich, wenden. Frankreich, dem das hergebrachte Europa am Herzen lag, wird reagieren müssen. Und richtig: hier war der weitere Verlauf der Ereignisse mit dem Zusammenstoß von Bismarcks Preußen und dem Frankreich Napoleons III. schon ins Auge gefaßt.

Der Empfänger des Briefes, Freund Gersdorff, ist bereits zur preußischen Armee einberufen und steht damals als Leutnant mit seinem Regiment in Nürnberg, wo er, im fränkischen Teil Bayerns, die hier vorherrschende Sympathie für die Preußen genießen kann. Bei Nietzsche regt sich angesichts der preußischen Siege, wie wir wissen, Ungeduld; sehnlichst wünscht er seine Einberufung herbei. Er knüpft jetzt sein eigenes Schicksal an das Schicksal Preußens. »Sieg« oder »Tod« ist die Devise. Der Krieg soll unter seiner persönlichen Mitwirkung weitergehen. Hier schwingt der ganze Heroismus der Zeit mit, wenn es heißt: »Es wird also unseren nationalen Bestrebungen nichts erspart bleiben, europäische Zustände umzuwälzen, jedenfalls ihre Umwälzung zu versuchen. Mißlingt es, so haben wir beide hoffentlich die Ehre, von einer französischen Kugel getroffen auf dem Kampfplatz zu fallen.«

Angesichts dieser sehr großen Gefühle und einer gewissen nicht ohne Pathos geäußerten Umbruchstimmung wird Nietzsches Urteil über seine nähere sächsische Umgebung zusehends ungünstiger. Der Ton einer solchen Sprache ist freilich den Ereignissen einer großen Wende durchaus angemessen. Nietzsche wird von ihnen unmittelbar mitgerissen. Das heißt: Seine Sympathie für Sachsen, Land und Leute, kühlt sich jetzt merklich und sehr schnell ab. Den beobachteten wachsenden inneren Widerstand nach vorausgegangener militärischer Untätigkeit der Sachsen vermerkt er bitter. Mit den Leuten ist überhaupt nichts anzufangen. »Die reinen Sachsen beginnen schon wieder recht üppig zu werden«. Das alles ist ihm »unerträglich«. Besonders suspekt erscheint ihm »die abscheulichste sächsische Kannegießerei« unter dem Mantel scheinbarer politischer Unparteilichkeit. Darum fühlt er sich jetzt besonders wohl im Café Kintschy, wo alle Nachmittage »ein förmliches preußisches Heerlager« mit dem Schweizer Besitzer an der Spitze abgehalten wird. Eine rechte Illustration der Leipziger Verhältnisse sind die allabendlichen Szenen, die Soldaten der preußischen Besatzungsarmee mit den Landestöchtern in einträchtigem Umgang zeigen. Nietzsche kommentiert: »Man ist nun einmal hier eines lebhaften Hasses wie einer lebhaften Zuneigung nicht recht fähig.« Hier in Leipzig hat man nach dem Urteil seines Kutschers den Hang, sich zu fügen und ist in jedem Falle »gemütlich«.

Es ist denn auch die Behaglichkeit der Lebensführung, die Nietzsche an Leipzig hervorhebt und dem im Felde stehenden Freund besonders anempfiehlt mit der Bitte, ihn bald zu besuchen. Auf Deussen will er ebenfalls einwirken, nach Leipzig zu kommen. Die Gründe liegen auf der Hand. Er hatte hier eine Urbanität des Lebensstils vorgefunden, wie sie Naumburg nicht kannte und wie es sie auch in Bonn nicht gab. Seine studentische Existenz ist gerade dabei, sich unter Ritschls Anleitung zu konsolidieren. Er beginnt, namentlich durch den von Ritschl vermittelten Auftrag, einen Lexikon-Artikel über Aischylos für den Teubner-Verlag zu schreiben, festen Boden unter den Füßen zu spüren. Seine Teilnahme am Leipziger Theater- und Konzertleben ist außerordentlich lebhaft. Jetzt bekommt sie durch das persönliche Interesse an der Schauspielerin Hedwig Raabe, die mit der Emil Devrientschen Truppe in Leipzig gastiert, noch eine zusätzliche Note. Leipzig ist von Hedwig Raabe hingerissen. Sie ist der Typ des »blonden Engels«. Das Gastspiel, bei dem sie die Jane Eyre in der »Waise von Lodewood« der Birch-Pfeiffer und die Hauptrolle in der Komödie mit dem vielsagenden Titel »Sie hat ihr Herz entdeckt« von Müller von Königswinter spielt, muß verschiedene Male verlängert werden. Nietzsche hat sich inzwischen vom anonymen Zuschauer in einen Bewunderer und sogar Verehrer verwandelt. Als Zeichen seiner persönlichen Huldigung läßt er der Künstlerin einige Lied-Kompositionen zukommen.

Das war von Nietzsche als Einleitung zum Versuch der persönlichen Bekanntschaft mit dem Bühnen-Star gedacht. Wir wissen genau, wie er endet. Er verläuft im Sande. Dabei stehen die Aussichten zunächst gar nicht schlecht, hätten zumindest gut stehen können. Denn Hedwig Raabe ist als Tournee-Schauspielerin während ihres Leipziger Aufenthalts bei Nietzsches Onkel in Gohlis einquartiert. Mit Schrecken erinnert sich Nietzsche, daß er die Beziehung zu seinen Verwandten vernachlässigt hat. Er sieht darum keine Möglichkeit, sie unter den neu eingetretenen Verhältnissen aufzusuchen.

So verfällt er auf die Idee, Hedwig Raabe zu schreiben. Der Brief soll gewissermaßen die Lieder begleiten oder ihnen nachgereicht werden. Er ist trotz einiger höflicher Formalitäten eine echte persönliche Lebensaussage. Zwar enthält der zur Einleitung zählende Satz eine liebenswürdige Unwahrheit: »Es liegt mir nichts ferner, als Sie etwa durch diese Widmung auf meine Persönlichkeit aufmerksam machen zu wollen«, aber es ist richtig: Nietzsche schickt ihr, worauf er ausdrücklich hinweist, keine »Gedichte«, sondern »Lieder« und damit das, was ihm wie nichts anderes am Herzen liegt. Sie sind ein Stück von ihm selbst. Man könnte das Schreiben als konventionelle Ehrerbietungsadresse an eine Künstlerin abtun, wenn da nicht jene für den jungen Nietzsche so eigentümliche Trauermelodie von der »verlorenen Jugend« wäre, die wir schon aus der Darstellung »Aus meinem Leben« des Vierzehnjährigen kennen. Nietzsche versichert Hedwig Raabe: »mit der Süßigkeit und dem Schmerz, mit dem meine eigne Kindheit mir vor die Seele tritt, als ein Verlorenes und doch einmal Dagewesenes, denke ich auch an Ihre lebenswahren und immer herzensguten Gestalten.« Hier spricht ein Misanthrop in den allerbesten Lebensjahren, der erklärt, durch erlittenes Ungemach schon um alle Hoffnungen auf Höheres gebracht worden zu sein, nun aber bei der Begegnung mit den durch die Künstlerin verkörperten Gestalten den »Glauben« wiedergefunden zu haben. Das ist – gelinde gesagt – eine Übertreibung, doch in der Form des Huldigungsschreibens, wo stilisierte Bescheidenheit vorherrscht, als Klage über die für immer verflossene Vergangenheit und Dank an die Künstlerin durchaus korrekt.

Aber was als Brief gedacht war, liegt bloß als Entwurf vor. Ob er weiter ausgeführt und in der ausgeführten Form abgeschickt worden ist, läßt sich nicht sagen. Bei Nietzsches Naturell hat die Wahrscheinlichkeit, daß bei der Annäherung an Hedwig Raabe alles im Plan steckenblieb, viel für sich. Absichten, einer Frau näherzutreten, wird es in seinem Leben noch mehrere geben. Der Ausgang ist immer der gleiche. Sie bewegen sich alle im

»Nichts«, der festen Größe seines späteren Denkens, sie gehen von ihm aus und enden in ihm. Das war im nächtlichen Köln so, wo er seine Bewegtheit durch mehrmaliges Anschlagen von Klavierakkorden zum Ausdruck brachte. Das ist bei Hedwig Raabe nicht anders. Der Brief, der für sie gedacht war, bleibt in jedem Falle folgenlos. Ob er ihn abgeschickt und sie ihn bekommen hat, ist darum ohne größere Bedeutung. Ihr Gastspiel ist ohnehin bald zu Ende. Von ihr wird später keine Rede mehr sein.

Aber hatte die Klage über die »Kindheit« als »ein Verlorenes« nicht doch vielleicht einen realen und in der Lebensgeschichte Nietzsches liegenden Grund? Die Frage ist nicht zu umgehen. Sie rührt an Verhängnisvolles, nämlich an die später zum Ausbruch kommende Krankheit Nietzsches, für die man die Ursachen in seinem Leipziger Aufenthalt, wenn nicht schon im Bonner Studienjahr sah. Gemeint ist die angebliche syphilitische Erkrankung mit allen in die Zukunft hineinreichenden zerstörerischen Folgeerscheinungen, die sich daraus ableiten ließen. Der Spekulationswert dieser Krankheit war groß. Er begründete im späteren Urteil Nietzsches »Pathologie«, gab ihr von jeder Norm abweichende Momente bei und bot sich an, das »Skandalon« Nietzsche erklärbar zu machen. Auf sie ließ sich leicht zurückgreifen. Von dem Zeitpunkt an, wo »Atheismus« und »Nihilismus« in Nietzsches Denken zur Auswirkung kamen und im Zusammenhang mit seiner Lebensgeschichte und ihrem Ausgang gesehen wurden, hielt man auch eine geeignet erscheinende Erklärung bereit. Hier lag also der Grund des Übels. »Atheismus« und »Nihilismus« waren Folgen des »Wahns« bei einem Kopf, dessen Gehirn von den Wirkstoffen einer langsam, aber zielsicher arbeitenden Krankheit heimgesucht worden war. Hier hatte ein Feind des Christentums nach einem Fehltritt und einer nichtauskurierten Krankheit ein wohlverdientes, zumindest verständliches Ende gefunden. Das Eine muß im Zusammenhang mit dem Andern gesehen werden. So einfach ist das alles. Das würde dann zum außeroffiziellen, im bürgerlichen Sinne verbotenen Geheimleben Friedrich Nietzsches während der Leipziger Jahre gehört haben. In der Tat hat im Herbst 1866 dort eine Krankheit eine große Rolle gespielt. Es war aber die Cholera ausgebrochen und hatte zahlreiche Opfer gefordert. Auch Naumburg wurde nicht ganz verschont: Nietzsche war mit seiner Mutter, um der Gefahr zu entgehen, nach Kösen gereist, während die Schwester sich bei Verwandten in Sachsen aufhielt. Das Quartier, in dem man sich befand, bestand aus einem Zimmer, das während der schon kühlen Jahreszeit ungeheizt war. Er mußte sich einen Überrock anziehen und über die Füße eine Decke legen, während er an Gersdorff schrieb. Es war so unbehaglich, daß man daran dachte, bald wieder nach Hause zu reisen und der abklingenden Cholera zu trotzen.

Die Abgeschiedenheit in dem dürftigen Raum ohne Ofen gibt Nietzsche Gelegenheit zur inneren Bestandsaufnahme. Da sind die immer wiederkehrenden Erinnerungen an Orte, von denen er sich nicht lösen kann: Pforta, Bonn, Leipzig und jedes mit dem andern in Vergleich gesetzt. Pforta und die dortigen Lehrer schneiden wie gewöhnlich gut ab. Der Verkehr mit einigen von ihnen, wie Corssen, ist noch nicht abgerissen. Von Leipzig wird Nietzsche der Tod des Philosophen Weisse gemeldet, der an der Cholera gestorben ist, Bonn steht ihm dagegen als überstandene Station des Unheils abschreckend vor Augen. Wie angenehm dagegen ist es, in Leipzig von Ritschl, ohne daß er sich besonderer Verdienste erinnern kann, mit auffallender Auszeichnung bedacht zu werden.

Leider fehlt in der bescheidenen Unterkunft ein Klavier. Nietzsche kann also nicht Schumann spielen, wie er gerne möchte. Aber er hat vorsorglich eine musikalische Neuerscheinung mitgebracht, den Klavierauszug von Wagners »Walküre«. Die Begegnung mit diesem Komponisten gehört zu einem ihm damals noch unbewußten »Leitmotiv«, das bis dahin nur einmal, nach dem Erwerb von »Tristan und Isolde« in der Klavierfassung von Hans von Bülow, bei ihm aufgeklungen war. Nietzsche weiß nicht, was ihm mit Wagner in Leipzig noch alles bevorstehen wird. Zuerst findet er die Musik des neuen Werks in manchem schwer verständlich. Seine Eindrücke sind sehr gemischt, ein Urteil wagt er nicht auszusprechen: »Die großen Schönheiten … werden durch große Häßlichkeiten … aufgewogen.« Im übrigen ist er bei seiner Kenntnis Wagners auf Zeitungen und Gerüchte angewiesen, denen zufolge der Komponist an einer »Hohenstauferoper« schreibt. Natürlich berichten sie ausführlich über sein Verhältnis zum Bayernkönig Ludwig II. Nietzsche sieht dieser Verbindung mit ganzer Zustimmung zu. Gut, daß es so etwas für Wagner gibt: »natürlich aber mit anständiger Leibrente« (An Gersdorff v. 11. Oktober 1866).

Für alles das: die genießende Teilnahme an den Künsten, an Theater und Konzerten, das Studium selbst und nicht zuletzt die Zeugenschaft großer bewegender politischer Ereignisse wie des preußisch-österreichischen Krieges, gibt Leipzig, in das Nietzsche inzwischen wieder zurückgekehrt ist, den günstigsten Boden ab, der sich vorstellen läßt. Dessen wird sich Nietzsche in wachsendem Maße bewußt. »Immer mehr gewöhne ich mich an das gute Leipzig«, schreibt er am 14. November 1866 an Mushacke, »und ich fürchte, daß ich nicht so schnell wieder von hier weggehe.« Er nimmt denn auch lebhaften Anteil an den Wahlen und ist als Preuße ein leidenschaftlicher Gegner der sächsischen Partikularisten-Partei. Hier scheinen die Dinge etwas in Fluß geraten zu sein, aber die Aufbruchsstimmung währt nicht lange, die weiteren Erfolge der Bismarckschen Politik lassen Sachsen bald mehr und mehr in einen toten Winkel der europäischen Politik geraten. Immerhin: Nietzsche hatte auf bescheidene Weise für eine kurze Zeit an der politischen Kannegießerei selber teilgenommen und bestätigt in einem Brief an Mushacke den Bewohnern des gastgebenden Landes: »So beschränkt die guten Sachsen in politischer Beziehung sind ... freundliche und gefällige Bibliothekare bringt Sachsen hervor.«

Dieses Urteil ist nur möglich, weil die persönliche Bekanntschaft mit Richard Wagner, dem gebürtigen Leipziger, noch aussteht.

Nietzsches Wohlbefinden in Leipzig hat nicht zuletzt seinen Grund in der Freundschaft mit Erwin Rohde. Rohde gehört dem gleichen Schülerkreis an, den Ritschl von Bonn nach Leipzig mitgenommen hatte. Er ist Hamburger, ein Jahr jünger als Nietzsche und ihm neben den gleichen Fachinteressen vor allem durch seine Neigung zur Musik verbunden. Auch er macht die Hinwendung zu Schopenhauer mit, bleibt aber ebenso wie Deussen und im Gegensatz zu Nietzsche dessen lebenslanger Anhänger. Rohde ist das, was man einen schwierigen Charakter nennt, im täglichen Umgang Nietzsche durchaus ebenbürtig, ihm an Sprachbegabung weit überlegen und nebenbei im kleinen Kreis ein Meister der humoristischen Menschenimitation. Gegen ihn kann Nietzsche denn auch nicht den »hohen Ton« anschlagen, den er sich im Verkehr zu andern, besonders zu Deussen, gern angelegen sein läßt.

Das mochte für die Begründung ihrer Freundschaft günstig gewesen sein. Mit Rohde ist zu rechnen, seine Meinung muß immer in Betracht gezogen, er selbst gefragt werden.

Durch ihr vorgerücktes Studium waren sie beide des Besuchs der Vorlesungen enthoben. In selbstgewählter Isolation verbringen sie den größten Teil des Tages miteinander, weniger mit Arbeit befaßt als mit Gesprächen, Behandlung von Streitfragen, wobei man sich meist uneins ist. Rohde fährt dem Freund dabei oft kräftig über den Mund. Im Rückblick auf die Leipziger Jahre kann Nietzsche über sein Verhältnis zu Rohde sagen: »Ich habe es bis jetzt nur dies eine Mal erlebt, daß eine sich bildende Freundschaft einen ethisch-philosophischen Hintergrund hatte.«

Die Erinnerung an Rohde aus dieser Zeit bleibt denn auch ganz ungetrübt. Man frequentiert die Kaffeehäuser, verbringt ganze Nächte im Schützenhaus, macht Spaziergänge an die Pleiße, lagert sich an ihrem Ufer und fühlt sich dem eigenen Naturell durchaus entsprechend »als Künstler«. Im Mittelpunkt der Gespräche steht lange Zeit die »Homerfrage«. Sind im intellektuellen Niveau damals keine Unterschiede zu bemerken, so leidet Rohde aber schon unter einer relativen Schreibhemmung, die er auch als künftiger Altertumsforscher nie wird ablegen können. Allerdings nur im Vergleich zu Nietzsche.

Mit einer Reise findet die gemeinsam verbrachte Leipziger Zeit der beiden ihren Abschluß. Sie führt durch den Böhmerwald und endet – das ist bezeichnend für den Gleichklang ihrer Interessen – mit dem Besuch des Meininger Musikfestes: deutsche Kleinresidenz und »Zukunftsmusik«. Hier ist Liszt der Meister. Aber der Meister als Vorbote für den Größeren, der noch aussteht!

Das ließ sich damals nicht voraussehen, wird auch von Nietzsche mit keinem Wort in irgendeiner Weise angedeutet.

Die Meininger Konzerte hinterlassen bei den beiden herangewanderten Musikfreunden sehr gemischte Gefühle. Nietzsche spricht von »seltsamen musikalischen Orgien«, denen der »geistlich« gewordene Liszt als Dirigent vorstand. Natürlich wollen die Leipziger Besucher bei dieser Gelegenheit auch den Zusammenhang der »Zukünftler« mit der Schopenhauerschen Philosophie erkunden, auf den sie sich beriefen. Eine eigens in diesem Sinn unter dem vielsagenden Titel »Nirwana« komponierte symphonische Dichtung Bülows, gegen die sich Liszts

Kirchenkompositionen angenehm abheben, findet Nietzsche »fürchterlich«.

In Meiningen trennen sich die Wege der beiden Besucher. Rohde wird sein Studium in Kiel fortsetzen.

Ohne daß es nach außen sichtbar hervorgetreten wäre, ohne daß vor allem sein Lehrer Ritschl davon etwas bemerkt hätte, hatten sich beim Leipziger Studenten Nietzsche erste Vorbehalte ausgebildet. Der Wissenschaftsoptimismus des »Philologen« hat Sprünge bekommen. Es melden sich Zweifel an der Sicherheit, mit der man von Fachs wegen die Dinge der »Alten Welt« sieht.

Es wäre schwer, darüber etwas Sicheres auszusagen, wenn es nicht andeutende Symptome dafür gegeben hätte, daß sich bei Nietzsche jetzt bereits eine Abkehr vorbereitete. Vor allem aber die Vehemenz, mit der er in seiner Basler Frühschrift über »Die Geburt der Tragödie« die Wende einleitet, und die um geltende Konventionen unbesorgte Rücksichtslosigkeit, mit der er sie vollzieht, bezeugen die lange Inkubationszeit für die neuen Erkenntnisse. Das war kein Wandel von heute auf morgen. Hier hatte jemand die Atomwirbel des Demokrit als den Weltautomaten in die Rechnung einbezogen, für die die Frage nach einer alles begründenden Welturache bedeutungslos war. Hier ist schon jemand am Werk, der vom »Nichts« etwas weiß, aus dem nichts anderes als »Nichts« hervorgeht. Denken ist Bewegung vom »Nichts« ins »Nichts« und wird später als »Nihilismus« ausdrücklich bejaht, es ist auch Bekenntnis zum »Nichts«: »Ich hab' mein Sach' auf Nichts gestellt.« Im Kompendium der »Vorsokratiker« ist es kein Widerspruch, daß das »Nichts« mit dem »Sein« zusammenfällt; es ist also kein Widerspruch, daß Nietzsche als Philosoph des »Nichts« zugleich eine Philosophie des »Seins« und eine Philosophie des »Werdens« schaffen wird. Denn für Heraklit stand am Anfang das »Werden«. Alles fließt, ist in fortlaufender Bewegung. Wenn das »Werden« als Weltprinzip gilt, kann keine von einem Schöpfer ausgehende Weltschöpfung erfolgt sein. Alles war von Ewigkeit her da, es gibt keinen andern Anfang als das »Werden« selber. Und dem »Krieg«, den Heraklit als »aller Dinge König« bezeichnet hatte, entsprach Demokrits Wirbel als Lageveränderung der Atome, für die keine Ursache, nur Notwendigkeit ausgemacht werden konnte.

Der Umgang mit den Vorsokratikern bestärkt Nietzsche in der

Gewißheit, daß mit ihnen als Gewährsleuten sich der Blick ins »Vorgriechische«, was immer darunter zu verstehen ist, wagen läßt. Es ist ein Blick in die Elemente, aber auch in das Reich der Naturgottheiten, die von keiner Demokratie in der athenischen Polis unter Kontrolle gehalten noch von ihren Philosophen und deren ganzer Selbstsicherheit des Urteils beschworen werden können. Es ist zugleich ein Blick in den Herrschaftsbereich des Dionysos, dem Gott des Rausches und der Leidenschaft, dessen Macht nie zu brechen ist. Wo er sich einstellt und zum Tanz auffordert, wird niemand die Einladung ausschlagen.

Hier taucht der Gedanke der »Mediterranee« auf. Das Mittelmeer und die in seinen Wassern, auf seinen Inseln und an seinen Ufern beheimateten Gottheiten sind das vermittelnde Element, wo sich das »Hellas« der deutschen Philologen und Asien mit seinen älteren Kulturen begegnen. Seine Wellen sind älter als das Griechenland der Tragödie, der Philosophie, der bildenden Künste, ja an ihrem Entstehen haben diese durch Staatsverfassung und Gesetzgebung später gezähmten und unterdrückten Gottheiten entscheidenden Anteil. Ohne den Gedanken der Mediterranee, der bei Nietzsche bis ins Ökologische reicht, ist der Zugang zu seiner Wertlehre versperrt.

Für das Kompendium der vorsokratischen Naturlehre war der Einwand des Aristoteles, Demokrit habe versäumt, für den Atomwirbel den auslösenden Urheber zu nennen, belanglos. Wer wäre dann dem Urheber vorausgegangen?

Nietzsche wird später in Erinnerung bringen: Die aristotelische Lehre von einer begründenden Weltursache und der jüdisch-christliche Mythos vom Schöpfer-Gott, der die Welt aus dem Nichts geschaffen hat, sind nur Hypothesen, deren Überlegenheit durch nichts gesichert ist.

Damit ist natürlich an die Grundlagen des ganzen, Nietzsche bis dahin durch Schulpforta, Bonn und Leipzig bekannten deutschen Schul- und Universitätsbetriebs gerührt. Wer das Gegenteil dieser Grundlagen behauptet, kann sich nicht mehr sehen lassen, hat keine Chance auf Förderung und Laufbahn. Schopenhauer ist dafür ein eigenwilliges Beispiel gewesen.

Man kann nicht sagen, daß der Nietzsche in der zweiten Hälfte der 60er Jahre diese Konsequenz für sich bereits gesehen hätte. Dafür waren seine eigenen Einsichten noch viel zu unausgereift. Es ist die Zeit der ersten Bekanntschaft mit dem Material, aus dem er später selber bauen wird. Aber es gibt schon Bezeugungen für eine kritische Reserviertheit gegenüber dem Lehrangebot des Leipziger altphilologischen Seminars. Äußerlich gesehen nimmt alles seinen gewohnten Gang; Ritschls Wohlwollen rechtfertigt Nietzsche durch seine glänzend angewandten Gaben als sein engster Helfer und die üblichen Referenzen des Studenten gegenüber seinem Promotor. Aber für die Mißstände des Ausbildungssystems und vor allem für die Mängel des hier ausgebildeten Gelehrten- und Beamtentyps ist er wach auf eine freilich verschwiegene Weise. Wie schon damals in Bonn bei der Rivalität zwischen Jahn und Ritschl, wo er durch raschen Parteiwechsel für seine eigene Zukunft an der Seite Ritschls optiert hatte, hat der zukünftige Theoretiker der Macht ein feines Gespür für bestehende Machtverhältnisse und versteht er es, durch Aktivitäten im akademischen Zirkelwesen, kleine Handreichungen für Autoritäten sich auf die Seite derer zu stellen, die am längeren Hebel sitzen. Sein Taktieren ist diskret und geschickt. Auch darauf beruht sein Ansehen als Mitglied des Seminars und Famulus des Lehrers.

Aber das ist nur die Hälfte der Wahrheit. Der Zeit des scharfen Zusehens, des Sammelns und Zusammentragens folgt jene des Legens feiner Minen und dann die rasche Zündung, die sie hochgehen läßt. Es will alles seine Weile haben. Für die Kenntnis dieser Regel hatte im privaten Bereich vor allem Nietzsches späterer Bruch mit den Bonner »Frankonen« Zeugnis abgelegt. Jetzt ist eine innere und sehr persönliche Methode des Friedrich Nietzsche aus Naumburg am Werk. Er hat sich einiges vorgenommen, ist sich über das Ziel natürlich noch nicht im klaren, aber doch schon dabei, die Richtung auszumachen. Auch der Gegner scheint in ungefähren Umrissen schon festzustehen: die bestehenden Konventionen in den Wissenschaften, der Philosophie, dem Erziehungswesen, den historischen Religionen. Alles ist in seinen Augen sehr erneuerungsbedürftig, vielleicht auch mehr: reif für den Sturz.

Das mag noch nicht ungewöhnlich sein für einen jungen Mann von eben mehr als zweiundzwanzig Jahren, selbst in einer Zeit, wo das Feuer der Revolution von 48 bei der heranwachsenden Jugend verloschen war. Ungewöhnlich ist aber, daß eben dieser in seinen Berufsaussichten zu den größten bürgerlichen Hoffnungen berechtigte Wissenschaftler genau registriert und Buch führt, um diesen Hoffnungen entschieden entgegenzuarbeiten. Tatsache ist, daß während seiner Leipziger Studienzeit, je mehr sie sich dem Ende nähert, bei Nietzsche eine wachsende Unzufriedenheit mit seinem Fach und den Methoden, mit denen man es betreibt, um sich greift. Daraus folgt bald eine fortwährende Verdrossenheit und sogar Widerwille. Es war ihm nicht zu verargen, wenn er es nach außen verschwieg. Sollte in diesem Fach seine Lebensbestimmung liegen, sollte dies den Sinn seines Lebens ausmachen? Das Resümee, das er in dem Brief vom 20. November 1868 an Rohde zog, wo er »das ganze Maulwurfstreiben, die vollen Backentaschen und die blinden Augen« der philologischen Handwerker seiner Umgebung anführt und aburteilt, war schon seit langem in ihm vorbereitet. Es hat die Durchlaufzeit von zwei Jahren täglicher Erfahrung hinter sich und deutet die Absicht eines Bruchs mit dem Fach an. Die »Philologie« ist kein Beruf, sondern ein »Schicksal«, dem er durch den Rohde vorgeschlagenen Fachwechsel über das Studium der Chemie entgehen möchte. Aber dazu ist es jetzt schon zu spät.

Was sich während der Leipziger Jahre an Unmut über den Lehrbetrieb der Universität angesammelt und aufgestaut hatte, hält ein Papier unter dem Titel »Über Philologie«, ebenfalls vom November 1868, fest. Das Fazit, wohin man sieht, ist verherend: Nirgendwo eigene Ideen, alles nur ein »Wiederkäuen« längst verschlungener Bissen. Das Fach entwickelt die Eigenschaft, demjenigen, der es treibt, den letzten selbständigen Gedanken abzutöten: »Die meisten Philologen sind Fabrikarbeiter im Dienste der Wissenschaft« – es »arbeiten die meisten mit emsiger Beharrlichkeit an einer kleinen Schraube« ohne Übersicht über das Ganze. Vor allem das Übergewicht der Geschichte wird beklagt, Geschichte hier im Sinne der Herrschaft toter Dinge über das Leben. Der Vorwurf, die Philosophie zu vernachlässigen, ist deutlich auf Ritschl gemünzt. Das Fach, so wie es jetzt betrieben wird, ist glänzend geeignet, im »Bildungsphilister« den Typus hervorzubringen, dem Nietzsches späterer Kampf gelten und den er in einer Gestalt wie David Friedrich Strauß verkörpert sehen wird.

Der inzwischen als so behaglich empfundene Aufenthalt in Leipzig erfährt im Herbst 1867 eine Unterbrechung durch Nietzsches Einberufung zum Militär. Damit kommt Eigentümliches ins Spiel insofern, als bisher seine Einstellung zur Ableistung der Dienstpflicht bestimmten und nicht unverständlichen Schwankungen unterworfen war. Von Schulpforta sich gleich auf den preußischen Kasernenhof zu begeben – wie es durchaus hätte sein können –, war ihm damals unerträglich erschienen. Das wäre Fortsetzung des einen Drills durch einen andern gewesen. Lieber erst eine dazwischen eingeschobene Zeit der Befreiung durch den Studienaufenthalt in Bonn und vielleicht sogar die Möglichkeit, um den Militärdienst herumzukommen. Das waren, wie sich später zeigte, seine wenn auch vagen Vorstellungen.

Diese Vorstellungen werden auf dem Höhepunkt des preußisch-österreichischen Konflikts dann von ihm selbst revidiert. Hatte er am Ende der Schulzeit nicht sofort Soldat werden wollen, so kann er jetzt die Einberufung gar nicht abwarten und bittet ausdrücklich seine Angehörigen, bei den offiziellen Stellen den möglicherweise zu erwartenden Termin zu erkunden. Das mag ein spontan aufsteigender Gedanke gewesen sein, der bald wieder anderen Überlegungen wich, aber er entsprang unter dem Eindruck, daß sein Freund Gersdorff bereits Soldat war, dem heftigen Wunsch, bei den Siegen der Preußen noch dabei zu sein.

Im Sommer 1867 hat sich Nietzsches Einstellung wieder geändert und den angenehmen Leipziger Lebensbedingungen angepaßt. Er sympathisiert mit dem weiteren Hinausschieben des Eintritts in die Armee und denkt im stillen daran, seine Kurzsichtigkeit als Begründung anzuführen. Sein Versuch, sich die Stationierung in Berlin zu erhandeln, der dann scheitert, spricht nicht dagegen.

Es ist nichts zu machen: er erhält die Einberufung und hat am 9. Oktober 1867 seinen Dienst bei der 2. Batterie der Reitenden Abteilung des Feldartillerie-Regiments Nr. 4 zu beginnen. Aber es ist bei seinen Bemühungen um Erleichterungen ein Vorteil herausgesprungen. Die Einheit hat ihre Garnison in Naumburg. Nietzsche kann den Dienst teilweise von zu Hause aus absolvieren.

Es gibt vielsagende Zeugnisse dafür, wie sehr Nietzsche sich auf den Wandel seiner Lebensverhältnisse eingestellt hat und wie schnell ihm das gelungen ist. Noch dazu: Dieser Eintritt ins Militärische kommt seinen Vorstellungen von den Mängeln der bisherigen rein theoretischen Lebensführung entgegen, er kann im Militär »ein entschiedenes Gegengift gegen eine steife pedantische engbrüstige Gelehrsamkeit« sehen und nutzt die Stunde, es bei sich selbst zur Anwendung zu bringen.

Für die Reiterei ist er durch seinen Leipziger Reitunterricht nicht schlecht vorbereitet. Er findet zwar, daß er mit dem Gelernten nicht auskommt, daß er sich umstellen muß, kann sich aber in einem Brief an Rohde als den besten Reiter unter dreißig Rekruten vorstellen. Der Dienst ist hart, an körperlichen Strapazen fehlt es nicht, man muß es unter dem Leib des Pferdes bekanntlich immer auch dem Zufall überlassen, ob man von seinem Huf getroffen wird oder nicht. Nietzsche vertraut sich in solchen Fällen seinem philosophischen Gewährsmann an: »Schopenhauer hilf!« ist in diesen Augenblicken seine Devise. Und wenn er vom Dienst zu Mutter und Schwester nach Hause kommt, sind Schopenhauers »Parerga« sein Trost.

Das alles zeigt, daß der Soldat Nietzsche unter der preußischen Militärknute seine zivilen Eigenschaften denn doch nicht alle hat ablegen müssen. Täglich bewegt er sich zwischen dem Schreibtisch in der privaten Wohnung und der Kaserne mit den Pferdeställen, der Reitbahn und dem großen Hof, wo er auch erste Übungen im Gespannfahren nach festem Reglement hinter sich bringt. Die weitere Ausbildung darin, die der Beförderung zum Leutnant und damit zum künftigen Reserveoffizier hätte vorausgehen müssen, kommt allerdings nicht zustande. Bei einem Reitunfall zieht sich Nietzsche erhebliche Verletzungen des Brustbeins zu. Er muß unter starken Schmerzen das Bett hüten und spuckt Blut. Eine Kur in dem kleinen Badeflecken Wittekind soll zu seiner gesundheitlichen Wiederherstellung führen. Was Nietzsche zunächst noch nicht weiß, sich aber durch die folgenden Ereignisse herausstellt, steht jetzt schon fest: seine militärische Ausbildung hat ein jähes Ende gefunden.

Es gibt eine Photographie aus dieser Zeit, die Nietzsche als Feldartilleristen festhält und zwar in jener kriegerischen Pose, wie sie dem Zeitgeschmack entgegenkommt. Es ist Gott Mars, der drohend den Säbelgriff umspannt hält und mit kühnem Auge etwas zu forciert den Eindruck erweckt, im gegebenen Fall kompromißlos zuzuschlagen. Im Umgang mit ihm ist Vorsicht geboten. Das war zusammen mit dem auf einer Konsole aufgelegten Helm gute Konvention, aber es ist auch Ausdruck für den staatserhaltenden Willen bei einem preußischen Untertan und eignet sich dafür, im bürgerlichen Salon schön sichtbar plaziert zu werden. Es ist »das Bild eines verkleideten Gelehrten« (Ivo Frenzel), das nicht das geringste von den Bedenken verrät, die, wie wir wissen, ihn damals schon plagen.

An seiner Diensttüchtigkeit und dem Pflichteifer, mit dem er seinen Dienst auch in den Pferdeställen versieht, gibt es keinen Zweifel. Auch wenn er von der Furcht vor den Unberechenbarkeiten der Pferde nie frei wird, ist das Reiten für ihn eine reine Freude. Zum Gefreiten avanciert, reitet er das »feurigste und unruhigste Tier der Batterie«, wie er Gersdorff wissen läßt, den »Balduin«, mit dem ihn der Unfall ereilt.

In der Folge kann er in der Zeit der ärztlichen Behandlung und der Rekonvaleszenz sich wieder ausgiebig mit den Leipziger Verhältnissen und den Freunden befassen. Das geschieht brieflich und sehr ausführlich. Er beginnt, sich um seine Zukunft Gedanken zu machen. Berufspläne nehmen langsam erste Formen an. Er denkt an die Universitätslaufbahn und zwar notgedrungen, da sie die einzige ist, die er bei seiner Ausbildung mit Aussicht auf Gelingen überhaupt einschlagen kann. Dieser Beruf scheint ihm die gewünschte Unabhängigkeit und erstrebte Muße zu garantieren, wie sie der Schuldienst mit dem dazu erforderlichen Staatsexamen nicht bringen kann. Er läßt sich unmißverständlich darüber aus: er will Professor werden, weil er nichts gelernt hat, was ihn zu anderem hätte befähigen können. Die Krise des »Philologen« als Kulturkrise ist bei Nietzsche auch eine sehr persönliche. Wie in der Frage des »Christentums« kennt er sich in ihr aus eigenem Erleben genau aus.

Äußerer Anlaß für die Beflügelung seiner Idee, Universitätslehrer zu werden, ist sein Erfolg bei der Behandlung der Preisaufgabe über den Diogenes Laertius. Er hat den Preis davongetragen, weil Ritschl es so wollte. Möglich, daß er in jedem Fall der besser Qualifizierte gewesen wäre, aber Ritschl hatte das Thema von

Anfang an auf das Spezialgebiet seines Schülers zugeschnitten und kann so seinen Dank für dessen ihm erwiesene Dienste abstatten. Keineswegs diskret, wie er vielleicht mochte angenommen haben; denn solche »Zufälligkeiten« sprechen sich im Fachmilieu schnell herum! Das Rumoren darüber sollte später noch zu hören sein. Nietzsche trifft an dieser Patronage keine Schuld. Ihm war die Beteiligung an dem Wettbewerb angetragen worden. Hätte er als Student sie seinem Lehrer gegenüber abschlagen sollen? Aber die Form der Ausschreibung als »faule Ente« blieb eine in Fachkreisen unvergessene Tatsache. Die Kritiker des Verfahrens sollten sich später bei anderer Gelegenheit zur Stelle melden. Und Nietzsche selbst, der damals Ritschl schon der Gruppe der »Fabrikarbeiter im Dienste der Wissenschaft« zurechnet, wird ihm auf seine Weise den Dank schuldig bleiben.

Nietzsche war nach dem Reitunfall und seinen bösen Folgen für das Militär »zeitig unbrauchbar« geworden, wie er es selber nennt. Man kann die »Krankheit« mit ihren physischen und psychischen Ursachen, die sich jetzt anschließt und Züge seiner reflektierenden Natur freilegt, zunächst einmal außer acht lassen und sich auf die gesellschaftlichen Auswirkungen seines frühen Ausscheidens aus dem Militär beschränken. Denn es fällt fortan die Frage seiner Dienstverwendung und seines ins zivile Leben hineinzunehmenden militärischen Dienstrangs weg. Er wird den Dienst zwangsläufig quittieren und ohne Anwartschaft bleiben, Reserveoffizier zu werden. Das bedeutet etwas und es bedeutet viel für einen so auf gesellschaftliche Reputation bedachten jungen Mann wie Nietzsche, dem es in Naumburg wie in Bonn und Leipzig immer darauf angekommen war, sich als Student im Kreise oder zumindest in der Nähe der Notabelwelt zu bewegen, der das Herrenideal mit den verschiedensten Attributen der Zeitgemäßheit pflegt und sich streng von allen Anzeichen des Dienens, von allem, was mit »Sklaven« zu tun hat, fernhält. Ausgerechnet ihm bleibt dieses zum Erwerb gesellschaftlichen Prestiges unerläßliche Etikett verwehrt. Und das heißt: es bleibt ein Makel in seiner preußisch-bürgerlichen Existenz.

Der spätere Philosoph des Herrenideals ist kein Mann des Offizierskorps, es ist ihm für immer der Eintritt verwehrt. Das ist hart.

Zunächst einmal legt der vom Militärdienst vorläufig Beurlaubte eine Zeitspanne angestrengten Nachdenkens über seine weitere berufliche Zukunft ein. Er kehrt nach Leipzig zurück, unterhält aber gleichzeitig eine rege Reisetätigkeit zwischen der Stadt seiner sich nun dem Ende nähernden Studien und dem heimatlichen Naumburg. Die Überlegungen, was aus ihm werden soll, machen langsame Fortschritte. Er denkt an eine Promotion über das »Organische« in Kants Philosophie, stellt Vorarbeiten dazu an und muß bemerken, daß er damit schon aus dem Geleise von Ritschls Berufsplänen für ihn herausgerät. Denn bei diesem Thema könnte Ritschl nicht der Promotor sein.

Also wiederum eine persönliche Krisensituation! Nietzsche, der bei einem der angesehensten deutschen Universitätslehrer seines Fachs als Günstling gilt, hat das Gefühl der verfehlten Ausbildung.

Die Krise wird in diesen Monaten noch verhältnismäßig leicht überspielt durch Nietzsches rege Beteiligung am Leipziger gesellschaftlichen Leben. Sein Bestreben, dabei zu sein, ist unübersehbar. Von seinem Studentendasein muß er nun Abschied nehmen. Dieses Gefühl hat er. Es gilt, den Übergang zu finden zur Lebensführung des »Gelehrten« landläufiger Provenienz mit jenem erlaubten Komfort, der nach außen hin keinen Anstoß erregt. Sein studentisches Quartier, das ihn dazu zwingt, allabendlich in die Restaurants oder Theater zu flüchten, hat er aufgegeben. Er wohnt jetzt im Hause des Professor Biedermann: ein hochbegabter, den Wissenschaften und den Musen ergebener hoffnungsvoller junger Mann mit Logis und Morgentee. Und dazu einer, der unentwegt Ausschau hält, wo er Fäden spinnen, Beziehungen anknüpfen kann, mit dem Auge auf die Dinge der »großen Welt«, die für ihn mit seiner Herkunft aus dem akademischen Bürgertum und seinen Talenten, seinen Träumen und Hoffnungen eine unwiderstehliche Anziehungskraft besitzt. Dabei entwickelt er wie Balzacs Rastignac, der sich Paris erobern möchte, enorme Strategien. So können wir bemerken, wie er Ritschl, den er als seinen Förderer innerlich schon längst »überwunden« hat, verwendet, um sich Wagner auf mehreren Umwegen zu nähern. Der günstigste ist der über dessen Schwester Ottilie, die mit Professor Hermann Brockhaus, dem Leipziger Orientalisten und Sohn des Verlagsgründers, verheiratet ist. Der gesellschaftliche Verkehr Ritschls und seiner Frau beschränkt sich fast ausschließlich auf das Ehepaar Brockhaus. Ottilie Brockhaus muß eine ihrem Bruder entsprechende Ausstrahlungskraft besessen haben. Das Verhältnis der beiden war immer ungetrübt herzlich, während Wagner es dem Schwager Brockhaus nie verziehen hat, daß dieser nach seiner Flucht aus dem Dresden des Aufstands von 1849 seine Bibliothek als Kaution für bei ihm gemachte Schulden festhielt und nie wieder herausrückte. Wagner bestraft ihn dafür, indem er ihn als beamteten Universitätsgelehrten unter die »philosophischen Dienstmänner« rechnet und in dieser Sache gerade in Leipzig noch einen gleichgestimmten Gesinnungsgenossen finden wird.

Die hinreißende Gescheitheit der Ottilie Brockhaus, die in Leipzig sprichwörtlich geworden ist, hat es Nietzsche angetan, bevor er sie überhaupt persönlich kannte. Als er das »Tristan«-Vorspiel und die Ouvertüre zu den »Meistersingern« hört und bemerken muß: »jede Faser, jeder Nerv zuckt an mir«, als die Reste des Widerstandes gegen die Wagnersche Musik dahinschwinden, wird ihm das Musik-Idol aus der Zeit von Schulpforta wieder mit aller Kraft in Erinnerung gebracht und gegenwärtig, erwacht vor allem der Wunsch, Wagners Schwester Ottilie kennenzulernen: die Frau, »von der mir Wunderdinge erzählt sind«, wie er an Rohde schreibt. Nietzsche hat sofort erkannt, daß Ottilie Brockhaus, die Freundin von Frau Ritschl, die Schlüsselfigur für sein Bekanntwerden mit Wagner sein kann.

Mit diesen Absichten des jungen bürgerlichen Gelehrten kommen Dinge in Fluß, die in ihrer Art und Weise noch nicht abzuschätzen sind und über die sich Nietzsche damals selbst völlig im unklaren befindet. Er kann nicht wissen, daß er bereits mitten auf dem Wege zu einer großen Wende ist. Er hat nur das richtige Gefühl, daß viel darauf ankommt, sich zum Salon der Frau Ottilie Brockhaus, geborene Wagner, Zutritt zu verschaffen.

Als Nietzsche mit der Vorbereitung zu einem akademischen Abschluß und der Ausspähung einer Gelegenheit, die Bekanntschaft der Ottilie Brockhaus zu machen, ernsthaft beschäftigt ist, kommt ihm in beiden Bemühungen der Zufall zu Hilfe, werden seine Erwartungen mehr als erfüllt. In diesen Wochen werden Lebenswürfel geschüttelt und sie zeigen an: Nietzsche braucht, um in die akademische Karriere einzutreten, gar kein Examen zu machen und: er wird nicht nur Ottilie Brockhaus kennenlernen, sondern Wagner selbst und dies innerhalb kürzester Frist.

Wagner war aus dem Schweizer Exil, aus Triebschen am Vierwaldstättersee, wo er ein Landhaus gemietet hatte, für einige Tage zu Besuch bei seiner Schwester nach Leipzig gekommen. Er hielt sich dort inkognito auf. Offiziell war dem Dresdner Aufständler von 1849 Deutschland immer noch verschlossen. Das Aufenthaltsverbot wurde zwar nicht streng gegen ihn gehandhabt, der König von Bayern hatte es nie beachtet, im Großherzog von Baden besaß Wagner einen Bewunderer seiner Kunst, andere deutsche Länder und selbst Preußen, wo man strenger dachte, ließen es bei einer laxen Beachtung bewenden. Aber es galt nach wie vor und konnte erforderlichenfalls zu seiner Verhaftung führen. Insbesondere in Sachsen mit Beust als unversöhnlichem Minister war man nicht bereit, Wagners Vergangenheit, wie sie gewesen war und wie man sie mit erfundenen Belastungen konstruierte, ohne weiteres zu vergessen.

Wagner war aus Sachsen zwar ins Exil und Elend getrieben worden, aber er hatte sich während seiner zwanzigjährigen Flucht innerhalb der anhaltenden Lebensmisere als Künstler fest eingerichtet. Im Musiker und Dichter war das Leiden des Flüchtlings produktiv geworden, übrigens bei völliger Bewußtheit der für ihn arbeitenden Umstände. Als Komponist ohne amtliche Verpflichtungen hatte er gute Gründe, seine Emigration dem Tagewerk des Dresdner Hofkapellmeisters vorzuziehen. Doch die düstere Seite hatte beim Exilierten überwogen. Das war kein Leben, dem man sich freiwillig unterzog, auch wenn es galt, sich das Glück des großen Schöpfertums einzuhandeln. Es war über Jahre hinweg ein Kampf ums nackte Überleben gewesen. Nicht daß es Wagner mit seinen Werken an Erfolgen gefehlt hätte. Trotz aller Verfolgung durch die Regierungen mit Einschluß der Polizeiorgane, der Behinderung durch die Administrationen so mancher Theater, der Bekämpfung durch die Presse, der Verhöhnung durch maßgebliche Cliquen des Opernpublikums hatte sich ein Stamm leidenschaftlicher Anhänger herausgebildet, der unentwegt zur Sache der Wagnerkunst stand. Der Triumph des »Rienzi« war bei der Dresdner Uraufführung, die inzwischen sechsundzwanzig Jahre zurücklag, geradezu rauschend gewesen. Mit dem »Fliegenden Holländer«, der zunächst nicht im gleichen Maße reüssierte, dann mit dem »Tannhäuser«, dessen Pariser Durchfall ihn so spektakulär machte, dem »Lohengrin«, den Franz Liszt höchstpersönlich in Weimar aus der Taufe hob, schien Wagner auf dem Wege, ein arrivierter Opernkomponist zu werden, dessen Werke aufzuführen sich an vielen deutschen Bühnen nicht mehr verhindern ließ.

Doch dann war der Umschwung erfolgt, Wagners Aufsage an seine eigene Musikästhetik. Das bisher Geschaffene erschien ihm ungenügend, war in seinen Augen noch zu kompromißlerisch gegenüber der alten Oper der Konvention und des konventionellen Operntheaters, die es gerade abzuschaffen galt. Was Wagner suchte, war der Bruch mit dem herkömmlichen Theaterbetrieb, war mehr noch: Bruch mit dem 19. Jahrhundert und seinen Grundlagen, mit der ganzen bürgerlichen Welt und dem, was sie als bürgerliche Kultur darbot.

Wir wissen, daß Nietzsche von den Neuerungen in der »Tristan«-Harmonik für Wagner gewonnen worden war. Die Einleitung zum »Tristan« ist sein wagnerianisches Schlüsselerlebnis gewesen, um dessentwillen er die letzten Widerstände gegen die »Zukunftsmusik« aufgegeben hatte. Von den Wagnerschen Werken der Anfänge und der dem »Tristan« vorausgehenden mittleren Periode ist bei ihm weniger die Rede. Und weiter: jener Wagner, der seinen Besuch bei der Schwester vor der Leipziger Öffentlichkeit verheimlichen mußte, hatte gerade fünf Monate vorher mit der Uraufführung der »Meistersinger« in München den nach dem »Rienzi« größten Erfolg seines Lebens erlebt. Er brauchte nach der Hochspannung und den Aufregungen, die ihm der Aufenthalt in München mit seinen heimlichen Minenlegern in Hofkreisen, Kirche und Presse schon immer bereitet hatte, jene Ruhe, die er bei der Schwester suchte. Das war der gewichtigste Anlaß zur Leipziger Reise gewesen. Von den gerade erstaufgeführten »Meistersingern« hatte Nietzsche im Konzert die Ouvertüre gehört, er kannte bereits Sachsens Preislied auf die »deutschen Meister« aus dem Klavierauszug und spielte es Ritschl und seiner Frau vor, die so bei Wagners Besuch gegenüber Ottilie Brockhaus mit der Nachricht aufwarten konnten, einen enthusiastischen Wagnerkenner in ihrem allernächsten Bekanntenkreise zu haben. Nichts konnte Nietzsche lieber sein. Er war durch Zufall, der seiner Strategie zu Hilfe gekommen war, ans vorläufige Ziel seiner Wünsche gelangt. Wagners Schwester war auf ihn aufmerksam geworden.

Mit Nietzsches Freund Windisch war ein weiterer Mittelsmann beauftragt gewesen, die Verbindung zum Brockhausschen Salon herzustellen. Von ihm erst erfährt er, was er bis dahin nicht wissen konnte und alle früheren Erwartungen mit einem Schlage übertrifft: Wagner ist selbst in der Stadt. Auf einem in Nietzsches Wohnung gelegten Zettel hatte ihm Windisch mitgeteilt: »Willst Du Richard Wagner kennenlernen, so komme um 3/4 4 Uhr in das Café Théâtre«. Aus der hier ins Auge gefaßten Begegnung ist dann nichts geworden. Aber Windisch insistiert, er weiß, wie sehr Nietzsche an dem Kennenlernen gelegen ist und erreicht, daß Wagner, bei dem nun selbst das Interesse an seinem Anhänger geweckt worden war, auf einer Einladung an einem Sonnabendnachmittag bei den Brockhaus' den jungen Unbekannten zu sehen wünscht. Aus der Begegnung wurde wieder nichts. Wagner, der offenbar die Leipziger Polizei zu fürchten wenig Grund sah und die Ernsthaftigkeit des Aufenthaltsverbots selbst bezweifelte, war stattdessen zu dieser Zeit durch seine Vaterstadt spazierengegangen. Nietzsche kommt also vergeblich zu den Brockhaus', erhält aber dafür eine Einladung für den folgenden Abend.

Der Eingeladene sieht sich nun durch den in Aussicht gestellten festlichen Anlaß und den hohen Gast, dem er gegenübergestellt werden soll, in einige Verlegenheit gebracht. Die Sache wirft im vorhinein schlagartig Licht auf das, was kommen sollte. Nietzsche bemängelt an sich selbst die passende Garderobe. Dem deutschen Universitätsphilologen mit einer gewissen Kargheit der Mittel fehlt die entsprechende Abendtoilette. Denn was ihm in Wagner entgegenschlägt, ist die »große Welt«. Der Künstler, der in seinen Werken über ein Reich mit Königen und Fürsten gebietet, der selber im Genuß der Königsfreundschaft ist, bewegt sich nach Nietzsches Vorstellungen in einer Aura, die die eigenen und bei allem doch dürftigen Verhältnisse weit übersteigt. Als erstes muß in Windeseile ein neuer Anzug gebaut werden. Eine entsprechende Balltoilette war schon beim Schneider in Auftrag gegeben worden, aber noch nicht fertig. Man muß die Anfertigung also beschleunigen. Zu Nietzsches Schrekken bleibt der Schneider aus. Er begibt sich daraufhin in dessen Werkstatt, sieht seine Gesellen in voller Arbeit an seinem Anzug und erhält die Zusage, daß er in 3/4 Stunden nach Hause geliefert werde. Doch die angegebene Zeit verstreicht, Nietzsche wird nervös, sieht sich schon verspätet oder im alten Rock bei den Brockhaus' vorsprechen. Schließlich kommt der Schneider mit einem Gehilfen. Man probiert die geschneiderten Stücke, Nietzsche will sie gleich anziehen. Aber der Handwerker präsentiert die Rechnung. Er will vorher bezahlt werden. Es kommt zu einem Gerangel: »ich ergreife die Sachen und beginne sie anzuziehen, der Mann ergreift die Sachen und hindert mich sie anzuziehen; Gewalt meiner Seite, Gewalt seiner Seite! Szene: Ich kämpfe im Hemde: denn ich will die neuen Hosen anziehen.« So schildert Nietzsche dem Freund Rohde den Auftritt, der dann zu seinen Ungunsten ausgeht. Er muß den vereinten Kräften des Schneiders und seines Helfers weichen. Beide ziehen mit den Sachen weg: »ich brüte im Hemde auf dem Sofa und betrachte einen schwarzen Rock, ob er für Richard gut genug ist.«

In diesem merkwürdigen Auftakt zur ersten Begegnung mit Wagner liegt schon viel von jener inneren Heftigkeit, die bei der später für ihn so beglückend und gleichzeitig verhängnisvoll werdenden Beziehung zu seinem Idol im Spiele sein würde, das exzessive Air, das sich auf seiner Seite darin einmischt. Nietzsche, der in den Schneidergesellen kaum der Beachtung würdige »Sklaven« sieht, rüstet sich in den hektischen Vorbereitungen für die erste Bekanntmachung mit Wagner gleichsam auf den Empfang durch seinen künftigen Befehlshaber, besser den Kopf einer Befehlszentrale, die jenseits der wahrnehmbaren Welt ihren Sitz hat. Im Verkehr mit ihr ist alles andere ohne jeden Belang. Es gibt außer ihr keine Instanz, die zählt. Der Gott Dionysos wartet, aus der Begegnung mit ihm werden Erfahrungen hervorgehen, wird ein Wissen entstehen, das jedes andere übersteigt. Daraus spricht der Erkenntnisinstinkt Nietzsches, sein ureigenstes Temperament, aber nicht ganz ohne Beimischung des Unterordnungsbedürfnisses eines preußischen Untertanen. Er will dem Herrscher, der des Weges kommt, auf ansehnliche Weise zu Gebote stehn.

Der Wagner, der ihn nach den Erzählungen von Frau Ritschl über einen enthusiastischen Anhänger nun selbst erwartungsvoll empfangen wird, ist ein Mann aus der Generation von Nietzsches Vater, im gleichen Jahre 1813 geboren wie der Pastor Nietzsche in Röcken. Das legt die Rollenverteilung von Anfang an fest. Der Künstler, der bereits umstürzendste Stürme des Lebens hinter sich hat, vom politischen Revolutionär zum Protagonisten der Königskunst unter dem Mäzenatentum Ludwigs II. geworden ist, der Erfahrungen der Todesnähe, Ruhm, Berüchtigtheit, Fall und Wiederaufstieg kennt und dabei ist, mit dem dritten Akt des »Siegfried« die Arbeit am »Ring«, die so lange geruht hatte, wiederaufzunehmen – und ihm gegenüber ein junger Adept der Universitätswissenschaft mit allen äußeren Zeichen der Beflissenheit und den verschwiegenen Zweifeln! Aber beide sind Musiker und Philosophen und auch Dichter!

Nietzsches Feder hat Rohde über den Verlauf der Abendunterhaltung eine sehr anschauliche Schilderung gegeben. Der Bericht läßt die ganze sichere Beherrschung der Gesellschaftswelt, die Souveränität in der Anwendung der Mittel erkennen, wie sie Wagner zur Verfügung stehen, um eine festlich gestimmte Runde in Bann zu ziehen. »Ich werde Richard vorgestellt«, heißt es darin, »und rede zu ihm einige Worte der Verehrung: er erkundigt sich sehr genau, wie ich mit seiner Musik vertraut geworden bin, schimpft entsetzlich auf alle Aufführungen seiner Opern, mit Ausnahme der berühmten Münchener, und macht sich über die Kapellmeister lustig, welche ihrem Orchester im gemütlichen Tone zurufen: ›Meine Herren, jetzt wird's leidenschaftlich!‹ ›Meine Gutsten, noch ein bißchen leidenschaftlicher!‹ Wagner imitiert sehr gern den Leipziger Dialekt. – ... Vor und nach Tisch spielte Wagner, und zwar alle wichtigen Stellen der Meistersinger, indem er alle Stimmen imitierte und dabei sehr ausgelassen war. Er ist nämlich ein fabelhaft lebhafter und feuriger Mann, der sehr schnell spricht, sehr witzig ist und eine Gesellschaft dieser privatesten Art ganz heiter macht. Inzwischen hatte ich ein längeres Gespräch mit ihm über Schopenhauer: ach, und Du begreifst es, welcher Genuß es für mich war, ihn mit ganz unbeschreiblicher Wärme von ihm reden zu hören, was er ihm verdanke, wie er der einzige Philosoph sei, der das Wesen der Musik erkannt habe! Dann erkundigt er sich, wie sich jetzt die Professoren zu ihm verhalten, lachte sehr über den Philosophenkongreß in Prag und sprach von den ›philosophischen Dienstmännern‹. Nachher las er ein Stück aus seiner Biographie vor, die er jetzt schreibt, eine überaus ergötzliche Szene aus seinem Leipziger Studienleben, an die ich jetzt noch nicht ohne Gelächter denken kann; er schreibt übrigens außerordentlich gewandt und geistreich. – Am Schluß, als wir beide uns zum Fortgehen anschickten, drückte er mir sehr warm die Hand und lud mich sehr freundlich ein, ihn zu besuchen, um Musik und Philosophie zu treiben, auch übertrug er mir, seine Schwester und seine Anverwandten mit seiner Musik bekannt zu machen: was ich denn feierlich übernommen habe.«

Aus den von Nietzsche niedergeschriebenen Worten Wagners spricht von Anfang an der Gleichklang in den Überzeugungen. Er läßt Wagner das sagen, was er selber denkt, ohne seine Glaubwürdigkeit dabei zu verlieren. Wagner ist, was wir ohnehin wissen, ein Meister der Unterhaltung, bei seinen Reden und Vorträgen kennen die Anwesenden keine Langeweile. Ernstes und Heiteres, der Vortrag selbst und seine Parodie können unversehens ineinander übergehen. Mit einigen witzigen Worten läßt er sofort den Unterschied seiner Kunst von der Oper konventionellen Herkommens, überhaupt dem herrschenden Opernbetrieb deutlich werden. Das geschieht nicht belehrend, sondern durch humoristische Einlagen. Er persifliert noch den von ihm selbst gesprochenen Leipziger Dialekt durch bewußte Übertreibung.

Damit war die Übereinkunft vorbereitet, die durch Wagners Worte über Schopenhauer an diesem Abend für Nietzsche vollständig wird. Der Komponist des »Tristan« hatte an den Grund seiner eigenen Anschauungen gerührt, wobei sich völlige Übereinstimmung zeigte. Schopenhauer, der Verfemte, der Feind der Universitätsphilosophen, denen er vorwarf, an den Augen der Studenten und den Anweisungen der Minister und Kirchenobern abzulesen, was für eine Lehre sie vortragen dürften, bedeutete hier den Katalysator, an dem sich alles schied. Durch Wagners Einklang mit Schopenhauers Philosophie war der letzte Rest des Vorbehalts, der ja in Nietzsches Urteil über die Walküren-Musik noch recht stark war, ausgeräumt.

Was diese Sonntagabendstunden bei dem Ehepaar Brockhaus als Gastgeber bedeuteten, ließ sich damals noch nicht sagen. Es war die erste kurze Begegnung zweier Kometen, von denen der eine sich schon in voller Umlaufbahn befand, der andere noch nicht einmal im Aufsteigen begriffen war. Aber davon konnte niemand etwas ahnen. Wagner mit der ihm eigenen Gabe des durchschauenden Soforterkennens mochte das Gefühl dafür haben, daß sich im Enthusiasmus des jungen Philologen eine weite Offenheit für die Ansprüche seiner Kunst zeigte, er muß in ihm den geeigneten Gesprächspartner gespürt haben. Mehr nicht! Aber das war schon viel. Was er von Nietzsche wußte, war so gut wie nichts. Über ihn ließ sich nicht viel mehr sagen, als daß er einige Abhandlungen im »Rheinischen Museum« veröffentlicht hatte und aus Wagnerschen Werken am Pianoforte vortragen konnte. Doch darin lag schon Vorentscheidendes, etwas, was Nietzsche herausheben mußte in den Augen Wagners. So mußte der Mann beschaffen sein, der für das Verständnis und die Verbreitung der eigenen Ideen geeignet war. Dazu genügte der Zusammenklang zweier unterschiedlicher Geister, zweier Künstlernaturen und Denker freilich nicht. Dazu mußte noch zusätzlich der Zufall seine Hand im Spiele haben.

Zunächst wird eine weitere Verabredung in Aussicht genommen. Der um eine Generation Ältere lädt den neuen jungen Freund ein: »Musik« und »Philosophie« will man gemeinsam »treiben«. Das ist zunächst ins Unverbindliche hinein gesprochen, rechnet noch nicht mit dem Sinn und den Folgen, die aus dieser ermunternden Aufforderung sich ergeben könnten. Es wird nicht lange dauern, bis die ersten Resultate dieser Einladung vorliegen.

Nietzsche sollte sich nicht lange mit der Frage plagen müssen, die ihn so sehr gequält hatte: ob er sich dem Staatsexamen unterziehen sollte oder nicht. Wir wissen, daß er sich für die Laufbahn des Universitätsprofessors entschieden hatte unter Bedacht aller Unwägbarkeiten, die ein solcher Entschluß mit sich bringen mußte. Wir kennen auch die Gründe, die ihn dazu bewogen hatten. Gegenüber Rohde hatte er sich brieflich sehr detailliert darüber ausgelassen. Es war der Wunsch nach dem unter den gegebenen Verhältnissen höchsten Maß an Unabhängigkeit zusammen mit dem Bedürfnis der Muße für eigene Überlegungen und Tätigkeiten, wofür ihm der Dienst als »Schulmeister« weniger geeignet erschien.

Um aber Universitätsprofessor zu werden, hatte er kein Staatsexamen nötig. Hier genügten Promotion und Habilitation. Lang und breit waren seine Erörterungen darüber, wie er diesen Forderungen an ihn würde entsprechen können. Durch das gleichsam unterirdische, von Ritschl offenbar nicht recht bemerkte oder nicht für ernst gehaltene Übergleiten seiner philologischen Interessen ins Philosophische hatte er sich freilich selbst eine neue Verlegenheit bereitet. Bei einer philosophischen Dissertation würde er im altphilologischen Seminar Ritschls, wo die historisch-kritische Schule dominierte, aus dem Rahmen fallen und hätte er mit der Empfehlung zu rechnen, sich fernerhin im weiteren Umland der Philosophen und dafür weniger zwischen den enger gesetzten Grenzpfählen der alten Sprachen und des griechischen und römischen Altertums aufzuhalten. Das hätte nach Ritschls strengen Vorstellungen darüber zum direkten oder diskreten Ausscheiden aus der Zunft der Altphilologen führen müssen.

Aus diesen bedenklichen Umständen, in deren Vorfeld Nietzsche sich damals bewegte, wurde er mit einem Schlage herausgerissen durch die Berufung zum Professor der klassischen Philologie an die Universität Basel. Das war so unerwartet, daß er es zunächst selbst kaum glauben konnte und seine Angehörigen ernsthaft an der Wahrheit dieser Nachricht zweifelten. Es hatte auch zu viel Unwahrscheinliches an sich und wurde natürlich von der Kollegenschaft als Begünstigung in unzulässiger Form verstanden.

Was war geschehen? Ein vierundzwanzigjähriger Student, der noch nicht promoviert war, der nie ein Examen abgelegt hatte, wurde zum Professor ernannt. Die Förderung durch Ritschl war viel weiter gegangen, als Nietzsche es selbst geglaubt und für möglich gehalten hatte. Auf eine Anfrage des Basler Erziehungsrates, ihm für eine vakante Professur einen Vorschlag zu unterbreiten, hatte Ritschl Nietzsche empfohlen, ohne zu verschweigen, daß diesem die Qualifikationen für das Ernennungsritual noch fehlten. Dennoch war Ritschls Vorschlag nicht unbegründet. Er konnte sich auf dessen Separatveröffentlichungen stützen, die in der Fachwelt gut beurteilt worden waren. Ausschlaggebend am Ende war Ritschls Renommee, das seinem Gutachten den Vorrang gab. Im Eilverfahren wird Nietzsche von der Leipziger Fakultät nachträglich promoviert. Man promoviert einen bereits ernannten Professor, verzichtet aber auf die Disputation, weil man nicht gut einen Kollegen öffentlich prüfen kann.

Mit Nietzsche ist – welcher Widerspruch – ein Schopenhauerianer Universitätsprofessor geworden. Nietzsche, der stolz seine Ernennung zum außerordentlichen Professor mit 3000 Franken Gehalt entgegennimmt, fühlt sofort das Mißliche der Lage. Hier ist ein glatter Widerspruch zur Lehre seines philosophischen Lehrmeisters und auch zu eignen Vorstellungen. Er steht im Begriff, Karriere zu machen. Hierüber aber hatte er sich zur Schwester unmißverständlich ausgedrückt und eine Meinung vertreten, die Elisabeth Nietzsche unter der Macht seines Einflusses offenbar teilte: »Fritz und ich empfanden Karrieremachen als etwas nicht ganz Anständiges, da es mit einiger Rückgratlosigkeit verbunden sein mußte.« Nun war es soweit gekommen. Aber es gibt für ihn eine Entschuldigung, die er selbst nicht von der Hand weisen kann: das Amt war ihm angetragen worden, er hatte sich nicht im geringsten darum bemüht.

Mit der Annahme des Amts erfolgt ein weiterer Riß in seiner bürgerlichen Existenz, dessen Ausmaß sich damals kaum abschätzen läßt, aber die künftige Lebensbahn Nietzsches vorzeichnet. Nietzsche legt seine preußische Staatsbürgerschaft ab oder besser, beantragt nach damaligem Sprachgebrauch die

»Entlassung« aus dem preußischen Staatsverbande und erhält sie auch. Er, der Preuße, aus dessen Munde während des Krieges von 1866 recht patriotisch anmutende Parolen zu vernehmen waren, der in Leipzig um alles in der Welt kein Sachse sein wollte und seine Zugehörigkeit zu jener Monarchie entschieden hervorhob, die schon seinem Vater zum Röckener Pfarramt verholfen hatte, hört auf, preußischer Untertan zu sein.

Die Begründung ist plausibel und annehmbar. Nietzsche will sein neues Lehramt nicht nur in Friedenszeiten ausüben, sondern auch im Falle des Kriegs der berufenden Behörde zur Verfügung stehen. Als Bürger mit preußischem Paß würde er sich erforderlichenfalls der Dienstpflicht bei der Armee stellen müssen, aus der er damals krankheitshalber ausgeschieden war. Daß er sein neues Amt so hoch wertete, lag nicht außerhalb des Üblichen und wurde als ehrenwerte Berufsauffassung preußischerseits bedenkenlos übernommen. Damit war keinerlei Einbuße seiner bürgerlichen Honorigkeit verbunden. Der Antragsteller wollte nicht Krieg oder Frieden jeweils darüber entscheiden lassen, ob er seinen Amtspflichten nachkam oder nicht.

Es erfolgte also eine Loslösung, die nicht rückgängig zu machen war und ihn später – das war damals nicht vorauszusehen – in die Staatenlosigkeit hineintrieb. Vom Christentum hatte er bereits begonnen, sich zu entfernen, die Bonner »Frankonen« hatten ihn aus Bonn im wahrsten Sinne des Wortes verjagt und jede Verbindung zur Burschenschaft, an der ihm im geheimen viel gelegen war, abgeschnitten. Das System der Universität war in seinen Augen als »Philosoph« doch schon sehr ins Wanken geraten, so daß man nicht wagen konnte, darauf seine Zukunft zu setzen. Reserveoffizier war er auch nicht, bzw. der Anwartschaft darauf verlustig gegangen. Was blieb denn da noch, was den von je auf Absonderung bedachten jungen Mann besonders hätte empfehlen oder gar herausheben können. Nicht viel! Im Augenblick blieb ihm Basel mit den Aussichten, die das Amt eröffnen konnte, und es blieb ihm – Richard Wagner in Luzern.

Zunächst überwiegen Freude und unverkennbarer Stolz über die Ernennung, die aus dem Studenten von einem Tag zum andern einen Professor gemacht hatte. Er läßt sofort Karten drucken, die ihn als »Professor extraordinarius der klass. Philologie zu Basel« ausweisen, einige Maßanzüge werden in Auftrag gegeben, deren Stoffe, Farbe und Schnitt auf einen älteren Herrn schließen lassen. Selbst die Schwester hebt diese »vielleicht allzuwürdige Kleidung« hervor, findet sie aber »vortrefflich« und »auch dem Basler Geschmack gut angepaßt«. Zu diesem Amt, das er gerade anzutreten im Begriffe steht, gehört seiner Meinung nach auch ein »Bedienter«. Er gibt Mutter und Schwester den Auftrag, ihm ein passendes Individuum zu suchen, für dessen Auswahl er freilich einige Bedingungen stellt: »er darf nicht zu jung sein, muß Neigungen zur Reinlichkeit und Ehrlichkeit haben. Es ist gut, wenn er Soldat war. Ich hasse den Naumburger Volksdialekt. Ein beispielloser Grad von Borniertheit wäre mir unerwünscht. Er kann dabei ein Handwerk treiben, falls es reinlich und wohlriechend ist.« Die Sitte, daß ein Universitätsprofessor seinen Bedienten hatte, der ihm in dienstlichen und privaten Belangen zur Hand ging, hatte noch eine rege Anhängerschaft. Ihre Blütezeit, wo wie in Bonn August Wilhelm Schlegel sich seine Kollegmappe von einem Diener in Livree hinterdrein tragen ließ, war allerdings schon vorbei. Hier hatten sich Züge des ancien régime in die doch vorwiegend bürgerlichen Personalstrukturen der deutschen Universität hinein verirrt. Interessant ist, wie entschlossen Nietzsche bei ihnen anknüpfte. Aber darin lag noch mehr: es sprach daraus der deutsche Kleinstädter, der aus dem durch verschließbare Stadttore geschützten Naumburg kam, in Leipzig mit den großzügigeren Verhältnissen einer bedeutenden Handelsmetropole Bekanntschaft gemacht und hier die schmalbrüstige Enge der philologischen Studienanstalt von Schulpforta als widernatürlichen Verstoß gegen das Leben erkannt hatte; der aber jetzt endlich den Augenblick gekommen sah, an diesem Leben teilzunehmen.

Das war natürlich – wie sich bald herausstellen sollte – ein Irrtum. Mit Basel wandte er sich einer Stadt zu, in der nichts von der großstädtischen Weltläufigkeit zu finden ist, wie sie in Leipzig vorgeherrscht hatte und deren vollem Genuß er während seines Aufenthaltes zugetan gewesen war. Mit Basel näherte er sich einem Gemeinwesen, das mit seinen 30 000 Einwohnern, seinem Münster und den engen Gassen eher an ein etwas größeres Naumburg erinnerte. So jedenfalls konnte der äußere Eindruck sein.

An Leipziger Maßen ließ sich Basel trotz seiner historischen Bedeutung als Handelsplatz mit dem in seiner Bevölkerung verbreiteten Reichtum, der auch für Künste und Wissenschaften seit dem Mittelalter stets etwas übrig gehalten hatte, nicht messen. Seine große Rolle hatte es längst ausgespielt, ebenso wie die Schweiz selbst, die einstmals eine militärische Großmacht in Europa gewesen, von den Zeitläuften mittlerweile aber selbst in Pension geschickt worden war und sich zu einem Staat auf kantonaler Grundlage entwickelt hatte. Als Kanton war die Stadt Basel, die sich nach der Trennung von den umliegenden baslerischen Landgebieten auch in die Aufteilung der materiellen Erbmasse hatte fügen müssen, nicht mehr als ein staatliches Terrain wie jedes andere in der Schweiz auch. Erinnerungen an die Vergangenheit gab es viele, auch an Basel als ein Zentrum der Humanisten mit Erasmus als dem ersten unter ihnen. Erasmus hatte sich nicht zuletzt darum über Jahre in Basel aufgehalten, um hier die Drucklegung seiner Schriften an Ort und Stelle selbst überwachen zu können.

Von diesen Erinnerungen ließ sich damals zwar zehren, die Gegenwart um die Mitte des 19. Jahrhunderts selbst hielt dem allerdings nicht stand. Die kleine Universität hatte sehr wohl einen lokalen Charakter, bestritt zu einem großen Teile ihren Unterhalt aus Zuwendungen und Stiftungen, die den Fonds aus Familienvermögen und Erbschaften zuflossen. Darin kam natürlich ein oligarchisches Element zum Tragen, das auf die Administration und den Personenkreis der Lehrkräfte übergriff. In Verwaltung und Lehrpraxis der Universität gelangten mit besonderer Präferenz Basler Familien zum Zuge. Die darüber hinaus benötigten Kräfte warb man im Ausland an, hier besonders in Deutschland, das mit seiner im 19. Jahrhundert nicht zu übertreffenden Universitätskultur ein unerschöpfliches Reservoir für Nachwuchswissenschaftler anbot. In Basel begannen sie ihre Laufbahn, die sie dann in der Regel wieder an eine deutsche Universität mit ihren höheren Bezügen, dem entwickelteren Genuß der erworbenen Rechte, der stärker hervorgekehrten Ausnahmestellung, der garantierten Pension, zurückführte. In das Dienstverhältnis des deutschen Beamten, der als Universitätsprofessor etwa ministergleiche Einkünfte haben konnte, flossen feudale Regelungen mit ein, die in der bürgerlichen Schweiz fehlten. Zum Kreis dieser schweizerischen Erstberufungsprofessoren mit vorausgesetzter Rückkehrbereitschaft gehörte der gerade in Leipzig exmatrikulierte Student Friedrich Nietzsche.

Am 13. April 1869 frühmorgens begibt sich Nietzsche von

Naumburg aus auf die Reise nach Basel. Abends gegen elf Uhr trifft der Zug in Köln ein, wo Nietzsche die erste Station macht, um am nächsten Tag nach Bonn weiterzufahren. In Bonn, mit dem ihn gute und schmerzliche Erinnerungen verbinden, geht er durch die ihm vertrauten Straßen und begegnet hier und da einigen bekannten Gesichtern. Die Fortsetzung der Reise erfolgt per Schiff bis Biebrich, dem Städtchen, das für die Lebensgeschichte Richard Wagners, dessen persönliche Bekanntschaft Nietzsche gerade gemacht hatte, von einiger Bedeutung gewesen war. Hier hatte Wagner in einer direkt am Rhein gelegenen Villa die »Meistersinger von Nürnberg« zu komponieren begonnen und mit Schnorr von Carolsfeld und dessen Frau die Partien von »Tristan und Isolde« einstudiert. Wiesbaden, das Nietzsche von dort aus mit der Eisenbahn besucht, übt nicht die geringste Anziehung auf ihn aus. Er fährt deshalb am Ankunftstage mittags gleich nach Heidelberg weiter. Die Stadt mit Schloß und blühender Umgebung sieht er abends in voller Beleuchtung ganz in den Klischees, die die längst veraltete Romantik dem Besucher als Gebrauchsanweisung anempfohlen hatte. In einem bescheidenen Gasthof beginnt er mit der Niederschrift seiner Basler Antrittsvorlesung. Das Thema ist die Homerfrage, die schon in Leipzig wichtiger Gegenstand seiner Überlegungen, vieler Gespräche und auch eines Vortrages gewesen war. Die Fragestellung ist darum so reizvoll, weil sie sich schlüssig nicht beantworten läßt. Sie lautet mit ihren Unterfragen: Wer war Homer, gab es ihn überhaupt, ist er der Dichter, dem man die »Ilias« und die »Odyssee« zuschreiben kann? In der Behandlung des Themas, bei der Nietzsche die Gleichzeitigkeit von Homer und Hesiod hervorhebt, soll schon etwas von der eigenen Methode für das in Basel vorgesehene Lehrprogramm resümiert werden und das bedeutet: langsame Wegwendung von der philologischen Textkritik und Richtungnahme zum philosophischen Bedenken hin: eben dem, was ihn von Ritschl, der das noch nicht zur vollen Kenntnis hatte nehmen können, entfernen mußte.

Die Weiterreise von Heidelberg nach Basel erfährt eine unvorhergesehene Unterbrechung. Auf einer kleinen Bahnstation, eine Viertelstunde vor dem Eintreffen in Karlsruhe, steigen einige junge Leute in das Zugabteil, die die Aufführung der »Meistersinger« besuchen wollen. Einer solchen Versuchung, der »Lieblingsoper« noch am gleichen Abend beiwohnen zu können,

kann Nietzsche nicht widerstehen. Er steigt mit der kleinen Reisegesellschaft aus dem Zug, läßt sich sein Reisebillet für einen Tag verlängern und sitzt abends im Hoftheater. Am nächsten Tag setzt er die Fahrt nach Basel fort, wo er sich nach seiner Ankunft im Gasthaus »Zur Krone« einlogiert.

Die Berührung mit der Schweiz bedeutet nach dem Abschied aus Deutschland, den der Karlsruher Opernbesucher mit den »Meistersingern« sehr sinnfällig genommen hatte, bei allem Grenzüberfließenden in Sprache und Kultur, Eintreten in eine unbekannte Welt. Nietzsche war Preuße, er hatte einige Jahre seines Lebens in Sachsen verbracht, er kam damit aus zwei Ländern, die ihre Herkunft aus den politischen Strukturen des 18. Jahrhunderts auch in den 60er Jahren nicht verleugneten. Beide hatten im Konzert des europäischen Staatensystems etwas gegolten, hatten einen klassischen Part innegehabt. Sie waren gewissermaßen durch den hier geltenden regelrechten Absolutismus Stimmführer gewesen. Das schloß auch den Hang Sachsens zum gelegentlichen Parteiwechsel im Ränkespiel der Regierungskanzleien nicht aus. Die Folgeerscheinungen der französischen Revolution von 1789 und des napoleonischen Zwischenakts hatten die gesellschaftlichen Grundelemente nur überwachsen, aber nicht so sehr, daß sie nach 1815, als Metternich, der eigentliche Sieger über Napoleon in Mitteleuropa, die Politik der deutschen Souveräne und ihrer Kabinette maßgeblich bestimmte, nicht wieder durchbrachen. Im Unbehagen aller in Deutschland auf Erneuerung der politischen Veränderung bedachten Geister und in den Polizeiaktionen der deutschen Regierungen, mit denen unliebsame Individuen verfolgt und über die Grenzen getrieben wurden, trat der Unterschied zur Schweizer Sonderart hervor. Die Schweiz empfahl sich als Asylland für die Flüchtenden. In mehreren Wellen brach die deutsche Emigration in die Schweiz ein, die Motive der einzelnen Dissidenten und Dissidentengruppen waren verschieden. In den frühen vierziger Jahren, also zwischen 30er und 48er Revolution, war die Anziehungskraft des Landes vor allem für deutsche Gymnasial- und Realschullehrer groß, die bei der schweizerischen Neigung zu Erziehungsexperimenten im Namen Pestalozzis und seiner Schüler Arbeit und Brot finden und dabei den Querelen mit den strengeren, insbesondere preußischen Erziehungsbehörden, entgehen konnten. Oft war es das Beschauliche in der Lebensart der einheimischen Bevölkerung, das sie hier gerne verweilen ließ. Ihrem Wunsch kamen die Bedürfnisse des in der Entwicklung des höheren Schulwesens noch zurückgebliebenen Landes nach hochqualifizierten Lehrkräften entgegen. Vor allem: die Schweiz integrierte sie bis weit in die sechziger Jahre so gut, daß sich die Grenzen zwischen Emigrantentum und bürgerlicher Wohlgestelltheit schnell verwischten.

Die Leute des Exils fanden, wenn auch nicht immer vollste Gewogenheit, so doch Sympathie, die große Öffentlichkeit sah in ihnen verfolgte Gesinnungsfreunde. Diese Grundstimmung hielt an, auch als die akuten politischen Anlässe nicht mehr vorhanden waren. Der Wandel setzte erst 1870/71 angesichts des deutsch-französischen Kriegs ein, wo durch den sich anbahnenden Sieg der Preußen die alte, gerade von Basel aus genau verfolgbare, für die Schweiz günstige Machtkonstellation sich zu verschieben drohte, die Waage deutlich ein deutsches Übergewicht anzeigte.

Nietzsche hat Glück! Als er am 20. April 1869 in Basel eintrifft, ist ihm als einem aus Deutschland Einreisenden, der sein Wissen und Können für die kommenden Jahre in den Dienst des Basler Staates zu stellen gesonnen ist, ein unbeschränktes herzliches Willkommen sicher. Die Gunst dieser Umstände wird nicht bleiben. Ein Jahr später bereits, als die preußische Armee im Krieg gegen Frankreich sich mit Riesenschritten der französischen Hauptstadt nähert und die bisher schon sieggewohnte Bismarcksche Politik ihrem Höhepunkt zustrebt, der mit der Reichsgründung und der Kaiser-Proklamation in Versailles erreicht ist, schlägt die Stimmung in der Schweiz gegen das nachbarliche Deutschland sehr abrupt um. Die Zeiten eines Dorados für deutsche Pädagogen, später politische Aktivisten, aber auch deutsche Handwerker und Kaufleute, die sich hier gewinnbringend niedergelassen hatten, sind dann für immer vorbei. Nietzsche hat noch die allerletzte Phase der hergebrachten und ungebrochenen Zuneigung des deutschen Schweizerlandes für den größeren Bruder miterlebt. In diese Zeit fällt auch der Abbruch des mittelalterlichen Basel. Die um die Stadt angelegten Wälle werden niedergelegt, an ihre Stelle kommen gepflanzte Anlagen. Man will der ebenso wie Naumburg beengten Stadt Raum und Luft schaffen, der neuen Zeit Tür und Tor öffnen. Nach seinem Eintreffen kann Nietzsche noch einen letzten Blick in das altbaslerische Leben werfen, das in seiner archaischen Form jetzt langsam zu bestehen aufhört.

Schwierigkeiten hat Nietzsche übrigens bei der Suche nach der passenden Unterkunft. Er sucht ein Zimmer garni, das ihm für seine Bedürfnisse am geeignetsten erscheint. Aber wer will in Basel schon Zimmer vermieten? Man möchte hier ungestört allein im eignen Hause wohnen. Die Umschau nach einem Bedienten hatte er längst eingestellt, weil ihm die Belästigung inzwischen größer erschien als der mögliche Vorteil. Seine erste Wohnung, äußerst schlicht, befindet sich am Spalentorweg 2, unmittelbar neben dem Turm selbst, später siedelt er in den Schützengraben über.

Nietzsche hat sich gleich nach seiner Ankunft mit ganzer Energie an die für ihn vorgesehenen Aufgaben gemacht. Am 28. Mai hält er in der Aula der Universität seine Antrittsvorlesung. Das Echo ist Zustimmung und Anerkennung in der Öffentlichkeit mit dem persönlich zum Ausdruck gebrachten Resultat: er fühlt sich von Basel angenommen. Anschließend muß er sich gleich den üblichen Pflichten unterziehen. Er hat sich im Kollegenkreise vorzustellen, auch andere zur Honoratiorenschaft gehörende Familien wollen ihn, der in Zukunft eine bedeutsame öffentliche Tätigkeit ausüben wird, näher kennenlernen.

Als zu absolvierendes Lehrprogramm hat er sich viel vorgenommen. Er liest jeden Morgen von 7 – 8, an den ersten drei Tagen der Woche über griechische Lyrik, an den restlichen über die »Choephoren« des Aischylos. In seinen Vorlesungen hat er zunächst sieben Hörer, später kommt noch ein achter hinzu. Nietzsche kann stolz nach Hause berichten: das ist die Gesamtzahl der in Basel studierenden Philologen und dazu noch ein Theologe. Ihr Fleiß läßt nichts zu wünschen übrig. Niemand ist unter ihnen, der eine Stunde versäumt. In der höchsten Klasse des Pädagogiums erklärt er in den mit seinen Amtsverpflichtungen verbundenen Stunden Plato und Homer. Der Basler Erziehungsrat Vischer hatte ihn den Schülern als einen großen Mann vorgestellt.

Das ist insgesamt ein immenses Lehrpensum, das er sich selbst auferlegt hat. Er hat in seinem ersten Semester keine fertigen Vorlesungsmanuskripte und muß sich darum für jede Stunde vorbereiten. Die einzige Erleichterung besteht darin, daß er sich in einer Materie bewegt, die ihm durch seine Studien geläufig ist. Indessen stellt sich doch bald Müdigkeit ein, er fühlt sich abgespannt, sehnt sich nach Ruhe, erwartet sehnlichst die Ferien. Einladungen, die an ihn ergehen, beginnt er unter einem Vorwand abzulehnen. Es meldet sich ein Bedürfnis nach Ruhe.

Er sinnt deswegen auf Erleichterungen, denkt daran, Rohde nach Basel zu holen, bezieht den möglichen Abgang von Kollegen oder deren Pensionierung in solche Erwägungen ein. Vor allem aber machen sich seine keineswegs glänzenden Geldverhältnisse bemerkbar. Das Gehalt stellt sich den Umständen entsprechend als karge Entlohnung heraus, es ist weniger dafür zu bekommen als er ursprünglich gedacht hatte. Außerdem: Es wird zweimal im Jahr ausgezahlt. Und Basel ist teuer. Kein Wunder, daß er mit seinen Bezügen nicht auskommt und die Mutter, sehr zu ihrem Leidwesen, um entsprechende Geldsendungen angehen muß. Sie ist besorgt, glaubt darin den Hang zur Verschwendung sehen zu müssen und teilt entsprechenden Tadel aus. Andrerseits hält sie den Sohn zu repräsentativem Umgang an und teilt ihm die Ankunft der Großfürstin Konstantin, einer der drei Prinzessinnen von Altenburg, mit, deren Erzieher Nietzsches Vater einst gewesen war. Nietzsche kommt dem Auftrag nicht nur gehorsam, sondern auch bereitwilligst nach. Mit Blumen steht er am Bahnhof zu ihrem Empfang. Am Abend ist er unterhaltsamer Gesellschafter und teilt unverzüglich seine sehr angenehmen Eindrücke von diesem Tag nach Hause mit.

Der Unterschied zwischen dem preußischen Herkunftsland und Altbasel ist für den Ankömmling mit Händen zu greifen. Er begegnet hier einer Seßhaftigkeit bei der Bevölkerung, die bei der in Preußen tonangebenden Beamtenschaft nicht anzutreffen ist. In Preußen ist der Staatsdiener darauf vorbereitet, wenigstens für eine Zeit seines Lebens und dann sogar von Provinz zu Provinz, von Ort zu Ort, versetzt zu werden; er muß sich dabei den jeweils herrschenden Gebräuchen anpassen. Nichts dergleichen in Basel: Hier ist der einzelne, in seine berufsständische Gliederung eingereihte Bewohner an den stadtbürgerlichen Boden, an Haus und Besitz gebunden. Alles ist fest gegründet und tief verwurzelt. Reichtum spielt hier eine große Rolle, aber nicht weniger, wie weit er in die Vergangenheit zurückreicht. Bestehende Besitzverhältnisse sind oft von langer Hand vorbereitet, nicht erst von gestern oder gar heute. Darum sind auch Anspruch, Gesinnung, Lebensstil der wenigen immer im Spiel bleibenden Familien, wo es ums Regieren geht, durch und durch aristokratisch, aber nicht mehr beruhend auf den kriegerischen Leistungen einer Militärkaste wie in Preußen, sondern auf Verwaltung ererbten Besitzes, auf Bewahren, Festhalten und der Voraussicht, die das Risiko möglichst klein hält.

Um die Mitte des 19. Jahrhunderts ist man in der Schweiz schon dabei, mehr auf die eigene große Geschichte zurückzuschauen als das Gefühl bestätigt zu finden, noch selbsthandelnd daran teilzuhaben. Die eigentlichen Akteure sind andere. Preußen ist auf dem Vormarsch und steht auf dem Sprung, alle Konkurrenten aus dem Wege zu räumen. Es hatte die Hoffnung auf seiner Seite. Preußen war in den 60er Jahren immer noch ein junger Staat und im Aufsteigen begriffen. An ihn knüpften sich, auch bei der Jugend, Erwartungen. Der Staat und seine Organisation hatten die Zukunft für sich.

In der Schweiz, von Basel aus betrachtet, sieht das anders aus. Das ist der Eindruck, den Nietzsche sehr bald bekommt. Der preußische Glaube an den Staat, der ihm ja nicht fremd war, an dem er kräftigen Anteil hatte, stößt hier auf Skepsis und zwar zur Person geworden in der Gestalt Jacob Burckhardts. Basel ist eine Republik, regiert von einem bürgerlichen Patriziat, dessen Herrschaft von Deutschland aus gesehen den Eindruck der Demokratie macht und zweifellos auch demokratische Züge hat. Aber hier ist der Zweifel gegenüber der Macht größer als der Glaube an ihren Bestand. Politische Macht, wie das Bismarcksche Preußen sie in Europa zu erringen im Begriff ist, hatten Schweizer Städte mit ihrem Militärpotential in der Vergangenheit ja gehabt. Sie war zerronnen, hatte sich in Geld und Privateigentum bei der bürgerlichen Oberklasse der Stadtrepubliken umgebildet. Gegenüber militärischer Macht ist diese Klasse, der andere Mittel zu Gebote stehen, von Natur aus mißtrauisch.

In Jacob Burckhardt als Kollegen der Fakultät begegnet Nietzsche diesem Basler Bürgergeist auf exemplarische Weise. Burckhardt ist 1818, im gleichen Jahr wie Karl Marx, geboren, ein jüngerer Generationsgenosse von Nietzsches Vater. Auch er stammt aus pastoralem Milieu. Der Vater war reformierter Kirchenvorsteher in Basel gewesen. Es gab um ihn Querelen stadtbekannter Art, die es dem Sohn empfahlen, seine Universitätslaufbahn von Zürich aus zu beginnen. Es dauerte lange, bis er eine persönliche Scheu gegenüber seiner Vaterstadt abgelegt hatte.

Burckhardt hatte einen in mancher Hinsicht gleichen Bildungsgang wie Nietzsche hinter sich. Er hatte mit theologischen Studien begonnen und war dann zum Studium der Geschichte übergegangen. In Berlin war Ranke sein Lehrer gewesen. Durch seinen Studienaufenthalt in Bonn gab es mit dem Neuankömmling und Ritschl-Schüler eine ganze Reihe von Berührungspunkten. Vor allem aber waren es künstlerische Interessen, die hier verbindend wirkten. Burckhardt war als Historiker der Alten Welt und der Renaissance Kunstwissenschaftler in einer Weise, die es vorher nicht gegeben hatte. Er war im Griechenland und Rom der Antike ebenso zu Hause wie im Italien des Quattrocento. Zweifel gegenüber jedem landläufigen Glauben waren es, die seine Feder leiteten. Die Griechen sind nicht glücklich gewesen, war seine gegen das Harmonisierungsideal der Klassik gerichtete Meinung, mit der er bestehende Illusionen wegwischte. Auch in der Frage der Christenverfolgung durch römische Kaiser rückte er alte Klischees zurecht. Diokletian etwa, der gar nicht an die Bekämpfung der Christen dachte, wurde erst zu Strafaktionen gegen sie gezwungen, als er bemerkte, daß kaiserliche Kanzleibeamte christlichen Glaubens ihn stürzen wollten. Aus solchen Thesen sprach bei Burckhardt die Zurückhaltung, angebotenen Werten Glauben zu schenken. Die Antike und die Tyrannis im Italien des ausgehenden Mittelalters hatten ihn gelehrt, in milden Gesten von Friedensangeboten Verschleierungen für menschliche Abscheulichkeit zu sehen. Für den Gedanken, der um die Mitte des 19. Jahrhunderts etwas galt, daß alles nur besser werden könnte, hatte Burckhardt ein von Melancholie gezeichnetes Lächeln. Die großen Kunstwerke der italienischen Renaissance, über die er zwei Jahre vor Nietzsches Ankunft in Basel sein umwälzendes Werk herausgegeben hatte, waren in einer Welt des Sumpfes, erfüllt von Mord, Verrat, Gift, Folter, entstanden. Der Gedanke einer fortschreitenden Entwicklung der Menschheitsgeschichte konnte nicht aufgehen, eine scheinbare Entwicklung endete immer wieder am Rand von Abgründen, die ihr Halt geboten.

Burckhardt hatte tief in die Antike hineingesehen mit den beiden Weltuntergängen von Griechenland und Rom. Anlaß zu irgendwelchen Erwartungen war auch in Deutschland im Blick auf die weitere Zukunft nirgendwo gegeben. Die Massen kamen herauf. In den Reichen der alten Welt waren die Staatsformen von Aristokratie, Oligarchie, Monarchie, Tyrannis, Demokratie alle schon einmal durchgespielt worden, im Rhythmus von Aufstieg und Fall. Nichts hatte Bestand gehabt: das war die einzige Sicherheit, die die Einsicht in den Verlauf der Geschichte bot. Konkret galt das für die Erwartungen, die Teile des Bürgertums vor und nach 1848 in die Demokratie setzten. Hier riet Burckhardt, der in Basel selbst vom Boden einer demokratisch-republikanischen Polis aus urteilte, entschieden ab. Demokratien waren in Griechenland wie in Rom als Stadien, in denen das »Volk«, die »Massen«, die Hand im Spiele hatten, immer Zeitalter der Entartung gewesen. Sie tragen von Anfang an den Keim des Untergangs in sich.

Als Nietzsche kurz nach seinem Eintreffen in Basel Burckhardts nähere Bekanntschaft macht und in ihm als dem älteren und schon berühmten Schriftsteller den noch notwendigen Lehrer erspürt, ist dessen zu Lebzeiten herausgegebenes wissenschaftliches Werk so gut wie abgeschlossen. In den letzten drei Jahrzehnten seines Lebens hat Burckhardt eine rege Tätigkeit durch seine Vorträge entfaltet, sonst aber so gut wie nichts mehr veröffentlicht. Was er damals noch zu Papier brachte wie die »Griechische Kulturgeschichte« und die »Weltgeschichtlichen Betrachtungen«, ist aus dem Nachlaß hervorgezogen worden.

Am liebsten hätte Nietzsche Burckhardts Kolleg besucht. Aber es war in Basel nicht erlaubt, als Professor die Vorlesungen eines Kollegen zu hören. Und so wartet Nietzsche denn am Ende einer Stunde an der Tür des Hörsaals, um Burckhardt nach Hause zu begleiten und sich unterwegs den Inhalt seiner Vorlesung mitteilen zu lassen.

Was Burckhardt ihm zu sagen hat, hat ihm noch gefehlt. Es ist das, was nach Demokrit und Schopenhauer noch aussteht. Für Burckhardt ist das Unregelmäßige, das Chaos, die Regel. Aus Demokrits Lehre von der Atomschleuder hatte er, ohne sich ausdrücklich darauf zu beziehen, als Historiker die Folgerungen gezogen. Auch für die Zukunft! Die Welt würde sich nach seiner Ansicht aus den letzten Klammern der Ordnung herauslösen, sie würde sich auf einen »unbedingten Gewaltzustand« hin entwickeln und zwar durch »die Demokraten« selbst, wie er 1872 schrieb.

Was Nietzsche noch nicht gewußt hatte, ja was außerhalb seines Leipziger Gesichtskreises lag oder sogar seinen eigenen Anschauungen widersprach, bekommt er jetzt bei Burckhardt zu hören und wird bald Wasser auf die eigene Mühle sein. Seine Schopenhauersche Skepsis erhält durch Burckhardt den letzten Schliff. Und noch mehr: in diesem Beschleifen verändert sein Schopenhauerianismus die Form bis zur Preisgabe, wie sie in seiner späteren Lehre vom »Willen zur Macht« zutage tritt. Jede Herrschaft in der Weltgeschichte gründet sich auf Macht und hat die Anwendung von Gewalt in irgendeiner Weise hinter sich. Macht ist ihrem Wesen nach böse, doch unerläßlich, aber sie kann – wie gerade die Kunst mit Tyrannen als Auftraggebern für die Künstler zeigt – gute Folgen haben.

Darin ist schon eine Umwertung der Werte, wie sie Nietzsche später vornahm, einbegriffen. Geschichte als Machtgeschichte Burckhardtschen Verständnisses hat nichts mehr mit Rankes Lehre, daß jedes Zeitalter unmittelbar zu Gott steht, zu tun. In dieser Auffassung seines Berliner Lehrers sah Burckhardt eine unzulässige Harmonisierung weltgeschichtlicher Ereignisse. Die Weltgeschichte in ihrem übersehbaren Ablauf erschien Burckhardt als kochender Schlund, dem irgendeinen Sinn zu unterstellen, ein Ziel als Ende einer Entwicklung, eine Absurdität bedeutet.

Das heißt auch: Revolutionen, an die das 18. und 19. Jahrhundert geglaubt hatten, verfehlen den Sinn, den sie zu haben vorgeben. Als Welthistoriker hat Burckhardt das Revolutionsprinzip in seiner Anwendung von der Antike bis zum Bastillesturm studiert und nach seiner praktischen Seite befragt. Es tritt jeweils mit dem Anspruch auf, im Namen eines beliebigen Systems, sei es Demokratie oder Aristokratie, eine Neuerung zu bringen. Es ist dabei immer die Rede von einer Krise, die es zu bewältigen gilt und die einige zu allem entschlossene kaltblütige Männer zu bewältigen sich für fähig erklären. Bei der Bewältigung selbst schwimmt nun die Sorte von Haltefest, Raubebald und Eilebeute oben, treten die Fachleute im Morden, Rauben und Sicherstellen des geplünderten Guts auf, sie sind auch dann noch zur Stelle, wenn die ideellen revolutionären Täter im Verlauf neuer Krisen als Folge der ersten Krise längst untergegangen oder von der Bewegung selbst verschlungen worden sind. Das revolutionäre Gefolge hat sich dabei inzwischen von den alten in Aussicht gestellten Zielen längst entfernt, es ist in Wahrheit nie von dem Gedanken daran belastet gewesen: das ist es gerade, was seine Stabilität, die Stärke zu überleben, begründet. Die Bewegung selbst hat sich im Zuge ihres Vorrückens von den ursprünglichen Absichten gelöst und löst sich immer weiter von ihnen. Natürlich ist stets Besitz im Spiel. Ohne den Blick auf die bestehenden Eigentumsverhältnisse würden jeder Umsturzbewegung die eigentlich überzeugenden Motive fehlen. Besitz als Eigentum an Land und Leuten, als Staatsstellen, Ansprüche auf feste Einkünfte durch Pfründe, Pensionen, »ewige« Renten und also vererbbar! Die Erneuerer haben keinen Grund, mit der Krise unzufrieden zu sein. Sie hat auch ihr Gutes: ihr verdanken sie ihren Aufstieg.

Nun kann die Krise nicht ewig dauern, sie soll auch »nicht rückgängig gemacht werden, wohl aber genau an der Stelle innehalten, da der Besitz ins Trockene gebracht ist« (»Weltgeschichtliche Betrachtungen«), mag es denn den von ihrem Eigentum getrennten alten Eigentümern, mag es dem Recht selber, in deren Namen es ihnen abgenommen wurde, ergehen wie es will.

An Vorlagen für diese Abläufe gab es seit Griechenland und Rom, wo Burckhardt sich auskannte, wahrlich keinen Mangel: der neue Eigentümer oder neue Inhaber der Rechte tritt an die Stelle des alten, den er unter Vorhaltung des Unrechts zusammen mit der Familie aus seinem Eigentum und seinen Anrechten vertreibt, ermordet oder in die Gefangenschaft, die Emigration, das Elend schickt. Wenn er sich so an seine Stelle gebracht hat, wird er sich bei fortwährender Verurteilung des Vorgängers, die sein eignes Tun rechtfertigt, durch Willen und Notwendigkeit, Laune und Zwang, bald auf dessen Spuren bewegen. Die Veränderung durch den Wechsel, mag sie nach außen hin als bedeutend und für die Betroffenen als schicksalhaft erscheinen, war, weltgeschichtlich gesehen, dabei meist so gering, daß sie nicht in die Augen sprang, ja daß sie gar nicht hätte vorgenommen werden müssen.

Das alles bekommt Nietzsche im Umgang mit Burckhardt zu hören. Es enthält, bei einer tiefen Kenntnis Burckhardts der wirtschaftlichen Grundlagen in der alten Welt wie im Mittelalter, den Gegenentwurf zu den während des 19. Jahrhunderts im Umlauf befindlichen Revolutionslehren. Hier ist Nietzsche mit Wissen spärlich ausgerüstet, weil offenbar der Wille, sich darüber zu unterrichten, durch Herkunft und Erziehung einfach fehlte. Es gibt eine von ihm selbst aufgestellte Liste für in die Ferien mitzunehmende Bücher aus dem Jahre 1865, auf der sich neben »Beethoven« der Name »Marx« befindet. Das besagt für die wirkliche Lektüre wenig und für ein intensives Durchdenken des nicht näher bezeichneten Textes überhaupt nichts. Die einzige bei Nietzsche vorstellbare Reaktion hätte damals auch nur Widerstand gegen die darin enthaltenen Gedanken sein können. Nach Demokrit und Schopenhauer ist Burckhardt, auch er wie Nietzsche Wissenschaftler und Künstler in einer Person, sein letzter Lehrer: der illusionslose Betrachter der Weltgeschichte. Nietzsches Illusionslosigkeit wird nach diesen Privatkursen schwer zu überbieten sein.

Wagner hatte Nietzsche beim Abschied im Hause des Professor Brockhaus eine Wiederbegegnung in Aussicht gestellt, um die dort begonnenen Gespräche über Musik und Philosophie fortzusetzen. Der Termin war offen gelassen, Näheres nicht abgemacht worden.

Wagner hatte eigentlich nur einen Abstecher nach Leipzig unternommen. Er befand sich gerade in einer Schaffenspause nach dem Abschluß der »Meistersinger«. Die Weiterarbeit am »Ring« war noch nicht voll angelaufen. Private Sorgen lasteten auf ihm. Es stand die Scheidung seiner Lebensgefährtin während einiger Jahre, der Frau von Bülow, Liszts Tochter Cosima, von ihrem Eheman an. Durch die Geschichte war viel unliebsames Aufsehen erregt worden, insbesondere in München, wo sie sehr zu Wagners Scheitern beigetragen hatte. Das Verhältnis mußte jahrelang vor Ludwig II., Wagners Freund und Gönner, geheimgehalten werden, der sich auch später, als es die Spatzen von den Dächern pfiffen, beharrlich sträubte, es offiziell zur Kenntnis zu nehmen. In den Augen der Münchner Bevölkerung war Wagner ein »Ausländer«, dem der König eine luxuriöse Lebensführung gestattete mit Villa und Park in der Brienner Straße. Und das, wie sich bald in den Hofkreisen und beim gemeinen Mann herumsprach, einem Agenten der Preußen, einem Feind der Kirche, namentlich der Jesuiten, der eigene politische Interessen im Schilde führte und ein neues Regiment mit sich selbst als dem entscheidenden Ratgeber des Königs einzurichten gedachte! Dazu noch das Lotterleben einer Ehe zu dritt mit den Bülows!

Bülow hatte lange gebraucht, bis ihm über die Natur des Verhältnisses zwischen Cosima und Wagner die Augen aufgingen, besser: bis er wagte, es in der gegebenen Form für möglich zu halten und zaghafte Schritte zur Erhaltung seiner Ehe zu tun. Es war insofern noch ein zusätzliches Opfer, als er während Wagners Abwesenheit von München für die Duldung von dessen inzwischen eheähnlichem Verhältnis mit Cosima seitens der Presse herhalten mußte. Als Dirigent hatte Bülow bei der Münchner Uraufführung des »Tristan« maßgeblich Anteil am Erfolg gehabt, der dann durch die »Meistersinger«-Premiere drei Jahre später noch einmal gesteigert wurde. Zwischen Ehekrise als Dauerzustand, Theaterproben, Konzerten bei fortlaufender Beschimpfung durch die Presse, gegen ihn geführten Intrigen, denen er einmal durch eine Duellforderung an einen Journalisten entgegentreten wollte, fiel er zeitweise von einem Nervenfieber ins andere.

Als Wagner und Cosima von Genf sich auf die Reise begeben hatten, um irgendwo eine geeignetere Wohnstätte zu finden, waren sie bereits in Luzern im Zweifel, ob es das, was sie suchten, auch gäbe. Sie hatten sich überall vergeblich umgesehen und standen im Begriff, die Nachforschungen abzubrechen. Da wurden sie – eigentlich mehr durch Zufall – auf ein Anwesen am Ufer des Vierwaldstätter Sees aufmerksam gemacht, das zur Vermietung angeboten war. Ein alleinstehender Bau auf einer kleinen, in den See hineinragenden Landzunge mit Stallungen, Garten, Obstbäumen und vom Wasser aus gesehen zum Landinnern hin ansteigenden Wiesen: Triebschen. Man begab sich per Schiff dahin und war begeistert. Beide glaubten, das Paradies entdeckt zu haben: die »Insel der Seligen«, wie sie Wagner in Heinses Roman »Ardinghello«, seiner Jugendlektüre, geschildert gefunden hatte.

Mit dem Vermieter wurde man sich einig, das alte, sehr stabile, mit dicken Mauern ausgestattete Haus samt Mobiliar zu übernehmen. Cosima würde mit ihren Töchtern aus der noch bestehenden Ehe mit Bülow, Daniela und Blandine, von München herüberkommen. Die Scheidungsangelegenheit ging schleppend voran. Liszt machte noch Versuche, zwischen den Eheleuten vermittelnd aufzutreten. Er würde auch bald in Triebschen erscheinen, um Wagner zur Aufgabe seiner Ehepläne zu überreden. Bülow war schwankend, mal war er bereit zum Verzicht, mal wieder nicht, am Ende stellte er die Bedingung einer Frist zwischen der Ehescheidung von Cosima und deren Wiederverheiratung mit Wagner. Wagner lehnte ab.

In dieser Zeit voller Ungewißheit über ihre private Zukunft war Cosima von Triebschen nach München zurückgekehrt, wo zur Erledigung der Scheidung ihre Anwesenheit nun öfter erforderlich wurde. Seine Reise nach Leipzig zur Schwester hatte Wagner nicht zuletzt auch darum unternommen, weil er sich allein in Triebschen zu einsam gefühlt hätte. Der junge Besucher Friedrich Nietzsche im Brockhausschen Salon wußte damals, als

Wagner so leichthin seine Einladung ausgesprochen hatte, noch nicht, was er ein paar Wochen später weiß: daß er durch seinen Ruf nach Basel nicht weit von Luzern, in Wagners Nähe, wohnen würde.

Am 15. Mai 1869, einem Sonnabend vor Pfingsten, fährt in aller Frühe Nietzsche vom Basler Bahnhof mit dem Zug in die Feiertage. Bestimmungsort soll Luzern mit Vierwaldstätter See, dem Pilatus und der Tellsplatte als beliebten Ausflugszielen in der Nähe sein. Daß er die Reise in der Gesellschaft einiger neuer Basler Bekannter unternimmt, ist dabei weniger belangreich. Denn das eigentliche Ziel ist eben nicht Luzern. Der Grund für diese damals schon gar nicht mehr beschwerliche Reiseunternehmung an den Festtagen liegt woanders. Die gilt Wagner. Nietzsche war die Einladung nicht aus dem Kopf gekommen. Jetzt bietet sich die beste Gelegenheit. Es ist die erste und er nimmt sie sofort wahr.

Natürlich hatte er seinen Besuch bei Wagner nicht angekündigt. Wie denn auch? Dem Komponisten in der Schweizer Gebirgseinsamkeit mitzuteilen, daß der exmatrikulierte Student und inzwischen Basler Professor gewordene Friedrich Nietzsche, dem er im Hause der Schwester vor einem halben Jahr begegnet sei, ihn beim Worte nähme und sich die Ehre erbäte, ihm – wenn gefällig – am Pfingstsonntag oder -montag seine Aufwartung machen zu dürfen, ging nicht gut an. Das wäre den geltenden Konventionen nach, die Nietzsche stets außerordentlich respektierte, zu hochgegriffen, wäre auch sonst nicht nietzschisch gewesen. Es entsprach seiner fanatischen Direktheit, da, wo er spontan fühlte, sich ohne große Umschweife auf den Weg zu machen und den schon längst in die Versammlung der Götter eingereihten Künstler einfach aufzusuchen.

Und so geschieht es auch. In Luzern muß er das Schiff nehmen und vom Landungssteg aus noch eine Wegstrecke am Ufer entlanggehen, um in Triebschen zu sein.

Wie der Besuch zustande gekommen ist, läßt sich nicht leicht sagen, weil sich Nietzsche impressionistisch darüber ausläßt. Nietzsche steht lange vor dem Hause, aus dem er »einen immer wiederholten schmerzlichen Accord« hört. Wir wissen: Wagner komponiert am dritten Akt des »Siegfried«, an jener Erwekkungsszene, in der Siegfried die schlafende Brünnhilde wachküßt, eine Begegnung, die Erkenntnis schafft: für Nietzsche –

140

wie sich später herausstellt – eine das eigene Leben betreffende Schlüsselszene. Wagner arbeitet gewöhnlich bis zwei Uhr. Der Diener kommt aus dem Garten und eröffnet dem Besucher, daß der Komponist bis dahin nicht gestört werden dürfe. Um diese Zeit befindet sich Cosima außer Haus. Der Besucher gibt seine Karte ab, wartet auf Bescheid und hört: Wagner lasse fragen, ob es sich um jenen ihm aus Leipzig bekannten Herrn Nietzsche handele? Auf die bejahende Antwort erhält er eine Einladung zum Mittagessen. Nietzsche berichtet nun, er habe leider ablehnen müssen, da er bereits für die Tellsplatte verabredet sei. So wird die Einladung auf den nächsten Tag verlegt.

Über die Vorverhandlungen zwischen dem unangemeldet herbeigereisten Nietzsche und dem gerade komponierenden Wagner, um die Begegnung zu arrangieren, läßt sich nachträglich keine letzte Sicherheit gewinnen. Neben der Version Nietzsches muß ernsthaft in Betracht gezogen werden, daß Wagner, aus welchen Gründen auch immer, nicht bereit oder imstande war, den auf seiner Pfingstreise befindlichen Ankömmling auf der Stelle zu empfangen. Bei aller Sympathie für den musikalischen Philologen aus Leipzig, der inzwischen avanciert war, hatte er damals keinen Grund, dessen Persönlichkeit allzu große Bedeutung beizumessen. Er hatte ganz andere Sorgen, privater, künstlerischer und politischer Art. Nietzsche war im Vergleich dazu unbeschwert und nur mit sich selbst befaßt. Aber gerade die Aussage, daß er es gewesen sei, der, obwohl am Morgen in Triebschen angekommen, das von Wagner vorgeschlagene Mittagessen leider habe ablehnen müssen, zeigt den prätentiösen Zug, der in Nietzsche steckte. Wagner war zeitlebens viel unkonventioneller. Schon in der Begegnung, die sie dann für Jahre in eine sehr persönliche Nähe hineinrücken sollte, trafen zwei verschiedene Lebensstile aufeinander.

Als dann Wagner und Nietzsche bei dessen Wiedererscheinen zusammen sind, zeigt sich der Komponist dem Gast gegenüber von der einnehmendsten Seite. Nietzsche ist einfach hingerissen. Den Eindruck über diese Stunden geben seine Zeilen vom 29. Mai 1869 an Rohde, der in Italien weilt, wohl richtig wieder, wenn es heißt: »W. ist wirklich alles, was wir von ihm gehofft haben: ein verschwenderisch reicher und großer Geist, ein energischer Charakter und bezaubernd liebenswürdiger Mensch, von dem stärksten Wissenstriebe ...«. Cosima hat in ihrem Tagebuch unter dem 17. Mai 1869 für den Gast bloß jene seinen Besuch vermerkenden Worte übrig: »Zu Tisch ein Philologe Professor Nietzsche, welcher R. bei Brockhausens hat kennen gelernt und welcher R's Werke gründlich kennt und selbst aus ›Oper und Drama‹ in seinen Vorlesungen zitiert« mit dem kurz charakterisierenden Urteil: »Ein ruhiger angenehmer Besuch.« Wagner und Cosima begleiten nach dem Mittagessen um vier Uhr ihren Gast nach Luzern zum Bahnhof zurück. Übrigens teilt Cosima Nietzsches Meinung über Wagners Stimmung an diesem Tag keineswegs: sie findet ihn viel zu sehr von sich selbst in Anspruch genommen, »weil er mit seiner Arbeit des Morgens nicht zufrieden« gewesen war. Von irgendwelcher Überschwenglichkeit der Freude über die Begegnung mit dem Gast weiß sie nichts zu berichten.

Durch die Wiederbegegnung in Triebschen hat die eigentliche Beziehung zwischen Wagner und Nietzsche – eine Jahrhundertfreundschaft wie die zwischen Goethe und Schiller, nur mit anderem Ausgang – begonnen. Die Dinge können von jetzt an ihren Lauf nehmen.

Für die Bewohner des benachbarten Luzern, das damals schon Fremdenströme aus aller Welt, besonders aus England, anzog, gilt Triebschen mit dem seltsamen Paar und den Gästen, die dort ein- und ausgehen, als eine mysteriöse Welt.

Es ist ein ländliches Idyll mit der Hausherrin als der höchsten Zierde! Vom ersten Augenblick an ist Nietzsche ein Opfer ihrer Liebenswürdigkeit. Natürlich haben die beiden Gastgeber sofort das Gefühl, in Nietzsche einen einfühlsamen Freund gefunden zu haben, der in ihre Weltabgeschiedenheit neues Leben hineinbringt. So teilt die hochschwangere Cosima dem Besucher mit, daß Wagner am nächsten Sonntag Geburtstag hat und lädt ihn dazu ein. Nietzsche muß »nein« sagen: er hat am darauf folgenden Montag Vorlesungen zu halten und läßt sich entschuldigen, aber er schreibt unter dem 22. Mai, dem Geburtsdatum Wagners, aus Basel einen Brief, der uns Auskunft über den Inhalt der in Triebschen geführten Gespräche gibt.

Dem Brief ist ein heute etwas peinlich anmutender Ton formelhafter Pathetik keineswegs fremd. Er tritt in Nietzsches Korrespondenz oft auf und bestätigt, daß der Briefschreiber die Schule der antiken Rhetoriker durchgemacht hatte. Das mochte Züge des zeiteigentümlichen hochtrabenden Stils haben, aber es enthält auch noch ein »Surplus«, das auf die Rechnung von Nietzsches Sprachgewalt zu setzen ist. Natürlich hatten Wagner und Nietzsche über Schopenhauer gesprochen und Nietzsche kann es nicht unterdrücken, zur Huldigung des Adressaten ihn »Ihren großen Geistesbruder« zu nennen, an den er mit gleicher, gewissermaßen religiöser Verehrung denke. Das ist nicht wenig, entspricht aber glaubhaft Nietzsches Gefühlen. Der gehobene Ton wird von Anfang bis Ende durchgehalten, aus ihm ist sehr wohl der Anspruch des Briefschreibers herauszuhören, dem Kreis der Auserwählten zugerechnet zu werden, die in die Nähe des Meisters zu wagen sich überhaupt unterstehen dürfen.

Natürlich war auch in Triebschen von Musik die Rede gewesen, aber noch von einem andern Thema, das Wagner besonders am Herzen lag und das er dem jungen Zuhörer nahegelegt hatte. Der reagiert in seinem Brief sofort darauf, wenn er von der »Atmosphäre einer ernsteren und seelenvolleren Weltanschauung« spricht, »wie sie uns armen Deutschen durch alle möglichen politischen Miseren, durch philosophischen Unfug und vordringliches Judentum über Nacht abhandengekommen war.« Hier ist es zu hören: Schopenhauer, Musik, Judentum sind beim Besuch behandelte Themen gewesen und bilden – damals jedenfalls und noch lange danach – Grundlage für eine Beziehung mit sehr festen Übereinkünften.

Dieser Pfingstbesuch Nietzsches bedeutet den Auftakt für den von jetzt an regelmäßig fortgesetzten Verkehr. Wenn Nietzsche es irgendwie einrichten kann, erscheint er zu den Wochenenden in Triebschen, so daß man sich daran gewöhnt, ihn hier der ja nach dem Gesetz noch nicht einmal bestehenden Familie aus Wagner, Cosima und den Kindern zuzurechnen. Gerade dieser hohe Grad der Vertraulichkeit, wie sie hier herrscht, erklärt vieles im weiteren Verlauf dieses Verhältnisses.

Es dauert allerdings noch Monate, bis der sehr zurückhaltende Nietzsche in den Augen Cosimas allmählich feste Gestalt annimmt, denn noch am 31. Juli, also nach mehreren seiner Triebschen-Aufenthalte, weiß sie nicht mehr über ihn in ihr Tagebuch einzutragen als: »Besuch von Professor Nietzsche, ein wohlgebildeter und angenehmer Mensch.« Dann aber beginnt in diese Beziehung eine Unbefangenheit einzuziehen, wie sie Nietzsche im Verkehr mit Frauen sonst nicht kennt. Cosima ist für ihn ohne Vergleich. Wir wissen, welch unwiderstehlicher Reiz ohne jedes größere Dazutun von ihr ausging. Sie nimmt ihn richtig, räumt alle Steifheiten der Konventionen einfach weg. Vor allem hat sie eine praktische Seite. So erhält Nietzsche kleine Aufträge, die von ihr als Bitten vorgetragen werden und Nietzsche zu enthusiastischer Ausführung veranlassen. Sie hat sofort seine Eignung entdeckt, in Basel verschiedene Kommissionen für den Haushalt in der Gebirgseinsamkeit zu besorgen. Da sie seine Ungeschicklichkeit erkannt hat, findet sie, er solle in den Läden nur die Zettel mit ihren genauen Beschreibungen abgeben. Nietzsche geht in seinem Eifer über die Order seiner einsichtsvollen Herrin hinaus, wenn es sich bei den Bestellungen um Kunstgegenstände, Bücher oder Kinderspielzeug wie beim Kauf eines Puppentheaters mit seinen Figuren handelt, die er einer abwägenden Prüfung unterzieht. Wagner ist entrüstet darüber, daß Cosima ihn mit solchen Bitten belästigt, sich so über seinen hohen bürgerlichen Rang hinwegsetzt. Aber Cosima sieht in Nietzsche zu allererst den jungen Mann von fünfundzwanzig Jahren. Nietzsche dankt ihr dafür mit geschärfter Aufmerksamkeit. Er, der bisher seinen Freund Rohde darum beneidet hat, daß er durch die Campagna und Etrurien streifen darf und von keiner Kette an eine »Basler Hundehütte« gehalten ist, hat längst angefangen, sich glücklich zu fühlen. Es gibt beinahe keinen Brief an Mutter und Schwester oder an die Freunde Rohde, Gersdorff und Deussen, wo er nicht nach der Schilderung seines ersten Besuches in Triebschen etwas über den Fortgang seiner Beziehung zu Wagner und Cosima zu berichten hätte. Umgekehrt bittet er Rohde, über den er in Triebschen viel erzählt hatte, Wagner selbst zu schreiben. Rohde und Gersdorff, jeder von ihnen wird eines Tages in Triebschen erscheinen. Nietzsches altes Freundschaftsbedürfnis ist hier im Spiele, das die Gefährten früherer Jahre an diesem Verkehr mit dem Meister, der für ihn Aischylos, Dionysos und Orpheus in einer Person ist, teilnehmen lassen möchte.

So wird Nietzsche durch den Lauf der Dinge immer mehr in Wagners Familienleben, aber auch in seine Arbeit selbst hineingezogen. Wagner hatte angefangen, seine Autobiographie zu verfassen. Das sollte für Ludwig II. geschehen, der gewünscht hatte, sich mit der Vergangenheit seines Idols vertraut zu machen. Wagner wollte darin eine Rechtfertigung seines Lebens geben, wie sie ihm wegen der Angriffe gegen ihn höchst geboten erschien. Immerhin war durch die Bestimmung von »Mein Leben« als Königslektüre eine neue Perspektive geboten. Seine Teilnahme an den Dresdner Aufständen von 1849 konnte zwar nicht verschwiegen, aber sie mußte verständlich gemacht werden: sie mußte in neuem Lichte erscheinen. Und außerdem gab es noch eine weitere Leserin, auf die er Rücksicht zu nehmen hatte. Die Gefühle Cosimas mußten im Hinblick auf seine Ehe mit Minna Planer und ganz besonders die Beziehung zu Mathilde Wesendonk geschont werden. Von der Schrift sollten nur 12 Exemplare gedruckt werden. Nietzsche arbeitet zeitweise an den Korrekturen und führt in Basel für Wagner Gespräche mit dem Verleger.

Um Wagner kennenzulernen, ihn als Gestalt zu studieren, die er schriftstellerisch behandeln wird wie keine andere, sitzt Nietzsche in Triebschen an der Quelle. Es gibt in Wagner einen Hang zur Vertraulichkeit, der gerade jetzt während dieser Monate der Hochgestimmtheit, wie sie auf beiden Seiten herrscht, offen durchbricht. Der Bewohner von Triebschen ist Flüchtling, wegen politischer Delikte und privater Mißhelligkeiten im Ausland zu leben gezwungen, mitten im vollen Schaffen begriffen, mit einer Frau, die nicht die seine ist, an der Seite – eine jeden Augenblick zwischen Sein und Nichtsein hin- und hergeworfene Existenz. Das öffnet ihn gegenüber dem, der über Jahre hinweg als der einzige in Betracht kommt.

Für den Philologen Nietzsche, den Mann des Studierzimmers innerhalb der bescheidenen Verhältnisse, die der »deutsche Gelehrte« in der Regel als für sich angemessen empfindet und über die Nietzsche auch in Basel nie herausgelangt ist, bedeutet die Berührung mit Richard Wagner den Eintritt in ein Zauberreich, mit leibhaftigen Fürsten und einem König, der Wagner den Verkehr von gleich zu gleich zugestand, aber auch mit Göttern und Helden, mit Recken und Urgestalten einer gewaltigen Phantasie. Dazu kommt das Leben des Künstlers mitten im Hochgebirge, wo die Lungen reine Luft schöpfen können und der Blick durch das klare Wasser des Sees bis auf den Grund reicht. Die Verfolgungen, die dieser Mann zu erdulden hat, bezeugten noch zusätzlich seine Größe. Auf den ehemaligen Schüler von Schulpforta, der durch Grammatik, Rhetorik und Christenlehre abgerichtet worden ist, kann das alles seinen Eindruck nicht verfehlen. Jetzt in Triebschen dem Künstler in der Nachfolge des

Aischylos, über den er in Basel Vorlesungen hält, bei der Arbeit zusehen zu dürfen, ist für ihn ein Glücksfall ohnegleichen.

Anderes und sehr Entscheidendes kam dazu. Die Stelle eines Rosenkavaliers an der Seite Cosimas war frei. Für ihre Besetzung lag auch in den Augen Wagners ein Bedürfnis vor, schon aus Gründen seines Sinnes für exzellente Zurschaustellung. Der mögliche Propagandist der Wagnerschen Sache und gleichzeitige Marschall eines in der Zukunft erforderlichen Hofstaats für Cosima kam Wagner gelegen und mußte auch ihr äußerst schmeichelhaft erscheinen. Einen Mann im Rang eines Universitätsprofessors für diese Rolle zu finden, konnte bereitwilligst, konnte sogar mit Begeisterung akzeptiert werden. Hierzu bedurfte es bei Nietzsche keiner zusätzlichen Ermunterung. Er sah hier nicht nur eine Karriere vor sich, er sieht eine Lebens-, eine Glückschance unerwarteter Art aufsteigen. Was war dagegen Basel, das mit seiner zeitweilig unerträglichen Luft für die Schulstube des blutlosen Gelehrten stand? Daraus läßt sich ersehen, wie schwerwiegend bei Nietzsche die Motive sind, die ihn bald daran denken ließen, seine Universitätslaufbahn aufzugeben und nur noch für Wagner zu wirken. Denn hier konnte er ganz im Zauberkreise Cosimas leben.

Sie ist sieben Jahre älter als Nietzsche, vierundzwanzig Jahre jünger als Wagner. Bei aller Bewunderung für seinen »Gott« und die ihm artverwandte »Göttin« kennt der geborene Visionär Nietzsche die Macht des Wandels, sieht er hier in der Zukunft Möglichkeiten, die für ihn wirken können. Zunächst gilt es, selbst in die Familie der Götter, zumindest der Titanen, einzutreten, einer der ihren zu sein. Hier gibt es schon eine vorgezeigte Bahn. Sein fragmentarisches Empedokles-Papier kennt diesen Übergang des »Philosophen« in den »Gott«. Die Erscheinung des Prometheus als des Umstürzlers, des Feindes der alten Götter, drängt sich beschwörend bei ihm vor. Als Verfasser der »Unzeitgemäßen Betrachtungen« wird er in diese Rolle schlüpfen. Aber vorher erhält Cosima noch mit den ihr gewidmeten fünf Vorträgen Nietzsches Visitenkarte als Gott Mars, als Gewährsmann des Kriegs und des Feuers, der damit seine ganze ernstzunehmende Gefährlichkeit vermeldet. Das ist Ausdruck einer keineswegs auf den Tag berechneten, aber sehr sublimen Rivalität zwischen dem Meister und Cosimas Kammerherrn, der sich die eigentliche Rolle, die des Dionysos selbst, versagen muß,

146

sie sich deswegen aber keineswegs für immer aus dem Kopf schlägt.

Nietzsches Farblosigkeit, in der er Cosima in den ersten Wochen noch erschienen war, verbirgt das, so wie Nietzsche in der Zurückhaltung, die er sich auferlegt, sein Spähernaturell verbirgt. Das ganze Bündel von Wünschen und Hoffnungen ist am Anfang noch fest verschnürt. Aber seine Karriere als Vertrauensmann Cosimas im Rahmen des von Wagner Verordneten und Gebilligten läßt sich bald nicht mehr aufhalten.

Nietzsche war von Leipzig als außerordentlicher Professor nach Basel berufen worden. Am 7. April 1870, ein knappes Jahr nach seinem Dienstantritt, erfolgte die Ernennung zum ordentlichen Professor. Die Erfolge seiner Wirksamkeit in Universität und Pädagogium waren offenkundig, seine Fähigkeit als akademischer Lehrer, der durch seinen Vortrag die Zuhörer in Bann zu ziehen verstand, hatte sich herumgesprochen. Seine Wirkung auf die Studenten, die ja zum Teil nur ganz wenig jünger waren als ihr Lehrer, ist von vielen bezeugt worden. Wir wissen, welche Mühe er auf die Vorbereitungen verwandte, mit welchem Ernst er seine Tätigkeit auffaßte und ausübte.

Die Resonanz im Professorenkreis ist entsprechend. Sein Fachkollege Gerlach, der sein Amt schon seit fünfzig Jahren versieht, steht kurz vor der Pensionierung und nimmt es mit den Pflichten nicht mehr so genau. Nietzsche berichtet nach Leipzig, daß Gerlach sein Seminar unvorbereitet abhält. An seiner Stelle hätte er gern Rohde gesehen. Die hauptsächliche Beziehung unterhält er zu Burckhardt, dem einzigen, zu dem er sich als einem Mann, bei dem Kunst und Wissenschaft zusammenfließen, wirklich hingezogen fühlt. Burckhardt ist eine Erscheinung, die es so an deutschen Universitäten nicht gegeben hat. Er gehört zu dem Clan jener Basler Familien mit Millionenvermögen, lebt aber selbst in allerdürftigsten Wohnverhältnissen, ein Junggeselle mit Sonderlingswesen, der nach getaner Arbeit am späten Nachmittag mehr oder weniger regelmäßig im Wirtshaus Einkehr hält und seinen Veltliner trinkt.

Im Ernennungsjahr 1870 sind große umwälzende Ereignisse im Anzug, Ereignisse, die stark ins Private hineinreichen werden. Das kündigt sich bereits in Triebschen an. Der Aufenthalt hier war von Wagner nicht für die Dauer gedacht gewesen. Zunächst mußte die Eheschließung mit Cosima ernsthaft ins Auge gefaßt werden. Sie erfolgte beinahe gleichzeitig mit dem ersten Geschützdonner beim Ausbruch des deutsch-französischen Kriegs. Von Nietzsche war solche drohende Möglichkeit des Kriegs einkalkuliert worden, als er bei seiner Berufung nach Basel auf sein preußisches Untertanenverhältnis verzichtet hatte. Es wäre sonst mit der Einberufung zum Militär jederzeit zu rechnen gewesen. Aber er hatte darum noch nicht das Basler Bürgerrecht, war noch nicht Schweizer geworden. Eine schiefe Zwischenlage kündigte sich an, die sein stets waches Krisenbewußtsein erst richtig anfachte. Was bisher gewesen war, sein letztes Leipziger Jahr, die Ankunft in Basel, der Beginn seiner Tätigkeit, die entstehende Freundschaft mit Wagner und Cosima, gehörte der Vorkriegszeit an. In sie fiel auch noch der Besuch von Mutter und Schwester, mit denen er an den Genfer See gefahren war. Nach Triebschen hatte er sie nicht mitbringen können. Die Pastorenwitwe ins Milieu der »freien Liebe« einzuführen, wäre zu riskant gewesen. Dann hatte Rohde auf der Rückreise von Italien in Basel Station gemacht. Aus den geplanten acht Tagen bei Nietzsche wurden am Ende mehr als zwei Wochen mit dem Besuch der beiden Freunde bei Wagner am Vierwaldstätter See als Höhepunkt. Bei Nietzsche schien jetzt in seiner Beziehung zu Wagner der Zenit erreicht zu sein. Bayreuth als mögliche Stätte für die Aufführung des »Ring«, der noch lange nicht zu Ende komponiert war, wurde damals in Triebschen gerade in Erwägung gezogen. Die kleine fränkische Stadt in der Nähe des Fichtelgebirges war damals auf einer Erkundungsreise von Wagner und Cosima entdeckt worden. Aber über diese Pläne zu verhandeln, wie es jetzt im Beisein Rohdes geschah, konnte zu dieser Zeit glatt als Hirngespinst gelten. Immerhin hatte Nietzsche ernsthaft daran gedacht, als Propagandist im Sinne der bestehenden Wagner-Vereine Vorträge über Wagner zu halten. Wagner wußte, warum er Nietzsches Nähe suchte. Wenn einer, dann wäre Nietzsche dafür der geeignete Mann.

Dann hatte es noch diesen Aufenthalt von Nietzsches Schwester in Triebschen gegeben. Zunächst war nicht sicher, ob sie dort genehm sein würde. Es gab einiges zu verheimlichen, zumindest mußte nicht mit Nachdruck darauf aufmerksam gemacht werden, daß Cosima ihrem Gefährten einen Sohn geboren hatte. Der Anblick des kleinen Siegfried, an dem Nietzsche seine Freude hatte, wurde weniger vertrauten Besuchern gern vorenthalten.

Deswegen vergewissert sich Nietzsche erst einmal durch Vorfragen beim Hausherrn. Durch ein Fernrohr sieht die Schwester vom Luzerner Ufer aus, wie Hans Richter mit Nietzsche als zweitem Insassen des Boots von Triebschen heranrudert, um sie herüberzuholen. Ihr Besuch ist genehmigt. Wagner zeigt sich herzlich erfreut, ihre Bekanntschaft zu machen. An dem gastgebenden Paar fällt der ein wenig verwirrten Besucherin auf, wie der kleinwüchsige Wagner von seiner Frau um Haupteslänge überragt wird. Das und die merkwürdige Umgebung mit dem Pariser Inventar in aufwendigen Qualitäten und Farben stimmt sie verwundert, offenbar, weil es außerhalb der Vorstellungen einer Pastorentochter aus dem Sächsischen liegt. Aber alle Anflüge der Befangenheit schwinden angesichts von Wagners und Cosimas bestrickendem Empfang, den sie ihr zuteil werden lassen.

Mag der Frieden in Triebschen auf trügerischem Schein beruhen, so bietet das Bild doch den Eindruck einer Pastorale, welche kein Dichter hätte besser ersinnen können, der jedoch nur kurze Dauer beschieden ist!

Nietzsche und seine Schwester waren bereits wieder abgereist, als der Krieg zwischen Deutschland und Frankreich ausbricht. Nietzsche erfährt davon in Basel. Was er unter dem Eindruck dieser Nachricht am 19. Juli an Rohde schreibt, zeigt, daß er sofort das Ausmaß der Krise erfaßt: »Hier ein furchtbarer Donnerschlag: der französisch-deutsche Krieg ist erklärt, und unsre fadenscheinige Kultur stürzt dem entsetzlichsten Dämon an die Brust. Was werden wir erleben! Freund, liebster Freund, wir sahen uns noch einmal in der Abendröte des Friedens.«

Daraus spricht das Gefühl, an einer Zeitenwende mit der Erschütterung aller bis dahin anerkannten Werte zu stehen. Nicht daß Nietzsche irgendwelche überparteilichen Gesichtspunkte bei diesem Einbruch eines bis dahin unbekannten Elends, wie er ihn schlagartig wahrnimmt, anführt. Er denkt in diesen Augenblicken nicht europäisch, er denkt nicht etwa für die Franzosen mit, sondern unbefangen national. So hält er denn auch gar nicht mit Bekundungen seiner vaterländischen Gesinnung zurück. Die Gefahr der Kulturvernichtung durch einen »nationalen Erbitterungskrieg«, wie er sie in einem Brief an Frau Ritschl durch die gewalttätigen Ereignisse heraufbeschworen sieht, betrifft für ihn zunächst die nationalen Traditionen: »daß die Kieler Studenten einmütig unter die Waffen treten«, findet er nicht nur geboten, sondern ganz natürlich. Der »fluchwürdige französische Tiger« muß gebändigt werden. Aber zu den kräftigen Worten kommt der schnelle Entschluß. Er möchte selbst dabei sein, wenn das Vaterland in Gefahr ist. Am 8. August richtet er an die Basler Erziehungsbehörde ein Urlaubsgesuch, um sich der preußischen Armee als Soldat oder Krankenpfleger zur Verfügung zu stellen. Dem wird sofort stattgegeben.

Diese Entscheidung Nietzsches entsprach der patriotischen Gefühlswoge, von der er auch jenseits der Grenzen erfaßt worden war. Schon beim preußisch-österreichischen Krieg war – wenigstens für kurze Zeit – vom heftigen Wunsch nach Teilnahme bei ihm die Rede gewesen. Auch diesmal hätte keine Notwendigkeit für den Dienstantritt bestanden. Nietzsche war aus dem preußischen Untertanenverhältnis entlassen und hatte diesen Verzicht auf die Zugehörigkeit zu seinem Geburtsland gerade darum für geboten befunden, um auch im Falle des Kriegs seinem schweizerischen Dienstherrn zur Verfügung zu stehen. Seine Meldung als Freiwilliger stand damit jetzt allerdings in Widerspruch und war momentaner Ausdruck nationaler Aufwallung. Wagner und Cosima, als sie davon erfahren, raten ab. Wie kommt er dazu, bei seiner ohnehin empfindlichen Gesundheit sich unnötigen und nicht zu übersehenden Gefahren auszusetzen?

Für die Basler Erziehungsbehörde, die der Bitte um Freistellung verständnisvoll und prompt stattgab, galt wegen der schweizerischen Neutralität die Bedingung des waffenlosen Dienstes. Das war der Grund, weshalb der ausgebildete berittene Feldartillerist als Krankenpfleger Verwendung fand, was nicht unbedingt seinen eigentlichen Erwartungen entsprach.

Als »Felddiakon« muß er sich gleich zur pflegerischen Ausbildung nach Erlangen begeben. Das geht nun alles rasch Zug um Zug. Fünf Tage nach dem Empfang der Mitteilung über den erhaltenen Urlaub ist er schon im Lazarett und hat nach ersten Anleitungen eingelieferte Kriegsverwundete zu pflegen. Er wird dann zum elsässisch-lothringischen Kriegsschauplatz entsandt und nutzt die erste Gelegenheit, um der Mutter über seine Berührung mit dem Schlachtfelde von Wörth und dem Leichengeruch zu berichten. Der eigentliche Auftrag war, einen Verwundetentransport aus dem Kriegsgebiet nach Karlsruhe zu begleiten. Die Reise geht im Viehwagen vor sich und dauert zwei Tage und zwei Nächte. Nietzsche hat sechs Schwerverwundete, die auf Stroh liegen, zu verbinden und mit Nahrung zu versorgen. Er findet die »Atmosphäre in dieser Höhle« während der ganzen Reise »fürchterlich«. Es stellen sich bei ihm, als er seinen Trans-

port ans Ziel geleitet hat, selbst erste Anzeichen des Unwohlseins ein. In Erlangen muß der Pfleger sich gleich ins Bett legen
und wird selbst pflegebedürftig. Die vom Arzt diagnostizierte
Ruhr mit anschließender Rachen-Diphtherie sieht Nietzsche als
Folge von jenen »Pestdünsten«, denen er beim Verwundetentransport ausgesetzt gewesen war. Nach vier Wochen Dienst als
Sanitäter ist es so weit – wie er in einem Brief an Richard Wagner
mit Glückwünschen zur Taufe des Sohnes Siegfried schreibt –,
daß seine »Hilfstätigkeitspläne« ein Ende gefunden haben. Aber
was erlitten werden mußte, stand für eine große Sache, wie er
dem gleichen Briefempfänger mitteilt: »Über die deutschen Siege möchte ich kein Wort sagen: das sind Feuerzeichen an der
Wand, *allen* Völkern verständlich.«
Nietzsches aktive Teilnahme am Krieg als Sanitäter hatte also
ganze drei Wochen gedauert. Der Krieg geht weiter, er ist trotz
der deutschen Siege noch nicht entschieden. In Basel – das wird
Nietzsche bald zu spüren bekommen – schlägt die Stimmung gegen die sich auf den Sieg zurüstenden deutschen Nachbarn um.
Zunächst ist allerdings an die Rückkehr in die Schweiz nicht zu
denken. Er muß erst seine Krankheit auskurieren und braucht
anschließend eine längere Erholungszeit. Sein Körper ist geschwächt. Von Erlangen schreibt er der Mutter und kündigt seine Ankunft in Naumburg an, um sich zu Hause weiter pflegen
zu lassen.
Damit und mit der bis zum 21. Oktober dauernden Zeit der Rekonvaleszenz war Nietzsches Episode seiner Kriegsbeteiligung
beendet. Sie war aller Ehren wert gewesen, ohne die Anzeichen
des Heroischen für sich zu haben. Von den Siegen war er ausgeschlossen geblieben, in der Front der ruhmreichen Krieger, die
die Heimat bald empfangen würde, hatte er nicht gestanden. Er
hatte sich dafür auf der Leidenseite des im Schatten Dienenden
befunden und war hier Zeuge menschlichen Elends, der auf
Schmerz, Todesangst und Sterben zurückgeworfenen Kreatur
geworden. Das war sein Kriegserlebnis gewesen mit einem Resümee, das sich von dem Richard Wagners, der eine Komödie
unter dem Titel »Die Kapitulation« mit platter Verhöhnung der
Franzosen verfaßte, gewaltig unterschied. Für den Mann in
Triebschen, der kurz nach Kriegsausbruch in Luzern mit Cosima
in den Stand der Ehe getreten war, bedeutete der Kampf und
spätere deutsche Sieg die notwendige Abrechnung mit einem

Land, das ihn in der Vergangenheit tief ins Elend hineingestoßen hatte, wo ihm ungeheure Demütigungen zugefügt worden waren und das dafür hart bestraft zu werden verdiente. Das war eine Meinung, die Cosima von Grund auf teilte.

Diese subjektive und persönlich sehr verwickelte Anteilnahme an den kriegerischen Auseinandersetzungen, wie sie bei Wagner und Cosima vorlag, fehlt bei Nietzsche. Er hatte zwar in den Abziehbildern des Hurra-Patriotismus gedacht. Aber damit ist es vorbei, als er seinen Sanitäter-Einsatz im Frontgebiet hinter sich hat und selbst krank und von den Eindrücken des Grausigen überwältigt im Lazarett liegt. Ein Brief, den er von Gersdorff erhält und worin die blutigen Ereignisse von Mars-la-Tour beschrieben sind, kommt Nietzsches eigenen Gefühlen um diese Zeit nahe, wenn es darin heißt: »Es war keine Freude über den Sieg möglich, weil uns dessen Tragweite noch unbekannt und seine Opfer viel zu groß schienen. Das Gardekorps büßte 10 000 Mann ein, meine Division 5 500. Darunter unglaublich viele Offiziere; meine Bekannten unter diesen fast alle tot oder verwundet ... Die Lebhaftigkeit, mit der die Schreckensbilder vor meinen Augen stehen, spottet jeder Schilderung« (10. Oktober 1870).

Das gilt auch für Nietzsche. Er ist durch Erfahrungen reicher geworden. Ein Chorlied aus dem »Agamemnon« des Aischylos, wo von den Tonkrügen die Rede ist, in denen den Angehörigen die Totenasche der im Kriege Gefallenen zugestellt wird, läßt bei ihm Visionen aufsteigen, die sich auf eine blutdurchtränkte Wirklichkeit gründen, wie er sie selbst erlebt hatte. Bei seiner außerordentlichen Empfindlichkeit für Luftverhältnisse muß er beim Verwundetentransport im Viehwagen Höllenqualen ausgestanden haben. Wenn er jetzt die Liste der bisher im Kriege gefallenen Mitschüler aus Schulpforta liest, enthält die Trauer nichts von einer vom Staat verordneten Pietät, in die sich der Stolz einmischt. Mit seiner freiwilligen Meldung zum Militärsanitätswesen und seinem Dienst darin hatte er sich zum letzten Mal auf die Linie des Preußisch-Staatstreuen begeben. Unnötigerweise, wie ihm seine Triebschener Freunde vorher versichert hatten! Aber während seines kurzen Einsatzes für Preußen war ihm Basel doch als Hintergrund, als die Stätte für die selbstverständliche Rückkehr verblieben, Rückkehr in ein Land, das aus den weltpolitischen Alltagsgeschäften längst ausgeschieden war.

Das bedeutete ein Ausscheren aus der Gemeinschaft der Zu-
kunftsträchtigen und dazu in jenem Augenblick, wo die alten
Hoffnungen auf ein einheitliches Reich dabei waren, Wirklich-
keit zu werden. Während Wagner nach mehr als zwanzigjähri-
gem Asyl an die Heimkehr denkt und als Dank für den Sieg und
Huldigung für das neue, in Versailles proklamierte »Reich« den
»Kaisermarsch« komponieren wird, geht Nietzsche mit seiner
Rückkehr nach Basel den Weg in entgegengesetzter Richtung.

Es war nicht zuletzt die für einen Studenten außergewöhnliche wissenschaftliche Produktivität gewesen, die seinen Lehrer Ritschl veranlaßt hatte, den Kandidaten Friedrich Nietzsche zum Professor in Basel vorzuschlagen. Fachliche Akkuratesse und hoher stilistischer Rang seiner Veröffentlichungen für das »Rheinische Museum«, dem vielleicht anerkanntesten Fachorgan für klassische Philologie und Archäologie, hielten sich die Waage. Auch seine Vorträge, wie etwa die Basler Antrittsrede über Homer, des weiteren seine Vorlesungsmanuskripte über Aischylos sowie die vorsokratische Philosophie waren unabhängig von ihrem philologischen Wert – über den man denken kann, wie man mag – schon bedeutende schriftstellerische Leistungen. Aber es gab bis dahin keine Buchveröffentlichung Nietzsches. Die Vorbereitungen dazu waren, wie sich bei dem Erscheinen seines ersten Werks nachträglich herausstellt, allerdings schon mehrere Jahre im Gang gewesen. Im Januar 1872 erschien im E. W. Fritzsch-Verlag, der auch Wagnersche Schriften herausgebracht hatte, Nietzsches Erstling »Die Geburt der Tragödie aus dem Geiste der Musik«. Der Titel selbst läßt schon aufhorchen und entsprach eigentlich nicht dem, was in der zünftlerischen Wissenschaft von der Alten Welt üblich war. »Austerity« in den sprachlichen Mitteln, gern als Zierde des wirklichen Gelehrten angesehen, ließ sich Nietzsche nicht nachsagen.

Das Thema, hier kühn ausgesprochen, hatte bereits einige Bearbeitungsstufen bei Nietzsche durchlaufen. Am 18. Januar 1870, zwei Jahre vor dem Erscheinen des Buchs, hatte Nietzsche in Basel vor der Freien Akademischen Gesellschaft einen Vortrag über »Das griechische Musikdrama« gehalten, dem sich am 1. Februar des gleichen Jahres und vor dem gleichen Kreise ein weiterer Vortrag »Sokrates und die Tragödie« anschloß. Die Behandlung zweier Themen über das griechische Theater war als Vorbereitung für ein »Griechenbuch« geplant. Als Nietzsche sich mit seiner Schwester nach dem gemeinsamen Besuch in Triebschen ins Maderanertal begab, kurz vor Ausbruch des deutsch-französischen Kriegs, konnte er ein weiteres Manuskript mit dem Titel »Die dionysische Weltanschauung« zum

Abschluß bringen, das er Cosima zugedacht hatte und ihr später als Weihnachtsgeschenk unter der Überschrift »Die Geburt des tragischen Gedankens« überreichte.

Die Widmungsadresse eines Manuskripts dieses Themenkreises zeigt, von wem Nietzsche sich verstanden fühlt. Denn der Name Wagner, den Cosima als Empfängerin der Schrift schon trug, tauchte im Vorwort zur abschließenden Buchfassung wieder auf. Im Komponisten, für den das Buch geschrieben worden war und der sehr beziehungsreich mit dem entfesselten Prometheus in Vergleich gesetzt wurde, hatte Nietzsche sein eigentliches, das Thema auslösende Sujet gefunden. Daran ist festzuhalten, wenn man die Ausführung des Werks und seine großartigen, aber für Nietzsche als Wissenschaftler so niederschmetternden Folgen ins Auge fassen will.

Apollo oder Dionysos: das ist hier die Frage. Dort die Kunst des Bildhauers, hier die unbildliche Kunst der Musik, beide wie zwei nebeneinander, aber meist auch gegeneinander wirkende Triebe, deren Zwiespalt wie ein Reiz beständige Neugeburten hervorbringt, in denen der Kampf der Gegensätze fortgesetzt wird. Die Lehre des Empedokles von der Bewegung als fortwährendem Wechsel zwischen Vereinigung und Trennung ist hier auf die »Kunst« übertragen. In der »Kunst« ist der Gegensatz zwischen dem Apollinischen und Dionysischen »nur scheinbar überbrückt«; wirklich zusammengeführt werden sie »durch einen metaphysischen Wunderakt des hellenischen ›Willens‹«, der aus dieser Paarung die attische Tragödie hervorgehen läßt.

Das war sehr eigenwillig auseinandergesetzt und mußte auf Verwunderung stoßen. Aber es war erst der Anfang. Zur Erklärung der beiden getrennten Triebe führt Nietzsche als entsprechende Gegensätze die Kunstwelten des Traumes und des Rausches mit einem Beleg, den Worten des Hans Sachs aus den »Meistersingern«, an:

> Mein Freund, das grad' ist Dichters Werk,
> Daß er sein Träumen deut' und merk'.
> Glaubt mir, des Menschen wahrster Wahn
> Wird ihm im Traume aufgetan:
> All' Dichtkunst und Poeterei
> Ist nichts als Wahrtraum-Deuterei.

Hier war es zu lesen: am Anfang steht der Traum, er geht allem dichterischen Tun voraus und macht den Menschen, wenn er sich ihm überläßt, zum Künstler. Traumerfahrung aber wirkt auch in der Kunst der Bildhauer, sie geht in die von ihnen ausgeführten Gestalten und Formen ein. Was sie schaffen, gehört zu einer höheren Wahrheit und liegt über dem, was in der Tageswirklichkeit gilt. Der Traum, der hier gemeint ist, hat es mit einer vollkommenen Welt zu tun, wo maßvolle Begrenzung die Leitschnur ist und wildere Regungen ausgeschlossen sind. Denn Apollo ist ein Gott der Harmonie und der Schönheit.

Aber diese Welt der heiteren Gelassenheit bedeutet nicht das Ganze. Sie hat mit Erschütterungen zu rechnen, die plötzlich über sie hereinbrechen und sie mit Schrecken überziehen. Es sind Eindrücke des Grausens, wo der Mensch an seinen alten Einsichten irre wird, wo der Boden, auf dem er sich befindet, zu schwanken beginnt. Doch das Grausen muß nicht alleinstehn, es kann im Bunde mit exaltierten Zuständen sein, mit Rauschgefühlen, die über die platte, kaum zu ertragende Wirklichkeit hinausführen. Der Mensch scheint wie unter dem Einfluß narkotischer Getränke zu stehen und ist zu einer nicht für möglich gehaltenen Steigerung seiner Kräfte fähig. Begeisterung und Selbstvergessenheit treiben ihn dazu an, Verbrüderung zu suchen, den verlorengegangenen Bund von Mensch zu Mensch wiederherzustellen. Aber auch den zwischen Mensch und Natur! Das ist das Reich, in dem der Gott Dionysos herrscht: Schrecken, der dem Begeisterungstaumel vorausliegt, in dem wie am Ende der griechischen Tragödie dem Verbrechen die Sühne folgt und alle zu Teilnehmern am kultischen Läuterungsakt, zu Teilhabenden an einer einzigen großen Freiheit werden. »Mit Blumen und Kränzen ist der Wagen des Dionysos überschüttet: unter seinem Joche schreiten Panther und Tiger. Man verwandele das Beethovensche Jubellied der ›Freude‹ in ein Gemälde und bleibe mit seiner Einbildungskraft nicht zurück, wenn Millionen schauervoll in den Staub sinken: so kann man sich dem Dionysischen nähern. Jetzt ist der Sklave freier Mann, jetzt zerbrechen alle die starren, feindseligen Abgrenzungen, die Not, Willkür oder ›freche Mode‹ zwischen den Menschen festgesetzt haben. Jetzt bei dem Evangelium der Weltenharmonie fühlt sich jeder mit seinem Nächsten nicht nur vereinigt, versöhnt, verschmolzen, sondern eins, als ob der Schleier der Maja zerrissen wäre und noch in Fetzen vor dem geheimnisvollen Ur-Einen herumflattere. Singend und tanzend äußert sich der

Mensch als Mitglied einer höheren Gemeinsamkeit: er hat das Gehen und das Sprechen verlernt und ist auf dem Wege, tanzend in die Lüfte emporzufliegen. Aus seinen Gebärden spricht die Verzauberung. Wie jetzt die Tiere reden, und die Erde Milch und Honig gibt, so tönt auch aus ihm etwas Übernatürliches: als Gott fühlt er sich, er selbst wandelt jetzt so verzückt und erhoben, wie er die Götter im Traume wandeln sah.«

Das sind Sätze von einer berückenden Schönheit der Sprache. Es gibt nicht viele Schriften, denen sich ein reineres Deutsch nachsagen läßt als das hier gesprochene. Nur: der Inhalt war wissenschaftlich nicht annehmbar. Die Schrift, die sich auch an Fachkollegen wandte, auf den Gegensatz von »Traum« und »Rausch« und damit auf sehr schwachem Grund aufzubauen, bedeutete äußerste Verwegenheit. Hier mußten offenbar andere als in der Wissenschaft erlaubte Einsichten mitgewirkt haben.

Es waren denn auch vielfache Quellen, aus denen Nietzsche geschöpft hatte. Über die griechische Tragödie, insbesondere über Aischylos, hatte er ein konventionelles Wissen, das mit Ritschl abgesprochen war, dessen Zustimmung er sich sicher sein konnte. Die Mitwirkung der Musik an der attischen Tragödie stand außer Frage. Von Plato war genug darüber gesagt worden. Und gerade Ritschl hatte sich schon über die asiatischen Anfänge der Musik auf dem Boden Griechenlands geäußert. Nietzsche durfte also durchaus auf bereitwilligste Aufmerksamkeit seitens der Fakultätswissenschaft rechnen, der das Thema selbst keineswegs abwegig erscheinen mußte.

Auch Burckhardts Belehrungen, denen er sich so bereitwillig geöffnet hatte, hätten eigentlich nur förderlich wirken können. Es gehörte zu einer außerordentlichen Gunst der Umstände, daß Nietzsche in den Genuß der Gespräche mit Burckhardt gekommen war, der das alte Bild von den in schöner Heiterkeit und Harmonie dahinlebenden »Griechen« zerstört hatte. Die alten, bis dahin geltenden Vorstellungen von der »edlen Einfalt« und der »stillen Größe« auf dem Boden einer unzerstörbaren Freude waren ein Mißverständnis. Dieser Gedanke, den er zum ersten Mal in Basel hören konnte und der etwas Neues war, hatte auf Nietzsche großen Eindruck gemacht. Wir finden ihn in ausgestalteter Form in Nietzsches Erstschrift wieder. Mit ihm läßt sich der Nebelschleier der Illusion, durch den man Jahrhunderte die »Griechen« gesehen hat, durchstoßen. Die »Griechen«, so weiß Nietzsche es, kennen die Schrecken und Entsetzlichkeiten des Daseins. Hinter der Oberfläche wohlgesetzter Maße hat sich bei ihnen der Kampf gegen ein Reich der Titanen abgespielt. Der »Grieche« hat Ungetüme getötet, er hat die Tiefe der Weltbetrachtung und mit ihr unstillbares Leid hinter sich. Aber auch Rausch und Entfesselung, die man der »Schönheit« der fein gegliederten Körper, wie die Bildhauer sie schufen, nicht ansieht! Zu den Leidenschaften gehört bei den »Griechen« ihre Überwindung, aber der Ausdruck der Überwindung zeugt von den Leidenschaften. »Apollo konnte nicht ohne Dionysos leben.«

Den Entsetzlichkeiten des Daseins, die der »Grieche« mit dem Schein der Harmonie beschwor und zurückwies, war Nietzsche auf dem Schlachtfeld in Frankreich und dem Verwundetentransport in sehr persönlicher Weise begegnet. In der sich vor Schmerz windenden Kreatur, im Röchelnden mit den zerschossenen Gliedern, mit Blut, Eiter, pestilenzartiger Ausdünstung hatte er dem Leben tief auf den Grund gesehen. In Schulpforta konnte dergleichen nicht gelernt werden, waren die Homerschen Schlachtenschilderungen von Troja Exempel für den rechten Gebrauch der Grammatik gewesen. Die alte, von Generation zu Generation auf dem Gymnasium weitervererbte Frage, ob der von der Schlange gefesselte Laokoon in der spätgriechischen Statue vor lauter Schmerz in einen heftigen Schrei ausbreche, ob seine Körperstellung nur ein leises Seufzen zulasse oder der Leidende jeden Schmerz unterdrücke, erschien angesichts des Stöhnens Halbverstümmelter im Stroh des Lazarettzugs zur völligen Bedeutungslosigkeit verurteilt. Nietzsche selbst war Zeuge des Elends gewesen. »Die Geburt der Tragödie aus dem Geiste der Musik«, in ihren Hauptzügen während des Kriegsjahrs 1871 geschrieben, war auch, recht gelesen, Nietzsches Kriegsschrift. Der Untertitel »Griechentum und Pessimismus« gibt zusätzliche Auskunft über die gewandelte Anschauung des Verfassers durch jene Erschütterungen, die er, wie wir genau wissen, dem Ausbruch des Krieges und seinen Folgen, die nichts Gutes erahnen lassen, verdankt.

Sich auf dem Weg über die griechische Tragödie Einsichten über zukünftige Ereignisse zu verschaffen, war durchaus legitim. Der Gegenstand war den Erwartungen der Fachwelt angemessen. Zu seiner Behandlung gehörten profunde Kenntnisse, die Nietzsche, was immer man gegen den Gesamtentwurf dieser Schrift und ihre Absichten auch einwenden konnte, wie kaum ein anderer Fachgelehrter besaß. Daß sich die Gestalt des Dionysos jetzt aus der Dunkelheit löste, daß er aus dem Schatten Apollos heraustrat, in dem er sich eigentlich immer befunden hatte, mochte auf bestimmte, ganz frisch geweckte Interessen Nietzsches zurückgehen. Beim »Entweder Dionysos oder Apollo« schlug die Waage eindeutig zugunsten des Gottes der Leidenschaften aus. Dionysos ist der eigentliche Held der griechischen Bühne. Ohne ihn, ohne die Erregung, den Rausch, die Besessenheit, den Enthusiasmus, den die Musik verbreitet, wäre das Theater tot. Er kann in voller Gestalt auftreten, allein oder von einer Gruppe bocksbeiniger Satyrn umgeben, aber er kann auch unsichtbar vom Hintergrund aus die Aktionen auf der Bühne leiten, Anweisungen geben, Rhythmus und Gebärden der Schauspieler bestimmen, er kann sich plötzlich ins Treiben mischen und durch sein Vorbild alle zu neuer Begeisterung mitreißen. Dionysos ist Autor des Stückes und er ist Schauspieler und zwar die Hauptgestalt. Zugleich ist er der Regisseur. Es geht nichts ohne ihn. Aber er ist auch Musiker und Dichter.

Es geht die Musik also dem Wort voran. Für die Tragödie und ihre Anfänge heißt das: die Tragödie ist ursprünglich »Chor«, nicht »Drama« gewesen. Sie ist aus dem tragischen Chor hervorgegangen und war eigentlich zunächst nichts anderes als nur Chor. Hier sprach aus Nietzsche der Historiker, der im Chor der späteren klassischen Tragödie Griechenlands mehr sah als einen Kommentator von Begebenheiten, an denen er nicht selbst beteiligt ist. Der Chor war für ihn die eigentliche Kernzelle der griechischen Tragödie, die durch ihr dionysisches Element tief in vorzivilisatorische Verhältnisse hinunterreichte.

In ihnen aber war das eigentliche Reich des Dionysos zu suchen. Mit der Zivilisation stand der Gott der Musik und des Tanzes von jeher auf dem Kriegsfuß. Bis hierhin reichten die Ursprünge der Tragödie, hier erfahren wir ihre Absicht, nämlich die Leiden des Dionysos darzustellen. Prometheus und Ödipus sind in Wahrheit nur Masken in dem zu Ehren des Dionysos veranstalteten Zuge. Hier ist Magie, Kult, Opfer im Spiel. So begeht Ödipus, der seinen Vater tötet und seine Mutter heiratet, einen Inzest, einen ungeheuerlichen Verstoß gegen die Natur, der aber als Ursache vorausgegangen sein muß, um am Ende den Bann der Natur aufzuheben.

Doch solcher magische Naturglaube verlor in der Tragödie langsam seine Kraft. Das allein reichte für ihren Untergang aus: »sie starb durch Selbstmord« wie Nietzsche lakonisch sagt. Sie starb, weil sie ihre dionysischen Elemente ausschied, weil ein Tragiker wie Euripides vernünftig wurde. Euripides ist eine undionysische Natur, er ist ein Aufklärer, aus dem Sokrates und die Vernunft des athenischen Bürgers sprechen, der so klug ist, daß er sich nicht mehr mit dem alten vor-vernünftigen Magiewesen zufrieden gibt. Der Bürger verlangt dem Dichter Auskunft ab und Euripides gibt sie, indem er, wie das Gerücht zu berichten weiß, den Sokrates um Rat fragt. So war es nicht abwegig, den Sokrates als Mitverfasser der Tragödien des Euripides zu bezeichnen. Denn Sokrates ist der eigentliche Gegenspieler des Dionysos. Darum ging auch die ältere Tragödie an Sokrates zugrunde, an dem räsonierenden Zug des Philosophen, der hier wie der neue Orpheus agiert und sich gegen den Dionysos erhebt, um ihn zur Flucht zu zwingen. Orphisch ist der betörende Schönklang, der auf der Leier ertönt, aber ohne die elementarische Kraft, wie sie aus dem Dionysos spricht.

Mit dem Sieg des Euripides auf dem griechischen Theater ist diese Kraft nicht mehr gefragt. Durch Euripides kommt das bürgerliche Mittelmaß des Stadtbewohners, auf den er seine politischen Hoffnungen gesetzt hat, zu Wort. Am Alltag, wie Euripides ihn schildert, ist jeder beteiligt. Der Dichter setzt voraus, daß die Masse selber philosophiert, denn sie ist klug, weil sie politisch unterrichtet ist. Sie ist nicht mehr bereit, sich im Sinne der älteren Tragödie etwas vormachen zu lassen.

Das heißt aber auch: der Hellene hat inzwischen längst den Glauben an die Unsterblichkeit aufgegeben. Er hat keinen Glauben an die Vergangenheit mehr und ebensowenig an die Zukunft. Er setzt auf die Gegenwart. Längst ist der Geist der Komödie im Aufsteigen begriffen und sie selbst bald schon im vollsten Erfolg. Ihre Heiterkeit ist die Heiterkeit des Sklaven, der nichts zu verantworten hat, der nichts Großes mehr erstrebt und nichts schätzt als Gegenwärtiges. Man läßt sich am bequem zu erreichenden Genuß genügen. Mit dieser leichtfertigen Heiterkeit aufgeklärter Bürger hatten es die Christen zu tun, über sie empörten sie sich und glaubten, sie hätten hier »Griechen« im Original vor sich. Aber der urteilsfähige Heide aus der Zivilisationssphäre des Peloponnes weiß selbst nichts mehr vom magischen Schauder, der seinen Vorfahren im sechsten Jahrhundert das Blut in den Adern erstarren ließ. Er setzt auf das, was er weiß. Tugend, so hat Sokrates dem gebildeten Athener – und nur auf ihn kommt es an – gesagt, ist Wissen. Schuldig ist der Unwissende.

Das bedeutet den Tod der Tragödie. Ein solcher Optimismus macht den Chor, das Kollektiv der alten magischen Kräfte in der Tragödie, überflüssig. Die Musik wird mit dem Optimismus aus der Tragödie herausgetrieben. Das beginnt schon bei Sophokles, der es nicht mehr wagt, dem Chor den Hauptpart der Tragödie zuzugestehen. Die Chorposition zu verschieben ist schon eine antidionysische Maßnahme. Damit wird der Abbau tragischer Gesinnung eingeleitet mit dem schließlichen Resultat, daß es am Ende keine Tragödie mehr gibt, ja daß im Namen der sokratischen Wissenschaft des Dialogs das Tragische für nichtexistent erklärt wird. So ist eigentlich Sokrates mit seinen Nachfolgern und ihren städtischen Wissenschaftsschulen der Totengräber des Tragikers gewesen.

Das Ungewöhnliche dieser Behauptungen ist Nietzsche von Anfang an klar gewesen. Es lag schon darin, daß sie sich nicht belegen ließen. Dafür, daß die Tragödie aus der Musik geboren und mit dem Verschwinden der Musik gestorben sei, gab es keine überzeugenden Beweise. So fehlen denn in der Schrift auch Quellenangaben aus griechischen Autoren, die wenigstens eine Spur von diesem Wissen hätten haben müssen, von deutschen Universitätsphilologen ganz zu schweigen.

Aber das waren damals auch schon gar nicht mehr Nietzsches Autoritäten. Der Bruch mit der akademischen Philologie, der in Leipzig bereits sozusagen unterirdisch eingeleitet worden war, ist in dieser kleinen Schrift definitiv und endgültig vollzogen. Nietzsche schöpft seine Gewißheit aus andern Quellen. Jetzt kann er es zum ersten Mal vor einer größeren Öffentlichkeit sagen: Schopenhauer ist sein Mann. Es trifft zu: Schopenhauer war der erste Philosoph gewesen, der die Musik allen andern Künsten vorangestellt hatte und eine Erklärung dafür gab, die Nietzsche anführt: Musik ist »nicht Abbild der Erscheinung …, sondern unmittelbar Abbild des Willens selbst« mit dem entscheidenden Schluß: »Man könnte demnach die Welt ebenso verkörperte Musik, als verkörperten Willen nennen.«

Das war etwas Ungeheuerliches, das auszusprechen vorher niemand gewagt hatte, offenbar, weil es niemandem in den Sinn gekommen war. Es bedeutete: in der Musik realisiert sich der Weltwille. Die »Melodien sind … ein Abstraktum der Wirklichkeit«, die »Musik« gibt »das Herz der Dinge«. Durch Schopenhauers »Welt als Wille und Vorstellung« sieht sich Nietzsche in seiner Ansicht vom Dionysischen und Apollinischen bekräftigt. Das Individuum, das sich im Apollinischen seiner selbst bewußt wird, wird in der Tragödie vernichtet. Menschenvernichtung im Untergang des »Helden« gehört zum »Phänomen der dionysische Kunst«. Dionysos schafft Aufhebung der Grenzen, die um das Individuum gesetzt sind, er löst vom Bann der Vereinzelung und dringt auf rauschhaftes Vereinen.

Aber so mächtig der Dionysos in seiner großen Zeit auch gewesen sein mochte: der Schönklang des Orpheus hatte ihn zum Rückzug getrieben. Gegen Orpheus und den mit ihm verbündeten Sokrates war kein Ankommen mehr möglich. Denn Sokrates ist der »theoretische Mensch«, der nicht geneigt ist, sich auf magisches Kultwesen, auf Menschenopfer, auf die Erregung durch die Leidenschaften einzulassen, der sie zwar kennt, mit ihnen rechnet, aber darauf sinnt, sie zu bezähmen. Hier stehen sich, wie Nietzsche bemerkt, tragische und theoretische Weltbetrachtung, Glaube an die Unergründlichkeit der Natur und die Voraussetzung ihrer Ergründbarkeit, gegenüber.

Dieses Resümee Nietzsches war in solcher Form zunächst einmal sehr wohl annehmbar. Auch die deutschen Tragödiendichter von Lessing bis Kleist hatten sich mit dem Umstand herumgeschlagen, daß es seit Euripides keine antiken Vorbilder für sie in der Geschichte mehr gegeben hatte und ein neuer Regelgeber der Tragödie erst mit Shakespeare wiedererstanden war. Das hatte Lessing und Herder, Goethe, Schiller und die übrigen Sturm- und Drang-Dichter bewegt, die gegen die Franzosen für die Erneuerung der dramatischen Dichtung im Namen Shakespeares eingetreten waren. Goethe hatte dem Rechnung getragen, wenn er mit dem »Götz von Berlichingen« Shakespeare beschwor und als Dichter der »Iphigenie« sich in einem unausgesprochenen Wettstreit mit Euripides befand; darüber hinaus verfolgte er als »Grieche«, wie er sich fühlte, den Weg des historischen Christentums, bei allem, was er seinem Stifter an großen Ideen beimaß, mit innerem Abstand. Das siegreich vordringende Christentum war der »antiken Kultur« mit ihren Tempeln, in

Stein gehauenen Göttern, Göttinnen und den mythologischen Fabelwesen als ihrem Hofstaat, mit ihren Opferfeiern, Tragödien und Komödien, mit der Freude am schön gestalteten Körper, nicht gut gesinnt: es sah darin das »Heidnische« in der gefährlichsten Form.

Hier wird auch die Stimme von Nietzsches wichtigstem Gesprächspartner während der Zeit, die der Abfassung der Schrift unmittelbar vorausgeht, hörbar. Es ist Richard Wagner gewesen, der dem Christentum die Schuld am Untergang der Tragödie zugeschrieben hatte. Kein Zweifel: in Wagners Schrift über »Die Kunst und die Revolution« aus dem Revolutionsjahr 1848, in der er im Zürcher Asyl mit dem feudalen und christlichen Mittelalter, aber auch schon mit der verderblichen Industriegesinnung abrechnete, flossen für den Berufsphilologen Friedrich Nietzsche die Quellen der Belehrung. Die Schrift war eine offene Huldigungsadresse an das »Griechische«: »lieber einen halben Tag Grieche vor dem tragischen Kunstwerke sein zu mögen, als in Ewigkeit – ungriechischer Gott«. Aber auch Wagner sah schon die fatale Vorgeschichte, die zum Untergang der griechischen Kunstblüte führte, in Griechenland selbst: »Genau mit der Auflösung des athenischen Staates hängt der Verfall der Tragödie zusammen.« Der Egoismus der städtischen Hochzivilisation zerstörte den alten »Gemeingeist«: »auf den Trümmern der Tragödie weinte in tollem Lachen der Komödiendichter Aristophanes.« Noch mehr: »aller Kunstbetrieb stockte endlich vor dem ernsten Sinnen der Philosophie, welche über die Ursache der Vergänglichkeit des menschlichen Schönen und Starken nachdachte.« Es war die Philosophie mit ihrem Hang zur Reflexion, die der Kunst die Kraft nahm und der Tragödie entgegenwirkte. Nietzsches Gedanke von Sokrates als dem dialogischen Zersetzer der dionysischen Bewegung war nur eine zugespitzte Vorstellung, in die er seine Kenntnisse über das griechische Theater und die Naturphilosophen eingebracht hatte. Aber Wagners Fundament, auf dem Nietzsche aufbaut, reichte in der Zürcher Revolutionsschrift viel weiter und wird noch lange für Nietzsche den tragenden Grund abgeben, auch dann noch, als Wagner selbst es schon preisgegeben hat. Es bezog noch die römische Welt der Kaiserzeit mit ihrem Nährboden für das Christentum als Sklavenmoral, als Religion der Volklosen, der aus aller Welt nach Rom geströmten und entwurzelten Naturen, ein: eine Lehre, die *gegen* das vorsokratische, vorzivilisatorische Griechenland als dem einzigen, das galt, die Lehre verbreitete, daß alle Menschen gleich seien.

Das alles war Gegenstand der Unterhaltungen zwischen Wagner und Nietzsche gewesen. Es ließ sich auch in Wagners Schriften genau nachlesen. Nur Nietzsche ist damals noch nicht so weit. Das »Christentum« ist um diese Zeit noch nicht so sehr in sein Blickfeld gerückt. Er hat in seiner Schrift über die Tragödie die sokratische Stadtzivilisation als abtragende, der alten Tragödie den letzten Stoß versetzende Kraft im Auge. Das erregt im Blick auf die wissenschaftlichen Fachautoritäten in Leipzig, Bonn, Berlin genug Ärgernis. Den Sokrates als Mann der décadence schon einer Abstiegsphase der griechischen Kultur zuzurechnen, bedeutet bereits ein rigoroses Überschreiten der Schamschwelle für einen Philologen vom Fach. Und das alles mit Mitteln jenseits der wissenschaftlichen Konventionen!

Aber Nietzsche hat eben dafür seinen Zeugen, dessen bloße Existenz allein ihm unumstößliche Gewißheit gibt, jenen Richard Wagner, der in den vom Triebschener Seeufer aufsteigenden Nebeln den »Siegfried« zu Ende komponiert, fernab von der Stadt, im freien Gebirge, der hier als Tragiker aus dem Geschlechte des Aischylos am Werk ist und die dionysischen Kräfte heraufbeschwört. Der selber der wiedererstandene Dionysos ist! Wenn der Gott des Rausches, der Besessenheit und der Musik eine menschliche Gestalt angenommen hatte, dann in Wagner. So sieht es damals Nietzsche.

Mit dieser unmittelbar aktuellen Beziehung trat der ordentliche Professor für klassische Philologie an der Universität Basel aus den zünftlerischen Reservaten seiner Disziplin heraus und nahm Stellung zur Musik der Gegenwart. Darin allein lag schon ein unverzeihlicher Verstoß in den Augen der Kollegenschaft. Besonders gravierend war, daß der Historiker, dem man einige Freiheiten bei der Behandlung seines Themas hätte zugestehen können, unversehens den Ton des Verkündigers angenommen hatte. Und der sagte: das Ende der dionysischen Tragödie in der alten Welt ist kein endgültiges, wir selber stehen unmittelbar innerhalb der Vorgänge, die von der Antike bis in die Gegenwart hineinreichen: es »ist eine Macht emporgestiegen, die mit den Urbedingungen der sokratischen Kultur nichts gemein hat und aus ihnen weder zu erklären noch zu entschuldigen ist«: jene

Musik, die von Palestrina zu Bach und Beethoven, von Beethoven zu Wagner führt und das »Wiedererwachen des dionysischen Geistes« bezeugt; die selber nicht nach »Schönheit« fragt, weil »Schönheit«, wie Nietzsche aus Wagners gerade damals erschienener Schrift über Beethoven erfahren hatte, nicht an das Wesen solcher Musik heranreicht.

Dieses Übergleiten des Themas zur zeitgenössischen Musik mußte die Wissenschaftlichkeit der Behandlung schwer erschüttern. Wenn überhaupt von »Wissenschaft« die Rede sein konnte, dann vielleicht im Sinne einer bis dahin noch nicht existierenden Richard-Wagner-Wissenschaft mit wenig gesichertem Boden! Wo gleichzeitig von »Wiedergeburt des Mythus« gesprochen wurde, war Wagner als Adressat, um dessentwillen die Schrift verfaßt worden war, wohl der einzige, der den Sinn dieses Redens in seinem ganzen Ausmaße verstand. Und der erfreut sein mußte, im Basler Gelehrten einen solchen sprachgewaltigen Parteigänger gefunden zu haben. Der »Geist der Musik«, über den hier verhandelt wurde, war der Wagnersche Geist und die Musik war die Wagnersche Musik. Aber der Mythos der griechischen Tragödie ließ sich auch leicht auf die germanische Welt, wie Wagner sie im »Ring des Nibelungen« heraufbeschwor, übertragen. Der Inzest als Vatermord und Heirat der Mutter in Sophokles' »Ödipus«, der als Wider-Natur den Bann löst, der über der Natur liegt, kehrt in der Geschwisterliebe zwischen Siegmund und Sieglinde wieder: ein Geschehen, das notwendig ist, um den neuen Helden als »Erlöser« hervorzubringen und die Natur der bestehenden Verhältnisse zu überwinden.

Das ist ein Vorkommnis, das in vorzivilisatorischen Verhältnissen stattfindet, zu denen nach Wagner auch die Musik Mozarts und Beethovens gehört, die nichts mehr mit der »Schönheit« im Sinne der neueren Bildung zu tun haben, d. h. im Sinne jenes Otto Jahn, der als Bonner Altertumswissenschaftler einst Nietzsches hochverehrter Lehrer gewesen war und ihm als Mozartbiograph für eine »empfindungsarme Nüchternheit« eben jener »Schönheit« als Bildungsideal steht. Das ist ein Seitenhieb. Er hätte anstelle von Otto Jahn auch ebenso gut den Namen Ritschl nennen können: »alles, was wir jetzt Kultur, Bildung, Zivilisation nennen, wird einmal vor dem untrüglichen Richter Dionysos erscheinen müssen.« Damit ist den Vertretern der offiziellen Wissenschaft der Handschuh unverblümt vor die Füße geworfen.

Aber zweifellos hatte Nietzsche eine Karte in der Hand, die stach. Seine Trumpfkarte war Wagner und die »deutsche Musik«. Mochte die Bildung mit ihren Institutionen und allen denen, die in ihr wirkten, respektabel und sogar höchst bewundernswürdig sein, man konnte mit ihr den dionysischen Festzug von Indien nach Griechenland, an den die »deutsche Musik« erinnerte, nicht in Vergleich setzen. Hier war der Gott des Rausches und der Entfesselung der erste der Götter.

Das war durch und durch kosmopolitisch verstanden und wies auf Asien als die Wiege der Kultur, wie es Wagner in seiner Schrift über die »Wibelungen« schon getan hatte, wo er im Einklang mit der Indogermanistik in Indien die Urheimat der Germanen sah, die in einer langen sich über Jahrhunderte erstreckenden Wanderungsbewegung nach Westen in ihre neuen Siedlungsräume eingezogen waren. Aber es war auch ebenso patriotisch nach den Vorstellungen von 1870/71, wenn Nietzsche hier zu einer bis dahin unbekannten Nationalisierung der Musik ausholte. Darin lagen die Tendenzen seiner Schrift über die Tragödie als eines Kriegsbuches. Er wollte zurück zu einem tragischen Zeitalter und damit die Rückkehr des »deutschen Geistes« zu sich selber.

Die Folgen sollten sich einstellen.

Es waren Glücksumstände ganz besonderer Art, die dem in Basel sich vereinsamt fühlenden Nietzsche einen Freund zuführen sollten. Wir wissen, daß Nietzsche an Rohde gedacht, daß er ihn als Nachfolger des wegen seines Alters ausscheidenden Gerlach vorgeschlagen hatte und sogar noch mehr: ihn zum eigenen Nachfolger machen wollte, um dafür eine Professur für Philosophie zu übernehmen. Die Basler Erziehungsbehörde war auf diese Vorstellungen nicht eingegangen. Mit dem gleichen Nachdruck und dem gleichen Mißerfolg hatte Nietzsche dann noch einen weiteren Versuch unternommen, Rohde in ein Zürcher Lehramt zu bringen.

Da hatte schon vor Ausbruch des deutsch-französischen Krieges, im März 1870, ein ebenfalls von Basel aus Deutschland angeworbener junger Wissenschaftler seine erste Professur angetreten: Franz Overbeck, der das Fach Neues Testament und Kirchengeschichte an der Universität vertreten sollte. Seiner Berufung waren erhebliche Schwierigkeiten vorausgegangen, die mit der kirchenpolitischen Situation in Basel und ebenso mit Overbecks theologischem Standort zusammenhingen. Auf den Lehrstuhl konnten dem in Basel geltenden Proporzsystem entsprechend die Liberalen Ansprüche geltend machen, aber was sie suchten, war ein streitbarer Repräsentant ihrer Richtung, der ihren kirchlichen Parteistandpunkt mit der notwendigen Energie durchzusetzen den Auftrag haben sollte. Hier schien es von Anfang an zweifelhaft, ob Overbeck, der zwar als freisinniger wissenschaftlicher Theologe qualifiziert war, dafür der rechte Mann sein würde.

Overbeck war 1837 in Petersburg geboren als Sohn eines deutschen Vaters und einer französischen Katholikin. Von der Herkunft her war sein geistiger Radius im nationalen und konfessionellen Sinn also nicht eng, vielleicht gerade deswegen, weil er – der Vater war Kaufmann und auf verschiedenen internationalen Handelsplätzen tätig – nicht dem deutschen Bildungsbürgertum entstammte, wie es bei Nietzsche der Fall war. In Paris hatte er ein Internat besucht. Als er zwölf Jahre alt war, hatte die Familie ihren Wohnsitz nach Dresden verlegt. Hier lernte er, der schon englisch, russisch und französisch sprach, erst das Deutsche. Sein theologisches Studium hatte er in Leipzig begonnen, dann in Göttingen fortgesetzt, wo sich – und das war das bedeutendste, ihn prägende Ereignis – eine Freundschaft mit Heinrich von Treitschke anbahnte. Noch einmal nach Leipzig zurückgekehrt, widmete er sich hier einem sehr geselligen Umgang, wozu er durch die Gabe echter menschlicher Anteilnahme die besten Voraussetzungen mitbrachte. Übrigens verkehrte er im gleichen Hause Brockhaus, um dessen Bekanntschaft sich Nietzsche damals so sehr bemüht hatte. Um seine weitere Hochschullaufbahn vorzubereiten, war Overbeck von Leipzig nach Jena gegangen. Einen Ruf als Professor nach Gießen, der ihn hier als Privatdozent erreichte, lehnte er ab. Er scheute das Joch der festen Berufung und fühlte sich in der freien Form des Forschens und Lehrens am wohlsten. Als man dann von Basel aus an ihn herangetreten war, bestand zunächst das gleiche Widerstreben, sich jetzt schon ins Philisteramt zu begeben. Wenn er schließlich den Ruf annahm, den Vischer, der schon Nietzsche geholt hatte, beim Erziehungsrat durchsetzte, um gegen kirchliche Widerstände den Charakter der wissenschaftlichen Theologie an der Basler Universität zu festigen, dann geschah dies darum, weil Overbeck durch seine freie Einstellung gegenüber dem Christentum inzwischen vom Gefühl der Aussichtslosigkeit erfaßt worden war, in der Folge noch jemals an einer deutschen Universität beamteter Lehrer zu werden. Für ihn galt: entweder jetzt Annahme in Basel oder endgültiges berufliches Scheitern in der angestrebten Universitätskarriere.

Das waren seine Gründe, die ihn, wenn auch widerwillig, nach Basel hatten ziehen lassen. Seine Adresse lautete: Schützengraben 45, also das gleiche Haus, in dem Nietzsche wohnte. Zwei akademische Zimmerherrn, beide im gleichen Beruf tätig, gleichen Ranges, dazu aus Leipzig, jeder mit der Umwelt des andern gut vertraut, beide Ausländer in der Schweiz, unter einem Dach. Es gab freilich auch Unterschiede. Nietzsche war sieben Jahre jünger als sein neuer Nachbar, hatte ihm gegenüber aber die akademische Anciennität eines Jahres voraus. Während Nietzsche von der Antike der Philosophie und der Musik ganz in Beschlag genommen war, gab es bei Overbeck, dem Theologen, den das historische Phänomen des Christentums bewegte, starke politische Interessen, war er von der Frage nach der »großdeutschen«

oder »kleindeutschen« Lösung in Anspruch genommen. Das hatte zweifellos auch mit seiner Freundschaft zu Treitschke etwas zu tun, der als Preuße in seiner Freiburger Professur gescheitert war, sich nun in der Folge auf seine große Rolle als erster politisch-historischer Rhetor im preußischen Deutschland zurüstete, aber nach dem Eintreten für die Bismarcksche Politik im Zuge seiner großen Siege über Dänemark, Österreich und Frankreich doch vor dessen Entscheidung für das kleindeutsche Reich zurückschreckte und zum Gegner des nach wie vor von ihm bewunderten Mannes wurde. Das waren alles Themen, die den im Grunde unpolitischen Nietzsche weniger berührten.

Bei Nietzsche war zunächst sehr wohl die Absicht mit im Spiele gewesen, wie seine männlichen Vorfahren väterlicher- und mütterlicherseits Theologe zu werden. In Bonn hatte es keine größeren Umstände gegeben, den Übergang zur klassischen Philologie ganz zu vollziehen außer dem einen, daß seine Mutter noch gelegentlich, aber doch bald schon ohne größeren Nachdruck darauf drängte, ihn als Pfarrer zu sehen. Bei Overbeck lagen die Dinge anders. Er war Theologe geblieben, obwohl er eine entschiedene Abneigung gegen den Theologenberuf hatte. Diese Isolation innerhalb des Fachs bestand schon früh und verstärkte sich in Basel noch. Sie war allerdings im Rahmen der wissenschaftlichen Institutionen einer Universität wie Basel möglich, und es spricht sehr für Basel, daß man einen solchen Mann des Freisinns nicht nur anzustellen wagte, sondern, als er sich zum rechten Ärgernis für die »Frommen im Lande« entwickelte, auch noch hielt. Overbeck ist nicht im geringsten religiös interessiert, er sieht sich als Wissenschaftler, der sich mit dem Objekt befaßt. Hier kommt er bald zu festen Resultaten, nach denen er sich für seine Arbeit richtet: »Christliche Theologie« ist »unchristlich«. Echte Christen hat die Vergangenheit einmal gekannt; das sind Menschen gewesen, die unbedingt und alles auf das Weltende und die Wiederkunft Christi gesetzt haben und in jedem Eingehen auf »Kultur« und »Welt« schon seine Verleugnung gesehen haben. Die Geschichte des Christentums ist Geschichte des Abfalls vom Christentum und hat am Ende die völlige Zerstörung des Christentums der echten Form zur Folge. Overbeck »fand« sich »zum Vertreter des Christentums gänzlich ungeeignet«, er hat sich nie mit ihm identifiziert, sondern will als Forscher Aufdeckungsarbeit leisten. Noch darüber hinaus: jede Wissenschaft, die ernsthaft ist, hat nach Overbeck »den leisesten Duft der Theologie« zu vermeiden. Mit dem »Christentum« ist seiner Vergangenheit wegen kein Staat zu machen. In ihr kennt er sich als Kirchenhistoriker gut aus. Darum kämpft Overbeck nicht für Christentum und Religion, sondern für Bildung und Kultur, für Wissenschaft.

Das waren Anschauungen, die im Kern damals schon in ihm angelegt waren, deren Wissenschaftlichkeit wegen man ihn eigens nach Basel berufen hatte. Aber um diese Zeit warteten sie doch erst noch auf ihre weitere Ausbildung. Nach Burckhardt und neben Burckhardt, der Nietzsche gegenüber nicht nur auf Distanz hielt, sondern auch ein gewisses Mißtrauen hegte, das später wieder durchbrach, in Overbeck einen nahen Gefährten mit solcher, von keinem Glaubensschwung getragenen Gesinnung zu haben, konnte für Nietzsche nicht ohne Folgen bleiben. Er fand hier Resonanz für eigene Gedanken, die in der Vergangenheit seine Mutter schon sehr beängstigt hatten, und darüber hinaus noch Belehrung durch einen kenntnisreichen Kopf, dessen eigene Forschungen der kritischen Analyse durchaus standhielten. Overbeck hatte von Anfang an das Gefühl, daß ihm im jüngeren und dienstälteren Kollegen ein überlegener Geist gegenüberstand, aber die Art seiner auf unbedingte Wahrhaftigkeit dringenden Natur machte ihn doch auch wiederum mit ihm nahe verwandt.

Die Beziehung kam eigentlich erst nach Nietzsches Rückkehr aus dem Kriege als Krankenpfleger zum Tragen. Über gewisse Gemeinsamkeiten war man sich schon früher einig geworden. Es hatte sich schnell die Gewohnheit herausgebildet, daß man in dem tiefergelegenen und auch geräumigeren Zimmer Overbecks die Abendmahlzeit zusammen einnahm. In seiner spontanen Art war Nietzsche an der Universität bald als »Werber« für Overbeck aufgetreten und zwar als Verfasser und Komponist eines lustigen Kanons für Theologiestudenten, in dem er zugunsten seines neuen Freundes dessen dienstälteren, kurz vor der Pensionierung stehenden Kollegen Hagenbach veralberte. So weit es ihre gemeinsame freie Zeit erlaubt, sind die beiden Geistesverwandten, als welche sie sich sehen, zusammen. Was Overbeck, der sich dem französischen Leben-Jesu-Forscher Ernest Renan verbunden fühlt, Nietzsche über das Christentum mitteilt, ist Wasser auf dessen Mühle. Durch dienstliche Ver-

171

pflichtungen ist Nietzsche mit zusätzlichen Unterrichtsstunden am Pädagogium mehr als Overbeck in Anspruch genommen. Gerade hier ist sein Engagement als »Lehrer« groß, dem die Schüler bei seinem Vortrag mit ehrfürchtiger Scheu lauschen. Nach dem Urteil ehemaliger Absolventen seiner Klassen muß Nietzsche in der freien Rede wie ein Botschafter aus einer anderen Welt gewirkt haben, wie jemand, den die Götter damit begabt hatten, von ihnen so Kunde zu geben, als ob er sie von Homer selbst empfangen hatte. Hier also der Lehrer als Götterbote, erfüllt mit dem Eros des Pädagogen, dort der kritische Geist eines Freisinnigen: beide vereint durch einen unstillbaren Trieb nach Wahrheit. »Baumannshöhle«, nach dem späteren Vermieter mit dem Namen Baumann, nennen sie das gemeinsam bewohnte Haus.

In Nietzsche als dem Freund Overbecks begegnen wir jenem Nietzsche im Höchstmaß seiner Identität mit sich selbst. Darum dürfen wir auch Overbecks Urteilen über ihn und über sich selbst in seiner Beziehung zum Freunde Glauben schenken. Overbeck ist keineswegs blind für die Schwächen Nietzsches, er spricht später davon, »wieviel« er »an Nietzsches ganzem Gebaren recht eigentlich zu ›überwinden‹ hatte«; er kehrt den »Ehrgeiz« als dessen bestimmenden Charakterzug hervor, hat wohl auch zeitweilig unter Nietzsches »so höchst expansivem Wesen« gelitten, aber hält im Rückblick fest, daß ihre Freundschaft während ihrer ganzen Zeitdauer bis zu Nietzsches späterem Zusammenbruch »stets schattenlos blieb«. Gerade Overbecks entschiedener Mangel an Ehrgeiz und die Bereitschaft, auf den von Anfang an ihn weit überragenden Freund einzugehen, kommt dieser Beziehung zugute. Nietzsche, der sich bis zu Overbecks Ankunft in Basel, wie er beständig an die auswärtigen Freunde schreibt, einsam fühlt, macht für die Basler Gesellschaft den Eindruck einer gewissen Unnahbarkeit, der in den Augen der demokratischen Schweizer nicht selten die Grenze des Seltsamen streift. Um diese Zeit hielt Nietzsche noch sehr auf sein Äußeres. Sein grauer Zylinder war stadtbekannt, und selbst auf den Gebirgswanderungen bewegte er sich in feinen stoffüberzogenen Stiefeletten, den Spazierstock in der Wildnis langsam vortastend, wozu er seiner Kurzsichtigkeit wegen allen Grund hatte. Der modisch soignierte Anspruch war nicht zu übersehen. Zusammen mit dem Umstand, daß er als der Freund Richard Wagners in dessen gerüchteumsponnenem Landhaus bei Luzern verkehrte, ging von seiner Erscheinung ein exotischer Reiz aus. Das gemeinsame Auftreten von Nietzsche und Overbeck galt als sehenswert und war es schließlich auch. Zur Regel im Umgang gehörte, daß der Ältere dem Jüngeren den Vortritt ließ.

Gewisse Ähnlichkeiten in der Lebensführung, wie sie sich durch ihre gleichgerichtete Lehrtätigkeit ergaben, reichten in Wirklichkeit tiefer zurück und hatten ihren Boden in jener bürgerlichen Einfachheit der Verhältnisse, aus denen Nietzsche ebenso wie Overbeck stammte. Der Zug des Nichtaufwendigen, der von jedem Überfluß abgeschnittenen privaten Ökonomie, die zum Haushalten zwang, war dem noch im Biedermeierlichen haftenden Bürgertum von Haus aus mitgegeben. Als einzig möglicher Komfort galt jene »Bildung«, die allerdings nur durch die spanischen Stiefel des Drills zugänglich wurde. Es war eine Einfachheit im Bunde mit dem Rigorosen, das Abweichungen nicht duldete. Hier waren Übereinkünfte zwischen so ungleichen Naturen wie Nietzsche und Overbeck sehr wohl möglich, ergab sich dann das Gefühl der feinsten Übereinstimmung. So stellt Nietzsche seinen neuen Freund dem alten Freund Rohde im Frühjahr 1873 mit den Worten vor: »Overbeck ist der ernsteste, freimütigste und persönlich liebenswürdig-einfachste Mensch und Forscher ..., dabei von jenem Radikalismus, ohne den ich nun schon gar nicht mehr mit jemandem umgehen kann.« Das Verfolgen dessen, was als »Wahrheit« vorschwebt, gilt als aussonderndes Erkennungsmerkmal für eine kompromißlose Freundschaft. So sieht es Nietzsche, dem ja, wie wir wissen, die Frage nach dem Wahrheitsgehalt der christlichen Religion, ihrer »Charakteristik«, inzwischen auf den Nägeln brennt. Das wird weniger nach außen hin ausgetragen als inwendig abgewogen. Jetzt hat er in Overbeck den erwünschten Sachkundigen gefunden. So schreibt er mitten im Aufblühen ihrer Freundschaft an Malwida von Meysenbug am 6. April 1873: »Professor Overbeck, der freieste Theolog, der jetzt nach meinem Wissen lebt und jedenfall einer der größten Kenner der Kirchengeschichte, arbeitet an dieser Charakteristik und wird, nach allem, was ich weiß und worin wir einmütig sind, einige erschreckende Wahrheiten bekannt machen«. Die beiden Freunde haben jetzt das »Christentum« gesprächsweise ins Visier genommen, verfolgen es in seiner Entwicklung, fragen nach seiner Pathologie, sind dabei, die ersten

Spuren seiner Krankengeschichte auszumachen. Alles andere muß sich noch finden. Man ist erst am Anfang. Die Resultate dieses Forschens stehen noch aus. Aber daß es sich um gefährliche Erhebungen handelt, in denen eine Etappe der Menschheitsgeschichte verhandelt wird, ist dem Briefschreiber sehr bewußt, wenn er hinzufügt: »Allmählich dürfte Basel ein bedenkenerregender Ort werden.«

Für Nietzsche bestanden keine Schwierigkeiten, Overbeck im Kreise seiner Freunde unterzubringen. Rohde hatte er hinlänglich über den Charakter seines Basler Gefährten aufgeklärt und um gegenseitige Sympathie der beiden füreinander geworben. Sein suggestiv auftretendes Fordern duldete hier kein Widerstreben. Beim Versuch, Overbeck näher an Wagner heranzuführen, bestanden zunächst Einwände Overbecks gegenüber dessen Musik, so daß Nietzsche es unterließ, ihn dem Meister vorzustellen. Overbeck ist im Gegensatz zu Rohde nie in Triebschen gewesen. Erst nach Wagners Übersiedlung ins fränkische Bayreuth ließen die Widerstände Overbecks gegen das Wagnersche Werk nach und gewann er nicht nur ein Verständnis für dessen Musik, sondern wurde er auch zum passionierten Anhänger. In Bayreuth war Overbeck später zusammen mit Nietzsche Wagners Gast, bekam ihn allerdings wegen dessen Inanspruchnahme nur kurz zu sehen. Auf Wagner hat er – was gar nicht verwundert – einen sehr einnehmenden Eindruck gemacht, worüber sich der Komponist Nietzsche gegenüber brieflich aussprach.

In den ersten Tagen des Jahres 1872 beginnt Nietzsche in Basel eine fieberhafte Tätigkeit zu entfalten. Sein Buch über die »Tragödie« ist gerade erschienen. Zugleich hat ihm der Verleger in Leipzig für die auf 1 000 Exemplare berechnete Auflage 100 Taler Honorar überwiesen.

Nun muß an die Freunde gedacht werden und an den interessierten Leserkreis, wo die Adressaten für das mit einem entsprechenden Begleitbrief versehene Buch zu suchen sind. Hier zeigt sich, an wen er gedacht hatte, als er die Schrift verfaßte. Natürlich fehlen die alten Naumburger Jugendfreunde Gustav Krug und Wilhelm Pinder nicht, auf deren zustimmende Sympathie als Vorgabe er rechnen darf. Dazu kommen Gersdorff, Rohde und Deussen als Fachgenossen, selbstverständlich Burckhardt und Overbeck, weiter der Basler Erziehungsrat Vischer, dem er seine Berufung nach Basel verdankt und in mancher Hinsicht verpflichtet ist. Besonders stolz präsentiert er sich als neuer Autor der Mutter und der Schwester, der letzteren mit der dringlichen Bitte, sich »in das Buch hinein zu leben«. Aber so sehr diese Empfänger für Nietzsche ihre private Bedeutung haben mögen, so sind sie doch nicht diejenigen, auf die es ihm ankommt. Die Widmungsadresse an Richard Wagner sagt, wo er die für ihn entscheidende Zustimmung erhofft. Die Schrift ist ein unzweifelhaftes Zeichen seiner Ergebenheit. Er tritt in ihr als Vasall auf und schickt dem Buch noch einen Brief (24. Januar 1872) mit der ausdrücklichen Erklärung seiner Nichtigkeit und Bitte um Verwendung nach: »Ich empfinde meine jetzige Existenz als einen Vorwurf und frage Sie aufrichtig an, ob Sie mich brauchen können. «

Zu Wagner kam aber noch der Kreis seiner Anhänger hinzu, deren Namen Nietzsche in Triebschen zu Gehör bekommen hatte, an erster Stelle zunächst einmal der König von Bayern, der auch ein Buchexemplar erhalten mußte, weiter Franz Liszt, dessen Budapester Adresse er dem Verleger Fritzsch mitteilte. Auf der Empfängerliste fehlte natürlich nicht Wagners Schwester Ottilie Brockhaus, die in Leipzig auf Nietzsche einen gewaltigen Eindruck gemacht hatte. Wie richtig er begriff, wo die eigentliche

Crème beim Wagner-Mäzenat um diese Zeit lag, zeigt die Erwähnung der Frau von Muchanoff und der Gräfin Schleinitz, die auf Veranlassung Wagners »für die Vorbereitung des Buches emsige Sorge tragen«, wie der Autor schon bald der Schwester mitteilen konnte. Marie Muchanoff-Kalergis war die Tochter des russischen Staatskanzlers Nesselrode, die es nach Paris gezogen hatte, wo sie als Schülerin Chopins zu den größten Pianistinnen ihrer Zeit zählte und die Gesellschaft durch die seltene Verbindung von höchstem künstlerischen Können und blendender Schönheit in Atem gehalten hatte. In seiner »Symphonie in Weiß-Dur« von 1848 läßt Théophile Gautier eine junge Pianistin in weißer Seide auftreten: »weiß wie der Mondschein«, »Madonna des Schnees«, eine »von der Lawine begrabene Sphinx«: Marie Nesselrode, damals verheiratet mit dem Griechen Jean Kalergis, von dem sie sich wegen eines (vermeintlichen oder tatsächlichen) Abenteuers mit dem berühmten Pianisten Thalberg in der Baden-Badener Saison 1839 scheiden ließ. Heine hielt sie in der orientalischen Legende vom »Weißen Elephanten« aus dem ersten Buch des »Romanzero« einer poetischen Huldigung für würdig. Mit ihrer Gesundheit stand es damals schon nicht mehr zum besten. Die ätherische Schönheit von ehemals bewegte sich inzwischen auf Krücken. Marie Muchanoff, eine leidenschaftliche Anhängerin Wagners und seine in allen Lagen zuverlässige Freundin, wirkte jetzt bei der Vorbereitung des Bayreuther Festspielprojekts innerhalb des Patronatvereins an der Beschaffung des dazu notwendigen Geldes mit. Die Summen, die durch sie und die Gräfin Schleinitz, die Frau des preußischen Finanzministers, aus eigenem Vermögen und aus Sammlungen zusammengebracht wurden, gingen weit über das hinaus, was ein so spendefreudiger Privatmann wie Otto Wesendonk früher Wagner hatte zukommen lassen können. Wir sehen, wie Wagner nach Erscheinen von Nietzsches Werk sofort den »Apparat« seiner Bewegung in Tätigkeit setzen und durch seine bewährtesten Helferinnen für das Buch werben läßt. Wir sehen aber auch, wie Nietzsche als Verfasser seiner Parteischrift für Wagner jetzt schon ins Zentrum der ganzen Bewegung vordringt und sich genaue Kenntnisse über sie und ihren Charakter verschaffen kann, mit denen er später aufwarten wird.

Wie nötig Nietzsche ihre Hilfe hat, zeigt sich schon sehr bald. Es

zeigt sich spätestens in dem Augenblick, als eine als Separat-
druck veröffentlichte Schrift von Ulrich von Wilamowitz-Möllendorff unter dem Titel »Zukunftsphilologie, eine Erwiderung
auf Friedrich Nietzsches ›Geburt der Tragödie‹«, erscheint. Der
Verfasser war Nietzsche persönlich nicht unbekannt. Er war vier
Jahre jünger und ebenfalls Schüler in Schulpforta gewesen.
Beim letzten Besuch in Naumburg im Hause der Mutter während des Herbstes vom vorausgegangenen Jahre hatte ihm Wilamowitz dort seine Aufwartung gemacht, um ihm im Namen der
alten Schule seine Verehrung zum Ausdruck zu bringen. Man
hatte den Höhenflug des ehemaligen Absolventen der Pforte,
der für die Qualität der Schule zeugte, genauestens und mit großem Stolz verfolgt. Nun meldete sich der Überbringer der Huldigungsadresse wieder. Diesmal von einer andern Seite!
Der Titel »Zukunftsphilologie« zeigt, daß der Rezensent die Absichten der ihm vorliegenden Schrift durchaus verstanden hatte.
Das Wort selbst war das Pendant zur »Zukunftsmusik« im Sinne
der Neuerer um Liszt, zu denen, wenn man ihm – wie üblich –
etwas am Zeuge flicken wollte, auch Wagner unbedenklich gerechnet werden konnte. Daß die Schopenhauersche Philosophie
und die Wagnersche Musik die Grundlagen für Nietzsches
Denkvorstellungen abgaben, hatte Wilamowitz sehr wohl begriffen. Die Einsicht war zutreffend, das Verfahren wurde
durchaus nicht für unzulässig erklärt. Nur: ließ sich damit für
die Philologie methodisch etwas Förderliches ausrichten? Die
Frage war berechtigt. Nietzsche war »Philologe«, er wollte »Philologe« sein und mußte es als Schüler Ritschls, des Altmeisters
der klassischen Philologie, sein wollen. Da hatte Wilamowitz
vorher in Nietzsche die neu aufsteigende Koryphäe des gemeinsamen Fachs gefeiert, um nun eine Schrift von ihm mit abson-
derlichem Titel und groben Verstößen gegen das im Fach übliche
Handwerk lesen zu müssen. Was er hier vor sich sah, entsprach
nicht seinen Vorstellungen: der Autor zitiert nicht richtig, arbeitet ohne genaue Stellenangaben, aber er kennt vor allem sein
Fachgebiet nicht, er weiß gar nicht, wovon er redet. Es stimmte,
Nietzsche hatte es einem Kritiker von der profund durchgebilde-
ten Art eines Wilamowitz, der sofort die Chance witterte, sich
hier die erforderlichen Sporen zu verdienen, leicht gemacht.
Nietzsche hatte alle Autoritäten in den Fragen des Altertums bis
auf Goethe, Schiller und Winckelmann für ungültig erklärt und

sie zusammen mit Schopenhauer und Wagner an seiner Schrift mitwirken lassen. Solche Verkürzung entsprach jetzt der »philosophischen« Denkweise Nietzsches, der gar nicht mehr die Absicht hatte, dem »philologischen« Verfahren seines Lehrers Ritschl weiter anzuhängen. Für Wilamowitz bedeutete es keine große Schwierigkeit, dem Verfasser »geflissentliche Entstellungen« nachzuweisen. Daß Nietzsche den Satyrn Bocksbeine andichtete, nimmt er ihm besonders übel. Der Homer, über den Nietzsche seine Basler Antrittsvorlesung gehalten hatte, die »Coephoren« des Aischylos, die er als Lektüre im Universitätsunterricht behandelte, das Verhältnis zwischen Euripides und Sokrates, an das er in seiner Schrift das »Schicksal« der »Tragödie« angeknüpft hatte: alles bedeutete dem Autor offensichtlich ein Buch mit sieben Siegeln. Wie konnte man, fragte Wilamowitz, dem Euripides unterstellen, die griechische Tragödie getötet zu haben, wenn Sophokles ihn noch überlebt hatte? Am schlimmsten: Nietzsche habe das Wesen der griechischen Musik aus den Texten, die darüber sprechen, nicht richtig verstanden. Angesichts solcher eklatanten Unkenntnis, wofür die veröffentlichte Schrift den Beweis erbrachte, fordert Wilamowitz Nietzsche auf, seinen Basler Lehrstuhl zu räumen.

Mochten die Angriffe dieser Schrift gegen Nietzsche berechtigt sein oder nicht, mochte dies und das bei nachträglichem Bedenken abgeschwächt oder gar zurückgenommen werden müssen – der Kritiker hatte den Beweis mit allen Mitteln forensischer Beredsamkeit vorgetragen und überzeugend erbracht. Innerhalb der geltenden Konventionen war die Beweisführung makellos; sie schlug auch zum Vorteil von Wilamowitz' künftiger Berufslaufbahn als einem der bedeutendsten deutschen klassischen Philologen seit dem letzten Viertel des 19. Jahrhunderts aus.

Die Frage ist: konnte Nietzsche aus dem Kreise seiner engeren Berufskollegen überhaupt ein anderes Urteil erwarten? Hätte er mit ihrer Billigung oder gar mit ihrem Zuspruch rechnen sollen? Angesichts des Eifers, mit dem er dafür sorgte, daß Ritschl und Burckhardt, deren Urteile er kennen mußte, in den Besitz der Buchexemplare kamen, müssen seine damaligen Vorstellungen rätselhaft erscheinen. Wenn er daran gedacht haben sollte, mit seiner umstürzenden Sicht der Dinge diese methodisch so fest gegründeten Gelehrten in ihren Ansichten erschüttern zu können, hatte er sich getäuscht.

In dieser wenig erbaulichen Lage muß sich Nietzsche nach Hilfstruppen umsehen. Wo sind sie zu finden? Er sendet das Wilamowitzsche Pamphlet an Wagner. Für Wagner, im Dienst an seiner Sache und mit allertiefster Überzeugung hatte Nietzsche die inkriminierte Schrift verfaßt. Es ist an Wagner, dazu Stellung zu nehmen.

In dessen Stellungnahme, gewissermaßen in dem Ausweg, den er für seinen Basler »Vasallen« findet, zeigte sich, daß die Schrift Nietzsches unanfechtbare Wahrheiten enthielt, die sich dem bloßen Philologenverstand entzogen. Der Fehler Nietzsches bestand darin, daß er sich ans falsche Publikum gewandt hatte. Das ist die Kerbe, in die Wagner mit seinem Brief »An Friedrich Nietzsche« schlägt, den er in Bayreuth zu Papier bringt und in der »Norddeutschen Allgemeinen Zeitung« (23. Juni 1872) veröffentlichen läßt.

Der Brief ist ein Dokument dafür, wie sehr sich bei solcher Gelegenheit Wagner in seinem Element befindet. Es ist Gott Wotan selbst, der den Donner gegen Gnome, die zwar wie im Falle des Dr. Wilamowitz kein Gold, aber dafür Zitate sammeln und in ihren Archiven zum allfälligen listigen Gebrauch hüten, rollen läßt. Er lobt in Nietzsche den Fachgelehrten, der auch mal die Kunst im Auge hat und nicht als Verfasser der üblichen und »so tödlich inhaltsarmen philologischen Abhandlungen« auftritt: endlich ein frischer Quell, der aus der Eintönigkeit der öden Felslandschaft herausprudelt. Wagner nimmt die Gelegenheit wahr, grundsätzlich zu werden: hier der Künstler, dort der Philologe als Bediener. Zu wessen Wohlgefallen, wenn nicht zu seinem eigenen tritt der Philologe überhaupt in Erscheinung? Ein »Gotteswort« ist von ihm nicht zu erwarten; »während die theologische Fakultät uns Pfarrer und Konsistorialräte, die juristische Richter und Anwälte, die medizinische Ärzte liefert, lauter praktisch nützliche Bürger, liefert die Philologie immer nur wieder Philologen, welche rein nur sich unter sich selbst von Nutzen werden«, eine Kaste, deren Angehörige eine »Gelehrtensprache« wie ein »Schellengeklingel« um sich herum verbreiten und darauf bedacht sind, »den Staat immer so in Respekt zu erhalten, daß bedeutende Besoldungen für philologische Professoren usw. ihm stets zur Gewissenspflicht gemacht bleiben.«

Das ist mit der Vollmacht des Künstlers gesagt, der sein Recht aus dem Auserwähltsein zieht und dabei gnadenlos mit einer ganzen Berufsklasse verfährt. Zu den einzelnen Beanstandungen von Wilamowitz äußert sich Wagner kaum. Aber das ist auch gar nicht notwendig, wenn er sich angesichts dieses Pamphlets auf der Seite derer befindet, »die von der schwärzesten Sorge um die deutsche Bildung erfüllt sind«. Die »Armseligkeit« des Wilamowitzschen Geistesproduktes läßt ihn ohnehin fürchten, daß deren guter Ruf im Ausland, mit dem man sich in Deutschland gerne selbst beweihräuchert, bald völlig unverdient sein wird. Um solche Gefahren abzuwehren, richtet der Briefschreiber in aller Öffentlichkeit an Nietzsche als dem dazu Ausersehenen die Bitte, sich der Frage »Wie steht es um unsere deutschen Bildungsanstalten?« zuzuwenden. Im übrigen gibt er dem Angegriffenen den sokratischen Rat, nicht »den Huftritt des Esels mit einem menschlichen Fußtritt erwidern zu wollen«.

Damit ist die Angelegenheit noch nicht abgetan. Sie tritt erst in ein neues Stadium. Rohde, der die Diskussion überhaupt eröffnet hatte mit einer Anzeige von Nietzsches Buch in der »Norddeutschen Allgemeinen Zeitung« am 26. Mai 1872, also fast vier Wochen vor Wagners im gleichen Blatt veröffentlichten Ausfall gegen Wilamowitz, wird jetzt als zweite Phalanx aufgeboten. Rohde wählt die Form einer Antwort auf Wagners Angriffe gegen die »Philologen«, indem er die Ehre seiner Berufskollegen zu retten versucht mit dem Hinweis auf die »Afterphilologie« eines Wilamowitz, zu der jede Zugehörigkeit der ernsthaften Vertreter des Fachs in Abrede gestellt wird. Der Tonfall, der schon durch Wilamowitz' »Vorwürfe der Unwissenheit und des Mangels an Wahrheitsliebe« über die Grenzen des Erlaubten hinaus führte, wird jetzt noch heftiger. Wagner hatte wegen des von Wilamowitz gebrauchten »meinthalb« den Verdacht geäußert, daß der Verfasser kein »klassischer Sprachgelehrter« sei, sondern eher »ein vom Biere zum Schnaps taumelnder Berliner Eckensteher aus der alten Zeit«. In einer zweiten »Erwiderung«, in der sich Wilamowitz mit den Angriffen Rohdes und Wagners auseinandersetzt, spricht er von ihnen als den beiden »kritischen Barbaren«. Keiner war dem andern etwas schuldig geblieben. Wer sich am heftigen Wortgefecht erbauen wollte, konnte hier auf seine Kosten kommen.

Natürlich befanden sich beide Parteien im Recht wie im Unrecht. Der Traum-Rausch-Gegensatz, mit dem Nietzsche operierte, war wissenschaftlich unhaltbar. Wilamowitz hingegen prunkte mit Zitaten so stolz, wie ein Pfau seine Federn zeigt, und hatte seine Schrift auf den in gelehrten Blättern üblichen Ton festgelegt. In der Sache war ihm kaum ernsthaft beizukommen. Daß von Nietzsche eine lange verschüttete Schicht der Wirklichkeit wieder freigelegt wurde, ließ sich mit seinem Hohn allein nicht aus der Welt schaffen. Hier lagen die Grenzen seiner Zuständigkeit.

Aber Nietzsche muß sich um diese Zeit über den eigenen Standort in der Sache noch sehr im unklaren befunden haben. Er teilt der Schwester mit, Burckhardt sei von der Schrift »ganz begeistert« gewesen. Nichts war falscher als das. Burckhardt hatte aus Höflichkeit und Rücksichtnahme gegen den Kollegen einige anerkennende Worte gesagt, die aber im Tonfall wieder zurückgenommen wurden. Das gehörte – wie wir von Carl Albrecht Bernouilli wissen, der ihn gut kannte – zu den bei Burckhardt in ähnlichen Fällen üblichen Verkehrsformen. Denn gegen andere sprach er sich unmißverständlich ablehnend aus. Nietzsche, dessen in Fragen der Kunst sichere Urteile er sehr schätzte, in dem er selber einen Künstler sah, hatte für Burckhardt von nun an jeden wissenschaftlichen Kredit verspielt. Nietzsches Realitätsverlust geht sogar so weit, daß er Mitte Februar 1872 an Rohde schreiben kann: »Jakob Burckhardt ... ist von den Entdeckungen des Buches für die Erkenntnis des griechischen Wesens so fasziniert, daß er Tag und Nacht darüber nachdenkt ...«

Wie wird sich Ritschl dazu stellen? Nachdem er einen knappen Monat gewartet hat, ohne von ihm ein Zeichen der Reaktion bekommen zu haben, schreibt Nietzsche an ihn unter dem 30. Januar: »Verehrtester Herr Geheimrat, Sie werden mir mein Erstaunen nicht verargen, daß ich von Ihnen auch kein Wort über mein jüngst erschienenes Buch zu hören bekomme, und hoffentlich auch meine Offenheit nicht, mit der ich Ihnen dies Erstaunen ausdrücke. Denn dieses Buch ist doch etwas von der Art eines Manifestes und fordert doch am wenigsten zum Schweigen auf. Vielleicht wundern Sie sich, wenn ich Ihnen sage, welchen Eindruck ich etwa bei Ihnen, mein verehrter Lehrer, voraussetze: ich dachte, wenn Ihnen irgend etwas Hoffnungsvolles in Ihrem Leben begegnet sei, so möchte es dieses Buch sein, hoffnungsvoll für unsere Altertumswissenschaft, hoffnungsvoll für das deutsche Wesen, wenn auch eine Anzahl Individuen daran zu Grunde gehen sollte.«

Der Ton der Ungeduld ist nicht zu überhören. Der junge Buchautor drängt. Offenbar ist ihm das Schweigen nicht ganz geheuer. Das läßt darauf schließen, daß er sich der Gefahr, mit seiner Schrift bei Ritschl Anstoß zu erregen, sehr bewußt war. Er muß damals, ohne sich darüber genaue Rechenschaft abgelegt zu haben, schon die Entscheidung gesucht haben. Denn es war richtig: Schweigen war das letzte, was man bei der Lektüre des Buches erwarten konnte, es war ein Manifest, das zur Stellungnahme aufforderte. Dem Adressaten wird gegen die Etikette aller höheren Briefkultur eine gewisse Resignation unterstellt, aus der nur sein Schüler Friedrich Nietzsche mit seinem wissenschaftlichen Programm ihn herauszuführen imstande sei: der Phönix, der aus der Asche verbrauchter Konventionen aufsteigt, auf dem auch die Hoffnungen für die gesamte in Frage kommende wissenschaftliche Disziplin, ja schließlich für das »deutsche Wesen« ruhen; mag auch damit der Ruin anderer verbunden sein.

Hier nimmt das Porträt Nietzsches erste feste Züge an. Zumindest dieser Satz war für den Briefempfänger in Leipzig nicht annehmbar. Ungeklärt mußte bleiben, ob der Nachsatz: »wenn auch eine Anzahl Individuen daran zu Grunde gehen sollte«, sich auf das »Buch« oder auf »das deutsche Wesen« bezog. Aber der grammatikalisch nicht auszumachende Unterschied war bedeutungslos, weil beides für den Autor in diesem Augenblick schon ineinandergeschoben erschien.

Unverkennbar ist, daß hier ein Mann als Buchautor und Briefschreiber mit Anspruch auftritt und sich beunruhigt fühlt, weil dem persönlichen Bedürfnis, von seinem Lehrer eine Stellungnahme zu den eigenen Thesen und ihrer Bearbeitung zu erhalten, nicht sogleich entsprochen worden war. Sollte er vielleicht doch Ritschls Gefühle unbeabsichtigterweise verletzt haben, sollte dieser in seiner, Nietzsches, Schrift ein Abgleiten vom rechtmäßigen Weg der historisch-kritischen Forschung zu beklagen haben? Dem ist Rechnung getragen in einer nicht sehr glücklich gewählten rhetorischen Figur des Briefschreibers: »Nicht als ob ich einen Augenblick an Ihrer Teilnahme für mich gezweifelt hätte; von der bin ich ein für alle Mal überzeugt — wohl aber könnte ich mir gerade von dieser Teilnahme aus eine gleichsam persönliche Besorgnis um mich erklären. Diese zu zerstreuen schreibe ich Ihnen.«

Das war ohne Zweifel floskelhaft. Dahinter lag die unzumutbare Konstruktion des Autors, eine die geltende Wissenschaft umstürzende Schrift verfaßt zu haben, mit der die Resultate des Lehrers durch einen einzigen Schlag liquidiert sein mußten, und von eben diesem Lehrer zu erwarten, er habe seine eigene Absetzung als Haupt der herrschenden Schule überhaupt nicht bemerkt oder stimme ihr gar selber zu.

Das war zu viel erwartet. Ritschl antwortet entsprechend und zwar in einem Brief vom 14. Februar 1872. »Da Sie mir, lieber Herr Professor«, so schreibt er dem Schüler, »Ihr Buch nur durch den Verleger, ohne eine persönliche Begleitzeile, zukommen zu lassen so freundlich waren, so habe ich wirklich auch nicht geglaubt, daß Sie meinerseits sogleich eine persönliche Rückäußerung erwarteten. Darum mich denn das ›Erstaunen‹, dem Sie in Ihrem neulichen Briefe Ausdruck geben, allerdings überrascht hat.« Er entschuldigt sich, keine eingehende Besprechung der Schrift geben zu können; er setzt, vielleicht nicht zu Unrecht voraus, daß Nietzsche sie wohl von ihm erwartet hätte und bittet um freundliche Nachsicht: » … daß ich zu alt bin, um mich noch nach ganz neuen Lebens- und Geisteswegen umzuschauen« oder genauer: »weil ich bei meinen 65 Jahren nicht die Zeit und die Kräfte mehr habe, um die notwendige Führerin Ihrer Entwicklungen, die Schopenhauersche Philosophie, zu studieren.«

Ritschl war für seine Person nicht im Unrecht, wenn er mit unüberhörbar indigniertem Ton Nietzsches Herausforderung zurückwies. Nietzsche hatte mit seiner Schrift einen Vorstoß in bisher noch nicht hinreichend erforschtes Gelände unternommen und verlangte mit der Anerkennung seiner Anschauungen die Selbstpreisgabe derer, die er überwunden zu haben glaubte. »Sie können dem ›Alexandriner‹ und Gelehrten unmöglich zumuten«, schrieb ihm Ritschl, »daß er die *Erkenntnis* verurteile und *nur* in der Kunst die weltumgestaltende, die erlösende und befreiende Kraft erblicke.« Wo Ritschl sich in der Schrift selbst als »Alexandriner« angesprochen fühlte, war er sich über die wenig schmeichelhafte Bedeutung, die Nietzsche ihm als Staatsphilologen beimaß, genau im klaren, wenn er auch dessen im privaten Gebrauch kursierende zeitentsprechende und viel weitergehende Deutung als »Fabrikarbeiter im Dienste der Wissenschaft« nicht kannte. Eben das war gemeint. Ritschls Selbstbestimmung seiner wissenschaftlichen Position, über die Nietzsche genau Bescheid wußte, ließ an Deutlichkeit nichts zu wünschen übrig: »Meiner ganzen Natur nach gehöre ich, was die Hauptsache ist, der *historischen* Richtung ... so entschieden an, daß mir nie die Erlösung der Welt in einem oder dem anderen philosophischen System gefunden zu sein schien; daß ich auch niemals das natürliche Abblühen einer Epoche oder Erscheinung mit ›Selbstmord‹ bezeichnen kann.« Richtig: eine solche Diktion wäre einem Mann des Historismus ebenso wenig wie eine Parteinahme für ein philosophisches System wegen der ihm zugeschriebenen Erlösungskraft in den Sinn gekommen. Gegen die *historische Richtung*, zu der Ritschl sich bekannte, hatte Nietzsche in seiner Schrift aber gerade den Hauptstoß geführt. Wollte er sich von Ritschl noch einmal ausdrücklich bestätigen lassen, daß er getroffen hatte, wenn er mit solchem Nachdruck dessen briefliches Urteil erbat? Dann wäre er durch diesen Brief bestätigt worden.

Und tatsächlich war er es auch. Nun hatte ihm Ritschl auf verblümte, aber unmißverständliche Weise zu verstehen gegeben, daß er ihn der Zunftbrüderschaft der philologischen Fachkollegen nicht mehr zuzurechnen wagte, nachdem die Weihe durch philosophische Einsicht ihn in höhere Regionen der Erkenntnis entrückt hatte. Das Oberhaupt der historisch-kritischen Schule spricht den jungen, ehemals so hoffnungsfrohen Adepten des Fachs von der künftigen Verpflichtung los, sich dem wissenschaftlichen Alltagsgeschäft der Philologie weiterhin zu widmen. Die Kärrnerarbeit der Beschäftigung mit dem Diogenes Laertius kann ihm, so erfährt er hier von seinem Lehrer, in Zukunft nicht mehr zugemutet werden: »Gegenüber Ihrer ›Fülle der Gesichte‹ würde es wenig am Platze sein, wenn ich eine alexandrinische Frage an Sie richten wollte ...: daher unterlasse ich es.«

Man braucht nur einige Monate zu warten, dann wird Nietzsche die Folgen dieses Verdikts aus der Feder seines Lehrers zu spüren bekommen. Denn langsam beginnt sich eine Front gegen ihn zu schließen, in der Ritschl mit seinen eigenen Gegnern, auch mit Wilamowitz, dem jungen angehenden Privatdozenten, der auf den Trümmern von Nietzsches Bau seine eigene Laufbahn aufzubauen unternimmt, zusammenrückt, Seite an Seite – zunächst noch unausgesprochen – mit Burckhardt und Treitschke, der sich auch durch Overbecks ausführliche und beschwörende Briefe nicht für Nietzsches Schrift erwärmen kann. Dazu kommt noch Deussen.

Ritschls Antwort hatte die unüberbrückbare Kluft zwischen Lehrer und Schüler sichtbar gemacht. Damit ist der freundschaftliche Verkehr der beiden nicht abgebrochen. Nietzsche schließt sogar noch seinen Traktat über den »Wettkampf« zwischen Homer und Hesiod ab und schickt ihn verabredungsgemäß an Ritschl, der ihn im Februar 1873 im »Rheinischen Museum« erscheinen läßt. Die Korrespondenz wird fortgesetzt. In einem Katalog mit den Namen der in der *societas philologa* vereinten Schüler Ritschls erscheint Nietzsche in der Rubrik der »Ehrenmitglieder« mit dem Status eines »Ehemaligen«. Nietzsche dankt für die stattlich aufgemachte Sendung und besonders für den Ausdruck »Ehrenmitglied der Leipziger Sozietät«, weil er befürchtet hatte, »vielleicht als ›Schandemitglied‹ angeredet werden zu müssen«, wie er an Ritschl schreibt.

So treibt der ehemals so intensive Verkehr, zwar schon merklich abgekühlt, doch noch eine Weile weiter, bis er völlig abbricht. Der erste Schlußpunkt wird mit Nietzsches Besuch bei seinem Lehrer am 30. Dezember in Leipzig gesetzt, wo das offene Gespräch über alles verhüllende Beiwerk der Briefrhetorik hinweggeht und die Unvereinbarkeit zweier grundsätzlicher Positionen offen zu Tage tritt. Nietzsche hat sich seit diesem Tag von Ritschl auch offiziell gelöst. Es kommt dann genau ein Jahr später noch einmal zu einem halbstündigen Besuch Nietzsches, wo die gegensätzlichen Meinungen in heftiger Form aufeinanderprallen.

Wie ein in einen Teich geworfener Stein die glatte Wasserfläche in Bewegung bringt, so hatte das bis dahin spiegelblanke Ansehen des jungen Basler Gelehrten erste und zwar schon erhebliche Schäden davongetragen. Kein Wunder, daß sich in der Fachkollegenschaft die Fragen überhäufen, wie es überhaupt zu dieser unwahrscheinlich frühen Universitätskarriere gekommen war. Das Gerücht des Nepotismus, der vermutet wird, aber schwer zu beweisen ist, kommt wieder auf, es wird vor allem von der Wilamowitz-Seite und allen denen, die mit ihr sympathisieren, neu in Umlauf gebracht. Nietzsches Empfehlung für Basel durch Ritschl war dessen unzulässige Hilfestellung bei der Leipziger Preisfrage über den Diogenes Laertius vorausgegangen, wo der spätere Preisträger durch Kenntnis des Themas vor allen möglichen Mitbewerbern eine Startvorgabe besaß, die nicht mehr aufgeholt werden konnte. Aus Dank dafür hatte der Günstling seinen Förderer vor den Augen der wissenschaftlichen Welt durch eine Publikation desavouiert. So konnte man es sehen und so sahen es insbesondere die Feinde Ritschls, deren Zahl nicht gering war, mit unverhohlener Schadenfreude. Von Wilamowitz' Berliner Schule aus betrachtet war es ein neuer Beweis für die in Leipzig regierende Willkür. Was war aus dem Leipziger altphilologischen Seminar eines Gottfried Hermann unter der Ägide seines Schülers Ritschl geworden?

In Basel bekommt Nietzsche die Auswirkungen dieses Bruchs mit seinem Fachgebiet im engeren Sinn und dessen strengsten Methodenwächtern bald zu spüren. Er hat sich bis zu den Studenten herumgesprochen. Als Nietzsche zum Wintersemester mit seinen Vorlesungen beginnen will, fehlen die Hörer. An Richard Wagner schreibt er beunruhigt und von der Sache peinlich berührt: »ich habe gar keine Studenten!« Über das Beschämende des Umstandes ist er sich genau im klaren und findet es ratsam, ihn »ängstlich vor aller Welt zu verschweigen«. Unerträglich ist ihm der Gedanke, die kleine Universität, die ihm mit so viel Vertrauen begegnet war, könne dadurch Schaden nehmen. Auch den Grund Wagner genau zu nennen, unterläßt er nicht: »Ich bin unter meiner Fachgenossenschaft plötzlich verrufen geworden.« Immerhin kann er als Trost verbuchen, daß seine Schrift in Leipzig vergriffen ist und Ritschls Nachfolger in Bonn, Jacob Bernays, erklärt, Nietzsche habe hier mit einer gewissen Übertreibung seine eigenen Anschauungen wiedergegeben. Also steht er nicht alleine und hat sogar einen Gewährsmann mit feiner Witterung für das Zukunftsträchtige auf seiner Seite. Auch Rohde kann er mit Befriedigung berichten, daß dessen Verteidigungsschrift laut Auskunft des Buchhändlers gut verkauft wird. In Basel verfolgt man also mit größter Aufmerksamkeit die Kontroverse, die Nietzsche ausgelöst hat. Man mag zu ihm stehen, wie man will, so ist man doch Zeuge einer großen Bewegung geworden. Der ins Wasser geworfene Stein hat Kreise geschlagen.

Der Grund zum allergrößten Unbehagen über die merkwürdige Situation läßt sich allerdings auch durch den äußerlich gesehen ruhigen Fortgang von Nietzsches Basler Tätigkeit nicht aus der

Welt schaffen. Die Studenten bleiben weiter weg, aber die Schüler des Pädagogiums folgen natürlich seinem Unterricht. Jetzt verdichten sich die Zweifel, ob die Universität die ihm gemäße Stätte des Wirkens sei, ob sie überhaupt die an sie gestellten Forderungen erfüllen könne. Diese Überlegungen sind bei ihm von langer Hand vorbereitet, sie spielten – wie wir wissen – schon in der Leipziger Zeit bei den Gesprächen mit Rohde eine Rolle, waren dann durch die unmittelbaren Beanspruchungen in seinem Basler Amt etwas zurückgedrängt worden. Jetzt melden sie sich wieder. Ist seine Malaise mit den Fachkollegen nicht ein Beweis, daß er selbst für eine universitäre Tätigkeit nicht der rechte Mann ist, weil die Ausübung eines Lehramtes immer vom Amtsträger erwarte, nicht die ganze Wahrheit zu sagen? Die Freunde – Overbeck in nächster Nähe, Wagner, Cosima – läßt er an seinen Erwägungen in aller Offenheit teilnehmen und erwartet ihre Vorschläge. Nachdem Nietzsche ihr seine Lage genau mitgeteilt hatte, gibt Cosima ihm in einem Brief vom 24. April 1872 den in praktischer Hinsicht klugen Rat, sich zu rehabilitieren: »Ich glaube aber, daß ein langes metaphysisches Schweigen, und das Hervortreten mit einer spezifisch philologischen Arbeit Alles wieder in Ordnung bringen kann.« Der Rat war nicht nur gut, er war, wenn Nietzsche in seiner sonst bisher so erfolgreichen Basler Lehrtätigkeit fortfahren wollte, der einzig richtige. Nietzsche macht auch alle Anstalten, sich darauf einzustellen, und setzt im gleichen Augenblick zur Sammlung von Materialien an, mit denen er sich bald strikt über ihn hinwegsetzen wird.

In seiner Erwiderung auf Wilamowitz' Pamphlet gegen Nietzsche hatte Richard Wagner den Verfasser der »Geburt der Tragödie« vor aller Öffentlichkeit gebeten, sich einmal grundsätzlich über den Zustand der deutschen »Bildungsanstalten« zu äußern. Wie sieht es mit einem Bildungsleben aus, in dem eine Schrift wie die Nietzsches verrissen und ein blutleeres Zitatenwerk wie das von Wilamowitz allgemeine Anerkennung findet?

Es mochte scheinen, daß das bis dahin in Deutschland geltende System der Bildung sich glänzend bewährt hatte. Ihm wurde die Mitwirkung am Aufstieg Deutschlands als erster Kontinentalmacht ausdrücklich bestätigt. Die Staffelung von der Volksschule über die Realschule und das Gymnasium bis zur Universität hatte durch die Effizienz der aus diesem Bildungssystem Hervorgegangenen dessen Daseinsberechtigung unter Beweis gestellt. Die deutsche Volksschule war die Schule Pestalozzis und Diesterwegs, zumindest waren ihre Ideen darin maßgebend geworden, das Gymnasium war eine Vorbereitungsstätte für die Humboldtsche Universität, die man auch im Auslande nicht genug preisen konnte, zu der man aus Europa die Besten der Besten zu schicken begann und deren Qualität das Zeitalter des »deutschen Professors« heraufführte. Was konnte es hier zu verändern geben ohne Gefahr, es schlechter zu machen! Gerade der politische Aufschwung seit der Reichsgründung hatte auf dem Sektor der Bildung und der Wissenschaft noch einmal neue, bis dahin ungeweckte Kräfte freigesetzt, die in den Dienst der nationalen Besinnung gestellt werden konnten.

Gleichwohl war es Nietzsches Einsicht: der bestehende Zustand der Welt, die sich noch im Gefühl des tiefsten Friedens wähnte, gibt zu allergrößten Bedenken Anlaß. Die Symptome dieses Befundes hatte er dem Bereiche der »Bildungsanstalten entnommen. Gerade seine unlängst gemachten Erfahrungen ließen ihn empfindlich werden für das Brüchige hinter wohlgepflegten Fassaden, die ihre Dauerhaftigkeit versprachen. Er, der durch seinen raschen beruflichen Aufstieg und die Erfolge, die er in Basel hatte, sich als »Matador« der »Deutschen Bildung« zu fühlen allen Anlaß gehabt hatte, winkt ab: Es steht schlecht mit der »Bildung« und unsern »modernen Bildungsmethoden«. Diese Einsichten hat er in die Gespräche mit Wagner einbringen können, der ihm hier aus seiner Erfahrung als Künstler und an der griechischen Antike begeisterter ehemaliger Leipziger Gymnasiast nur zustimmen kann. Die Kontroverse mit Wilamowitz gilt als neuer Beweis. Unabhängig von ihr hat der Plan zu einer öffentlichen Behandlung der Frage schon Früchte getragen in den fünf öffentlichen Vorträgen, mit denen Nietzsche in der Zeit vom 16. Januar bis 23. März 1872 vor einem größeren städtischen Publikum in Basel aufgetreten war.

Der Standort Basel bietet ihm für seine Betrachtungen Unabhängigkeit von dem Staate, dessen Bildungsinstitutionen er mit seiner Kritik ins Visier nehmen will. Und er bietet ihm aus dem Abstand größtmöglichen Überblick und Freizügigkeit für sein Urteil. Das Thema lautet: Bildung unter Verhältnissen, in denen die heraufziehende »soziale Frage« eine Revision der Werte erforderlich macht. Wo stehen wir, wohin gehen wir, wie haben wir uns zu verhalten? Die Demokratie ist im Anmarsch, die Schwäche der eigenen Gegenwart ist unverkennbar. Gründe dafür liegen in den Schwächen der Bildung und der dafür bereitstehenden öffentlichen Einrichtungen. Zieht man Nietzsches Äußerungen zu Schulpforta oder den schriftlich niedergelegten Erfahrungsaustausch während der Leipziger Universitätsjahre in Betracht, dann sieht man, wie sehr das Urteil sich jetzt organisch ausgebildet hatte. Nietzsche rechnet mit zwei großen Haupttendenzen seiner Zeit: dem »Trieb nach möglichster Erweiterung der Bildung« und dem »Trieb nach Verminderung und Abschwächung derselben«. Bildung soll einerseits im Sinne der heraufdringenden Demokratie »in immer weitere Kreise getragen werden«, ihr soll andererseits »zugemutet« werden, »ihre höchsten selbstherrlichen Ansprüche aufzugeben und sich dienend einer anderen Lebensform, nämlich der des Staates, unterzuordnen«.

Es wird hier in der Tat mit zwei Kräften gerechnet, die, wo man sie gewähren läßt, unwiderstehlich sind, mit zwei Molochen, die alles verschlingen, deren Ansprüche – historisch gesehen – aber erst jüngeren Datums sind. Wer kann sich gegebenenfalls der Stimme des Volkes und seiner Herrschaft widersetzen, wer der Allmacht des Staates entgegenwirken? In Europa galten bis weit in die Neuzeit hinein die Völker und Staaten wenig. Das »Volk«

war eine Entdeckung Herders, der vor allem den slawischen Osten erst damit vertraut machte, daß es sie überhaupt gab; »Völker« spielten in der romantischen Geschichtsphilosophie eine Rolle. Was bis dahin galt, waren die Dynastien und die Familienbande, die ihre Interessen zusammenhielten, waren im 18. Jahrhundert in Krieg und Frieden die konzertierten Aktionen der Kabinette und ihrer Minister, die das Volk wie eine Flöte bespielten. Erst um die Mitte des 19. Jahrhunderts begannen die Völker in Großmonarchien wie Österreich oder Rußland ein Bewußtsein von sich selbst zu gewinnen, das zwangsläufig gegen die Widerstände des Staats und seiner Administration gerichtet war. Aber die Staaten befanden sich fest in der Hand der regierenden Dynastien. Niemand sann ernsthaft darauf, sie ihnen zu entreißen. Bevor der Aufstand der Völker gewagt werden konnte, mußten sie erst aus dem tiefen Schlaf, in dem sie sich befanden, geweckt werden.

Die Ansprüche des Staates, von denen Nietzsche spricht, sind anderer Art. Staat und Volk haben in der Praxis des Alltags nicht unbedingt etwas miteinander zu tun. Der Staat kann von der Wirklichkeit der gegebenen Verhältnisse her, etwa in Preußen, wie das große Ungeheuer erscheinen, unberechenbar, fordernd, gewalttätig, immer zum Sprung bereit, gnadenlos. Der deutsche Idealismus eines Fichte hatte keine Mühe gescheut, ihm dieses Gesicht zu geben. Nietzsche kannte die Dressurmethoden von Schulpforta her, mit denen der Untertan auf den rechten Weg der Pflichterfüllung gebracht wurde, wo man seine Fähigkeiten bis aufs letzte aus ihm herausholte. Am Ende stand der Staatsnutzen, der wenig oder überhaupt nicht nach dem Glück des Individuums fragte.

Volk und Staat haben, so Nietzsche in seinen Basler Vorträgen, der Bildung unter den Verhältnissen der Zeit als die wichtigsten Größen voranzugehen. Der aus dem Volke stammende Absolvent der Schule hat sich dessen zu versehen, daß er nach dem Ablauf der Ausbildungszeit dazu ausersehen ist, vom Staat in einer ihm zugute kommenden Weise in Anspruch genommen zu werden. Das bedarf, so die gehaltenen Vorträge, ausdrücklicher Hervorhebung, denn der Staat besorgt selbst auf mehr oder minder geschickte Art die Verschleierung seiner Forderungen. So läßt das Ideal der Humboldtschen Universität ein äußerlich von jedem Nutzen herausgelöstes freies Forschen, ein unbekümmertes Tummeln an den staatlich dotierten Plätzen der Wissenschaft zu. Nietzsche denkt an seinen Aufenthalt in Bonn, den er wie ein »Sich-Wiegen auf dem Schaukelstuhl des Augenblicks« empfunden hat, wo unter den Mitstudierenden geradezu darum gewetteifert wurde, wer »der Unnützere« sei: Studenten als »bequem auf der Schwelle der Gegenwart hingestreckte Nichtsnutze« können, wenn man ihnen zusieht, den Eindruck erwecken, daß es mit dem Staat als angeblichem Ungeheuer nicht so schlimm bestellt ist. Aber das erfolgt nur in zeitlich begrenzten Phasen, die vom einen mehr, vom andern weniger ausgedehnt werden, was an der bestehenden »Bildungsnot« nichts ändert.

Was Nietzsche in seinen Basler Vorträgen vorwegnimmt, bevor es von der Zeitkritik der 80er und 90er Jahre, insbesondere der aufsteigenden naturalistischen Bewegung ins Bewußtsein aufgenommen wird, ist schlicht gesagt das, für das hundert Jahre später das Wort »Bildungskatastrophe« gebraucht werden wird. Nietzsche sieht eine Verirrung des Bildungswesens durch Abfall von den großen Werten, durch die zähen Gewohnheiten der Schule und der Bildungsbeauftragten selbst! Was wird am Ende in ihr noch eine Venus von Milo bedeuten? Wie kann ein Homer an Spannung gegenüber den Romanen eines Spielhagen bestehen? Der Journalismus wird gegen Schiller, Meyerbeer gegen Beethoven eingetauscht, der beschränkteste Standpunkt bleibt im Recht gegen den höheren, die »deutsche Kultur« hat sich längst in »ein kosmopolitisches Aggregat« verwandelt. Dem Verlust der Kultur liegt die Instinktunsicherheit zugrunde, sich von der Nachahmung der französischen Zivilisation etwas zu erhoffen, obwohl die Sicherheit besteht, sie nie zu erreichen.

Gegenüber allen Zukunftserwartungen ist nach Nietzsche im Bildungswesen auf die Position des »Rückschritts« zu setzen. Nicht Gründung neuer Bildungsanstalten ist vonnöten, sondern ihre Verminderung, weil die »lauten Herolde des Bildungsbedürfnisses... bei einer ernsten Besichtigung aus der Nähe... fanatische Gegner der wahren Bildung« sind. Zu einer glücklichen Entfaltung dessen, auf das es bei der Erhaltung der Kultur ankommt, reicht eine geringere Anzahl von höheren Bildungsinstituten aus, wenn die für die breiten Massen bestehenden Institute ihr ohnehin entgegenarbeiten. Was für die Schüler gilt, gilt auch für die Lehrer. Denn die besten Lehrer müssen beim Zustand der wahllos zusammengewürfelten Jugend sich hüten, das Beste, was sie wissen, zu sagen. Sie müssen es behutsam verschweigen, während die Mehrzahl der Lehrer mit der Mehrzahl der Schüler bei der Dürftigkeit ihrer beidseitigen Ansprüche ausgezeichnet harmonisiert. Der Ruf nach »Volksbildung« bedeutet in Wirklichkeit, ohne daß sich die Rufer dessen immer bewußt sein müssen, Aufforderung, die »Saturnalien der Barbarei« zu feiern, sich selbst in den Genuß fesselloser Freiheit zu bringen.

Das ist Bekenntnis zur kleinen Zahl, zu den *happy few*, den glücklichen Auserwählten. Es gibt nur »Bildung der einzelnen, ausgelesenen, für große und bleibende Werke ausgerüsteten Menschen«. Warum? Weil es eine Bildung der Masse nicht geben kann. Gebildete Massen wäre ein Widerspruch in sich, aber Massen selbst – das zeigt der Verlauf der Weltgeschichte – haben die Kraft, einander ablösende Zeitalter zu überleben. »Bildung« unter dem Diktat der Massen bedeutet: Millionen können aus Goethes »Faust« zitieren, hunderte Orchester in aller Welt Beethovens »Fünfte« annehmbar bis vorzüglich spielen: aber es gibt niemand mehr, der ein solches Werk dichten oder komponieren könnte.

Wenn irgendwo eine Rechtfertigung der »Elite« unternommen worden ist, die für das zwanzigste Jahrhundert ihre Geltung behalten wird, dann in diesen Basler Vorträgen. Sie sind in ihren Hauptpartien in der Form eines Zwiegesprächs gehalten, das auf der Höhe von Rolandseck mit dem Blick auf den nächtlichen Rhein zwischen einem Philosophen und einem jungen Freund der Philosophie stattfindet. Alles was demokratischer Gesinnung als perfidester Hochmut erscheinen muß, ist hier auf knappe Formeln gebracht, macht die »Bildung« zu einer nach strengeren Selektierungsverfahren vor sich gehenden Angelegenheit. Man sagt nicht zu viel, wenn man hier auf die Kernzelle der politischen Reaktion kurz vor dem Höhepunkt des preußischdeutschen Imperialismus zu stoßen glaubt. Aber das ist zu vordergründig gesehen. Das böse Auge sieht scharf. Denn Nietzsche hat sich gerade den Schwächen des preußischen Systems zugewandt, er nutzt die Gunst der Stunde, vom Boden der Schweiz aus mit ihm furchtbar ins Gericht zu gehen. Wenn er die »uniformierte Staatskultur durch die Gymnasien« aburteilt, dann denkt er in erster Linie an Preußen, das eine Staatsmacht bedeutet, wie sie vorher nur das Altertum kannte. In diesem »kräftigsten modernen Staate« kulminiert die Gegenwart, hier ist das »Ziel der Weltgeschichte« erreicht, befindet man sich auf der »Spitze der Pyramide«. Das mag von vielen Augen, die aus aller Welt gespannt auf das Preußen Bismarcks schauen, bestätigt werden. Zugleich aber enthüllt es große künftige Gefahren.

Es liegt auf der Hand: Nietzsches Kritik hat mehrere Böden. Das macht sie so schwer überwindbar. Wer glaubt, sie in einem Zuge nehmen zu können, sitzt einer großen Vertrauensseligkeit auf. Wenn viel später im Namen der Volksherrschaft auf dem Boden der Weimarer Republik, angeführt von der deutschen Sozialdemokratie, die Opfer der Bismarckschen Politik sich zu Worte melden und das Hohenzollernreich für ihre Leiden zur Verantwortung ziehen, beschwören sie ohne Wissen und Wollen Nietzsche herauf, der die »deutsche Kultur der Jetztzeit« mit grimmigem Hohn bedachte und in ihr Züge einer »eleganten Barbarei« herausspürte. Nietzsches Kritik geht jeder späterer Verachtung des Wilhelminischen Kaiserreichs voraus, sie ist tief gegründet und rechnet schon ganz früh mit der Verdorbenheit des Geschmacks der Ära, die gerade begonnen hat.

Nietzsche hat die jetzt in ihren Anfängen zutage tretenden Anzeichen für ein Abnehmen der ästhetischen Kultur in den Basler Vorträgen nicht an Beispielen der praktischen Politik aufgezeigt, sondern an der »Bildung«. Hier ist seine Prämisse: Verbreitung der Bildung, was sich auch für sie ins Feld führen läßt, kann nie und nimmer zu ihrer Konzentration führen. Verbreitung der Bildung unter der Masse bedeutet zwangsläufig ihre Verengung im Blick auf den Einzelnen. Es gehört zur Eigenart der Bildung, daß sie sich immer nur da hat entwickeln können, wo die »Lebensnot« abgewendet ist, wo mindestens ein geringer materieller Überfluß besteht, in deren Sphäre sie sich behaupten kann.

Hier bringt der Kenner der griechischen Naturphilosophen Einsichten mit, die weit in den Haushalt der Natur hineinreichen. Der begierige Anspruch auf Bildung, die Heftigkeit der Inbesitznahme, die laute Gebärde ihrer Verwaltung hat aufsplitternde, auflösende Wirkung. In hart zupackenden Händen zerbrechen Formen und Inhalt. Zurück bleibt in der allgemeinen Geschäftigkeit bei der Bildungsaneignung die Leere. Was das bedeutet, weiß Nietzsche als Altertumswissenschaftler, der Kenntnis hat von den Niedergängen in der griechischen Antike, von den für das Auge zunächst kaum wahrnehmbaren Anfängen, den ersten geheimen Schwächungen durch nachlassende Widerstandskraft, durch betörende Töne bloßer »Schöne« im Orphischen, durch Demokratie und Verstädterung, wo der Bürger schließlich zum anonymen Schemen wird. Die athenische Demokratie war bürgerliche Stadtzivilisation, wo die Bildung der einander gleich gewordenen Bürger so ausgefeilt und hochgetrieben wurde, daß sie sich gleichsam selbst überschlug. Wo war die Bildung der athenischen Republik, wo war die athenische Republik am Ende selbst geblieben? Sie waren ins »Nichts« zurückgefallen. Auf Kupferstichen des 18. Jahrhunderts grasen in den Trümmern der Akropolis die Schafe. Der athenische Bildungsbürger hatte ganze Arbeit geleistet. Er hatte sich selbst auf die Stufe der griechischen Genies gestellt, er hatte deren Rechte »demokratisiert«, um sie für sich in Anspruch zu nehmen und damit aller eigenen Bildungsarbeit enthoben zu sein. Er hatte dem griechischen Genius den Tod bereitet.

Hier ist schon ein frühes Resümee von Nietzsches Geschichtsphilosophie gezogen: Demokratie ist die letzte Karte, die eine Kultur auszuspielen hat, die sie und durch die sie sich am Ende selbst verspielt. Dabei kommt es zu einem unvermuteten Zusammenklang mit Marx, der die von ihm bekämpfte Bourgeoisie der klassischen Form in den am stärksten durchdemokratisierten Großstaaten seiner Zeit, in England und Frankreich mit ihrem Parlament, den Menschenrechten, der »freien Presse«, als die mit dem Fortschritt verbündete herrschende Klasse sieht, die hier wie dort in ihrer effektivsten Form unter dem Mantel der »Demokratie« auftritt. Sie ist die Klasse, unter deren Etikett in England der tonangebende Freihandel Doktrin wird, in Frankreich Großmeister der Demagogie wie Thiers und Guizot bei wechselnden Mehrheiten in der Kammer die Krisen des Regimes überstehen. Aber der politische und wirtschaftliche Fortschritt ist nicht gleichbedeutend mit dem kulturellen. Denn der allmächtig gewordene Bürger schreckt nicht davor zurück, das Genie von seinem Sockel herunterzustoßen, um sich selbst auf erhöhtem Podest und sehr sichtbar für jedermann zu etablieren. Er mit der von ihm verkündeten Gleichheit kann es nicht ertragen, daß jemand, und sei es auf dem ihm fernstehenden Gebiet der Kunst, sich über ihn stellen könnte. Er wird darum so lange an ihm zerren, er wird ihn verdächtigen, analysieren, der Schwäche bezichtigen, bis er ihn auf sein eigenes Niveau heruntergebracht hat, ja er wird ihn so behelligen, daß es ihn am Ende gar nicht mehr geben kann. Hinter dieser Aussicht steckt die aus dem Altertum herauftauchende Vision von Stätten alter Kulturen, aus denen Ruinenfelder mitten in einer Steppenlandschaft geworden sind. Die Nutzanwendung für die Gegenwart ist, daß große Städte sich in Wüsten verwandeln können, wo organisches Leben seine einzige Hoffnung im Tod sieht. Es ist die Vision, der Nietzsche später in der Gestalt des Zarathustra nachgehen wird. Sieht man vom Ende der Universitätslaufbahn Nietzsches auf die Schriftsätze seiner Basler Vorträge zurück wie vom Ende eines fünfaktigen Schauspiels auf seine Exposition, so erkennt man, daß in ihnen sein Bruch mit der »deutschen Universität« schon ganz klar vorbereitet ist. Seine Vorwürfe haben eine weit in unsere Gegenwart hineinreichende Wirkung. »Bildung« in ihrer antiken Bedeutung des Durchformens der heranwachsenden Jugend ist das letzte, was man vom herrschenden Bildungssystem erwarten kann; sie auf »historische Bildung« zu reduzieren, ist ein einziges Mißverständnis. Damit wird der natürliche Denktrieb, der immer wieder bei den in der Gegenwart gegebenen Verhältnissen zu wirken beginnt, von vornherein zerstört. Was in dieser allgemeinen Orientierungslosigkeit nottäte, wäre das Vertrauen auf den Genius. Aber alles Genialische zerrinnt in dieser Zeit unter der Hand eines irrlichternden Journalismus, und dies eben darum, weil der »Journalist, der Diener des Augenblicks ... an die Stelle des großen Genius ... getreten« ist. Hier trifft Nietzsche als Kulturkritiker allerhöchsten Ranges an einen empfindlichen Nerv, wenn er im Journalismus die zeitentsprechende Form des absoluten Herrschers sieht, mit dem sich nicht rechten läßt. Wer sich mit ihm anlegt, hat von vornherein verloren. Das gilt auch für die vom alten Bildungsstolz getragenen Ansprüche: »In der Journalistik nämlich fließen die beiden Richtungen zusammen: Erweiterung und Verminderung der Bildung reichen sich hier die Hand«, »das Journal tritt geradezu an die Stelle der Bildung«.

Das ist eine Einsicht, die nicht neu ist, aber Nietzsche gibt hier eine geschliffene Formel für sie und wird später davon ausgehend zum Exponenten allen Mißtrauens in die Demokratie, von der ja im Bismarckschen Deutschland überhaupt nicht die Rede sein konnte. Er warnt vor ihr ausgerechnet vom demokratischen Boden der Schweiz aus. Mit der Fessellosigkeit der demokratischen Freiheit ziehen unabsehbare Gefahren herauf, denen gegenüber das Elend der an der Vergangenheit hängenden Gegenwart noch ein Kinderspiel ist.

Also Verlust der Orientierung durch die Macht der Presse oder Wegweisung durch Hingabe an »große Führer«! Man gerät leicht in die Gefahr, diese Alternative Nietzsches durch zukünftige Ereignisse und damit ein Wissen zu belasten, das Nietzsche nicht gehabt hat. Nietzsches Erfahrungen sind hier ausgesprochenermaßen aus dem Scheitern der deutschen Burschenschaft in der Metternichära gewonnen, wo sie ihren Verfolgern nicht standhalten konnte, weil ihr die Führer fehlten, weil sie keinen Schiller hatte, der ihr ein »Organisator« hätte sein können. Nietzsches »Führer« sind aus dem Holz eines Friedrich Schiller oder seiner Helden geschnitzt, allen voran Karl Moor, Gestalten, von denen eine gewaltige Leuchtkraft ausgeht, die mit ihrem Wirken und Trachten dem Volk Richtschnur sind. Seine Berufung auf das »Schicksal der Burschenschaft«, die mit all ihren Idealen und den großen Erwartungen in die deutsche Zukunft schließlich führerlos das Opfer ihrer reaktionären Feinde wurde, sagt uns noch einmal, wie sehr er sich selbst als Bonner Burschenschafter gefühlt hatte, wie nahe es ihm gegangen war, als ihm die »Frankonen« seinen Ausschluß nach Leipzig mitteilten. Die Huldigung an den »Führer«, das »Genie«, die große Persönlichkeit, die allen in der Zeit angelegten Tendenzen der bürgerlichen Gleichheit entgegenwirkt, ist so, wie sie am Ende des fünften Vortrags ausgesprochen wird, ein ganz neuer Ton. Die Vorträge selbst nehmen im schriftstellerischen Werk Nietzsches keinen ihnen vom Redner selbst zuerkannten bedeutenden Platz ein. Ihr Anlaß ist eher äußerer Art gewesen, sie wenden sich an einen begrenzten Zuhörerkreis und sind als Redemanuskript gedacht. Aus ihm scheint zuweilen der Schatten Bismarcks, der selbst ungenannt bleibt, aufzusteigen. In seinem Gegen-die-Zeit-Ankämpfen hat sich Nietzsche hier noch nicht aus allen Übereinkünften mit seiner Zeit herausgelöst. Er steht sogar ziemlich fest in ihr. Die Vorträge waren dem Publikum, an das sie sich wandten, durchaus zumutbar und entsprachen sogar sehr jenem gehobenen Stadtbürgertum, das sich nicht gern mit jedermann verwechseln läßt. Und doch lagen hier inmitten von Nietzsches ureigenem Felde die Wurzeln seiner später ausgeführten rigorosen Kulturlehre und seiner Politik.

Das Jahr 1872 war für Nietzsche ein merkwürdiges Jahr. Durch seine »Geburt der Tragödie«, die Anfang Januar erschien und in den folgenden Monaten einen Aufruhr in der wissenschaftlichen Welt auslöste, war sein Name zum ersten Mal in die größere Öffentlichkeit gedrungen. Das Echo kündigte einen Aufstieg an, dem der Sturz bald folgen sollte.

Der eigentliche Einschnitt, der Nietzsches Leben betraf und es von Grund auf verändern sollte, ging jedoch von Triebschen aus. Am 22. April war Wagner abgereist und nach Bayreuth gefahren, um nicht mehr zurückzukehren. Nur Cosima mit den Kindern und dem Dienerehepaar blieb bis zum Ende der Haushaltsauflösung noch in dem Landhaus am See zurück, wo sich alles in einer Stimmung zwischen Aufbruch und Trauer bewegte. Triebschen war für Wagner gleichbedeutend mit einem Lebensabschnitt von allergrößter Produktivität gewesen. Der Ort verband sich mit der Beendigung der »Meistersinger«, der Arbeit am »Siegfried« und an der »Götterdämmerung«, für deren Abschluß Wagner Bayreuth vorgesehen hatte. Vor dieser »Insel der Seligen« hatten die auf ihn eindringenden Stürme immer Halt gemacht. Die Landschaft mit wildem Hochgebirge, dem See, den hügeligen und im Sommer unendlich schön blühenden Wiesen am Ufer war über Jahre hinweg bewährter Schutz- und Ankerplatz für den verfolgten Künstler gewesen.

Damit hatte es nun ein Ende. Als Nietzsche von Montreux nach Triebschen kommt, ist Cosima mit dem Zusammenstellen des für Bayreuth bestimmten Hab und Guts beschäftigt. Er leistet ihr dabei Gesellschaft, hilft Manuskripte, Bücher und Briefe zusammenzupacken. Abends spielt er ihr auf dem Klavier vor.

Die Umstände, wie er sie hier antrifft, sind Anlaß genug, Rückschau zu halten. Ein paar Tage später, am 1. Mai, schreibt er an Gersdorff, aus elegischer, von der Zukunft wenig erwartender Stimmung: »Triebschen hat nun aufgehört: wie unter lauter Trümmern gingen wir herum, die Rührung lag überall, in der Luft, in den Wolken, der Hund fraß nicht, die Dienerfamilie war, wenn man mit ihr redete, in beständigem Schluchzen – ach es war so trostlos! Diese drei Jahre, die ich in der Nähe von Triebschen verbrachte, in denen ich 23 Besuche dort gemacht habe – was bedeuten sie für mich! Ich bin glücklich, in meinem Buche mir selbst jene Triebschener Welt petrifiziert zu haben.«

So sprach jemand, der auch Rechenschaft über sich selbst ablegte. Was wäre die Zeit in Basel ohne die Reisen zum Wagnerschen Haus am See mit seinen Bewohnern, seinen Tieren, dem Park, dem Musizieren, den Ausflügen ins Gebirge gewesen? Nietzsche hatte allen Grund, sich ohne Wagner im Zustand allergrößter Verarmung zu sehen, als Gelehrtenexistenz auf den Hörsaal der Universität, die Schulstube des Pädagogiums beschränkt, ein einsamer Zimmerherr mit seinen wenigen Büchern als Privateigentum, dem als Sternstunden allenfalls die Gespräche mit Overbeck und ab und zu mit Burckhardt erscheinen mußten.

Für Wagner war Triebschen im Grunde das ihm von außen für Jahre aufgezwungene Asyl gewesen, das er mit dem Stab des Magiers in ein Zauberreich verwandelt hatte. Nichts allerdings konnte ihn bewegen, als die sehnsüchtig erwartete Stunde kam, wo die Vorbereitungen für das Nibelungen-Festspiel im selbstgewählten Bayreuth beginnen mußten, weiterhin in Triebschen auszuharren. Die Erfüllung seines Lebenswunsches stand Wagner, der am Tage der Grundsteinlegung des Festspielhauses, am 22. Mai, seinen 59. Geburtstag feierte, erst noch bevor. Als Künstler bewegte er sich trotz »Tristan« und »Meistersingern« immer noch auf einer aufsteigenden Lebenslinie.

Bereits vor Wagners Abreise nach Bayreuth hatte es erste kleine, an sich nicht nennenswerte Schatten über der Beziehung zwischen ihm und Nietzsche gegeben; nicht nennenswert darum, weil die Vorgänge an sich unbedeutend waren und noch dazu dem jeweils andern Teil unbekannt blieben. Es mußte auffällig sein, daß Nietzsche das letzte Weihnachtsfest nicht zusammen mit Wagner und Cosima in Triebschen verbracht hatte, obwohl kein eigentlicher Anlaß zum Fernbleiben bestand, eine Einladung an ihn ergangen und ein freudiger Empfang ihm gewiß war. Wenn Nietzsche sich an den Feiertagen in seiner »Basler Hundehütte« einschloß, um sich, wie er am 21. Dezember an Rohde geschrieben hatte, der »Einsamkeit« zu widmen; so hatte das, milde gesagt, einen unübersehbaren Zug des Ostentativen an sich. Seine Erklärung war: er brauche die Zeit, um über seine Vorträge über die »Zukunft der Bildungsanstalten« »einiges nachzudenken«. Und das am 25. Dezember, wo noch dazu die unendlich verehrte Cosima Geburtstag hatte! Er hatte ein Klavierstück zu vier Händen: »Nachklang einer Sylvesternacht« komponiert und es ihr als Geschenk zum rechtzeitigen Empfang am Festtag zugeschickt. Mochte er immerhin dem Risiko seiner Beurteilung durch das Geburtstagskind und Wagner aus dem Wege gegangen sein, so hielt er sich gegen alle mitgeteilten Absichten am ersten Weihnachtstag bei der Familie Vischer auf, zwei Tage später nahm er an der »Bescherung« im Hause Bachofen teil, wie er am 27. Dezember nach Naumburg schrieb. Von der geplanten Arbeit an den Vorträgen keine Spur!

Nun war sein Anspruch, mit einer eigenen Komposition Cosima Wagner zu erfreuen, nicht eben gering gewesen. Er stand mit seinen Sylvesterklängen tatsächlich in unverfrorener Konkurrenz zum »Siegfriedidyll«, mit dem Wagner zum gleichen Anlaß Cosima ein Jahr vorher überrascht hatte. Diesmal war ihr Kavalier an der Reihe.

Das mochte angehen und auch auf die allfällige Nachsicht des »Meisters« rechnen können, das unerklärliche Fernbleiben des eingeladenen Liebhaber-Komponisten war jedenfalls nicht der rechte Weg, um der Begutachtung des Werks durch den musikalischen »Fachmann« zu entgehen. Es war schlechterdings ein Fehler. Die Komposition des nicht zum Fest gekommenen Gastes mußte sich auf das »Donnerwetter« gefaßt machen, das Hans Richter fürchtete, als er sie mit Cosima zusammen Wagner vorspielte. Cosima gab – allerdings erst viele Jahre später, in einem Brief an Felix Mottl vom November 1887 – zu: »daß ich vor Lachen, trotz meiner damaligen großen Freundschaft, gar nicht weiterspielen konnte«. Wagner hörte die Anflüge der Aufsässigkeit aus diesen etwas fragwürdigen Takten heraus. Und dazu noch das Wegbleiben an den Feiertagen trotz herzlichen Willkommens! Wagner kannte Nietzsches Existenzgrundlagen zu gut, um sich von seiner Begründung beeindrucken zu lassen. Der »Vasall« probte offensichtlich den Aufstand, Wagners Empörung und Cosimas Gelächter über Nietzsches Silvestermusik für Klavier waren die Antwort.

Nietzsche hätte es nun bei der Peinlichkeit seiner Sylvesterklänge bewenden lassen sollen. Statt dessen glaubt er »nachsetzen« zu müssen, verharrt er auf dem einmal eingeschlagenen Weg. Aber in der Frage der Musik bewährt sich das Insistierende seines Charakters am wenigsten. Um das Unglück vollständig zu machen, begibt er sich an die Umarbeitung seiner Silvestermusik für Klavier zu vier Händen und läßt sie zur sogenannten »Manfred-Meditation« anwachsen.

Zur mißglückten Komposition kommt noch die fatale Idee, sie erfahrenen Händen anzuempfehlen. Am 28. und 30. Juni sitzt Nietzsche in München unter den Zuhörern, die dem »Tristan« unter Bülows Stabführung beiwohnen. Unter dem Eindruck der beiden Aufführungen nun entschließt sich Nietzsche seiner Natur entsprechend ganz spontan, seine Gegenouvertüre zu Schumanns »Manfred« Bülow zu widmen.

In einem beiliegenden Brief vom 20. Juli legt er die Gründe für die Widmung dar: Dank dafür, ihm »den Zugang zu dem erhabensten Kunsteindruck meines Lebens« vermittelt zu haben, des weiteren gibt er nähere Erläuterungen über den Anlaß seiner Reise. Der Schock nach dem Angriff von Wilamowitz hatte ihn nach München getrieben: »Ein Berliner Pamphlet gegen meine Schrift«. Die Wunde muß sich erst schließen. Inzwischen will er »die heilende Kraft des Tristan« erfahren, wendet er sich an Bülow als den »Arzt«, der mit der Aufführung über ein »Zaubermittel« verfügt.

Der Schlag, den Nietzsche von Bülow gewissermaßen als Gegengabe für die ihm gewidmete Musik erhält, übertrifft an Schwere bei weitem denjenigen, den ihm mit seinem Angriff Wilamowitz zugefügt hatte. Postwendend, am 24. Juli, läßt Bülow ihn wissen, was er von seiner Musik hält. »Ihre Manfred-Meditation ist das Extremste von phantastischster Extravaganz, das Unerquicklichste und Antimusikalischste, was mir seit langem von Aufzeichnungen auf Notenpapier zu Gesicht gekommen ist.« Das Ganze kann kaum mehr als ein »Scherz« sein, vielleicht »eine Parodie der sogenannten Zukunftsmusik«, es ist ein Hohn auf die »Regeln der Tonverbindung«, ja »vom musikalischen Standpunkt aus« hat es den »Wert eines Verbrechens in der moralischen Welt ...«

Hier kann sich Nietzsche, nachdem ihm Wilamowitz einige Wochen vorher wissenschaftliches Versagen nachgesagt und geraten hatte, seinen Basler Lehrstuhl zu räumen, eine frische Feder an den Hut stecken. Dem Antiphilologen wird bestätigt, Antimusiker zu sein. Zum einen hatte er sich selbst gemacht, der andere wird ihm als schmerzendes Etikett angehängt. Das dringt tief ein. Denn dem »Philosophen«, der er eigentlich von Amts wegen gar nicht ist, war der »Musiker« immer vorangegangen. In der Musik als Lebenselement war er groß geworden. Und gerade das wird jetzt als Irrtum ausgelegt.

Was hatte Nietzsche überhaupt dazu gebracht, Bülow eine Musik zuzusenden, die er im Brief selbst als eine »entsetzliche« bezeichnet und mit einem Stöhnen vergleicht: »wie der Kater auf den Dächern«? War er durch die Wilamowitzsche Attacke zeitweise von einer derartigen in Masochismus ausartenden Lähmung befallen, daß er sich mit seinem provozierenden Musikgeschenk vom Empfänger eine zusätzliche Abfuhr holen wollte? Es gibt einiges, was dafür spricht. Bülow liegt denn auch gar nicht falsch, wenn er von Nietzsches »Aberration in's Kompaniergebiet« spricht und dafür psychologische Gründe verantwortlich macht, von denen Nietzsche, der sein Heilungsbedürfnis erwähnte, selber gesprochen hatte. Er irrt, wo er meint, Nietzsche habe die »Manfred-Meditation« unter dem Einfluß seiner Münchener »Tristan«-Aufführung niedergeschrieben. Denn diese Ouvertüre für Klavier war ja ein verbesserter Teil jener Silvesterklänge, über die Wagner seinen Groll und Cosima ihr Gelächter während Nietzsches Abwesenheit hatten ergehen lassen. War es auf Wagners Diplomatie zurückzuführen, oder war das Werk vielleicht doch ein für ihn bei einer gewissen Nachsicht annehmbares Musikgebilde? Auffallend war, daß keine Worte von solcher Härte wie bei Bülow fielen.

Alles in allem genommen sah die Lebensbilanz Nietzsches im Sommer 1872 wenig günstig aus, sie hinterließ sogar schon einen tristen Eindruck. Er hätte es sich selbst verheimlichen können: als Universitätswissenschaftler war er mit der »Geburt der Tragödie« gescheitert. Aber er verheimlichte es sich nicht, sondern sprach im Kreis der Freunde offen darüber. Wenn er die Schumannsche Musik, die ihm so viel bedeutet hatte, als Stufe der Verirrung »überwindet«, dann scheint er gerade jetzt im Begriff zu sein, seine ganze bisherige Existenz bis auf ihre Grundmauern niederreißen zu wollen. Unzweifelhaft geht es ihm dabei um Erneuerung, um die Geburt einer »neuen Kreatur«. Dieser Sprachgebrauch im Sinne des Apostels Paulus war ihm von Hause aus genau vertraut.

Man dürfte allen Grund haben, diesen Existenzabbruch Nietzsches, der im Musikalischen Gelächter und Entsetzen hervorrief und nicht ohne Lärm ablief, den unmittelbaren Kampfvorbereitungen zuzurechnen, wie er sie jetzt trifft. Kampf den Fetischen, den falschen Göttern der Zeit, von denen er die »Bildung« in ihrer Entstellung schon beim Namen genannt hatte, wobei das »Christentum« bis jetzt eigentlich noch ausgelassen ist. Die Auseinandersetzung mit ihm bedarf gründlich erwogener Maßnahmen und sorgsam geschliffener Waffen, ganz besonders der Beratschlagung mit Overbeck im Hause am Schützengraben, der »Gifthütte«, wie es die beiden Bewohner nennen. Die Arbeitsvorgänge entziehen sich dem Auge, sie sind weniger in Nietzsches für den Druck gedachten Werken, wie sie jetzt vorbereitet werden, wahrnehmbar. Auch nicht in der schon erschienenen »Geburt der Tragödie«. Die eigentlich publizierten Werke, die fast ausnahmslos fragmentarischen Charakter haben, sind nur die weithin leuchtenden Spitzen des Eisbergs. Der Brunnen, aus dem Nietzsche schöpft, sind seine zunächst für die Vorlesungen zusammengestellten Aufzeichnungen und Manuskripte. Hier gibt er Kunde von seiner Verwurzelung im vorsokratischen Griechenland, in der Sphäre der »Vor-Vernunft«, der Naturelemente, der alten griechischen Tragödie des Aischylos, nicht der schon vom stadtzivilisatorischen Geist angekränkelten des Euripides, wie er es sieht.

Es ist darum eine Täuschung, wenn man die frühe Basler Produktion auf seine »Geburt der Tragödie« und die Vorträge »Über die Zukunft unserer Bildungsanstalten« beschränkt sieht. Das sind nur herausgeschlagene Stücke aus dem rohen Gestein seiner Entwürfe zum Griechenland des Vorrationalismus. Die schriftliche Niederlegung dieser Gedanken, die in noch nicht ausgereifter Form für den akademischen Unterricht bestimmt sind, hat damals den größten Teil seiner Zeit in Anspruch genommen. Hier ist der eigentliche Fond, auf den er als Philosoph später immer wieder zurückgreifen wird. Hier liegen die historischen Grundlagen für den »Systematiker« Nietzsche mit seinem eigentümlichen Wetterleuchten. Nietzsche denkt damals daran, als Gegenstück zu seinem Buch über die Tragödie ein Buch über die Philosophie vor Plato zu schreiben. Die Parallelität der Umstände hat etwas Bestürzendes an sich: die griechische Tragödie hört da auf, wo die griechische Philosophie durch den Dialog mit der Vernunft die Nebel des im Mythologischen verhafteten Naturdenkens durchstößt. Triumph der Vernunft ist Tod der Tragödie. Die Bedingungen für die Tragödie war die griechische Naturphilosophie, waren Demokrit, Heraklit, Empedokles. Sie gehören zu den Hauptgegenständen von Nietzsches Basler Universitätskollegs. In ihnen hat er den Weg von Demokrit, dem Ausgang seines eigenen Naturdenkens, zu Empedokles zurückgelegt: Empedokles als Typus des Philosophen, in dem sich Gott und Mensch begegnen, wo der Mensch divinatorische Beglaubigung erfährt, ja selbst schon Gott geworden ist.

Es scheint, daß Nietzsche dabei ist, sich unter dem Eindruck der voraussehbaren Trennung von Wagner durch die Auflösung von dessen Haushalt in Triebschen nach einem anderen Vorbild aus dem Geschlechte der Magier umzusehen. Die Lektüre von Hölderlins »Empedokles« in Schulpforta ist unvergessen. Es sind eigene Worte, mit denen Nietzsche den Philosophen aus Agrigent seinen Basler Studenten vorstellt: »Er ging umher im Purpurgewand, mit goldenem Gürtel, in Schuhen von Erz und eine delphische Krone auf dem Haupte. Er trug langes Haar: seine Züge waren immer gleichmäßig finster: wo er auftrat, folgten ihm immer Diener«. Empedokles wird jetzt zum Namen, mit dem sich die Beschwörung einer Wunderwelt durch die Vollmacht des Gott-Philosophen verbindet: »Er schwebt zwischen Arzt und Zauberer, zwischen Dichter und Rhetor, zwischen Gott und Mensch, zwischen Wissenschaftsmensch und Künstler ...« heißt es über ihn im Basler Vorlesungsmanuskript in einer Sprache, der die Selbstidentifikation anhängt. Der spätere Dichter des »Zarathustra«, der Gefährte des Dionysos, hat in Empedokles seinen Vorgänger gefunden: »Empedokles, der durch alle Stufen: Religion, Kunst, Wissenschaft getrieben wird und die letzte auflösend gegen sich selbst richtet.«

Der Verlauf des Jahres 1872 nimmt sich im Leben Nietzsches aus wie der Gang über einen Felskamm im Gebirge. Er hat das eigentlich Abschüssige seiner Lebensbahn noch nicht erreicht, aber er steht unmittelbar davor. Gähnende Tiefe tut sich auf. Es hat sehr wohl das Gefühl über ihn Gewalt gewonnen, einer ungewissen Zukunft entgegenzugehen. Wohin wird sich das Lebensschiff bewegen, nachdem die Anker vom Triebschener Grund gelöst sind und die Taue, die es am Ufer hielten, weggeschleudert werden müssen? Die »Fröhliche Wissenschaft«, von der er bald ergriffen werden wird, hat bei ihm Züge des Grimms, der schon aus der »Manfred-Meditation« herauszuhören war und den auch Cosima bemerkt, als Nietzsche ihr zum Weihnachtsfest (1872) die »vergnügten Sinnes« niedergeschriebenen fünf »Vorreden« zuschickt.

Welcher Art seine Stimmung ist, die sich auch seinen Arbeiten aus dieser Zeit mitteilt, ergibt sich aus dem wissenschaftlichen Motto, unter dem er sie verfaßt. Alles Denken bei den griechischen Naturphilosophen bis Plato, die Geschichtsschreibung bei Hesiod und das epische Berichten bei Homer wie die griechische Tragödie ist *agonal*. Alles ist aus dem Wettkampf hervorgegangen. Ohne den Wettkampf, in dem sie entstanden sind, wären sie nicht. Dahinter stand zweifellos Heraklits Gedanke von der unaufhörlichen Bewegung, vom Wandel der Dinge und dem Krieg als ihrer aller Vater. Es ist von allergrößter Eigentümlichkeit, daß Nietzsche die Idee von der Schöpferkraft des Krieges unter dem Titel »Der griechische Staat« im dritten Stück seiner »Vorreden« entwickelt, die in mehr als schlichtem, beinahe schon verwahrlostem Einband mit grobem braunem Lederdeckel als Weihnachtsgabe in den ersten Januartagen Cosima zugesandt werden. Oder ist es die Geburtstagsgabe? Denn Wagner geht in diesem Jahre zu Weihnachten schon leer aus. Ist hier vielleicht der Kavalier Cosimas aus seiner Reserviertheit herausgetreten und macht im Wettkampf auf sich als den Gewährsmann für Furcht und Schrecken aufmerksam, als einen auf die Erde niedergestiegenen Gott Mars, dem Donner und Blitz zur Verfügung stehn, genau wie dem Komponisten der »Götterdämmerung« mit seinem verzehrenden Weltenbrand, des Werkes, an dem Wagner damals arbeitete. Der Verehrer Cosimas hat hier kein Diadem anzubieten, wohl aber seine philosophische Vollmacht über Feuer und Schwefel. Am 12. Februar 1873 erwidert Cosima ihm denn auch brieflich: »Soll ich Ihnen bekennen, daß ich nicht wußte, was ich mit dem ›vergnügten Sinn‹ machen sollte«, in dem die »Vorreden« verfaßt zu haben Nietzsche ihr mitgeteilt hatte. Wenn er sich gegenüber Wagner in einer Wettkampf-Situation befand, so war hier – darüber konnte er sich nie im unklaren befunden haben – die Partie von Anfang an verloren. Dem Dionysos, als den er Wagner in seiner »Geburt der Tragödie« ja ausdrücklich gefeiert hatte, hatte er als Professor für klassische Philologie, der an seinen »Stundenplan« gebunden war, wenig Ebenbürtiges entgegenzustellen. Hier bedurfte es des Gegenbildes, das er sich im Empedokles schuf, der als Philosoph für ihn zugleich »Gott des Heilens« ist.

Aber philosophischer Bevollmächtigter des Krieges im Sinn Heraklits und »Gott des Heilens«: wie vertrug sich das alles miteinander? Man sieht auch hier wieder, wie verzweifelt Nietzsche auf der Suche nach dem für ihn geschneiderten Göttergewand ist, wie hier der »Zerrissene« auf dem Olymp und dem Parnaß nach Identitäten Ausschau hält, wie er die Masken Revue passieren läßt, um die ihm entsprechend erscheinende zu wählen. So taucht plötzlich, da die Rolle des Dionysos für ihn nicht mehr frei war, Apollo, der ja auch für den Wettstreit stand, wieder aus dem Schatten auf, in den er ihn neben dem Gott des Rausches selbst verbannt hatte. Für die Verherrlichung des Krieges, mit der Nietzsche gegenüber Cosima aufwartete, ließ sich der Heldengott Apoll sehr wohl anführen. Und solche Apologie der Vernichtung des Bestehenden durch den Weltenbrand, der alles verschlingt, in dem alles Kriegswesen auf die Spitze getrieben ist, entsprach durchaus Cosimas Vorstellungen: Wagner selbst war dabei, sie im Schlußteil der Tetralogie musikalisch darzustellen.

Mitten in diesem Widerstreit der Gefühle und Ideenverbindungen, mitten in einem Chaos von Appell und Gegenappell, wo ihm der Boden durch den zunächst drohenden und dann erfolgten Entzug seiner Triebschener Wochenenden zu schwanken begann, befand sich Nietzsche während dieser Monate.

Daß er dabei in Basel wohnte, vor den Toren des neuen Deutschen Reichs, und darum auch nicht erfaßt wurde von den neuen Ansprüchen, dem politischen Zeitgeist, der von Berlin herüber wehte, gehörte zu den ihn begünstigenden Umständen. Für den »deutschen Geist«, den er in der »Geburt der Tragödie« so grandios heraufbeschworen hatte, war Basel exterritorial. Hier hatte man gegen den ordentlichen Professor der klassischen Philologie keinen Grund zur Klage. Den Angriffen, die von jenseits des Rheins gegen ihn erfolgten, begegnete man hier mit einem gewissen Abstand zur Sache selber und schrieb manches im Ton und in der Verfahrensweise dem neu-preußischen Unmaß und damit Berlin zu, das gerade durch den Ausgang des Krieges mit Frankreich viel von der alten Sympathie verloren hatte. Nietzsches persönlicher Kredit war nach der heftigen Polemik, die ihn als Wissenschaftler traf, in den Familien des Basler Patriziats nirgendwo ernsthaft gesunken. Selbst Jacob Burckhardt, der von Nietzsche als wissenschaftlichem Schriftsteller wenig erbaut war, kannte sich durch seinen Aufenthalt in Deutschland zu gut aus, um nicht die Hintergründe richtig abzuschätzen, bei deren Berücksichtigung auch manches für Nietzsche sprechen mußte. Außerdem war durch den Aufstieg Deutschlands zur ersten europäischen Kontinentalmacht Burckhardts Skepsis als Welthistoriker geweckt. Auch Bachofen, der Kollege aus der juristischen Fakultät, stand schon seit den 60er Jahren mit Mommsens »Römischer Geschichte« auf dem Kriegsfuß, an der er die »Zurückführung Roms auf die Lieblingsideen des flachsten modernen Preußischen Kammer-Liberalismus« als »ekelhaft« kritisierte.

Das Preußen Bismarcks als Maßstab der Antike! Darauf reagierte man in Basel empfindlich, weil sich hinter dieser historischen Sachfrage mehr verbarg. Berlin war die Quelle allen Übels. Darüber ließ sich im mißvergnügten Basel jetzt leicht Übereinstimmung erzielen. Bachofen machte in einem Brief vom 4. April 1870 an Heinrich Meyer-Ochsner eine »Russischen Speichel leckende Berliner Clique« für das von ihm bekämpfte Unwesen verantwortlich. Nietzsche, der nach dem Erscheinen von Wilamowitz' Schrift sofort zu wissen glaubte, aus welcher Ecke der Wind wehte und darin einen Angriff der Berliner gegen Ritschls Leipziger Schule witterte, sprach gegenüber Rohde (18. Juni 1872) von dem »frechen Ton jenes Berliner Jungen«.

Und tatsächlich: mit Wilamowitz kommt jener Typus des preußischen Universitätsprofessors auf, der in der Sache die Fakultätsorganisation auf die Spitze trieb, der deutsche Geheimrat des Bismarckschen Reichs, dessen Ansehen durch strenge Methodik und Akribie des Forschens weltweit sein wird, der neben seinem Herrgott im Himmel nur den Staat ernsthaft ins Vertrauen zieht. Der Professor, der zur Innenseite des deutschen Imperialismus gehörte, wertfrei, objektiv, unbestechlich, wobei das Wechselspiel zwischen Schein und Wirklichkeit schillernde Reflexe wirft! In ihm hatte Preußen-Deutschland sein Haupt erhoben. Auch in ihm meldet sich Berlin zu Wort. Der Unwiderstehlichkeit, mit der jetzt der in Wilamowitz verkörperte preußische Gelehrtentypus nach oben dringt, war nicht beizukommen. Gegenüber Wilamowitz und seiner peniblen Zeiteinteilung, seiner zivilisierten Strenge, zeigte ein Gelehrter wie Jacob Burckhardt, der seine Nachmittage in Basler Weinstuben verbrachte, schon Züge des Süddeutsch-Altfränkischen. Einen Eindruck davon, wie der Unterschied gesehen wurde, gibt die Äußerung Bismarcks an Hermann Wagener vom Juni 1848: »Wir wollen das preußische Königtum nicht verschwommen sehen in der faulen Gärung süddeutscher Gemütlichkeit«. Auch Ritschls gefülltes Rotweinglas auf dem Schreibtisch, mit dem er Nietzsche oft empfangen hatte, hätte nicht in die Berliner Universitätslandschaft gepaßt. Selbst Treitschke, der als gebürtiger Sachse zum Meister der preußischen Geschichtsschreibung wurde, geriet als ehemaliger Beamter in badischen Diensten und Nationalliberaler während seiner Berliner Universitätswirksamkeit schon in eine altertümlich anmutende Lebensführung hinein ohne das Patriotisch-Rigide, das später beim Berliner Germanisten Gustav Roethe den fertigen Schnitt erhalten sollte.

Man muß die alles an sich ziehende Macht eines Staates, der wie der preußische dabei war, seine in den Kriegen gewonnene Autorität auch zur Anwendung gelangen zu lassen, bei Nietzsche für den Augenblick in Anschlag bringen, wo ihn in Basel Wilamowitz' Schrift wie ein Prankenhieb trifft. Denn hier begegnet er einem Protagonisten der preußischen Wissenschaft, der, wie sein Traktat beweist, mit der Strategie eines Generalstäblers sich seinem Gegner nähert. Und ihn vernichtet! Unbestreitbar jedenfalls in den Augen derer, die über die fachliche Kompetenz verfügen! Der jüngere Wilamowitz ist gegen den älteren Nietzsche bereits der Mann einer zielstrebigeren, in ihrer ganzen Systematik überlegenen Wissenschaft, die von Berlin ausgeht.

Wie bitter hatte sich Nietzsche über die gegen Deutschland umgeschlagene Stimmung in Basel bei Ausbruch des Krieges mit Frankreich beklagt! Der vom Schlachtfeld heimgekehrte »Felddiakon« bemerkt, daß der Sieg, aus dem das neue Reich hervorgehen sollte, in der Schweiz auf heftiges Mißvergnügen stößt. Nun sieht er sich aus einer Richtung bekämpft, der er selbst angehangen, aus der ihn dann plötzlich ein unvermutetes Geschoß getroffen hatte; er muß die Feststellung machen, daß die Baslerische Indifferenz Burckhardts einiges für sich hat und er mit Bachofen, dem schon seit längerem Mommsen als ein mit dem neuen Berliner Geist in Verbindung zu bringendes Ärgernis galt, über Preußen das gleiche zu denken allen Anlaß hat. Mit dem feinen Sinn für heraufziehende Kräfte, die die Zukunft bestimmen werden, spürt Nietzsche im preußischen Kernland des siegreich gewordenen Reichs eine nivellierende Organisation um sich greifen, innerhalb deren für Leute seines Schlages kein Platz mehr sein wird. Seine »Geburt der Tragödie« ist ein Buch des Schweizerischen Hochgebirges mit seinem frischen Quellwasser und ein Protest gegen die große, die Kunst zerstörende Stadt. Der Schock, den ihm die Wilamowitzsche Kritik zugefügt hatte, hilft ihm die Augen über seine wirklichen Existenzverhältnisse öffnen, wie sie ihm der Aufenthalt in Basel gestattete. Seine Loslösung vom Preußisch-Deutschen, das jede feinere Nuance vermissen ließ, nimmt jetzt ihren Anfang und zwar mit der Ermunterung aus den Basler Kreisen des großen Patriziats, die ihn jetzt nicht im Stich lassen. Hier findet man auch nichts dabei, daß die Studenten ihn zeitweise meiden. Beim zunächst hörerlosen Nietzsche dieses Semesters erscheinen schließlich zwei fakultätsfremde Inskribenten, ein Theologe und ein Jurist, die als einzige in den Genuß von Nietzsches bis ins Einzeldetail schriftlich ausgearbeiteten Kolleg über »Rhetorik der Griechen und Römer« kommen. Und welchen Kollegs! Daß die Basler Universitätsvorlesungen, die Nietzsche aus verständlichen Gründen nicht zur Veröffentlichung vorgesehen hatte, obwohl sie brillante, beinahe abschließende Formulierungen enthalten und in vieler Hinsicht den Schlüssel zum Eindringen in sein »System der Philosophie« bieten, bis auf den heutigen Tag kaum gebührend für die Nietzsche-Interpretation zu Rate gezogen worden sind, läßt sich nicht abweisen.

Die Demütigungen der beiden letzten Jahre sind nicht ohne dauernde Spuren bei Nietzsche geblieben. Dazu gehört jene »ungeschickte Schroffheit«, die Cosima an ihm bemerkt; die zwar nicht neueren Datums ist, aber in diesen Monaten äußerster Gereiztheit jetzt häufiger als zuvor durchbricht und mehr und mehr zur bleibenden Eigentümlichkeit seines Charakters wird. Auch in Triebschen war seine abwehrbereite Aufgeschrecktheit oft in kurze verletzende Schärfe des Tons umgeschlagen. Wagner hat sich sehr bald darüber seine Gedanken gemacht, die er allerdings erst später, als er den Faden der Krankengeschichte Nietzsches zurückverfolgte, aussprechen wird. Cosima glaubte eine Medizin für Nietzsche darin zu finden, daß er sich wieder »vorzüglich mit griechischen Themen« beschäftigte. Sie hatte recht: das Verlassen des Fachgebiets, die Grenzüberschreitung zur Philosophie, zur Musik hin, hatte ihm die Misere beschert, in der er sich jetzt befand. Der heftige Wunsch, Weihnachten in

Naumburg zu verbringen, die Flucht zu Mutter und Schwester, deutet auf die Trostsuche, für die er sich von Wagner jetzt wenig versprach. Das ging übrigens unter Übersehung der guten Absicht Wagners vor sich, der ihn gern bei sich in Bayreuth als Gast gesehen hätte und wieder, wie im Vorjahr, eine Absage erhielt. Die von Nietzsche vorgebrachte »Überarbeitung« als Entschuldigungsgrund mochte den Tatsachen entsprechen, wenn damit die Folgen einer gewissen depressiven Stimmung gemeint waren, aber für Wagner blieb er unannehmbar. Die Enttäuschung über den jungen Freund saß tief bei ihm. Der übrigens verrät in Naumburg Zeichen allerheftigster Unruhe. Am zweiten Feiertag sitzt er statt bei der Mutter und Schwester im Weimarer Hoftheater und hört den Klängen des »Lohengrin« zu. In Nietzsche steigt selbst bald das Gefühl auf, mit seinem Verhalten Wagner gekränkt zu haben; daß er derjenige ist, der »Anstoß« gegeben hat. Nietzsche ist um die Jahreswende dabei, das bestehende Verhältnis zu überdenken, um es neu zu bekräftigen, aber, wie er zu dieser Frage am 24. Februar 1873 an Gersdorff schreibt: » ... in kleinen untergeordneten Nebenpunkten und in einer gewissen für mich notwendigen beinahe ›sanitarisch‹ zu nennenden Enthaltung von *häufigerem* persönlichem Zusammenleben muß ich mir eine Freiheit wahren, wirklich nur um jene Treue in einem höheren Sinne halten zu können. «

Der Vorbehalt, der hier gemacht wird, war begründet. Wagners Übergewicht hatte etwas Erdrückendes. Der von Nietzsche gemachte Vorbehalt sollte nur zum Atemholen dienen, um der anerkannten Pflicht besser nachkommen zu können. Zwar erfolgen sehr bald der Rückzug und das Einschwenken in die alten Geleise des Dienens. Aber Wagner war vorgewarnt. Hier galt es, sich vorzusehen. Bayreuth war nicht mehr Triebschen. Der Gott Wotan wird die Verkleidung des »Flüchtlings« ablegen und pompösen Einzug in die Götterburg Walhall mit Anhang, Dienerschaft und dem ganzen Gefolge halten. Würde Nietzsche voll und ganz dazugehören? Die Ergebenheitsadressen an Wagner und Cosima, die Bereitschaft, Wagners wegen seine ohnehin so angefochtene und ihm lästig erscheinende Basler Professur aufzugeben, um in Vorträgen für Bayreuth und das für hier vorgesehene Monumentalwerk von den Nibelungen zu wirken, erscheinen glaubhaft und sind es auch. Aber in der Welt der Götter lebt es sich gefährlich. Die Aussicht auf die Dauer ihrer Gunst ist ungewiß. Der Gott selbst ist im Wandel begriffen; es gehört nicht zu seiner Art, Garantien für die Ewigkeit zu geben. Die Götterwelt kennt Aufstieg und Fall, sie kennt das Heraufziehen von Gegengöttern. Hier gilt es, Umschau zu halten. Könnte nicht Brahms einer von ihnen sein? Einer, der Stütze gegenüber der bisherigen Allmacht des herrschenden Dionysos gibt!

Nietzsches Umschauen nach einer Hilfe von außen, nach jemandem, der Halt gegen Wagner als dem Überwältiger im Künstlerischen wie auch im alltäglichen Verkehr bot, war verständlich. Gerade jetzt, wo er dabei war, auf dem Basler Boden einzusinken! Von ihm, dem Basler Professor, konnten gewiß keine ernsthaften Widerstandskräfte ausgehen. Er war im bürgerlichen Sinne genau das, was er bekämpfte: ein »Philologe« mit seiner anerkannten Nichtsnutzigkeit, wie er es seinem Lehrer Ritschl ins Stammbuch geschrieben hatte. Darum hatte sich Ritschl bei seinem Besuch in Leipzig für das Gerücht sehr empfänglich gezeigt, daß Nietzsche, wie er es ein paar Tage später, am 4. Januar 1873, Rohde mitteilt, in Basel ein *schlechter Dozent* sei, dessen »akademische Unmöglichkeit und Unbeförderbarkeit« feststehe. Das waren zwei Behauptungen, die sich auf zwei verschiedene Dinge bezogen. Die erste Behauptung ließ sich nach dem Urteil von seinem Unterricht begeisterter Schüler nicht halten, die zweite hatte eine Richtigkeit von jener fatalen Art für sich, die weniger gegen Nietzsche als die Organisation der Wissenschaft sprach, in der für Köpfe seines Zuschnitts kein Platz sein konnte.

Die durch Wilamowitz' Schrift in die Öffentlichkeit gebrachte Behandlung von Nietzsches Thesen über die griechische Tragödie und der Ruf seiner mangelnden wissenschaftlichen Qualifikation, der daraus abgeleitet werden konnte und nicht zuletzt durch Nietzsches persönliches Ungeschick vor allem gegenüber seinem Lehrer Ritschl auch daraus abgeleitet wurde, haben seine Stellung in Basel innerhalb der Universität und auch bei den Schülern des Pädagogiums doch auf die Dauer nicht ernsthaft beeinträchtigen können. Sie haben sie jedenfalls weniger beeinträchtigt, als Nietzsche zunächst befürchtete. In den Basler Familien des Großbürgertums, den Merian, Sarasin, Thurneysen, Vischer, Euler, Bernouilli, Burckhardt, Bachofen, war er nach wie vor ein gern gesehener und hoch respektierter Gast bei Diners und Bällen wie auch in kleineren Zirkeln. Man ließ sich in die eigenen Urteile hier nicht gern von außen hineinreden. Und was aus Preußen hereingetragen wurde, galt schon gar nicht als »höchste Offenbarung«.

Der Grund dafür lag in erster Linie in Nietzsches unterrichtender Tätigkeit an der Universität und dem Pädagogium. Besser in umgekehrter Reihenfolge! Denn die Schüler des Pädagogiums lernten mehr als die Studenten der Universität in Nietzsche den eigentlichen »Lehrer« kennen. An seinem Unterricht hat – wenn wir den Urteilen ehemaliger Schüler Glauben schenken dürfen – noch ein archaisches Lehrerverständnis mitgewirkt. Für die Schüler schien er mit der Vollmacht Homers selbst ausgestattet, ein Platzhalter Platos, jemand, der die Verteidigungsrede des Sokrates glaubwürdig vorträgt und dies ganz ohne Gefahr, den Lehrer zur Karikatur in der Gestalt des »Oberlehrers« zu verzerren. Diese praktische Bevorzugung seiner Tätigkeit am Pädagogium gegenüber der an der Universität war in seinem eigenen Lebensgang angelegt gewesen. Schulpforta hatte ihm immer mehr gegolten als Leipzig oder gar Bonn. In Schulpforta hatte er sich ein sicheres Grundwissen von der Antike erworben, so daß er es an der Universität nur durch Spezialwissen ergänzen mußte. In Wirklichkeit war er durch die rigorose Gründlichkeit des Gymnasiums bereits als abgehender Schüler »fertig«. Und so ist auch in Basel sein Griechisch-Unterricht im Pädagogium viel breiter angelegt, er liest mit den Schülern Homer, Plato, Aischylos, Demosthenes, Hesiod und Fragmente der Lyriker, während er an der Universität langsam dazu übergeht, seinen Vorlesungen ausschließlich Texte der griechischen Philosophie, Platos und der Vorplatoniker zugrunde zu legen.

Allein das genügte schon, um ihn in den Kreisen der Fachgenossen anstößig erscheinen zu lassen. »Am meisten ärgert mich seine Impietät gegen seine eigentliche Mutter, die ihn an ihren Brüsten gesäugt hat: die Philologie«, schrieb Ritschl am 2. Februar 1873 an Nietzsches Vorgesetzten bei der Baslerischen Erziehungsbehörde, Vischer. In Nietzsches Behandlung der Vorplatoniker bricht denn auch die Ader des Philosophen durch, der er dem strengeren Fachverständnis nach nicht war und gar nicht zu sein hatte.

Aber der Unterricht am Pädagogium war vom zu bewältigenden Stoff her breiter angelegt, während die Vorlesungstätigkeit an der Universität im Stile jener »Freiheit« vor sich geht, die er in Bonn selbst so hoch schätzen, aber auch fürchten gelernt hatte wegen der lockeren Unverbindlichkeit, gegen die sich sein strenges Verständnis der »Bildung« sträubte.

Wir werden hier wieder unmittelbar an die Bruchstellen von Nietzsches Existenz herangeführt. Der Anfang seines Philosophierens bedeutet das Ende des Philologen. Der Philosophie muß er sein Fach zum Opfer bringen. Das bedeutete mehr als er wahrhaben wollte. Ritschl selbst hatte ihm im Brief an Vischer attestiert: »Einerseits die strengste Methode geschulter wissenschaftlicher Forschung ... anderseits diese phantastisch-überschwängliche, übergeistreich ins Unverstehbare überschlagende Wagner-Schopenhauerische Kunstmysterienreligionsschwärmerei.« Die außergewöhnliche Beherrschung im Umgang mit dem wissenschaftlichen Handwerkszeug wird ihm hier ausdrücklich bestätigt. In seinem Fach war er zu Hause, er konnte sich darin mit Recht eingebunden fühlen. Wenn er es preisgab, dann bedeutete das, daß er sich freiwillig hinausbegab auf das stürmische Meer eines noch unerprobten Denkens. Ritschl und nicht nur er allein sahen darin eine Art neuer »Religionsstifterei«. Das mochte so scheinen und hatte im Zusammenhang mit Wagner für eine gewisse Zeit etwas für sich. In Wirklichkeit war damit die Rückkehr in die Zonen der »Vor-Vernunft« gemeint.

In diesem Bereich mußten Kant und Hegel für Nietzsche als Irrlichter gelten. Gegen das sokratische Zeitalter der Vernunft stellte er das ihm vorausgehende »tragische Zeitalter« der Griechen.

Das ist in dieser Wendung neu, hat auch nichts mehr mit Schopenhauer, dem großen Außenseiter in der Philosophie des 19. Jahrhunderts, dem Nietzsche sich so geistesverwandt fühlt, zu tun. Gerade der Widerstand gegen die »Geburt der Tragödie« von der Expertenseite zeigt, wie fremdartig, weil ungewohnt und tatsächlich unerhört, Nietzsches Sicht der Dinge ist.

Die Wende zur abschüssigen Bahn, wie sie bei Nietzsche mit dem Jahre 1872 einsetzt, schließt keineswegs zeitweilige Bewegungen in die Gegenrichtung aus. So stellen sich auch an der Universität nach dem Tief von zwei Hörern die Studenten bald wieder in größerer Zahl ein. Die Fakultät wird ihn noch zum Dekan wählen. Alles Zeichen, daß sich hier die Dinge wieder zu arrangieren beginnen, daß sie eigentlich nie so hoffnungslos waren, wie Nietzsche anfänglich gefürchtet hatte.

Einen weiteren Stoß nach den nicht eingestandenen Niederlagen durch Wilamowitz und Bülow, nach den sein Gleichgewicht erheblich störenden Gesprächen mit Ritschl, nach seiner Eskapade gegen Wagner durch sein mutwilliges und nicht hinlänglich entschuldigtes Fernbleiben zu Weihnachten, bereitet ihm die stark beeinträchtigte Gesundheit. Eine Grippe, die sich nach der Rückkehr von seiner Deutschlandreise Ende Januar in Basel einstellt, wird verschleppt. Er fühlt sich matt, seine körperlichen Widerstandskräfte sind geschwächt. Im April verstärken sich seine Augenschmerzen. Zur immer wiederkehrenden Migräne kommt ein stark herabgemindertes Sehvermögen hinzu. Der Arzt ordnet Leseverbot an. Nietzsche beginnt, die Manuskripte zu diktieren. Für die Ablehnung bestimmter amtlicher Verpflichtungen wie der ihm obliegenden »Einführung in das Studium der klassischen Philologie« macht er seine kranken Augen geltend.

Hier melden sich erste, schon drohende Vorboten. Es setzt jetzt jenes Leiden mit den Versuchen, es durch ein System von Aushilfen erträglich zu machen, ein. Die Vorlesungen an der Universität müssen zeitweilig eingestellt, für den Unterricht am Pädagogium Vertretungskräfte beordert werden. Ein Besuch in Bayreuth, wo Wagner nach Verhandlungen mit der Stadt unter Mühen das Baugelände für das Festspielhaus gekauft hatte und über die Einrichtung des Patronatvereins sowie die Ausgabe von Patronatscheinen in Höhe von 300 Mark das notwendige Geld zu besorgen sich anschickt, verläuft enttäuschend. Die Löwenmähne des Künstlers scheint verschwunden zu sein, der Besucher hat zuweilen das Gefühl, einen glattgescheitelten Unternehmer vor sich zu sehen. Wagners Sorgen sind jetzt ganz anderer Art, als sie es früher waren. Das wird von Nietzsche zunächst eher im Unterbewußtsein aufgenommen, es finden sich noch keine Worte dafür. Sein Brief zum 60. Geburtstag Wagners ist eine einzige Huldigung wie eh und je.

Von einsetzendem Zerfall kann beim neunundzwanzigjährigen Nietzsche natürlich nicht die Rede sein. Wohl aber von dem Gefühl dafür, von einer Stimmung. Dazu tritt nun schon die Struktur seiner künftigen Krankheitsgeschichte hervor, daß Auflösungsschübe wieder abgelöst werden von Rekonvaleszenzen, von Perioden strahlender Intaktheit. Aber jetzt, in den Anfangsmonaten des Jahres 1873 bricht die Düsternis bei Nietzsche zum ersten Male voll ein. Die Vergangenheit – in der Nähe Wagners und Cosimas – nähert sich dem Ende. Sie wird wohl für immer verloren sein. Die Erblindung droht, aber um so schärfer sieht der davon Betroffene das Gespenst der Einsamkeit heraufziehen. Nietzsches Einsamkeit hat nichts mehr mit dem Gefühl der hochstilisierten »Einsamkeit« zu tun, die vom »Einsamen« vornehm gesucht wird, um seine Lust oder Qual auszukosten, um mit ihr den Erweis der Erlesenheit gegenüber den »Andern«, den »Vielen«, zu erbringen. Sie vermittelt nicht Lust oder Qual, aber Stolz, sie ertragen zu können, mit ihr den Protest gegen Herde und Herdengesinnung zu bekunden. Die Berufung auf den Einsamkeitstopos in den europäischen Literaturen, das Schwelgen in der »solitude«, in der ländlichen Einsamkeit der Pastorale, für die im 18. Jahrhundert Parks mit ganzen Wirtschaften samt Bauern, Gärtnern, Hirten und Herden erstellt wurden, das gesellschaftlich ungemein Anspruchsvolle in der spanischen »soledad« genügen nicht als Charakterisierung von Nietzsches Ein-

samkeitserfahrung. Sicher gibt es für alles das Herkunftsspuren.
Auch Wagner hatte sich in Triebschen das Rückzugsgebiet für
seine »Einsamkeit« geschaffen, seine »solitude« mit Wiesen,
Garten, dienendem Hauspersonal, mit Pferden, Hunden, Phan-
tasievögeln und Cosima als der Hausherrin. Und das mitten im
Hochgebirge, in das auch Byrons Manfred geflüchtet war. Das
Motiv der Weltflucht war hier wie dort das gleiche.

Nietzsche hat diese Zusammenhänge nicht nur gesehen, er trug
sie als Erfahrung in sich, er lebte mit und in ihnen. Die Ausdehnung der Einsamkeit auf die Bergwelt war wagnerianisch, es
steckte darin das Erlebnis der »Urwelt« der Nibelungen: Welt
mit Anfang und Ende. Nietzsche war Augen- und Ohrenzeuge
ihrer musikalischen Entstehung vom dritten Akt des »Siegfried«
an bis zur weit fortgeschrittenen »Götterdämmerung« gewesen.
Und auch seine »Geburt der Tragödie« war zu einem großen Teil
in der Einsamkeit des Hochgebirges entstanden. Es ist ein Buch
des Hochgebirges.

Hier wurden Schatten auf den »Zarathustra« vorausgeworfen.
Die Einsamkeit im Gebirge, wo die Raubvögel kreisen, hat mit
der europäischen Einsamkeitskultur der Pastorale und ihrem
Schäfereiwesen nicht mehr das geringste zu tun. Mit ihr sind
alle Brücken zu den »großen Städten« abgerissen. Diese Einsamkeit beruht auf einem erhöhten Ichgefühl, das sich so absolut
setzt, daß es sich keiner Übereinkünfte mit den Menschen in den
Städten mehr versichert, das im »Gebirge« wie in der »Wüste«
zu den allerhöchsten Bestätigungsformen gelangt. Von hier aus
gibt es auch keine Rückkehr mehr in Verhältnisse irgendeiner
Menschengemeinschaft, die vorher bestanden hatte. Eine Wand
tut sich auf.

Das ist alles durch und durch autobiographisch unter dem Eindruck der drohenden Erblindung. Ein Weitergehen auf gewohn-
tem Wege wird es hinfort nicht mehr geben. Die Gefahr der Wag-
nernähe, das Gefühl, von Wagner mit seiner sich alles untertan
machenden Persönlichkeit in Beschlag genommen zu werden,
war so bedrückend, daß nur die langsame Lösung Aussicht bot.
Und auch der Basler Boden unter ihm schwankte, mehr durch
Nietzsches aufsteigende Lustlosigkeit an der weiteren Berufs-
ausübung als durch eine Gefährdung seiner äußeren Stellung,
die durch die Hochschätzung seines Wirkens als Lehrer bei Kollegen, Schülern, Eltern, der städtischen Öffentlichkeit gesichert

war. Nietzsche fühlt sich körperlich erschöpft, sozusagen am Ende. Die ständige Überbeanspruchung seiner Kräfte beginnt sich zu rächen. Und mit ihr seine Frühberufung! Ein Blick in seine umfangreichen, stilistisch wie gestochenen Vorlesungsmanuskripte, weiter seine fragmentarischen Aufzeichnungen, Entwürfe neben den sorgfältig vorbereiteten und konzentriert abgehaltenen Lehrstunden am Pädagogium, seine Gespräche mit Burckhardt, seine Beratschlagungen mit Overbeck und Romundt, wo man der Zeit um hundert Jahre und mehr voraus ist, nicht zu denken an die Höhenlage im Verkehr mit Wagner und Cosima, weiter seine Kompositionen, der Eindruck ihres Mißglücktseins, der Streit mit Wilamowitz, die Kontroverse mit Ritschl und die Organisierung eines Kordons gegen die eigene konventionelle Fachgenossenschaft, dazu die Reisen innerhalb der Schweiz, nach Naumburg, Leipzig, Bayreuth: all das zeigt, welch ein Pensum hier bewältigt worden war. Hier war keine Minute ausgelassen. In Wirklichkeit stand noch mehr dahinter, wurden jetzt schon erste Kampfvorbereitungen gegen das »Christentum«, gegen das 19. Jahrhundert, gegen die Zeit und das in ihr Bestehende getroffen. Und das von einem Mann zwischen fünfundzwanzig und neunundzwanzig Jahren. Kein Plato, kein Aristoteles, kein Kant und kein Hegel waren in diesem Alter solchen an sie gestellten Forderungen des Tages ausgesetzt gewesen, hatten sich zugleich in Zuständen derartiger Anspannung befunden, wie sie der Aufenthalt in der Höhenluft um Wagner mit sich brachte.

Dafür sind jetzt erste Tribute zu entrichten. Das Gefühl der abnehmenden Kräfte, das erschreckende Nachlassen des Sehvermögens gehen zusammen mit dem Verlust der Illusionen, sich innerhalb der bestehenden bürgerlichen Welt noch auf ein Ziel hin orientieren zu können. Hier beginnen vorausgegangene Einzelerfahrungen sich in der Philosophie des »Nichts« zusammenzufinden. Hier wird mit der Entdeckung des »Nichts« die Grundwahrheit von Nietzsches Denken umrissen, die allen Widersprüchlichkeiten, die man ihm sonst nachsagen mag, standhält. Das ist Ausfluß eines Denkens, das sich nicht vom Leben gelöst hat, ist Teil seiner Lebensphilosophie. Was steht in der Welt mit ihrem Optimismus, ihrer Moral, ihrem Glauben, ihrer Religion, ihrem Fortschritt noch aus, was zu Erwartungen Anlaß geben könnte? Was hat eine so an ihrer Geschichte hängende, mit ihr beladene Welt von sich selbst zu hoffen? In der Antwort wird den Fragen ein einziges aussichtsloses »Nichts« entgegengesetzt.

Daraus spricht zweifellos auch Nietzsches Lebenssituation mit der in Basel einsetzenden Schieflage. Die war »subjektiv« im allerhöchsten Maße. Doch die Eingrenzung auf das Persönliche bleibt unzulänglich; sein Denken läßt sich nicht um seine »Objektivität« bringen. Denn Nietzsche war das Zurückfallen der Völker, Staaten, Kulturen der Alten Welt ins »Nichts« immer gegenwärtig. Sie hatten alle ihr Ende erlebt, waren vom Erdboden verschwunden, und selbst übriggebliebene Spuren bedeuteten nur tote Reste, nicht mehr von ihrem Geist erfüllt. Es ist die in Basel einsetzende Malaise, die seinen Blick für diese Dinge schärft, seine Organe auf die Entwicklung in der Zeit und über die Gegenwart hinaus so empfindlich reagieren läßt.

Von jetzt an ist seinem Denken zum ersten Mal eine feste Richtung gegeben, wird er dem Cosima gegenüber in seinen fünf »Vorreden« angedeuteten Willen zum Titanismus folgen, wird er darin gegen Wagner antreten als Wettkämpfer, dem von Heraklit das Feuer, von Mars das Schwert, von Empedokles die Götterwürde des Philosophen zuteil wurde. Der sich jetzt die Vollmacht des Prometheus borgt, um den herrschenden Göttern den Kampf anzusagen!

Es ist nicht immer ganz leicht, Nietzsches Schrift »David Strauß, der Bekenner und der Schriftsteller«, mit der er 1873 aufwartet, in ihrer damaligen Aktualität zu verstehen. Aber diese Aktualität wird ja gerade von Nietzsche durch den Obertitel »Unzeitgemäße Betrachtungen« selbst glattweg bestritten. Also eine Schrift, die, streng genommen, den Zeitbewußten unter den Zeitgenossen wenig oder nichts zu sagen hat, die an ihnen vorbeiredet!

Insofern hätte Nietzsche das Ziel, das er sich mit dem Buch gesteckt hatte, erreicht. Aber hier geht nicht alles auf, heute ohnehin nicht mehr; denn die schlagende Überzeugungskraft einer Hypothese, schlagend allein durch die Gewalt der Sprache wie in der »Geburt der Tragödie«, fehlt hier oder fehlt mindestens über große Partien des Buches hinweg. Gerade der Vergleich zur Erstlingsschrift zeigt, daß wir es hier mit keiner Steigerung zu tun haben.

David Friedrich Strauß stand als Theologe innerhalb der Geistesgeschichte des 19. Jahrhunderts bei allem Respekt, den man ihm zollen muß, eher im zweiten Glied. Sein Buch über das »Leben Jesu«, worin er die Authentizität der biblischen Quellen im Sinne der Wissenschaft bestritt, hatte in der Öffentlichkeit großes Aufsehen erregt und war auch für die Behandlung der hier anstehenden Fragen überaus folgenreich. Mit seinem Namen verband sich viel Spektakuläres. Er stand im aufsteigenden Zeitalter der Naturwissenschaften für Kritik an den alten, als unantastbar geltenden Glaubenswahrheiten, für Optimismus als Glauben an die Vernunft im Zeichen einer von der Maschinenindustrie, von den Eisenbahnen, dem Versicherungswesen, der Feuerbestattung bestimmten Ära. Strauß war ein Mann der ins 19. Jahrhundert hineinreichenden Aufklärung. Das »Christentum« in seiner bis dahin geglaubten Form hatte keine Chance mehr. Hier deckte er sich in manchem mit Nietzsches Freund Overbeck, für den der »Christ« Gegenstand archäologischen Forschens war, weil es ihn in der Gegenwart nicht mehr gab und gar nicht mehr geben konnte. Sein Buch »Der alte und der neue Glaube«, mit dem sich Nietzsche ausführlich auseinandersetzen wird, stand sehr wohl für den seit der Jahrhundertmitte modern werdenden

Glauben an den Fortschritt, Glauben an die Macht der neuen Zeit, an die Unwiderstehlichkeit der sich hier vollziehenden Umwälzungen, mit denen das »Christentum« sich in schreiendem Widerspruch befand. Es war zugleich ein Versuch, die im Christentum geltenden Glaubenswahrheiten neu zu erklären und sie im Sinne der Bedürfnisse des veränderten Zeitalters auf einen neuen Einklang zu stimmen.

Dagegen war nichts einzuwenden. Seine Kritiker aus dem Lager der Kirchen überragt Strauß allemal um Haupteslänge. Auch seine Leistungen auf dem Gebiet der wissenschaftlichen Bibelkritik waren von imponierender Konsequenz. Darüber hinaus hatte er beim sogenannten »gebildeten« Publikum, das sich von der geltenden Kirchenlehre nicht mehr angesprochen fühlte, eine große Resonanz. Die Umwandlung von geoffenbarten Glaubenswahrheiten in die täglich gelebte Moral, ihr Herüberziehen in die zur Tat freie Persönlichkeit, wie Strauß sie forderte, hatte etwas für sich Werbendes.

Als Mann des Fortschritts und der Aufklärung verstand er sich selbst als Nachkömmling Voltaires und Lessings. Aber was er sich darauf zugute hält, schlägt ihm bei Nietzsche zum Nachteil aus. David Friedrich Strauß wird als Objekt des Widerspruchs für ihn interessant.

Wir sind heute für dieses Thema im allgemeinen gut gerüstet, weil inzwischen darauf vorbereitet. Durch Nietzsche vorbereitet! Denn er, der junge Freund Wagners und Jacob Burckhardts, hat dieses mit unverminderter Aktualität bis in unsere Gegenwart hineinreichende Thema in modellhafter Weise abgehandelt: Gilt das, was gestern einmal Fortschritt war, auch heute noch als solcher? Hat sein spiegelglatter Glanz nicht inzwischen einige matte Töne hinzubekommen? Enthalten die Spielkarten der Aufklärung, die im 18. Jahrhundert stachen, heute noch einen Trumpf?

Wir wissen, daß diese Fragen im Umgang Nietzsches mit Wagner zu wiederholt behandelten Gesprächsgegenständen gehörten. Dessen Zuständigkeit, sich darüber vernehmen zu lassen, war insofern groß, als er nach der Wiederaufnahme der Arbeit am »Ring« für die Eigentumsfeindlichkeit der ersten Fassung von »Siegfrieds Tod« nicht mehr mit der gleichen Verve eintrat, daß er vielmehr, insbesondere nach 1871, sich, für eine Weile jedenfalls, von den vollaufgeblähten Segeln der Freude am

»Reich« treiben ließ. Einen Mann des »Fortschritts« im Sinne der utopischen Sozialisten, zu denen er gehört hatte, konnte man ihn jetzt nicht mehr nennen. Hier war der Bruch vollzogen. Aber das Motiv Wagners, Nietzsche auf Strauß aufmerksam zu machen, lag woanders, war sehr äußerlicher Natur. David Friedrich Strauß hatte als publizistischer Beistand des Münchner Hofkapellmeisters Lachner, der seine Stellung durch den Komponisten des »Tristan« und die neuen Hausdirigenten von Bülow und Hans Richter bedroht sah, Wagners Mißfallen erregt. Und so lag nichts näher, als Nietzsche nachdrücklich zu empfehlen, sich das Thema David Friedrich Strauß einmal vorzunehmen.

Nietzsche hat diese Empfehlung natürlich als Auftrag aufgefaßt, dem er gern und mit größtem Eigeninteresse nachkam, obwohl er bis dahin an Strauß, wie wir wissen, gar nichts auszusetzen hatte und sich ihm eher verbunden fühlte. Also mußte er sich bei der Behandlung des Themas nach einer bestimmten Zuspitzung umsehen. Wie weit Wagner hier im Spiele war, zeigt sich darin, daß Nietzsche in seinen Briefen auf Fortschreiten bzw. Behinderung der Arbeit durch äußere Anlässe zu sprechen kommt. Wir erfahren aus der Tagebucheintragung Cosimas vom 7. Februar 1873, daß Mathilde Wesendonk auf einem Diner, das sie mit ihrem Mann in Dresden gab, sich als Anhängerin von David Friedrich Strauß bekannte, worauf Cosima um so bereitwilliger auf die von Wagner vorgezeichnete Linie der schlechthinnigen Ablehnung des schwäbischen Theologen einschwenkte, um Gelegenheit zu haben, den Gegensatz zur Vorgängerin in der Partie der Isolde noch besonders herauszukehren.

Es war nun keineswegs ein suggestives Verfahren, dessen sich Wagner bei Nietzsche eigens hätte bedienen müssen. Dessen philosophische Anschauungen reifen ohnehin im Schatten Wagners heran und sind hier unter dem gleichen Horizont leicht miteinander in Einklang zu bringen, sind um diese Zeit beinahe die des Meisters. Das gilt auch für seine Meinung über das neue, aus dem Krieg gegen Frankreich siegreich hervorgegangene »Reich«, über jenes Deutschland, das gleichsam über Nacht zum »Kaiserreich« geworden ist. Schon gleich in den einleitenden Sätzen der ersten »Unzeitgemäßen« glaubt man Wagner reden zu hören, der sich bald nach 1871 sehr kritisch über das stolze »Kaiserreich« vernehmen läßt und mit seinem Zweifel an der

Echtheit des neuen Staatswesens nicht hinter dem Berge hält. Dem »deutschen Geist« hatte er schließlich, bevor das Werk abgeschlossen war, die Widmung des »Ring« zugedacht. Vom »deutschen Geist«, den Nietzsche in Wagner verkörpert sah, war in der »Geburt der Tragödie« ausführlich und hingebungsvoll die Rede gewesen. Der Ausgang des Krieges hatte ihn auf das überzeugendste bestätigt. Wer würde es gegenüber der öffentlichen Meinung in Deutschland wagen, gegen diesen Beweis Zweifel vorzutragen?

Hier meldet der unzeitgemäße Betrachter seine Kompetenz an. Über den »Krieg« als »Reinigungsbad« brauchte man ihn nicht weiter zu belehren. Daß Kriege Untergang und Neuanfang bedeuten können, wußte man im Basel Jacob Burckhardts wie kaum sonst irgendwo auf der Welt. Untergang als Hoffnung auf das Erwachen neuen Lebens war das Thema des »Ring« und stand am Ende der »Götterdämmerung«, an der Wagner um diese Zeit arbeitete. An Erfahrungen, sich zur Sache zu äußern, fehlte es also nicht. Nietzsches nationale Gesinnung war so unverdächtig wie die Wagners. Wir wissen, mit welchen patriotischen Gefühlen Nietzsche sich freiwillig zum Sanitätsdienst gemeldet hatte, wie bitter er sich über die Reichsfeindlichkeit beklagte, die er insbesondere nach seiner Rückkehr aus dem Kriege in Basel antraf. Wagner hatte seiner Gesinnung mit der Komposition des »Kaisermarsches« überzeugenden Ausdruck verliehen und in dem Lustspiel »Die Kapitulation«, was Frankreich und die Franzosen anbetraf, aus seinem Herzen keine Mördergrube gemacht. Über beider Zustimmung zur Kaiserproklamation im Schloß zu Versailles konnte es keinen Hauch von Zweifel geben. Um so schwerer wiegen die Einwände. Auf dem mit Enthusiasmus betretenen Weg wird man nicht ewig weitergehen können. Die Erfüllung aller jetzt gehegten Hoffnungen würde auf einen Paradiesgarten mit Lebenszuständen in unausdenkbarem Glück hinauslaufen, also eine Illusion. Besinnung und Bedenken tun hier not.

Das ist die Stunde des »Unzeitgemäßen«. Und der warnt: »Ein großer Sieg ist eine große Gefahr. Die menschliche Natur erträgt ihn schwerer als eine Niederlage.« Denn es ist in der deutschen Öffentlichkeit der weitverbreitete »Wahn« anzutreffen, »daß auch die deutsche Kultur in jenem Kampfe gesiegt habe«. Einen verhängnisvolleren Irrtum als diesen kann es gar nicht geben. Militärische Siege an sich enthalten »für die siegende Kultur keine Aufforderung zum Triumphe«. Die französische Kultur besteht nach wie vor fort. Es sind militärische Elemente, die den Deutschen zum Sieg über den Gegner verholfen haben. In moralischen Kriegerqualitäten wie Zucht und Disziplin, überhaupt in der »wissenschaftlichen Kriegführung« ist die vom Besiegten am Ende anerkannte Überlegenheit zu suchen, sicherlich nicht in der »Kultur« mit der hier geltenden »Einheit des künstlerischen Stiles in allen Lebensäußerungen eines Volkes«. Hier spricht der Kenner der Alten Welt, der weiß, daß der Sieg der Mazedonier über die Griechen auch kein Sieg der gebildeteren über die ungebildeteren Soldaten war, sondern das genaue Gegenteil. Hier setzt er nach: wenn es in Deutschland einmal eine Kultur gegeben haben mag, dann ist »der reine Begriff der Kultur« zumindest in der neueren Zeit »verloren gegangen«.

Das gibt Nietzsche von Basel aus den Deutschen mit ihrem Bismarckschen Reich schriftlich: »In diesem chaotischen Durcheinander aller Stile lebt aber der Deutsche unserer Tage.« Überall nur Nachahmung und Nachäffung fremden Wesens, vor allem ein Nachmachen dessen, was in Paris die Mode ist. Keine Einheit des Stiles, sondern ein »Neben- und Übereinander aller möglichen Stile«, eine »phlegmatische Gefühllosigkeit« für alles das, was mit »Kultur« in irgendeinem Zusammenhang stehen könnte. Nach wie vor gilt, was ein unverdächtiger Zeuge, Goethe, den Deutschen schon einmal vorgehalten hatte: »Wir Deutsche sind von gestern …, wir haben zwar seit einem Jahrhundert ganz tüchtig kultiviert, allein es können noch ein paar Jahrhunderte hingehen, ehe bei unseren Landsleuten so viel Geist und höhere Kultur eindringe und allgemein werde, daß man von ihnen wird sagen können, es sei lange her, *daß sie Barbaren gewesen*«.

Daß Nietzsche den Deutschen diese Worte entgegenhält, besagt wenig gegenüber der Tatsache, daß er sie den Deutschen im Augenblick des Siegs entgegenhält. Daß er ihnen jetzt auf dem Höhepunkt ihrer bisherigen welthistorischen Bedeutung als Volk im eigenen Staat Verblendung und mangelndes Unterscheidungsvermögen vorwirft! Verblendung als den Sturz nach sich ziehenden Vorgang, wie er in der griechischen Tragödie auftrat? Das wäre zu viel gesagt. Aber der Vorwurf enthält die Warnung zum Acht-Haben. Der Sieg verdummt, die Niederlage macht erfindungsreich. Immer neu aufgetürmte Hoffnungen, Selbstgefälligkeit, Stolz über das Erreichte geben Anlaß zu ernsthaften Befürchtungen. Der Glaube an sich selbst hat sich schon vom Boden der Realität entfernt. Nietzsche spricht vom Stolz des »Philisters«, der glaubt, »Kulturmensch« zu sein und gar nicht ahnt, welchem Irrtum er dabei aufsitzt.

Das ist etwas, was Völker und Staaten nicht gerne hören: vor allem nicht, wenn sie siegreich sind und sich im Hochgefühl gestärkten Selbstbewußtseins befinden. Wenn nach einem Zeichen von Nietzsches Gegen-den-Strom-Anschwimmen im Zeitalter des deutschen Imperialismus gefragt wird: hier ist es. Hier ist jemand dabei, sich von den herrschenden Meinungen und Gefühlen freizumachen und sich einen eigenen Weg zu bahnen. Der Name David Friedrich Strauß gibt für den Vortrag dieser Gedanken das Etikett ab. Er steht für die Modeerscheinung einer »Religion der Zukunft«, ist ihr weithin bekanntester Protagonist. Hat das »Christentum« in seiner durch die Kirchen überlieferten Form abgewirtschaftet, so bietet der »neue Glaube«, der sich für »alle höheren Interessen der Menschheit« offen hält, die große Möglichkeit, die Erwartungen der von den Kirchen unbefriedigt Gebliebenen zu erfüllen. Richtig war, daß die Kirchen während des 19. Jahrhunderts breite Kreise nicht mehr erreichen konnten. Strauß durfte Menschen aller Berufe zu den von ihm Angesprochenen rechnen, die außerdem an der Aufrichtung des neuen Reichs mitgewirkt und allen Anspruch darauf hatten, von der Zukunft dafür mitbedacht zu werden. Das war alles verständlich. Als Schriftsteller galt David Friedrich Strauß als der Mann des kirchenfreien deutschen Bürgertums, das selbstbewußt genug war, um keine Vermittlungsdienste der religiösen Institute mehr in Anspruch zu nehmen, das aber auch schon Rechnungen für die nähere und fernere Zukunft eines »Himmel auf Erden« aufmachte.

Das waren Ansichten, die der wie Martin Luther sein Bier trinkende Deutsche der Stammtischrunde in der Provinz zu seinen Lieblingsgedanken rechnete mit der von Nietzsche glossierten Devise: »So leben wir, so leben wir, so leben wir alle Tage«. Hier wurde der »Philister« zum »Schwärmer«.

Das hört sich alles ganz anders an als beim kriegsfreiwilligen Sanitäter, der von Basel ausgezogen war, um seinem Lande im Augenblick der Gefahr zu dienen.

Was war aber auch seitdem alles geschehen! Die neue durch Bismarck geschaffene Reichseinheit hatte Kräfte freigelegt, die bis dahin geschlummert hatten. Es ging eine Bewegung durch die mit einem Schlage geschaffene Nation, der mit der Einheit das gegeben wurde, worüber andere europäische Staaten wie Frankreich und England seit Jahrhunderten verfügten. Gerade die im Nachholverfahren zustande gekommene Staatsbildung forcierte noch einmal die Erwartungen, die sich daran knüpften.

Der Reichsgründung unter der Vorherrschaft Preußens war das Ausscheiden Österreichs aus dem Deutschland des Bundes als vollendete Tatsache vorausgegangen. Es war seine Vorbedingung gewesen. Aber damit schied der eigentliche »historische« Staat des »Reichs« aus, trat jene Dynastie ab, die es nach Innen und Außen, mal im Glanz, mal im Elend, verkörpert hatte. Stärke war nicht das durchgehende Kennzeichen des habsburgischen Österreich gewesen und konnte es auch nicht sein, wo über ganze Zeitepochen hinweg von den deutschen Fürsten seine Schwäche als die an ihm bevorzugte Tugend gesehen wurde. Aber es hatte der oft vorhandenen Schwäche eine eigentümliche Zähigkeit entgegenzusetzen verstanden. Lavieren und Taktieren, Einfallsreichtum im Verzögern, Anwendung von List und Tücke, später oft bedenkenloser Einsatz des Polizeiapparats und Ausspähen durch Spitzel als Metternichsche Spezialität, die in der Folge viele Nachahmer gefunden hat, Erforschen von Meinungen, Meisterschaft im Hintertreiben: alles das konnte dem österreichischen System nachgesagt werden. Nicht aber Preisgeben von dem, was es in den Händen hatte! Das Frankreich der Bourbonen und Napoleons, der eigentliche Gegenspieler, hat alles, was sich mit dem offiziellen Österreich verband, nicht nur gehaßt und gefürchtet, es hat die österreichische Bürokratie mit dem Reichtum ihrer Mittel bewundert. Dazu muß man nur die ersten Seiten von Stendhals »Kartause von Parma« lesen.

Die historische Macht Österreichs war nun im Deutschland Bismarcks hinfällig geworden. Neues, Jüngeres, Kräftigeres trat an ihre Stelle, etwas, das nicht durch die Last des Alters gebeugt, von keinen schmerzlichen Erfahrungen an der Ausführung schneller Entschlüsse gehindert wurde. Das gehörte mit zur Zeitenwende zwischen 1864 – 1871, war Teil eines umfassenderen Machtwechsels in Europa zugunsten Preußen-Deutschlands überhaupt, mit Folgen, an denen das neue Zeitalter zu tragen hat.

Damit haben wir den Standort Nietzsches für die zweite der »Unzeitgemäßen Betrachtungen« vor uns: »Vom Nutzen und Nachteil der Historie für das Leben«. Was der »Unzeitgemäße« hier verhandelt, ergibt sich aus den eigentümlichen Problemen der Zeit und auch der persönlichen Erfahrung mit ihr. Insofern ist das, was hier als Teil seiner Lebensphilosophie vorgetragen wird, auch Abrechnung mit sich selbst, mit seinem Fachgebiet und seiner Lebensführung. Man muß sich vor Augen halten, welchen Rang die Beschäftigung mit der Geschichte im 19. Jahrhundert einnahm, welche Höhe die Geschichtswissenschaften mit Namen wie Ranke, Niebuhr, Mommsen, Burckhardt, Treitschke erreicht hatten, wie sehr überhaupt die Bildung an Schulen und Universitäten rückwärtsgewandt aus der Vergangenheit, der Antike, Griechenland und Rom, den Anfängen der aus dem Judentum herauswachsenden christlichen Religion gesogen wurde, wie alles das, was nicht im engeren und weiteren Sinn der Vergangenheit zugerechnet werden konnte, nicht von gleichem Gewicht, mehr noch: gleicher Würde war – dies alles muß man sich vergegenwärtigen, um Nietzsches Unzeitgemäßheit richtig abzuschätzen. Er vergriff sich hier an »heiligen Kühen«, wenn er von der »historischen Bildung« als einem »Schaden« sprach.

Gemeint war das Übermaß an »Wissen, bei dem die Tätigkeit erschlafft«, jene Beschäftigung mit der Geschichte, »bei der das Leben verkümmert und entartet«. Er mußte es wissen, weil er als Zögling von Schulpforta und junger Gelehrter von Leipzig und Basel davon selbst betroffen war. Für seine Einsichten führt er gerade seine Erfahrungen mit der Antike, vor allem der griechischen, an. Und er weist auf Goethe, der alle andauernde Beschäftigung mit der Geschichte nicht gut fand und davor warnte. Was kann aus solchem immerwährenden Betrachten von Dingen der Vergangenheit, wo die eigene Gegenwart ausgestrichen ist, an Nützlichem hervorgehen? Nicht sehr viel! Denn es fehlt die Wohltat des Vergessens. Zu allem großen Handeln gehört Vergessen. Einzelne wie ganze Völker müssen vergessen können, sie dürfen nicht fortwährend mit ihrer Vergangenheit befaßt sein, vom Vergleich mit ihr leben wollen und die Lähmung erfahren, die daraus erfolgt. Nicht-Vergessen-Können führt zu einem »Grad von Schlaflosigkeit, von Wiederkäuen, von historischem Sinne, bei dem das Lebendige zu Schaden kommt und zuletzt zugrunde geht, es sei nun ein Mensch oder ein Volk oder eine Kultur«. Wer ständig auf die Vergangenheit starrt, wird von ihr so gebannt wie das berühmte Kaninchen von der Schlange und zu keiner Bewegung mehr fähig sein, »er wird wie der rechte Schüler Heraklits kaum mehr wagen, den Finger zu heben«. Er wird mit Sicherheit am Ende aus der Zeit, aus der eigenen Gegenwart, aber auch aus der Geschichte, der sein ganzes Interesse galt, herausgestoßen werden. Er wird darin nicht mehr wiederzufinden sein, so, als ob es ihn nie gegeben hätte.

Das war nicht ohne festen Bezug zur eigenen Gegenwart und ließ seine Bewunderung für den Handelnden oder besser den großen Täter hindurchschimmern. »Der Handelnde ist immer gewissenlos.« Dieses von Nietzsche angeführte Goethe-Wort zeigt, wo seine Sympathien lagen. Aber diese Kundgebung war zugleich Resultat der schonungslosen Selbstanalyse. Denn vom Handelnden war er, der »Philologe«, der beamtete Altertumshistoriker in Basel, durch Welten getrennt. Mit ihm hatte der kontemplative Geist nicht das geringste gemeinsam. Das Wort mochte für Wagner gelten, der, wenn es darauf ankam, nicht die geringsten Bedenken kannte, der als »Künstler« ja über die ihm von Nietzsche selbst zugeschriebene weltverwandelnde Macht verfügte, der »Magier«, »Zauberer«, der Gott Dionysos und auch großer Handelnder war. Es galt in jedem Fall für Bismarck, der bei seinem Umgang mit Österreich und bald mit Hannover und Hessen, wo er die herrschenden Dynastien um ihre Länder brachte, um sie Preußen einzuverleiben, von keinem Skrupel gegenüber dem »geschichtlich Gewachsenen« geleitet wurde und dem schon bei der Okkupation Sachsens der Leipziger Student Nietzsche eine kaum verheimlichte Bewunderung gezollt hatte.

Es ist das Evangelium der Kraft, das Faszinosum, das von ihr ausgeht, dem er sich hier zweifellos verfallen zeigt. Leben, wo es als Kraft auftritt, hat mehr Zukunft für sich als da, wo es sich der Reflexion widmet, wo es kein Vergessen kennt. »Historische Bildung« kann es in sinnvoller Weise nur im Gefolge einer neuen Lebensströmung, einer werdenden Kultur, geben. Im andern Fall wäre sie zum Tode verurteilt und risse die ihr Anhängenden mit in den Untergang.

Auf keinen Fall kann man sich dem Tätigen, dem Mächtigen, »dem, der einen großen Kampf kämpft«, mit Aussicht auf Erfolg entgegenstellen. Das schließt die Anerkennung des biologisch

Intakten im Sinne Darwins ein. Eine so verstandene Gegenwart ist zur Zukunft hin weit geöffnet. Eine solche Lehre zieht einem reaktionären System, das sich die Erhaltung erstarrter Strukturen angelegen sein läßt, den Boden weg. Sie rechnet mit der Heraufkunft ganz neuer Naturen, denen mit dem bisher gültigen Bildungssystem nicht beizukommen ist. Ihnen gegenüber kann es im Interesse der Erhaltung nur den sehnlichsten Wunsch geben: kämen wir doch von der Geschichte los!

Alles, was man später der »Bildung« mit ihrer ganzen Einseitigkeit, sowohl des in ihrem Namen behandelten Stoffes als auch der Kreise, an die sie sich wendet und von denen umgekehrt sie wieder bevorzugt wird, vorhalten sollte, kommt bei Nietzsche schon zur Sprache. Es ist auch später an intellektueller Energie dem nicht mehr viel hinzugefügt worden, »um der in Deutschland jetzt gerade modisch gewordenen Gebildetheit den Garaus zu machen«.

In der zweiten »Unzeitgemäßen« hatte Nietzsche strengen Gerichtstag abgehalten. Das Urteil traf die »Bildung« und traf ihn selbst als »Gebildeten«, als jemanden, der wie kaum ein anderer für das ganze geltende System stand. Aber es traf auch schon das Deutschland des neuen Reichs und die Deutschen darin, denen der Spruch kaum großes Behagen bereiten konnte. Zwei, drei Jahre nach der Gründung wurden die ersten Bilanzen vorgelegt. Mit negativem Saldo! Das viel gelobte »deutsche Wesen ist noch gar nicht da, es muß erst werden«. Die kurze Zeitspanne hat noch nichts bewirkt.

Die Deutschen haben keine Konventionen. Sie leiden am Mangel allgemein gültiger Regeln und leben von denjenigen, die sie sich aus Frankreich geborgt haben. Das erklärt auch den für Deutschland auffälligen Widerspruch von Inhalt und Form. Mit anderen Worten: Der Deutsche hat keine Kultur, weil er sie aufgrund seiner Erziehung gar nicht haben kann. Warum? »Er will die Blume ohne Wurzel und Stengel.«

Das ist eine frappierende Behauptung, die der Erläuterung bedarf. Sie wurde ausgesprochen angesichts der zentralistischen Kultur Frankreichs mit Paris als unbestreitbarem Mittelpunkt, das in allen Fragen des Geschmacks, der Zivilisation im menschlichen Verkehr untereinander, der Sprache, der Etikette, in dem, was sich schickt oder nicht, eine allgemein akzeptierte Schiedsrichterrolle spielte. Für England, wo die Krone Widerstreitendes unter sich vereint hatte, galt Ähnliches. Auch hier hatte ein von London als Welthandelsplatz mehr oder weniger dirigiertes, bis in die Kolonien verfügbares establishment in Administration, Militär und Kaufmannschaft ein Signalsystem in Sprache und Verkehrsformen ausgebildet, das von allen, die dazu gehörten, verstanden wurde.

Alles das ließ sich von Deutschland und den Deutschen um 1871 nicht sagen. In diesem historischen Gebilde aus großen und kleineren, sogar allerkleinsten Einzelstaaten und freien Städten bei mitunter krasser Trennung von Osten und Westen, Norden und Süden herrschte das Formlose vor. An Übereinkünfte in Sprache und Gebräuchen war hier nicht leicht zu denken. »Konventionen«, meint Nietzsche, gelten bei den Deutschen als eine Art Verstellung, gegen die sie bewußt das »Natürliche« setzen. Oder was sie darunter verstehen!

Für eine Erziehung in einem Staat, der sich gerade seine politische Einheit geschaffen hat und sich die Tugenden eines Zentralstaates aneignen möchte, ist das ein Manko. Hier gibt es für den Erzieher noch unendlich viel zu leisten. Und so wendet sich die zweite »Unzeitgemäße« an die Jugend der ersten Generation im Bismarckschen Deutschland. Die Ungunst der Verhältnisse bietet auch Verheißungen, sie bietet die Aussicht, von der »historischen Krankheit« erlöst, von dem Übermaß an Geschichte, von der Verkettung an die Vergangenheit, befreit zu werden. Um dafür sich die Herrschaft über das Leben anzueignen!

Aus dem Erzieher Nietzsche spricht hier der Lebensphilosoph. Lebensphilosoph ist er wiederum nur, weil er Erzieher, Erzieher zum Leben ist. In der hier verhandelten Phase der Sterilität durch eine fehlgeleitete »Bildung« bedeutet es Gewinn, die Lust an der »Bildung« verloren zu haben und dafür die Gleichgültigkeit gegen das Geltende, Verpflichtende, Überlieferte, Berühmte einzubringen. In der Hingabe an das Vergessen wittert der gesunde Instinkt der Jugend die Chance, keine *menschlichen Aggregate* mehr zu werden, sondern Menschen.

Der Gedanke ist zu aktuell, um näherer Erklärung zu bedürfen. In der Teilnahmslosigkeit gegen das überlieferte und für bedeutsam ausgegebene Wissen von der Vergangenheit liegt schon ein geheimer Spürsinn im Interesse der Lebenserhaltung. Hier melden sich Untertöne, die auf Selbstbehauptung dringen und den Einzelnen davon abhalten, Opfer der Vergangenheit zu werden.

Das ist nicht bloß dahergesagt. Wieder steht dem zusätzlich durch Burckhardt geschulten Nietzsche das Bild der »Griechen« vor Augen. Sie hatten ein Beispiel dafür gegeben, wie sie der Gefahr der Verfremdung am Ende erlegen waren, doch auch – und das zeichnete sie vor allen andern aus –, wie sie den eigentlichen Höhepunkt ihrer Kultur herbeigeführt hatten, indem sie der Bedrohung widerstanden, an ihrer Vergangenheit zugrunde zu gehen in einer Zeit, wo sich in ihrer Region »ein wahrer Götterkampf des ganzen Orients« abspielte, wo Asien mit seinen Kulturen und Mythologien den Hellespont zu überfluten begann. Aber: sie »lernten das Chaos zu organisieren«, indem sie sich auf sich selbst besannen und alle »Schein-Bedürfnisse absterben ließen«.

»… das Chaos zu organisieren« ist hier das helfende Wort in einem Zeitalter an der großen Wende zur Zukunft mit unübersehbaren Gefahren.

Wie weit für Nietzsche die Bedrohung dessen, was das Wort »Kultur« subsumiert, bereits gediehen ist, wie sehr Nietzsche sich selbst davon betroffen fühlt, findet man eher in unveröffentlichten Papieren. Er sieht sich unmittelbar ans Ende einer mehrtausendjährigen Entwicklung gestellt, als der »letzte Philosoph« mit der Einsicht, daß in überlieferten Formen des Denkens hinfort nicht mehr gedacht werden kann. Daß eine Umstülpung des Geltenden ins Gegenteil vonnöten ist: hier beginnt die Vorarbeit zur »Umwertung aller Werte«. Erste Dissonanzen zum Thema klingen auf in seinem Papier »Über Wahrheit und Lüge im außermoralischen Sinne«. Das ist schon ein Bruch mit dem von Plato bis Kant, von Aristoteles bis Hegel geltenden Harmonieregister der Werte, bei dessen Anwendung über alle Zeiten und unterschiedlichen Systeme hinweg Übereinstimmung hätte erzielt werden können. Daß das »Gute« gut, das »Böse« böse war, darüber ließ sich zwischen den »heidnischen« Griechen in Athen und den »christlichen« Preußen oder Schwaben in Königsberg und Berlin allemal reden. Doch daß das bis dahin unbestritten als gut geltende »Gute« in Wahrheit böse und umgekehrt das »Böse« gut war, war in solcher Entschiedenheit noch nicht einmal von den Sophisten für möglich gehalten worden. Der Beweis dazu steht freilich noch aus. Es muß noch erst durchdacht, auf seine Tragfähigkeit hin untersucht werden. Aber die Wahrscheinlichkeit ist groß, alles weist darauf hin. Der Beweis, der erbracht werden müßte, hat freilich nichts mehr mit irgendwelchen Spitzfindigkeiten zu tun. Er muß von der durchschlagenden Macht unanfechtbarer Autorität sein.

Wagners Meinung kannte Nietzsche: Erst das »Christentum« hatte das »Böse« in die Welt gebracht. Der Satz in seiner Überspitzung meinte, was Humanisten seit dem Mittelalter unentwegt geglaubt hatten, daß das griechische Altertum an Schönheit, Harmonie, Idealität, Glauben an die ewige Heilkraft der Natur, Versöhnungskraft des Lebens jedem andern Zeitalter überlegen gewesen war. Das »Christentum« hatte dem nichts entgegenzusetzen oder bestand gerade darin, alles das in Zweifel zu ziehen und unter das Gesetz der Vergänglichkeit, der Eitelkeit, zu stellen. Es zu verdächtigen! Allen diesen Manifestationen des Wohlgeratenen, des Glaubens an die ständige Erneuerung der Welt, des Weltglaubens im Sinne Goethes das schlechte Gewissen beizugeben, sie durch Sünde und Sündenfurcht zu zerstören!

Was nottut, ist Rückkehr zu den Anfängen und Hinwendung zum Ende. Beides aber gleicht dem Betreten einer Landschaft, auf die noch nie ein Fuß gesetzt worden ist. Es wird von Nietzsche ein Blick in ungeheure Räume getan, in eine Unendlichkeit, wo All und Nichts zusammenfallen. »Wahrheit« und »Lüge«, »gut« und »böse«, »Moral« und »Amoral« sind bloße Stichworte für ein Programm, das erst noch geschrieben werden muß.

In den ersten beiden Stücken hatte der »Unzeitgemäße« gewarnt; gewarnt vor sich und seinem Raubtierbiß. David Friedrich Strauß war das erste Opfer gewesen. Wer wird das nächste sein, das damit rechnen muß, angefallen zu werden? Einem mit B. F. zeichnenden Rezensenten aus dem Bismarckschen Lager war aufgefallen, daß das »Deutsche Reich« bei Nietzsche immer in Anführungszeichen gesetzt wurde, aus ihm das »sogenannte Kaiserreich«, wie Wagner es inzwischen zu benennen beliebte, geworden war. Hier ließ sich für den nationalen Wächter der furchtbare Verdacht nicht mehr unterdrücken, beim Verfasser es mit einem Staatsfeind, vielleicht einem Genossen von Liebknecht und Bebel zu tun zu haben.

Die ersten beiden »Unzeitgemäßen« waren Abrechnungen mit der Zeit und zwei ihrer zeittypischen Vertreter, mit David Friedrich Strauß und Eduard von Hartmann, gewesen. Wie richtig bei allem Vorbehalt, den man gegen die beiden Schriften Nietzsches haben kann, die Einschätzung der von ihm bekämpften Gegner bzw. ihrer wirklichen nach Jahrhunderten zu bemessenden Bedeutung war, zeigt die Tatsache, wie schnell die Zeitentwicklung über sie hinweggegangen ist. Aber wenn sie so leicht und so schnell und am Ende so überzeugend zu erledigen waren, konnte ein öffentlicher Triumph über sie keine lang anhaltende Genugtuung bedeuten.

Für Nietzsche mußte es also darum gehen, sich nach anderen Sujets umzusehen, durch die er sich seines Standortes versichern konnte, er mußte eine kräftigere Vergewisserung der eigenen und durchaus anfechtbaren Unzeitgemäßheit besorgen. Er mußte nach andern »Unzeitgemäßen« suchen, die ihm darin vorausgegangen waren, die ihm als Vorbilder gelten konnten.

Das ging ohne alle Schwierigkeiten ab; denn die hier in Frage kommenden waren Teil seiner eigenen Lebensgeschichte gewesen. Sie gehörten der kaum verflossenen Vergangenheit an oder waren in der Gegenwart über alle Maßen lebendig. Es waren Schopenhauer, dem er in der unvergessenen Lektüre der »Welt als Wille und Vorstellung« begegnet war, und Wagner als der Mentor, der seine ganze schriftstellerische Produktion erst beflügelte, ohne den sie sich in ihrer Eigenart seit der »Geburt der Tragödie« überhaupt nicht denken ließ. Das aber bedeutete keine bloß zufällige Zugehörigkeit des einen zum andern, sondern mehr: Schopenhauer und Wagner fallen ihrem Wesen nach für Nietzsche zusammen. Schopenhauer ist der Wagner des »Tristan«, durch den Nietzsche nach eigenem Geständnis ja dem Komponisten noch in Naumburger Zeiten verfallen war. Wagners Lektüre von Schopenhauers Hauptwerk in Zürich, auf das ihn der halbe Freund, Dichter und Emigrant Georg Herwegh aufmerksam gemacht hatte, hatte mitgeholfen, in die ursprüngliche Konzeption des »Ring« jene Risse zu schlagen, die das Werk von den frühsozialistischen Partien im Sinne Proudhons und Bakunins entfernten, und ihn dann über den bei der Weiterarbeit einzuschlagenden Weg so lange im Ungewissen ließen. Der »Tristan« war ein Werk der Verlegenheit in dieser Zeitspanne des Zauderns und des Verzweifelns, ja sogar der Hoffnungslosigkeit gewesen. Isoldes Liebestod, ihr Eingehen »in des Weltatems wehendem All«, hatte nach den Grundsätzen der Schopenhauerschen Lehre stattgefunden. Die ganze Ausnahmenatur des »Tristan« lag neben dem Musikalischen auch in dieser von den politischen Doktrinen freien Weltaufsage, in der alle Stränge zur Revolution oder Reaktion aufgeknotet waren. Weltaufsage als Willensaufgabe, um in der völligen Resignation der Liebenden »Erlösung«, »höchste Lust«, wie die letzten Worte der Sterbenden lauten, zu finden!

Widersprüche konnten sich hier nicht einstellen. Es gab bei Nietzsche die autobiographisch genau auszumachende Bemächtigung zuerst Wagners durch den »Tristan« in Schulpforta und dann die Lektüre Schopenhauers in der ersten Leipziger Studienzeit. Aus beiden waren dann in den folgenden Jahren sozusagen Dauergäste geworden, deren tägliche Allgegenwart nicht nur feststand, sondern auch durch ihre Untrennbarkeit noch einmal bekräftigt wurde. »Schopenhauer« war das verbindende Element gewesen, unter dem Nietzsches Freundschaft mit Wagner zustande gekommen war. Er galt als der »Führer« einer unsichtbaren Bewegung der Gleichgesinnten und Gleichgestimmten, der zuzugehören Nietzsche, viel mehr als das bei Wagner der Fall war, zum Auswahlkriterium seiner Freunde machte. Er war das Codewort, unter dem für Nietzsche während langer Jahre einzig und allein ein Gespräch ernsthaft begonnen und mit Aussicht auf Verstehen geführt werden konnte.

Man muß sich vor Augen halten: Schopenhauers Lehre enthielt das letzte geschlossene philosophische System des 19. Jahrhunderts, das noch aus einer vorindustriellen Welt herausgewachsen und an keiner Stelle über diesen Horizont hinausgelangt war. Das erklärt – allen Einwänden gegen manche Inkonsequenz darin zum Trotz – das eigentümlich Abgerundete, das ihm seine Anhänger nachsagten und sich nicht ausreden ließen. Und vor allem: es war anwendbar, es ließ sich mit und nach seiner Lehre leben. Es war Lebensphilosophie mit Anleitungen zum rechten Leben, deren Anwendung in den Stand setzte, die Natur gewissermaßen zu überlisten; etwas, was von Kant, Hegel oder Schelling nicht gesagt werden konnte.

Vor allem war Nietzsche vom vorgelebten Beispiel Schopenhauers angezogen. Schopenhauer wurde als Kopf gesehen, der gegen alle Moden lebte, der einen Argwohn gegen geistige Konjunkturen hatte und ihnen schon bei ihrem Ausbrechen das Ende voraussagte. Er war ein Denker, der nicht im Einklang mit der Zeit stand, sondern gegen sie andachte, ein Wellenbrecher, der sich der Flut entgegenstemmte und sie zu zerteilen unternahm; der auf seine Stunde wartete, weil jede Krise wie jede Konjunktur nicht ewig andauert. Das war Schopenhauers eigene Lebenserfahrung. Seine Bücher fanden bei ihrem Erscheinen zunächst kaum Leser, das Echo auf sein Hauptwerk blieb aus; es gab Erwägungen, sie einstampfen zu lassen.

Schopenhauer also als reiner Fall des »Unzeitgemäßen«, als Erzieher gegen die Zeit, dessen Anziehungskraft für Nietzsche in seiner »Vereinsamung« liegt, in der er die eigene künftige Lebensgeschichte schon damals vorgezeichnet sieht. Es ist dies eine Folge jener »Verzweiflung an der Wahrheit«, von der ihm durch die schweren Nackenschläge, wie er sie als Verfasser der »Geburt der Tragödie« von seinen Fachkollegen hatte einstecken müssen, bereits erste und sehr nachhaltige Erfahrungen zuteil geworden waren. Denn es geht ihm um die Suche nach der Wahrheit – was immer darunter zu verstehen sein mag – in einer Unerbittlichkeit, die von jedem Zirkelwesen, jeder Institutionalisierung, jeder Vereinigung der Vielen, zwangsläufig wegführt und ihn auf sich selbst zurückwirft.

Es ist nun interessant zu bemerken, in welche Gesellschaft Nietzsche sein Vorbild hineingestellt sehen möchte. Keineswegs in eine deutsche – mit der einen einzigen Ausnahme Goethe! Am allerwenigsten hat Schopenhauer irgend etwas mit einem deutschen Gelehrten zu tun, »der von Natur steife und ungeübte Gliedmaßen hat und engbrüstig ist und deshalb eckig, verlegen oder gespreizt daher kommt«. Seine »bärenmäßige Seele« nimmt es an Attraktivität sehr wohl mit der »Geschmeidigkeit« guter französischer Schriftsteller auf, der man in Deutschland so oft, dann aber immer vergeblich nacheifert. Eigentliche Geistesverwandte sind Rousseau und noch mehr Montaigne. Mit Montaigne teilt er die »Ehrlichkeit« und eine »wirkliche erheiternde Heiterkeit«, eine der ganz seltenen schriftstellerischen Tugenden, sofern sie nicht unfreiwillig ist wie beim »Bildungsphilister« im Stile von David Friedrich Strauß. In irgendeine Form der Beamtung läßt sich Schopenhauer schwerlich hineindenken: »Ich kann mir Schopenhauer«, schreibt Nietzsche, »nicht an einer Universität vorstellen: die Studenten liefen vor ihm davon und er selbst liefe vor den Mit-Professoren davon«. Es konnte den Anschein haben, als ob der Satz angesichts seiner doch mit bürgerlicher Anerkennung ausgezeichneten Basler Lehrtätigkeit wenig zu Nietzsches eigener Situation paßte. Aber er paßte, freilich nur mit dem Blick auf die Zukunft. Seine Vorlesungen wie der Unterricht im Pädagogium waren historisch ausgerichtet, befaßten sich mit Texterklärungen und Interpretationen, beruhten auf der Lektüre insbesondere klassischer griechischer Autoren. Sie hätten, selbst wenn in Basel irgendeine Form der Lehraufsicht gewesen wäre, keinen Anlaß gegeben, Anstoß zu erwecken. Overbeck als Kirchenhistoriker und entschiedener Nicht-Christ, der es, wie ihm Köselitz 1883 bestätigt, als Theologe mit milder Hand zuwege bringen wollte, »ohne dem Christentum wehe zu tun, ohne es zu Gegenwirkungen zu reizen –, es mit der Zeit unmöglich zu machen, indem Sie das Protokoll seiner Vergangenheit aufnehmen«, wäre als Professor der Theologischen Fakultät von irgendwelchen Maßnahmen der Lehrzucht viel eher betroffen gewesen. Aber es gab sie – zum Leidwesen mancher – eben nicht. In Basel herrschte vollkommene Lehrfreiheit in einem Maß, das über das an den Universitäten in Deutschland mit der gleichen Garantieerklärung Versehene weit hinausging. Nietzsche und Overbeck wußten das genau. Auch hier lag ein Anlaß zur Abwendung vom Deutschland des neuen Reichs, eine damals eher noch unklare Auffassung, für die Nietzsche aber bei späterer Gelegenheit und zwar bei seiner Bemühung um eine Professur in Leipzig die Probe aufs Exempel machen konnte.

In Nietzsches Vorlesungsmanuskripten gibt es nichts, was an Auslassungen über Antike, Christentum und Judentum vom Fachverständnis des Humanisten irgendwie als unzulässig hätte erklärt werden können. Die großen skandalösen Ideen, mit denen er später an die europäische Öffentlichkeit herantreten sollte, befinden sich erst im Inkubationsstadium des Vorverhandelns insbesondere mit Overbeck. In der »Gifthütte« der »Baumannshöhle« auf dem Schützengraben wird das erste Rohmaterial zunächst und zwar eher durch zufällige Eingebungen zubereitet. Nietzsche hält in seiner offiziellen Beamteneigenschaft damit zurück. Er hält es sozusagen aus dem Dienst heraus und macht es später zu einer Angelegenheit des Schriftstellers, der Privatier ist. Privatier wie Schopenhauer!

In diesem Lichte sind denn auch die Aussagen über die Gefahren der Wahrheitsverkündung im Staatsdienst eine frühe Vorwegnahme des späteren Wegs. Wieder ist Schopenhauer das Leitbild. Was Nietzsche über die Beziehung zwischen »Staat« und »Philosoph« zu sagen hat, ist nicht nur eine autobiographisch höchst bedeutsame Wegzeichnung, sondern hat eine an keinen Tag gebundene klassische Gültigkeit. Der Staat hat seit der Antike ein gestörtes Verhältnis zu den Philosophen. Warum: »Weil jeder Staat sie fürchtet und immer nur Philosophen begünstigen wird, vor denen er sich nicht fürchtet. Es kommt nämlich vor, daß der Staat vor der Philosophie überhaupt Furcht hat, und gerade, wenn dies der Fall ist, wird er um so mehr Philosophen an sich heranzuziehen suchen, welche ihm den Anschein geben, als ob er die Philosophie auf seiner Seite habe – weil er diese Menschen auf seiner Seite hat, welche ihren Namen führen und doch so gar nicht furchteinflößend sind. Sollte aber ein Mensch auftreten, welcher wirklich Miene macht, mit dem Messer der Wahrheit, Allem, auch dem Staate, an den Leib zu gehen, so ist der Staat, weil er vor allem seine Existenz bejaht, im Recht, einen solchen von sich auszuschließen und als seinen Feind zu behandeln ... Erträgt es jemand also, Philosoph von Staatswegen zu sein, so muß er es auch ertragen, von ihm so angesehen zu werden, als ob er darauf verzichtet habe, der Wahrheit in alle Schlupfwinkel nachzugehen ...«

Mit seinem Eintritt in den Staatsdienst also gibt der Philosoph zu verstehen, daß er – jedenfalls für den ihn in seinen Dienst nehmenden Staat – den Biß, ein lebendes Ärgernis zu sein, verloren hat. Es sind ihm gegenüber dem Dienstherrn die Zähne gezogen worden. Der Staat verhält sich zu ihm wie das Blümchen »Rühr mich nicht an«, kann ihm beibringen, daß alles Große und Reine auf Erden nur in der Form des Kompromisses existiert, und kann ihn diskret oder auf dem Wege der direkten Weisung dazu anhalten, sich gegen andere Staaten oder andere dem Staat wenig freundlich gesinnte Gebilde verständlich zu machen. Für den Staat hat er aufgehört, Gefahr zu sein, wenn er es vorher je gewesen wäre. Als alles hinwegwischende Erklärung kann der Staat anführen, daß es immer besser ist, Philosophen anzustellen als sie zu verfolgen.

Mit dieser Parteinahme für den amtslosen Philosophen, die hier an dem glatten Gegenpart des Universitätsphilosophen entwickelt wird, reiht sich Nietzsche in die geistige Nachkommenschaft Schopenhauers ein. Aber selbst amtslos im wahrsten Sinne des Wortes ist er eigentlich nicht. Hier wird die Gegenposition in Augenschein genommen, auf die er sich damals offenbar schon eingestellt hat, um sich zu ihr hinzubewegen. Es wird eine Bewegung Schritt für Schritt sein.

Damit ist ein Weg in Aussicht genommen, der den Weg in die Gefahr bedeutet. Denn Einsamkeit, wie er sie hier als drohende Aussicht vor sich hat, ist Gefahr: »Ach ich merke wohl, ihr wißt nicht, was Vereinsamung ist. Wo es mächtige Gesellschaften, Regierungen, Religionen, öffentliche Meinungen gegeben hat, kurz wo je eine Tyrannei war, da hat sie den einsamen Philosophen gehaßt; denn die Philosophie eröffnet dem Menschen ein Asyl, wohin keine Tyrannei dringen kann, die Höhle des Innerlichen, das Labyrinth der Brust: und das ärgert den Tyrannen.« Aber gerade diese Einsamkeit kann dann die größte Bedrohung des Philosophen sein. Hier geht es um Leben oder Tod. Denn der Vereinsamte, will er nicht zu Grunde gehen, braucht Menschen; er selbst befindet sich ja von Herkunfts wegen in einem System menschlicher Beziehungen, aus dem er hervorgegangen ist und in dem man fortwährend nach seiner Meinung forscht. Der Kreis derer, die zu diesem Thema kompetent Stellung nehmen können, ist freilich nicht groß; denn: »Niemand, der wahre Freunde hat, weiß, was wahre Einsamkeit ist …«

Das sind gleichsam Vorerhebungen Nietzsches, um die Lebensspur Schopenhauers auszumachen, um in ihr seine eigene nachzuziehen. Geltende Sache ist es ihm, daß ein Kopf in der Nachfolge Schopenhauers seine Herausforderung nicht an eine Minorität, die ihrer Schwäche wegen kaum in Betracht kommt, zu richten hat, sondern an das herrschende Regime, das über alle Hilfsmittel verfügt, dem sichtbar und unsichtbar helfende Hände überall zur Verfügung stehen, an das sich heranzuwagen eine Ungeheuerlichkeit bedeutet: ein herrschendes Regime, das normalerweise von der gegebenen Staatsverfassung und der geltenden Religion – auch in umgekehrter Reihenfolge – gestellt wird. In der konkreten Situation von Nietzsches Kritik als »Unzeitgemäßer« ist damit das neue »Reich« und das »Christentum« gemeint, sind beide bereits ohne Umschweife beim Namen genannt.

Es war schon äußerste Verwegenheit, dem deutschen Leben im siegreichen Hohenzollernschen Kaiserreich, dem aus allen Himmelsrichtungen mit Furcht gemischter Respekt entgegengebracht wurde, vorzuwerfen, es fehle ihm an Größe, eher herrsche hier ein »mit den Trompetenstößen des Kriegsruhms gemischter Lärm« vor. Und auch die so gerühmte »deutsche Wissenschaft« leide an einem »Defekte«, bei ihr sei mehr von einer »Lücke« als von einem »Überfluß von Kräften« zu sprechen. Wohin man nur schaut, sieht man die Deutschen als »wahre Virtuosen des Philisterhaften«.

Hier stellt der »Unzeitgemäße« die in der staatstreu gesinnten Öffentlichkeit befremdlich anmutende Frage: ist dies die erhoffte deutsche Kultur, von der ganze Generationen geschwärmt und auf deren Bewußtmachung sie unermüdlich hingearbeitet haben, zu der sich Schopenhauer hätte bekennen können? Eine nähere Antwort glaubt sich der Fragesteller angesichts des grauen Alltags im Deutschland des neuen »Reichs« sparen zu können. Die Ursachen für diese Misere scheinen ihm freilich tiefer zu liegen und auch weniger politischer Art zu sein. Sie sind für ihn in jenen falschen Glücksbestrebungen und den entsprechenden Glücksverheißungen zu suchen, mit denen Staaten, Religionen, Kirchen, Wissenschaften, jedes auf seine Weise, aufwarten. Es sind In-Aussicht-Stellungen, an denen in der neueren Zeit die »Aufklärung« noch einmal nachdrücklich mitgewirkt hat und die von der Wirklichkeit nicht eingelöst werden können. Hier steigt wieder der mahnende Schatten Schopenhauers auf: es sind den alten Versprechungen keine neuen hinzuzufügen, im Namen Schopenhauers kann nur auftreten, wer als »Zerstörer jedes scheinbaren und verführerischen Glücks« auftritt, wer das ganze Lügengewebe vom Fortschritt der Institutionen, der Staaten, der Politik, der Kunst zerreißt. Die Geschichte kennt – und hier war neben Schopenhauer für Nietzsche der Kollege Jacob Burckhardt mündlicher Zeuge – zwar den Fortschritt, aber sie kennt ihn als Scheingröße, wo eine Errungenschaft mit Schädigungen, in der Sprache Schopenhauers, mit Leiden, bezahlt werden muß, wobei die Frage gilt, ob das Leiden den Gewinn aufwiegt. Denn die Geschichte als Weltgeschichte mit dem »Krieg« als dem Ewigen, das durch den zeitweiligen Frieden nicht unterbrochen wird, zeigt in ihrem übersehbaren Verlauf ein eigentümliches Auf-der-Stelle-Treten und das Leiden als ihre Konstante.

Das bewegte sich ganz auf der Linie des vor-industriellen Schopenhauerschen Denkens, war mit seiner Beiseitelassung aller Aktivitäten des »Arbeitsmarktes«, den der Staat über sein Bildungssystem schonungslos versorgen hilft, durch und durch antikapitalistisch. Es war ein Antikapitalismus von rechts, der sich jedoch in der ohnehin schwach ausgebildeten Landschaft der politischen Parteien nur schwer unterbringen ließ. Es war auf keinen Fall restaurativ, am allerwenigsten reaktionär.

Natürlich hatte Schopenhauer mit seinem Appell gegen alles Geschäftigkeitswesen dem alten Muße-Ideal des Aristoteles angehangen, das sich nur in einer von der Wirklichkeit losgelösten Idylle verwirklichen läßt. Der Rückzug in diese ungestörte Privatheit, den Schopenhauer durch sein ererbtes Vermögen bestritt, gilt als unerläßlich. Der Lärm einer in Aufruhr befindlichen Zeit und gar die Teilnahme daran haben dagegen etwas Tötendes. Eine solche unterschiedlich verteilte Sympathie war nicht anzufechten, weil ihre Umkehrung ins Gegenteil den Berufsvorstellungen des Philosophen widersprechen müßte. Aber gerade die ganze Rührigkeit des deutschen »Universitätsphilosophen«, seine Angebote, sich dem »Reich«, wo die Macht auf Kosten des Geistes bevorzugt ist, zu verschreiben, machen ihn verdächtig, sich von dem, was ihm eigentlich obliegt, erheblich zu entfernen.

»Was ich fürchte, ist nicht die schreckliche Gestalt hinter meinem Stuhle, sondern ihre Stimme, auch nicht die Worte, sondern der schauderhaft unartikulierte und unmenschliche Ton jener Gestalt, wenn sie noch redete, wie Menschen reden.«

Eine undatierte Niederschrift Nietzsches über eine im dunkeln bleibende persönliche Erfahrung, die belegbar weder eine Vorgeschichte noch eine Fortsetzung kennt und offenbar in die Anfänge der 70er Jahre fällt! Die Stelle hat, wie wir wissen, die Phantasie der mit der Lebensgeschichte Nietzsches Befaßten in Bewegung gesetzt, sie lud ein, hier ein Geheimnis außerordentlicher Art zu vermuten. Gerade sie war geeignet, der Spekulation Vorschub zu leisten und darin die Bestätigung für einen Geheimverkehr mit dunklen Mächten oder im modernen medizinischen Sinn schon ein vorgerücktes Stadium der Paranoia zu sehen. Im »Doktor Faustus« hat Thomas Mann mit der Geschichte des deutschen Musikers Adrian Leverkühn aus Kaisersaschern »etwas südlich von Halle, gegen das Thüringische« eine berühmt gewordene Verknüpfung des einen mit dem andern hergestellt. Es ist dies ein Faust, dessen Streben nach Erkenntnis aus dem »Geiste der Musik« geboren ist, in dessen Blutbahn die Erreger einer unabwendbaren Krankheit vor dem tötenden Ausbruch noch einmal einen unheimlichen Schaffensrausch entfachen, bevor sie den Teufelsbündler als Opfer der Wette auf der Strecke lassen. Bei der Auswahl unter den als Vorbild der Romanfigur in Betracht Kommenden bleibt am Ende ein Einziger übrig, für den die Kriterien der erzählten Lebensgeschichte zutreffen.

Eine solche Geschichte mit allen kühnen Schlußfolgerungen zu erzählen, muß einem genialen Romancier zugestanden werden. Und als romanhafte Handlung kann sie im allerhöchsten Maße fesseln. Für die Deutung der handschriftlichen Notiz selbst besagt sie allerdings wenig, hält sie sogar so gut wie alles offen. Die halluzinatorische »schreckliche Gestalt« ist dem Text des Romans nach ein häufig sich einstellender Besucher, jemand, mit dessen Eintreffen jederzeit gerechnet werden muß und gegen den, wenn er da ist, sich der unfreiwillige Gastgeber nicht wehren kann. Er stellt sich hinter dessen Stuhl und läßt sich nicht ohne weiteres vertreiben. Aber die Unmenschlichkeit liegt nicht im Anblick, sondern im Ton, der von ihm ausgeht.

Wenn dieser unerbetene Gesellschafter offenbar eigene Gewohnheiten entwickelt hat, nach denen er sich einstellt, und sozusagen bereits ein unheimlicher Verkehr zwischen den beiden besteht, warum spricht Nietzsche nur ein einziges Mal davon? Als wahrscheinlich ist anzunehmen, daß es mehrere Aufzeichnungen über diese Erfahrungen gibt, nur scheint hier eine aussortierende Hand im Spiele gewesen zu sein, der an eincm solchen Spuk-Nietzsche wenig gelegen war und für seine Beseitigung sorgte. Hier wird die Redaktion der Schwester spurentilgend tätig gewesen sein.

Aufenthalt in der Sphäre des Wahns mit furchteinflößender Stimme und verschwommener Gestalt! Hier liegt ein Bereich vor, in den man von außen nicht eindringen kann, der den Menschen von Nietzsches Umgebung verschlossen bleibt, den sie nicht wahrnehmen. Hier spielen sich Vorgänge ab, die schon zu Nietzsches Krankengeschichte gehören. Aber eine solche Antwort wirft zwei neue Fragen auf: welcher Krankengeschichte, die Geschichte welcher Krankheit?

Und noch ein anderer Mitspieler oder, besser gesagt, eine Mitspielerin sehr peinlicher Art, diesmal aber für die Freunde sichtbar, taucht in diesem Teufelsspuk um Nietzsche auf: Rosalie Nielsen. Rosalie Nielsen stammte aus dem damals noch dänischen Holstein und war wahrscheinlich selber Dänin. Nach Berichten von Carl Albert Bernouilli, der sich auf Overbeck stützt, soll sie sich längere Zeit in Italien aufgehalten, hier den revolutionären Kreisen um Mazzini angehört und auch im Gefängnis gesessen haben. Ihr äußerer Eindruck bot wenig Anziehendes. Durch die Lektüre der »Geburt der Tragödie« hatte sie sich in eine glühende Verehrerin Nietzsches verwandelt. Über die Annäherung der »dionysischen Person« an Nietzsche und auch die von ihm strikt zurückgewiesenen Versuche der Beziehungsaufnahme gibt es verschiedene Versionen. Das ganze scheint sich vergleichsweise in Formen abgespielt zu haben, die an Parsifals Zurückschaudern vor Kundry erinnern, eine Szene, die ja in der späteren Auseinandersetzung Nietzsches mit Wagner noch bedeutungsvoll werden wird. An die Stelle des »Gekreuzigten« ist dabei Dionysos getreten. Man sieht sogleich, mit welchem Recht

Nietzsche die Wagner in seiner Schrift zuerkannte Rolle des Dionysos später für sich selbst mit Beschlag belegen kann. So soll Rosalie Nielsen ihm zuerst Bilder mit symbolischen Darstellungen des Dionysos zugeschickt haben, bevor sie nach Overbecks Worten mit einer »Verfolgung« begann, die dann unheimliche Züge bekam. Sie behauptete später, einen photographierten Dionysoskopf von Nietzsche als Geschenk erhalten zu haben, eine Plastik mit zwei unterschiedlichen Gesichtshälften, die eine mit einem glühenden, die andere mit einem erloschenen Auge. Immerhin sah sich Nietzsche hier als jemand angesprochen, der nicht als Propagandist für jemand anderen die Kultdienste übernahm, sondern selbst der Ehr-Verwahrer des Gottes, wenn nicht noch mehr, war und entsprechende Huldigungen entgegenzunehmen durchaus das Recht für sich in Anspruch nehmen durfte.

Der Nielsen war nicht leicht beizukommen, weil hier jemand mit dem überzeugenden Ausdruck verehrungsbereiter Hingabe auf eine Sache insistierte, die Nietzsche am Herzen lag. Und sie dann ins Pathologische hinüberzog! Die Mania als »Wahn«, wie er dem Künstler von altersher zustand, war hier in die Formen peinlicher Verzerrung hineingeraten. Was wäre darauf zu erwidern gewesen? In einem Brief, der vom 17. Juni 1873 datiert ist, schreibt Rosalie Nielsen an Nietzsche: »Niemals hat mich je ein Mensch so erkannt und so verkannt wie Sie. Selten oder nie mich jemand so erfreut und mir so weh getan. Sie haben das erste und letzte Band zerrissen, was mich an Deutschland band – ich werde gehen; dachte wohl, es solle so sein. – Innerlich wird das, was ich dachte, wollte, nie zerrissen, aber die Ausführung ist einfach – unmöglich. – Der schöne versteinerte, zerrissene Dionysos, den Sie mir gaben, wird mir überall folgen. Betrachten Sie den lebensmutigen siegreichen Jüngling Dionysos – den ich Ihnen brachte. – Den sehe ich nie wieder. Leben Sie wohl, und mögen Ihre Augen bald geheilt werden.«

In diesen mit »Hochachtungsvoll Rosalie Nielsen« beendeten Zeilen hatte sich das Geständnis der Zuneigung mit der Enttäuschung über den hoch Verehrten vermischt, waren Verwirrung und durchaus aufrichtige Teilnahme zusammengekommen. Daß Nietzsche und die Nielsen gegenseitig kultische Symbolgestalten des Gottes der Leidenschaft ausgetauscht hatten, ist durchaus glaubwürdig und hat überdies noch zusätzliche Bedeutung signalhafter Art. Ihr Geschenk an Nietzsche war ein jugendfrischer Götterjüngling, Nietzsche gab ihr einen Dionysos, der halbblind war. Und der Gesundheit seiner Augen galt ihr letzter Briefwunsch.

Der Grundton der Zeilen verriet freilich die erschreckende Zerrissenheit einer Troglodytin, die mit »Deutschland«, wie sie erklärte, gebrochen hatte. Aber hier gilt es, für einen Augenblick innezuhalten. War nicht Zerrissenheit eine von Nietzsches Mutter, die ihn kennen mußte, am Sohne beklagte Charaktereigenheit und war »Deutschland« nicht beim »Unzeitgemäßen« Gegenstand des Leidens und der Anklage geworden? War hier unter dem Zeichen des Dionysos nicht plötzlich bei einander sonst so Ungleichen eine einzige Saite zum Klingen gekommen, auch wenn dieser Klang, der diese Kundry der Landstraße schmerzte, in Nietzsches Ohren voll ohrenbetäubender Dissonanzen war?

Seine Reaktion war denn auch dementsprechend. Auf einen solchen Brief konnte keine Antwort erfolgen. Aber die Angelegenheit zog sich noch einige Monate hin. Ratschläge zu ihrer Behandlung ließen sich nicht leicht geben. Nietzsche und die Freunde Overbeck und Romundt halfen sich damit, im »Gespenst Nielsen« eine Geistesgestörte zu sehen. Über ihre Behandlungsmethoden, wobei offenbar keine milde Hand des Therapeuten im Spiele war, gibt es unterschiedliche Aussagen. Nach der einen Fassung soll Nietzsche bei einem brieflich vorbereiteten Treffen in einem Hotel in Freiburg/Br. voller Entsetzen über ihre Verwahrlosung die Nielsen als »Scheusal« tituliert, nach der andern Overbeck im gemeinsam bewohnten Haus am Schützengraben die Regie übernommen haben, die die Befreiung des Freundes durch »Exekution« in der Form des Hinauswurfs besorgte.

Nietzsche hatte am ganzen Spukwesen um Rosalie Nielsen zunächst auf eine höchst aktive Weise selber teilgenommen. Er mußte sich nicht wundern, wenn die Landstörzerin in ihm ihren Geistesverwandten vermutete. Denn Nietzsche sah hier Zusammenhänge unerhörter Art, glaubte an eine geheime Weltverschwörung, die aufzudecken sein ganzes rigoroses Eingreifen erforderlich machte. Sein Brief vom 18. Oktober an Rohde läßt uns einen Einblick tun in das ganze Ausmaß seines Verdachts: »Inzwischen ist eine andere Sache ins Gigantische und recht eigentlich über unsere Köpfe gewachsen«, schreibt er. »Es besteht, wie Overbeck und ich des Festesten überzeugt sind, eine unheimliche Machination, um den --- Leipz. Verlag in die Hände der Internationalen zu bringen.« Nietzsche glaubt jetzt die Pflicht zu haben, »zu einer schleunigen persönlichen Intervention nach Leipzig« zu reisen. Aber »Fritzsch«, um dessen Verlag es sich hier handelt, »ist, wie wir fürchten, bereits kompromittiert und hat wahrscheinlich schon Geld bekommen.« Das Geflecht des verschwörerischen Unternehmens läßt sich nur schwer entwirren. Es muß mit der Teilnahme von Personen daran gerechnet werden, bei denen man es bis jetzt für unvorstellbar gehalten hätte. Wie beim eigenen Verleger! Bei einem solchen Abgrund von Verrat ist alles für möglich zu halten. Gegenüber Gersdorff sind nur Andeutungen zu hören, »weil ich mich fürchte, darüber dem Papier etwas anzuvertrauen«. Hier geht Nietzsches Verdacht noch in eine andere Richtung, derzufolge sogar »eine ganz unvermutete gräßliche Gefahr dem Bayreuther Unternehmen droht«, wobei »es an mir liegt, die Gegenminen zu Stande zu bringen«. Und dann der alles enthüllende Zusatz: »Gespenst R(osalie) N(ielsen) natürlich beteiligt.«

Es würde sich kaum verlohnen, der Marotte Nietzsches, wie er sie an der Erscheinung der Rosalie Nielsen auf das skurrilste entwickelt, so angelegentlich nachzugehen, wenn sich hier nicht die Furcht des Bürgers vor dem »Internationalismus« auf einen konkreten Fall zusammenzöge. In ihm geht das »Gespenst des Kommunismus« um. Denn so reagiert das um seinen Besitz bangende Bürgertum, das geheime Anschläge wittert, denen gegenüber es gilt, auf der Hut zu sein. Überall sind im Dunkel agierende Bünde, mysteriöse Zirkel, aber auch in ihrem Dienste stehende Einzelpersonen – so wie hier Rosalie Nielsen – am Werk, um von langer Hand ihre Pläne vorzubereiten, sich in den Institutionen unerkannt einzunisten, um dann eines Tages die Maske fallen zu lassen. Auf niemanden ist Verlaß. Selbst beim Verleger Fritzsch muß damit gerechnet werden, daß er durch Bestechungsgelder Teilnehmer an diesem Komplott ist, das sogar nach Bayreuth überzugreifen droht. Der »schleunigen persönlichen Intervention« in Leipzig dieser Sache wegen, die er Rohde ankündigt, muß noch der Umweg über Bayreuth vorausgehen, damit er auch hier als Warner auftreten kann.

Von diesen Anschauungen war Nietzsche zutiefst überzeugt.

Aber genährt und gekräftigt wurden sie im Basler Großbürgertum, wenn man nicht gerade diese Kreise, denen Nietzsches ausschließlicher Verkehr galt, überhaupt dafür verantwortlich machen will. Es waren Anzeichen der Bürger-Phobie angesichts der sich aufdrängenden »sozialen Frage« und der ersten Erfolge des »Allgemeinen deutschen Arbeitervereins« bzw. der aus ihm hervorgegangenen »Sozialdemokratischen Arbeiterpartei« mit Liebknecht und Bebel als großen Führungsgestalten. Es sprach daraus die Angst vor der Gefahr des aufsteigenden »Sozialismus« und den dunklen Machenschaften, die ihm den Weg bereiten würden. Schon hatten Streiks der Drucker zur Besorgnis Anlaß gegeben, daß sich der Satz der bei Fritzsch erscheinenden Schriften verzögern könnte. Also müssen die Hintergründe des Komplotts dringlich und möglichst sofort aufgedeckt werden! Ein Glück, daß er mit Rosalie Nielsen eine Komplizin unmittelbar ausgemacht und gestellt hatte! Daß sie eine Anhängerin Mazzinis gewesen war, besagte genug. Alles weitere würde sich noch finden.

Daß Nietzsches ganze Erhebungen und energisch angekündigte Interventionen am Ende im Sande verliefen, daß *nichts* gefunden wurde, daß weder Bayreuth im Griff der Internationale war noch der Verleger Fritzsch auf der Seite der Gegner des Eigentums, daß Rosalie Nielsen mit ihren zweifellos absonderlichen Zügen eine deutsche Einzelreisende war, die sich auf eigene Faust ins Italien-Abenteuer gestürzt hatte, macht aus der ganzen Geschichte eine Groteske. Es ist nicht überliefert, wie Wagner auf Nietzsches Warnungen reagiert hat. Oder hatte Nietzsche es vorgezogen, mit seinen Einsichten über die »gräßliche Gefahr« nicht herauszurücken, weil sie ihm inzwischen selbst übertrieben erschienen war?

Es war Nietzsche im Herbst 1873 hart angekommen, einen programmatischen Aufruf für Wagners »Bayreuth« zu schreiben. So leicht lagen die Dinge nicht, daß er sich gern zur öffentlichen Plakatierung seines Eintretens für Wagner im Sinn einer Werbe- und Spendenaktion bereitgefunden hätte. Dieser Zweck lag aber der eher widerwillig verfaßten Postille unter dem Titel »Mahnruf an die Deutschen« zugrunde, und er war unbestreitbar auf Wagner und Cosima als die Inspiratoren zurückgegangen. Die Verkleidung in die Form eines National-Memorandums verbirgt den eigentlichen Zweck denn auch eher schlecht als recht, so aufrichtig es bei Wagner gemeint war, wenn er sein Bayreuther Festspielprojekt in Zusammenhang mit dem neu gegründeten Reich verstand.

Dies in die rechte Form mit der entsprechenden Feierlichkeit zu bringen, dafür erschien ihm und Cosima Friedrich Nietzsche als der geeignete Mann. Sie hatten sich indessen getäuscht, wenn sie hier auf die Überzeugungskraft ihres wortgewaltigen Freundes hofften. Denn das schwungvolle, mit nationaler Rhetorik überall verzierte Dokument, das es an Huldigungen des Meisters nicht fehlen ließ, wurde zur großen Überraschung der beiden Initiatoren und Nietzsche als dem Verfasser von der Versammlung der Patrone abgelehnt.

Was den größten Teil des Wagnerschen Mäzenates bewogen haben mochte, dem Papier die Zustimmung zu versagen, das doch nach außen hin alle Kennzeichen der Ergebenheit an den Meister hatte, bleibt im dunkeln. Oder sollte man bemerkt haben, daß sich der Verfasser an einigen Stellen kühn aus dem Gehege herausbewegte und schon Teile seiner eigenen Philosophie zum besten gab? Aber die bewegte sich noch weitgehend in den von Wagner vorgezeichneten Bahnen. Immerhin zeigt die Generallinie in dieser Schrift schon einige Krümmungen. Es fehlt nicht an Drohungen. Der Verfasser rasselt gewaltig mit dem deutschen Säbel von 1870/71: »ehrwürdig und heilbringend wird der Deutsche erst dann den andern Nationen erscheinen, wenn er gezeigt hat, daß er furchtbar ist ...« Mochte das den Gefühlen der Zeit und auch vieler anwesender Patrone entgegenkommen, so mußte dem Blick aus dem Ausland ja wohl mehr Rechnung getragen werden, vor allem wenn an anderer Stelle von »dem gespannten Aufmerken fast aller Nationen« gegenüber dem »Bayreuther Kunstwerk« die Rede ist. Die Ansprüche nationaler und europäischer Kunst, ja sogar Weltkunst, die von Wagners Werk ausgegangen waren, erzeugen in der Postille eine eigentümliche Brüchigkeit, die nicht unbemerkt bleiben konnte. War das alles den nicht-deutschen Freunden, die für das Patronat schon gewonnen worden waren oder erst noch gewonnen werden sollten, zumutbar? Schon die Tatsache, daß die Versammlung sich über Wagners Empfehlung hinwegsetzte, zeigt, daß kritisches Bedenken des Für und Wider durchaus vorhanden war.

Ganz und gar unstatthaft im Sinn der Zeit aber war ein unüberhörbarer pessimistischer Ton im Eingeständnis des Autors, »daß wir mehr fürchten als hoffen«. Hier bricht bei Nietzsche Persönliches durch, weicht er zwar nicht von Wagners Anschauungen ab, aber ist er es, der sie, wie sich noch zeigen wird, ausbilden hilft. Hier ist er der Vorangehende.

Für die Bayreuther Gemeinde im Zuge ihrer Organisierung war das schließlich bedeutungslos. Man fragte sich und zwar mit Recht, welchen Vorteil die Veröffentlichung des »Mahnruf an die Deutschen« für das geplante Bayreuther Unternehmen bringen würde. Seine Ablehnung ergab die Antwort. Ein Werber, der seine Furcht herauskehrte, daß sein Aufruf den gewünschten Erfolg vielleicht nicht haben würde, mochte nicht unbedingt überzeugend wirken.

In seiner vierten »Unzeitgemäßen Betrachtung« hat Nietzsche dann am gleichen Faden weitergesponnen, der in dem »Mahnruf« begonnen worden war. Hier mochte es zulässig sein, weil die äußeren Absichten der Werbeschrift wegfielen und damit auch eine gewisse Peinlichkeit, das Eintreten für Wagner mit einem »Mahnruf« an das deutsche Volk zu verbinden. Daß Wagner selbst daran keinen Anstoß genommen hatte, zeigt die Empfehlung, mit der er ihn beim Patronatverein begleitete. Oder sollten die Patrone Wagner bei ihrem Votum richtig verstanden haben?

Die vierte »Unzeitgemäße« unter dem Titel »Richard Wagner in Bayreuth« ist Nietzsches erste seiner über Wagner veröffentlichten Schriften, wo er die Karten offen auf den Tisch legt und sagt, daß alles vorher zur Veröffentlichung Freigegebene aus seiner Abhängigkeit von Wagner entstanden ist und er sich jetzt im Schlußteil seiner »Unzeitgemäßen Betrachtungen« noch einmal ohne jeden Vorbehalt auf dieses Zentrum seines Denkens und Trachtens hinbewegt.

Das bedeutet: Wagner, der in seiner Musik gipfelte, war für Nietzsche mehr als seine Musik. In dieser Schrift wird unter dem Eindruck von Wagners Übersiedlung nach Bayreuth, dem Bau des Festspielhauses und den Vorbereitungen der ersten Festspiele durch die Probeaufführung des »Ring« im Jahre 1875 eine vorläufige Summe gezogen. Wagner ist ihm hier weltgeschichtliches Ereignis, aus dem Vergangenheit und Zukunft spricht, er ist ein neuer Alexander der Große und zwar ein »Gegen-Alexander«, der nicht wie der mazedonische König den gordischen Knoten der griechischen Kultur löst, sondern bindet. Er gehört zu »den ganz großen Kulturgewalten««, einer, der im wahrsten Sinne des Wortes »waltet über den Künsten, den Religionen, den verschiedenen Völkergeschichten« und der dabei nicht wie ein Polyhistor zusammenträgt, der vielmehr als »Zusammenbildner und Beseeler des Zusammengebrachten« wirkt, kurz: der »Vereinfacher der Welt« ist.

In Wagner als welthistorischem Ereignis war alles zusammengefaßt, was Nietzsche auf den Nägeln brannte, wie Religion, Geschichte, Kunst, Geist, Denken, Zukunftsgestimmtheit – Themen, die in den drei vorausgehenden »Unzeitgemäßen Betrachtungen« schon verhandelt worden waren und jetzt im Schlußkapitel zusammengeführt werden. Natürlich ist Schopenhauer mit von der Partie, wenn vom »Christentum« als einem »Stück orientalischen Altertums« die Rede ist, »welches von den Menschen mit ausschweifender Gründlichkeit zu Ende gedacht und gehandelt wurde«. Das Schwinden des christlichen Einflusses zieht das Aufkommen des »hellenischen Kulturwesens« als Wohltat nach sich. Wagner als neuer Aischylos ist ein Beispiel dafür. In Schopenhauer hat Empedokles Gestalt gewonnen. So sieht es Nietzsche. Hier scheint Anlaß zur Verheißung gegeben. »Die Erde, die bisher zur Genüge orientalisiert worden ist, sehnt sich wieder nach der Hellenisierung«. Das bedeutet: die Geschichte muß sich in die entgegengesetzte Richtung wie bisher bewegen. Mit dem Bau der Bayreuther Festspielstätte wird für diese Umkehr ein sichtbares Zeichen gesetzt. Durch Bayreuth ist den »Gebildeten« eine Niederlage bereitet worden.

Jetzt klingt auch das Hauptthema seiner Basler Vorträge wieder an. Mit der heute üblichen Erziehung steht es schlecht, ihr Gebäude ist morsch und die ersten sind bereits dabei, es zu verlassen. Hier macht die Musik – die Wagnersche Musik, versteht sich – die Dinge durchsichtig, Musik, die »Urgesetz«, kein sinnloser Zufall ist. In ihr tritt die Kunst als eine Natur verwandelnde Kraft auf. Wagner, der »All-Dramatiker«, hat nicht nur ein Verhältnis zwischen Musik und Drama geschaffen, sondern auch zwischen Musik und Leben. Höchste Forderung darin ist: die »tragische Gesinnung« darf nicht verlorengehen. Denn die Griechen, die Schöpfer der »Tragödie« und damit die Vorbilder für Wagner sind unter dem Gesetz des Tragischen angetreten. Es zu verlieren, käme der Auflösung eines gesitteten Lebens gleich. Mit Bayreuth ist neue Hoffnung eingekehrt, hier wird die Spannung, die von der Natur mitgegeben ist, durch die Kunst für Stunden aufgelöst, wird »Erlösung« zuteil. Darin liegt der große Glücksfall, den Wagner der Welt zuteil werden läßt.
Das gehört unmittelbar zur Lebensgeschichte Wagners, die Nietzsche in kurzen Umrissen durchscheinen läßt. Wagner strebte aus den engen Verhältnissen, in die er hineingeboren worden war, hinaus; er, der Eroberer, wollte siegen, wollte sich die Welt unterwerfen und fand im Theater die Stätte, von der weltbeherrschende Wirkung ausging. Die einzige, die ihm, dem »Gegen-Alexander« zu Gebote stand! Es geht ihm dabei um Macht, aber auch um Glanz. In der »großen Oper« sieht er zunächst das Mittel dafür und in Meyerbeer sein Vorbild, der damals die Theater mit seinen Erfolgen beherrschte. Der mit »Effekten« seine Erfolge vorbereitete, in dem er aber bald die Krankheit der Musik erkennt! Das macht Wagner zum Kritiker des »Effekts«, der von der Krankheit Genesung findet. Und der zugleich Revolutionär der Gesellschaft aus Mitleid mit dem Volk ist, das ihm aus eigenem Leiden entsteht. Kunst ist Mitleiden, es geht Wagner in seiner Kunst um »Einsichten«, denn Musik schafft – hier hat wieder Schopenhauer die Feder geführt – unmittelbar Erkenntniskraft. So hält Wagner im »Tristan« »Zwiesprache« mit sich selbst. Hier ist jede Beziehung zum Luxus der »modernen Kunst« abgerissen, es ist ein Werk, »auf dem der gebrochne Blick eines Sterbenden liegt«, es redet vom »Todt-sein bei lebendigem Leibe, dem Eins-sein in der Zweiheit«. Es ist das eigentliche »opus metaphysicum aller Kunst«.

Nietzsches erste Wagner-Schrift enthält so gut wie das ganze vom Meister für Bayreuth mit seinem eigenen Siegel versehene Kunstprogramm. Während die Bauleute auf dem Bayreuther Hügel die Kunststätte errichten, ist der Verfasser der vierten »Unzeitgemäßen« für die publizistische Vorbereitung der Festspiel-Idee tätig. Was später zur theoretischen Begründung für die Wagnersche Sache angeführt werden wird, ist hier im Kern alles schon vorgebildet und in bleibende Form gegossen. Und vor allem: es ist alles sprachlich geglückter, durch Beispiele und Bilder mitreißender dargestellt als in Wagners eigener und syntaktisch oft wenig geschickter Prosa. Daß er hier seinem Chef-Ideologen nicht gleichkam, wußte Wagner selbst sehr genau.

Man mochte zu Wagner stehen wie man wollte: Nietzsches Schrift besorgte die erste Deutung Wagners als eines vulkanischen Ereignisses in seinem Jahrhundert, die voll beglaubigt war und dabei die Dinge in Fluß hielt. Wie die Sache weiter ihren Lauf nehmen würde, war darin nicht gesagt.

Jetzt aber stand zunächst Aufhellendes im Vordergrund: über die Musik, die Sprache und das Verhältnis beider zueinander. Wenn man sich vor Augen hält, wie geradezu gewaltsam das Phänomen Wagner in das Jahrhundert einbrach, auf welches Unverständnis es treffen mußte, welches Mißverstehen ihm begegnete, welche Feindschaft es durch sein bloßes Dasein erregte, dann war hier deutende Aufklärung dringend vonnöten. Wie konnte man einem Werk wie dem damals noch nicht gespielten, noch nicht einmal abgeschlossenen »Ring« begegnen, wenn man Wagners Absichten unberücksichtigt ließ? »Der Ring des Nibelungen«, so erfahren wir von Nietzsche, »ist ein ungeheures Gedankensystem ohne die begriffliche Form des Gedankens«. Das greift auch auf das Sprachliche, auf das Werk als »Dichtung« über. Wagner als *Dichter* denkt nicht in Begriffen, sondern mythisch. Er teilt in seinem Werk die »Vorstellung von der Welt mit, aber in der Abfolge von Vorgängen, Handlungen und Leiden«. Die Sprache ist in ihren »Urzustand« zurückgedrängt, wo sie noch Dichtung, Bild, Gefühl ist.

Das paßt zu Nietzsches Verständnis der »Aufklärung«, wie er es an der griechischen mit Sokrates als ihrem Wortführer erarbeitet hatte, auf die der »theoretische Mensch« zurückging. Aber beim *theoretischen Menschen* mit seiner Freude am klug geführten Dialog, seinem Glauben an die taghell aufleuchtende

Vernunft, ist damit zu rechnen, daß er das Organ für das Verstehen der Dichtung verloren hat, daß er vom »eigentlich Dichterischen« so viel weiß wie »ein Tauber von der Musik«. In Wagner erfolgt der Gegenschlag gegen den auf seine Hälfte reduzierten Menschen; die Musik ist die Macht, der durch Verwüstungen und Verkümmerungen verlotterten Sprache zu Hilfe zu kommen und dieser im Gebrauch abgenutzten Sprache eine eigene, ursprünglichere entgegenzustellen.

Wenn dies auch im Hinblick auf das Dichterische bei Wagner hochgegriffen war, wenn der Vergleich mit der Goetheschen Sprache dem Wunschdenken entsprechen mochte und wenig Überzeugendes für sich hatte, so waren die Absichten richtig beim Namen genannt. Im Zusammenfließen von Wort und Musik kam dieses Eigentliche der Wagnerschen »Dichtung« zustande, in der der Dichter-Komponist die Tragödie des Aischylos erneuerte, in der »Griechisches« mit »Germanischem«, Shakespeare mit Beethoven sich vereinigte. Musik ist dabei »Abbild der Welt«. Wagners Kraft, Leidenschaften darzustellen, geht aus seinem Leiden hervor, dem Leiden an der Zeit mit der ganzen Heruntergekommenheit dessen, was man gemeinhin »Zivilisation« nennt. Wagner – so wird ihm hier von seinem theoretischen Gewährsmann bezeugt – weiß, daß mit dem Heraufkommen des modernen Geistes Gefahr für die Kunst im Verzuge ist. So ist seine Kunst auch immer Rettung, sie will gegen die Anfechtungen einer unsagbar entarteten Gegenwart bewahren, sie bedeutet Beschwörung der Schutzgeister, um Kunst für den »Menschen der Zukunft« zu erhalten. Sie ist wie Sieglinde, die in ihrem Schoße den künftigen Erneuerer verborgen hält.

Hier hat sich der für Wagner werbende Ton mit harten Wendungen eines Richters verbunden, der mit seiner Zeit keine Nachsicht kennt, jener Zeit der Bismarck-Ära in ihrem Zenit. Wenn es eines Beweises bedürfte, daß Nietzsche unbarmherzig ihre Schwächen aufdeckt, dann liefert ihn der »Unzeitgemäße«. Dem deutschen Imperialismus, der auf dem Wege ist, den Mächtigen die Weltherrschaft streitig zu machen, wird ein ausgehöhlter Boden nachgesagt. Der »deutsche Geist« hat in einer »deutschen Politik« kein zukunftsverheißendes Gegengewicht. Auf Bismarck als dem Mann, der dem Zeitalter den Namen gibt, kann denn auch nicht gesetzt werden.

Es ist Wagner, der zu den »Menschen der Zukunft« redet, der

selber *Künstler der Zukunft* ist. Es gibt darum auch für die Musik kein Zurück mehr hinter Wagner. Jeder Musiker, er mag sich noch so sehr dagegen zur Wehr setzen, hat Wagnersche Musik im Ohr.

Wagner konnte sich von Nietzsche verstanden fühlen, und was noch viel mehr ist: hier öffnete ihm jemand die Augen über sich selbst, wurde ihm ein Wissen über seine Natur zuteil, das in manchem bis dahin nur Ahnung gewesen war. Da mochte ihn der Schauder packen: »Freund!« schrieb er am 13. Juli 1876, als er die vierte »Unzeitgemäße« von Nietzsche zugeschickt erhalten und gelesen hatte: »Ihr Buch ist ungeheuer! – Wo haben Sie nur die Erfahrung von mir her?«

Von allem Offiziellen seiner Amtstätigkeit weniger berührt, von den ätherischen Luftzonen des Verkehrs mit Wagner und Cosima nicht eigentlich erfaßt, war der Beziehung Nietzsches zu Mutter und Schwester bis dahin eine eigentümliche Stetigkeit beschieden. Über alle Wechselfälle der ersten Basler Jahre hinweg hatte sich Naumburg stets noch als Schwerpunkt seines privaten Existierens erwiesen. Hierhin zog es ihn, besonders zu den Festtagen, immer wieder, und wenn er auch nach seiner Ankunft stets eine eigentümliche Unrast an den Tag legte und es ihn nicht lange, oft nur zwei, drei Tage hielt, so war das Bedürfnis selbst, in der Nähe von Mutter und Schwester Aufenthalt zu suchen, davon unbetroffen. Aus eigenem Antrieb trug gerade die Schwester dieser Notwendigkeit, die auch die ihre war, Rechnung durch ihre Besuche in Basel. Es bildeten sich bald Gepflogenheiten heraus, die schon auf den Plan einer dauernden Anwesenheit hinauszulaufen schienen.

Nietzsche hatte zunächst in Basel den Anfang seiner Universitätslaufbahn gesehen mit aller Offenheit für die Zukunft. Wir wissen, wie er bei seiner Abreise aus Leipzig daran gedacht hatte, sich einen Bediensteten zu halten, und sich dabei einen in allen anfallenden Arbeiten versierten ehemaligen Soldaten vorstellte, der hier hätte brauchbar sein können. Diese Absicht war ihm aber bald wieder als wenig zweckdienlich erschienen. Die an sich sehr bescheidenen Wohnverhältnisse am Schützengraben machten keine Aufwartung notwendig, die nicht vom Vermieter in zeitentsprechender Weise leicht mitübernommen werden konnte. Als dann das Haus von der Familie Baumann erworben wurde, stellte sich bald ein sehr einvernehmliches Verhältnis des neuen Eigentümers zu den Bewohnern Nietzsche, Overbeck und dem später hinzukommenden Romundt als dem dritten im Bunde ein, das sie voll in den Genuß der Fürsorge des Vermieters kommen ließ. Nietzsches Ansprüche waren außerordentlich gering und wurden im Essen künftig durch selbst auferlegte Diät eher noch herabgesetzt.

Seine durch Lehrtätigkeit, Verkehr mit den Freunden, Reisen, Korrespondenz, eigenes Schreiben, Besuche bei Basler Familien unausgesetzte Inanspruchnahme, die wenigstens zeitweise einen gewissen Rhythmus kannte, ließ nach einigen Jahren bei ihm das Gefühl aufkommen, daß jeder plötzliche Wechsel in seinen Lebensverhältnissen eine ärgerliche Störung bedeuten müßte. Es gab seit der kritischen Zeit nach der Auseinandersetzung mit Wilamowitz wohl Augenblicke der Unlust an seinem Professorenamt. Er beklagte sich über die Unterbrechung, die seine Berufspflichten der Arbeit an den »Unzeitgemäßen Betrachtungen« abnötigten. Aber der Erfolg bei Schülern und Studenten, die unabweisbare Faszination, durch die sie seiner Hingabe an den Stoff, seinem genau abgemessenen Vortrag erlagen, hatte immer wieder viel Versöhnliches für ihn. Am meisten bedeutete ihm aber, nach dem Verkehr mit Wagner, die Beziehung zu den Freunden, zu Overbeck, Gersdorff, Rohde. Die Verbindung zu Deussen, der sich schon seit den Leipziger Tagen durch distanzierende Bemerkungen von Nietzsche entfernt hatte, bestand in lockerer Weise weiter. In Nietzsches Augen galt er als unzuverlässig und schwer von Begriff. Auffallend war, daß Nietzsche, der in der Jugend von Frauen aus drei Generationen umgeben in einem männerlosen Haushalt groß geworden war, sich am wohlsten im Kreis seiner Freunde fühlte, von denen jeder, ohne daß Nietzsche besondere Suggestivkraft darauf verwendet hätte, seinem Einfluß unterlag. In der Wilamowitz-Sache hatten ihm Rohde und Overbeck bedingungslos beigestanden, Rohde übrigens in einer Weise, die er später als zu weitgehend korrigieren mußte.

Aber damals ist das System der Freundschaftsbeziehungen mit Nietzsche als Mittelpunkt und Wagner als Medium noch voll intakt. Es ist intakt, weil die Frauen fehlen, und wird auch nur solange intakt bleiben, solange sie nicht dazwischentreten. Wer ein Auge dafür hat, auf die Dinge sehr früh anspielt und später gegen Nietzsche darauf insistieren wird, ist Wagner. Er ist insofern davon betroffen, als er im Kreis um Nietzsche die damals geistig bedeutsamste Zelle seiner Anhängerschaft sieht. Es gehen Beobachtungen von langer Hand und ausführliche Gespräche mit Cosima voraus, wenn er sich über Nietzsches wachsende Gereiztheit Gedanken macht, nach den Gründen fragt und ihm ein Heilmittel anempfiehlt. »Ihr Brief hat uns wieder viel Bekümmernis über Sie gegeben. Meine Frau wird Ihnen dieser Tage ausführlicher schreiben«, heißt es unter dem 6. April 1874:

»Unter anderem fand ich, daß ich einen solchen männlichen Umgang, wie Sie ihn in Basel für die Abendstunden haben, in meinem Leben nicht hatte: seid Ihr alle Hypochonder, dann ist's allerdings nicht viel wert … Ich meinte, Sie müßten heiraten oder eine Oper komponieren; eines würde Ihnen so gut und schlimm wie das andere helfen. Das Heiraten halte ich aber für besser. —«

Damit ist die ganze Junggesellenwirtschaft des Schützengrabens gemeint. Wagner gibt einen wohlwollenden Rat und hält eine Lösung bereit wie das Ei des Columbus. Er muß Nietzsche freilich an einer empfindlichen Stelle treffen; denn die Alternative, wie sie hier hypothetisch vor Augen gestellt wird, bringt ihm sein Versagen ins Bewußtsein. Wagners Vorschlag, ersatzweise für das Heiraten eine Oper zu schreiben, trifft ihn besonders, denn für Anspielungen auf die künstlerische Höhe seiner Kompositionen ist er empfindlich. Handelt es sich hier um einen Vergeltungsschlag Wagners gegen Nietzsches Dreistigkeit der den Wagners zugedachten Silvestermusik für Klavier?

Wagners Jovialität deckt allerdings die Spitze ein, die sein Vorschlag enthielt und die um so spürbarer sein mußte, wo die Berechtigung für sein scherzhaftes Anspielen nachempfunden wurde. So hatte sich Wagner auch nicht der Freude an der Vorstellung von Nietzsche, Overbeck und Romundt als den »drei gerechten Kammachern« enthalten können, den drei einfältigen deutschen Handwerksgesellen aus Gottfried Kellers gleichnamiger Novelle, deren Tugenden auf dem Boden der Schweiz ins Skurrile und Törichte umschlagen. Das Bild mit Nietzsche als elitärem Elegan, Overbeck als tiefschürfendem Theologen, der die »christliche Kirche« als für erledigt erklärt, und Romundt, dem Privatdozenten für Philosophie als unerläßlichem »dritten Mann«, hatte einiges für sich und wurde auch von Nietzsche als Vergleich akzeptiert. Drei, die nach Basel von jenseits des Rheins kommen und die Gunst zu schätzen wissen, die ihnen der Boden der republikanischen Polis für ihre vornehme Distinktion gibt, die sie gegenüber den Demokraten nachdrücklich an den Taglegen! Ihr Auftreten macht sie in der Stadt unverwechselbar.

Die Schweiz war einiges gewöhnt. Sie hatte sich bei der Aufnahme der Asylsuchenden aus Deutschland seit langem als duldsam erwiesen, war den 48er Flüchtlingen nebst den Vorboten und Nachzüglern aufnahmebereit begegnet, woraus in der Folge noch Handwerker, Kaufleute, Künstler, Wissenschaftler und vor allem Pädagogen ihren Nutzen ziehen konnten. Deren Stunde ist nun in den 70er Jahren längst vorbei. Nietzsche selbst war ein Beispiel dafür, daß inzwischen ein ganz anderer Typus aus Deutschland Einzug in die Schweiz gehalten hatte, aber auch dafür, daß der »Eidgenosse« schärfer auf den Neuankömmling zu schauen beginnt.

Mit den strengeren Maßstäben, die angelegt werden, zieht das Mißtrauen herauf, mit ihm melden sich langsame Schübe an Feindseligkeit, die der altliberalen Schweiz eines Burckhardt oder eines Vischer völlig fern gelegen hatte.

In seinem Brief an Nietzsche hatte sich Wagner gerade die Sonderexistenz der »drei gerechten Kammacher« vorgenommen und an die Stelle gerührt, wo es angesichts vieler Zeichen des Mißmuts bei Nietzsche wohl allgemein bei ihnen haperte: »Nun scheinen aber den Herren Frauen zu fehlen: da heißt es dann allerdings, wie mein alter Freund Sulzer einst meinte, wo hernehmen und nicht stehlen? Indes, man könnte ja auch einmal in der Not stehlen.« Das Breitspurige des Tonfalls ändert nichts an der Richtigkeit des hier angeführten Mangels. Bestand bei Wagner Klarheit darüber, daß er eine Empfehlung aussprach, nach der er zumindest im Urteil der Öffentlichkeit selbst zweimal verfahren war? Sein persönliches Tristan-Erlebnis beruhte nach bürgerlichen Maßstäben gemessen darauf, daß er die Ehe von Mathilde und Otto Wesendonk in eine fast tödliche Bedrohung gebracht und später Cosima seinem Schüler Hans von Bülow weggenommen hatte. Wollte er hier zur Nachahmung ermuntern?

Tatsache ist, daß die Heiratsaussichten für Nietzsche in Basel nicht sehr günstig waren. Nicht, daß sich für einen entschlossenen Ehekandidaten in gesicherten Verhältnissen wohl die eine oder die andere Wahl aus den Töchtern des städtischen Patriziates, an dessen Festen und Bällen er vor allem in den allerersten Jahren fleißig teilnahm, ohne größere Mühe hätte ergeben können. Aber seine Entschlußkraft war selbst bei zeitweiligen Aufwallungen in dieser Richtung gebremst. Es gibt hier von Anfang an unüberwindliche innere Barrieren. Schon der äußere Eindruck, den Nietzsche in seiner Kleidung und seinem Habitus macht, hat in den Augen des bodenständig Baslerischen etwas Exotisches. Sein hellgrauer Zylinder, das Kavaliersstöckchen, dann sein »martialischer Schnurrbart«, der nach dem späteren Urteil seines damaligen Schülers Ludwig Gelpke »im grellen Gegensatz zu seinem übrigen Wesen« steht, es »überkompensiert«, verhelfen ihm zu einem stadtbekannten Aussehen. Der Träger, der in dieser Stadt eine feine und von ihm anerkannte Duldung erfährt, hat mit der republikanischen Demokratie allerdings nicht viel im Sinne. In seinem Gebaren liegt etwas von dem in Preußen üblichen Widerstand und sogar Widerwillen gegen das bürgerlich Zivile, der in keinem Augenblick die Bereitschaft zuläßt, das schweizerische Milieu als bleibenden Hafen anzusehen. Nietzsches aus seiner gesellschaftlichen Ästhetik entwickelten Maßstäbe sind die hochkonservativen der lutherisch-agrarischen Welt des deutschen Osten, von denen er nicht bereit ist, auch nur einen Zoll abzuweichen. Die eigentlichen Wünsche des »Philologen« zielen auf ein »Landgut«, wie er sich ausspricht, das weibliche Ideal sieht er verkörpert in der »Landedelfrau«. Und beides in dieser Verbindung ist in der Schweiz nicht leicht, wenn überhaupt zu finden. Bei seiner zum Verharren neigenden Natur ist Nietzsches Wille in diese Richtung hin blockiert und an eine Richtungsänderung überhaupt nicht zu denken.

Wagner und Cosima haben dem beklagten Mangel Nietzsches lange Überlegungen gewidmet mit der ernsthaften und wärmsten Absicht, ihm helfend zur Seite zu stehen. Aber jede Art der Heiratsvermittlung, zu der insbesondere Wagner schon aus einer ganz elementaren Freude an der Sache neigte, stieß auf Hindernisse, die seine gewaltige Phantasie überforderten. Zum einen war Nietzsche ganz aufs »Dionysische« als mehr oder weniger abstraktem Phänomen fixiert, zum andern bot aber auch der Kreis um Wagner keine dem Alter entsprechende Weiblichkeit, die für Nietzsche in Frage gekommen wäre. Mit einer einzigen Ausnahme, die aber aus einsichtigen Gründen wegfiel: nämlich Cosima.

Damit sind Nietzsches Motive, sich in dieser Sache des näheren und weiteren umzutun, noch zusätzlich abgeschwächt. Aber von irgendeiner intensiven Suche kann bei ihm jetzt gar keine Rede sein. Diejenige Frau aus der Wagnerschen Umgebung, mit der es außer Cosima zu einem außerordentlich tiefen Vertrauensverhältnis kommt, ist Malwida von Meysenbug, Wagners Freundin und eine unerschütterliche Anhängerin seiner Musik. Auf dem

Bankett für die Delegierten der Wagnervereine im November 1873 in Bayreuth sitzt Nietzsche zwischen Cosima und Fräulein von Meysenbug. Diese ihn auszeichnende Plazierung neben den einzigen weiblichen Teilnehmerinnen sagt mehr als Worte, wie die Dinge liegen. Malwida von Meysenbug lebt vorwiegend in Florenz, zeitweise auch in Rom. Sie hatte die Absicht, sich in Bayreuth für dauernd niederzulassen, fand aber nach einigen Monaten das Klima wenig zuträglich und zog sich wieder nach Italien zurück. In ihr sieht Nietzsche das Ideal der Frau verkörpert. Die Vertraulichkeit des Briefwechsels ist von einer außerordentlichen psychologischen Intimität auf der Grundlage des »Wagnerianismus«, aber doch mit sehr kritischen Seitenblicken auf das, was von ihnen an Wagner als störend empfunden wird. Hier und in den Urteilen über »Antike« und »Renaissance« oder Kunstwerke in Italien ist eine eigentümliche Übereinstimmung vorhanden, die den einen Teil zum Parteigänger des andern macht. »Wahrhaftig«, schreibt Nietzsche am 11. Mai 1876, »mit niemandem möchte ich jetzt so gern ein Jahr als mit Ihnen verbringen – das dürfen Sie im wörtlichen Sinne nehmen.« Der Briefschreiber ist damals zweiunddreißig, die Empfängerin sechzig Jahre alt. Einige Wochen vorher – am 14. April 1876 – war er mit einer besonderen Bitte an sie herangetreten: um »Mutterliebe ohne das physische Band von Mutter und Kind« sowie der zusätzlichen Erklärung »… sehen Sie in mir einen, der als Sohn einer solchen Mutter bedarf«.

Der Satz enthielt eine der frühesten Klagen über die eigene Mutter in Naumburg, deren Begründung sich von außen her nicht leicht fassen läßt. Die Anlässe zur Entfremdung treten eigentlich erst später sichtbar hervor. Aber waren nicht die gegen das »Christentum« vorgebrachten Gründe bereits Ausdruck eines tiefen inneren Grabens? Waren sie dessen Ursache oder dessen Folge?

Jedenfalls hatte die Beziehung zu Malwida von Meysenbug, wo Nietzsche seine ältere Freundin so unumwunden in eine Mutterrolle hineindrängte, die auch von ihr akzeptiert wurde, vieles, was für sie sprach. Es gab zwischen ihnen, die durch fast eine Generation voneinander getrennt waren, einen tiefgehenden Einklang in allen Kunst- und Lebensanschauungen mit dem großen Vorzug der räumlichen Entfernung. Altersunterschied und Getrenntsein bannen hier von vornherein alle Gefahren. Im Falle Cosima war solchen Gefahren durch die erdrückende Persönlichkeit Wagners begegnet, die dem heimlichem »Wettkampf« des gegen ihn angetretenen Propagandisten keine Chance ließ.

Es gab andere Beziehungen Nietzsches, so wie zur Marchesa Emma Guerrieri-Gonzaga. Sie war durch eine anonyme Zuschrift eingeleitet worden, die sich an den Verfasser der »Geburt der Tragödie« und der ersten drei »Unzeitgemäßen Betrachtungen« wandte. Daß sie von einer Frau stammte und wer diese Frau namentlich war, stellte sich erst nachträglich heraus. Nietzsche zeigte sich außerordentlich befriedigt durch den hohen gesellschaftlichen Rang der in Italien lebenden Dame deutscher Herkunft und läßt denn auch die Freunde nicht im unklaren über seine neue Korrespondentin. Vielsagend ist, daß die Briefschreiberin offenbar aus der Schopenhauer-Schrift einen »Angriff gegen das deutsche Reich, gegen ausgesprochenes Nationalgefühl« glaubte herauslesen zu müssen. Ob sie ihn so falsch verstanden hatte? Nietzsche wies den Vorwurf entschieden von sich. Im übrigen erntete er hier jene Zustimmung, die ihn in dem Gefühl der Gleichgestimmtheit einwiegte, verwandt dem, das ihn mit Malwida von Meysenbug verband. Und wiederum: soziale Distinktion, räumliches Entferntsein und die Dame noch dazu Mutter eines Kindes! Das war ein auf das Briefliche zu beschränkender ganz gefahrloser Verkehr. Darauf konnte er sich mit Entzücken einlassen.

Ein blockierendes Element allererster Grades in Fällen, wo Versuch zur Einlassung oder Abwehr gegeneinanderstanden, war für Nietzsche die Schwester. Die Beziehung zwischen den Geschwistern ist von frühester Jugend an sehr intensiv gewesen. Das ging bis auf die Tage von Röcken zurück. Ein solches Leben im Hause eines protestantischen Landpfarrers war in der Regel von eigentümlicher Eingezogenheit. Das Familiengefühl wurde daher doppelt stark empfunden. Der allerfrühesten Jugend hatte der Tod des Vaters ein schnelles Ende bereitet. Das Leben der jungen Witwe mit den beiden Kindern, zunächst im Hause der Großmutter in Naumburg zusammen mit den beiden Tanten, dann in einer eigenen Wohnung, hatte künftig manch Provisorisches an sich. Aber hier lagen die Orientierungspunkte im Beziehungssystem einer kleinen Welt. An ihnen hielt man unverrückbar fest.

Daran ist beim Verhältnis zwischen Nietzsche und der Schwester Elisabeth zu denken. Das gilt auch für die gemeinsame Absicht, ihre Besuche in Basel zeitlich auszudehnen und ihr ein festes Quartier zwei Häuser neben der eigenen Wohnung zu besorgen. Gerade mit der Verminderung seiner Sehkraft kommt Nietzsche ihre Nähe sehr gelegen. Denn von dieser Malaise ist seine Arbeitsorganisation betroffen. Es stellt sich zeitweilig die Notwendigkeit des Diktats und der Abschrift der Manuskripte für den Druck ein.

Insofern bedeuten die Besuche der Schwester immer auch gewisse sehr willkommene Auflockerungen im Beziehungsverhältnis der Männerwelt um den Basler Nietzsche. Eben diesen fast ausschließlichen Umgang mit Männern hatte Wagner moniert: »Ach Gott! heiraten Sie eine reiche Frau! Warum muß nur Gersdorff gerade eine Mannsperson sein!« Wagner glaubte für sich in Anspruch nehmen zu können, dem Freund mit gutem Rat beizustehen. Er konnte ihm einen unwiderlegbaren Beweis seiner Anteilnahme liefern. Als Bauherr seines Bayreuther Wohnsitzes, der im Entstehen begriffen war, hatte er an Nietzsche gedacht: »… wir hier richten unser Haus usw. so ein, daß wir gerade auch für Sie ein Unterkommen darin bereiten, wie mir in meinen höchsten Lebensnöten nie es angeboten worden ist«.

Aber war Wagners Heiratsempfehlung an Nietzsche wirklich das Ei des Columbus, wie es den Anschein haben konnte? Wäre er bei ihrer Befolgung allen Ungemachs, das ihn dem so freudlosen Aussehen nach offenbar plagte, enthoben gewesen? Sah Wagner auch in diesem Fall auf den Grund der Dinge? Wie es mit Nietzsches Gesundheit stand, war dabei wohl nicht in Rechnung gestellt. Hier lagen die Dinge noch im verborgenen. Der einzige, der seine Ahnung hätte aussprechen können, war Nietzsche selbst. Und der schwieg. Das schwankende Sehvermögen und der vom Arzt verordnete Abstand von jeder lesenden und schreibenden Tätigkeit zeigen, wie arg es um ihn steht. Angesichts dieser Tatsachen klang der Wagnersche Rat wie ein Hohn. Es stand schon damals, als er gegeben wurde, schlecht um Nietzsche.

Es sind also verschiedene sperrende Elemente, angefangen bei Nietzsches Basler Berufstätigkeit, weiter der Befangenheit durch psychologische Widerstände innerhalb der Familie, das Idol Wagner als Ehe-Ersatz bis zur schwachen Gesundheit und der Gefahr völliger Erblindung, die ein total funktionierendes Blockadesystem errichten. Und dies bei völlig intakter Sexualität! *Ein* Element allein hätte nicht ausgereicht, es ist ihr Zusammenwirken, das Nietzsche innerhalb der bürgerlichen Welt mit ihrer Moral die Schlußposition des »Matt« beschert. Sich ihrer zu entledigen, ist so vergeblich, wie Laokoon die Schlange, die ihn umwunden hat und ihm den tödlichen Biß zufügt, abzuwehren versucht.

Elisabeth Nietzsche war insofern eine richtige Schwester Friedrich Nietzsches, als sie ein Mädchen nicht ohne Fatalitäten war und dieser Anlage noch Möglichkeiten geben wird, sich zu kultivieren. Sich jetzt in Basel für längere Aufenthalte einzurichten, erschien im Blick auf die wenig für sich einnehmenden Naumburger Verhältnisse nicht unverständlich. Es kam darüber hinaus den Erfordernissen des Bruders entgegen. Außerdem war sie inzwischen in die Wagnersche Lebenswelt aufgenommen, kannte Wagner von Triebschen her, Cosima begegnete ihr sofort mit herzlicher Aufgeschlossenheit. Als nach der Übersiedlung nach Bayreuth Cosima vor einer geplanten Reise für ihre mehrwöchige Abwesenheit das Haus und vor allem die Kinder der Aufsicht unterstellen mußte, ließ sie bei Nietzsche nachfragen, ob seine Schwester geneigt sei, sich dieser Aufgabe zu widmen. Aus dem engen Haushalt einer Pastorenwitwe in die Götterburg Walhall mit dem Namen »Wahnfried« einzutreten und hier als Herrin des Hauses, der auf Cosimas Weisung das ganze Personal unterstellt war, zu walten, ließ sich hören. Darüber ließ sich mit Elisabeth Nietzsche auch reden und war sehr schnell zu einer Einigung zu kommen.

Von der Erweiterung ihrer Lebenseinsichten her betrachtet war gegen die Abwesenheit der Elisabeth Nietzsche aus Naumburger Sicht her nichts einzuwenden; sie entbehrte keineswegs der Anflüge des »großen Stils«, der zwar gegen das betont Anspruchslose, ja Dürftige im Lebensideal der mitteldeutschen Kleinstadt kontrastierte, aber der lutherischen Pastorenwelt in gewissem Maße sehr wohl zugebilligt werden mußte. Ohne den Bruder wäre eine solche mit ausgiebiger Reisetätigkeit verbundene Existenzführung des Mädchens aus der Provinz freilich nicht möglich gewesen.

Es sprach also alles dafür, mit diesem Bruder zunächst einmal die nähere Zukunft zu teilen. Das vertrauliche Verhältnis war fest gegründet, beruhte auf bestimmten Spielregeln, weniger der Kameraderie als der Gewohnheit, daß die jüngere dem älteren bestimmte Privilegien als von rechtswegen zuerkannte und dafür seine Billigung zusammen mit guten Ermahnungen empfing: auf der Grundlage bedingungsloser Familienzugehörigkeit.

Mit den häufigen und sich länger ausdehnenden Aufenthalten in Basel war aber in den Interessenbereich einer anderen eingegriffen, der dritten in diesem Bunde: der Mutter. Die Mutter, die ebenfalls dem Sohn Besuche abstattete, fühlte sich, als die Abwesenheit ihrer Tochter für sie unzulässige Formen annahm, unmittelbar davon betroffen. Sie war indigniert, befremdet vom Entzug der Nähe, der Aufwartung, der schuldigerweise zu entrichtenden Dienste, die sie für sich benötigte und benötigen zu dürfen glaubte. Die Reaktion auf ein solches Verhalten reichte bei ihr von entschiedener Mißbilligung bis zum unsäglichen Schmerz.

Hier wird das Dreieck in der Familienbeziehung sichtbar, das sich in den folgenden Jahren auswirken sollte; eine Beziehung übrigens mit einem deutlichen Übergewicht der Frauen, ja noch mehr: mit Nietzsche als einzigem männlichen Teil. Es setzt jetzt jenes Wechselspiel im Verteilungskampf zwischen Mutter und Sohn ein: Was dem einen gegeben wird, wird notwendigerweise dem andern entzogen. Hier wendet sich Bedürfnis gegen Bedürfnis und zwar in lebensentscheidender Weise, wie es Nietzsche bei fortschreitender Krankheit empfinden muß und wie es für die Mutter mit der Bürgerlichkeit ihrer Anschauungen feststeht.

Ein enger Zusammenhang mit Nietzsches Konsolidierung in Basel war nicht zu leugnen. Es hatte sich bei ihm unter dem Eindruck seiner Schweizer Lebenswelt und dem Abstand, den er zum deutschen Herkunftsland gewonnen hatte, das Gefühl eingestellt, daß eine Rückkehr nicht unbedingt wünschenswert sei, daß es vielleicht doch gelte, sich in der neuen Heimat auf längere Dauer, vielleicht für immer einzurichten. Die Wilamowitz-Geschichte war das Trauma und erschien ihm in den Folgen als Verschwörung der deutschen akademischen Welt. In Ritschls Verhalten, das in der Tat offene Signalwirkung hatte, sah er den Beweis. »Na, überhaupt die ganze deutsche Professorenwelt«, bemerkt er am 19. April 1875 seiner Schwester gegenüber. Wohin man sieht, ist von diesem Typus des Gelehrten nichts Förderliches zu erwarten. An Zuspruch fehlte es ihm dabei von der Basler Kollegenseite keineswegs. Bachofen war durch seinen Streit mit Mommsen der gleichen Meinung, obwohl sich der Verkehr mit Bachofen nicht so gut wie anfangs erwartet angelassen hatte. Bachofens erste Hochschätzung Nietzsches, der sich mit dem »Dionysischen« und »Apollinischen« innerhalb seiner eigenen Vorstellungswelt bewegte, war – wie wir durch Bachofens Schwester wissen – einer gewissen Enttäuschung wegen der nachfolgenden Schriften gewichen. Aber dafür konnte ihm Jacob Burckhardt als lebendiger Zeuge für den süddeutsch-schweizerischen Altliberalismus erscheinen, der durch die aufsteigenden Kräfte Unheil für die alte »Libertät« drohen sah: »Ein bestimmtes und überwachtes Maß von Misere mit Avancement und in Uniform, das ist's, was logisch kommen müßte«, hatte er Friedrich von Preen (26. April 1872) geschrieben. Nietzsche hatte also alle Gründe, sich in Basel besser als irgendwo im »Reich« aufgehoben zu fühlen.

Entsprechende Maßnahmen trifft er im Sommer 1875, als er den Entschluß faßt, sein bescheidenes Domizil bei der Familie Baumann aufzugeben und eine größere und sehr stattliche Wohnung zu beziehen. In einem neuen Hause, Spalentorweg 48, mietet er die erste Etage und einen Teil der 2. dazu – eine Residenz von sechs Zimmern. Ein Dienstmädchen wird engagiert. Die Schwester richtet die Wohnung ein. Das deutet darauf hin, daß die Geschwister auf längere Sicht häufiger als bisher zusammenleben wollen und Elisabeth die Haushaltführung dabei obliegt. Ein gewisses Behagen angesichts seines repräsentativen Zuhauses stellt sich ein. Die Unkosten bei der Einrichtung übersteigen allerdings zeitweilig sein Barvermögen, und darum sieht er sich gezwungen, bei Freunden Geld zu leihen mit der Zusage einer 5prozentigen Verzinsung.

Damit sind Veranstaltungen getroffen, dem Lebensstil des höheren Bürgertums in Basel zu entsprechen. Er hat hinfort nun Gelegenheit, Studenten, die er zu sich bittet, gediegener zu empfangen. Dieser persönliche Umgang mit seinen Schülern ist für Basler Verhältnisse ungewöhnlich und wird auch so empfunden. Er läßt bei solchen Gelegenheiten den Lehrer ganz zurücktreten. Es kann vorkommen, daß er den Studenten Kulmbacher Bier anbietet, das er selber aus einer silbernen Schale trinkt. Wenn Besucher sich verabschieden, werden sie von ihm stets bis zur Treppe begleitet und mit Formen ausgewähltester Höflichkeit verabschiedet. Ludwig Kelterborn, Schüler und Student bei Nietzsche, ist seine natürliche Liebenswürdigkeit in Erinnerung geblieben. In seinen Aufzeichnungen spricht er von dem »Einklang«, den Nietzsches »Feingeschmack« zwischen »Haltung und Kleidung«, der »beinahe militärischen Exaktheit« und der »Ausstattung seiner in einem hübschen bürgerlichen Privathause … befindlichen Wohnung« hergestellt hatte, wo der Gastgeber seine Gäste gewöhnlich in seinen eleganten »hellen Beinkleidern und braunem Rock oder Jacke« empfängt.

Kelterborns Bericht hat zwar noch die ersten Basler Jahre im Auge, aber es gibt in Nietzsches Lebensführung auffallende Konstanten, in seinem privaten Auftreten, in seiner Kleidung, überhaupt im Duktus seiner Verkehrsformen, die von ihm bis an die äußerste Grenze seiner körperlichen Widerstandsfähigkeit durchgehalten werden. Doch hinter den Fassaden des Exakten, des Untadligen in der Amtsführung mit seiner ganzen Hingabefähigkeit an den einzelnen Schüler hat die Krankheit als beständiges System der Schwächungen schon ein bedeutendes Einzugsgebiet eingenommen. In den zahlreichen Zeugnissen, die es über Nietzsches Jahre dieser Zeit gibt, ist dem Niederhalten der Krankheit natürlich nur von außen zugesehen, man kann aus ihnen zunehmendes Fernbleiben vom Dienst, häufigere Urlaubsgesuche wegen körperlichen Unwohlseins herauslesen, doch sie geben nicht wie später die Eindrücke einer Krankengeschichte wieder, aus denen er seine Erfahrungen als Biologe unter den Philosophen unmittelbar bezieht. Denn diese Krankengeschichte, die jetzt schon über die ersten Anfänge weit hinaus ist, bleibt dem Auge anderer entzogen und ihm selbst in ihren Ursachen ein Rätsel. Aber an sie muß man beständig denken, auch wenn man einen immerfort in Bewegung befindlichen Nietzsche sieht, den Gastgeber, der mit seinen Besuchern von gleich zu gleich verkehrt, sich ihnen auf das gewinnendste widmet, jede Vorlesung und jede Unterrichtsstunde genau präpariert, die schriftlichen Arbeiten seiner Schüler auf das peinlichste liest und bewertet, in seiner vorlesungsfreien Zeit sich unverzüglich auf Reisen begibt, im Hochgebirge an seinen eigenen Schriften arbeitet oder zwischen Essen, Schlafen, Wanderungen Briefe schreibt. Das bedeutet, daß Nietzsche während dieser Jahre unter dem

Druck ständiger Hochspannung steht. Hier wird sich seine frühe Berufung in einem Alter, in dem seine Freunde noch am Ungebundensein Freude haben konnten, gegen ihn auswirken. Über diese Umstände ist sich Nietzsche in jedem Augenblick selber klar. Der bürgerliche Beruf als Fron, die ihn vom Eigentlichen abhält, ihm die Zeit stiehlt, statt daß er sie ungehindert auf die »Unzeitgemäßen Betrachtungen« verwenden könnte! Es sind ursprünglich zehn ins Auge gefaßt, die Zahl schwankt. Wenn es am Ende bei den vier bleibt, dann liegen die Gründe dafür eben auch in den amtlichen Pflichten, die es zu ihrer Ausführung nicht haben kommen lassen. »Arbeit« als Prozeß der Entfremdung des Menschen, wie sie Marx im Anschluß an Hegel innerhalb des Kapitalismus interpretiert, erhält später bei Nietzsche in seiner Umwertung der Werte eine abgewandelte Bedeutung. Das Wort »Arbeit schändet nicht« ist falsch, das Gegenteil ist richtig. Die »Arbeit« hat eine den Menschen herabdrückende Wirkung, während alle Erlesenheit höherer Kultur aus der »Nicht-Arbeit« entsprungen ist. Das geht später in die Zarathustra-Welt ein, wirkt an Nietzsches Entwurf des »neuen Menschen« mit und beruht auf persönlichen Erfahrungen.

Der Gedanke ist leicht Mißverständnissen ausgesetzt. Selbstverständlich kann hier ein auf der Spur der konservativen Oberklasse befindliches Bürgertum Regeln für das rechte Verhalten im vornehmen Müßiggang sehen, eine Frivolität im Geiste Stendhals, eines der Lieblingsschriftsteller Nietzsches. Aber er hat eine eigentümliche Marx-Nähe. »Arbeit« als das den Menschen von seiner Bahn Wegführende, das sein Gesicht entstellt, ihn um seine Natur bringt, das Schöne in ihm zerstört, ihn in einen Kreislauf des Leidens hineinzwingt, ihn zur Karikatur seiner selbst macht! Der Gedanke ist durch und durch autobiographisch wie Nietzsches Schrift »Wir Philologen«, in der er ein Referat über seine berufsständische Leidensgeschichte gibt.

So stehen die Dinge, als der ehemalige »Grieche« aus Schulpforta um die Mitte der 70er Jahre Bilanz macht. Der Bruch geht durch seine Existenz als Empedokles, dem er sich damals am nächsten fühlt, mitten hindurch und zählt zu den Einzelleiden, aus denen seine Krankheit besteht. Es gilt schon für diese Zeit, Abstand von der Vorstellung zu nehmen, man könne mit einem genau auszumachendem Krankheitsbefund bei Nietzsche aufwarten. »Unsereins«, schreibt er am 11. August 1875 an Malwida von Meysenbug, »leidet nie *rein körperlich*, sondern alles ist mit geistigen Krisen tief durchwachsen, so daß ich gar keinen Begriff habe, wie ich je aus Apotheken und Küchen allein wieder gesund werden könnte«. Diese Selbstdiagnose wird bis an sein Lebensende ihre Richtigkeit behalten. Mit Medikamenten und einer wissenschaftlich entwickelten Therapie wäre ihm jetzt und auch später nicht zu helfen gewesen. Es gibt keinen Grund, an seinen eigenen Worten zu zweifeln. Es sind die Worte des Nachfahren eines Byron und Leopardi, den die Umstände in die Treibhausluft einer spätzeitlichen »Kultur« mit ihren Anfälligkeiten und Schwächen, mit Frühformen der Entartung und betörenden Giften hineingestellt haben; eines Menschen, der, bevor er sich dieser »Kultur«-Welt entgegenstemmt, die Drogen auf ihren Gehalt und also auf ihre ganze Verführungsfähigkeit geprüft, der ihre Wirkungen an sich selbst erfahren hat!

Mit dem Einzug in die neue große Wohnung haben Nietzsches Absichten zur längeren, vielleicht sogar dauernden Niederlassung in Basel noch einmal erheblichen Auftrieb bekommen. An Freiwilligkeit ist diesem Entschluß, wenn man überhaupt davon reden darf, allerdings schon manches genommen. Nietzsche ist sich darüber im klaren, daß ihm nach der Befehdung durch Wilamowitz und noch mehr nach dem Verlust von Ritschls Gunst der Rückzug nach Deutschland so gut wie abgeschnitten ist. Die Einrichtung eines eigenen Haushalts mit der Schwester an seiner Seite ist eine verspätete Antwort darauf. Bürgerliche und sogar familiäre Gefühle der Zufriedenheit steigen zeitweise in ihm auf, die er für so erwähnenswert hält, daß er sie der Mutter (18. Oktober 1875) mitteilt: »Es scheint, Lisbeth und ich, wir laufen wie zwei gute Pferdchen im Geschirr neben einander her und tun uns kein Leides.« Es wäre nichts dagegen einzuwenden, wenn es so weiterginge.

Dieser vertraulich-mitteilsam dahinplätschernde Ton in der Familienkorrespondenz geht noch eine Weile weiter und findet sich bei allen drei daran Beteiligten. Er sagt viel aus, aber er sagt nicht alles. Ibsensche Familiendramatik ist dabei freilich noch nicht im Spiele. Dazu fehlt damals noch eine Mitspielerin in einem Quartett, die imstande gewesen wäre, der Schwester den erworbenen Platz an der Seite des Bruders streitig zu machen. Aber das »Davon spricht man nicht, so was tut man nur« als Lebensmaxime für eine intakte Bürgerwelt findet sich zwischen den Zeilen.

Hier stehen entscheidende Dinge noch aus. Auch wenn Nietzsche mit den verschiedensten Argumenten eine Heirat im privaten Kreise als unvorstellbar zurückwies, so war das letzte über dieses Thema nicht gesagt, die Frage des Eros in seinem Leben nicht beantwortet, vor allem die Richtung seiner theoretischen Erwägungen darüber außerhalb des Gesichtskreises gelassen. Die Schwester hat sich später über dieses Kapitel ausführlich ausgelassen. Ihre Darstellung ist zwar von sehr persönlichem Standpunkt mit gehörigem Gewicht des Eigeninteresses gekennzeichnet und darum nur bedingt zuverlässig. Aber sie bestätigt, was auch aus anderen, ungetrübteren Quellen uns darüber zufließt, einen eigenartigen Illusionismus Nietzsches. Wäre das »Landgut«, dem einer Bemerkung gegenüber Malwida von Meysenbug zufolge sein »hoffnungsloses Dichten und Trachten« galt, am Ende doch in der Schweiz für ihn zu erwerben gewesen, so sahen die Aussichten auf die »deutsche Landedelfrau«, wie es sie seiner Vorstellung nach in den Agrarprovinzen des deutschen Ostens gab, schon wesentlich schlechter aus.

Gewisse byzantinische Wunschbilder in diesem Ideal lassen sich nicht übersehen. Aber sie waren zu sehr vom bürgerlichen Bewußtsein der Zeit aufgenommen worden, um anstößig zu wirken. Eine Frauenfeindschaft daraus schließen zu wollen, überhaupt Spuren davon bei Nietzsche zu vermuten, geht nicht an. Der konventionelle Zug seines Denkens schreckt vor der emanzipierten Frau zurück. Das ist ein vom Ästhetischen angeregter Schauder und durch und durch grundsätzlicher Art, ein Teil seiner Philosophie. »Emanzipierte« ist hier als Gegensatz gedacht zum »Weiblein«, zum *kleinen süßen Weib*, zu jener von keiner Abstraktion erreichbaren Kreatur, die sehr wohl Gegenstand des männlichen Vergnügens ist, sich aber durch die Unberechenbarkeit ihres Zaubers schadlos hält. Der Widerstand gegen die »Emanzipierte« hat bei Nietzsche Gründe, die aus größeren welthistorischen Zeiträumen heraus gedacht waren und meinten, daß ein Heranführen der Frau an die »Kultur« zur Schwächung führt. Denn »Kultur« bedeutet Zersplitterung der Willenskräfte; in ihren Luftzonen wird die gesunde Natur angekränkelt, langsam dem Verfall zugeführt. Die natürliche Kraft der Frau bedarf in Wirklichkeit keiner Steigerung, die ihr durch die Emanzipation in Aussicht gestellt wird, mehr, sie reicht ohnehin, ihr die Macht über den Mann zu erhalten, wie es die Geschichte immer wieder aufs neue bezeugt hat. Was nach Nietzsche gegen die Frauenemanzipation spricht, ist die »beinahe maskulinische Dummheit« dieser Bewegung. Gymnasialbildung für Mädchen zu fordern, würde sie der selben Strafe zuführen, die schon die Jungen erdulden, die aber das weibliche Geschlecht noch härter treffen müßte – nämlich »Abbilder ihrer Lehrer« zu werden.

Die Frage und ihre Beantwortung in dieser Form gehören einer bürgerlichen Welt an, über die längst die Wogen eines seine Tribute fordernden Industriekapitalismus hinweggegangen sind. Insofern sind sie »historisch« geworden. Übrigens ist selbst die Nietzsche sonst kritiklos bewundernde Schwester ihm in seiner Auffassung über die »Frauenemanzipation« nicht ganz gefolgt. Überhaupt liegt Widersprüchliches in seiner Behandlung der »Frauenfrage«, die ihrer ganzen Natur nach zur ständigen Revision der Urteile Anlaß gibt, ändern sich Nietzsches Urteile, wie er sie in aphoristischer Form von sich gibt, je nach Augenblicksstimmung.

Es hat 1876, im Jahr der ersten Bayreuther Festspiele, zwei Versuche Nietzsches gegeben, nach seinen theoretischen Reflexionen über das Wesen der Frau zur Praxis überzugehen und den Absichten der »Heirats-Überlegungs-Commission«, die Wagner und Cosima eigens für ihn einsetzen wollten, wie er es gegenüber Gersdorff erwähnt, entgegenzukommen. Im Frühjahr lernt er während seines Aufenthaltes in Genf die junge aus dem Baltikum stammende Mathilde Trampedach kennen. Fünf Stunden Bekanntschaft mit der grünäugigen Schönheit reichen aus, um ihr einen Heiratsantrag zu machen, den er schriftlich vorträgt: »Nehmen Sie allen Mut Ihres Herzens zusammen, um vor der Frage nicht zu erschrecken, die ich hiermit an Sie richte: Wollen Sie meine Frau werden? Ich liebe Sie und mir ist es, als ob Sie schon zu mir gehörten.« Er scheint hier, wenn man dem Urteil seiner Schwester Glauben schenken darf, nicht nur dem eigenen Entzücken über das junge Mädchen gefolgt zu sein, sondern auch den Ermunterungen durch seinen Freund, den Genfer Musikdirektor Hugo von Senger, der sie später selber heiratete. Die Frage muß wie ein Blitz aus heiterem Himmel auf die Umworbene herniedergefahren sein. Psychologengeschick eines einunddreißigjährigen Mannes im Umgang mit Frauen, der sich über das »Wesen des Weibes« sonst sehr programmatisch ausließ, sprach nicht aus der Direktheit seiner Erkundigung. Oder hatte er das Scheitern schon einkalkuliert, es herausgefordert, um mit der Angelegenheit nicht mehr befaßt zu sein, wenn die Absage erfolgte? Denn darüber, daß er sich eine »Lebensgefährtin« gar nicht vorstellen kann, daß ihm eine Frau überhaupt nicht fehlt, daß er ihr eine »junge lustige Tochter«, für die er »ein Gegenstand der Verehrung und Fürsorge wäre«, eigentlich vorzieht oder daß ihm am hochkultivierten Umgang mit einer älteren Dame wie einer Malwida von Meysenbug viel mehr gelegen ist, hat er sich an anderer Stelle ausgesprochen. Den Folgen des Korbes, den er wohl erwartete und auch von Anfang an erwarten mußte, hatte er insofern schon vorgebeugt, als er im Werbebrief seine Abreise für den nächsten Morgen ankündigte: »Ich reise morgen um 11 Uhr mit dem Schnellzuge nach Basel zurück; … meine Adresse für Basel lege ich bei … Gewinnen Sie es über sich, sich schnell zu entschließen mit Ja! oder Nein – so trifft mich ein briefliches Wort von Ihnen bis morgen um 10 Uhr Hotel garni de la Poste. Alles Gute und Segensvolle für immerdar Ihnen wünschend Friedrich Nietzsche« (11. April 1876).

Eine Werbung im Schnellverfahren, das allergrößte Fixigkeit bei der Umworbenen voraussetzte, sie von vornherein vor eine unlösbare Aufgabe stellte! Die Einhaltung der ersten gesetzten Frist mußte schon beinahe an der Abfahrtzeit des Zuges scheitern, wenn der »Auserwählten« überhaupt Zeit zum Nachdenken eingeräumt werden sollte. Der Hotelgast mit Morgenfrühstück hatte ihr freilich noch die Möglichkeit der zweiten Frist gelassen: »meine Adresse für Basel lege ich bei. Können Sie auf meine Frage mit Ja! antworten, so werde ich sofort Ihrer Frau Mutter schreiben, um deren Adresse ich Sie dann bitten würde.« Durch die Anlage des Verfahrens selbst war die Absage des Mädchens, die dann auch prompt in Basel brieflich eintraf, von vornherein sichergestellt. Der Korb bedeutete sein Alibi. Er hatte einen Heiratsversuch unternommen, wozu man ihn immer ermuntert hatte, der Versuch war gescheitert. Die Schuld lag nicht bei ihm. So war denn auch die Trauer über den mißglückten Ausgang des Unternehmens bald wieder verflogen. »Nun glaube ich fast, daß mein Bruder nachträglich doch ziemlich froh gewesen ist, daß sein plötzlicher Entschluß nicht zu einer Heirat geführt hatte«, hält Elisabeth Nietzsche später fest. Sie kannte auch die Gründe für die Absage. Es war das Plötzliche, Unvermittelte, Rigorose, direkt auf Entscheidung Drängende, was ein anderes Resultat, selbst wenn die Gefühle des Mädchens entgegenkommender gewesen wären, kaum zugelassen hätte. Die von ihm für seine eigene Lebensführung als notwendig erkannte Richtschnur mit allen Folgerungen daraus lag denn auch in den Worten, die er Gersdorff am 26. Mai 1876 zukommen ließ: »*Geheiratet wird nicht*; zuletzt hasse ich die Beschränkung und die Einflechtung in die ganze ›zivilisierte‹ Ordnung der Dinge so sehr, daß schwerlich irgend ein Weib freisinnig genug ist, um mir zu folgen.« Hier ist schon die Aussichtslosigkeit, eine Gefährtin auf dem weiteren Lebensweg zu finden, ins Kalkül gezogen. Das Thema von Schuberts »Winterreise«, wo der Wanderer in die gebirgige Landschaft mit Schnee und Eis aufbricht und im Frost der Beziehungslosigkeit den dunkel erahnten Tod findet, klingt als Vorahnung auf; Vorübung für den »Zarathustra«. Aber auch schon als Lebensphilosophie, sich auf die kompromittierende »Einsamkeit« einzustellen, zu ersproben, wie weit die Kraft reicht, um sie zu ertragen!

Es bedeutet auch keinen Widerspruch, wenn Nietzsche im Festspielsommer als Gast in Bayreuth noch einmal einen zweiten Versuch unternimmt, der allerdings schon im Stadium der phantastischen Absicht erstickt wird, seinem Leben eine bürgerliche Wende zu geben. Unter den Besuchern befindet sich im Kreise ihrer Verehrer eine »Pariserin«, eine »wunderschöne junge Frau«, von der er sich hingerissen fühlt, »zumal sie auch tief musikalisch war und reizend lachen konnte«. Er hat hier die Schwester, die darüber berichtet, ins Vertrauen gezogen. Gemeint ist Louise Ott, von der sie notiert: »Ich glaube, daß sie wirklich die Verkörperung jenes Ideals war, das er sich von einer Frau gemacht hatte«, – das »Weiblein«, das durch ihr Lachen und ihre naive Hingabe betört. Wir wissen, daß Nietzsche in diesen Tagen hellwacher Zeuge der Bayreuther Szene ist. Sein späteres Urteil, daß das eigentliche Publikum Wagners in Paris und Petersburg zu Hause sei, geht auf Erfahrungen dieser Tage zurück, wo neben Judith Gautier der aus Rußland angereiste Anhang der inzwischen verstorbenen Marie Muchanoff im Mittelpunkt der von Wagner selbst mit sichtbarer Bevorzugung bedachten Gäste steht. Nietzsche scheint auch diesmal nicht aus der passiven Rolle des Beobachters herausgetreten zu sein. Wieder kann er nachträglich feststellen, daß das Schicksal ihm einen

Streich gespielt hat, weil »er dies bezaubernde Wesen erst kennen gelernt hatte, nachdem sie schon verheiratet war«.

Das Wunschbild der »deutschen Landedelfrau« ist also keineswegs ganz unangefochten. Widerstreitendes in seiner Vorstellungswelt tritt unvermittelt hervor. Als sich Wagners Freundin Mathilde Maier an ihn wendet mit der Bitte, zugunsten von Bayreuth einen »Aufruf an die deutschen Frauen« zu verfassen, lehnt er mit unverkennbarem Erschrecken ab. Er glaubt nicht an die Existenz der »deutschen Frau«, sondern nur an »einzelne Individuen«. Solche Illusionen hat der aufsteigende Nationalismus, der hier seine eigenen Wahngebilde schafft, mit sich selbst abzumachen.

Nun gab es fern von allen Tag- und Nachtträumen sehr wohl die Frau, die seinen sehr strengen und sozusagen unerbittlichen Maßstäben entsprach, auch wenn er sie durch einen illusionsgetrübten Schleier sah. Die Heftigkeit, mit der seine Schwester dies bestreitet, bezeugt eher das Gegenteil. Sie wußte eben nicht alles, sträubte sich dagegen, es zu wissen oder für wahr zu halten. Tatsache war, daß Nietzsche als Wagners Schildknappe bei Cosima über die Stellung des Kammerherrn in einzigartiger Vertrauensstellung nie hinausgelangt ist. Aber es war und blieb von Anfang bis Ende ein Zugang über Wagner, ohne den von Cosima niemand ernsthaft eines Umgangs gewürdigt worden wäre. Natürlich stand auch die Beziehung Nietzsches zu Cosima unter einem gewaltigen Spannungsbogen. Er reicht von Cosima als »die sympathischste Frau, der ich im Leben begegnet bin« bis zum Vorwurf, daß sie Wagner »verdorben«, d. h. »verchristlicht« und in die Nähe des katholisch gewordenen Liszt gebracht habe. Die Huldigung konnte nicht tiefer, die Beleidigung nicht schwerer sein. Aber hätte diese Beziehung ohne Luftzufuhr von außen, in der Weltbegebenheiten mitverhandelt wurden, ohne Spannung sein sollen? Die Schwester fährt als Biographin allerschwerstes Geschütz auf, um gegen die von C. A. Bernouilli aufgestellte Behauptung einer »Liebesleidenschaft« Nietzsches für Cosima zu Felde zu ziehen. Die Behauptung war richtig und falsch. Die Gefühle Nietzsches rechneten hier mit der Grenze zwischen »irdischer« und »himmlischer« Liebe, die für das christlich bürgerliche Zeitalter noch etwas galt, und zogen dann die aus der Ferne Verehrte auf die Linie der »Ariadne«, der weiblichen Form des Genius. Man muß kein Psychologe oder gar Psychoanalytiker sein, um zu wissen, daß in solcher Beziehung das sexuelle Moment abgeschwächt ist oder sogar ganz wegfällt. Elisabeth Nietzsche wird deutlich bis zur Bösartigkeit, ohne dabei ganz gegen die Wahrheit zu fehlen, wenn sie bei Cosima Mängel ins Gewicht fallen läßt, die zumindest gegen Nietzsches Frauenideal in körperlicher Hinsicht verstießen: »Sie war sehr lang, sehr dünn, Nase und Mund hatten eine allzureichliche Ausdehnung ...« Aber die scheinbare Körperlosigkeit, die unübersteigbare Kluft zum Körperlichen hin, sichert dem Faszinosum die Dauer, macht es unanfechtbar bis zum Ende.

Anfang Juli 1876 beginnt Nietzsche die Vorbereitungen zu treffen für den einjährigen Urlaub, den er vor allem in Italien verbringen möchte. Der Reise selber soll jedoch ein Aufenthalt vorhergehen, der als eigentlicher Höhepunkt seiner ganzen Abwesenheit von Basel gedacht ist, eben der Besuch der ersten Bayreuther Festspiele. Seine Wohnung will er für den ganzen Zeitraum aufgeben. Die Schwester beginnt schon damit, die Lagerung und Verpackung der Möbel zu arrangieren. Eine gewisse Unwirtlichkeit und ein gestörtes Behagen kurz vor dem Abbruch seines Domizils sind nicht zu vermeiden, so daß er der Aufforderung von Malwida von Meysenbug, schon den Proben beizuwohnen, gern nachkommt. Am 23. Juli trifft er am Bestimmungsort ein, allerdings mit starken körperlichen Beschwerden. Die Kopfschmerzen sind so heftig, daß er beinahe bereut, sich auf die Reise eingelassen zu haben.

Er hatte sich viel vorgenommen. Die Absicht war, den drei Zyklen des »Ring« zu je vier Vorstellungen beizuwohnen, also zwölf Abende im Festspielhaus zu verbringen. Ein Programm, das es in sich hatte, höchste Beanspruchung seiner Kräfte erwarten ließ und durch den Besuch der Proben die Belastung noch größer machen sollte. Nietzsche ist bei der Einstudierung der »Götterdämmerung« dabei, sieht jetzt in der Vorwegnahme das ganze Werk schon in voller Länge. Doch bei der ersten vollständigen Probe der »Walküre« macht er eine schreckliche Entdeckung: er kann nicht sehen, die Vorgänge auf der Bühne nicht verfolgen. Soll er sich diesem Desaster an zwölf noch kommenden Abenden aussetzen? Er ahnt die Katastrophe, denkt an unverzügliche Abreise: »es ist unsinnig, wenn ich bleibe«, bekommt im Brief vom 5. August die Schwester von ihm zu hören. Für seine Billets sucht er Abnehmer. Ohne die Anreise der Schwester abzuwarten, in einer Panikstimmung ohnegleichen, verläßt er Bayreuth und fährt ins Fichtelgebirge, nach Klingenbrunn ins Gasthaus zum Ludwigstein. Er hat es nicht mehr aushalten können und sich schon nach dem Aufenthalt von wenigen Tagen erschöpft gefühlt. »Ich habe es ganz ganz satt«, läßt er die Schwester wissen, die Stadt und die ganze Wagnersche Welt verursachen ihm nur »Qual«. Auf den Höhen des Gebirges sucht er mit langen Spaziergängen und in frischer Luft Abstand zu gewinnen. Er will nicht mehr nach Bayreuth zurückkehren und verabschiedet sich schon brieflich von seiner Schwester für das ganze Jahr. Er will auch die inzwischen eingetroffenen Freunde nicht mehr sehen. Und dann taucht er plötzlich doch wieder unter ihnen auf. Er hat es sich anders überlegt. Die Anziehungskraft des Gottes Dionysos ist noch einmal stärker gewesen.

Was war in ihm während dieser Sommertage vorgefallen? Die Frage ist nicht einfach zu beantworten. Was spontan aus ihm herauszubrechen schien, hatte bereits eine längere Vorgeschichte hinter sich. Die Verzweiflung, die sich hier Luft schaffte, hatte tiefer liegende und sogar hier und da weit zurückreichende Ursachen. Das Mißbehagen gegenüber manchem in Wagners Natur, aber auch an seiner eigenen Stellung im Verhältnis zu ihm war lange niedergehalten worden. Jetzt, in Zusammenhang mit neuen Beobachtungen, ertrug er es nicht mehr, es länger zu verbergen. Wagner, der Theaterunternehmer, der Kunstdiplomat, der Schauspieler, der ehemalige Revolutionär in der Rolle des Kaiser- und Königsgunst genießenden Künstler-Fürsten! Der Dionysos von Triebschen war in ihm nicht mehr wiederzuerkennen. Beruhten seine eigenen Vorstellungen auf Wahn, brach hier ein Schaumgebilde zusammen.

Aber darin lag schon mehr Wirkung als Ursache. Es stellte sich heraus, daß Wagner sich um Nietzsche nicht in der von ihm erwarteten Weise kümmern konnte. Er war von tausend Dingen in Anspruch genommen, wo die Fragen der Einstudierung des Werks noch untenan lagen. Es hatte im vorausliegenden Jahr eine lang vorbereitete Probeaufführung des »Ring« gegeben, durch die sich Wagner die letzte Gewißheit über seine Aufführbarkeit verschaffen konnte. Mehr in Betracht kamen für ihn finanzielle Sorgen, die Beschwichtigung gekränkter Künstlergemüter, der Empfang der Gäste, unter denen sich nicht nur Freunde befanden, Verhandlungen mit dem Patronatverein, in dem sich sein »Anhang« bemerkbar machte, der Außenstehenden oft nur Kopfschütteln abnötigen konnte. So schwach seine Augen hinter den dicken Gläsern der Nickelbrille sein mochten, hier sieht Nietzsche scharf, bemerkt er die Diskrepanz zwischen Wagner und seinem Umgang, die er bereit ist, jetzt glatt zu Lasten Wagners gehen zu lassen. Vor allem sieht er sich selbst in den Hintergrund gedrängt, nicht in das helle Sonnenlicht gerückt, worauf er als der bestellte Verkündiger des Gottes glaubte Anrecht haben zu können. Wagner war andrerseits viel zu klug gewesen, Nietzsche seiner redlichen und ebenso oft einfältigen Anhängerschaft zu empfehlen, sie einander nahe zu bringen, weil er wußte, wie peinlich hier das Gefälle sich auswirken mußte. Das konnte man weder der einen noch der andern Seite antun. Es mußte manches dagegen sprechen, den im eigenen Dienst gehaltenen Philosophen und Halbgott Empedokles dem Anspruch der gemeinen Masse preiszugeben.

Das alles war hier, ohne daß es ausgesprochen wurde, mit im Spiel. Dazu kamen bereits gewaltige Vorbehalte Nietzsches gegenüber Wagner, die noch aktenkundig zu machen sind und vom Verfasser der »Vierten Unzeitgemäßen« schon zu Papier gebracht worden waren. Im Dunkel des Zuschauerraums bei der Probe zur »Walküre«, als Nietzsche die Gestalten während der unbeleuchteten Waldhandlung nicht mehr erkennen kann, als feststeht, daß ihm seine Augen für die nächsten Wochen den Dienst versagen werden, als es im wahrsten Sinne des Wortes für den Bayreuth-Besucher keine Aussicht mehr gibt, läuft das Maß des Erträglichen über. Eines kommt zum andern. Die Nerven versagen. Daß sein Augenleiden nervöser Art sei, war immer seine Meinung gewesen. Wagner eine »Neurose«, wie er später sagen wird! Im Festspielhaus von Bayreuth wird sie für ihn selbst akut. Einziger Ausweg, um sich aus der Gefahr zu begeben und Heilung zu finden, ist schleunigste Flucht! Weg von hier, weg von den Komödianten, weg aus der Nähe der décadence, all der Kranken, die von überall herangereist sind und in Wagner ihr Oberhaupt haben! Weg in die Einsamkeit des Gebirges, weg von dem Ort, wo die Elemente der Stadt sich durch ihre Besucher vervielfältigt haben! Aus dem Entschluß zum plötzlichen Auszug spricht bereits Zarathustra.

In Bayreuth hatte sich in diesem Sommer Denkwürdiges ereignet und zwar auch unabhängig von der Aufführung des »Nibelungen«-Werks. Es waren Begebenheiten, wo der Hang der Zeit zum Repräsentativen und Dekorativen, zur großen Gebärde und zum großen Aufwand sichtbar wurde, Züge, in denen die Wagner-Kunst selbst sich ja ausnehmend gefiel. Dazu gehörte noch am wenigsten der Besuch des Gönners Ludwig II., der es sich nicht nehmen ließ, Bayreuth eine eher verborgene Aufwartung zu machen, indem er sich die Generalprobe als Aufführung unter Ausschluß der Öffentlichkeit selber vorbehielt. Er, der ja im Namen der deutschen Bundesfürsten dem König von Preußen das Kaisertum angetragen hatte, wollte um keinen Preis dessen für den 12. August angekündigte Ankunft in Bayreuth abwarten. Seine Menschenscheu und die geringe Neigung, einem Ranghöheren die Reverenz zu erweisen, ließen ihn schon am 8. August wieder abreisen. Das alles mußte von Wagner in das Programm der Bahnhofsempfänge einbezogen werden, wobei Empfindlichkeiten zu schonen waren. Dazu kam dann auch noch seine Beziehung zu Judith Gautier mit den heimlichen Besuchen in ihrem Bayreuther Quartier. Alles das neben der künstlerischen Oberleitung bei der Aufführung des »Ring«, neben den Rezeptionen für Besucher in der Villa »Wahnfried«, von denen manche den Anspruch auf auszeichnende Teilnahme durch den Meister durchblicken ließen! Da war Liszt, mit den Akzessoirs des katholischen Priesters, der sich schon darauf eingestellt hatte, vom Schwiegersohn in den Hintergrund gedrängt zu werden. Sollte Wagner vielleicht ernsthaft daran denken, den »fromm« gewordenen Virtuosen und den dünkelhaften Basler Gelehrten zusammenzubringen? Selbst Cosima fand dessen professorenhaftes Gehabe in der Bayreuther Festgesellschaft wenig am Platze. Das mochte man in Triebschen liebevoll belächelt haben. Hier in Bayreuth, wo man nicht nur »große Welt« spielte, sondern in der Erwartung des deutschen Kaisers und des Kaisers von Brasilien auch tatsächlich war, hing ihm der kleinbürgerliche Geruch der »Provinz« an. Hier, wo in der Unverbindlichkeit als Kennzeichen einer Gesellschaft, die etwas auf sich hält, neben der unvermeidlichen offiziellen Huldigung an den Meister so gut wie alles galt, nahm sich Nietzsches Pathos, mit dem er sich auf seine gelehrten Verdienste berief, etwas merkwürdig aus.

Daß er grenzenlos enttäuscht bis zur Verzweiflung ins Gebirge auswich, war nicht unverständlich. In diesen Tagen der Weltflucht entstehen die ersten Niederschriften zur »Pflugschar«, von denen vieles in sein Buch »Menschliches, Allzumenschliches« Eingang findet, aus dem der Nietzsche der Wandlung spricht. Die Erklärung für seine Rückkehr in die Stadt nach zehn Tagen Waldaufenthalt faßt er in das Bild: »die ausgeschlüpfte Seidenraupe schleppt noch eine zeitlang ihre Puppe nach sich«.

Er ist der Gewöhnung an die Droge Wagner noch nicht Herr geworden.

Wenn Nietzsche nach seiner Rückkehr aus dem Fichtelgebirge dann doch länger, als man nach seinen Klagen über das »Gift« der Bayreuther Ambiance erwarten konnte, in der Stadt blieb, dann geschah das weniger Wagners und Cosimas, auch nicht Malwidas wegen, als deren Gast er sich während dieser Wochen fühlen konnte. Es geschah offenbar wegen einer kleinen Romanze, die sich hier für ihn, nach allem, was vorgefallen war und er an Verzweiflung in sich trug, überraschenderweise ergab. Wahrscheinlich durch Edouard Schuré, der ebenfalls Malwida von Meysenbug nahestand, machte er die Bekanntschaft von Louise Ott, die Russin deutsch-baltischer Herkunft war, aber in Paris lebte. Nietzsche scheint sich sofort lebhaft für sie interessiert und daran gedacht zu haben, ihr Heirats-Avancen zu machen, erfuhr dann aber, daß sie bereits verheiratet und Mutter eines Sohnes war. Es muß bei der Art ihres Verhältnisses, über das ein außerordentlich feinsinniger Briefwechsel Aufschlüsse gibt, nicht ausgeschlossen werden, daß sie bei ernsthaftem Drängen Nietzsche gefolgt wäre. Aber der fühlte sich, nachdem er ihre Ehe in Erfahrung gebracht hatte, zwar zunächst sehr enttäuscht, doch bald auch wieder erleichtert, diese Frau nicht in seine unsichere Zukunft mitnehmen zu müssen. Der Verkehr zwischen den beiden scheint sich nach dem Vorbild Faust-Gretchen abgespielt zu haben: der »Freigeist«, dem die Gottesfrage gestellt wird und der der rührenden Unschuld einer Gläubigen begegnet. Hier grimmiger Tiefsinn, dort überwältigende Naivität. Es wird auf der Grundlage von Nietzsches Thesen zwischen ihnen verhandelt. Nietzsche legt dar, Louise Ott hält ihre Innigkeit dagegen. Davon ist in den Bayreuther Tagen und auch später noch eine für Nietzsche befreiende Wirkung ausgegangen. Er fühlt sich in ihrer Gegenwart aus den spanischen Stiefeln des Bürgerlich-Repressiven, aus dem Kerker seiner gespannten Existenz entlassen. Elisabeth Nietzsche hat Louise als »Pariserin« stilisiert, die sie nur dem Wohnsitz ihres Mannes, nicht ihrer Abstammung nach war. Es geschah nicht zufällig, sondern war von feiner Instinktsicherheit der Frau geleitet, wenn sie in ihren späteren Briefen an Nietzsche auf französisch antwortet, Schweranhängendes mit der größeren Elastizität in den Formen versieht, Ernstgemeintem eine stärkere Schwebekraft gibt. Sie scheint vor ihm von Bayreuth abgereist zu sein und ihn dadurch noch zusätzlich in eine niedergeschlagene Stimmung gebracht zu haben. Aber Nietzsche nutzt die Gunst der Umstände, die ihre Ehe für ihn brachte, er schwenkt auf die Gegebenheiten um und läßt ihr in einem nach Paris geschickten Brief vom 30. August 1876 sagen: »Ich denke mit einer solchen brüderlichen Herzlichkeit an Sie, daß ich Ihren Gemahl lieben könnte, weil er *Ihr* Gemahl ist«. Mit letzter Vollendung des Stils wählt er den ihm angebotenen Weg über die Brücke, die ihn der möglichen Unpäßlichkeiten enthebt. Umwandlung aller irgendwie gefährdenden Gefühle ins geschwisterliche! Das ist für sie, die sich um seinen Gesundheitszustand sehr besorgt zeigt, annehmbar. Und noch mehr für ihn! Hier halten die bürgerlichen Konventionen zulässige Sublimierungsformen bereit, von denen auf beiden Seiten ehrlich und doch auch sehr bewußt Gebrauch gemacht wird.

Die noch längere Zeit gewechselten Briefe sagen uns einiges darüber, wie es zwischen Nietzsche und Louise Ott während der Bayreuther Tage zugegangen sein mochte. Natürlich standen im Mittelpunkt der Gespräche predigthafte Belehrung durch Nietzsche und Klagen über seine Krankheit. Das mußte von der aufrichtig teilnehmenden Dame nicht störend empfunden werden. Dafür war alles viel zu ernst und glaubhaft. Der Gewinn dieses Umgangs in der Aura Bayreuths lag für die aus Frankreich Angereiste auf der Hand. In den Gesprächen mit Nietzsche erhielt sie Kunde von seinen Gedanken in den »Unzeitgemäßen Betrachtungen«. Die Schriften wurden ihr später zugeschickt und gaben der Empfängerin Anlaß zu subtilen Fragen und zum leisen Dagegenhalten der eigenen, ihr anerzogenen Anschauungen. Aber alles sehr rücksichtsvoll, immer vom Blick des Aufschauens begleitet. »Wissen Sie, daß ich eine Christin bin?« so hören wir von ihr. »Ich finde meine Bibel schön, rein und groß ... Von meiner Kindheit auf, habe ich nur Gutes und Schönes über meine Religion gehört – ...« (8. Sept. 1876).

Die Anziehungskraft mochte gerade dieses unüberbrückbaren Gegensatzes wegen zwischen bohrendem Willen zur Wahrheit und gläubiger Arglosigkeit auf beiden Seiten wirksam werden. Der Denker in der Gestalt des überwältigenden Redners, der Nietzsche war, fand in Louise Ott jemanden, der ihm still zuhörte, seinen Worten gewaltiges Gewicht beimaß und ihn selbst mit ihrem stillen Glauben überwältigte. Es gibt hier kein dialogisches Verkehren von theoretischen Positionen und Gegenpositionen. Es ist die Ebenbürtigkeit des »Weibchens«, dem er hier begegnet, die Form des Weiblichen, die anzuerkennen Nietzsche bereit ist. So hat er Louise Ott von Anfang an gesehen und so wendet er sich in seinem Brief vom 22. September 1876 an sie! »Gibt es nicht von einem gewissen schönen blonden Weibchen ein gutes Bild?«

Mit solcher Beschaffenheit hat sie ihm in düsteren Tagen Licht gegeben. Er schreibt ihr bestätigend aus Basel noch hinterher: »Es wurde dunkel um mich, als Sie Bayreuth verließen ...« Nietzsche muß damals nach dem Urteil Hans von Wolzogens, der, ohne es zu dieser Zeit selbst zu wissen, die Nachfolge Nietzsches als erster Ideologe der Wagnerkunst anzutreten beginnt, den »Eindruck eines Schwerkranken« gemacht haben. Am gesellschaftlichen Treiben in »Wahnfried« hat er nur noch flüchtig, eher als Beobachter mit dem bösen Auge, teilgenommen, bevor er sich selbst den Abschied von Wagner gab; bevor er sich wie Puschkins Eugen Onegin aus dem Taumel der Petersburger Festgesellschaft ins Dunkel der Nacht, in eine Zukunft ohne Hoffnung hineinstürzte. Aus Bayreuth, das er so erwartungsvoll betreten hatte, reiste er still und stumm wieder ab. Er mußte vor Beginn seines einjährigen Italienurlaubs noch einmal nach Basel zurück, weil hier der Unterricht am Pädagogium begann. So ganz unvorbereitet auf das Debakel, das er in Bayreuth erlebte, das er sich selbst bereitet hatte, war Nietzsche nicht gewesen. Er war vorgewarnt worden, hatte auch schon Material gegen Wagner zusammengetragen. Seine »Vierte Unzeitgemäße« war eine Schrift, in der alle gegen Wagner schon damals von ihm erhobenen Einwände ausgelassen sind. Der Zweck des Buches zwang ihn, sie zu unterdrücken. Die Niederschriften seiner Gedanken über Richard Wagner aus dem Jahre 1874 enthalten schon genug von dem, was er nicht wagen konnte, nach außen dringen zu lassen. Da finden sich Sätze wie: »Wagner ist ein geborener Schauspieler ...« oder: »Das Prächtige, Berauschende, Verwirrende, das Grandiose, das Schreckliche, Lärmende, Häßliche, Verzückte, Nervöse, – alles ist ihm Recht«. Weiter: »Unmäßigkeit und Schrankenlosigkeit galt ihm wohl als Natur« und an anderer Stelle Anspielungen, die vor allem die auf gesellschaftliche Distinktion neuerdings mehr und mehr bedachte Cosima empfindlich treffen mußten, jene bösartigen Worte vom »Sozialisten«, der seine politische Vergangenheit in Vergessenheit geraten lassen möchte. Die später immer wieder als Kleinmünze in Umlauf gebrachte Vokabel vom »vielseitigen Dilettanten« ist jetzt schon zu hören und auch das Geständnis mit Schule machendem Inhalt: »Ich habe oft unsinniger Weise bezweifelt, ob Wagner musikalische Begabung habe«. Seine unter Verschluß gehaltenen Papiere diesen Inhalts machen die Kernzelle von Nietzsches späterer Opposition gegen seinen Meister und Lehnsherrn aus. Sie sind alle schon säuberlich beschrieben, als er nach außen hin für die große Öffentlichkeit den Rang des beglaubigten Sachwalters innehat, der nach Bayreuth fährt in der Hoffnung, in den Genuß der auch ihm zustehenden Ehrungen zu gelangen. Und hier so bitter enttäuscht wird!

Die Heimreise trat Nietzsche mit Edouard Schuré, dem aus dem Elsaß stammenden und in Paris lebenden, besonders für Wagner eintretenden Musikschriftsteller, sowie Paul Rée an, der schon in den vorausgegangenen Monaten in Basel eine Rolle für ihn zu spielen begonnen hatte. Beide hatten sich, abgesehen von den Tagen im Fichtelgebirge, während des Bayreuther Aufenthalts in seiner Nähe befunden. Mit ihnen waren die »Freunde« gemeint, von denen er der Schwester Mitteilung machte und selbst deren Nähe er in den Augenblicken der allertiefsten Depressionen nicht glaubte ertragen zu können.

Das besagte aber auch, daß die Freunde Gersdorff und Overbeck nicht unter den Festspielgästen weilten. Bei Overbeck lag ein übrigens in die privaten Beziehungen zu Nietzsche tief eingreifender Verhinderungsgrund vor: er hatte sich verheiratet und befand sich in Italien auf der Hochzeitsreise. Die über Jahre hinaus unterhaltene Gemeinsamkeit der »Baumannshöhle« fällt nun für immer fort. Sie hatte in der alten Weise schon früher aufgehört zu bestehen. Als Nietzsche jetzt in Basel eintrifft, kehrt er für die kurze Zeit bis zum Beginn der Italienreise in sein altes Junggesellendomizil im Schützengraben zurück. An die Stelle von Overbeck, der zugesagtermaßen in Bayreuth hätte dabei sein müssen, tritt nun Paul Rée. Damit wird die Bedeutung Overbecks für Nietzsche nicht geringer, aber es zieht in ihre Freundschaft ein neuer Ton ein.

Die Rückkehr von Bayreuth nach Basel entsprach einer leidigen Pflichtübung, die Nietzsche insofern aber keine größere Beschwernis auferlegen sollte, als sie nur einige Wochen dauern und ihm zugleich neben dem zu absolvierenden Unterricht am Pädagogium die Möglichkeit zu weiteren Reisevorbereitungen geben würde. Außerdem standen noch behördliche Regelungen seinen Urlaub betreffend aus. Das von Nietzsche eingereichte Urlaubsgesuch war bereits im Mai vom Kuratorium der Universität bewilligt worden. Es hatte Gründe, vor allem gesundheitlicher Art, für sich, die es überzeugend rechtfertigten. Aber auch der wissenschaftliche Nutzen eines Aufenthaltes im klassischen Süden fiel erheblich ins Gewicht. Das seine Zustimmung erteilende Gremium übersah nicht Nietzsches Verzicht auf das Gehalt für die in Frage kommende Zeit und verhielt sich außerordentlich entgegenkommend, indem es die Weiterzahlung der Bezüge verordnete und Nietzsche lediglich die Entschädigung für seinen Vertreter auferlegte. Unter dem Etikett der »Studienreise« ließ sich diese Regelung leicht rechtfertigen.

Delikat gestaltete sich die Ausstellung eines Passes für Nietzsche. Die Behandlung der Angelegenheit wirft schlagartig ein Licht auf die jetzt schon in einer tiefen Misere steckende bürgerliche Existenz, die nach außen verborgen gehalten wird. Bei seiner Berufung nach Basel hatte Nietzsche seine preußische Staatsbürgerschaft abgelegt, aber kein Basler Bürgerrecht bekommen. Es fehlten dazu die Voraussetzungen einer achtjährigen ununterbrochenen Anwesenheit im Lande. Als Motive für seinen Verzicht hatte er die Möglichkeit einer kriegerischen Auseinandersetzung genannt, in die Preußen verwickelt werden könnte mit der Folge seiner Einberufung zum Militär, die in solchem Falle zu Lasten des Basler Staats gehen würde. Das Kalkül war begründet. Merkwürdig war, daß er bei Ausbruch des deutsch-französischen Kriegs selbst auf diese Begründung verzichtete und sich als Freiwilliger zum Sanitätsdienst meldete. Jetzt, bei der behördlichen Bearbeitung des Urlaubsgesuchs, stellt sich heraus: Nietzsche ist staatenlos. Das ist für seine Tätigkeit als Basler Beamter ohne Belang. Dringliches für eine Regelung hatte es bis dahin nicht gegeben. Das ergibt sich erst jetzt bei der Frage, wie er sich für den geplanten Aufenthalt in Italien auszuweisen hat. Immerhin: Auch wenn die Basler Behörde nicht juristisch dazu verpflichtet ist, einem nach schweizerischem Sprachgebrauch »Heimatlosen« einen Paß auszustellen, so kann sie ihn dem im Dienst ihrer Universität stehenden Beamten nicht verweigern. In seinem Reisepaß aber bekommt Nietzsche es schwarz auf weiß zu lesen, daß er als Basler Professor nicht mit dem Anspruch auf das Bürgerrecht des ihn beschäftigenden Staats zu rechnen hat.

Das braucht ihn damals nicht sehr zu bekümmern oder gar zu belasten, weil seine Stellung eine sehr begünstigte ist und mißliche Folgen dieses Umstandes außerhalb des Gesichtskreises liegen; ihn überdies auch ganz andere und vordringlichere Sorgen quälen. Das Augenleiden hat sich so sehr verschlimmert, daß an eine Lese- oder Schreibtätigkeit über Wochen nicht gedacht werden kann. Kopfschmerzen werden von heftigen Magenbeschwerden abgelöst oder begleitet. Aus dem Kränkelnden ist ein Kranker und zu längeren Perioden der Bettlägrigkeit verurteilter Patient geworden, der sehr dankbar dafür ist, daß er seinen neuen Freund Paul Rée um sich hat. »Rée liest mir viel vor, er und ich haben große Freude aneinander«, beschreibt er in diesen Wochen, am 11. September 1876, an Mutter und Schwester dessen Funktion, wo Freund, Gefährte, Vorleser und Sekretär sehr schön zusammengehen.

Die Anfänge ihrer Bekanntschaft reichen auf das Frühjahr 1873 zurück. Paul Rée war ihm zuerst als Freund Romundts begegnet. Daß er »Schopenhauerianer« und ein Freund des tiefsinnigen Gesprächs war, sich aber vor allem als sehr anpassungsfähig erwies, hatte ihn bald bei Nietzsche empfohlen. Er stammte aus Pommern und war der Sohn eines Rittergutsbesitzers, der später auf seinen neuerworbenen Besitz Stibbe in Westpreußen übersiedelte. Rée hatte, bevor er nach Basel kam, bereits juristische Studien hinter sich und war im deutsch-französischen Krieg als Freiwilliger bei Gravelotte verwundet worden. Aus dem Felde heimgekehrt, hatte er in Leipzig sein Studium mit dem Wechsel zur Philosophie fortgesetzt und eine Dissertation über Aristoteles geschrieben, die allerdings erst in Basel abgeschlossen wurde. Er taucht hier unter Nietzsches Hörern in dessen Vorlesung über die Vorsokratiker auf.

Die Art ihres Umgangs scheint damals noch starke Momente der Distanz gehabt zu haben, aber doch auch schon von einer auffallenden Zuneigung auf Seiten Nietzsches geprägt gewesen zu sein. Bewunderung Nietzsches hat sich bei Rée offenbar von Anfang an eingestellt. Es will andererseits bei Nietzsche schon etwas besagen, wenn er die philosophischen Gedanken des fünf Jahre jüngeren Rée bald außerordentlich ernst nimmt, sogar für eigenständig hält, wahrscheinlich aber doch entscheidend deswegen, weil sie seinen eigenen, im Umbruch befindlichen Vorstellungen entgegenkommen. Die Seriosität Paul Rées als »Denker« und »Moralphilosoph«, wie er ihn den Freunden vorstellt, steht bei ihm schnell außer Frage. Es kommt dann zu den bei Nietzsche nicht seltenen grotesken Schlußfolgerungen einer auf den Kopf gestellten Hierarchie: nicht Wagner, sondern Georges Bizet oder Peter Gast, nicht Schopenhauer, sondern Paul Rée. Wenn Rée meint, daß es eine allgemein feststehende »Moral« überhaupt nicht gebe, daß sie sich vielmehr immer aus den jeweiligen Verfassungen der Gesellschaft und des Staats herausbilde, dann findet hierin Nietzsche die Stütze für seine damals sich vorbereitenden Gedanken der »Genealogie der Moral«. Das liegt auf der Linie der »Umwertung der Werte«. Es ist Nietzsche selbst, der diese Übereinkünfte mit Rée entdeckt und sie in einem Brief vom Oktober 1875 an den in Paris weilenden jungen Verfasser der »Psychologischen Beobachtungen« zur Sprache bringt. Damit kommt die Beziehung zwischen beiden erst richtig in Gang. Sie gestattet dem Angeschriebenen, die Anerkennung durch Nietzsche mit dem Geständnis seiner allertiefsten Sympathie zu erwidern.

In den Wochen der Vorbereitungen zur Reise nach Italien hatte sich dann bei Nietzsche bald das Gefühl für die Unentbehrlichkeit Paul Rées eingestellt. Die Reise beruhte auf der von Malwida von Meysenbug an Nietzsche ergangenen Einladung, die Einladung selbst war nicht unabhängig von Nietzsches Wunsch, mit Malwida einige Zeit gemeinsam zu verbringen, wie er es ihr gegenüber schriftlich ausgesprochen hatte. In Bayreuth war er dann ihr Gast gewesen, man hatte Vereinbarungen getroffen, es war von Neapel unverbindlich die Rede gewesen, ein Ort, an dem man sich treffen wollte, stand allerdings noch nicht fest.

Es sind ungeheuerliche Erwartungen, die Nietzsche in die Reise setzt. Er erhofft nichts Geringeres als Heilung. Auf dieser Reise und zwar in der Nähe einer Frau, die er wortwörtlich zu seiner »Mutter« ernennt, soll die große Wende zur Gesundheit erfolgen. Die leibliche Mutter in Naumburg, die von solchen Zusammenhängen nicht das geringste ahnt, ist in diesen Wochen beim Gedanken an die Italienreise des Sohns auf das höchste echauffiert. Bei ihr vermischen sich die gleichen Heilungserwartungen wie beim Sohn mit der Sorge. Als sich dann herausstellt, daß Paul Rée die Reise mitmachen wird, hat sie ein Gefühl der Erleichterung. Gleichzeitig geht sie dazu über, Erkundigungen über den Sohn bei Rée anzustellen, tritt mit ihm in eine separate Korrespondenz und vergewissert sich nachdrücklich seiner Sorgfaltspflicht gegenüber dem nach Italien reisenden Patienten. Mutter und Schwester Elisabeth, die in der Angst um den Bruder mit ihr noch wetteifert, können allerdings – wie sie bald feststellen – bei Paul Rée beruhigt sein, dessen Unentbehrlichkeit für Nietzsche gerade gegenüber der Familie sich noch dadurch steigert, daß er als Nietzsches Briefschreiber auftreten wird, der die Beziehung zur Außenwelt aufrechterhält und außerdem private Sonderauskünfte und beschwichtigende Erklärungen abgibt.

Mit dem Eintreten Paul Rées in Nietzsches Leben ist eine Veränderung von dessen ganzer Existenz vorbereitet worden, die erst in den folgenden Jahren voll zur Auswirkung gelangt. Und nicht ohne bizarre Züge ist! Während das Pendel bei Nietzsche langsam gegen Wagner ausschlägt, indem er sich aus dem Verhältnis der Vasallität herauszulösen beginnt, hat er in Paul Rée nun selbst den lang gesuchten Vasallen gefunden, der im übrigen sehr wohl auf den Schutz des »Herrn« angewiesen ist. Übrigens erinnerte Wagner gerade während der Wochen von Nietzsches Reisevorbereitungen nach Italien noch einmal an dessen Tributpflicht durch ein Telegramm, in dem er lakonisch die »Zusendung zweier Paare seidener Unterjacken und Hosen Basler Fabrikat feinster Ware« ins »Hotel Europa« nach Venedig bzw. nach Bologna ins »Hotel Italie« erbat. In der Antwort an Wagner war Nietzsche, der ja, ohne sich von Wagner persönlich zu verabschieden, Bayreuth verlassen hatte, rückfällig geworden, er verstieß gegen sein besseres Wissen von Wagner, indem er sich jetzt für den an ihn ergangenen Auftrag noch bedankte und sich an die schönste Triebschener Zeit erinnert fühlte, wo er Wagner und Cosima so gern mit Besorgungen zu Diensten gestanden hatte. Und doch war diese schöne Erinnerung ebenso erhebend wie schmerzlich. Sie stand überdies auch gar nicht in Widerspruch zu seiner Absicht, Wagner den Tort von Bayreuth, wie er ihn empfand, im rechten Augenblick heimzuzahlen und den Bruch, für den er schon umfangreiche Anstalten getroffen hatte, zu vollziehen. Sie war vielmehr das, was er vom großen Gefühl übrigbehalten hatte. Und das war nicht wenig.

Wenn Nietzsche sich im August sehr formlos aus Bayreuth wegbegeben hatte, dann lag dem auch die Gewißheit zugrunde, daß er Wagner bald persönlich wieder begegnen würde. Dafür sprach schon Malwida von Meysenbug, die gleichfalls mit Wagner und Cosima eine Absprache über gemeinsame Wochen in Italien getroffen hatte, ohne allerdings näher ins Detail zu gehen. Nach den Festspielwochen, bei denen sich die Größe des Erfolgs und des finanziellen Defizits die Waage hielten, war Wagner erholungsbedürftig; die Reise nach Italien hatte bei ihm schon etwas von einer festen, beinahe auf Gewohnheit beruhenden Einrichtung.

Das ist von Nietzsche bei den Basler Reisevorbereitungen genau in Erwägung gezogen worden. Im übrigen besteht mit Rée Einigkeit darüber, sich bei dem einjährigen Urlaubsunternehmen Zeit zu lassen und nicht gleich Malwida von Meysenbug aufzusuchen, sondern erst einmal ins Wallis zu reisen. In Bex bezieht man ein Hotel, genießt die Bergluft in vollen Zügen, und Nietzsche fühlt sich zu neuer literarischer Produktion angeregt, hat aber Tage und Nächte mit schweren Anfällen zu überstehen. Zweieinhalb Wochen später setzt man die Reise über Genf, wo Nietzsches Schüler Albert Brenner zu den beiden stößt, nach Genua fort.

Daß in Genua Nietzsches erste Berührung mit dem Meer erfolgt, ist für ihn nicht ohne bleibende Bedeutung. Als »Meer« gilt ihm das »Mittelmeer«; die Mittelmeerlandschaft, die ihm dabei vor Augen schwebt, ist die der ligurischen Küste mit den herben und steil ins Wasser reichenden Felsvorsprüngen, der Streifen, der bis nach Nizza reicht, sich aber hier schon ins Gefälligere hineinfindet, nicht die der Adria mit Venedig als Zentrum eines mondänen und hochbourgeoisen Edeltourismus, dem auch Wagner wiederholt und ganz erheblich huldigt.

Natürlich geht Nietzsches Reise ganz in den Stilformen der Gründerjahre mit den gehobenen Ansprüchen des liberalen Bür-

gertums vor sich, von dessen Wogen der so distinguiert gekleidete »Freigeist«, auch wenn er es nicht wahrhaben wollte, nach
oben getragen worden war. Ein Bewunderer Larochefoucaulds
oder besser noch: ein Voltaire im Eisenbahncoupé, der jetzt nicht
mehr wie so oft früher eine Reise als einsamer Kunstfreund
macht, sondern bereits einen eigenen Anhang, seinen eigenen
Hofstaat, mitbringt. Und sich mit ihm zu Malwida von Meysenbug und sogar, wie zu erwarten sein wird, zu Wagner begibt.
Von Genua geht die Reise per Schiff weiter mit Brenner als einzigem Begleiter, während Rée den Landweg vorzieht. In Neapel
trifft man sich wie verabredet im Hotel bei Malwida von Meysenbug. Hier stellt sich heraus, daß wegen des Quartiers in Sorrent, wofür man sich früher entschieden hatte, noch keine festen
Abmachungen bestanden und man sich erst einmal auf die Suche
begeben muß, bis man in der »Villa Rubinacci« eine geeignete
Pension glaubte gefunden zu haben.
Warum Sorrent und nur Sorrent in Frage kam, hatte den eigentlichen, schon früher feststehenden Grund, über den man gar
nicht erst reden mußte, darin, daß Wagner bereits seit Anfang
Oktober dort mit Familie im »Hotel Victoria« residierte. Wie
sehr Wagner von Anfang an in die Beschlüsse der vier Unterkunft Suchenden einbezogen worden war, zeigt sich darin, daß
man erst eine geeignete Pension ausfindig macht und sich am
Ankunftstag, dem 27. Oktober, noch am gleichen Abend zu
Wagner begibt, der fünf Minuten vom eigenen Quartier entfernt wohnt.
Natürlich waren hohe Erwartungen an diese Nachbarschaft geknüpft: allerdings nur von einer Seite, wo sich bei Nietzsche, wie
wir aus seinen Aufzeichnungen wissen, auch etwas wie eine geheime Komplottstimmung breit machte. Wagner beugt dem
sehr wohl möglichen Aufstand seines Adepten, der ihm schon
seit dem demonstrativen Eintreten für Brahms' Triumphlied in
Bayreuth mehrere Proben seines Abweichlertums gegeben hatte, strategisch durch eine gewisse Reserviertheit vor. Cosima
hält in ihrem Tagebuch noch den Antrittsbesuch von Malwida,
Dr. Rée und Nietzsche – in dieser Reihenfolge – fest, aber dann
schweigt sie sich trotz der zahlreichen Zusammenkünfte über
die Besucher, ausgenommen Malwida, aus. Sie bewegt sich auf
der gleichen keineswegs unfreundlichen, sogar nach wie vor einnehmenden, aber doch von Vorsicht gezeichneten Linie Wag-

ners. Und auch Nietzsche schweigt in den nach Naumburg und an die Freunde geschriebenen Briefen über Wagner.

Hatte man sich noch etwas zu sagen? Nietzsche hatte, aber in einem bisher nicht vorgesehenen Sinn.

Auch diesmal steht es gesundheitlich ganz schlecht um ihn. Es will sich keine Besserung seines Befindens zeigen und es wird sich hier am Strand des Mittelmeeres keine mehr einstellen. Was ihn tief erschüttert, ist die Nachricht vom Tode Ritschls. Er muß alle Kraft zusammennehmen, um der Witwe einen langen Kondolenzbrief zu schreiben. Der Brief ist wie eine Eigenbilanz: Ritschl war der letzte große Philologe, er war – Nietzsche wird später darauf zurückkommen – der Lehrer, wie es mit Ausnahme von Burckhardt keinen andern für ihn gegeben hatte; zweitausend nennen sich seine Schüler, darunter dreißig Universitätsprofessoren. Mit ihm ist eine Ära der Wissenschaft zu Ende gegangen. Ihm hatte Nietzsche die größte Wohltat in seinem Leben – die Berufung nach Basel – zu verdanken gehabt.

Aber es war eine Wohltat gewesen, die sich in eine Last verwandelt, an der er seiner Gesundheit wegen schwer zu tragen hatte, die mehr und mehr unerträglich geworden war. Wie er sie abschütteln könnte, wird gerade in den Sorrenter Tagen ein immer wieder mit Malwida von Meysenbug besprochenes Thema von dem Augenblick an, wo er den Eindruck gewinnt, die zur Ausübung des Berufs erforderliche Kraft nicht mehr zurückgewinnen zu können. Das geht aus einer Mitteilung hervor, die er der Schwester erst gegen Ende des Aufenthaltes macht, am 25. April 1877, aber sie war das Ergebnis der langsam herangereiften Erkenntnis, »daß es mit meiner Basler Universitätsexistenz auf die Dauer nicht gehen kann«. Gerade dieser Brief enthält die Alternative in der Lebensführung, die er dem nicht mehr ausgeübten Beruf entgegenzustellen gesonnen ist: die Heirat. »Freilich werde ich den nächsten Winter in diesen Verhältnissen doch noch zubringen müssen«, heißt es darin, »aber Ostern 1878 soll es zu Ende sein, falls die andere Kombination gelingt, d. h. die Verheiratung mit einer zu mir passenden, aber notwendig vermöglichen Frau«. Es werden auch schon Namen genannt, die in den Eruierungen mit Malwida von Meysenbug gefallen waren, wie Elise Bülow aus Berlin, Elisabeth Brandes aus Hannover, Nathalie Herzen. Schade, daß die Herzen schon dreißig Jahre statt achtzehn ist. Bei der »kl. Köckert« ist wegen der ungesicherten Vermögenslage Vorsicht geboten. Als »absolute Bedingung« wäre für die in Frage kommende Ehefrau religiöse Freisinnigkeit geboten.

Das sind Träumereien in der Frühlingssonne von Sorrent, die allerdings schon sehr weit gehen und Nietzsche selbst und der Schwester ausmalen, wie er sein Leben mit der künftigen Ehefrau zu führen gedenkt: »Mit dieser würde ich dann die nächsten Jahre in Rom leben; welcher Ort für Gesundheit, Gesellschaft und meine Studien gleich geeignet ist«. In kühnem Vorgriff auf die Zukunft unterstellt er, daß aus dem »Griechen« von Schulpforta demnächst der »Fritz Römer« werden wird.

Bei aller Phantastik war das in sich schlüssig, es stand dem Träumenden die hochveranschlagte und auch für ihn an sich durchaus mögliche Existenzführung des Rentiers, das Ideal des bürgerlichen Zeitalters, vor Augen. Die Schwester, die ihn bei den Überlegungen, die Basler Professur aufzugeben, wärmstens unterstützt und geradezu in ihn dringt, es so schnell wie möglich zu tun, macht sich denn auch bald daran, die jährlichen Zinserträge aus dem persönlichen und dem familiären Vermögen zu berechnen. Die genannten Summen reichen für das von Nietzsche vorgesehene »high life« in Rom jedenfalls nicht aus und bekräftigen dessen Vorsicht bei der zu treffenden Auswahl der künftigen Ehegefährtin.

Diese Überlegungen hatten bei der Lage der Dinge, wie sie wirklich waren, nur den Charakter eines vom Willen zum Leben mit einigen Geldbedürfnissen und mäßigen erotischen Ansprüchen in Gang gesetzten Glasperlenspiels und liefen am Ende auf das hinaus, was Wagner ihm schon lange geraten hatte. Die angestrebte Berufslosigkeit in den Stilformen des von seinen Renten lebenden Privatiers führte ihn an das Vorbild Schopenhauers heran und würde ihn instandsetzen, die Anflüge des »Plebejischen«, das mit seiner Tätigkeit als Lehrer für die Söhne des Basler Bürgertums verbunden war, zu beseitigen. Der »Erzieher«, der Nietzsche seiner ganzen geistigen Struktur nach war und mit immer weiter um sich greifenden Ansprüchen blieb, bedurfte keiner Aufklärung über die Rolle des Lehrers als Paria, als Angehörigem einer sklavenartigen Unterschicht, für die die Alte Welt Griechenlands und Roms unerschöpfliches Anschauungsmaterial bot. Das Ansehen des Professors in Staaten wie Preußen oder Sachsen oder auch in Basel, das im letzten Viertel des Jahrhunderts sich noch steigerte, das Zeremoniell, das sich der Staat in Berufungsverhandlungen mit seinen künftigen Dienern angelegen sein läßt, verdunkelt eher die wirklichen Verhältnisse, die hier sublimiert werden, aber bei etwaigen Disziplinarverfahren die Behörde mit einem fein gegliederten System von Strafen und nervenlähmenden Peinigungen auf dem Plan zeigen. In der »Maßregelung« wird dem lehrenden Amtsdiener dann vor Augen geführt, wer er ist, werden ihm alle Prätentionen erbarmungslos ausgetrieben. Seine mit feiner akademischer Etikette geführten Verhandlungen um die Urlaubsgewährung hatten übrigens Nietzsche darüber aufklären können, wie »schwach« seine bürgerliche Stellung in Wirklichkeit war, ohne daß er Grund gehabt hätte, sich zu beklagen. Im Gegenteil, die Bemühungen der Erziehungsbehörde, ihn um jeden Preis zu halten, ihm bei der Weiterzahlung des Gehaltes über seinen Verzicht hinaus entgegenzukommen, waren unübersehbar großzügig. Selbst das Angebot, einen Teil der Einkünfte seiner Vertretung zu überlassen, wurde nicht wirksam, weil die Kollegen sich bereitfanden, ihr eigenes Lehrprogramm zu erweitern.

Nietzsches nicht gerade lange Dauer seiner bisherigen Basler Lehrtätigkeit hatte allerdings schon ausgereicht, die Schwächung des ohnehin anfälligen Organismus voranzutreiben: Die immer häufiger werdenden Perioden der Bettlägrigkeit mit »Anfällen« und »Hauptanfällen« waren, wenn man die Frage nach medizinisch diagnostizierbaren Ursachen außer Betracht läßt, auch immer Antwort auf die ihn physisch überfordernde öffentliche Tätigkeit gewesen. Nietzsche, der »Zerrissene«, ist ein »Nervöser«, dessen Lebensklima, wie er später erkennt, die Universität nicht ist, der darin gerade seiner eigentlichen, die Organe betreffenden Gefährdung begegnet ebenso wie in Wagner. Hier liegen – diese Vorstellungen brechen in den Sorrenter Monaten bei ihm voll durch – die beiden Grundirrtümer seines Lebens.

Mit dem geplanten Abgang von der Universität wäre das Einschwenken auf die Bahn des »Freigeistes« gelungen, wie er sich gerade jetzt, wo er Gedanken niederschreibt, die später unter dem Titel »Menschliches, Allzumenschliches« erscheinen, mit einer bis dahin bei ihm nicht bekannten Bewußtheit fühlt. Im Untertitel nennt er die Schrift »Ein Buch für freie Geister«, aus dem ein veränderter Nietzsche spricht. Seine damalige Lektüre hilft uns, seine neuen Absichten zu erraten, durch einen Blick auf die Form seine Bevorzugung eines neuen Stilideals zu erfahren. Die Schrift ist kein eigentlich »deutsches Buch«, sie ist sogar ausnehmend fremdartig, von einer der deutschen Prosa gar nicht eigentümlich funkelnden Leuchtkraft der aphoristischen Sprache, die man eher bei Voltaire findet. Und Voltaire, Diderot und die französischen Moralisten sind die Autoren, die Nietzsche am Strand von Sorrent liest, während Malwida an ihrem Roman »Phädra« und Rée an seiner Moralphilosophie, Brenner an seinen Novellen arbeitet. An den Franzosen gemessen, die den »libre penseur« des 17. und 18. Jahrhunderts als Typus darstellten und lebten, nimmt sich der »Freigeist« wie eine Erscheinung aus, die zum Imperialismus der Bismarck-Ära nicht mehr recht paßt, »unzeitgemäß« mit den Attributen des Altmodischen geworden ist. Eigentümlich für ihn ist seine Unverträglichkeit mit dem »Akademischen« der öffentlichen Bildungseinrichtung, ist der private Charakter seines Denkens, die Unmöglichkeit darin, es in irgendeinen Zusammenhang mit festen staatlichen Dotierungen und gar Erwartungen auf Pensionen zu bringen. In dieser Gesellschaft findet sich Nietzsche unter seinesgleichen. Wenn er jetzt schon die Konsequenz zu ziehen beginnt und Overbeck bittet, ihm bei seinem Demissions-Gesuch zu helfen, so muß die Schwester nachdrücklich darauf drängen, nur ja nicht auf seine Pensionsansprüche zu verzichten, da der Staat es sich im Blick auf seine Kollegen nicht leisten könnte, sie ihm zu versagen. Sie würden bei Nichtgewährung erfahren, was ihnen im ähnlichen Falle selber droht.

Ihre Ermahnungen zeigen immerhin, wie notwendig sie offenbar bei einer gewissen zumindest zeitweiligen Indifferenz Nietzsches waren, der seine Hoffnungen auf die erwartete Mitgift der künftigen Frau setzte und gesonnen schien, den Empfehlungen Schopenhauers, dem er sich durch den Rückzug auf die Existenzform des Privatgelehrten näherte, in der Frage der Ehelosigkeit des Philosophen jedenfalls nicht zu folgen. Aber das waren alles nur brieflich festgehaltene Aufwallungen ohne nachhaltige Bedeutung, auch wenn sie den Eindruck erwecken konnten, unumstößlich zu sein, wobei Malwida von Meysenbug ihn ermunterte, die künftige Gefährtin nach der aphoristischen Formel »gut, *aber* reich« zu suchen.

Es ist ein gespenstisches Bild, Nietzsche, der in gesundheitlicher

Hinsicht von bösen Tagen spricht, so zwischen Niedergeschlagenheit und kühnsten Hoffnungen hin und her geworfen zu sehen. Viel war es nicht, worauf an Kraft sich für ihn das Leben in Zukunft würde gründen können.

Am 5. November 1876 hatten Wagner und Cosima mit den Kindern Sorrent verlassen. Ihr Weggehen wurde allgemein als Erleichterung empfunden, selbst bei Malwida von Meysenbug, was schon etwas besagen wollte. Die Nähe Wagners bedeutete immerwährende Beanspruchung. Und der Verkehr zwischen dem »Hotel Victoria« und der »Villa Rubinacci« war sehr lebhaft gewesen. Es gab Besuche und Gegenbesuche. Paul Rée schreibt denn auch in dem Bericht über den von ihm betreuten Patienten an dessen Mutter: »Wagners sind gestern abgereist, was insofern ganz gut ist, als man besonders Abends ungenierter ist und früh zu Bett kommt.« Es besagt, wie wenig aufsehenerregend diese Abfahrt des inzwischen an pompöse Abgänge gewöhnten Wagner vonstatten gegangen war.

Der Abschied, der hier zwischen Wagner und Nietzsche erfolgte, war eher stumm.

Nun hatte Nietzsche seit seiner Ankunft in Sorrent zweifellos entschiedene Gegenpositionen eingenommen. Daß er mit Paul Rée als einem seiner Begleiter erschienen war, ließ auf deutlich zum Ausdruck gebrachten Willen zur Unabhängigkeit schließen, an dem Wagner Anstoß nahm. Das einzige, was Cosima in ihren Tagebüchern über Nietzsches Freund bemerkt, lautet unter dem 1. November: »Abends besucht uns Dr. Rée, welcher uns durch sein kaltes pointiertes Wesen nicht anspricht, bei näherer Betrachtung finden wir heraus, daß er Israelit sein muß.« Cosima gibt hier nur die unangefochten geltende Hausmeinung wieder. Damit war alles gesagt.

Man muß sich erinnern, daß das erste Gespräch zwischen Wagner und Nietzsche bei dessen unangemeldetem Besuch in Triebschen nach seinem Amtsantritt in Basel auf der Grundlage ihrer gemeinsamen Verehrung Schopenhauers und der Ablehnung des Judentums geführt worden war. Das war neben der künstlerisch-musikalischen Seite der Konsens, der in dieser Beziehung bestand, der sie begründen half und weiter galt. Der galt, auch wenn Wagner sich selbst im gelegentlichen Umgang mit Juden Ausnahmen vorbehält. Aber was für den »Seigneur« rechtens ist, ist es noch lange nicht für den »Vasallen«. Was Cosima in ihren Aufzeichnungen vermerkt, war also der offene Verstoß Nietzsches gegen die alten Übereinkünfte und zwar ein neuer nach vorausgegangenen anderen.

Auch das erklärt den Mangel an jenem Enthusiasmus, der früher zwischen beiden geherrscht hatte und von dem jetzt nicht mehr viel übrig geblieben war.

Nietzsche war sich des Provokatorischen, das er bei Wagner ins Spiel brachte, sehr wohl bewußt. Das zeigt sich darin, daß er von hier aus seine Gegenposition weiter ausbaut, daß er gegen den erklärten »Antisemitismus« Wagners seine Fäden zieht, ihn und gerade ihn in der Öffentlichkeit zur Sprache bringen wird.

Post aus Bayreuth, wohin die Wagners zurückgereist waren, bleibt aus. Nietzsche schlägt jetzt den einzig frei gebliebenen Weg ein. Er schreibt, wie oft in den vorausgegangenen Jahren, einen Brief zu Cosimas Geburtstag am 25. Dezember, zwar mit einigen allgemeinen Gedanken zu Bayreuth, aber ohne die geringste Auslassung über Wagner. Wie sehr seine Heiratswünsche dieser Monate vom Grunde einer dunklen Todesgestimmtheit aufgestiegen sind, ergibt sich aus dem Satz an Cosima, der Abschied atmet: »Fast alle Nächte verkehre ich im Traume mit längstvergessenen Menschen, ja vornehmlich mit Toten.« Die Schulzeit und die frühen Tage von Röcken stehen ihm wie ein Geschehen der Gegenwart vor Augen. Das ist nicht die Sprache, die im Verkehr mit der »Geliebten« üblich wäre, es ist ein Ton, der allen Hoffnungen ade sagt. Der Briefschreiber unterschlägt indessen der Empfängerin auch nicht, daß sie es mit einem Veränderten zu tun hat. Sie hatte es selbst erfahren, daß er nicht mehr der ist, der er war. Nun hört sie von der bei ihm inzwischen eingetretenen »Differenz« zur Schopenhauerschen Lehre.

Die Antwort Cosimas vom 1. Januar 1877 muß wie ein Lichtstrahl auf die von innerer Düsternis erfüllte Existenz Nietzsches gefallen sein. In ihrem Brief beachtet sie die Konventionen der Wagner-Seite und bemerkt vor allem besorgt, daß er den Brief eigenhändig geschrieben, ihn nicht – wie es ihr besser erschienen wäre – Brenner diktiert habe, um die Augen zu schonen. Der Hinweis auf die Entfernung von Schopenhauer scheint ihr wert, näher darauf einzugehen und noch weiteres darüber zu erfahren. Auch der Todes-Ton in Nietzsches Brief wird von ihr erwähnt, aber mit dem Tod Ritschls in Zusammenhang gebracht, den Nietzsche ihr mitgeteilt hatte. Statt auf diese elegischen

Klänge einzugehen, schildert sie dagegen die Eindrücke bei ihrer Rückreise aus Italien, Gespräche mit deutschen Archäologen in Rom über die dortigen Ausgrabungen, mit dem Maler Lenbach über den Unterschied zwischen der deutschen und französischen Malerei, erwähnt sie eine »Rienzi«-Aufführung in Bologna und manche Belanglosigkeiten aus den diplomatischen und literarischen Salons, für die Nietzsche im allgemeinen sehr empfänglich war. Es ist aufrichtig und entspricht zugleich ihrer Diplomatie, wenn sie am Ende des Briefs der Rolle Nietzsches als Besucher in Triebschen gedenkt, an die man sich zu Silvester lebhaft erinnert habe mit der Einsicht, daß »die Festspiele selbst den Zauber dieser Einsamkeit nicht aufwiegen konnten«. Daß er selbst in vergangenen Tagen am »Verlorenen Paradies« teilgehabt hatte und die Gegenwart gegen eine solche Vergangenheit nicht bestehen konnte, mußte Nietzsche in seiner Lage wie ein Trost sein.

Trotz des deprimierenden Gesundheitszustandes sind die Sorrenter Monate dennoch eine Zeit glücklichen Zusammenlebens der vier hier vereinten Menschen gewesen: ein Leben unter Orangen, Zypressen, Feigenbäumen, am blauen Meer, mit Ausflügen nach Pompeji und Capri. Seine inzwischen erprobte Leidensfähigkeit ließ Nietzsche schon einiges ertragen, ohne daß seine Laune immer darunter gelitten hätte. Man hat damals die ganz ernsthafte Idee gehabt, ein »Kloster« zu gründen und zwar als »Schule der Erzieher«, aus der eine »Gemeinde freier Geister« hervorgehen sollte. Mit diesem Plan hatte sich Nietzsche schon von Basel auf die Reise begeben. Hier bestanden vorausgegebene Übereinstimmungen mit Malwida, der darin die Ausbildung der Schülerinnen mit dem Ziel der »Emanzipation der Frau« obliegen sollte. Gerade seine Freundschaft mit Malwida als dem eigentlichen Kopf der damaligen Frauenbewegung läßt den Schluß zu, daß der Gedanke der Frauenemanzipation, die er als Schriftsteller später mit kaum zu übertreffender Unerbittlichkeit bekämpfte, für ihn zu dieser Zeit noch nichts Störendes hatte.

Hier muß man sich den Lebensweg der »Idealistin« bis zu diesem Augenblick einmal vergegenwärtigen. Malwida stammte aus Kassel, sie war die Tochter eines kurhessischen Ministers hugenottischer Herkunft, der nach ihrer Geburt baronisiert wurde. Im Jahre 1848 stand sie auf der Seite der Revolution, ein Besuch der Hamburger Frauenhochschule ließ sie zu einer Expertin für Arbeiter- und Frauenausbildungsfragen werden, so daß die Berliner Polizei es 1852 für zweckdienlich befand, sie wegen ihres Umgangs mit Freunden der Veränderung aus der Stadt auszuweisen. Sie ging nach London, wo sie nicht nur die Bekanntschaft des auf einer seiner Konzertreisen weilenden Wagner machte, sondern auch der europäischen Revolutionsszene, die hier zeitweilig ihr Hauptquartier hatte, nahetrat. Mittelpunkt war damals Alexander Herzen, der mit seiner Zeitschrift »Die Glocke« gegen das russische Zarenreich Sturm läutete. Zu ihm unterhielt sie die allerbesten Beziehungen, mit seinen Töchtern bahnte sich damals eine Freundschaft an, die in Paris, später in Florenz und Rom fortgesetzt wurde. Es ist Nathalie Herzen, die sie Nietzsche als Heiratskandidatin empfiehlt und die er nach schriftlichem Urteil zeitweilig allen übrigen vorzieht. Mit andern Worten: Nietzsche hätte alle Aussicht gehabt, der Schwiegersohn von Alexander Herzen zu werden, dem nicht nur größten und wirkungsvollsten antizaristischen Publizisten während des 19. Jahrhunderts, sondern auch nach Lenins Urteil eines untadligen Mannes der Revolution. Es konnte nicht ausbleiben, daß Malwida ihren Freundeskreis ursprünglich revolutionärer Observanz Wagner zuführte, der ja hier seine Gesinnungsgenossen von 1849 wiederfand, Leute, die seinen utopisch-sozialistischen Ideen von Dresden nahestanden. Selber geriet sie durch die Schwerkraft der Dinge während ihrer Übersiedlung nach Italien mehr und mehr in die Kreise der römisch-deutschen Salon-Aristokratie, für die Franz Liszt so etwas wie eine stilistisch-geschmackliche Orientierungsgestalt abgab und auf die sie Nietzsche, wie wir gesehen haben, mit einigem Erfolg, Appetit zu machen verstand. Es ist nicht ohne Delikatesse, daß sie als entschiedene Vertreterin des Gedankens der Frauenemanzipation Nietzsche für seine Ehe mit Wohnsitz in Rom Mädchen in Vorschlag bringt, die in der Praxis nur als seine Pflegerinnen in Frage gekommen wären.

Wenn sich Nietzsche später die äußerste Schärfe gegen die »Emanzipation der Frau« angelegen sein läßt, dann verhält er sich zwar schonungslos gegen Malwida, der er so viel an Hilfe und Zuspruch verdankte, aber Unkenntnis über die Schaltstellen der Emanzipationsbewegung war ihm nicht nachzusagen. Er hatte mit Malwida als anerkannter Publizistin in Frauenfragen in diesen Jahren eine gemeinsame Zeit verbracht und wußte, wie es um die Sache stand. Vor allem kannte er die Zugrichtung, weg von der Revolution und hin zu jenen gefälligeren, weniger herben Formen, in denen die Freude am Wohlleben voll gedeihen kann.

Am 11. April reisten Rée und Brenner von Sorrent ab. Damit wurde das seltsame Quartett der drei Männer unter der Obhut der um vieles älteren und um deren Wohl so besorgten Malwida mit einem Male aufgelöst. Von nun an befand sich Nietzsche allein mit der Gastgeberin. Statt des abwechslungsreichen Tagesablaufs während der letzten Monate spielte sich das Weitere als beständiges Zwiegespräch ab mit langen Spaziergängen. Es scheint, daß Nietzsche den Verlust der Freunde stark empfunden hat und sich deswegen auch zur Abreise entschloß. Vorzeitig, denn er hatte ursprünglich ein ganzes Jahr bleiben wollen!

Der gewünschte gesundheitliche Erfolg war ausgeblieben. Die Hoffnung, die ihm verblieben ist, setzt er auf die »Nachkur«, der er sich in Bad Ragaz unterziehen will. Und so reist er am 8. Mai, wieder auf dem Seeweg, über Genua in die Schweiz zurück. Malwida sieht in Sorrent, wie das Schiff sich an einem wunderschönen Nachmittag von Neapel auf Capri zubewegt, um dann langsam in der Ferne zu entschwinden.

Diesmal trifft es den Passagier, der bei der Hinreise verschont geblieben war, hart. Unterwegs gerät man in einen Sturm. Beim Schwanken des Schiffs, wo unter rollendem Getöse das Geschirr zu Boden fällt und die Töpfe zerspringen, erfährt er, was eine Seekrankheit ist. Sie erinnert ihn sehr an sein Magenleiden, verbunden mit heftigem Kopfschmerz. In Genua angekommen begibt er sich sogleich in das »Hôtel de Londres«, legt sich ins Bett und wartet, bis die schlimmsten Nachwirkungen überstanden sind. Den Tag darauf geht er ins Museum, wo ihn die van Dycks und Rubens' über alles beeindrucken.

Auf der Weiterfahrt von Genua nach Mailand wird er für die Leiden der Schiffsreise reich entschädigt durch die Gesellschaft einer Mailänder Ballerina. Das ist für ihn, einen Bewunderer von Hedwig Raabe in Leipzig, überhaupt für den Gewährsmann des Dionysos, eine Sache, die ihn von Grund auf fesselt. Er bietet die letzten seiner geringen italienischen Kenntnisse auf, um sich mit ihr zu verständigen. Leider muß die Signorina in Mailand den Zug verlassen und leider ist er auch kein »Pascha«, wie er bemerkt, denn sonst hätte er sie »mit nach Pfäfers genommen, wo sie mir bei der Versagung geistiger Beschäftigungen etwas hätte vortanzen können«. Das, in dem Reisebericht an Malwida von Meysenbug niedergeschrieben, mochte durchaus dem Charakter seiner Wünsche entsprechen und ist darum wörtlich zu nehmen, auch wenn er sich über sich selbst ärgert, der Tänzerin wegen nicht ein paar Tage in Mailand geblieben zu sein.

In Bad Ragaz bezieht er das »Hotel du Parc«. Aber der Aufenthalt wird hier nicht lange dauern. Er hat das Gefühl, nicht das geeignete Heilklima gefunden zu haben. Unruhe, ein Bedürfnis nach Wechsel machen sich bemerkbar. Und so wird eine neue Sommerfrische in Rosenlauibad im Berner Oberland ausgemacht, von wo aus er einen Abstecher nach Luzern unternimmt, um seine Schwester zu treffen. Hier ist dann vor allem über seine Absicht, sich in Basel wieder mit eigenem Haushalt niederzulassen, gesprochen worden. Die Wünsche gehen auf eine Wohnung am Stadtrand, die Erörterungen veranlassen Elisabeth, sich selbst mit der Wohnungssuche zu befassen, und bereiten jetzt schon die veränderte Lebensform des Friedrich Nietzsche von der Gellertstraße 22 in der Nähe des St. Alban-Tors vor.

Das heißt denn auch: die Absicht der Demission ist zunächst einmal fallen zu lassen. Er will den Versuch machen, seine Lehrtätigkeit wieder aufzunehmen, und hofft auf Entgegenkommen bei der Erziehungsbehörde, ihn für ein Jahr vom Unterricht am Pädagogium zu befreien. Hier gibt es indessen Schwierigkeiten.

Daß sich in seiner eigenen Lebensweise manches radikal ändern muß, darüber ist sich Nietzsche klar, und ebenso entschlossen ist er, das dazu Notwendige zu tun. Er sucht die Gründe für seinen schlechten Gesundheitszustand und glaubt sie auch gefunden zu haben: »Meine sehr problematische Nachdenkerei und Schriftstellerei hat mich bis jetzt immer krank gemacht; so lange ich wirklich Gelehrter war, war ich auch gesund; aber da kam die nervenzerrüttende Musik und die metaphysische Philosophie und die Sorge um tausend Dinge, die mich nichts angehn. Also will ich wieder Lehrer sein …«, läßt er Malwida in seinem Brief vom 1. Juli 1877 wissen in einer Selbstanalyse, die sich die Meinung seines inzwischen verstorbenen Lehrers Ritschl zu eigen macht und die er so lange nicht hatte wahrhaben wollen. Der Musik begegnet er hier wie einer Krankheit, der Philosophie wie einer Phantasterei.

Damit ist auch der Grund angegeben, warum er jetzt Wagner, der sich mit Cosima in der Schweiz befindet, um keinen Preis sehen will: »Wagners Nähe ist nichts für Kranke ...«, bekommt die Schwester am 29. Juni zu hören; gleichzeitig mit der Ankündigung, seine Heiratsabsichten wieder zu intensivieren: »Bis zum Herbst habe ich nun noch die schöne Aufgabe, mir ein Weib zu gewinnen und wenn ich sie von der Gasse nehmen müßte.« Immerhin noch besser als die Köckert aus Genf; gegen sie hat er manches einzuwenden, wie er zwei Tage vorher der Schwester geschrieben hatte: »der Vater gefällt mir nicht, ich glaube es ist ein etwas verrufener Geschäftsmann. Und dann – wo ist Vermögen. Vielleicht eines Tages Bankerott. Mutter sehr geizig.« Und noch ein »Hirngespinst« weiß er Elisabeth zu vermelden: Nathalie Herzen ist von der Liste der Heiratskandidatinnen »total« zu streichen. Malwida hatte ihn deren feste, d. h. ablehnende Absicht wissen lassen. Die Sorrentiner Frühlingserwägungen auch über die übrigen »Wesen« waren – das erkennt er jetzt – alles nur Gebilde von Traum und Schaum mit einer einzigen Ausnahme: ... »ich habe wieder an B(erta) R(ohr) gedacht«.

Mit dem Verweis auf die »nervenzerrüttende Musik« und die »metaphysische Philosophie« hatte Nietzsche selbst Begründungen für seinen Besorgnis erregenden Gesundheitszustand gegeben. Aber das waren doch Faktoren eher psychologischer Art, die von einem Verhalten ausgingen, von Neigungen und Denkweisen. Die Frage nach der Körperverfassung war hier offenbar nicht gestellt.

Das war nicht von ungefähr so. Es gibt gute Anhaltspunkte dafür, daß Nietzsche einer genauen ärztlichen Kontrolle und Behandlung seiner Beschwerden zwar nicht auswich – er hatte noch in Neapel bei Dr. Schrön eine Diagnose erbeten und außerdem einen Ophtalmologen konsultiert –, aber einer gründlichen Untersuchung bis dahin nicht sehr zugetan gewesen war. Daran mag in Basel auch die weniger besorgte Behandlung durch den Internisten Professor Immermann und den Augenspezialisten Professor Schieß mitgewirkt haben. Zu einer gemeinsamen Beratung der beiden Fachärzte ist es nie gekommen. In beiden Fällen waren Nachlässigkeit auf der behandelnden und Aversion auf der Patienten-Seite, die Ursache oder Folge sein konnten und den Behandlungsverlauf nicht förderten, mit im Spiele. Ohne eine gewisse Interesselosigkeit gegenüber der physischen Wurzel seiner Beschwerden hätte es bei Nietzsche jedoch nicht zur Hinnahme der improvisierenden Therapie der beiden Basler Fachärzte kommen können.

Das wurde ihm später durch den Frankfurter Arzt Dr. Otto Eiser vor Augen gestellt. Mit ihm tritt eine Gestalt in sein Leben, die die Tragödie Nietzsches auf die Katastrophe bis zu ihrem Tiefpunkt hinleiten wird, ohne von einer Beteiligung daran allzuviel zu wissen.

Ohne zu ahnen, daß er in Nietzsche einen späteren Patienten haben würde, war Dr. Eiser zum ersten Mal im Oktober 1877 brieflich an Nietzsche als den Verfasser von »Richard Wagner in Bayreuth« herangetreten und hatte ihn zu einem Vortrag über Wagner in Frankfurt am Main gebeten. Denn Eiser war ein leidenschaftlicher Anhänger des Komponisten und Gründer des dortigen Wagner-Vereins. Ebenso hatte er sich in die Schriften

Nietzsches vertieft. Sein Interesse daran ging so weit, daß er sie mit in seinen Schweizer Sommerurlaub nahm. In Meiringen, im Berner Oberland, trifft es sich nun, daß er dem ihm bis dahin persönlich unbekannten Verfasser, an den er sich einige Wochen vorher wegen des Vortrags gewandt hatte, selber begegnet. Nietzsche, der von Rosenlauibad seine Wanderungen unternommen hatte, ist erstaunt, daß er bei Tisch den Verfasser der Frankfurter Einladung mit seiner Frau vor sich hat, und teilt diese Überraschung Malwida mit. Das macht sich gut. Das Ehepaar Eiser kommt für vier Tage nach Rosenlaui herüber – er: Wagnerianer, Kenner von Nietzsches Schriften und Arzt in *einer* Person.

Damit waren von den privaten Umständen her, die Dr. Eiser als erfahrenen, nach Nietzsches Urteil »geborenen« Arzt auftreten lassen, ganz andere Konsultationsverhältnisse gegeben, als sie in Basel bestanden hatten. Es konnte dem ärztlichen Auge nicht verborgen bleiben, wie besorgniserregend der Gesundheitszustand seines in der Sommerfrische neu gewonnenen Patienten war. Vor allem die Augen bedürfen dringender Untersuchung. So weit die Möglichkeiten in der Berglandschaft reichen, beginnt Dr. Eiser mit einer vorläufigen Diagnose, ordnet gleich neue Verhaltensweisen an, denen sich Nietzsche bereitwilligst und hoffnungsvoll fügt.

Es versteht sich, daß der untersuchende Arzt zur Fortsetzung erfolgversprechender therapeutischer Maßnahmen auf einer weiteren Beratung des Patienten bestehen muß, die in Frankfurt stattfinden sollte und zu der sich Nietzsche einige Wochen später von Basel aus auch begab. Bei der Untersuchung wird noch der Augenarzt Dr. Krüger hinzugezogen. Ihr Resultat faßt ein vierseitiger Bericht zusammen, der von starken Schäden der Netzhaut auf beiden Augen, aber von ungleicher Schwere, spricht und einen Zusammenhang der Kopfschmerzen mit dem Augenleiden erkennt, wobei das eine die andern auslöst. Was nun die Ursache für den Augenschaden ist, wird nicht gesagt. Immerhin muß für die Anfälligkeit des Zentralorgans, so zu reagieren, eine bestimmte pathologische Disposition gegeben sein. Und die Diagnostiker vermuten, daß sie durch Überanstrengung des Gehirns und auch schädliche Lebensweise herbeigeführt ist. So sehen denn die therapeutischen Verordnungen »Absolutes Vermeiden des Lesens und Schreibens auf mehrere Jahre hin ...«

vor; starke Lichtreize müssen ferngehalten werden, auf körperliche und geistige Anstrengungen darf sich der Patient in Zukunft überhaupt nicht einlassen, dazu kein Genuß »exzitierender Getränke«, Vorsicht vor Temperaturschwankungen.

Das ist also der Stand von Nietzsches Kenntnissen über seine Krankheit während des Herbstes 1877, über die Ursachen, so weit sie hier genannt wurden, sowie die Maßnahmen, wie dem Leiden zu begegnen sei. Als medikamentöse Behandlungsmittel empfiehlt der Bericht »Narcotica« und »Chinin«.

Im September war Nietzsche wieder nach Basel zurückgekehrt, unter dem 15. findet sich die Rückmeldung bei der städtischen Einwohnerkontrolle. Das Urlaubsjahr ist damit zu Ende. In seinen Gefühlen scheint er sich zwiespältig zu verhalten; es gibt einerseits den Wunsch, seinen Amtspflichten wieder nachkommen zu können und andrerseits den gegen Marie Baumgartner geäußerten Zweifel, daß dies von langer Dauer sein könnte.

Die neugemietete Wohnung war inzwischen von der Schwester eingerichtet worden, das Zusammenleben mit ihr sollte hier eine Fortsetzung finden.

Sieht man sich den Basler Kreis an, in dem Nietzsche jetzt verkehrt und dessen Mitglieder sich auch im zweiten Stockwerk des Hauses in der Gellertstraße einfinden, so ist hier eine Veränderung eingetreten. Enger ist seine Beziehung zu Jacob Burckhardt geworden, dem der Vatergeneration zugehörenden älteren Kollegen, der aufrichtige Teilnahme gegenüber seiner Krankengeschichte bezeugt und sich im Bekanntenkreis besorgt über die Folgen ausspricht, die Nietzsches Ausscheiden aus dem Amt für Basel haben würde. Burckhardts kritische Vorbehalte gegenüber der »Geburt der Tragödie« waren durch die Hochschätzung des unkonventionell Genialischen in Nietzsche, für das der an außergewöhnlichen Maßen orientierte Verfasser der »Kultur der Renaissance« ein Auge hatte, längst voll aufgewogen worden. Anders geworden war das Verhältnis Nietzsches zu Overbeck durch dessen Eheschließung. Es schien sich jetzt im Falle Rohde ähnliches, aber in ungleicher Form, zu ereignen. Rohde, der sich heftig gegen Nietzsches Ehepläne ausgesprochen hatte und glaubte, dafür Gründe zu haben, hatte Nietzsche, als er sich zu den Festspielen in Bayreuth aufhielt, selbst seine Verlobung angekündigt. Nietzsche reagierte eigentümlich. Der Gratulation fügt er Worte bei, die er, ähnlich wie Wagners Siegfried in der

Einsamkeit des Waldes von einem Vogel gehört haben will: »ich singe, weil die Nacht so schön, doch *du* sollst immer weiter gehn«. Aufforderung zum gefährtenlosen Weiterwandern als Auftrag und Schicksal! So hat er dies damals empfunden. In dieser anspielenden Weise teilt er es Rohde mit und bricht den Briefwechsel ab.

Eine Probe von Nietzsches Temperament bekommt auch Gersdorff zu spüren und zwar ebenfalls in einer Sache, die seine Ehepläne betraf. Hier war Nietzsche nicht einmal unmittelbar beteiligt, sondern glaubte er Malwida von Meysenbug gegen Gersdorffs Vorwürfe verteidigen zu müssen. Sie hatte ihrem beständigen Vermittlungstrieb folgend in Bayreuth Gersdorffs Bekanntwerden mit einer italienischen Gräfin Nerina Finochietti zustande gebracht. Die Verlobung stand an, aus der eigentlich eine Heirat hätte werden sollen. Aber hier tauchten Schwierigkeiten auf, die die Vermögensverhältnisse der in Frage kommenden Dame anbetrafen. Die Seriosität ihrer Familie wurde von Gersdorffs Eltern in Zweifel gezogen, es kam zu Gegenschlägen der sich beleidigt Fühlenden, die jetzt ihre Zustimmung verweigerten. Im Hin und Her und Auf und Ab begannen die Gefühle des Mädchens für ihren Werber Schaden zu nehmen trotz dessen Beschwörungen und Ehrenerklärungen. Kurz: es wurde aus der Sache nichts und Gersdorff suchte die Schuld in unwahren Äußerungen Malwidas mit hintertreibenden Folgen. Nietzsche war nach Gersdorffs Meinung nur indirekt in die »Intrige« verwickelt gewesen, aber er machte ihm den Vorwurf, wenn nicht am »Klatsch« sich beteiligt zu haben, so ihm doch aufgesessen zu sein. Nietzsche glaubte, Nerina habe Gersdorff verboten, mit ihm zu sprechen. »Die Kränkung ist groß und die Ungerechtigkeit unerhört«, ließ Gersdorff ihn wissen. Ihre Freundschaft hatte einen Schlag versetzt bekommen.

Bei dem aufrichtigen Bedürfnis Nietzsches, Freunde zu haben und mit ihnen zu leben, hatte sich ihm bereits früher in Paul Rée ein neuer hinzugesellt. Von Heinrich Köselitz, der zwar auch schon für Nietzsche vor seinem Urlaubsjahr in Italien eine Rolle zu spielen begonnen und vor allem Funktionen des Diktatschreibers übernommen hatte, läßt sich das um diese Zeit noch nicht in gleichem Maße sagen. Heinrich Köselitz, der Musiker war und unter dem Namen Peter Gast, als den ihn später Nietzsche der Öffentlichkeit vorstellte, auftrat, war insofern, in anderer Beziehung zwar als Brenner, Nietzsches Schüler gewesen, als er dessen Vorlesungen besucht hatte. Das Verhältnis befand sich damals noch im Stadium des unverfälschten Meister-Jünger-Verhältnisses. Nietzsches Mitteilungen von Sorrent an Köselitz waren meist bündig, dessen Briefe an Nietzsche umschweifig verehrend. Von Köselitz hatte Nietzsche Mitteilung bekommen, daß von Bayreuth aus Richard Pohl und Hans von Wolzogen an seinen Verleger Schmeitzner mit der Bitte herangetreten waren, die »Bayreuther Blätter« herauszubringen. Dies natürlich auf Anraten von Wagner selbst! Köselitz durfte auf Nietzsches Billigung rechnen, wenn er von sich aus Schmeitzner gewarnt hatte, ein solches Vorhaben in seinem Hause zu verwirklichen, weil dadurch berechtigtere Ansprüche verletzt würden. Nietzsche wiederum glaubte aus dieser Information seines Vertrauensmanns auf das Tätigwerden der wagnerianistischen Agitation gegen sich selbst schließen zu müssen – mit Wagner als Urheber. Man sieht, wie hier, kaum daß Wagner aus Sorrent abgereist war, bei Nietzsche die Hebelkräfte gegen »Bayreuth« geweckt wurden.

Mit der nachdrücklichen Wahrung von Nietzsches Interessen, der Stützung seiner Ansprüche, der Gleichgestimmtheit als Musiker, erwies sich der weiterhin sehr anstellige Heinrich Köselitz als der rechte Mann, um mit ihm in ein Vertrauensverhältnis einzutreten. Zwar hatte er Nietzsche in arge Verlegenheit gebracht mit Folgen, die ihm gerade jetzt nach seiner Rückkehr aus Italien und also zu einer Zeit, wo er auf das Wohlwollen der Universitätsadministration besonders angewiesen war, ungelegen sein mußten. Köselitz hatte sich im Leipziger »Musikalischen Wochenblatt« zu einem Angriff gegen den Basler Direktor der Musikschule Selmar Bagge verleiten lassen mit gleichzeitigen Hieben gegen die Schweiz und ihre »republikanische Staatsform«, gegen Basel als ein »in musikalischen Dingen ... anderes Schilda«, von dessen Bewohnern auf dem Gebiet der dionysischen Künste nicht viel zu erwarten sei. Dem Ton zufolge konnte man bei dem Verfasser einen Parteimann Wagners und Nietzsches vermuten, der mit dem in der Stadt zu Lasten der wagnerianischen Richtung vorherrschenden musikalischen Kunstgeschmack abrechnete und insofern voll ins Schwarze traf, als er den baslerischen Stadtgeist gegen sich aufbrachte. Die Reaktionen der Lokalpresse waren heftig.

Nietzsche war über die Angelegenheit nicht sehr glücklich. Er dankte Köselitz zwar für »alles Gesagte«, bat aber dringlich, von jeder weiteren Polemik abzusehen: »das ist nicht das Geschäft der Musiker«.

Wie für Nietzsche die Dinge lagen, hatte er alle Gründe, das Wohlverhalten des Universitätskuratoriums und der Erziehungsbehörde nicht durch Zeichen offener Sympathie für Staatskritiker auf eine unnötige Probe zu stellen. Er mußte es insbesondere beim Gesuch um Entbindung von den Lehrstunden am Pädagogium noch in Anspruch nehmen. Die Universität bewies Verständnis. Man setzte auf Nietzsches Genesung, war natürlich auch darauf bedacht, von Nietzsche selbst eine ihn bindende Entscheidung innerhalb eines übersehbaren Zeitraums zu erfahren. Das Gutachten des Basler Pathologen Prof. Massini erleichterte dem Erziehungsrat das Entgegenkommen in der Frage der Entlastung von den Lehrpflichten am Pädagogium, weil es dem Patienten bei größtmöglicher Schonung Aussichten eröffnete, wieder zur vollen Ausübung seines Lehramtes zu gelangen.

Inzwischen kommt es zu Begebenheiten innerhalb Nietzsches Lebenssphäre, die auch im Privaten einen Wandel vorbereiten. Mit zweiundzwanzig Jahren stirbt der junge Freund Albert Brenner, der ihn mit Paul Rée nach Italien begleitet hatte. Es konnte der Eindruck entstehen, daß der mit Albert Brenner gleichaltrige Heinrich Köselitz diese Lücke ausfüllen würde. Aber daraus wird zunächst nichts. Köselitz zog es vor, Basel zu verlassen. Als Musiker hatte er in dieser Stadt keinen festen Boden gefunden. Seine Ausfälle gegen die Basler Republik und das behauptete Un-Verhältnis ihrer Bürger zur Musik konnten ihn mit ihren Wirkungen bald darüber belehren, daß hier seines Bleibens nicht länger war. Er ging einem verbreiteten zeitgenössischem Künstler-Brauch folgend nach Venedig. Nachdem Romundt, der alte Genosse der »Baumannshöhle«, schon vor Antritt seiner Italienreise Basel verlassen hatte und Lehrer am Gymnasium in Oldenburg geworden war, war Nietzsches Kreis der alten und neuen Freunde – bis auf den inzwischen verheirateten Overbeck – zusammengeschmolzen.

Aber mit dem jungen Ehepaar Overbeck kommt es zu keinem Verkehr, es wohnt am andern Ende der Stadt und Nietzsche sowie seine Schwester bekommen die Frau nicht zu Gesicht, weil

Overbeck Gründe hat, sie ihnen vorzuenthalten. Overbeck, der bei Nietzsche den Stachel der Hornisse vermutet, hat tatsächlich gute Gründe.

Als sich die Bekanntschaft seiner Frau mit dem besten Freunde nicht mehr verhindern läßt, ist der von ihrem äußeren Aussehen, vor allem ihrer Haut, entsetzt und legt in der Folge die Brille ab, wenn er sich mit ihr unterhält. Elisabeth Nietzsche bewundert diese Malice an ihrem Bruder so sehr, daß sie nicht umhin kann, sie mitzuteilen. Im übrigen stimmen beide Geschwister darin überein, in Overbecks Frau eine Nachrichtenbörse zu sehen, vor deren Umgang man sich vorzusehen habe. Nietzsche selbst wird Anlaß haben, dieses Urteil später in vieler Hinsicht zu revidieren.

Das Gespenst der Einsamkeit hatte also seine Vorboten ausgeschickt. Als die Schwester Anstalten macht, auf Geheiß der Mutter, die sie dringend für sich benötigt, nach Naumburg zurückzukehren, wagt es sich selbst schon ernsthaft hervor. Elisabeths Entschluß bedeutet, daß Nietzsche seinen Haushalt nicht in der bisherigen Form würde aufrecht halten können. Overbeck bekommt im Februar 1878, also in diesen Monaten der Umorganisation von Nietzsches Lebensverhältnissen in absteigender Linie, die Diagnose des Dr. Eiser zu lesen, dem nach dem Basler Gutachten bei Nietzsche »die andere Alternative eines selbständigen grob-materiellen Gehirnleidens ... zur schlimmen Gewißheit geworden« ist. Über die Ursachen ist nichts gesagt, es gibt nur Andeutungen zu einer dunklen Herkunft der Krankheit, die auf ein grauenvolles Ende weist. Nun ist die Diagnose nur Deutung, nicht unbedingt Wahrheit, woran festzuhalten ist, wenn man beim fortgeschrittenen Krankheitsverlauf an andere, dem widersprechende Diagnosen denkt.

Was Nietzsche damals nicht wissen konnte, was erst später als Ahnung in ihm aufsteigt und schließlich zur Gewißheit wird, war die Mitwisserschaft zu seiner Krankheitsgeschichte von dritter Seite. Neben Dr. Eiser, der sich durch das Gutachten von Professor Massini bestätigt sah, hatte inzwischen noch jemand sich Einblick verschafft, nämlich Richard Wagner. Nietzsche hatte ihm über die Behandlung in Frankfurt berichtet und als Befund nur »Schlimmes von seiner Gesundheit« mitteilen können. Besorgt beauftragte Wagner seinen neuen Bayreuther Helfer Hans von Wolzogen, bei Dr. Eiser nähere Erkundigungen

einzuziehen. Durch keinerlei Hemmungen die Geheimhalte-
pflicht des Arztes betreffend daran gehindert, gab er Wagner
Aufschlüsse, wie er den Fall Nietzsche beurteile. Offenbar waren die Widerstände des leidenschaftlichen Wagnerianers sofort
weggefallen, als ihn die Bitte des Meisters ereilte, ihm die notwendigen Auskünfte zu erteilen. Die mußten bei Wagner allerdings tiefstes Erschrecken auslösen, wenn er las: »Die Schilderung seiner Beschwerden, ihrer Entstehung, ihres bisherigen
Verlaufs, erfüllte mich mit ernster Besorgnis ...« Aber sie setzten ihn als Kenntnisse aus frischer Quelle – wie er glauben durfte
– in den Stand, sich bei der weiteren Trübung der Beziehungen
über Nietzsche seine eigenen Gedanken zu machen.

Nietzsches Haushaltsauflösung ist die eines schwerkranken
Mannes, dessen Arzt, ohne daß der Patient Genaueres weiß, eine
Schädigung des Gehirns konstatiert. Sein Umzug in das Haus
Bachlettenstraße 11 mit bescheidenen Räumlichkeiten draußen
vor der Stadt macht den Rückzug Nietzsches aus der offiziellen
Polis sichtbar, bedeutet so etwas wie seine erste Etappe. Es sind
damit auch schon Maßnahmen getroffen, die auf die notwendig
werdende Beschränkung seiner Mittel nach dem zu erwartenden
Ausscheiden aus dem Basler Staatsdienst schließen lassen. Denn
anders hätte, auch wenn die Schwester ihm nicht weiter zur Verfügung stand, sich leicht eine weibliche Kraft für die komfortab-
lere Wohnung finden lassen.

Mit der Aufgabe seiner Wohnung in der Gellertstraße und der
Abreise der Schwester ist schon der Beginn von Nietzsches Abstieg eingeleitet. Die Möbel werden per Bahn nach Naumburg
zur Mutter geschickt, Einzelstücke wie zwei Lehnsessel an seine
Ärzte verschenkt. Er hat keine Verwendung mehr dafür. Was
wird nun aus ihm werden? Auf diese Frage hat der mehr als halbblinde und alleingelassene Nietzsche in diesen Monaten selbst
keine Antwort.

Im Mai 1878 erschien bei Schmeitzner in Leipzig, der einen Teil
der Konkursmasse des gerade eingegangenen Fritzsch-Verlags,
darunter die Werke Wagners und die »Geburt der Tragödie« sowie die »Unzeitgemäßen Betrachtungen«, übernommen hatte,
jenes Buch, mit dem Nietzsches eigentliches persönliches Werk
erst beginnt. In der »Geburt der Tragödie« und in den »Unzeitgemäßen Betrachtungen« waren andere Stimmen sehr ver-
nehmbar zu hören gewesen, war er Propagandist einer Sache gewesen, in deren Dienst er stand. »Menschliches, Allzumenschliches« dagegen ist Abbruch seiner Entwicklung bis dahin und tiefer Lebenseinschnitt. Es ist das erste Hauptwerk des eigenen
Denkens und als Meisterstück deutscher Prosa zugleich ein sehr
undeutsches Buch. Das »Buch für freie Geister« ist »Dem An-
denken Voltaire's geweiht zur Gedächtnisfeier seines Todesta-
ges, des 30. Mai 1778«. Es bleibt unvorstellbar, wie der Gedanke
aufkommen konnte, Nietzsche der Vorgeschichte des »Dritten
Reichs« zuzurechnen, wenn man in diese Schrift geschaut hat.
Schuld daran sind grob gewirkte Denkmuster, die dem Buch mit
dem feinen Material und dem unendlich dichten Knüpfwerk
nicht angemessen sind. »Menschliches, Allzumenschliches« ist
ein mediterranes Buch im engeren, ein europäisches im weiteren
Sinne. Nietzsche hat es später als »geistige Kur«, als »antiro-
mantische Selbstbehandlung« bezeichnet. Es war Ausweg auf
der Flucht vor Wagner, Abrechnung mit ihm und mit der
eigenen Wagner-Nähe.

Schon die äußeren Umstände weisen darauf hin. Als Nietzsche
im Festspielsommer 1876 aus Bayreuth nach Klingenbrunn aus-
gewichen war und in einsamen Wanderungen durch die Wälder
Sammlung suchte, hatte er Gedanken zu Papier gebracht, die für
eine Schrift unter dem Titel »Die Pflugschar« gedacht waren,
176 Aphorismen und kleinere Essays, von denen zahlreiche nach
stilistischer Überarbeitung in »Menschliches, Allzumenschliches« Aufnahme fanden.

Damit gelangt in seiner schriftstellerischen Produktion zum ersten Mal eine Form voll zum Vorschein, die schon immer seine
Stärke war und in den Briefen so oft aufleuchtete: das Aperçu,

geschliffene Prosa mit geistvoller Zuspitzung, mit genau treffender Pointe, die in Erinnerung bleibt. Die Weise, so zu schreiben, fügt sich übrigens sehr schön in Nietzsches Lebensführung mit Gesprächen, Reisen während der Arbeitsunterbrechungen, es kann mit ihr leicht abgesetzt und bald wieder ein neuer Faden aufgenommen werden. Die deutsche Literatur ist nicht eben reich an Büchern dieses Stils. Vorbilder gibt eher Frankreich ab mit Montaigne, Pascal, Stendhal. In diesem Umkreis hatte sich Nietzsche umgesehen und sie für sich gefunden. Der größte Teil der Sammlung war während des Aufenthalts in Sorrent entstanden, wo er Paul Rée oder Albert Brenner in den Morgenstunden seine Gedanken diktiert hatte. Das Ganze hat auch immer etwas nach außen hin Unverbindliches, es sind Beobachtungen, denen das Flüchtige des Reiseeindrucks anhängt, genau, federleicht, viele von einer unnachahmlichen Perfektion des Sprechens und großer Freude am gelingenden Wort. Also etwas, was sich in der Welt des germanischen Nordens fremdartig ausnimmt! Im Gebirge, während des Aufenthalts in Rosenlaui, waren noch neue Aufzeichnungen dazugekommen. Als Nietzsche nach Basel zurückkehrt, arbeitet er neben seiner Lehrtätigkeit am Abschluß des Buches und ist vor allem Köselitz mit der Niederschrift des für den Druck vorgesehenen Manuskripts befaßt.

Nietzsche hat das Buch als Bruch mit allem von ihm bis dahin für wahr Gehaltenen angesehen, eine »Kaltwasserkur«, der er sich selbst unterzog. Das hieß – so wollte er es in einer nicht veröffentlichten Vorrede aussprechen –: alles was ich in meinen früheren Schriften an »metaphysisch künstlerischen Absichten« vertreten habe, ist »unhaltbar«; ganz besonders: alles was ich über Wagner und Schopenhauer gesagt habe, wird hier für ungültig erklärt. Das alles ist von jemandem geschrieben worden, der zu unbedacht zu Werke gegangen war, aber jetzt bei voller Einsicht in die Dinge nicht zögert, sich selbst vor aller Öffentlichkeit zu widersprechen.

Die Frage lautet nur: wie läßt sich das den Freunden verständlich machen? Natürlich ist sich Nietzsche über die unerhörte Zumutung im klaren, die er hier seinen ihm bisher folgenden Lesern aufbürdet. Aber das gehört zum Skandalon selbst. Er denkt daran, das Buch pseudonym herauszugeben. Schmeitzner, der Verleger, winkt ab. Etwas Ärgernis ist ihm bei seinem Verfasser sehr willkommen.

Hauptbetroffener, der vom Autor auf die Leidensseite gedrückt wird, ist kein anderer als Wagner. Ihm gegenüber hatte Nietzsche daran gedacht, das beabsichtigte Pseudonym zu lüften. Als dann das Buch mit voller Namensnennung erscheint und Nietzsche »Dem Meister und der Meisterin« ein Exemplar mit »Gruß« und »frohem Sinn« zusendet, wird er Opfer seiner unverzeihlichen Leichtgläubigkeit. Die Antwort: eisiges Schweigen. Des »Meisters Treuaug'«, das die gereimte Widmungsadresse beschwor, versagt ihm den Segen, die »Meisterin« entzieht ihm die »kluge Gunst«, die er bisher so reich genossen und auf die er auch weiter gehofft hatte.

Wie hatte er darauf setzen können? Das Buch war ein Buch des Widerstands. Es war von seinen Anfängen an ein Gegenschlag gegen Wagners »Ring«, mehr noch das Bayreuther Festspielwesen, von dem er sich, als er unter den Besuchern weilte, entsetzt weggewandt hatte. Später, bei den Vorarbeiten zum »Ecce homo«, faßte er seine Bayreuther Eindrücke noch schärfer zusammen: »Man hatte das ganze müßiggängerische Gesindel Europas beieinander, und jeder Beliebige ging in Wagners Haus ein und aus, wie als ob es sich in Bayreuth um einen Sport mehr handelte. Und im Grunde war es auch nicht mehr. Man hatte einen Kunst-Vorwand für den Müßiggang zu den alten Vorwänden hinzu entdeckt, eine ›große Oper‹ mit Hindernissen; man fand in der durch ihre geheime Sexualität überredenden Musik Wagners ein Bindemittel für eine Gesellschaft, in der jedermann seinen plaisirs nachging«.

Sollte Nietzsche der Meinung gewesen sein, man habe in »Wahnfried« nicht bemerkt, daß sich der Freund des Hauses bis dahin mit ähnlichen Gedanken angefreundet hatte, um ein Buch wie »Menschliches, Allzumenschliches« zu schreiben? Die »Moral« als nichts Festes, sondern wie in einem beständigen Schwebezustand sich Befindendes, wie es hier fixiert worden war, ließ auf einen merkwürdigen Sinneswandel beim Autor schließen. Bei einem Autor übrigens, bei dem von nun an damit gerechnet werden mußte, daß er seine Kenntnisse von Vertraulichstem aus der Privatsphäre, von intimsten Vorgängen, geheimgehaltenen Gedanken, psychologischen Reflexionen, die im Gespräch beiläufig angestellt worden waren, an die große Öffentlichkeit zu bringen für fähig zu halten war. Cosima kannte auch den Schuldigen: es war Paul Rée, vor dem sie und Wagner schon in Sorrent gewarnt hatten. Dessen Gedanke von der Relativität der Moral, der in Deutschland so polizeinotorisch war wie die Bestreitung der Existenz Gottes, hatte Nietzsche zugestimmt, aber er konnte nur darum die Grundlage ihrer fruchtbaren Gespräche werden, weil Nietzsche ähnliche Einsichten schon selbständig gewonnen hatte, bevor er mit Rée in nähere Beziehung trat. Für die Wagners bedeutete das Buch Abfall und somit Beweis für das Absinken seines Verfassers. Dafür hatte Wagner mit dem Brief Dr. Eisers, dem die »Alternative eines selbständigen grob-materiellen Gehirnleidens« bei Nietzsche feststand, einen Beleg bekommen. Das Buch ein Dokument der Krankengeschichte! So konnte man es sehen und so sah Wagner es neben andern Erwägungen auch.

Eigentümlich: Nietzsches von langer Hand vorbereitete Gegenposition unterstellt Wagner das gleiche. Noch bevor Nietzsche sein Manuskript »Menschliches, Allzumenschliches« abgeschlossen hatte, hatte ihm Wagner seine »Parsifal«-Dichtung zugeschickt. Sie war eine zusätzliche Bezeugung dessen, was Nietzsche schon wußte, nur schien ihm hier alles noch viel verheerender als im bisherigen Werk ausgefallen zu sein. Wagners Kunst ist das Werk eines Kranken für Kranke, ist eine Kunst für Nervenschwache, kurz: eine »Neurose«. Die Formulierungen, die in die spätere Auseinandersetzung mit Wagner eingehen, stehen jetzt noch aus, aber sie werden in den Wochen, wo sich die Zusendungen von »Parsifal« und »Menschliches-Allzumenschliches« gekreuzt haben, bei Nietzsche schon vorkristallisiert. Es ist Ablehnung Wagners auf der ganzen Linie, umfaßt dessen ganze neue »christliche«, vom Sakralblut des »Gekreuzigten« gefärbte Ästhetik. Dachte Wagner an den Abfall des früheren Freundes, so wird für den der »Parsifal« Wagners Rückfall ins »Christentum« bedeuten. Dem Tragiker aus der Schule des Aischylos und Shakespeares ließ sich nichts Schlimmeres nachsagen. Es bedeutete Verrat an der gemeinsamen Sache und an Wagners eigenem Wollen.

Wagners Schweigen auf die Zusendung von »Menschliches, Allzumenschliches« war Nietzsches Schweigen nach Erhalt des »Parsifal« vorausgegangen. Über die Gründe hatte sich Wagner bei Overbeck auf dem laufenden gehalten und von ihm erfahren, was er für eine Bestätigung seiner Annahme hielt. In der Antwort vom 24. Mai 1878 schreibt er ihm: »Aus Ihren kurzen

Andeutungen entnehme ich, daß unser alter Freund Nietzsche sich auch von Ihnen zurückgezogen erhält. Gewiß sind sehr auffällige Veränderungen mit ihm vorgegangen: wer ihn jedoch schon vor Jahren etwas aufmerksam in seinen psychischen Krämpfen beobachtete, durfte sich fast nur sagen, daß eine längst befürchtete Katastrophe nicht ganz unerwartet bei ihm eingetreten ist.«

Also auch Wagner stand bei der Einschätzung Nietzsches nicht unvorbereitet da. Wenn er jetzt gegenüber Overbeck von Nietzsches jahrelang vorausgegangenen »psychischen Krämpfen« sprach, dann hätte Nietzsche nicht unrecht gehabt, sich vor Wagner vorzusehen. In dem Augenblick, wo »Parsifal« und »Menschliches, Allzumenschliches« ausgetauscht werden, kommt es auf beiden Seiten zur Aufhebung bis dahin mühsam aufrechterhaltener Konventionen. Es steht mit einem Male »Krankheit« gegen »Krankheit«. Auf dem Höhepunkt der deutsch-bürgerlichen Kulturentwicklung innerhalb der Bismarck-Ära werfen sich ihre beiden in der Folge weltweit wirkenden Protagonisten gegenseitig katastrophale Entartungen vor. Wagner reagiert nach außen hin zunächst nachsichtiger; mit seiner Rückzugsmöglichkeit auf die Musik ist sein psychisches Reservoir unerschöpflich, ist er, wie Nietzsche genau weiß, im Grunde unangreifbar. Darum kann Wagner im Brief an Overbeck über Nietzsche hinzufügen: »Ich habe für ihn die Freundschaft bewahrt, sein Buch – nachdem ich es beim Aufschneiden durchblättert – nicht zu lesen, und möchte weiter nichts wünschen und hoffen, als daß er mir dies dereinst noch danke.«

Das Durchblättern des Buches genügte, Wagner darüber aufzuklären, daß er es mit einem neuen Nietzsche zu tun hatte. Nietzsche verstand es als Resultat einer Selbstreinigung, »als Denkmal einer rigorosen Selbstzucht, mit der ich bei mir allem eingeschleppten ›höheren Schwindel‹, ›Idealismus‹, ›schönem Gefühl‹ und anderen Weiblichkeiten ein jähes Ende bereitete«. Es war eine Revision, die ihm die Veränderung der Zeit abgenötigt hatte und ebenso eine solche, die *gegen* die Zeit stand. Es war seine Antwort auf die Spannungen, die damals in der Luft lagen mit den beiden Attentaten, die auf den Kaiser Wilhelm I. verübt wurden, auf Bismarcks »Kulturkampf« gegen die katholische Kirche und das neue gerade in der Vorbereitung befindliche Sozialistengesetz. Es rechnet mit gewaltigen Veränderungen, die unmittelbar bevorstehen. Was später bei Max Weber als fortschreitende Entzauberung der Welt zur bestürzenden Entdeckung wird, ist bei Nietzsche jetzt schon Gewißheit. Dies ist die Hypothese des Buches. Man muß sich einrichten auf eine Welt ohne Kunst und ohne Künstler, wo die Religion sich als »Narkose« zur Darstellung bringt, wo Sonnenaufgänge und Sonnenuntergänge vom Pesthauch eines neuen Weltzeitalters einfach zugeschüttet werden. Es ist der »Erbfehler der Philosophen«, daß sie immer vom »gegenwärtigen Menschen« ausgehen, den Menschen als »ewige Wahrheit«, als einen sich Gleichbleibenden sehen. Für die verhältnismäßig kurze Zeitspanne von etwa 4000 Jahren, über die man die Entwicklung des Menschen ziemlich gut verfolgen kann, mag das angehen, aber nicht mehr für die davor liegenden unendlich viel größeren Zeiträume. Das war aus Darwin gezogen und wird zu einem biologischen Ergebnis von Nietzsches Denken: Der Mensch wird morgen ein anderer sein als er heute ist und gestern war. Es gibt keine absoluten Wahrheiten, keine ewigen Tatsachen, keine unangefochtene Moral.

Man mußte in einer hochbürgerlichen Ära wie den 70er Jahren mit ihren Vorstellungen von »Recht« und »Ordnung«, denen Bismarck zu erneutem Ansehen verhalf, schon ein wirklicher »Freigeist« sein, um mit solchen Gedanken vor die Öffentlichkeit zu treten. Bei ihnen ist der Atomautomat des Demokrit vorausgesetzt, der die Existenz Gottes überflüssig macht. Vor allem aber ist hier ein Kosmopolitismus und Internationalismus eingebracht, dem man im »national« werdenden Deutschland mißtraut. Hier werden wieder heilige Kühe geschlachtet, wird der im protestantischen Preußen-Deutschland so hoch gehaltene Gedanke von der Reformation als Fortschritt ins Reich der Legende verwiesen. Die Reformation gilt Nietzsche als »ein Protest zurückgebliebener Geister«, die selbst im tiefsten Mittelalter steckten und mit ihrer Halsstarrigkeit den Menschen gegen alle Angebote, wie sie die Renaissance in Italien für das Individuum bereithielt, dahin zurückwarfen. Statt in den Genuß eines veräußerlichten religiösen Lebens zu kommen, das ihnen ganz neue Zustände des menschlichen Glücks hätte gewähren können, gerieten die Menschen in eine von Plumpheit und Gewaltsamkeit in Bewegung gehaltene Mühle, wurde eine das menschliche Glück fördernde Entwicklung um zweihundert Jahre aufgehalten.

Das war für die alte und neue Führungsschicht im protestantischen Deutschland, die ja politisch im Entscheidenden das »Reich« trug und auf deren Zusammengehen Bismarck seine Politik aufbaute, ein nicht hinzunehmender, ein unerträglicher Gedanke. Hier war ans Nervenzentrum des Konservativismus gerührt, wurde das Hohenzollernsche Kaiserhaus als anerkannter Hort des Protestantismus über die Grenzen von dessen beiden Hauptkonfessionen hinaus getroffen. Damit konnte der Boden, auf dem die Säulen von Thron und Altar vereint nebeneinanderstanden, ins Wanken gebracht werden. Wenn Nietzsches Buch zunächst auf so viel Ablehnung und – erwarteterweise – gerade bei den Freunden traf, dann stand ihr allerdings eine beipflichtende Stimme gegenüber, die alle anderen an Bedeutung überwog und hier sehr überraschen mußte: die Jacob Burckhardts, der es ein »souveränes Buch« nannte, »das viel zur Vermehrung der Unabhängigkeit in der Welt beitragen werde«. Burckhardt konnte den Eindruck bekommen, daß seine an der Antike und am Italien der Renaissance erprobte Vorstellung von der Geschichte als Machtgeschichte und von der Macht als einem die Moral relativierenden Phänomen in Nietzsches Buch Eingang gefunden hatte. Seine weniger günstigen Urteile über den Nietzsche der »Geburt der Tragödie« waren jetzt weggewischt. Nietzsche hatte offenbar die Ideen seines älteren Kollegen angenommen, er hatte sie als Gedanken des Lehrers für würdig befunden, sie zu seinen eigenen zu machen. Alles Grob-Eindeutige bei der Unterscheidung zwischen »Gut« und »Böse« läßt sich über den Zeitraum der übersehbaren Weltgeschichte nicht aufrecht erhalten; es gilt allenfalls der als »gut«, der Gutes mit Gutem vergelten kann; wer dazu nicht mächtig genug ist, gilt als »schlecht«. Es gibt »keine Sünde im metaphysischen Sinne«: aber auch im gleichen Sinne keine Tugenden. Dieser ganze Bereich liegt in einer dem Schwanken ausgesetzten Zone. »Sünde« oder im Gegensatz dazu »Tugenden« anzunehmen, beruht auf falscher Betrachtung der Welt und des Lebens. Im Gegensatz zur herrschenden christlichen Lehre sollte die »Selbsttötung« Respekt abnötigen. Alles »Persönliche« – das ist gegen die Allmacht des Staates und der herrschenden Religion gesagt – ist immer noch schwach ausgebildet, es kommt gegen das sogenannte Wohl der Allgemeinheit nicht an und wird wie etwas »Schlechtes« behandelt.

Hier spricht aus dem Verfasser von »Menschliches, Allzumenschliches«, der im fortgeschrittenen Alter durch die Schule Jacob Burckhardts hindurchgegangen war, kein Historiker, sondern ein Psychologe; ein Psychologe im modernsten Sinne des Wortes. Er sucht sein Objekt nicht in den Phänomenen der Welt, bevor er die finstersten Täler der eigenen Seelenlandschaft durchschritten ist. Nietzsches »Psychologie« hat da, wo sie formuliert ist, gnadenlose Selbsterforschung hinter sich, sie ist immer Rechenschaftsablegung über die eigene korrumpierende Herkunft aus dem Elend des Christentums. Ihm verdankt der Mensch seine Niedrigkeit. »Das Christentum … zerdrückte und zerbrach den Menschen vollständig und versenkte ihn wie in tiefen Schlamm«; denn »es will vernichten, zerbrechen, betäuben, berauschen, es will nur Eins nicht: das Maß, und deshalb ist es im tiefsten Verstande barbarisch, asiatisch, unvornehm, ungriechisch«. Was für dieses Urteil sprach: die Zahl der Zeugen war nicht gering, darunter so angesehene wie Voltaire, Diderot, Goethe, Schopenhauer.

Allein daß man sich der »Religion« durch die »Psychologie« nähern und es wagen darf, sie »psychologisch« zu erklären, ist ein Beweis dafür, wie schwach sie geworden ist. Die »Religion« ist durch die »Aufklärung« erschüttert. Das Gefühl wirft sich auf die Kunst: »Die Kunst erhebt ihr Haupt, wo die Religionen nachlassen«. In einem noch nicht abgeschlossenen Ablösungsverfahren tritt nach Nietzsche die Kunst an die Stelle der Religion. Aber auch das gilt nur als ein Stadium, dessen Ende vorhersehbar und damit sicher ist. Man muß sich darauf gefaßt machen, »den Künstler« bald als »ein herrliches Überbleibsel« anzusehen. Er wird seine Fortsetzung im *wissenschaftlichen Menschen* erleben, eine Weiterentwicklung, doch von sehr zweifelhafter Art.

Darin lag eine »Psychologie« als Selbstaussage. Genie – das weiß Nietzsche – hat als Ursache so oft die Verstümmelung oder Verkrüppelung eines Organs. Dafür ist ein anderes Organ ungewöhnlich gut entwickelt. Der weltumspannende Umbruch zur Zukunft wird mit dem Abtreten des Genies verbunden sein. Es gibt dafür keinen Platz mehr. Denn die Welt wird zunehmend strenger, es wird darin ein eisiger Wind wehen. Das »Zeitalter des Ernstes« bricht an und löst die Welt ab, in der Voltairescher Spott noch möglich war. Dabei ist auf die kultivierten Klassen in

Europa nicht mehr zu setzen; sie sind durch ihre Erfahrungen und Kenntnisse, überhaupt durch die Kultur, so überreizt worden, daß ihre Nerven Schaden genommen haben.

Hier kündigt sich der Diagnostiker mit seinen europäischen Wirkungen an. Überall da, wo man seit dem ausgehenden 19. Jahrhundert die bestehende bürgerliche Welt durch ihre eigene Schwäche bedroht, wo man sie von organischen Krankheiten und Nervenfiebern durchschüttelt sieht, fällt dieses Thema Nietzsches auf einen fruchtbaren Boden. Europa ist jetzt zur Geschichte seiner Krankheit geworden. Hier steht Nietzsche wenn nicht am Anfang, so doch als theoretischer Kopf unter den Diagnostikern an der Spitze, wird er später zur Quelle, auf die sich unterschiedliche Geister berufen werden. Jetzt, am Ende einer vieltausendjährigen Entwicklung und mit dem Blick auf sie kommt es an den Tag: die Geschichte hat keinen Sinn; in ihrem Auf und Ab gibt sie keinen vorweisbaren Ertrag. Das ist mit Jacob Burckhardt gegen Hegel gesagt. In Nietzsches Gedankenführung muß der Darwinsche Affe herhalten, der als Urahn des Menschen figuriert, aber ebensogut wieder am Ende seiner Rückbildung stehen könnte. Denn mit dem Ende des römischen Reiches begann unter dem Einfluß des Christentums die »Verhäßlichung« des Menschen. Das ist ein Gedanke, der aus Wagners Werkstatt stammte und jetzt von Nietzsche schon für die späteren Konsequenzen präpariert wird. Aber wenn fast zweitausend Jahre Menschheitsverlauf der Degeneration Vorschub geleistet haben, dann muß im Sinne Darwins eine aufbauende Neubildung des Menschen mit Hilfe selektiver Verfahren möglich sein. Neuwerdung des Menschen durch Rückkreuzung!

Es kann gar nicht überraschen, daß Nietzsche diesen Gedanken, der seine Philosophie der nachwagnerschen Phase wie kaum ein anderer motivieren wird, gerade jetzt nach seinem Abtreten von der Bayreuther Szene zu Papier bringt, wo mit dem Grafen Gobineau die Vorstellung von der »Ungleichheit der menschlichen Rassen« ihren Einzug hält. Gobineau, der Wagner in Bayreuth besucht, seine fast völlige Zustimmung erhält und von ihm erstaunlicherweise als der einzige gleichrangige Zeitgenosse anerkannt wird, hat seine Rassenlehre als Ethnologe entworfen, allerdings mit resignierendem Blick auf Europa, insbesondere Frankreich. Es waren in sie Erfahrungen eingegangen, die er während seiner Reisen als französischer Diplomat gesammelt hatte, Kenntnisse der Völkerkunde, über die Nietzsche nicht verfügte und die er durch geistvolle Konstruktionen ersetzte. Es gibt ein gemeinsames Resümee in der Bestandsaufnahme der europäischen Situation: hier liegt alles grau in grau. Aber auch von Amerika ist nichts zu erhoffen. Der Zwang zur ständigen Tätigkeit schafft ein Klima, in dem nichts Rechtes mehr gedeiht. Barbarei kommt aus dem Mangel an Ruhe. Ohne das Muße-Ideal Altgriechenlands hätte es die Philosophie des Plato und des Aristoteles nicht gegeben. Nietzsche zieht daraus für die Gegenwart die Folgerung: »Wer von seinem Tage nicht zwei Drittel für sich hat, ist ein Sklave, gleichgültig, ob er sich Staatsmann, Kaufmann, Beamter oder Gelehrter nennt«.

Nietzsches Dienstantritt nach der Rückkehr aus Italien war von einer Hoffnung begleitet, die er sich aufzwingen mußte, weil er sie in Wirklichkeit schon gar nicht mehr besaß. Sie in den nächsten Monaten aufrechtzuerhalten, nötigte ihm Kräfte ab, über die er kaum noch verfügte. So wird diese Zeit für ihn zu einer nur stundenweise unterbrochenen Qual. Der Erfolg an der Universität wird dadurch nicht geschmälert, wenn er nicht gezwungen ist, seine Stunden ausfallen zu lassen. So erreichte die Zahl seiner Hörer eine Höhe wie sonst nie zuvor.

Nach Abschluß des Wintersemesters war er dann nach Baden-Baden gereist. Die vier Wochen Aufenthalt im Hotel »Stadt Paris« und die Bäderkur richten indessen nicht viel aus. »Unstet und flüchtig« wie Kain, den Byron zur Hauptgestalt seiner Tragödie gemacht hatte, nennt Nietzsche sich selbst gegenüber Köselitz; er hat das Gefühl der Einsamkeit wie Byrons Manfred, der weg von allen menschlichen Gesichtern ins Hochgebirge aufgebrochen war und hier zwischen Gletschern und Eiszacken, »halb Gottheit, halb Staub«, das Schicksal des Verfluchten erfährt. Wie weit die Identifikation Nietzsches mit Byrons Manfred und seinen »übermenschlichen« Zügen reicht, zeigen seine Manfred-Meditationen, mit denen er Schumanns Musik verbessern wollte und die er in Köselitz' Hände gibt, der sich erboten hatte, sie in Venedig zu instrumentieren.

Es sieht schlecht mit ihm aus. In Rée, der von seinem väterlichen Gut in Westpreußen aus ebenfalls von seiner Krankheit berichtet, erkennt er einen Leidensgefährten. »Was soll aus uns werden«, schreibt Nietzsche ihm am 28. Oktober 1878, »wenn wir in unsern ›besten Jahren‹ so elend dahinwelken.« Nachdem im Oktober die Vorlesungen begonnen hatten, muß er bereits im November das Kolleg wieder aussetzen. Er spricht von neun Tagen ununterbrochenem Kopfschmerz. Die Lage spitzt sich noch zu. Es setzt ein vierzigtägiger Landregen ein, dann ein wilder Föhnsturm, Eiseskälte, es muß geheizt werden, das Holz ist teuer, wie er beklagt. Zu allem Überfluß zerspringt ihm noch die Brille. Seine Sichtweite beträgt zwei Meter. Es kann kaum schlimmer kommen.

Warum die Mutter in Naumburg auf die Rückkehr der Tochter gedrängt hatte, ergab sich noch aus einem andern Umstand. Sie hatte nämlich die Absicht, ein Haus zu kaufen, um jetzt in schon vorgerücktem Alter endlich zu einer größeren Unabhängigkeit von der Familie zu gelangen. Für den zusätzlichen Arbeitsaufwand war die Tochter unerläßlich. In Nietzsches Augen ergeben sich daraus auch Aussichten für ihn selbst; auch für ihn könnte hier auf seine alten Tage ein Tischlein gedeckt sein. Was an der Folgsamkeit der Schwester, nach Naumburg zurückzugehen, zweifellos mitgewirkt hatte, aber nicht ausgesprochen wurde und erst später von ihr angedeutet wird, waren dessen Auslassungen zum »Christentum« in »Menschliches, Allzumenschliches«. Eine stumme Mißbilligung hat ihr den Entschluß, Basel zu verlassen, jedenfalls sehr erleichtert. Damit waren aber die Würfel über ihr eigenes bürgerliches Schicksal noch keineswegs gefallen. Eine Loslösung von ihrem Bruder bedeutete ihr Weggang nicht. Hier waren jene schwer aussprechbaren Interna der Psychologie eines hochbürgerlichen Zeitalters in voller Wirksamkeit, über die die Mutter sich völlig klar war, wenn sie meinte, daß Elisabeth keine Ehe einginge, solange der Bruder noch unverheiratet wäre, es sei denn, sie würde von ihm ausdrücklich dazu ermuntert.

Dieser Fall, wo ein solches offenes oder geheimes Signal gegeben werden müßte bzw. wo es ausbliebe, war in *dem* Augenblick da, als sich bei Nietzsches fortschreitender Verschlechterung der Gesundheit jede Aussicht auf eine Ehe, die er in Sorrent mit Malwida noch so ausdauernd erörtert hatte, von selbst erledigte.

Im Juli 1878 war Nietzsche in die Bachlettenstraße eingezogen. Das Haus befand sich in einer damals noch weitgehend unbebauten Gegend in Richtung Binningen. Hier, fast auf dem Lande, hat der Verfasser von »Menschliches, Allzumenschliches« eine zu ebener Erde gelegene Behausung gefunden, ohne jede äußere Bequemlichkeit und – was noch schwerer wog – ohne die gewohnte Aufwartung. Doch es gibt auch Vorzüge. Den notwendig gewordenen täglichen kleinen Fußmarsch zur Universität empfindet er als wohltuend, die Ruhe als nervenschonend. Für die Selbstversorgung hatte ihm die Schwester Küchenrezepte zugeschickt. »Mache Dir doch auch manchmal ein Süppchen von Oswegomehl, Fleischextrakt und Salz aber nur ganz dünn dann kannst Du es zu allen Zeiten vertragen«, schreibt sie am 23. Oktober 1878. Seine Bedürfnisse im Essen und Trinken sind inzwischen sehr herabgesetzt. Der Küchenzettel kann laut Notiz so aussehen: »Mittag: Liebig'sche Bouillon ¼ Teelöffel vor Mahlzeit, 2 Schinkenbrote und 1 Ei. 6–8 Nüsse mit Brot. 2 Äpfel. 2 Ingwer. 2 Biscuits.« Für die Abendmahlzeit werden nochmals fünf Nüsse abgezählt, dazu Milch mit einem Zwieback und drei Biscuits. Der heranreifende Prometheus, der dem »Gott« der Christen den Todesstoß versetzen wird: hier am Stadtrand von Basel ist seine Existenz auf die des Diogenes in der Tonne zurückgebildet, er ist ein sich auf das endgültige Ausscheiden aus der bürgerlichen Gesellschaft vorbereitender Staatsdiener, der am häuslichen Herd das »Casserol« bewacht; der auf die nächsten Schläge wartet, die ihn treffen, und dabei die Klage der Schwester entgegennimmt: »Mein lieber Herzensfritz ach wenn nur das Kopfweh ein Bischen aufhören wollte! Wenn es besser geht, schreibe es uns gleich, das Herz ist mir zu schwer!«

Der Vierunddreißigjährige ist in diesem Augenblick schon endgültig entschlossen, die Konsequenzen zu ziehen und seinen Abschied einzureichen. »Der Zustand meiner Gesundheit«, so teilt er unter dem 2. Mai Carl Burckardt mit, »dessentwegen ich schon mehrmals mit einem Gesuche mich an Sie wenden mußte, läßt mich auch heute den letzten Schritt tun und die Bitte aussprechen, aus meiner bisherigen Stellung als Lehrer der Universität ausscheiden zu dürfen. Die inzwischen immer mehr gewachsene äußere Schmerzhaftigkeit meines Kopfes, die immer größere Einbuße an Zeit, welche ich durch mein vieles Kranksein erleide, die von neuem festgestellte erhebliche Abnahme meiner Sehkraft – Alles zusammen ist jetzt auf den Punkt gekommen, wo ich meinen Pflichten nicht mehr nachkommen kann, nachdem ich schon in den letzten Jahren mir manche Unregelmäßigkeit in der Erfüllung dieser Pflichten, jedesmal zu meinem größten Leidwesen, nachsehen mußte. Es würde zum Nachteile unsrer Universität und der philologischen Studien ausschlagen, wenn ich noch länger eine Stellung bekleiden müßte, der ich jetzt nicht mehr gewachsen bin ...«

Das war eine im Umgang mit sich selbst schonungslose Bestandsaufnahme nach zehnjähriger Dienstzeit als Professor der klassischen Philologie an der Universität Basel. Es war das »Ich kann nicht mehr« nach langem, verzweifeltem Widerstand, die sich selbst abgetrotzte Resignation eines inzwischen Hoffnungslosen.

Der Abschied, der ihm nicht verweigert werden konnte, erfolgt seitens der Basler Erziehungsbehörde mit Worten wärmsten Danks »für die treue Hingebung, womit Sie an unserer Universität und am Pädagogium gewirkt haben, so lange und so weit Ihnen dies nur immer möglich war«. Man wußte hier, was sich gehörte, und vor allem auch, welchen Verlust sein Abgang bedeutete. In die Pension, die auf 3000 Franken festgelegt wurde, teilten sich der Basler Staat, die Akademische Gesellschaft und der Heuslersche Fond. Aber bei aller Wertschätzung und aller Anerkennung von Nietzsches Verdiensten hatte niemand eine Ahnung, daß hier einer der größten Denker einer mehr als zweitausendjährigen philosophischen Tradition im Begriffe stand, der Universität und der Stadt den Rücken zu kehren. Woher hätte man es auch wissen sollen? Außer dem ersten Band von »Menschliches, Allzumenschliches« stand ja noch alles aus, was die eigentliche Originalität seines Denkens ausmacht, und auch »Menschliches, Allzumenschliches« war als Aphorismensammlung nur wie das erste Öffnen eines Lichtspalts, der die Erleuchtungen der nächsten Jahre erst erahnen ließ.

Am 14. Juni wird dem Abschiedsgesuch Nietzsches staatlicherseits entsprochen und zwar für Ende des laufenden Monats. Bis dahin wird ihm sein Gehalt bezahlt. Eine schnelle Regelung mit allen Zügen des Honorigen, wenn man bedenkt, daß für eine Pensionsleistung, die für sechs Jahre galt, in Basel keine Verpflichtung bestand.

Der Nietzsche jener Wochen des Abschieds von Basel verrät deutlich alle Anzeichen der Panik. Das war natürlich. Was soll er tun? Wohin soll er gehen? Die Wege in alle Himmelsrichtungen sind ihm offen und zugleich durch seinen Gesundheitszustand auch wieder versperrt. Er ist unter den Stand der Verhältnisse zum Zeitpunkt seines Dienstantritts gesunken. Das Dezennium hat ihm die Zerstörung seiner Gesundheit beschert und den Verlust der Staatsbürgerschaft. Das ist das unendlich traurige Resümee einer glanzvollen Wirksamkeit. Als Entgelt bekommt er die völlige berufliche Hoffnungslosigkeit mit auf den Weg. Der Pensionär, der von der Schwester nach Schloß Bremgarten bei Bern begleitet wird, um sich hier in den Waldungen mit den riesenhaften Bäumen, über der Aare gelegen, von den letzten anstrengenden Wochen in Basel zu erholen, ist ein Halbblinder und völlig Erschöpfter. Die Szene, die die Schwester von einem gemeinsamen abendlichen Aufenthalt auf einem Hochplateau mit dunklen Tannen als Kontrast gegen den blauen Himmel festgehalten hat, mag sicherlich einige stilisierte Züge enthalten, gibt aber die Empfindung der Öde in diesem Augenblick wohl zutreffend wieder. Nietzsche ein gesteigerter Manfred: die Verlassenheit ist grenzenlos. Hier hält sich jemand an der Stätte des Todes auf, von der selbst die Raubvögel, die sich für eine Weile auf den hohen Bäumen versammelt hatten, mit krächzendem Geschrei fliehen.

In Basel besorgt die Schwester die Auflösung des Haushalts. Es ist ja schon die zweite mit reduziertem Möbelbestand. Einiges wird verkauft, das andere verschenkt. Es ist kaum der Mühe wert, sich darüber Gedanken zu machen. Elisabeth hat sich entschlossen, die Manuskripte mit einem Koffer nach Naumburg zu schicken. Auch wenn sie sich in der Darstellung dieser Wochen wieder selbst sehr in den Vordergrund rückt, so ist es durchaus glaubwürdig, daß sie die von Nietzsche zum Verbrennen bestimmten Papiere vor der Vernichtung bewahrt hat, indem sie sie entgegen der Weisung des Bruders zu den sicherzustellenden Heften legt. Von den nicht sehr zahlreichen Büchern wandern die meisten in Kisten, die bei Basler Freunden untergebracht werden; in zwei Koffern hat er diejenigen verpackt, die er unmittelbar in seiner Nähe haben möchte. Andere waren vorher schon verkauft worden. Es ist keine große Bibliothek, etwa 40 Bücher, über die Nietzsche verfügt. Seine Augenschwäche hatte ihn seit Jahren am Lesen gehindert. So war er dem schweren Schicksal, ein »Bücherwurm« zu werden, zu seinem großen Glück entgangen. Nietzsche ist kein »Leser«, sondern ein »Denker«. Im Dämmerlicht seiner halbblinden Existenz ist die Möglichkeit verstellt, lesend sich auf die Weltflucht zu begeben. Im Gegenteil: er hat die Chance, die ihm die Krankheit bietet, ergriffen und mit ihr auf das »Leben« gesetzt. So weiß er, was »Leben« ist. Es bedeutet in keinem Fall, sich mit »Lesen« auf und davon zu machen. So ist für ihn jede Art der »Dialektik« ein »Décadence-Symptom«, das auf Ungelebtem, auf Mangel an Leben, beruht. In diesem Lichte sind auch seine Worte an Dr. Otto Eiser, zu Anfang des Jahres 1880 geschrieben, zu verstehen: »Meine Existenz ist eine fürchterliche Last: ich hätte sie längst von mir abgeworfen, wenn ich nicht die lehrreichsten Proben und Experimente auf geistig-sittlichem Gebiete gerade

in diesem Zustand des Leidens und der fast absoluten Entsagung machte – diese erkenntnisdurstige Freudigkeit bringt mich auf Höhen, wo ich über alle Marter und Hoffnungslosigkeit siege.«
Das Leiden als Quelle unmittelbarer Teilhabe am Leben, das erfahren wird durch die tägliche Erprobung, was er an Last zu tragen fähig ist! Dieses immer neu angestellte Experiment macht das Leben zu einem fesselnden Schauspiel und schafft jene »erkenntnisdurstige Freudigkeit«, die an eine Selbst-Preisgabe überhaupt nicht denken läßt, vielmehr Ausgang für Zustände fortwährender Beglückung ist. Ein solches Denken mochte zwar die Vorschule Schopenhauers hinter sich haben, befand sich aber schon auf dem Wege zu Höhen mit bisher unbekanntem Ausblick.

So bewegt sich denn auch Nietzsches Plan, den Festungsturm auf dem Stadtwall von Naumburg nebst dazugehörigem Garten zu mieten, um die Gärtnerei zu betreiben, auf dieser Linie. Er hat diesen Gedanken ernsthaft erwogen. Die Mutter ist schon beauftragt, sich wegen der Bedingungen zu erkundigen. Er ist bereit, auf sechs Jahre 17 ½ Taler für die Nutzung zu zahlen. »Der Gemüsebau entspricht ganz meinen Wünschen und ist auch eines zukünftigen ›Weisen‹ keineswegs unwürdig«, bekommt die Mutter von ihm aus St. Moritz zu hören mit der für ihn selbst bestimmten neuen Lebensmaxime: »Eine wirkliche Arbeit, welche Zeit kostet und Mühe macht, ohne den Kopf anzustrengen, tut mir not.« Es gilt jetzt, die beabsichtigte Pflege des Gartens in Naumburg mit den Aufenthalten in St. Moritz zeitlich abzustimmen. Das würde heißen: im Frühjahr Gartenarbeit, für die ihn die Mutter noch anzuleiten hätte, den Sommer über wieder Aufenthalt im Hochgebirge, wo er sich wohlzufühlen beginnt. Er schiebt dies zu einem großen Teil der Selbstverpflegung auf seinem Zimmer in St. Moritz mit Milch, Eiern, amerikanischer Zunge, getrockneten Pflaumen, Brot und Zwieback zu. »Ich war noch in keinem Hotel oder Restaurant«, erfährt die Mutter, zusammen mit der Nachricht, daß sein Magen dadurch wieder »völlig in Ordnung« ist. Ein Grund für diese neue Lebensweise im teuren Schweizer Kurort liegt freilich auch in dem Zwang für Nietzsche, sich nach seinem Ausscheiden aus dem Dienst einzuschränken, denn die Pensionsregelung steht damals in ihrem ganzen Umfang noch aus, was zur Vorsicht zwingt.

Nun kann in St. Moritz auch kein Bleiben auf Dauer sein. Was Nietzsche ohnehin schon lange am Engadin gestört hat, ist der »Überfluß von Deutschen und Baslern«. Er hat eine Wahl zu treffen zwischen der Reise zu Köselitz in Venedig, der ihm den Besuch dringend anrät, und der Rückkehr nach Naumburg mit der Gartenarbeit, wie er sie sich vorgenommen hatte. Vielleicht ist es der Instinkt, der ihn jetzt im Vorgefühl einer heraufziehenden schweren Erkrankung die Nähe der Mutter suchen läßt. Denn was ihn im darauffolgenden Naumburger Winter ereilt, ist die vollständige Katastrophe; er gelangt hier auf einen in seinem Leben bis dahin nie erreichten Tiefpunkt. Nietzsche nur noch der Schatten seiner selbst! »Der Wanderer und sein Schatten« als Titel einer Schrift von 350 Aphorismen macht die Existenz Nietzsches in jenen Monaten autobiographisch sinnfällig. Es sind Gedanken der Todesnähe, die allen christlichen Erfahrungen widersprechen. Nichts von diesen Erfahrungen trifft zu. Das Christentum ist, innerhalb einer Naturgeschichte von Jahrmillionen, ein einziger Irrweg! Allerdings ein kurzer von etwa 1900 Jahren, der für ihren Gesamtverlauf nicht ins Gewicht fällt. Die Gedanken gehören noch der Stufe von »Menschliches, Allzumenschliches« zu, in deren zweiten Teil sie eingehen, aber sie weisen schon auf die folgende Schrift, die »Morgenröte« von 1882 hin, zu der sie überleiten.

Der Bewußtseinszustand des völligen körperlichen und beruflichen Ruins sind die Schaffensvoraussetzungen für den »Wanderer« gewesen. Es ist wie so vieles von Nietzsche eine Gebirgsschrift, also zum großen Teil in den Schweizerischen Alpen verfaßt und zwar in jener für ihn jetzt einzig möglich gewordenen Produktionsweise des skizzenhaften, oft flüchtigen Entwurfs, für den ihm auf den Spaziergängen die Einfälle kommen. Es handelt sich wieder um eine Sammlung von Gedanken, deren erste schriftliche Fassung von anderer Hand abgeschrieben und dann verschiedentlich redigiert wird. Das entspringt nicht der Willkür, sondern wird dem Verfasser, der sich kaum länger als zehn Minuten andauerndes Schreiben oder Lesen erlauben kann, durch die eherne Notwendigkeit aufgezwungen.

Nietzsche hatte das richtige Vorgefühl gehabt, wenn er sich vom Engadin nach Naumburg zur Mutter begab. Den Winter, den er hier verbringt, nennt er »den sonnenärmsten meines Lebens«. Wie biologisch Nietzsche dachte und wie sehr er sich selber in diese Sicht der Dinge einbezog, sagt seine autobiographische Bemerkung: »Im sechsunddreißigsten Lebensjahre kam ich auf den niedrigsten Punkt meiner Vitalität … Dies war mein Minimum.« An Arbeit im bereits gemieteten Garten ist denn auch gar nicht zu denken. Es stellt sich heraus, daß die Augen dafür viel zu schwach sind. Die »Gemüsebauerei«, so läßt er Overbeck wissen, ist eine »Unmöglichkeit« für ihn. Statt dessen sehnt er sich wieder in eine Gegend zurück, in der er seine Spaziergänge fortsetzen kann, ins Engadin oder noch lieber an den Gardasee.

Nietzsche selbst hält für die Zeit von Januar 1879 bis Januar 1880 eine trostlose Bilanz von hundertzehn schweren Anfallstagen fest. Aber diese Leidenszeit, in der er alles daransetzt, die Todessehnsucht zu überwinden und die Lebenskräfte in sich zu aktivieren, bedeutet für ihn ein Purgatorium, aus dem er erneuert hervorgeht. Erneuert bis in die Struktur der Großhirnrinde! Denn der Nietzsche nach 1880 ist ein anderer als der bis zum Ende der Basler Lehrtätigkeit, er ist jemand, der mehr und mehr vergessen zu haben scheint, was er bis dahin gedacht, gesagt oder zu Papier gebracht hat.

Das Familienleben von Mutter, Sohn und Tochter kennt übrigens um diese Zeit eine eigentümliche Variante. Wir erinnern uns, wie dringlich die Mutter Elisabeths Anwesenheit gefordert und angemahnt hatte. Jetzt, als Nietzsche in Naumburg die rührende Pflege der Mutter an sich erfahren kann, weilt die vorher für so unentbehrlich gehaltene Elisabeth in Chur: bei einem Fräulein von Planta als Gesellschafterin.

Die zweite Septemberhälfte des Jahres 1879, die Nietzsche in Naumburg verbringt, hatte sich schwer angelassen. Er lebt hier ohne Freund und Genossen. Der einzige persönliche Verkehr ist der mit der Mutter. Das wäre für ihn, dessen Freundschaftsbedürfnis immer nach mündlicher Mitteilung drängte, kaum zu ertragen gewesen, wenn die Rücksichtnahme auf seine Gesundheit ihm diese Lebensweise des stillen Vorsichhinlebens nicht vorgeschrieben hätte.

Es hatte denn auch eine unübersehbare Bewandtnis damit, daß Nietzsches Rückkehr nach Naumburg mit dem Gedanken an das Gärtchen vor der Stadtmauer motiviert worden war. Hier will er zehn Obstbäume in die Pflege nehmen, Erdbeeren, Stachel- und Johannisbeeren ernten, dazu Rosen, Lilien und Nelken anpflanzen. Wenn aus dem Plan nichts wird, weil nach seinen Aufenthalten in der Wagnerschen Zauberwelt und der Misere des Basler Alltags zu viel rückwärtsgewandte Utopie darin steckte und er körperlich dazu nicht in der Lage war, so ist das eine andere Sache. Wie sehr er gerade jetzt auf die Naturidylle eingestimmt ist, zeigt seine Beschäftigung mit Stifters »Nachsommer«. Man vergißt es allzuleicht: Nietzsche ist der eigentliche Entdecker Adalbert Stifters. Daß Stifter, der sich selbst nicht für einen »Künstler«, sondern für einen »Erzieher« hielt, ein Ereignis der Sprache ist, hat vor Nietzsche niemand gewußt. So wenig, wie der Name Stendhal in Frankreich den ihm zukommenden Rang einnahm, bevor Nietzsche ihn als »Psychologen« feierte.

Ein Exemplar des »Nachsommer« sendet Nietzsche nach Venedig an Köselitz, der in seiner Antwort im Lob des Buches sich nicht genug tun kann. Aus der Entfernung werden die Fäden der in Basel bereits bestehenden Freundschaft noch enger gesponnen; jetzt erst wird aus der Korrespondenz das innere Geflecht dieser Beziehung sichtbar. Es ist eine Beziehung von an Alter und auch geistigem Rang völlig Ungleichen. Das mochte angehen und war bei einer Gestalt wie Nietzsche auch kaum anders möglich. Aber der Unterschied ist hier größer als zwischen ihm und Deussen, Rohde, Overbeck oder Rée. Köselitz ist Musiker mit dem Bewußtsein, das auch Nietzsche hatte, daß andauernde

Beschäftigung mit der Musik die intellektuellen Fähigkeiten mindert. Das Thema war selbstverständlich auch Wagner geläufig, der sich öfter darüber ausgesprochen hat.

Im Briefwechsel dieser Monate steht aber Köselitz nicht nur für das musikalische Element, sondern auch für Venedig, das Nietzsche in der Unwirtlichkeit des Naumburger Winters mehr und mehr anzuziehen beginnt. Köselitz muß diese Reiselust zunächst in ihm noch eindämmen; denn auch in Venedig ist es kalt, die Lagune ist zugefroren, der Schiffsverkehr eingeschränkt; vor allem: es fehlen die Öfen. Vornehmlich aber geht es beiden um die Vorbereitung des zweiten Teils von »Menschliches, Allzumenschliches«. Schon in seiner Basler Zeit war Köselitz zeitweilig zu Nietzsches Hauptschreiber avanciert, eine Tätigkeit, die er bei der Zusammenstellung des »Wanderers« in Venedig fortgesetzt hatte. Bei der Entzifferung flüchtig hingeworfener aphoristischer Bemerkungen hatte er Scharfsicht bewiesen, für ihre Interpretation – mit allem Respekt – eigene Vorstellungen entwickelt. Mit ihm ließ sich Nietzsche auf eine Diskussion sehr wohl ein.

Vor allem hatte Köselitz die Übersicht über die zahlreichen verstreuten Einzelpapiere, er macht auf Aphorismen aufmerksam, an die Nietzsche nicht gedacht oder die er nicht mehr für bedeutsam genug gehalten hatte, sie zu veröffentlichen. So weist Köselitz darauf hin, daß sich unter den Sorrentiner Aufzeichnungen noch manches zum Druck Geeignete befände. Er scheut sich gelegentlich auch nicht, Nietzsche geradewegs zu widersprechen oder zumindest Bedenken anzumelden, so etwa gegen dessen These, daß die Lutherische Reformation ein Rückfall in der Geschichte gewesen sei, daß die »Helligkeit der Renaissance« sie eigentlich überflüssig gemacht habe. Dem stellt Köselitz entgegen, was Nietzsche sicher nicht als unzutreffend, aber eben gerade darum als peinlich empfinden mußte, nämlich: »daß von Luther aus einer der kräftigsten Schritte in der Demokratisierung der Welt geschah« (1. Oktober 1879). Was Köselitz dem Freunde empfiehlt: »Achtung vor Luther, dem großen gewaltigen Menschen mit dem mächtigen Gemüt!« war Nietzsche nicht unbekannt gewesen, es war die Wahrheit seiner Mutter in Naumburg, es war die Wahrheit, die sein Vater sonntäglich von der Kanzel von Röcken verkündet hatte, die gleiche, der seine Vorfahren kraft Beglaubigung durch das Amt anhingen und der er jetzt mit der ganzen Wucht der sich selbst verliehenen Autorität widersprach. Zur Eigenart der Lutherischen »Demokratisierung«, so erwidert Nietzsche vier Tage später, gehöre freilich noch ein Supplement: es handele sich um einen Luther, der die Bauern »wie tolle Hunde totschlagen hieß und eigens den Fürsten zurief, jetzt könne man mit Schlachten und Würgen von Bauernvieh sich das Himmelreich erwerben«.

Im Februar hält es Nietzsche nicht länger in Naumburg. Einige Tage vorher war Paul Rée zu Besuch gekommen. Aber auch dessen Gegenwart kann ihn an der Abreise nicht hindern. Er will in den Süden. Am 12. Februar bricht er auf und gelangt drei Wochen später nach Venedig.

In dieser Stadt, die Nietzsche in den Märztagen des Jahres 1880 zum ersten Mal betrat, war seine eigene Vorgeschichte als Geschichte seiner geistigen Vorfahren bis zu Goethe auf seltsame Weise gegenwärtig. Der Goethe der »Venetianischen Epigramme«, die aus dem Leben und Erleben der Stadt an der Lagune hervorgegangen waren, mochte sich in einer Welt der Gefühle bewegen, die Nietzsche stets verschlossen blieben, aber das Gebot der Form trug der Neuankömmling darum nicht weniger fordernd in sich. Ihm bleibt er in den Versen, die er später Venedig widmet und die zum Schönsten gehören, was über die Stadt gesagt wurde, ebenso verpflichtet. Eine erste Wohnung in der Stadt gibt er bald wieder auf und vertauscht sie mit einem in der Nähe des Meeres gelegenen mit Marmor ausgestatteten Zimmer, zu dem eine Prachttreppe hinaufführt, das aber sonst durch die Dürftigkeit der Einrichtung auffällt. Der Markusplatz mit den Tauben und den flatternden Fahnen hat es ihm besonders angetan. Die Vormittage sind zunächst noch kalt, aber am Nachmittag kann er schon im Freien bei Musik Kaffee trinken. Im Verkehr mit Köselitz, der ihm täglich vorliest, nimmt Nietzsche bald auch die Diktate wieder auf. Das Zusammensein der beiden ist meist auf ein bis anderthalb Stunden beschränkt. Mehr an Anstrengungen, die solche persönlichen Gespräche ihm abverlangen, kann er sich selbst nicht zumuten.

Der Nietzsche dieser venetianischen Wochen ist der Nietzsche des Wandels von »Menschliches, Allzumenschliches« zur »Morgenröte«, eines fließenden Übergangs also, denn die Lehre von der Relativität der Moral, die er jetzt pointiert zur Darstellung bringt, war ja in ihren Grundzügen bereits entwickelt.

Jetzt, in der Zeit des ersten Aufenthalts in Venedig, wird der Nietzsche des *Willens zur Macht* geboren, eben jener Denker, an den sich so leicht der Gedanke des Verhängnisses knüpft.

Nietzsche wäre nicht Nietzsche gewesen, wenn sich nicht auch in Venedig bald wieder Unbehagen an seiner Umwelt eingestellt hätte. Es bestand zunächst der Plan, den ganzen Sommer über dort zu verbringen. Doch schon Anfang Juni erscheint ihm die Hitze unerträglich. Die Moskitos plagen ihn. Und so denkt er an Abreise. Er möchte das Meer mit einer waldreichen, schattenspendenden Landschaft vertauschen. Der Beschluß, nach Marienbad zu reisen, wird nicht nur gefaßt, sondern schnellstens ausgeführt. Mitte Juli kann er Köselitz bereits einen Bericht von seinem Aufenthalt in dem böhmischen Kurort geben mit allen Anzeichen der Enttäuschung. Wäre er doch besser in Venedig geblieben. Marienbad hat ihn wieder zum Eremiten verurteilt, der er in Venedig nicht zu sein brauchte. Nichts als Waldspaziergänge, manchmal von zehnstündiger Dauer, und daneben »fatale Wässerchen« trinken! Dazu meistens Regen.

Es waren nicht zuletzt Sparsamkeitserwägungen gewesen, die Nietzsche bewogen hatten, das mondäne Kurleben Marienbads zu meiden und sich statt dessen ein bescheidenes Quartier in der ländlichen Umgebung zu suchen. Nach seinem Ausscheiden aus dem Beruf empfindet er die Anpassung an eine wirtschaftliche Lebensweise als dringendstes Gebot. Aber bei der Wahl seiner Pension hatte er sich gründlich vergriffen. Es stellt sich nämlich heraus, daß im Haus eine Falschmünzerwerkstatt ist. Er muß erleben, wie der Wirt von Gendarmen weggeführt wird. Das Gebäude bleibt tagelang von der Polizei umstellt, weil man noch nach einer zweiten Druckmaschine zur Herstellung von gefälschten Banknoten fahndet. Nietzsche versucht, so gut es geht, die vom Unheil betroffene Vermieterin zu trösten. Er ist froh, als die Kur zu Ende geht.

Gerade die Wochen in Marienbad ohne Freunde, fern von Mutter und Schwester, lassen ihn seine Einsamkeit wie eine kaum zu bewältigende Last spüren. Es ist kein Wunder, daß in der Eingezogenheit, in der er sich jetzt befindet, die Erinnerung Macht über ihn gewinnt. In den Nächten steigt die Vergangenheit auf. Köselitz bekommt unter dem 20. August 1880 zu hören, wie sehr Nietzsche der Schmerz über den Verlust von Wagners Sympathie überwältigt: »Wie oft träume ich von ihm, und immer im Stile unsres damaligen vertraulichen Zusammenseins! Es ist nie zwischen uns ein böses Wort gesprochen worden, auch in meinen Träumen nicht, aber sehr viele ermutigende und heitere, und mit niemandem habe ich vielleicht so viel zusammen gelacht. Das ist nun vorbei – und was nützt es, in manchen Stükken gegen ihn Recht zu haben! ... es scheint mir so töricht, Recht haben zu wollen um den Preis von Liebe ...«

Statt in den Thüringer Wald zur Fortsetzung des ländlichen Aufenthalts reist er dann aber doch nach Naumburg zurück. Es folgen untätige Wochen, die zum Entschluß führen, wieder den Süden aufzusuchen. Nicht Venedig, sondern Genua! Wenn Nietzsche auf der Reise, zunächst an den Lago Maggiore, knappe vier Wochen in Stresa bleibt, dann ist das eher in dem Umstand begründet, daß er hier die nachgesandten Bücherkoffer erwartet. Er erlebt den See mit heftigen Stürmen. Dichte Herbstnebel liegen über dem Wasser. Melancholische Gedanken steigen auf. Er fühlt die erste Kälte. Vor dem Winter graut ihm. Am 11. November trennt er sich vom Lago Maggiore, dessen »bleichsüchtige Schönheit«, wie er es nennt, eher den Eindruck der Trauer erzeugt und es ihm nicht schwer macht, abzureisen. Einen Tag später trifft er in Genua ein.

Genua ist ihm von Anfang an gemäßer als Venedig gewesen trotz des verklärteren Lichts, das er als Dichter auf die Stadt an der Lagune fallen läßt. Genua fehlt das Müde, die Gefährlichkeit des Schirokko, der mit den von den Kanälen träge aufsteigenden Dünsten Zonen des Absterbens schafft. Thomas Manns »Der Tod in Venedig« wird später mit der Aureole umgeben sein, die Wagner der Stadt gegeben hatte, aber auch Nietzsche. Genua ist dagegen eine von Meer und Hafen belebte und bewegte Stadt, eine Stadt großer wirtschaftlicher Aktivitäten. Sie ist weniger imstande, den Italien bereisenden Touristen auf längere Zeit zu halten, ihn an sich zu fesseln, ihn so zu ermüden, daß er den Mangel an Energie spürt, sich loszureißen. Die vielen Schiffe, die täglich ein- und auslaufen, der Güterumschlag, der hier vorgenommen wird, der Lärm, der von den Kais aufsteigt, schaffen die Illusionslosigkeit der Gegenwart als Gegengewicht gegen die große Geschichte dieser Stadt. Aber sie schaffen in dem Augenblick, in dem er hier eintrifft, Nietzsche die Möglichkeit, sich zu verstecken, im dunklen Gewirr der Gassen unterzutauchen. Darum auch die Mühe, die er bei der Wohnungssuche aufwendet! In allerkürzester Frist hat er drei Domizile hinter sich, bevor er in der Salita della Battistine 8 etwas findet, das nach seinem Geschmack ist: ein Stübchen, zu dem er 164 Stufen steigen muß. Hier kann ihn niemand finden, weil ihn hier niemand vermutet. Darum auch die an Mutter und Schwester geäußerte dringende Bitte, seinen Aufenthaltsort Unerbetenen nicht mitzuteilen. Vor allem fühlt sich hier vor Wagner sicher. Er hat immer die Furcht, ihm in Italien begegnen zu können. Durch die Korrespondenz mit dem Verleger Schmeitzner, der mit Wagner und Wolzogen in Verbindung steht, ist er über Wagners Reisepläne stets auf dem laufenden. Er kann darum einem solchen Treffen von vornherein aus dem Wege gehen. Das ist auch einer *der* Gründe, warum er nicht nach Venedig, der von Wagner bevorzugten Stadt bei seinen Reisen durch Italien, zurückkehrt. Es wäre nicht auszudenken gewesen, ihm hier plötzlich gegenüberzustehen. Und die Wagners sind – das zeigt ihre Route beim italienischen Erholungsurlaub vom Jahr 1880 sowie der Sizilienreise von 1881 – unberechenbar. Auf der Rückreise machen sie in Venedig Station. Nietzsche hat recht. Sind sie in Italien, gilt für ihn höchste Alarmstufe. Hier ist die Allgegenwart des Gottes ernsthaft in Betracht zu ziehen. Aber nach Genua wird Wagner nicht kommen. »Ich bitte aller Welt zu sagen, ich sei in San Remo, in Wahrheit bin ich in Genua und will hier bleiben«, schreibt er am 16. November nach Naumburg.

In Genua ist Nietzsche zu jener extremsten Form der Einsamkeit gelangt, die sich nicht mit der vorübergehenden Hotelzimmerexistenz des Kurgastes von Veytaux, Baden-Baden oder Stresa vergleichen läßt. Hier wird sie nach seinem Ausscheiden aus dem Universitätsdienst grundsätzlicher Art, wird sie mit Entschiedenheit gesucht und durchgesetzt, bedeutet sie ein bewußtes Eintauchen in die Anonymität des Bewohners eines großen Miethauses. Eine Einsamkeit, die unbegrenzte Verfügung über die eigene Zeit schafft, das Losgelöstsein von allem, was ihm hinderlich sein könnte. Er ist jetzt ganz bei sich. Der Verfasser der »Morgenröte«, an der er hier schreibt, hat das eigene Ich als einzigen Umgang. Das ist keine Lebensform nach eigener Wahl; schließlich haben äußere Umstände sie ihm aufgedrängt, ist die Krankheit als Grund für seine Pensionierung in jugendlichem Alter schuld daran, ertragen seine Nerven keine Dauerbeanspruchung durch die Umwelt. Die Einsamkeit bedeutet jetzt die einzige Chance, diesem durch beinahe ununterbrochene Schmerzen gepeinigten Leben noch einen Sinn abzugewinnen, den er sich im Niederschreiben seiner Gedanken gibt. Diese Lebensnotwendigkeit unterdrückt auch das tiefe Freundschaftsbedürfnis, das ihn nie verlassen hat und sich auch jetzt meldet, als er brieflich über Köselitz die Beziehung zu Gersdorff, der sich in Venedig als Maler niedergelassen hatte, wieder aufzunehmen versucht.

Aber alles in allem verschafft Nietzsche der Kerker der Einsamkeit auch unbestreitbares Wohlbehagen. In Genua versteht er es zum ersten Mal, sich mit großem Vergnügen darin einzurichten. Er unternimmt Spaziergänge, oft mit seiner Umhängetasche voller Bücher, Notizheften, Brot und Früchten in die Umgebung, um sich auf einem einsamen Felsen am Meer im Freien unter einem Sonnenschirm niederzulassen: »still wie eine Eidechse«, kann er dazu vermerken; Meer und reiner Himmel: was kann es Schöneres geben? Er entdeckt für sich, wie Genua vom Meer her lebt, wie die Paläste, Landhäuser und Lustgärten der Stadt von der unersättlichen Selbstsucht ihrer Eigentümer zeugen, wie die Beutelust in diese Pracht hineingewachsen ist. Eroberung schafft solche Reichtümer, wie sie ihm hier vor Augen stehen.

Im Gegensatz dazu steht seine eigene, verborgen gehaltene Privatheit im bescheidenen Quartier der Klause, wo er die Gedanken zur »Morgenröte« zu Papier bringt. Und sich eigene italienische Gerichte zusammenstellt, mit Artischocken und Eiern als Hauptbestandteilen, Makkaroni und anderer leichter Kost, die nicht ins Geld schlägt! Das Leben in seiner Einsiedelei bestätigt ihm täglich aufs neue: Genua paßt besser zu ihm als Venedig. Außerdem kann er mit dem Fortschreiten der Arbeit am Buch zufrieden sein; die an Köselitz geschickten Manuskripte werden ihm prompt in der Reinschriftfassung wieder zugestellt. Weihnachten verbringt er dann gegen die Gewohnheit früherer Jahre allein. Das zeigt die Richtung an, die er in Zukunft einschlagen wird. Nicht daß es ihn bedrückte! Er liegt auf seinem Bett und legt Rechenschaft ab über sich selbst. Ein Tag ist wie der andere, zwar zum Wohl seiner Gesundheit, aber doch *gegen* seine Natur. Um diese Jahreszeit entdeckt er den Nachteil seines Zimmers. Es ist ungeheizt. Wie wird er den härteren Teil des Winters hier überstehen?

Was in der »Morgenröte« über den Anteil der Ernährung, des Klimas, der Luft an der Geschärftheit der Instinkte und des Denkens gesagt ist, was einen Hauptteil seiner späteren Philosophie ausmacht, war aus eigenen täglichen Erfahrungen hervorgegangen! Erfahrungen als unerbittliche Selbstbeobachtungen in einem Lebensalltag mit strengen Regeln, wenig Reden, beschränkter Lesezeit und also Ordnen der Gedanken, dazu langen Wanderungen und einer ganz bedachten Pflege der Einsamkeit.

Aus Venedig drängt Köselitz auf Nietzsches Besuch. Aber der hat keine Lust. Wir wissen, warum. Aber ein anderer Vorschlag, den Köselitz macht, findet mehr Gnade: nämlich zusammen nach Recoaro, einem Dorf in der Provinz Vicenza, 463 m über dem Meere gelegen, in die Sommerfrische zu gehen. Der Ort hatte nach Köselitz' Erkundigungen alle Vorzüge eines Luftkurorts, war das genaue Gegenteil von Venedig mit seiner gefährlichen Schwüle. Nietzsche geht gleich darauf ein und zwar aus zwei Gründen. Er kann Köselitz die Bitte nicht abschlagen, außerdem eignet sich der gemeinsame Aufenthalt im Gebirge gut, die Korrekturen für die »Morgenröte« gemeinsam durchzusehen.

In Recoaro ergibt sich zwischen den beiden Freunden ein sehr ersprießliches Zusammenleben, das allerdings kaum vier Wochen dauert. Denn Köselitz reist am 31. Mai wieder ab. Nietzsche bleibt noch bis in die ersten Julitage. Es bildet sich eigentlich jetzt erst Nietzsches Vorstellung von Köselitz als der großen Musikerpersönlichkeit aus, die er unter dem Namen »Peter Gast« auftreten läßt. Köselitz, der nach Venedig gegangen war, um von hier aus seine Komponistenlaufbahn vorzubereiten, hatte immer wieder erfahren müssen, welche Schwierigkeiten den Italienern die Aussprache seines Namens bereitete. Der Vorschlag, sich »Peter Gast« zu nennen, stammt von Nietzsche. Köselitz, folgsam wie immer gegenüber dem »Herrn Professor«, nimmt ihn an. Um so leichter kann Nietzsche den Freund Köselitz, der sich an eine Neuvertonung des Stoffs von Cimarosas Oper »Die heimliche Ehe« begeben hatte, als großen Künstler unter dem neuen Namen aufbauen, das Gerücht von seinem Können verbreiten. Während der gemeinsamen Tage in Recoaro geht er gleich ans Werk und berichtet am 18. Mai über Köselitz an Overbeck: er »ist ein Musiker ersten Ranges« und verfügt über »eine technische Vollkommenheit und Feinheit der Ansprüche an sich selbst, die mir, in diesem groben Jahrhundert, unsäglich erquickend vorkommt«. Und am gleichen Tage, unter dem persönlichen Eindruck von Köselitz stehend, an die Naumburger Familienangehörigen: »was er kann, kann ihm unter den Lebenden keiner nachmachen«.

Das gehört zu den Begleiterscheinungen dieser Wochen im Frühsommer des Jahres 1881. Dazu zählt auch die Lektüre von Gottfried Kellers »Grünem Heinrich«, dessen zweite Fassung Nietzsche sich damals vornimmt, sehr langsam, Seite für Seite, wie es seinem Lesen überhaupt entsprach. Jedes Jahr *ein* Buch! Im letzten Jahr war es Stifters »Nachsommer« gewesen. Man spürt, wie die Gegenständlichkeit in der Sprache dieser Bücher Nietzsches eigenem Stil entgegenkommt. Nicht die Abstraktionen der deutsch-idealistischen Schulphilosophen mit ihren zu Haufen zusammengetragenen -heit und -ung-Formen, denen der Lebenssaft entzogen ist, sondern die Freude am Bild, die Vorliebe für den lebenskräftigen Vergleich, die greifbaren Dinge selbst, beherrschen hier das Feld. Denken ist immer eine Form des Lebens, hat darum auch in einer Form zu erfolgen, die »lebend sich entwickelt«.

Und Denken und Schreiben des Gedachten sind auch in Recoaro die eigentlichen Gründe für Nietzsches Aufenthalt. Die unter dem Titel »Morgenröte« zusammengefaßten Papiere werden in Köselitz' Gegenwart noch einmal einer strengen Kontrolle unterworfen und unmittelbar für den Druck fertig gemacht. Nietzsche kann schon das Eintreffen des Buchs in Naumburg ankündigen mit der Empfehlung an Mutter und Schwester, von der Lektüre abzusehen: »Aber ich bitte Euch von ganzem Herzen, es *nicht* zu lesen und es Niemandem zu leihen«, schreibt er am 11. Juni. Warum? Es ist nach den geltenden Vorstellungen »unmoralisch« und »schamlos«. Mit einem solchen Sohn und Bruder läßt sich im bürgerlichen Naumburg kein Staat machen. Spätestens nach dem Erscheinen der »Morgenröte« ist er hier nicht mehr vorzeigbar. Das war nicht rhetorisch-kokett gemeint. Dem Stolz der Mutter, der im Naumburger Kränzchenwesen ihres Sohnes wegen oft vielfältige Reverenz erwiesen wurde, von der sie so gern und ausführlich berichtet, wird mit diesem Buch ein arger Schlag zugefügt werden. Aber auch dem Glauben der Mutter selbst, die hier ihre ererbten, erlernten und für unanfechtbar wahr gehaltenen Glaubensgrundlagen zerstört finden konnte! Insofern war das Buch eine ganz familiär gehaltene Form der Aufsage, vom Verfasser offenbar für notwendig erachtet, weil das bisher Geschriebene von »Menschliches, Allzumenschliches« noch nicht ausgereicht hatte, den letzten Zweifel an ihm als »Atheisten« zu beseitigen, vielleicht den Wunsch nach der Rückkehr eines zeitweilig Verirrten aufsteigen ließ. Davon konnte jetzt nicht mehr gesprochen werden. Der Schwester gibt Nietzsche den Rat, sich mit dem Argument: »ich kenne die neueren Ansichten meines Bruders nicht«, aus der Affäre zu ziehen.

Nietzsche konnte voll und ganz hinter dieser Besorgnis um die Schwester stehen und war im vollen Recht, wenn er von der Subversivität der in diesem Buch geäußerten Gedanken ausging. In Genua hatte er im wahrsten Sinne des Wortes wie in einem Versteck seine verbotenen Sätze niedergeschrieben. Es war kein Buch, das am Schreibtisch eines renommierten Gelehrten verfaßt worden wäre, sondern ein Werk der Heimlichkeit, ersonnen im Verschlag eines Genueser Mietshauses oder auf den Felsklippen der ligurischen Küste, wo er sich wie eine Eidechse in der Sonne wärmte. Philosophie als permanenter Ausnahmezustand eines schwer Leidenden und eines ganz großen Minenlegers, der sich der nachfolgenden Wirkung völlig gewiß ist, der dabei nicht nur auf umsichtige, sondern höchst elegante Weise zu Werke geht, indem sein Stil allein schon durch die Ästhetik des Sprechens die bekämpfte Sache in ein schlechtes Licht rückt. Als »Revolutionär«, der Nietzsche wie kaum ein anderer in seinem Jahrhundert war, ist er nicht von der Art, die Fenster einschlägt, sondern hat das rhetorische Raffinement des »antiken« Autors und die Gabe, dem Gegner die Neigung zum Fenster-Einschlagen auf das überzeugendste nachzusagen; er ist der »Heide«, der dem »Christen« seine »Unmöglichkeit« bestätigt und beweist, indem er dem scheelsüchtigen Mißtrauen gegen das Leben die ganze Lebensschönheit, die Unschuld der Natur, den guten Geschmack, die guten Manieren, die Freude an der Kunst vor Augen hält. Diese Fähigkeit des bezaubernden Einnehmens durch die Sprache, Nietzsches Sprache, ist hier auf den Höhepunkt getrieben. Mit der »Morgenröte« ist ein neues Eiland erreicht; die Schiffe, mit denen man ans Ufer gelangt ist, werden verbrannt. Es hat seinen guten Grund, wenn in der »Morgenröte« der Beginn des authentischen Denkens bei Nietzsche gesehen wurde.

Das Buch, das im Sommer 1881 bei Schmeitzner in Leipzig erschien, war ein Buch, das nicht zum ersten Mal autobiographische Schlüsse allergrößten Maßes auf den Verfasser gestattete. Daß der Verleger das Manuskript annahm, zeigt das Vertrauen, das er in seinen Hausautor setzte, obwohl der Absatz von »Menschliches, Allzumenschliches« sehr zu wünschen übrig ließ. Nietzsche ist damals ein weitgehend unbekannter Schriftsteller. Außer dem Kreis der Freunde und Bekannten im weitesten Sinne, denen er meist über den Verlag selbst oder auf eine andere Weise ein Exemplar zukommen läßt, gibt es nur einen unbedeutenden Stamm von Lesern, der seine Produktion verfolgt, darunter anonyme Einzelgänger der deutschen Provinz, denen der Name Nietzsche etwas besagt. Wir wissen, daß Nietzsche Zuschriften erhält, die aber so gut wie alle von ihm unbeantwortet bleiben. Im übrigen ist seine Lebensführung nach der Aufgabe des Berufs und besonders nach der Trennung von Wagner nicht gerade auffällig.

Welche Bewandtnis der eigene Lebensfaden für das Buch hatte, zeigt die fünf Jahre nach dem erstmaligen Erscheinen geschriebene Vorrede, die im Entwurf den Titel »Wir Immoralisten« hatte und Persönliches über den Verfasser zum Vorschein kommen ließ. Ohne Umschweife gibt er sich dem Leser als der zu erkennen, der er hier sein will und ist: »In diesem Buche findet man einen ›Unterirdischen‹ an der Arbeit, einen Bohrenden, Grabenden, Untergrabenden.« Das gibt zu großen Erwartungen Anlaß. Was hier verhandelt wird, hat offenbar das Tageslicht zu scheuen; es ist denn auch ein Werk »unter Tage«. Hier ist ein »Maulwurf« in voller Tätigkeit, der nach seiner einsamen Arbeit das Schweigen aufgibt und darum viel zu sagen hat, der Kunde mitbringt von etwas, das »nicht Jedermanns Sache sein dürfte«. Der eigentlich alle Ursache hätte, sein verbotenes Tun zu verbergen: »ich stieg in die Tiefe, ich bohrte in den Grund, ich begann ein altes *Vertrauen* zu untersuchen und anzugraben, auf dem wir Philosophen seit ein paar Jahrtausenden wie auf dem sichersten Grunde zu bauen pflegten, – immer wieder, obwohl jedes Gebäude bisher einstürzte: ich begann unser *Vertrauen zur Moral* zu untergraben.«

Das war ein offenes Wort und zwar in einer Sprache, wie sie die Deutschen bisher nicht kannten. Es verriet den Anschlag, der hier geplant und ausgeführt war und die bestehende Ordnung einzustürzen drohte, sie an einer Stelle traf, wo man sie für unverletzlich hielt. Wenn sonst nichts gelten mochte, Staat und Kirche von Köpfen eines aufrührerischen Jahrhunderts ungestraft für verderblich erklärt werden konnten, die Gesellschaft mit ihren Institutionen zur Erhaltung des Eigentums, mit der Ausbeutung und Ausplünderung von Menschen schon im dunkelstem Lichte stand, wer würde es so ohne weiteres gewagt haben, die Moral selbst in Zweifel zu ziehen? »Gedanken über die moralischen Vorurteile« hatte Nietzsche sein Buch im Untertitel genannt. Das klang gedämpft, meinte aber in der Sache: die ganze geltende Moral, alles, was darunter verstanden wird und in Kraft ist, ist ein einziges Vorurteil. Das ging weit über den Gedanken der Relativität der Moral hinaus, der mit mehreren verschiedenen Moralen rechnete und die Geltung einer einzigen in Frage stellte, wie es Nietzsche, von Paul Rée darin bestärkt, in »Menschliches, Allzumenschliches« getan hatte. In der »Morgenröte« wird die Moral selbst auf die Waage gelegt und für zu leicht befunden.

Hier ging jemand offen und zugleich heimlich zu Werke: Seht, was ich als »Maulwurf« und schließlich Totengräber der alten Moral alles vollbracht habe! Damit war natürlich noch nicht gesagt, was die Moral im ganzen wie im einzelnen bedeutete, wie mißverständlich sie in ihren verschiedenen Legierungen sein konnte. Nietzsche verstand darunter, was von der platonischen Philosophie und vom Christentum an Werten geschaffen worden war, was als »Moral« galt. Hier liegt ein Notstand vor; denn es ist über »Gut« und »Böse« bisher schlecht nachgedacht worden. Eine Revision der bestehenden Regeln ist unerläßlich. Daß jemand »moralisch« ist, muß nicht viel bedeuten, man wird es, weil man sich keine Gedanken gemacht hat oder resigniert, vielleicht aus einem Akt der Verzweiflung, dem Gefühl der Schwäche. Die Kunde, die der in der Erde auf dem Grunde der Moral bohrende und grabende »Unterirdische« mit zutage fördert, enthält die Botschaft: die Moral ist selbst »die größte Meisterin der Verführung« und unterhält Bündnisse mit dem Lebensfeindlichen gegen das Lebenssteigernde. Angesichts der Moral als Autorität wird nicht gedacht, sondern »gehorcht«. Die Moral ist nicht bereit, sich zum Gegenstand der Kritik machen zu lassen. Ihre Macht ist unbegrenzt; »die Moral gebietet nicht nur über jede Art von Schreckmitteln, um sich kritische Hände und Folterwerkzeuge vom Leibe zu halten ... sie weiß zu ›begeistern‹. Es gelingt ihr oft, mit einem einzigen Blicke, den kritischen Willen zu lähmen, sogar zu sich hinüberzulocken, ja es gibt Fälle, wo sie ihn gegen sich selbst zu kehren weiß.«

Die »Moral« also selbst eine mit allen Ressourcen ausgestattete große Verschwörung, die sich gegen die verschiedenen Versuche, ihr entgegenzuarbeiten, auf vielfältigste Weise verhält! Der daher nicht leicht beizukommen ist! Ein solches Sehen entsprach dem Hang Nietzsches, Konspirationen zu vermuten, im privaten Bereich wie im öffentlichen Leben, in der Staatsverfassung etwa durch eine drohende, unmittelbar bevorstehende Revolution. So war es im Fall der Rosalie Nielsen gewesen. Aber auch im familiären Kreise ist ein abgekartetes Spiel, etwa der Versuch der Mutter, ihm durch den Entzug der Schwester Schaden zuzufügen, in Rechnung zu ziehen. Es gilt auf der Hut zu sein. Er wird veranlaßt sein, die europäische, die Weltöffentlichkeit später noch auf andere drohende Gefahren aufmerksam zu machen.

Das kann den Rang seiner Kritik an der geltenden Moral nicht mindern, macht sie selbst nur verständlicher, zeigt, daß hier kein Bruch zwischen ihr und seiner Person bestand. Auch die Konsequenz ist bestechend: Aus dem »Wir Immoralisten« wird jetzt ein Bekenntnis, das für den über das literarische Europa bald verbreiteten »Immoralismus« das Stichwort abgab und Anhänger und auch Verbreiter der neuen Botschaft finden ließ.

Vieles darin war als Gehalt nicht neu, stammte aus der alten vorkapitalistischen Welt, die ja noch aus Schopenhauers Denken hervorschimmert. Der »Fortschritt« seit den 70er Jahren war ökonomischer, technischer Fortschritt, er bedeutete Aufstieg zur Prosperität von darin bisher benachteiligt gebliebenen Klassen und Schichten, die, wie das Bürgertum, sich an die aufstrebende Industrie und die Politik anhängen und von Hoffnungen beflügelt sind; die jetzt im ausgreifenden Industriekapitalismus von der »Pflichtenlehre« in die Zucht genommen und zu Komplizen der »Moral« werden. Die Warnung vor der »Hast, der unanständigen und schwitzenden Eilfertigkeit«, war nicht nur gut schopenhauerisch, sondern entsprach auch dem athenischen

Ideal der Muße und der erträumten Idylle des Lebens auf einer Insel in ungestörtem Frieden. Alle Schnelligkeit ist verdächtig. Es gilt das »lento«. Nur die Früchte des langsamen Denkens verdienen Vertrauen. Es muß auch langsam gelesen werden, so wie Nietzsche es bei Stifters »Nachsommer« und Kellers »Grünem Heinrich« tut. Und es muß vor allem langsam geschrieben werden. Was machen schon fünf oder sechs Jahre für den Verfasser der »Morgenröte« bei der Niederschrift seiner Gedanken aus? So fragt er sich selbst und die Leser seiner nachträglich geschriebenen Vorrede des Buches.

Bei den Themen der »Morgenröte« schlägt die innere Selbstbeteiligung Nietzsches daran in jedem Satz voll durch. Welches sind die Themen? Alles, was für ihn zu den Grundgedanken der Kultur gehört, wie sie dem bürgerlichen Bewußtsein der Zeit erscheinen mochte, alles, worin er sich dabei selbst verwickelt sieht. Alles, was den Aufbau der Kultur ausmacht, die in der »Moral« in geronnener Form auftritt, alles, was auf ihre Verdächtigkeit, ihr Überholtsein, ihre Krankheit verweist. Für die Zukunft stehen die Dinge zunächst einmal schlecht. Dem Optimismus, wie er vor allem im aufsteigenden deutschen Kaiserreich gang und gäbe ist, ist schlechterdings zu mißtrauen. Als Verfasser der »Morgenröte« ist Nietzsche Diagnostiker der »Spätzeit«. Das Zeitalter steht am Ende. Man sieht zurück, kann jetzt wie vom hohen Gipfel aus die Vergangenheit überschauen, die Summe aller Kulturen ziehen, darf sich aufgeklärt und über alle Maßen informiert glauben. Und tatsächlich verfügt die Zeit über ein Wissen wie keine andere vor ihr. Aber man hat keine Fülle von Erwartungen vor sich. An diesen Einsichten ist der »Psychologe« beteiligt. Ein Denken ohne »Psychologie« – das gehört mit zum Fazit seiner Erfahrungen – kann ernsthaft nicht mehr bestehen. Zum »Psychologen« tritt der »Physiologe«, der sich in den körperlichen Organismen auskennt, ihre Beschaffenheit fest im Auge behält und sie zu deuten versteht. Der sich auskennt in ihren möglichen Erkrankungen und weiß: abnehmende Kraft schlägt um in die Neigung zum bösen Urteil. Der Mangel an Taten hat den Pessimismus im Gefolge und macht den »Denker« zum »Vorausverkünder« künftigen Unheils. Darin liegt für Nietzsche der Schlüssel zur Einsicht in die kontemplativen Naturen überhaupt wie Dichter, Denker, Priester mit ihrer vertrackten Neigung zum »Bösen«.

Da haben wir es: Nietzsche selbst läßt sich aus der Kritik nicht aus. Spricht er hier nicht von sich selber? Gibt ihm nicht die eigene Verwobenheit in die Fatalität der Dinge die Ahnung, die hier herausgekehrt wird und schonungslos gegen ihn selber zeugt? Sein Leiden am »Christentum« macht ihn empfindlich gegen alles, was in irgendeiner Beziehung zu ihm steht oder gar aus ihm hervorgegangen ist. Es macht ihn empfindlich gegen die angepriesenen »Heilkräfte«, gegen die »sogenannten Tröstungen«, gegen das »Mitleid« als einem verhängnisvollen Irrtum: »die größte Krankheit des Menschen ist aus der Bekämpfung ihrer Krankheiten entstanden, und die anscheinenden Heilmittel haben auf die Dauer Schlimmeres erzeugt, als Das war, was mit ihnen beseitigt werden sollte.« Sofortige Erleichterungen während der Krankheit müssen oft mit der allgemeinen Verschlimmerung des Leidens bezahlt werden. Und: Wer einmal bis zu einem gewissen Grade krank war, wird nie mehr ganz genesen. Marxens »Religion« als »Opium des Volkes« liegt ganz in der Nähe. Die Gifte, die einmal durch die Blutbahn gegangen sind, hinterlassen Dauerschäden, meint Nietzsche. Er macht es sich nicht so leicht, den Weg des geringsten Widerstands zu wählen, Fernabliegendem seinen Groll zu zeigen, Absterbendem oder Halbtotem, was sich ohnehin nicht mehr regen kann. Bei Nietzsche muß die eigene Wurzel zersägt werden. Die Wahrheit verlangt das so. Er denkt beim »Christentum« immer an das der eigenen Herkunft, das Christentum des lutherischen Pastorenhaushalts mit seiner Sicherheit, in der es seinen »Stachel« verloren hat. Aber was dem »Christentum« in seinen Anfängen anhing, wodurch es sich verbreitete, war gerade die »Gefährlichkeit«, die von ihm ausging. Eine »Gefährlichkeit« sehr komplexer Art, von der es in seiner verbürgerlichten Form nicht gerne sprach, an die es auch nicht gern erinnert werden wollte. In dem Bild, das Jacob Burckhardt als Historiker vom Kaiser Diokletian zeichnete, waren Züge eines von Natur aus milden Herrschers zu sehen, den die »Christen« durch den Hang zur Konspiration, den Kaiser um seine Krone zu bringen, zu ihrem Verfolger gemacht hatten. Hier war das Klischee der »christlichen Unschuld« gegenüber der »heidnischen Grausamkeit« zerstört. Es war nichts anderes als eine feine Stilisierung der Christus-Gläubigen. Aber Nietzsche befindet sich hier ganz auf Burckhardts Spuren, wenn ihm das dahinter steckende sich türmende Machtbewußtsein nicht verwerflich erscheint, wenn er ihm im Gegenteil Bewunderung zollt. Im hohen katholischen Klerus hat der »Wille zur Macht« bestechende, bis in die Gebärden reichende Formen gefunden, er hat in ihnen »vielleicht die feinsten Gestalten der menschlichen Gesellschaft *ausgemeißelt*«, die es überhaupt gibt, und zwar durch das Bündnis von Anmut und Verschlagenheit. Denn das Christentum hat sich nach den Anfängen seiner »ländlichen Plumpheit«, wie sie aus dem Apostel Petrus spricht, in eine »geistreiche Religion« verwandelt. Die ins Auge fallende »mächtige Schönheit und Feinheit der Kirchenfürsten« besitzt für das Volk eine größere Beweiskraft der Wahrheit als alles andere. Die Reformation bedeutet hier wieder unendlichen Abstieg. Sie führte – natürlich gegen ihr eigenes Selbstverständnis – vor allem in der Lutherschen Version eine »zeitweilige Brutalisierung der Geistlichkeit« herbei, die »der Harmonie von Gestalt, Geist und Aufgabe« ein Ende bereitete, die vom höchsten, was erreichbar ist, wegführte.

Nietzsches Untertauchen in Genua als instinktives Sich-Verstecken vor der Öffentlichkeit war so abwegig nicht, denn seine Gedanken von der »Grablegung des Christentums« oder die ersten Vermutungen über den »Tod Gottes« hatten den Charakter des Verbotenen. Im bürgerlichen Sinne ist der Verfasser der »Morgenröte« gestorben. Er rührt an Dinge, die höchst verletzlich sind, über die es Meinungen, Glauben, aber kein sicheres Wissen gibt, die besser im Unausgesprochenen bleiben. Das Buch ist eine unerhörte Herausforderung des Bestehenden. Sein Rat an die Schwester, sich öffentlich vom Verfasser zu distanzieren, oder die Bitte, es der Mutter nicht zum Lesen zu geben, rechnen mit den Grenzen des Zumutbaren, die hier nach eigenem Urteil überschritten sind. Die »Morgenröte« ist Vorverhandlungen, um dem jüdischen und christlichen »Gott« den Prozeß zu machen, an dessen Ende sein Todesurteil steht. Der Vergleich mit Marx drängt sich auf.

»Gott« ist indessen für Marx keine Verhandlungsgrundlage. Nichtexistierendes kann nicht zum Gegenstand der Erörterungen werden. Nietzsche nimmt seiner ganzen Herkunft und Erziehung nach die Existenz Gottes ernst. Zur Todeserklärung Gottes gehört es, daß er vorher gelebt hat, wie umgekehrt die der Religion eigene Beschwörung des lebendigen Gottes insgeheim mit der Möglichkeit seines Todes rechnet, gerade wenn er mit allem Nachdruck bestritten wird. Dieser Widerspruch zur eigenen Behauptung wohnt in jeder Gottesspekulation. Nietzsche wirft den »Atheisten« vor, sich bisher nicht darauf verstanden zu haben, »reinen Tisch zu machen«, indem sie sich damit begnügten, die Beweise vom Dasein Gottes zu bestreiten. Hier dringt jemand auf endgültige Regelung der Verhältnisse.

Das war nicht bloß mit der Geste des Prometheus zum Ausdruck gebracht, sondern mit dessen ganzer Vollmacht. Die Folgen werden noch zeigen, wie tief sie begründet war, wie sehr sich mit Nietzsches Namen weit über Europa hinaus der auf seinen Gipfel geführte Atheismus verbindet. Nietzsche steht für den Gottesmord, für den er als Verfasser der »Morgenröte« den Plan gefaßt hatte.

Es ist also ein großes Vorhaben, das ihn damals so unaufhörlich in Deutschland, der Schweiz und Italien umhertreibt. Der Denker, der zugleich Täter sein will und auch ist! Die Ausführung bedarf umfangreicher Vorbereitungen, die ihn so entschlossen die Einsamkeit, das In-Dunkel-Gehüllt-Sein suchen lassen.

Der »Unzeitgemäße«, als der er sich auch jetzt fühlt, hat sich dabei dennoch nicht von seiner Zeit entfernt. Wenn man an den »Kulturkampf« denkt, den Bismarck gegen die katholische Kirche führte und der damals die verschiedensten konfessionellen Stimmungen anfachte, dann kann man bei Nietzsche ein eigentümliches Segeln im Wind der großen kirchenpolitischen Auseinandersetzungen wohl bemerken. Aus den Fronten von Staat und Kirche, von Protestantismus und Katholizismus, ist der ehemalige Vortragsredner des Bonner Gustav-Adolf-Vereins freilich herausgelöst. Der »Maulwurf« gräbt tiefer. Er kann sehr wohl das »Christentum« der Reformation als seine ursprüngliche Lebensgrundlage aufs Spiel setzen und fasziniert sein von der Schönheit innerhalb der katholischen Hierarchie, der Noblesse herrscherlichen Gebietens: diese Schönheit gleicht der von gefährlichen Raubtieren, die von Nietzsche voll bejaht wird und später dem ›höheren Typus Mensch‹, zugeschrieben werden wird, es steckt darin die Kraft scharfer Instinkte, die Tücke früher Gefahrenwitterung und grandioser Machtwille. Das ergibt brauchbare Indizien. Denn Streben nach Macht war gerade das, was Bismarck der katholischen Kirche vorwarf, deren Bischöfe er im Licht seiner nationalen Politik auf dem Höhepunkt des »Kulturkampfs« wie gefährliche Staatsfeinde behandelte. Vor ihnen hatte man sich vorzusehen. Bismarck hielt einen Mordanschlag auf ihn durch die Jesuiten für durchaus denkbar.

In seiner Debatte über Gott und Götter wirft Nietzsche Europa seine Rückständigkeit vor; es hat bei allem sonstigen Fortschritt »noch nicht die freisinnige Naivität der alten Brahmanen erreicht«, die vor viertausend Jahren mehr Lust am Denken zeigten als es heute bei uns üblich ist, und die wußten: mächtiger als die Götter sind die Priester. Die Herrschaft der Götter wird aufrechterhalten durch Gebete und Zeremonien, Opfer und Lieder. Es liegt in der Kompetenz der Priester, die Götter beiseite zu rücken. Sie sind es, die dem Christentum ein Ende bereitet haben. Für Buddha bedarf es keines Gottes mehr. Der Mensch erlöst sich selbst. Davon ist Europa noch weit entfernt. Es hat viel nachzuholen, ehe es zu dieser Stufe der Erkenntnis kommt. Der Weg dazu wäre eine Vereinigung aller Nichtgläubigen: »Es gibt jetzt vielleicht zehn bis zwanzig Millionen Menschen unter den verschiedenen Völkern Europas, welche nicht mehr ›an Gott glauben‹.« Sie sollten einander ein Zeichen geben und würden, wenn sie sich untereinander erkennen, »sofort eine Macht in Europa sein«. Eine Internationale der Atheisten, »eine Macht *zwischen* den Völkern! Zwischen arm und reich! Zwischen Befehlenden und Unterworfenen! Zwischen den unruhigsten und den ruhigsten, beruhigendsten Menschen!«

Die Befreiung des Menschen von Gott als Weg zur Erlösung! Nichts Geringeres ist hier gesagt. Der »Christ« sollte das Wagnis eingehen, wenigstens »auf längere Zeit versuchsweise ohne Christentum zu leben«, er ist es geradezu seinem Glauben schuldig, »einen Aufenthalt ›in der Wüste‹ zu nehmen«, um die Frage nach der Notwendigkeit des Christentums für sich selbst zu prüfen. Unter dem Stichwort »Bedenklich« schreibt Nietzsche in der »Morgenröte«: »Einen Glauben annehmen, bloß weil er Sitte ist – das heißt doch: unredlich sein, feige sein, faul sein! – Und so wären Unredlichkeit, Feigheit und Faulheit die Voraussetzung der Sittlichkeit?« Und der »historisch« gewordenen Religionen, die auf diesem Boden ihre Früchte tragen!

Die Methode der Umwertung der Werte als die Umkehrung ihrer Qualitäten ins Gegenteil ist hier weitergetrieben. Es wird die Erlösung von den bisherigen Erlösern in Aussicht gestellt und schon als bald anrückende Möglichkeit vor Augen geführt. Die Zukunft im Jahrhundert der Kriege wird noch zeigen, wie ernst zu nehmen der Gedanke ist, wie sehr er unabhängig von Nietzsche in die politische Praxis der Revolution Eingang findet. Darin ist nicht nur die Kunde, die der »Maulwurf« nach seinem unterirdischen Graben und Bohren an den Tag bringt, es liegt darin die Einsicht des »Psychologen«. In seinen Hauptstücken ist das zweite Buch der »Morgenröte« der berühmt gewordenen, berüchtigten und oft mißverstandenen Warnung vor dem »Mitleid« gewidmet, »Mitleid« in der Nähe von »Liebe«, »Nächstenliebe«, »Barmherzigkeit« als ein vom Christentum ausgebildetes Gefühlsverhalten. Die Ursprünge reichen weiter zurück. Im Buddhismus ist Mitleiden das eigentliche Element der Religion. Mit seiner Ablehnung des »Mitleids« steht Nietzsche am Anfang der modernen Psychologie, entwickelt er eine Sehweise als Durchdringen seelischer Verhalte, die bis dahin unbekannt war. »Mitleid« – das kann er seinen Verteidigern entgegenhalten – ist eine Form des Obenseinwollens. Vor diesem Gefühl hat man sich zu hüten. Für den Mitleidenden ist es eine Quelle der Lust, es schafft Genuß wie jede Befriedigung eines Triebs. Es wirkt darin die Freude am Gelingen mit, etwa einer schrecklichen Ungerechtigkeit ein Ende bereitet zu haben. Wer Mitleid hat, setzt sich höher als der Bemitleidenswerte.

Das war nicht nur gegen das Christentum gesagt, sondern bedeutete Nietzsches Aufkündigung seiner Verpflichtungen gegenüber Schopenhauer und dessen Mitleidslehre. Es sind von nun an zwei Fronten, die er im Auge behalten muß. Was hat die bestehende Moral im Sinn, wenn sie Mitleid predigt? Die Antwort ist klipp und klar: sie will die »Schwächung und Aufhebung des Individuums«. Diese Setzung geht bei Nietzsche freilich nicht ohne künstliche Aushilfen vor sich. Er denkt hier, von Burckhardt inspiriert, an das große Individuum der Renaissance, den uomo universale, dessen Werte, seien sie in den nachfolgenden Jahrhunderten in Kraft geblieben oder nicht, er dem ständigen Verfall erliegen sieht. Das Nächstliegende dabei ist, daß man dem Menschen ein »schlechtes Gewissen« einredet, daß man ihm über die Vorstellung der »Sünde« seine völlig und ausweglose Verderbnis bestätigt. Unerfüllte Forderungen an die soziale Gerechtigkeit kommen hinzu. Immer weiter um sich greifendes Schuldbewußtsein schränkt den Bewegungsraum des Individuums zusehends ein. Es hat Gründe, sich verantwortlich zu fühlen und schaut danach aus, ob nicht in irgendeinem Winkel der

Erde Elend ist, das es zu beseitigen gilt. Warum? Um Mitleid zu üben, um seine Überlegenheit in kleiner Münze zu reichen. Um sich obenzuhalten! Und den anderen herabzudrücken! Der Beweis: Es gibt eine imponierende Abwehr gegen das Mitleid, und zwar von seiten derer, die jede Schonung gegen sich selbst zurückweisen. Sie wissen, was gespielt wird. Verzicht auf das Mitleid bedeutet demnach, »das allgemeine Gefühl der menschlichen Macht stärken und höher heben«. Es bedeutet, sich einen raffiniert erzeugten Lustgewinn makabrer Art zu versagen.

Der Rat, den der Verfasser der »Morgenröte« gibt: »Kleine abweichende Handlungen tun not!« ist, als aphoristische Zuspitzung vorgebracht, ein glattes understatement. Er bedeutet, der Moral widerstehen, wo man ihr in den Formen des Alltags begegnet. Daraus folgen, im Sinne Schopenhauers, Gebrauchsregelungen für das Leben, z. B. sein Leben nicht dem »Zufall der Ehen« zu überlassen. Man soll die Ehe wichtiger nehmen als sie auf den Schwur der Verliebtheit aufbauen. Oder man hege Verdacht gegen das landläufige Wort vom »Segen der Arbeit«! Dahinter steckt die »Furcht vor allem Individuellen«; denn wer arbeitet, ist ungefährlich, er verbraucht darin einen Großteil seiner Nervenkraft, die dem Nachdenken, dem Träumen, dem Lieben oder Hassen und vor allem jeder ernsthaften Form des Planens entzogen wird. Staat und Gesellschaft verfahren in der Praxis nach dem Grundsatz: »Arbeit ist die beste Polizei.« Arbeit gewährt leicht zu ereichende regelmäßige Befriedigungen, somit ist sie Garantie für die Sicherheit der Herrschenden. Und das Symptom für den Aphoristiker, der darin das Fortschreiten der Zeit wahrnimmt: »Entsetzen! Gerade der ›Arbeiter‹ ist *gefährlich* geworden! Es wimmelt von ›gefährlichen Individuen‹! Und hinter ihnen die Gefahr der Gefahren – *das* Individuum«.

Das ist in Richtung auf den Staat gesagt, der im Begriff ist, über Verwaltung, Steuern, Militäraushebung seine Zuständigkeit immer mehr auszudehnen und jene Omnipotenz zu schaffen, die ihm in der Abstraktion der Hegelschen Philosophie zukam. Als unvergleichliches Beispiel steht dabei das im Aufsteigen befindliche »Deutsche Reich« mit Preußen als seiner Hauptkraft vor Augen, das dabei ist, die altliberalen Reste im deutschen Süden und der Schweiz, die geistige Existenzbasis Jacob Burckhardts, in eine Seinsweise der zweiten Ordnung herabzudrükken. Nietzsche spricht hier aus konkretem Anlaß, nämlich dem der Sozialistengesetze, die gerade voll in Kraft getreten sind und mit einem bis dahin unbekannten Täterkreis rechnen. Hier gelangt die Ambivalenz in Nietzsches Denken zum Vorschein. Den Sozialismus mit seinen Versprechungen, die nicht einlösbar sind, hält er für eine Naivität – Wagner, dem er es später noch vorhalten wird, war in jüngeren Jahren Sozialist gewesen. Aber im »Arbeiter«, der seine ganzen Energien auf seine »Arbeit« verwendet, eine Gefahr zu sehen, gehört zu den Widersprüchen einer irrlichternden Epoche und gibt schon Anlaß, den »Arbeiter« als »Individuum« ernsthaft in Betracht zu ziehen. Das lag in seinem wortspielerisch ausgebeuteten Doppelsinn. Nichts in der herrschenden Moral steht mehr auf festem Boden.

Damit ist Nietzsches Blick auch schon auf die deutschen Verhältnisse gerichtet, wird der »Deutsche« ins Visier genommen, werden die Prozeßakten gesichtet, die beim großen Gerichtstag gegen ihn sprechen sollen. Was er den Deutschen nachsagt, ist Feindschaft gegen die Aufklärung. Sie hängen dem Kult des Gefühls anstelle des Kults der Vernunft an. Darum auch das schlechte Ansehen Voltaires bei den Deutschen! Darum der Hang der deutschen Philosophie zur Spekulation! Darum ihre Pietät gegen alles, was war! Nietzsche hält die »deutsche Romantik« für die Ausgeburt des Deutschen schlechthin, dessen Sinn auf »Christentum«, »Volksseele«, »Volkssage«, »Volkssprache«, die »Mittelalterlichkeit« gerichtet sei. Mit der Revolution haben sich die Deutschen nicht ernsthaft eingelassen, aber dafür mit der Musik: »die deutschen Musiker, als die Künstler des Unsichtbaren, Schwärmerischen, Märchenhaften, Sehnsüchtigen, bauten an dem neuen Tempel erfolgreicher als alle Künstler des Wortes und der Gedanken.« Eintauchen in das wortlose Gefühl, um dem Vernunftgebrauch enthoben zu sein! Dieser Gedanke Nietzsches wird Schule machen, er wird vor allem in das in Frankreich verbreitete Bild vom »Deutschen« Eingang finden. Der Urheber ist dabei meist unterschlagen. Daß der Charakter eines Volkes wie der Deutschen sich in einer von der Vernunft weit entfernten Kunst ausspricht, besagt einiges. Vorsicht vor einem Volk, dem die Klarheit des Wortes wenig bedeutet und dafür mehr das Irrationale, das der Musik wie keiner andern Kunst eigen ist, so hören wir später von François Mauriac. Aber Nietzsche hat gegen die Deutschen noch anderes auf dem Herzen: es fehlt ihnen gegenüber den Franzosen der Esprit, dafür sind sie daran gewöhnt, »die Langeweile als moralisch zu empfinden«.

Dieser Versuch zur vergleichende Völkerpsychologie, wie ihn Nietzsche in der »Morgenröte« zum ersten Mal in größeren Zügen unternimmt und später in verschiedensten Entwürfen weiterführt, hat etwas von Grund auf Vorläufiges an sich. Es geht dabei zumeist um Franzosen, Italiener, Engländer, aus der alten Welt um Griechen und die von da in die Neuzeit herübergekommenen Juden. Es gehört zu Nietzsches Denken, an der eigenen Wurzel zu sägen, daher haben beim Vergleich der Völker die Deutschen in der Regel die Kosten zu tragen. Ob zu recht oder zu unrecht? Vieles in der Rechnung steht noch aus, es fehlt noch der Schlußstrich, der gezogen werden könnte. Aber es klingt jetzt schon der Ton der Warnung vor den Deutschen auf. Man darf sie nicht aus dem Auge verlieren. »Ein Deutscher ist großer Dinge fähig, aber es ist unwahrscheinlich, daß er sie tut«. Warum? Er »gehorcht, wo er kann, wie dies einem an sich trägen Geiste wohltut«.

Das Bild der Deutschen, wie Nietzsche es hier gibt, war nicht ganz neu. Es hatte bestimmte Vorlagen, z. B. in der Charakterisierung als gutmütige pfeifenrauchende Berserker, womit die Madame de Staël versuchte, sie ihren Landsleuten jenseits des Rheins verständlich und sympathisch zu machen. Leichtsinn ist ihnen fremd. Sie nehmen alles sehr ernst, sie sind durch ihren Hang zum Gehorchen ungefährlich. Aber man darf sie nicht reizen, darf sie nicht in Not bringen, dahin, wo sie sich allein gelassen sehen. Denn dann kann der Deutsche plötzlich seine Kräfte entdecken, »dann wird er gefährlich, böse, tief, verwegen und bringt den Schatz von schlafender Energie an's Licht, den er in sich trägt und an den sonst niemand (und er selber nicht) glaubte«.

Das ist, gemessen an dem, was zum Thema »Deutschland und die Deutschen« von Nietzsche noch zu hören sein wird, nur eine blasse Vorwegnahme. Es gibt Spuren von andern erstmals flüchtig gestreiften Themen wie der »Wille zur Macht«, der Zusammenhang von »Rasse« und »Kultur«. Insbesondere beim ersten Thema beginnt sich jetzt der Einfluß Jacob Burckhardts auszuwirken. In diesen Fragen hätte er keinen kompetenteren Lehrmeister haben können. »An sich ist die Wahrheit durchaus keine Macht ... – Sie muß vielmehr die Macht auf ihre Seite ziehen oder sich auf die Seite der Macht schlagen, sonst wird sie immer wieder zu Grunde gehen!« Was hier Nietzsche ausspricht, war nichts anderes als das Fazit von Burckhardts »Weltgeschichtlichen Betrachtungen«. Mit ihnen werden die Nebelschwaden idealistischer Gesinnung durchstoßen. Es gab dafür auch Beispiele aus der Praxis. Die Zeitgenossen hatten seit fast zwanzig Jahren in Bismarck den lebenden Beweis für diese Maxime. Im Umgang mit dem Parlament, mit inneren Feinden wie Sozialisten und katholischer Kirche, mit Dänemark, Österreich, Frankreich, den norddeutschen Bundesländern demonstrierte er, welcher Gehalt in dem Satze lag. Diese politische Praxis mochte durch ihre Notwendigkeit gerechtfertigt sein, es mochten Maßhalten und der Blick für das Machbare darin stecken, aber sie stand doch immer auch unter der Dominanz der Macht. Ohne sie war nichts möglich.

Eine andere Vorstellung, die der »Rasse«, wird in der »Morgenröte« kaum mehr als in der Form des Stichworts gebraucht. Aber ihre Behandlung ist schon ins Programm hineingenommen. Ein festes Resultat steht noch aus. Gerade hier zeigt sich wieder, wie Nietzsches Gedanken oft Reflexe des von Wagner gesprächsweise Behandelten waren, dessen sich auch andere, wie Hans von Wolzogen in den »Bayreuther Blättern«, annahmen. Vom Austausch der Vorstellungen, der zwischen Wagner und Gobineau in diesen Jahren auf das intensivste stattfindet, ist Nietzsche persönlich ausgeschlossen. Ihre Gespräche ergeben Übereinstimmung über Rolle und Wert der »Rasse«, lassen aber Abweichungen erkennen, wenn Gobineau in der katholischen Kirche eine Ordnungsmacht sieht, Wagner ihr dagegen den Vorwurf macht, der »Rassenvermischung« zu dienen. Mit seinen im § 282 der »Morgenröte« niedergeschriebenen Partien zeigt sich Nietzsche ganz auf der Höhe des Themas.

Motto: »Die Reinigung der Rasse«; mit dem aus der geschichtlichen Beobachtung herausgezogenen Erfahrungssatz: »Es gibt wahrscheinlich keine reinen, sondern nur reingewordene Rassen, und dies in großer Seltenheit«; Folgerung: »Gekreuzte Rassen sind stets zugleich auch gekreuzte Kulturen, gekreuzte Moralitäten: sie sind meistens böser, grausamer, unruhiger.« Die Antike bietet für Nietzsche ein schlagendes Beispiel: »Die Griechen geben uns das Muster einer reingewordenen Rasse und Kultur«; Reinigung als das, was dem wünschbaren Ideal der Rasse vorauszugehen hat, Reinigung als Züchtung auf dem Wege, mit einem in die weite Zukunft hinein gesprochenen Postulat: »hoffentlich gelingt einmal auch eine reine europäische Rasse und Kultur.«

Nietzsches »Darwinismus« verfährt hier recht pauschal, wie überhaupt das noch erst in Fluß Befindliche, Provisorische seinen Gedanken die Form gibt. Unabgeschlossenes gehört zum Charakter des Aphorismus wie des Essays. Vom Experimentellen, dem das Zeitalter der Naturwissenschaften tief verpflichtet ist, läßt sich bei ihm nicht die geringste Spur finden. »Rasse« ist bei Nietzsche eine Sache der »Natur« wie der »Kultur«, wird aber durch ihn auch zu einer Sache der »Moral«.

Man darf hier getrost von der Neueinführung eines Themenkreises in die Philosophie sprechen. Schließlich zögerte man später auch nicht, Nietzsche für manche der Folgen verantwortlich zu machen, die sich aus einer fatalen Anwendung von Mißverstandenem ergaben. Die Innovation, die mit der Verflechtung von »Rasse« und »Moral« zum Zuge kam, hatte umstürzende Wirkung. Sie schlug der alten »Moral« den Boden aus. Das hieß: Nichts hat mehr die überkommene Geltung, nichts versteht sich von selbst, das Unterste wird zuoberst gekehrt. Die »Morgenröte« kündigt den neuen Tag an. Alle Sicherheiten sind dahin. Die »Bewegung« als Gesetz der Geschichte hat sie längst zerstört. Nur hat man es noch nicht bemerkt. Nichts gleicht mehr sich selber. Was man heute unter Philosophie versteht, hat mit der Philosophie der Griechen nur den Namen gemein. In den platonischen Dialogen lebte eine göttliche Begeisterung, Trunkene schienen darin Rede und Gegenrede zu halten, man sprach von der Dialektik, der »göttlichen Kunst«, sang und stammelte wie im »Liebeswahnsinn«.

Es gibt *eine* Sicherheit in der Welt der »Morgenröte«. Sie wird in dem Buch nicht ausgesprochen, ist aber das Feststehende in Nietzsches Denken. Es ist die Atomschleuder des Demokrit, die Aufruhr in das Sein hineinbringt, überhaupt Sein als Aufruhr kennt. Schon darum kann die bisher geltende Moral keinen Ewigkeitswert haben. Jede Gewißheit muß der Revision unterzogen werden. Das gilt unausgesprochenermaßen auch für die Lehre von der Freiheit des Willens. Sie hat höchst bedenkliche Eltern: den Stolz als Vater und das Machtgefühl des Menschen als Mutter. Im Sein als dem Wirkungsbereich der Atomschleuder behält der weise Ödipus recht damit, daß wir weder für unsere Träume noch für unser Wachen verantwortlich sind.

Die klimatischen Verhältnisse von Recoaro hatten sich für Nietzsche nach der Abreise von Köselitz mehr und mehr als unleidlich herausgestellt. Er denkt an einen Ortswechsel. In der Wahl ist er frei. Persönliche Rücksichtnahmen hat er um diese Zeit keine mehr zu nehmen. Er kann gehen, wohin er will. Die Zukunft ist jetzt weit geöffnet, nichts hindert ihn mehr, sich mit beherztem Sprung in sie hineinzustürzen.

Zukunft ist für Nietzsche längst die Ungewißheit geworden. Seine Existenz verhält sich wie das Atom in der Atomschleuder des Demokrit. Dessen Philosophie ist also für ihn keine Spekulation, sondern Erlebtes, ist Lebensphilosophie. Was wird die Krankheit aus ihm machen? Die Geldmittel fließen spärlich. Der Entschluß, sich ins Schweizer Hochgebirge zu begeben, der in ihm langsam reift, hat immer auch ökonomische Gründe. In der Natur ist er vor größeren Geldausgaben sicher, wenn es ihm gelingt, ein billiges Quartier zu finden. Es bereitet sich während dieser Wochen Entscheidendes in ihm vor: der Rückzug auf vorletzte Bastionen einer ganz auf sich selbst geworfenen Kreatur, für die der zu erwartende Gewinn gering, die Aussicht auf den Sturz groß, ja sicher ist, die als denkende Existenz dem Schauspiel des Widerstands ihres Lebenswillens beiwohnt und im Aufbäumen gegen den Zusammenbruch die Erfahrungen herholt, die das Existieren noch sinnvoll machen.

Eine gewisse Planlosigkeit in Nietzsches Lebensführung war indessen nicht mehr zu vermeiden. Sie war schon längst zur Methode des Überlebens geworden, hatte ihm besonders in Genua gute Dienste geleistet und ihn, was die Ortswechsel anbetraf, immer recht flexibel gehalten. So kann er am 19. Juni, von Recoaro aus, seine Abreise in Aussicht stellen mit der beziehungsreichen Angabe: »Meine Adresse: St. Moritz in Graubünden (Schweiz) poste restante«.

Der Aufbruch zieht sich dann noch eine Weile hin. Am 2. Juli reist er ab. Unterwegs gibt es beträchtliche Unannehmlichkeiten zu überstehen. Der Zug verfehlt den Anschluß. Der Verlust an Zeit (er verspätet sich um einen Tag), den Nietzsche dabei veranschlagt, fällt bei seiner freien Verfügbarkeit darüber weniger ins

Gewicht als die Geldausgabe. St. Moritz selbst stößt ihn ab. Er denkt an seinen schmerzgeplagten Aufenthalt zwei Jahre zuvor und zieht es vor, gleich weiterzufahren. Was dann kommt, ist für ihn wie die Entdeckung Amerikas für Columbus. Es bedeutet die Bekanntschaft mit »dem lieblichsten Winkel der Erde«, wie er am 8. Juli an Köselitz schreibt. Sils Maria ist gefunden. Nietzsche richtet sich in einem rückwärtig mit Blick zum Wald gelegenen Zimmer eines kleinen, abseits von der Straße stehenden Hauses im Stil des Einsiedlers ein.

Auch hier gilt es zunächst, sich in diesem etwas versteckt gelegenen Tal des Engadin einzuleben. Es ist in den folgenden Wochen selbst für die Bewohner ungewöhnlich heiß. Bei Nietzsche stellen sich gleich wieder die alten Beschwerden ein, Kopfschmerzen und zwei bis drei Tage dauernde Anfälle, dazu die Atemnot. Es ist jetzt noch nicht ersichtlich, wie günstig Nietzsche die Luft des Engadin, insbesondere die von Sils Maria, in ihrer wohltätigen Langzeitwirkung auf sich einschätzt; darauf kommt er erst später ausdrücklich und aus besonderem Anlaß zurück. Der Genius der Menschheit bedarf besonderer Luftverhältnisse. Athen, Jerusalem, Florenz wären nicht, was sie gewesen sind, ohne ihre Luft. Es müßte fortan Sils Maria mit ihnen in einem Zuge genannt werden. Warum? Die Antwort findet sich in einem zwei Jahre später, am 3. September 1883 an Köselitz geschriebenen Brief: »Dies Engadin ist die Geburtsstätte meines Zarathustra.« Zunächst läßt sich Nietzsche, insbesondere von Overbeck und der Schwester, Bücher kommen. Sein Lesehunger, der seinen schwachen Augen harte Dienste abverlangt, ist in diesen Wochen gewaltig. Am 30. Juli kann Overbeck von ihm erfahren: »Ich habe einen Vorgänger und was für einen.« Nietzsche ist bei der Lektüre von Kuno Fischers »Geschichte der Philosophie« auf Spinoza gestoßen, dessen »Gesamttendenz gleich der meinen ist«, wie er anschließend bemerkt. Die meiste Zeit verwendet er aber zunächst neben stundenlangen Spaziergängen durch die Wälder auf die geplante Fortsetzung der »Morgenröte«, auf die Niederschrift von Gedanken, von denen einige zur »Fröhlichen Wissenschaft« überleiten. Die Luft des Engadin, die sommerlichen Hochtemperaturen, die ununterbrochene Einsamkeit des stillen Gastes in dürftigem Quartier, der sich morgens zu seinen Wanderungen an den See des Silvaplana aufmacht, haben einen eigentümlichen Zustand der Erregung geschaffen, eine Gespanntheit der Nerven, die notwendig ist, um zu solchen Einsichten wie der von der »Ewigen Wiederkunft« zu gelangen. Was hier noch Gedanke ist, nimmt im »Zarathustra« menschliche Gestalt an. »Ewige Wiederkunft« und »Zarathustra«, Gedanke und menschliche Gestalt in grandioser Form miteinander verbunden, wird hier zum ersten Mal feste Vorstellung.

Am 1. Oktober geht Nietzsches Aufenthalt in Sils Maria zu Ende. Die Monate in Recoaro und im Engadin waren von ihm gedacht gewesen als Sommerfrische, als notwendig erachtete Abwesenheit von Genua als seinem Standquartier. Das bewies, wie behaglich er sich in Genua und seinem »Gäßchengewühl« gefühlt hatte, wie seine Produktivität in dieser Stadt ihn die Misere des Zimmerchens ohne Heizung während der Wintermonate hatte überstehen lassen.

Was er in den nächsten Wochen und Monaten in Genua für sich eigentlich erst richtig entdeckt, ist die Oper in ihrer italienisch-französischen Gestalt. Der Briefwechsel mit Köselitz, der an einer Oper arbeitete, hatte ihn zur Wiederaufnahme ständiger Opernbesuche angeregt. Nietzsche hört Rossinis »Semiramis« und den »Barbier von Sevilla«, über den er sich befremdet ausspricht; von Bellinis »Romeo und Julietta« besucht er mehrere Vorstellungen. Es liegt allen diesen Gängen ins Theater das Ostentative seiner Abwehr Wagners zugrunde. Ratschläge, die er Köselitz für die Komposition gibt, beziehen sich ausdrücklich auf die italienische Form des Rezitativs, das bei Wagner in den Fluß der »ewigen Melodie« eingegangen war. Höhepunkt für Nietzsches Genueser Opernstagione aber ist die Aufführung von Bizets »Carmen«. Hier hat er gefunden, was er sucht, was in dieser Zeit gegen Wagner not tut. So bekommt Köselitz es in begeisterten Worten zu hören: »Hurra! Freund! Wieder etwas Gutes kennen gelernt« – Brief vom 28. November – »eine Oper von Georges Bizet (wer ist das?!): Carmen ... Ein echt französisches Talent der komischen Oper, gar nicht desorientiert durch Wagner, dagegen ein wahrer Schüler von Hector Berlioz. So etwas habe ich nicht für möglich gehalten. Es scheint, die Franzosen sind auf einem besseren Wege in der dramatischen Musik; und sie haben einen großen Vorsprung vor den Deutschen in einem Hauptpunkte: die Leidenschaft ist bei ihnen keine so weithergeholte (wie z. B. alle Leidenschaften bei Wagner).« Noch weiter gesteigert ist sein Eingenommensein für Bizet in dem am 8. Dezember ebenfalls an Köselitz geschriebenen Satz: »Ich bin nahe daran zu denken, Carmen sei die beste Oper, die es gibt; und so lange *wir* leben, wird sie auf allen Repertoiren Europas sein«.

Am 4. Februar 1882 kommt Bewegung in Nietzsches einsames Existieren. Der Freund Paul Rée trifft ein und wird bis zum 13. März bleiben. Nietzsches Freude über den Besuch, die Nervenerregung, die damit verbunden ist, werfen ihn gleich nach Rées Ankunft aufs Krankenlager. Ein solches Leben zu zweit ist für Nietzsche zunächst immer etwas Neues. Er muß sich erst daran gewöhnen. Aber es zeigt sich, welche Unternehmungslust in ihm steckt, sobald er sich in guter Gesellschaft befindet. Die beiden Freunde baden im Meer, man macht eine Reise nach Monte Carlo, besucht auch das Spielcasino. Nietzsche spielt nicht, ist nur Beobachter der Szene. Hier wie auch im benachbarten Nizza, wo sich auf der Strandpromenade das große Publikum ergeht, wird ihm der Unterschied zur Dürftigkeit seiner eigenen Umstände sinnfällig vor Augen geführt. Aus dem römischen »high life«, das ihm an der Seite eines Mädchens aus reichem Hause vorgeschwebt hatte, war nichts geworden. Die Dinge hatten einen andern Verlauf genommen. In Genua war er gezwungen, im Café zu schreiben, weil sein Zimmer zu wenig Licht hatte. Zum Zweck der Arbeitserleichterung hatte ihm Paul Rée die bestellte Schreibmaschine vom dänischen Fabrikat Malling-Hansen mitgebracht. Nietzsches Handschrift ist schlecht. Die schwachen Augen zwingen ihn immer, den Kopf gebeugt und ganz nahe über das Papier zu halten. Als Buchstabentypen hat er sich eigens große ausgewählt. Seine Erwartungen an das neumodische Gerät sind hoch, werden aber schon bald enttäuscht. »Die Schreibmaschine ist zunächst angreifender als irgendwelches Schreiben«, erfahren Mutter und Schwester aus einem selbstgetippten Brief vom März 1882. Bald stellen sich erste Schäden ein. Ein Mechaniker wird herbeigeholt, der sie behebt. Doch nur vorübergehend! Die Maschine weigert sich nach kurzer Zeit, ihrem zunächst sehr stolzen Besitzer weitere Dienste zu leisten.

Bei seinem Besuch war Paul Rée unmittelbarer Zeuge von Nietzsches Verelendung in bereits fortgeschrittenem Stadium geworden. Die äußere Trostlosigkeit des in Genua geführten Lebens steht jetzt im Begriff, ein Dauerzustand zu werden. Nichts darin spricht mehr für ein Tief vorübergehender Art. Es hatte Nietzsche schon in Sils Maria die Frage eingehend beschäftigt und sehr beunruhigt: Wie werden die Freunde auf die »Morgenröte« reagieren? Aus ihrem Kreis waren Deussen und Rohde längst abgeschrieben, von Gersdorff ließ sich beim derzeitigen Stand ihrer Beziehung, die durch dessen mißglückte Verlobung beeinträchtigt war, nicht viel erwarten. Bei Overbeck konnte er sich der persönlichen Sympathie sicher sein. Burckhardts Urteil, nicht das Urteil eines »Freundes«, wohl aber des »Lehrers«, ließ wenig Günstiges erhoffen, wenn auch Nietzsche ihm gegenüber leicht zu Illusionen geneigt war und ihm in seinem Buch manche Reverenz erwiesen hatte. Von Burckhardts mit Lob gespickter Ablehnung war noch nichts bis zu ihm durchgesickert. Wagner mußte sich in der »Morgenröte« insbesondere durch Nietzsches auszeichnende Worte über die Juden noch einmal zusätzlich herausgefordert fühlen, wenn er nicht schon vieles andere darin hätte anstößig empfinden müssen, vorausgesetzt, daß er die Schrift überhaupt las. Aber gerade von Wagners Seite erlebt Nietzsche eine Überraschung. Einen offiziellen Bruch zwischen ihnen hatte es nicht gegeben. Beide warteten, daß der andere den ersten Schritt zur Wiederherstellung der alten Freundschaft tun würde. Nietzsche seinerseits konnte sich in diesem Sinne bestätigt und auch geschmeichelt fühlen, als er erfährt, daß Wagner seinen »Mahnruf an die Deutschen« in den »Bayreuther Blättern« abzudrucken die Absicht hat. Die Veröffentlichung war seinerzeit vom Patronat und den Delegierten der Wagnervereine gegen Wagners Absicht abgelehnt worden; jetzt wollte Wagner doch noch seinen Willen durchsetzen, rückte aber dann wieder davon ab, weil er Grund zu der Annahme zu haben glaubte, Nietzsche würde ihm die Genehmigung dazu verweigern.

Es scheint, daß Rées Abreise Nietzsche doch die Tristesse seines Einsiedlerlebens erheblich ins Bewußtsein gebracht hatte; denn es gibt sonst keine nachweisbaren äußeren Motive, die ihn jetzt ausgerechnet beim Anbrechen der heißeren Jahreszeit den Plan hätten fassen lassen, nach Sizilien zu fahren: ihn, der Hitze und besonders Sonne seiner Augen wegen gewöhnlich mied. Daß es mit seiner Gesundheit schlecht stand, hatte er in kaum einem Brief zu sagen vergessen. Ende Januar konnte er der Mutter eine Neuheit vermelden. Es hatte sich ein Blasenleiden zusätzlich eingestellt. Desweiteren: »Die ungeheuren Mengen Galle, welche ich jetzt immer ausbreche, erregen mein Interesse.« Aber es war nicht so, daß Nietzsche eine erfolgversprechende Therapie gegen seine Krankheit, die sich in letzter Zeit also um zwei weitere Leiden vermehrt hatte, angewandt hätte. Sein Regime ist in der »Fröhlichen Wissenschaft« beschrieben: »Die Mittel, mit denen Julius Cäsar sich gegen Kränklichkeit und Kopfschmerz verteidigte: ungeheure Märsche, einfachste Lebensweise, ununterbrochner Aufenthalt im Freien, beständige Strapazen – das sind, in's Große gerechnet, die Erhaltungs- und Schutzmaßregeln überhaupt gegen die extreme Verletzlichkeit jener subtilen und unter höchstem Druck arbeitenden Maschine, welche Genie heißt.«

Verfolgt man Nietzsches Lebensweise, dann hatte er das hier angegebene Rezept auffallend strikt befolgt, dann gehörten auch seine zahlreichen Reisen zu diesen therapeutischen Maßnahmen. Die damit verbundene Anspannung und auch die Ablenkung hatten eine schmerzlindernde Wirkung. Die Anfälle überkommen ihn nicht während der Reisen im Eisenbahncoupé oder auf seinen Gebirgswanderungen, sondern fast ausschließlich daheim.

Das bedeutet nun keinen ausreichenden Grund, die Wahl Messinas als Reiseziel erklärlich zu machen. In der Nähe, in Palermo, hielt sich jedoch um diese Zeit Wagner mit Familie auf. Venedig hatte Nietzsche ausdrücklich gemieden, um keine Gefahr zu laufen, ihm zu begegnen. Jetzt schlägt er die Richtung ein, die ihn in seine Nähe bringt. Setzt er auf den Zufall, will er das Ungeregelte, das Nichtdefinitive der Beziehung zu Wagner, die formell längst keine mehr war, die aber auch als Anti-Beziehung immer eine bleiben wird, beenden und sei es durch einen zweifelsfreien, beidseitig besiegelten endgültigen Bruch? Einen neuen Wettkampf? Denn jetzt hätte er Wagner, der am »Parsifal« komponierte und ihn in Palermo zu Ende brachte, zum ersten Mal etwas Gleichwertiges entgegenzustellen. »Zarathustra«, den Nietzsche mit sich herumträgt, gegen »Parsifal«! Oder könnte vielleicht doch an eine Wiederversöhnung gedacht werden? Eine sichere Antwort läßt sich nicht geben. Der Segelfrachter, der sich am 29. März in Genua in Bewegung setzt, hat neben der Besatzung Nietzsche als einzigen Passagier an Bord. Daß es sich um einen auf der Fahrt ins homerische Gewässer Großgriechenlands befindlichen Überzähligen aus der bürgerlichen Gesellschaft handelt, kann der Kapitän nicht wissen, der es im heftigen

Sturm mit einem seekranken Reisegast zu tun bekommt. Nach dem Anlegen wird Nietzsche bewußtlos an Land gebracht. Als er aufwacht, findet er sich in einem Zimmer mit Ausblick auf eine Kirche und Palmen vor dem Fenster wieder.

Der Overbeck am 8. April mitgeteilte Eindruck: »Messina ist wie geschaffen für mich«, ist zugleich der Ausdruck für eine hier ganz spontan wiedererwachte Lebensfreude. Wechsel des Klimas, Veränderung der Umwelt, Nähe der klassischen arkadischen Landschaft auf großgriechischem Boden mit dem Eindruck des idyllischen Friedens und vor allem das Gefühl der körperlichen Wiedergenesung schaffen in Nietzsche den Zustand einer seltsamen Exaltiertheit. Aus dem einsamen Wanderer von Sils Maria ist auf Sizilien der »Prinz Vogelfrei« geworden, der Lust hat, fröhliche Lieder zu singen und sich über seine alte Existenz des Wahrheitssuchers lustig zu machen.

> Nur Schritt für Schritt – das ist kein Leben,
> Stets Bein vor Bein macht deutsch und schwer.
> Ich hieß den Wind mich aufwärts heben,
> Ich lernte mit den Vögeln schweben, –
> Nach Süden flog ich über's Meer.

Das sind Töne und Zwischentöne, die sehr wohl als Varianten von Gedanken der »Fröhlichen Wissenschaft« gelten können. Sie bezeugen eine Nietzsche sonst seit langem fremd gewordene Zufriedenheit mit der Gegenwart und wecken den Wunsch, diese Wochen möglichst weit auszudehnen. Bisher waren seine Versuche, die heißen Sommermonate an der Mittelmeerküste zu verbringen, stets fehlgeschlagen. Jetzt in Messina denkt er daran, es noch einmal zu wagen und zu erproben, ob er den Lichtverhältnissen standhält. Aber er muß eher aufgeben, als er es überhaupt für möglich gehalten hatte. Die Hitze läßt nicht mit sich spaßen. Sie kommt freilich seiner Unruhe sehr zu Hilfe, insofern sie ihm bei der Suche nach einem geeigneten Aufenthalt für die Sommermonate beisteht. Hier scheint sich das deutsche Mittelgebirge zu empfehlen. Aber diese Erwägungen lassen einen neuen Verdacht aufsteigen, indem sie einen alten bestätigen. Nietzsche denkt an irgendeinen kleinen unbedeutenden Ort, von dem aus er Bayreuth erreichen kann, wo im Juli der »Parsifal« uraufgeführt werden soll. Denn inzwischen steht fest, daß er sein heimliches Ziel, das er sich selbst nicht genau artikuliert, in Sizilien verfehlt hat, nämlich Wagner zu begegnen. Es gilt ja – unausgesprochenermaßen – immer noch, mit Wagner ins reine zu kommen. So oder so!

Wie planmäßig Nietzsche bei dieser Absicht vorgegangen war, zeigte sich in der Wahl Messinas als Bestimmungsort seiner Reise. Messina die Stadt der Meerenge bedeutet das Nadelöhr, durch das Wagner bei der Rückfahrt zum italienischen Festland hindurch muß. Nach dem Abschluß des »Parsifal« hatte er noch mit der Familie die Insel bereist, er war in Catania gewesen und hatte von seinem Hotel in Taormina den Ausblick auf das Ionische Meer genossen. Familiärer Höhepunkt der Sizilienreise war die Verlobung der Tochter Blandine mit dem italienischen Grafen Gravina gewesen. Über alles das und auch über die Stationen der Rückreise nach Bayreuth berichten täglich die Zeitungen. »Wagners müssen mit Ihnen zugleich in Messina gewesen sein«, schreibt Rée am 20. April 1882 an Nietzsche, als der im Begriffe steht, abzureisen. Wenn das zutraf und er ihm nicht begegnet war, dann fiel jetzt der eigentliche Grund der Reise mit Messina als Reiseziel weg, dann galt es vor der Sonne, die die schwachen Augen so sehr blendete, so schnell wie möglich zu fliehen. Vor allem weil man ihn in Rom erwartete und zwar in dringlicher privater Angelegenheit, die den Anschein erweckte, als ob sie seinem Leben eine entscheidende Wende geben könnte.

Paul Rée hatte es nach dem Besuch bei Nietzsche in Genua an die Spieltische von Monaco gezogen. Aber er war nicht mit Spielerglück gesegnet gewesen und hatte seine ganze Barschaft im Casino gelassen. Mit geliehenem Geld war er auf dem schnellsten Weg nach Rom gefahren, um Malwida von Meysenbug um den fraglichen Betrag anzugehn.

Zeugin dieser Szene ist ein junges Mädchen, das von jetzt an größte Aufmerksamkeit für sich in Anspruch nehmen wird. Sie hat später in ihrem »Lebensrückblick« das Ereignis so beschrieben:

»An einem Märzabend des Jahres 1882 in Rom, während bei Malwida von Meysenbug ein paar Freunde beisammen saßen, begab es sich, daß nach einem Schrillen der Hausglocke Malwidas getreues Faktotum Trina hereingestürzt kam, ihr einen sensationellen Bescheid ins Ohr zu flüstern – worauf Malwida an ihren schönen alten Sekretär eilte, hastig Geld zusammenscharrte und es hinaustrug. Bei ihrer Rückkehr ins Zimmer, obwohl sie dabei lachte, flog ihr das feine schwarze Seidentüchlein noch ein wenig vor Erregung um den Kopf. Neben ihr trat der junge Paul Rée ein: ihr langjähriger Freund, der Hals über Kopf von Monte Carlo kommend, Eile hatte, dem dortigen Kellner das gepumpte Reisegeld zuzustellen, nachdem er alles, wörtlich, restlos alles, verspielt«.

Das war ein zweifellos beachtenswerter Auftakt zu einer Bekanntschaft, die an diesem Abend in der römischen Wohnung der Malwida von Meysenbug in der via della Polveriera 6 zwischen Rée und dem völlig unbekannten aus Sankt Petersburg über Zürich mit ihrer Mutter angereisten Mädchen namens Lou Salomé geschlossen wurde. Schon am ersten Abend begleitet Rée die junge Russin nach Hause in ihre Pension, wo Mutter und Tochter abgestiegen waren. Dieser Brauch wird auch in den nächsten Tagen beibehalten. Im vom Mond beschienenen Rom kommen sich die beiden bald näher. Man schüttet sich gegenseitig das Herz aus, spricht über den bisherigen Lebensweg und bald noch mehr von Plänen, die Aussicht auf eine gemeinsame Ausführung haben. Lou Salomé war die Tochter eines zaristischen Generals hugenottischer Herkunft, dessen Tüchtigkeit als so unbestritten galt, daß seine Beförderung ihn in die Zentrale des russischen Militärwesens und überhaupt des autokratischen Staats gebracht hatte. Alles was in Europa mit Konstitution und Bestrebungen zur Konstitution zu tun hatte, besaß in Rußland seinen entschlossenen Feind. Mitten im Herzen des despotisch beherrschten Riesenreichs, dem St. Petersburger Regierungsviertel um das Winterpalais, im Ostflügel des Generalstabsgebäudes, lag die Stadtwohnung der Salomés.

Die Salomés gehörten uneingeschränkt zum zaristischen System, der Vater war eine seiner Säulen, wie man sie sich zuverlässiger gar nicht vorstellen kann. Es war dies eine Zugehörigkeit, die in einem Reich, wo die Willkür herrschte, eine gewisse Sekurität schafft, die es in jedem Fall gilt, nicht leichtfertig aufs Spiel zu setzen. Rußland kannte abschreckende Beispiele dafür, wie Fälle der Aufsässigkeit endeten. Es gab das Strafmittel der Verbannung, es gab Kettenhaft und anderes, Schlimmeres. Die großen russischen Schriftsteller wie Puschkin, Gogol oder Dostojewski wußten ein Lied davon zu singen, auch Alexander Herzen, dessen Tochter Nathalie es Nietzsche zeitweilig so sehr angetan hatte, hatte seine Erfahrungen. Der Aufenthalt in russischen Staatsgefängnissen, in die leicht hineinzukommen war, bedeutete kein Vergnügen.

Gegen die Staatsloyalität der Salomés freilich ließen sich nicht die geringsten Zweifel anführen. Die Sicherheit des Regimes war der Garant für das Glück der Salomés, die als Neugeadelte gerade erst voll in den Genuß der Vorrechte gelangt waren, wie sie das System seinen gläubigen Dienern in reichem Maße bot, von der großzügigen Ausstattung mit Dienerschaft an bis hin zu Pensionen für einzige Töchter. Es gab einen einzigen, aber vom zaristischen Staat geduldeten Vorbehalt. Die Salomés, deren Vorfahren aus Avignon stammten, waren reformierter Konfession und gehörten zu der nicht sehr großen Petersburger calvinistischen Gemeinde. Das spielte für Lous Erziehung eine erhebliche Rolle. Ein unbändiger Wille, sich gegen die gesellschaftlichen Konventionen durchzusetzen, trat bald hervor und wurde in der Familie hingenommen, weil sich nichts dagegen ausrichten ließ und der Vater in allen Streitfragen die Partei der Tochter ergriff.

Das war für ein junges Mädchen der russischen Oberschicht

nichts Außergewöhnliches. Nirgendwo in Europa agierte die weibliche Intelligentia heftiger als im zurückgebliebenen Rußland, die Frage nach dem Recht der Frau, wie die Dramen Ibsens sie tonangebend verhandelten, kannte hier bereits einen Aktivismus der extremsten Form. Die Frauenfrage war schon an den revolutionären politischen Fortschritt angeschlossen, fand teilweise in ihm den eigenen Sachwalter.

Insofern befand sich Lou von Salomé in ganz jungen Jahren sehr wohl auf der Höhe der Zeit. Aber ihr starker Wille wäre mißverstanden, wenn man ihn auf totale Veränderung der Welt, in der sie lebte, gerichtet glauben würde. Sie mochte ihre Umgebung unzulänglich finden oder ein Gefühl dafür haben, von der bestehenden Moral als Frau auf die Leidensseite gedrängt worden zu sein, was sie mit ihrer Sensibilität zur suchenden Seele machte. Aber an der Gunst der Familienumstände wollte sie nichts geändert sehen. Das Ungenügen am Petersburger Prunk mit schweren Kristallüstern, Plüsch und Haussklaven, das sie empfand und das sie Ausschau nach einer andern Lebenswelt halten ließ, war in Wahrheit ein Ungenügen an sich selbst. Ihre Anfänge enthielten im Kern schon das Ganze ihres später gelebten Lebens, Leiden, das in Masochismus umschlägt, dessen Schmerz an ihre jeweilige Umwelt in der einen oder anderen Form weitergegeben wird.

Wenn Lou von Salomé – der Vater war inzwischen gestorben – ernsthaft daran dachte, für längere Zeit in die Schweiz zu gehen, dann bewegte sie sich durchaus in den Stilformen der russischen Oberklassen. Es gab im despotischen Rußland ein gesetzlich verbürgtes Recht, zur Wiederherstellung der Gesundheit ins Ausland zu reisen. Was dazu gehörte und was solche Reisenden aus Rußland von der Masse der anderen Untertanen unterschied, waren Geld und ein Paß.

Lous Wahl, die auf Zürich fiel, hatte wohlüberlegte Gründe. Die Universität gehörte zu den wenigen, die für Frauen geöffnet waren. Lou von Salomé, die Theologie studieren wollte und sich notgedrungen mit der Mutter als Anstandsdame abgefunden hatte, traf hier schon auf einen Kreis junger Russinnen, die zum neuen Typus der »Studentin« gehörten und es dezidiert darauf anlegten, es im Beruf den Männern gleichzutun. Es bleibt auffällig, daß sie zu ihnen Abstand hält, sei es, weil der Mutter der Verkehr mit diesen obstinaten Zirkeln nicht behagte, sei es, daß sie selbst sich in ihnen fremd fühlte. Als das geglückte Attentat auf den Zaren Alexander II. von den russischen Studierenden durch einen Umzug in der Stadt gefeiert wurde, befand sie sich nicht in ihren Reihen.

Ihre Vitalität ist eine Vitalität des Willens und des Intellekts. Es fehlt ihr der angemessene Körper, der Körper ist vielmehr von ins Auge fallender Schwäche, aber mehr noch: von einer Dämonie des Leidens. Lou von Salomé erscheint in einem Zeitalter mit noch unzulänglich medizinisch-therapeutischen Versorgungsmitteln als ein trauriger Fall. Sie ist bleich, hustet Blut, macht den Eindruck, zu jenen flüchtig und schnell vergänglichen Mädchen aus dem Arsenal von Tschechows Novellen-Heldinnen zu gehören, mit der Pointe, daß sie sich mit ihrer ganzen Energie und dem gestauten Willen zum veränderten Frauen-Ideal, dem Schicksal, in den Salons der Bourgeoisie dahinzuwelken, entgegenstemmt.

Der Aufenthalt im europäischen Westen ist ursprünglich für ein Jahr gedacht. Verständlich, daß sie dieses Jahr in unterhaltender Gesellschaft verbringen möchte, bevor ihr die Rückkehr in den goldenen Petersburger Käfig droht! Vielleicht daß private Begegnungen ihrem Leben einen anderen Verlauf geben können! Gerade die schlechte Gesundheit und die geringen Lebenserwartungen, die man auch in der näheren Umgebung ihr gegenüber hegt, drängen auf eine intensive Befriedigung ihres Lebenshungers. Die Anwesenheit der Mutter hat dabei gewiß dämpfende Wirkung, ebenso wie der eigene wählerische Instinkt.

Ihrer Lungenkrankheit wegen empfiehlt man ihr einen Klimawechsel. Der Winteraufenthalt in der Schweiz gilt als gefährlich. Mutter und Tochter wollen ohnehin einige Zeit nach Italien reisen. Nun wird Rom als Stadt, in der sich vielleicht an eine Besserung ihrer Gesundheit denken läßt, in Betracht gezogen.

Am Ankunftsabend Paul Rées, der ihm die Gesellschaft der bei Malwida anwesenden Lou von Salomé beschert und dem Mädchen aus Rußland einen interessanten und sehr erwünschten Gesprächspartner, geraten die Dinge in Fluß. Die nächsten Tage schon klären Rée darüber auf, mit welcher blendenden Intelligenz er es bei ihr zu tun hat. Der Relativist der Moral, der Rée ja ist, findet sich durch die Selbständigkeit ihres Urteilens frappiert und zugleich selbst bestätigt. Aber auch schon beschämt! Denn diese Intelligenz leuchtet Räume aus, die ihm nicht zugänglich sind. Da muß ein anderer her, der einzige, der als Gesprächspartner für Ebenbürtigkeit garantiert. Auch Malwida von Meysenbug stützt sofort die Meinung, daß Nietzsches Anwesenheit in Rom jetzt unerläßlich ist. Ein Brief, den Rée noch vor Nietzsches Reise nach Messina an seine Genueser Adresse schickt, läßt es an nachdrücklichen und sogar massiven Beschwörungen nicht fehlen. Er ist leider verlorengegangen, aber Nietzsches Antwort darauf, ebenfalls noch in Genua und zwar am 21. März geschrieben, zeigt, welcher zwingenden Argumente er sich zu erwehren hat. Rée winkt mit der Aussicht auf Eheschließung.

Der Gedanke war zeitweilig ernsthaft erwogen, dann aber auch weggewischt worden. Ganz erledigt war er nicht. Nun teilt ihm Rée mit: das Mädchen, das als Ehefrau in Frage käme, ist gefunden. Und noch mehr: es wartet auf ihn, ist gespannt, seine Bekanntschaft zu machen.

Was hätte es, wenn Nietzsche jetzt ernsthaft daran gelegen wäre, Wichtigeres zu tun gegeben, als gleich nach Rom zu fahren? An Zeit fehlte des dem Eremiten von Genua wahrlich nicht. Außerdem wird er in wenigen Tagen nach Sizilien reisen; und hierfür statt des Landwegs, der über Rom führt, ausdrücklich das Schiff wählen. So sehr unentschlossen war er also in diesen Tagen, suchte er die Sache hinauszuzögern.

Immerhin hat er von einer ihn in Rom erwartenden jungen Dame Kenntnis bekommen und es ernsthaft registriert. In seinem Brief, den er auf der inzwischen reparierten dänischen Schreibmaschine an Rée tippt, trifft er sogar schon den Ton, in dem Rée und Lou von Salomé erste provisorische und außerhalb der bürgerlichen Moral liegende Übereinkünfte ausgehandelt hatten. Zunächst geht Nietzsche auf den Vorschlag in scherzhafter Manier ein: »Grüßen Sie diese Russin von mir, wenn dies irgend einen Sinn hat: ich bin nach dieser Gattung von Seelen lüstern. Ja ich gehe nächstens auf Raub aus – in Anbetracht dessen, was ich in den nächsten 10 Jahren tun will, brauche ich sie.« Aber dann: »Ein ganz anderes Kapitel ist die Ehe – ich könnte mich höchstens zu einer zweijährigen Ehe verstehen, und auch dies nur in Anbetracht dessen, was ich in den nächsten 10 Jahren zu tun habe.«

Ob er es nun wußte oder nicht, so lag der Vorschlag einer »Ehe auf Zeit« sehr wohl im Bereich des Möglichen und sogar dessen, was von der noch unbekannten Dame mit ihren unkonventionellen Ideen eines näheren Bedenkens für durchaus wert befunden werden konnte. War Rées Anspielung in dem verlorengegangenen Brief derart unverblümt, daß Nietzsche so entwaffnend direkt darauf antworten konnte? Oder war sie unabhängig von bereits früher angestellten Überlegungen, die Nietzsche ein paar Tage vorher, am 17. März 1882, an Overbeck mitgeteilt hatte: einen jungen intelligenten Menschen in der Nähe zu haben, mit dem zusammen er arbeiten könnte? Wobei er einräumte: »Selbst eine zweijährige Ehe würde ich zu diesem Zwecke eingehen.« Offenbar kannte Rée, der ja gerade noch mit Nietzsche in Genua gemeinsame Wochen verbracht hatte, dessen sehr avantgardistische Absichten schon, so daß er in seinem Brief von diesem Wissen Gebrauch machte.

Jedenfalls konnte Nietzsche bei allem Gespür für die Atmosphäre, in der sich die Beziehung zwischen Rée und der Russin aus Petersburg nach einigen Tagen befand, nicht ahnen, daß er mit dem Gedanken einer »Ehe auf Zeit« das Leitmotiv seines eigenen Verstricktseins in das Verhältnis, wie es sich bald anbahnen wird, hatte erklingen lassen. Vor allem konnte er nicht ahnen, daß er damit unausgesprochenen Ambitionen der hier in Frage stehenden jungen Dame entgegenkam. Lou von Salomé war – was sie damals noch nicht mit letzter Sicherheit von sich wußte – die Frau, der man einen solchen Vorschlag machen konnte.

Es hatte nicht ausbleiben können, daß Rée an dem exzentrischen Mädchen inzwischen Gefallen gefunden hatte. Sie wiederum fühlte sich verstanden und konnte deswegen mit einem solchen auf ihre Zuneigung insistierenden Verehrer zufrieden sein, weil er ihr ins Konzept paßte. Für das ihr zugestandene Jahr außerhalb Rußlands suchte sie eine für sie passende Gesellschaft. Hier mit Rée und dessen Aussichtseröffnungen auf den noch ausstehenden Freund Nietzsche schien sie gefunden zu sein. Aber ihre Absichten gingen damals schon viel weiter. Es mußte versucht werden, den Zeitpunkt der Rückkehr weit hinauszuschieben; am besten wäre es, nie wieder in die Gefangenschaft der Familie zu gelangen und im Westen zu bleiben. Und – das setzte allem die Krone auf – wäre es nicht gleich das allerbeste, mit beiden Männern, von denen der eine schon zur Stelle, der andere im Anrücken war, in einem Haushalt zusammenzuleben?

Die Sache verdiente geprüft zu werden. Bevor sie Nietzsche überhaupt gesehen hat, teilt sie Rée ihren Vorschlag mit. Sie beruft sich auf einen Traum, den sie immer wieder träumt: sie lebt in einer Wohnung mit zwei Freunden zusammen; in der Mitte befindet sich ein Arbeitszimmer mit Büchern und Blumen, an jeder der beiden Seiten ist ein Schlafzimmer. Zwischen den drei Bewohnern, einer Frau und zwei Männern, herrscht der Zustand der vollkommenen Harmonie.

Es war rücksichtslose Offenheit, mit der sie hier zu Werke ging, in einem Spiel, das über die konsequente Amoral Lous keinen Zweifel aufkommen lassen konnte und Paul Rée als bloßen Theoretiker in Verwirrung brachte. Lou von Salomé, die er noch nicht für sich gewonnen hatte, auf diese Weise teilen zu müssen, war ihm äußerst unbehaglich. Aber ihr gegenüber gibt es keinen Widerstand. Und so fügt er sich, fragt bei Malwida von Meysenbug nach, ob sie die Rolle der am Haushalt beteiligten Person zu übernehmen willens sei und erfährt deren Ablehnung. Am meisten empört ist die Frau von Salomé. Diese Absicht der Tochter schlägt dem Faß den Boden aus. Sie drängt auf schnelle Rückreise mit ihr nach Petersburg; notfalls muß einer ihrer Söhne herbeigerufen werden, um Lou »tot oder lebendig« nach Hause zu bringen.

Unter diesen Umständen bekommt Rées Hinweis auf Nietzsche neues Gewicht. Dessen Alter, berufliche Vergangenheit, der Ruf seiner hinreißenden Klugheit sprachen nach außen für eine größere Seriosität des im bürgerlichen Sinne nach wie vor obszönen Vorhabens, das Lou im Schilde führte. Um Nietzsches Bekanntschaft ist es ihr denn auch sehr zu tun und sie gerät in einen Zornesausbruch, als sie von seiner Abreise aus Genua erfährt, die ihn nach Messina bringt, ohne ihr in Rom seine Aufwartung zu machen.

Als er dann doch am 23. (oder 24.) April von Sizilien kommend hier eintrifft, ist er über den wirklichen Stand der Dinge zwischen Lou von Salomé und Rée sowie über die Mißbilligung seitens der Frau von Salomé und Malwida von Meysenbugs natürlich überhaupt nicht orientiert. Aber er hatte, wie so oft, den Dingen in seinem Brief vorgegriffen.

Nach seiner Ankunft begibt er sich zunächst zu Malwidas Wohnung, die den lange vermißten Freund auf das herzlichste begrüßt. Lou und Paul Rée sind nicht zu Hause, sie befinden sich auf ihren Streifzügen durch Rom. Malwida empfiehlt Nietzsche, sie in der Peterskirche zu suchen, wo Rée einen abseits gelegenen

Beichtstuhl entdeckt hatte, in dem er Stunden verbringt, um ein Buch über die Nichtexistenz Gottes zu schreiben. In der Nähe sei auch Lou zu vermuten.

Und so steht Nietzsche plötzlich vor ihnen. Lou blickt zum ersten Mal in seine halbblinden Augen und ist sofort von dem eigentümlichen Zauber berührt, der von ihnen ausgeht. So jedenfalls beschreibt sie diese erste Begegnung in ihren Lebenserinnerungen. Es fehlt den Augen das Spähende, das bei Kurzsichtigen oft anzutreffen ist, dafür geben sie Spiegelbilder eines inwendigen Sehens wieder.

Aber auch Befremdliches in seiner Erscheinung mischt sich für Lou von Salomé hier sofort ein. Da ist sein Hang zur pathetischen Redeweise, über die sich schon Wagner mokiert hatte. Es steckt Feierlichkeit in der mit tiefer Verbeugung gegen Lou vorgebrachten Anrede, wobei er die Hand ausstreckt: »Von welchen Sternen sind wir hier einander zugefallen.« Deren schlagfertige Antwort, daß sie jedenfalls aus Zürich gekommen sei, zeigt die größere Nähe zur Lebensprosa. So hat Lou von Salomé sofort ein Auge für die unfreiwillige Komik, die sich zeitweilig um ihn verbreitet, und ein Ohr für den in den Alltag hinübergenommenen Ton des evangelischen Kanzelredners. Nur daß Nietzsche an der Wahrheit der rhetorisch vorgetragenen Worte nicht den geringsten Zweifel duldet. Bei der Begegnung muß der Anteil der Gestirne beschworen werden, ist eine im Schatten der Peterskirche von Ewigkeit zu Ewigkeit wirkende Vorbestimmung im Spiel.

Nietzsche verbarg also von Anfang an nicht den Ernst, mit dem er die Angelegenheit behandelte. Rée hatte, obwohl er selbst bei dem Mädchen mit einem Heiratsantrag vorstellig geworden war, Nietzsche gleich klaren Wein eingeschenkt. Nach dem ersten Anblick der Einundzwanzigjährigen war Nietzsche entschlossen, zu handeln. Über Rées in die gleiche Richtung laufende Interessen würde er sich, wenn er sie überhaupt wahrnahm, leicht hinwegsetzen. Rée war kein Konkurrent, und außerdem hatte er ihn ja eigens der jungen Russin wegen nach Rom gerufen.

Lou von Salomé konnte sich inzwischen überzeugen, daß ihre Sache nicht schlecht stand. Sie wollte nicht heiraten, sondern ihre Rückkehr nach Rußland aufschieben, wenn möglich für immer. Dazu würde ein Leben als »ménage à trois« ausreichen, ja viel günstiger sein, ihrem eigentlichen Geschmack eher entsprechen und sie außerdem vor den Mißlichkeiten der bürgerlichen Ehe mit ihren Zwängen bewahren. Als Nietzsche ausgerechnet seinen Mitbewerber Rée bittet, bei Lou zu sondieren, ob er um ihre Hand anhalten könne, braucht sie, als dies geschieht, keinen Augenblick, um zu überlegen. Ihr Lebenskonzept steht fest. Der Brautwerber rät ihr, Nietzsche eine plausible und nicht-kränkende Erklärung zu geben. Darum ist die junge Dame keineswegs verlegen. An einsichtigen Gründen besteht kein Mangel. Sie selbst ist ohne Einkünfte und würde im Falle einer Ehe auf ihre russische Pension verzichten müssen. Eine Ehe zwischen Nietzsche und ihr wäre eine Verbindung zweier Vermögensloser.

Nietzsche hätte sich schon darum dieser entwaffnenden Einsicht beugen müssen, weil er bei seinen früheren Beratschlagungen mit Malwida von Meysenbug die Vermögensseite der in Frage kommenden Heiratskandidatinnen gern als höchst bedeutsam einbezogen hatte. Das war nicht grundlos gewesen. Wie hätte er die Bewältigung seiner auf »zehn Jahre« angesetzten »ungeheuren Aufgabe« bei schmalen Einkünften an der Seite einer vermögenslosen Frau leisten können? Darüber bestand für ihn bis dahin vollständige Klarheit. Mit einem Male sollte das nicht mehr gelten. Er nimmt zwar die ihm durch Rée mitgeteilte Ansicht Lou von Salomés zur Kenntnis und er nimmt sie auch hin, aber er glaubt an Möglichkeiten, sie ändern zu können. Schuld an ihrer in Aussicht gestellten Absage ist für Nietzsche Rées beständige Anwesenheit. Er müßte mit dem Mädchen einmal für längere Zeit allein sein und alles würde gleich anders aussehen.

Waren die Grundfesten eines Konzepts gegenüber Lou von Salomé erheblich ins Schwanken geraten, wenn es überhaupt ein solches gab, so hatte die von beiden Seiten umworbene Dame allen Anlaß, ihr eigenes durch die Gunst der Umstände und ihre Willensstärke befestigt zu sehen. Nietzsches Absicht, nach Paris zu gehen, um dort Vorlesungen zu hören, paßte sehr gut hinein. Ein gemeinsamer Aufenthalt in der Begleitung von zwei Kavalieren und Besuch von Museen und Konzerten: was konnte es Schöneres geben? Das war der Rückkehr nach Petersburg entschieden vorzuziehen.

Bei Nietzsche hatte sich sofort nach dem ersten Kennenlernen des Mädchens, sobald er sich seine eigenen Absichten vergegenwärtigte, eine sehr ernst zu nehmende Sorge eingeschlichen. Es war die Sorge: Wie mache ich es der Mutter, wie mache ich es der Schwester klar? Hier war höchste Vorsicht geboten. Ein direktes Vorpreschen würde bedenkliche Folgen haben können. Es galt, schonend zu Werke zu gehen. Zuerst wird unter Auslassung der Mutter die Schwester ins Vertrauen gezogen. Den Brief, den Nietzsche ihr schreibt, steckt er in ein von Malwida von Meysenbug handadressiertes Couvert mit der Aufschrift »privat«. Die »Wahrheit« darin ist allerdings kräftig umfrisiert. »Also Dein Wunsch ist erfüllt!« bekommt die Schwester Ende April aus Rom zu hören; es ist »Jemand gefunden, der mir zu Hilfe kommen soll, – aber es ist kein ›begeisterter Jüngling‹, überhaupt kein junger Mann, sondern eine junge Dame!!« Und als ob er sich dieses peinlichen Umstands wegen entschuldigen müßte, fügt er zugleich hinzu: »Aufrichtig gesagt, mir wäre ein ernster junger Mann und noch viel mehr ein Mann von meinem Alter (also kein junger Grünschnabel) bedeutend lieber – aber der Fall ist ungewöhnlich.«

Es ist der Darstellung, wie sie Elisabeth Nietzsche in ihrem biographischen Abriß von der Lou-Angelegenheit gibt, allergrößtes Mißtrauen entgegenzubringen. Sie erweckt den Eindruck, als ob sie den Bruder dazu gedrängt habe, sich nach einem Helfer beim Abschreiben der Manuskripte umzusehen. Das Thema mochte gelegentlich von ihnen behandelt worden sein, brennend war es nicht; denn in Rée und auch in Köselitz hatte Nietzsche nach wie vor solche ihm zur Hand gehenden jungen Freunde, die an Dienstbeflissenheit nichts zu wünschen übrig ließen. Ihr Vergleich mit Heinrich von Stein, den Wagner in sein Haus geholt hatte, paßte gar nicht ins Bild, denn Stein hatte bei aller Anhängerschaft die fest umrissene Funktion des Privatlehrers beim Sohn Siegfried, aber er beweist zugleich, wie bei seinem Gegen-Wagner-Anleben Wagners Vorbild für Nietzsche auch jetzt noch sehr verbindliche Maße angab. Nietzsche zeigt sich diplomatisch, wenn er in seinem Brief sofort auf Elisabeths »Wunsch« anspielt. Er macht sie für die Folge, insbesondere die später noch zu erbringende Rechtfertigung gegenüber der Mutter zur Komplizin, deren wahrscheinlicher Argwohn durch einen Zusatz beseitigt werden soll: »Übrigens ist sie 24 Jahre alt, unschön ...; aber wie alle unschönen Mädchen hat sie, um anziehend zu werden, ihren Geist kultiviert. Rée behauptet, dieser Geist sei außerordentlich, – jedenfalls ist er ganz begeistert und versucht auch mich zu begeistern.«

Hier war die Diplomatie über das understatement bis zur glatten Verdrehung der Tatsachen gediehen. Als Bruder wiegelt er ab mit dem sicheren Instinkt dafür, daß die Schwester dem Eindringen in ihren Zuständigkeitsbereich nicht tatenlos zusehen würde. Sie wird ihm bald Proben dafür geben, wie richtig er ihre Reaktionen einschätzt. Die Rolle, die sie und die Mutter hier noch spielen werden, zeigt, daß beide im Bunde mit den Repressionen des bürgerlichen Lebensgefühls imstande sind, ihn durch Anwendung eines Systems feinster familiärer Ächtungen noch tiefer in die Leidensbahn hineinzustoßen. Aber damit auch seine massiven Gegenschläge herausfordern!

Tat Nietzsche gut daran, vor seiner Schwester die reine Wahrheit zu verbergen, so irrte er, wenn er glauben konnte, sie damit zu täuschen. Sie war wachsam genug, die dunkle Seite der Angelegenheit herauszuspüren. Warum wollte er der Mutter die Sache verschweigen, wenn alles so war, wie er es im Brief schilderte? Das zumindest mußte sie stutzig machen.

In Rom waren die drei Hauptbeteiligten noch zu keiner Einigung gelangt, die von allen als verbindlich hätte angesehen werden können. Lous Absicht, in der angenehmen Herren-Gesellschaft weiterhin zu verbleiben, wurde zwar gegenüber Frau von Salomé, die unentwegt zur Rückreise drängte, von ihren beiden Anbetern lebhaft unterstützt. Aber damit war keiner der Rosenritter in den eigenen Bestrebungen gegenüber der Dame auch nur einen Schritt weitergekommen. Rée dachte daran, sich einen Vorsprung dadurch zu erhandeln, daß er seine Mutter aus Westpreußen in die Schweiz anreisen lassen wollte, um über Frau von Salomé die Erlaubnis für die Tochter erteilt zu bekommen, die Familie Rée auf ihrem Gut zu besuchen. Bei Nietzsche, der ja seine Schwester auch aus *dem* Grunde mit der Geschichte vertraut gemacht hatte, um ihre Hilfe zu gewinnen, bestand eine ähnliche Absicht. Nur waren die Chancen, aus Naumburg Unterstützung zu bekommen, sehr gering, besser: sie bestanden überhaupt nicht, auch wenn sich Nietzsche zeitweilig Hoffnungen machte.

Es schien, daß sich Frau von Salomé mit ihrem Vorhaben, nach Rußland zurückzukehren, durchsetzen sollte. In Rom begann es heiß zu werden. Die Gesundheit der Tochter hatte sich leicht gebessert, aber an eine Fortsetzung ihrer Studien war dennoch nicht zu denken. Außerdem eröffneten die kaum entschlossen zu nennenden Angebote bzw. Heiratserkundungsversuche der Kavaliere ohne große Zukunft für die Tochter in den Augen der Mutter wenig Hoffnungen beachtenswerter Art, ganz zu schweigen von deren erklärter Heiratsunlust. So wird in Rom jetzt die erste Etappe der Rückreise geplant, die die ganze Gesellschaft an die kleinen oberitalienischen Seen führen soll.

Der Ausflug an den Orta-See geht ganz nach touristischen Gesichtspunkten vor sich. Dazu gehört die Überfahrt zur Insel San Giulio mit Besuch der alten Kirche, die insbesondere wegen ihrer Kanzel aus schwarzem Oira-Marmor, einem Werk aus dem elften Jahrhundert, berühmt ist. Nach der Rückkehr in den Ort drängt Rée auf schnelles Verlassen der Gegend, von der er sich wenig angezogen fühlt. Ganz im Gegensatz zu Nietzsche und Lou von Salomé, die vom Zauber der Landschaft wie gebannt sind! Vor ihnen liegt der Montre Sacro, ein bewaldeter, etwa hundert Meter hoher Hügel mit zahlreichen kleinen Votiv-Kapellen, die der Wanderer beim Besteigen passiert. Der Anblick ist so einladend, daß die beiden beschließen, hinaufzusteigen.

Hatte Rée zu erkennen gegeben, daß ihm an der näheren Berührung mit den Objekten frommen Kitsches nichts lag, und führte Frau von Salomé ihre Müdigkeit an, so ergab sich daraus, daß die zum Aufstieg Entschlossenen ihre Tour ohne Begleiter machen würden. Mochte das für Nietzsche in diesem Augenblick unerwartet sein oder nicht, so war es längst heiß ersehnt gewesen. Jetzt endlich war seine große Stunde gekommen, jetzt endlich war er zum ersten Mal mit Lou allein, konnte er sie dem lästigen Einfluß Rées entziehen, der ihr bis dahin »beständig soufflierte«, wie er es die Schwester hatte wissen lassen. Jetzt würde er auf den unverfälschten Grund ihrer Ansichten schauen können und bekäme umgekehrt sie die Gelegenheit, zu erfahren, mit wem sie es bei ihm in Wirklichkeit zu tun hatte.

Was sich bei dem Spaziergang auf den Monte Sacro im einzelnen abgespielt hat, was hier gesprochen worden ist, wissen wir nicht. Es gibt keinen Zeugen. Lou von Salomé läßt sich später sehr unbestimmt darüber aus, auch Nietzsche sagt nichts Genaueres. Aber das Wenige, was aus Andeutungen und Notizen durchsickert, genügt, um bei Nietzsche auf eine ungeheure Erregung schließen zu können. Er, ganz in Weiß gekleidet, befindet sich im Zustand des Schwebens und scheint imstande gewesen zu sein, das Hochgestimmtsein auf seine Begleiterin zu übertragen. In einer späteren Notiz spricht er noch vom »Orta-Wetter« und meint die Übereinstimmung mit dem Glück des Augenblicks und der eigenen Gefühle. Nach außen macht er jetzt und auch in den folgenden Wochen den Eindruck strahlender Gesundheit. Die Staumauer bürgerlicher Konventionen ist jedenfalls auf dieser Wanderung, die in einer Stunde leicht zu bewältigen gewesen wäre, glatt durchbrochen worden. Und offenbar nicht nur von ihm. Seine handschriftliche Klage: »Die Lou in Orta war ein anderes Wesen«, mochte auf festen Tatsachen gegründet sein. Und wenn sie im Rückblick auf diesen Tag sagen kann: »Ob ich Nietzsche auf dem Monte Sacro geküßt habe – ich weiß es nicht mehr?« so heißt das immerhin einiges.

Ihre verspätete Rückkehr wurde von den am Seeufer Wartenden mit Ärger vermerkt. Nietzsches unübersehbares Außer-Sich-Sein sprach eine eigene Sprache. Rée, der sich bei der Verfolgung seiner eigenen Interessen als Konkurrent um Lous Gunst aus seinem Untertanenverhältnis, wie es im Literarisch-Philosophischen bestand und weiterhin bestehen würde, herausgelöst hatte, reagiert gereizt, ganz besonders gegenüber Lou selbst. Sein Verhalten besagte allerdings auch, daß sich Nietzsche durch Rée getäuscht fühlen mußte, der ihn nach Rom gerufen hatte und nun bei dem ihm zur Ehe empfohlenen Mädchen als Rivale auftrat. Das ließ sich auf keinen Reim bringen.

Es schien Nietzsche nach diesem Erlebnis auf dem Monte Sacro nun dringend geboten, seine überströmende Gefühlsseligkeit schnellstens dem Freunde Overbeck mitzuteilen. Darum trennt er sich von der Reisegesellschaft und fährt nach Basel. Am 8. Mai trifft er dort ein. Overbeck und seine Frau werden von seinem Besuch überrascht. Nietzsche ist lebhaft, wie ihn Overbeck lange nicht mehr gesehen hat. Die Gespräche werden bis Mitternacht geführt und von seiner Seite nach dem Motto: »Wes das Herz voll ist, des geht der Mund über.« Nietzsche kommt immer wieder auf Lou zurück, beleuchtet sie in allen Farben. Overbeck erhält den Eindruck, es mit einem Mann zu tun zu haben, der die körperlichen Leiden der Vergangenheit überwunden hat. Doch die Reaktionen, die ihn bald wieder niederwerfen, bleiben nicht aus.

Die Fahrt nach Basel galt als kleiner Abstecher. Es war mit den beiden Damen Salomé und Rée verabredet worden, daß man sich wieder treffen würde. Ein Telegramm Rées zeigt ihre Anwesenheit in Luzern an. Nietzsche teilt umgehend seine Ankunft mit. Am 13. Mai stehen Lou von Salomé und Rée am Bahnhof von Luzern und warten auf Nietzsche, der aus dem Zug steigt. Er hat sich etwas vorgenommen. Die Tage bei den Overbecks hatten ihm Kraft zu dem Entschluß gegeben, den er seinen Gastgebern noch verheimlichte. Jetzt gilt es, jetzt muß die Entscheidung fallen.

Rée war durch die Begebenheit in Orta vorgewarnt. Er hatte Lou von Salomé deutlich sein Mißfallen über ihr Verhalten zum Ausdruck gebracht und sie, wenn sie es noch nicht selber gewußt hätte, instruiert, womit von Nietzsches Seite zu rechnen sei. So war sie vorbereitet, als Nietzsche den Freund Rée bat, ihn mit Lou alleine zu lassen. Unter Thorwaldsens Löwen-Denkmal setzt Nietzsche zum feierlichen Vortrag an, in dem er in aller Form um ihre Hand bittet.

Die Antwort bereitet Lou keine Mühe. Sie braucht ihm nur zu erklären, was sie bis dahin immer gedacht hatte: sie denkt an keine Heirat, denn sie will frei bleiben. Jetzt ist auch für sie der Augenblick gekommen, ihren Lebensplan in der konkreten Situation zum Ausdruck zu bringen. Sie hat nicht die Absicht, auf Rée zu verzichten und schlägt die Freundschaft zu dritt vor.

Das ist für Nietzsche weniger, als er erhofft hat, aber es bedeutet nicht den Verlust des Ganzen. Nietzsche hätte, wenn die Zeichen, die Lou gab, von ihm richtig gedeutet worden wären, sich über ihre Antwort schon früher Klarheit verschaffen können. Jetzt, unter dem Luzerner Löwen, bekommt er es zu hören: das Mädchen will nicht nur die Teilung, sondern sieht darin die Idealform für das Zusammenleben unter Freunden.

Die Ruhe, mit der Nietzsche ihre Antwort hinnahm, läßt darauf schließen, daß die Enttäuschung darüber schon instinktiv von ihm einkalkuliert worden war. Es ist ja nicht die erste Absage, die er hier bekommt. Aber waren nicht seine Anträge oder Anfragen, so die an Mathilde Trampedach oder Nathalie Herzen, die über Malwida von Meysenbug erfolgten, immer so gefaßt gewesen, daß sie von den darauf angesprochenen Mädchen gar nicht ernsthaft in Erwägung gezogen werden konnten? Anders gesagt: ein Eingehen darauf hätte Nietzsche sofort aus der schwankenden Lebensbahn herausgeworfen oder sogar in die unmittelbare Katastrophe geführt. Die Overbecks standen darum allen seinen Eheplänen immer besorgt gegenüber und hielten die Salomé von Anfang an für eine gefährliche Frauensperson, die mit ihm ein unverantwortliches Spiel treibe.

Im äußeren Gleichmut, der gewiß sein inneres Beben am Ufer des Vierwaldstätter Sees verbarg, lag darum auch eine tiefe Erleichterung eingeschlossen, als er Lou von Salomés Antwort zu hören bekam. Er war wieder bis an die äußerste Grenze seiner Entschlußkraft gegangen und sogar noch bereit, nicht aufzustecken, seine Bemühungen mit anderen Mitteln und Hilfen fortzusetzen. Wenn die Verbindung in der von ihm vorgeschlagenen bürgerlich konventionellen Form dann nicht zustande kommen sollte, so war seine Verantwortlichkeit – auch vor sich selbst – strikt zurückzuweisen. Wieder einmal konnte er sich von jeder Schuld daran freisprechen.

So läßt ihn Lous Absage zugleich tief aufatmen. Wie nach Stunden bedrückendster Spannung in dem Augenblick, wo sie sich plötzlich auflöst, ein Gefühl der höchsten Ausgelassenheit aufkommen kann, ist Nietzsche unmittelbar danach zu verwegenen Späßen aufgelegt. Lous Bekenntnis zur »Dreieinigkeit« ist so übel nicht. Im Gegenteil, sie muß sofort gebührend gefeiert werden. Ein Bild soll sie festhalten. In Bonnets Luzerner Photoatelier besteht Nietzche auf einer gestellten Szene, für die als Requisit ein Leiterwagen vor einer gemalten Schweizer Hochgebirgskulisse dienen muß. Gegen die Widerstände Rées ist er nicht davon abzubringen, Lou darauf in kniender Stellung zu plazieren. An der Deichsel stehen statt der für ähnliche Aufnahmen benötigten obligaten Esel oder Hunde Nietzsche und Rée im Geschirr; die Wagenlenkerin hält eine an ein Stöckchen gebundene Fliederdolde und schwingt eine Peitsche über ihre »Sklaven«. Die Photographie sollte auf Nietzsches ausdrücklichen Wunsch die von Lou durchgedrückte Herrschaft über die beiden Männer bildlich zum Ausdruck bringen.

Am 16. Mai löst sich in Luzern die kleine Reisegesellschaft auf. Die Salomés wollen vor ihrer Rückkehr nach Petersburg noch in Zürich Station machen. Nietzsche reist nach Naumburg, Rée nach Westpreußen zurück. Zur Verstärkung der Mutter war Lous Bruder noch angekommen, um die Schwester notfalls mit sanfter Gewalt nach Rußland zu bringen, wenn sie sich sträuben sollte.

Unverkennbar ist jetzt geworden, daß sich die Waage von Lous Gunst eher der Seite Rées zugeneigt hatte. Er flößte ihr und ihrer Mutter mehr Vertrauen ein, wie sie selbst sagt, ohne daß dadurch Nietzsche an persönlicher Faszinationskraft etwas einbüßte. So war es Rée gelungen, sie zu einem Besuch auf das Familiengut Stibbe bei Schneidemühl einzuladen. Natürlich paßte ein solcher Besuch in ihren Plan, den Aufenthalt außer Landes so lang wie möglich auszudehnen. Ihr Bruder, der als ihr »Hüter« ausgeschickt worden war, daß sie der Familie nicht entschlüpfen würde, soll sie dabei begleiten.

Auf ähnliche familiäre Hilfen wie Rée konnte Nietzsche keineswegs hoffen. In Naumburg wußten weder Mutter noch Schwester etwas Genaueres über seine Aspirationen bezüglich Lou von Salomé. Er hatte gute Gründe, sie geheimzuhalten. Bei der Darstellung der Biographie des Bruders fand Elisabeth sich später veranlaßt, an den Anfängen der Lou-Geschichte Korrekturen anzubringen. Es hätte schlecht ausgesehen, wenn der Eindruck entstanden wäre, daß Nietzsche sie ganz im unklaren gelassen hätte.

In Nietzsches Korrespondenz mit Lou von Salomé liest es sich anders. Kaum war er in Naumburg angekommen, teilte er ihr mit (28. Mai), daß er es noch vorziehe, »bei den Meinigen ein vollkommenes Stillschweigen aufrecht zu halten – nicht aus Lust an Heimlichkeiten, sondern aus ›Kenntnis der Menschen‹«. Er wußte, wie man nach seinen Eröffnungen über die Angelegenheit zu Hause reagieren würde.

Das war also auch der Grund, warum Lou bei ihrer Reise nach Westpreußen nicht Naumburg besuchte, sondern den Umweg über Hamburg wählte. Nietzsche kann ihr allenfalls eine Sommerfrische im Thüringischen »nicht weit von Naumburg« vorschlagen, wenn sie den Besuch bei der Familie Rée beendet hat und anschließend nach Bayreuth reisen will. Hierzu sucht er ihre Einwilligung zu erlangen, seine Schwester als Begleitperson zu akzeptieren, was natürlich der diplomatischen Vorarbeit bedarf, aber, wenn es gelingt, Aussichten eröffnet, Elisabeth mit dieser beim Bruder neuartigen Beziehung vertraut zu machen. Solche von Nietzsche schon länger angestellten Überlegungen hatten an der Wahl des Örtchens Tautenburg mitgewirkt. In der thüringischen Waldeinsamkeit mit Lou ein paar gemeinsame Wochen zu verbringen, wobei die Gegenwart der Schwester hingenommen werden müßte, danach steht sein Sinn.

Es kommt dann zunächst anders, als er es sich gedacht hatte. In Naumburg nutzt er die Zeit, um die »Fröhliche Wissenschaft« für den Druck vorzubereiten, und steht er zugleich in der ungeduldigen Erwartung eines Zeichens von Lou, mit dem sie ihn nach Berlin bestellen würde.

Er scheint sich dann aber durch einen (nicht mehr erhaltenen, wahrscheinlich am 13. Juni geschriebenen) Brief Lous ermuntert gefühlt zu haben, doch nach Berlin zu reisen. Er war ja seit Tagen reisefertig, stand auf Abruf bereit. Und so setzt er sich am 16. Juni morgens in den Zug und trifft 11.40 Uhr in Berlin am Anhalter Bahnhof ein. Doch hier muß er die Vergeblichkeit seiner Bemühungen einsehen. Er hatte Lou offenbar mißverstanden. Sie war entweder einen Tag früher von Berlin abgereist oder sie hatte es vorgezogen, aus der dringend gebotenen Rücksichtnahme auf ihre Familie Nietzsche von sich fernzuhalten. Anderntags reist Nietzsche enttäuscht nach Naumburg zurück. Der Aufenthalt in den Wäldern von Charlottenburg war nicht das, was er sich darunter vorgestellt hatte. In Berlin, der Großstadt, längere Zeit und noch dazu allein zu leben, kam ohnehin für ihn nicht in Betracht. So endete die Phantom-Reise in den »Grunewald«.

Aber Lou hatte ihre Absicht eines Zusammenseins mit ihm für die Zeit nach ihrem Besuch in Bayreuth bekräftigt. Darauf galt es, sich jetzt einzustellen, dafür mußten die erforderlichen Vorbereitungen getroffen werden. Das Leben in der ungewohnten Zweisamkeit bedurfte behutsamer Einübung. Das konnte ein Weg ins Ungewisse sein. In seinem Brief vom 28. Mai hatte er Lou denn auch um entsprechende Rücksichtnahme gebeten: »Solche Einsame, wie ich, müssen sich auch an die Menschen, die ihnen die liebsten sind, erst langsam gewöhnen: seien Sie hierin gegen mich nachsichtig oder vielmehr ein wenig entgegenkommend.« Vergleicht man den Ton und das zwischen Lou und Paul Rée in ihren Briefen längst eingeführte »Du« der Anrede, so ist das Förmliche in Nietzsches Beziehung zur Freundin ungebrochen. Es bleibt die Distanz auch als selbstgewählter Mantel für einen der Schonung Bedürftigen. Der Gedanke an Mutter und Schwester lastet schwer auf ihm.

Aber nun gilt es zu handeln. Die Zeit drängt. In seiner Not gesteht Nietzsche der Schwester, ein Mädchen zu kennen. Damit kommt ein schwerer Stein ins Rollen. Aber darauf war Nietzsche immer gefaßt gewesen, darum hatte er es immer wieder hinausgeschoben.

Stand ihm also die erwünschte Waldeinsamkeit mit Lou nach deren Besuch der »Parsifal«-Aufführung bevor, so gab es noch eine zweite Möglichkeit, an die aber kaum ernsthaft gedacht werden konnte, geschweige, daß er sie hätte offen aussprechen dürfen. Es war nichts anderes, als selbst nach Bayreuth zu reisen. Unter den Augen Wagners sozusagen mit Lou zusammenzutreffen, wäre etwas gewesen. Aber dazu fühlte er sich nicht mehr frei. Dazu hätte es der ausdrücklichen Einladung durch Wagner selbst bedurft. Wie hier die Aussichten standen, erfahren wir durch Augenzeugen, zu denen auch Lou von Salomé gehörte, die später die Szene beschreibt: Wagner habe in »Wahnfried« auf die Bitte Malwida von Meysenbugs, Nietzsche wieder aufzunehmen, sich erregt weggewandt und erklärt, er wünsche diesen Namen in seiner Gegenwart nicht mehr zu hören. Nietzsche schätzte seine Aussicht, von Wagner gerufen zu werden, also richtig ein, wenngleich auch Wagner selbst, wie andere Zeugnisse lauten, zu Zeiten immer wieder von Trauer über den verlorenen Freund erfaßt wurde. Auf keinen Fall hätte Nietzsche, der ja durch Wort und Schrift jedenfalls beim Abreißen der Beziehung der eigentlich treibende Teil gewesen war, von sich aus den unerlaubten Schritt nach Bayreuth tun dürfen, ohne sich vorher des Gottes zu versichern, dem allein es zusteht, Gnade walten zu lassen. Hier hielt sich Nietzsche genau an die Regeln, die bei Wagner galten. Er wird durch ihm Nahestehende seine Beziehungen zu Bayreuth indirekt unterhalten. Ebenso wie Lou von Salomé gehörte seine Schwester zu den Besuchern des »Parsifal«. Und so hält er sich bereit, dem Ruf des »Meisters« von ehedem zu folgen, wenn er ihn doch noch an ihn ergehen lassen sollte.

Von hier aus ist auch die Wahl von Tautenburg als Sommerfrische mit seinen Wäldern, der Nähe von Weimar und also auch nicht weit von Naumburg zu sehen. Bayreuth blieb schnell erreichbar. Es wäre undenkbar gewesen, daß Nietzsche jetzt, wo die »Parsifal«-Uraufführung immer näher rückte, sich weitab im Süden befunden hätte. Welche intensive, später ins Pathologische hineinreichende Beziehung er schon von Anfang an zu diesem Werk hat, ist daraus zu ersehen, daß er, als er sich eine Partitur besorgt und sie der Schwester vor ihrer Abreise nach

Bayreuth erklärt, von einer übrigens eigentümlichen, Köselitz am 25. Juli 1882 mitgeteilten Entdeckung spricht: der Wagner des »Parsifal« macht Nietzsches Musik, er komponiert so, wie er sie selbst »als Knabe gemacht«, mit dem Unterschied, daß in seinem Oratorium »einige Stellen z. B. ›Der Tod der Könige‹ ... ergreifender als Alles, was wir uns aus dem P. vorgeführt hatten«, waren; »parsifalesk«, so erfährt der Freund in Venedig, waren schon die eigenen Jugendkompositionen.

Nietzsche weiß: ohne die Schwester, die er jetzt auf den Bayreuther »Parsifal« vorbereitet und mit den entsprechenden Instruktionen versieht, wird in der Sache Lou von Salomé nichts mehr gehn. Um das Arrangement des gemeinsamen Sommeraufenthalts in Tautenburg zustande zu bringen, ist ihre Hilfe, d. h. ihre Anwesenheit, erforderlich. Am 25. Juni reist er, von der Schwester begleitet, in den neuen Kurort, der sich große Mühe macht, Gäste von weither anzulocken. Die Schwester bleibt nur zwei Tage, bis die notwendigen Regelungen für den längeren Aufenthalt Nietzsches getroffen sind, und fährt dann wieder nach Naumburg zurück.

In diese Zeit der Ankunft in Tautenburg scheint Nietzsches Geständnis gefallen zu sein. Denn am 27. Juni schrieb er von hier an Lou: »Inzwischen habe ich alles, was Sie betrifft, meiner Schwester mitgeteilt.« Das war ein schwerer Schritt für ihn gewesen, der aber getan werden mußte. Schließlich konnte nur so Lous Zusage zum gemeinsamen Aufenthalt gewonnen werden. Denn so wie Nietzsche beim Stand der Dinge Mutter und Schwester zu beschwichtigen hatte, galt es für Lou, die inzwischen auf zwei Brüder angewachsene Mannschaft ihrer Hüter, die Frau von Salomé zu ihrer Hilfe beordert hatte, abzuschütteln.

Es war unterdessen folgende Übereinkunft erreicht worden: Elisabeth Nietzsche und Lou von Salomé sollten sich in Leipzig treffen und von da an gemeinsam nach Bayreuth weiterreisen. Darüber scheint es auch eine Korrespondenz gegeben zu haben, die offenbar verlorengegangen ist. Nietzsche wollte sich in der Zwischenzeit nach einer passenden Unterkunft für die beiden weiblichen Gäste in Tautenburg umschauen, in die sie nach ihrem gemeinsamen Bayreuth-Aufenthalt einziehen könnten, und machte dafür drei Zimmer zum Tagespreis von 12 Mark aus. Er selbst sollte in einem andern Quartier wohnen, der Konventionen wegen, um jeder möglichen Erregung eines Anstoßes durch einen Aufenthalt unter dem gleichen Dach den Boden zu entziehen.

Es war Nietzsches eigener und ausdrücklicher Wunsch gewesen, daß seine Schwester und Lou von Salomé gemeinsam nach Bayreuth zur »Parsifal«-Aufführung fuhren. Hier mußten beide ausreichend Gelegenheit haben, sich gegenseitig kennenzulernen.

Es lief zunächst alles gut an. Der Eindruck, den beide Frauen aufeinander machten, war der beste. Ein Gelingen von Nietzsches Absicht, sie zusammenzubringen, schien durchaus im Bereich des Möglichen zu liegen.

Aber dieser Eindruck änderte sich schon sehr bald. Er änderte sich bereits während der ersten Tage nach ihrer Ankunft in Bayreuth. Zu unterschiedlich sind ihre Charaktere, zu unterschiedlich auch die Motive, die sie zu dieser Reise bewegt hatten. Hier die Sechsunddreißigjährige, die unverheiratete Pastorentochter, bis dahin ganz auf ihre Aufgaben beschränkt, Tochter und Schwester zu sein, dabei doch ansehnlich, aber auch unendlich befangen, sich aus der ihr zuerkannten bisherigen Rolle zu lösen, zu ihren Pflichten stehend, aber auch nicht bereit, auf ihre Rechte zu verzichten; inzwischen sich der Gefahr wohl bewußt, von der bürgerlichen Gesellschaft in kürzester Frist zum Altjungferndasein verurteilt zu werden. Da die junge Russin deutsch-französischer Herkunft, auf einer Reise in den europäischen Westen, ausgestattet mit allerlei Zeichen der Privilegiertheit einer Angehörigen der russischen Oberklasse, unternehmungslustig, sogar waghalsig, erlebnishungrig und besonders darauf bedacht, während der bemessenen Frist ihres Aufenthaltes im Ausland mit Leuten der Prominenz zusammenzukommen. Auch ihr Interesse an Nietzsche war von Rée eigentlich dadurch geweckt worden, daß er ihn als eine Berühmtheit dargestellt hatte, dessen Bekanntschaft zu machen für sie dringend geboten sei. Wo dieses Ton-Register angeschlagen wurde, war Lou von Salomé auch im weiteren Verlauf ihres Lebens stets ansprechbar.

Jetzt, in der Nähe Nietzsches, entwickelte sie ihre nymphomanen Talente, sich im Intellekt eines bedeutenden Mannes einzunisten, zunächst Einstimmigkeit mit ihm herzustellen und bald wieder weiterzuwandern, zum ersten Male auf beträchtlicher

Höhe; eine femme fatale, die das, was sie hatte, auch bedenkenlos wieder fallen ließ, wenn anderes, ihr interessanter Erscheinendes sich näherte. Übrigens war Nietzsche Menschenkenner genug, um diese Schwäche in ihr sofort zu entdecken und sie gegenüber sich und seiner europäischen Berühmtheit, die damals so gut wie nicht vorhanden war, zu kultivieren.

Lous wirkungsvolle Kunst, ihre Umgebung in Bann zu ziehen, hatte jetzt, da erste Proben davon vorlagen, aus ihrer älteren Festspielbegleiterin eine aufmerksame Beobachterin werden lassen, die zur Kenntnis nimmt und genau vermerkt. Ihr Argwohn mochte auch im eigenen Mangel an solcher Gabe begründet sein. Von Elisabeth Nietzsches moralischer Solidität sprang kein Funken zum andern Geschlecht über. Der rigide Zug im Wesen der Lutheranerin hatte hier ein ganzes System von Sperr-Riegeln aufgebaut, Bastionen schwer einzunehmender Art, weil an ihrer Errichtung der Gedanke an den Bruder unmißverständlich beteiligt war. Hier galt es, auf dem Posten zu bleiben, aus dem Material von Lous moralischen Anstößigkeiten und Blößen eine Verteidigungslinie gegen sie aufzubauen. Elisabeth Nietzsche war durch die Ereignisse der ersten Bayreuther Tage gewarnt und sie war es nicht zuletzt durch die Empfindlichkeit der »Schlechtweggekommenen« gegen eine unbekümmert die Gunst ihrer Natur Genießenden, wie es zumindest scheinen konnte.

Lou von Salomé hat auch später in ihrem »Lebensrückblick« kein Hehl daraus gemacht, daß es ihr bei ihrem Aufenthalt in Bayreuth nicht um die Musik ging. Sie zählt sich zu den »total Unwissenden« und findet sich darin nur vergleichbar mit Malwida von Meysenbugs Faktotum Trina, von der Wagner gemeint hatte, es müsse ihr dereinst noch »der Star im Ohr gestochen« werden. Um so mehr kam sie dann an den Wahnfried-Abenden zwischen zwei »Parsifal«-Aufführungen zur Geltung, zu denen Wagner ausgewählte Festspielgäste geladen hatte.

Zu den Besuchern gehörte auch Dr. Bernhard Förster, der in halboffizieller Mission nach Bayreuth gereist war. Förster hatte im Jahre 1881 in der mit einer Unterschriftensammlung verbundenen Kampagne gegen die weitere Einwanderung von Juden eine maßgebliche Rolle gespielt. Die Liste mit einer stattlichen Zahl von Unterzeichnern war Bismarck vorgelegt worden. Den Besuch nach Bayreuth hatte Förster eigentlich unternommen, um Wagner zur Unterstützung der Bewegung zu gewinnen. Dessen Anschauungen waren bekannt, und obwohl er die Frage verneint hatte, Antisemit zu sein, konnte Förster bei ihm auf Förderung seiner Sache hoffen.

Försters Bekanntschaft mit Elisabeth Nietzsche und auch Nietzsche selbst läßt sich schon auf die Basler Jahre zurückdatieren. Die Schwester hatte ihm aus sehr erklärlichen Gründen lange Zeit keine Ermunterung zuteil werden lassen, sich hier weiter vorzuwagen. Es nimmt allerdings nicht wunder, daß sie jetzt in diesen Tagen, wo sie den Bruder auf der Fährte jenes Mädchens in ihrer allernächsten Nähe sah, die bis dahin eher lockere Beziehung zu Förster fester knüpfte. Hier war auch für sie ein Bewerber auf den Plan getreten, war, wenn der Bruder seine eigenen Pläne hatte, auch für sie der Weg zu einem wenn auch späten persönlichen Glück nicht mehr verstellt. Um so schlimmer mußte es sein, wenn sie glaubte bemerken zu können, daß Lou von Salomé während des Bayreuther Aufenthalts Förster gegenüber in ihr Gehege vordrang.

Lou von Salomé war in ihrer Unbekümmertheit und Selbstliebe viel zu arglos, um zu bemerken, daß sie das Mißtrauen der mit ihr angereisten Elisabeth Nietzsche auf das höchste geweckt hatte. So schreibt sie am 2. August an Nietzsche: »Ihre Schwester, welche jetzt beinahe die meinige ist, wird Ihnen alles von hier erzählen. – Ihre Anwesenheit war mir ein großer Anhalt und ich bin ihr herzlich dankbar.« So weit reichte bis dahin die Selbsttäuschung der Briefschreiberin, aber auch die Täuschung durch die um vieles ältere Dame, die sie begleitete. Die hatte in ihr längst die leibhaftige Feindin ausgemacht.

Beide reisen getrennt von Bayreuth ab, hatten aber verabredet, sich in Jena im Hause des Professor Gelzer zu treffen und von da gemeinsam nach Tautenburg zu fahren, wo Nietzsche sie erwartete. Bei dieser erneuten Begegnung am 7. August bricht dann der Groll der Elisabeth Nietzsche gegen die Konkurrentin offen aus. Sie macht ihr Vorwürfe wegen ihres Verhaltens, das auch gegenüber der moralischen Untadligkeit des Bruders unakzeptabel sei. Lou schlägt erbarmungslos zurück: der Bruder sei gar nicht der Heilige, den die Schwester aus ihm mache. Und sie hat ein erdrückendes Argument: sein gegen Rée geäußerter Gedanke einer auf zwei Jahre befristeten Ehe, der freilich niedergeschrieben wurde, als er Lou noch nicht gesehen hatte, und jetzt als Vorschlag zur »wilden Ehe« kursiert. Aber Elisabeth Nietzsche ist als Kontrahentin damit nicht zu erledigen. Die Idee, zu dritt zu wohnen, so erwidert sie, stamme von Lou. Und das war richtig. Lou von Salomé war für die »Dreieinigkeit« als kleiner Zelle einer Kommune die treibende Kraft gewesen, so daß selbst Nietzsche, der daran zweifellos Gefallen gefunden hatte, sogar zwischendurch rät, sich nach außen damit etwas zurückzuhalten.

Nach diesem Zusammenprall der beiden Frauen im Hause Gelzer sind die Fronten in dem von Elisabeth Nietzsche schon länger vorbereiteten, aber dann doch plötzlich von ihr vom Zaune gebrochenen Krieg unmißverständlich und ein für allemal abgesteckt. Das hieß eine klare Sprache. Es kommt zwar noch zum Waffenstillstand; trotz der heftigen Auseinandersetzung fährt man am gleichen Abend nach Tautenberg in die von Nietzsche arrangierte Sommerpension.

Lous Lust an diesem Aufenthalt hatte inzwischen bereits erheblich nachgelassen. Nietzsche war eben doch nicht so berühmt, wie sie geglaubt und er sich ihr gegenüber ausgegeben hatte. In Bayreuth galt er, wo er überhaupt noch erwähnt wurde, als erledigt. Es war ihr oft genug bestätigt worden.

Nietzsche stand in Dornburg am Bahnhof, als die beiden einander feindselig gesinnten Damen dem Zug entstiegen. Selbstverständlich unterließ es die Schwester nicht, bei der ersten sich bietenden Gelegenheit Lous Kokettieren und noch schlimmer: ihren Verkehr mit seinen erklärten Feinden zu erwähnen. Das verschlug bei einem so ausgemachten Stimmungsmenschen, wie er es war. Dementsprechend kalt und vorwurfsvoll begegnet er der Freundin am nächsten Tag. Die Wirkungen von Elisabeths Einflüsterungen sind unverkennbar. Lou braucht einige Tage, um ihn vom Gegenteil zu überzeugen. Aber dann hat sie es geschafft. Für den Rest des gemeinsamen Aufenthalts wird Elisabeth die Zeche zu zahlen haben.

Wie die Tautenburger Wochen in Lous Verhältnis zu Nietzsche verlaufen sind, nachdem sie dessen Vorhaltungen überzeugend abgetan hatte, wissen wir ziemlich genau durch die Aufzeichnungen ihres Tagebuchs, das sie ausdrücklich für Rée führt. Sie legt darin Rechenschaft über sich und den Freund ab und zwar auf sehr schonungslose Weise. Zum Schrecken von Elisabeth Nietzsche üben sich die beiden gewissermaßen in ihrem Kampf gegen die Moral. Elisabeth hält dies in ihrem späteren Brief an Clara Gelzer (vom 24. September und beendet am 2. Oktober) fest, wo sie das anzügliche Treiben Lous beschreibt: »Dabei rühmte sich Lou immer ihrer bösen Natur (das Böse ist ja eine größere Kraftquelle als das Gute) und nun macht sich der arme Fritz so böse wie möglich.« Elisabeth sieht sich mit ihren rückständigen Ansichten zum Gegenstand bitteren Spottes werden. Lous Rache an ihr ist hart und kennt unter voller Mitwirkung Nietzsches kein Erbarmen. »Mitleid« ist ohnehin verpönt. »Lies die Bücher meines Bruders nicht, sie sind für uns zu schrecklich«, bekommt die Empfängerin des Briefes zu lesen, »sage es Niemand, ich habe hier eine entsetzliche Zeit erlebt, ich mußte es erkennen, Fritz ist anders geworden, er ist so wie seine Bücher.«

Nietzsche scheint in Tautenburg zunächst noch einmal die Rolle des Bräutigams angestrebt zu haben, dem es zusteht, von Lou Rechenschaft wegen ihrer Bayreuth-Geschichten zu verlangen. Rée hatte Lou deswegen schon gewarnt, um sie vorzubereiten. Nachdem die Streitigkeiten der ersten Tage vorüber sind, muß sich Lou eingestehen, daß es eine tiefe Übereinstimmung in ihrem beidseitigen Denken gibt. Sie fühlt sich von Nietzsches Kunst, zu plaudern, einfach überwältigt.

Das bietet der Tagebuchschreiberin einen unerhörten Stoff für Spiegelungen und ganz besonders Selbstbespiegelungen, die dazu angelegt sind, bis nach Stibbe zu Rée zu dringen, um ihn, wie vereinbart, auf dem laufenden zu halten. Ein exhibitionistischer Zug in diesen Beobachtungen und Vorgängen läßt sich schwer übersehen. Die Rolle als Frau zwischen zwei Männern, die sie wünscht und die ihr von den beiden Freunden ausdrücklich zugebilligt wird, spielt sie perfekt. Sie versichert Rée die Zugehörigkeit zu ihm und gleichzeitig, wie tief verwandt sie sich mit Nietzsche fühlt. Auch Gespräche mit Nietzsche werden inhaltlich mitgeteilt, Dinge der intimsten Sphäre gelangen zu Rées Kenntnis: »Er kam immer wieder herauf und am Abend nahm er meine Hand und küßte sie 2 mal und begann etwas zu sagen, was nicht ausgesprochen wurde. Die nächsten Tage lag ich zu Bett, er sandte mir Briefe zum Zimmer hinein und sprach durch die Tür mit mir.«

Nietzsche wußte nichts davon, daß Louis Feder sozusagen wie eine Geheimkamera ihre Szenen mit ihm festhielt und Rée zur

Information diente. Natürlich fürchtete Rée einen neuen Ehevorschlag Nietzsches und noch mehr, daß er in der Abgeschiedenheit des sommerlichen Idylls ohne eine Möglichkeit seiner Intervention Erfolg haben könnte. Dem hatte er durch Warnungen über Nietzsches körperliches Befinden vorzubeugen versucht. Umgekehrt war Nietzsche in Tautenburg ausgiebig mit Hilfe medizinischer Bücher damit beschäftigt, Lous Krankheit, die sich in einem starken »Hustenfieber« äußerte, zu studieren, um ihr auf den Grund zu kommen.

Die Wochen des Tautenburger Zusammenlebens werden Lou noch Gelegenheit für schnell wechselnde Eindrücke geben, die bis zur völligen Revision ihrer ersten Vorstellungen von Nietzsche reichen. Aber sie auch selbst in einem flackernden Licht zeigen! Man ist oft zehn Stunden am Tage zusammen und in leidenschaftlich geführten Gesprächen. »Schöne Stunden verbringen wir am Waldesrand, wo sein Bauernhäuschen liegt und einladend eine kleine Bank steht« – diese Tagebucheintragung Lous vom 14. August war natürlich auch wieder eigens für Paul Rée verfaßt. Vier Tage später folgt ein Vermerk über den »Heldenzug« in Nietzsches Charakter mit der kühnen Voraussage: »Wir erleben es noch, daß er als Verkündiger einer neuen Religion auftritt und dann wird es eine solche sein, welche Helden zu ihren Jüngern wirbt.« An den Abenden wird die Lampe mit einem roten Tuch umwickelt, um Nietzsches empfindliche Augen zu schonen. Wenn Lou auf »gemeinsame Arbeit« zu sprechen kommt, versteht sie darunter das gemeinsame Verfassen von Aphorismen, die sich an Nietzsches »Fröhliche Wissenschaft« anschließen. Die Absicht, Lous »Lehrer« zu sein, hatte er längst aufgegeben. Sie soll sich ihre Ziele auf eigenen Wegen selber suchen und dabei nach keinem fremden »Anhalt« greifen. Diese Vorstellung Nietzsches bewegt sich in mancher Hinsicht ganz nach den Gesichtspunkten der »Emanzipation« der Frau, die er in der Weise, wie Malwida von Meysenbug sie verfocht, strikt zurückgewiesen hatte. Aber in Lou sieht er den extremen Sonderfall.

Das hindert die Freundin dieser Wochen nicht daran, sehr schnell in Zweifel zu geraten, ob sie in seiner Nähe auf die Dauer richtig am Platze ist. Schon vier Tage nach der ersten Eintragung in ihr Tagebuch, am 18. August, neigt ihre die geistige Verwandtschaft mit Nietzsche genießende Stimmung dem genauen

Gegenteil zu. Sie erkennt mit einem Mal das Unheimliche seiner Erscheinung. Es ist etwas Furchterregendes in ihm: »Sind wir uns ganz nah? Nein, bei alledem nicht.« Schlagartig bricht sich die Einsicht in ihr Bahn, daß ganze Welten zwischen ihr und Nietzsche liegen. Nietzsche, so entfährt es ihr, »hat in seinem Wesen, wie eine alte Burg, manches dunkle Verlies ...« Und so steigt in ihr die in die Zukunft weisende Vision auf, »wir könnten uns sogar einmal als Feinde gegenüberstehen«.

Das alles bringt Nietzsche gegenüber dem abwesenden Paul Rée bei Lou weiter ins Hintertreffen. Denn Lou nutzt die Tautenburger Zeit weidlich, um Vergleiche zwischen beiden zu ziehen. Die Ergebnisse ihres Abwägens zwischen dem einen und andern breitet sie wiederum ausführlich im Tagebuch vor und für Rée aus, der sich ohne Zweifel geschmeichelt fühlen darf. Er kommt dabei besser weg, erhält wärmere, menschlichere Züge zugebilligt. Das mochte zutreffen und gab den Unterschied zwischen »Mensch« und »Titan«, den Lou von Salomé in ihrem späteren Nietzsche-Buch macht, jetzt schon präzise wieder.

Die Gründe für ihre Ahnungen waren ihr damals noch verborgen. Wer kannte schon den »Philosophen« Nietzsche oder eine mit seinem Namen verbundene »Philosophie«? Die breite Öffentlichkeit konnte in ihm – Lou hatte es in Bayreuth erfahren – einen abgefallenen Wagnerianer sehen. In seiner Gegenwart macht Lou nun die ungeheuerliche, sie faszinierende, aber auch zum Widerstand auffordernde Entdeckung: »Seltsam, daß wir unwillkürlich mit unsern Gesprächen in die Abgründe geraten, an jene schwindligen Stellen, wohin man wohl einmal einsam geklettert ist, um in die Tiefe zu schauen.« Sie, die diese Sphäre des Verbotenen gesucht hatte, hatte sie im Umgang mit Nietzsche gefunden: »wenn uns Jemand zugehört hätte, er würde geglaubt haben, zwei Teufel unterhalten sich.«

Mit ihrem Besuch in Tautenburg hatte sich Lou in ein Experiment eingelassen, das mit Rée in Stibbe fortgesetzt werden sollte. Soviel war ihr aber jetzt schon klar geworden, daß Nietzsche ihr Beschwernisse bereiten würde, die die von Rée zu erwartenden weit übertrafen. Sie spricht von verschiedenen »Stilansichten« der beiden Bewerber. Rée will seinem Stil nach überzeugen, Nietzsche will nicht belehren, sondern bekehren. Sein Anspruch scheint ihr darum fordernder. Damit ist die Wahl zwischen den beiden Verfahren, die sie selbst in der charakterologischen Analyse sehr ausführlich beschreibt, für Lou schon jetzt so gut wie getroffen. An Nietzsche stört sie vor allem, wie sie am 21. August zu Papier bringt, »der Egoist in großem Stil«, dessen Herz im Gehirn steckt gegenüber der auf größerer Lebensmüdigkeit beruhenden Indifferenz Rées. Eine strategisch durchdachte Form des Umgangs mit Lou läßt sich bei Nietzsche jetzt nicht bemerken. Dazu ist er auch kaum in der Lage, weil sich die Motive des weiteren Werbens um sie und der Angst vor einer Bindung an sie den Rang streitig machen. Er ist tageweise von Lou einfach wie berauscht und sagt ihr dann, wie sie am 14. August ins Tagebuch einträgt, einfach und unverblümt: »ich darf nicht lange in Ihrer Nähe leben«.

Es war jedoch jemand noch schwerer betroffen durch die Augusttage in der Sommerfrische: Elisabeth Nietzsche. Sie hatte ihre Wanderungen durch die Wälder zumeist allein unternommen. Es war die »Heiligkeit« des Bruders in Zweifel gezogen worden, und zum Dank dafür mußte sie erleben, daß der Beleidigte gegen sie als die Verteidigerin seiner Ehre Partei ergriff. Im Brief vom 24. September an Clara Gelzer schreibt sie aus ihrer Tautenburger Pension: »Seit ziemlich vier Wochen sitze ich hier in der größten Einsamkeit und wage mich nicht nach Naumburg, damit nur niemand meinen Kummer und meine verweinten Augen sehen soll, ich habe mein Ideal verloren …«

Lou fährt am 26. August von Tautenburg ab, um den zweiten Teil ihrer im Dienst der »Dreieinigkeit« stehenden Erkundungsreise auf Rées Familiengut Stibbe zu verbringen. Mit Rée, der noch auf Helgoland ist, wo er einen Badeaufenthalt verbringt, gibt es eine telegraphische Verabredung, sich in Berlin zu treffen: in Brohms Hotel garni, bzw. Anhalter Bahnhof. Also alles viel weniger förmlich und ohne den vermittelnden Beistand einer Anstandsdame, wie Elisabeth Nietzsche es gewesen war, die man dann allerdings zu zweit und zwar sehr brüsk aus dem Felde geschlagen hatte! Nietzsche selbst verläßt Tautenburg einen Tag später. Er reist nach Naumburg zur Mutter. Die völlig gebrochene Schwester bleibt am Unglücksort allein zurück.

Die Mutter war in der Angelegenheit Lou von Salomé bisher ganz aus dem Spiel gelassen worden. Sie in die Sache hineinzuziehen, galt als zu prekär. Es ist schwer zu sagen, was die Mutter bis dahin wußte. Irgend etwas konnte durchgesickert sein. In jedem Fall war es wenig, wahrscheinlich nichts.

Das ändert sich, als Nietzsche nach Naumburg zurückkehrt. Es beginnt schon bei der Heimkunft mit der Frage: Warum ist die Schwester nicht mitgekommen? Wir wissen es: sie weint sich in Tautenburg die Augen aus und will nicht nach Hause kommen, solange Nietzsche da ist. Und worin liegt der Grund? Jetzt muß Nietzsche mit der Sprache heraus. Aber was die Mutter von ihm nicht erfährt, bekommt sie von der Tochter zu hören. Es trifft ein Brief von Elisabeth ein, der über den Sohn Unglaubliches zu berichten hat. Der Sohn muß dem Teufel in die Hände gefallen sein, er liebt das »Böse«. Hier tun sich vor der frommen Pastorenwitwe schwindelnde Abgründe auf. Mit diesem Ausbund der Amoral steht ein Verworfener vor ihr. Das ist der Anfang vom Ende. Die Schwester hatte in dem Brief noch ironisch zitiert: »Also begann Zarathustras Untergang.«

In diesen Naumburger Tagen der Bedrängnisse durch die Mutter, nach dem Bruch mit der Schwester, der den Bruch mit der bürgerlichen Moral evident macht, flüchtet sich Nietzsche in die Musik. »In Naumburg kam wieder der Dämon der Musik über mich«, schreibt er Anfang September an Lou. Sie hatte ihm zum Abschied ein Gedicht mit dem Titel »Gebet an das Leben« gegeben, Verse wenig anspruchsvoller Art, aber doch sehr existentiell als Zeugnis für den Behauptungswillen des brustkranken Mädchens. Es war schon in Zürich verfaßt worden, als sie in der Schweiz Heilung suchend dort eingetroffen war:

> Gewiß, so liebt ein Freund den Freund,
> Wie ich Dich liebe, Rätselleben.–
> Ob ich in Dir gejauchzt, geweint,
> Ob Du mir Glück, ob Schmerz gegeben.

Der Ton eines gewissen Überschwangs, der schon in dieser ersten Strophe angeschlagen ist und in den drei weiteren Strophen durchgehalten wird, mochte neben dem persönlichen Erinnerungsgehalt, den die Verfasserin hier bot, Nietzsche zur Komposition eines Liedes unmittelbar anregen. Es ist ein gelungenes, auch heute noch die Wiedergabe verlohnendes Werk. Nietzsche schätzte es hoch ein und kann es als »das Einzige, was von meiner Musik übrig bleiben soll«, bezeichnen.

Außer dem Trost in der Musik blieb ihm in Naumburg jetzt nichts anderes. So miserabel hatte er die Stadt noch nie empfunden. Das will bei seiner Abneigung gegen sie etwas heißen. Die Mutter hatte die Partei der Schwester ergriffen. Sie wartete mit der »Naumburger Tugend« gegen ihn auf, stieß Weherufe über einen Verfluchten aus: »eine Schande für das Grab des Vaters«, was Nietzsche im Brief an Overbeck vom 10. Februar 1883 noch einmal erwähnt.

Das also hatte der siebenunddreißigjährige pensionierte Basler Professor für alte Sprachen zu Hause hinnehmen müssen. Wofür? Für einige in aller Förmlichkeit mit Lou von Salomé verbrachte Wochen, für einen Ausflug auf den Monte Sacro, für eine – zum Glück und zur eigenen Genugtuung – gescheiterte Brautwerbung, für seine vergebliche Reise in den Grunewald? Dafür wurde jetzt der Familienbann über ihn verhängt. Durch die persönliche Verstrickung in diese intimen Händel hatte er jetzt auch seine sehr privaten Gründe, Zweifel gegen die herrschende Moral auszusprechen. Hier lag ein Fall vor, der ihn zur Verzweiflung brachte. Die Mutter setzte ihm so zu, daß er schließlich seine »Koffer packen ließ und morgens früh nach Leipzig fuhr«, von wo aus er Overbeck (Sept. 1882) über die Szenen zu Hause berichtet.

Was ihn nach Leipzig trieb, war also Flucht, aber zugleich auch schon Vorbereitung für ein Wiedersehen mit Lou. Daß man sich nach ihrem Aufenthalt in Stibbe hier zusammen mit Rée treffen würde, war verabredet worden. Bis dahin hieß es für ihn warten. Leipzig bedeutet Rückkehr an den Ort seines akademischen Ausgangs, wo er sich genau auskannte und wo er sogleich das ihm vertraute Milieu sucht. So wohnt er bei der »Hofrätin« Heinze, die er Lou gegenüber eine »ausnehmend scharfsinnige kleine Kratzbürste« (Ende Sept. 1882) nennt und wo ihm Studierzimmer und Bibliothek ihres Mannes, des Philosophen Max Heinze, zur Verfügung stehen. Seine Tage sind wieder auffallend den musikalischen Interessen gewidmet. Das »Lebensgebet« Lous, das er vertont hatte, läßt er durch den Riedelschen Verein zur Aufführung bringen.

Zugleich aber nimmt er es in die Hand, für Peter Gasts Oper »Scherz, List und Rache« Arthur Nikisch, den Kapellmeister des Leipziger Theaters, zu interessieren. Köselitz alias Peter Gast – das wußte er – war er zu großem Dank seiner vielen Dienste wegen verpflichtet. Nachdem Rée als inzwischen erfolgreicherer Bewerber um die Gunst Lous aus dem alten Vasallenverhältnis zu Nietzsche herausgeschlüpft war und mehr und mehr auf eigene Rechnung und sogar gegen Nietzsche setzte, war ihm nur noch Köselitz verblieben. Der lebte in Venedig in bedrückendster Armut, so daß es Nietzsche geboten erschien, ihm gegenüber die in diesem Verhältnis vorgeschriebene Sorgepflicht des Lehnsherrn walten zu lassen. Hier lag in vielem eine Kopie von Nietzsches eigener Beziehung zu Wagner vor, der ja auch die Dienste Nietzsches durch Gunstbezeugungen immer wieder belohnt hatte. Im März war Nietzsche an Köselitz mit einem großzügigen Angebot herangetreten, um ihn als Komponisten zu fördern und ihm in seiner materiellen Not beizustehen. Er bringt sich ihm gegenüber als Mäzen zur Geltung mit dem Anerbieten, ihm seine Oper »Il Matrimonio segreto« abzukaufen. »Ich biete Fr. 6000«, schreibt er ihm am 20. März 1882, »zahlbar in vier Jahresraten zu Fr. 1500. Die Angelegenheit kann geheim bleiben, wenn es Ihr Wunsch ist. Ihrem Vater dürften Sie sagen, daß ein Verleger Ihnen diese Summe geboten habe.« Der Vorschlag war gut gemeint, erweckt aber den Anschein eines Mäzenatentums, das Nietzsche eigene bescheidene Verhältnisse weit überstieg. Köselitz lehnt entschieden und auch, als Nietzsche darauf besteht, beharrlich ab. Nietzsche dachte daran, mit Rée und Gersdorff zusammen das Geld aufzubringen. Es war von einer Zahlung Nietzsches in Höhe von 250 Franken die Rede, aber es wurde bald auffallend still um die ganze Angelegenheit. Im September weckte Nietzsche dann von Leipzig aus Köselitz' Hoffnungen auf eine Leipziger Uraufführung seiner Oper »Scherz, List und Rache«, der denn auch schon in den ersten Oktobertagen aus Venedig heranreiste. Aber man hatte sich verrechnet. Die Partitur lag noch in Weimar und die Intendanz des Hoftheaters verschleppte im Schlendrian der Verwaltung ihre Auslieferung nach Leipzig. So hatte Nikisch noch keine Gelegenheit gehabt, sie zu studieren. An eine schnelle Aufführung des Werks war also nicht zu denken.

Fast gleichzeitig mit Köselitz waren Lou und Rée, in deren Erwartung Nietzsche ja eigentlich nach Leipzig gereist war, dort eingetroffen. Jetzt konnte das Leben im Sinne der »Dreieinigkeit« seinen Anfang nehmen. Dabei war Leipzig nur als Vorstadium gedacht. Als Stadt für das geplante Zusammenleben hatte Paris inzwischen Wien und München in den Augen der drei den Rang abgelaufen. Hier schien Nietzsches Vorschlag sich durchzusetzen.

Es konnte allerdings von ihm nicht unbemerkt bleiben, daß Rée bei der gemeinsamen Freundin während der Stibbener Tage einen gewissen Vorsprung herausgeholt hatte. Freilich mochte mit Rée besser als mit Nietzsche dialogisch zu verkehren sein. Lou stieß hier nicht auf den steilen Sockel vom Standbild des Prometheus, sondern fand ein unausgesprochenes Bedürfnis nach Kameraderie befriedigt. Bei allem, was sich gegen ihn selbst anführen läßt, ist ihm sein Eindruck, von Rée hintergangen worden zu sein, zugute zu halten. An dem Paris-Aufenthalt zu dritt wird er aber nach wie vor festhalten, obwohl der Anschein klar dafür spricht, daß ihm seine Felle bei Lou längst weggeschwommen sind. Sicher war sein hintertreibendes Manövrieren, Rée bei Lou auszustechen, schon Folge dieser Einsicht. Aber er gibt deswegen noch nicht auf. Er verfolgt in den nächsten Wochen mit aller Intensität seinen Plan, in Paris ein Zimmer zu bekommen, und wendet sich deswegen auch an die Freundin aus Bayreuther Tagen, Louise Ott. Eindeutig ist sein Wunsch zur Abgeschiedenheit: »Es müßte ein totenstill gelegenes, sehr einfaches Zimmer sein« (7. Nov. 1882).

Aus diesem sehr eindringlichen Wunsch spricht der Vorsatz, das entschiedene Einsiedlertum auf Pariser Boden fortzusetzen. Das bekundet keine große Entschlossenheit, sich am Leben einer Klein-Kommune ernsthaft zu beteiligen. Vielleicht sind Lou und Paul Rée im Recht, wenn sie sein völliges Ungeeignetsein für ein Leben zu Dritt bereits jetzt in Rechnung stellen und entsprechende Verhaltensmaßnahmen für einen taktvollen Rücktritt planen. Hier beginnt denn auch das Spiel, das sie von dem Augenblick an mit ihm treiben, als sie Nietzsche im Glauben an einen gemeinsamen Paris-Aufenthalt lassen, ohne selbst die Absicht mit der alten Energie zu verfolgen. Daß Lou und Rée nach Paris vorausfahren würden, war mit Nietzsche abgesprochen worden. Vielleicht läßt sich aus der Ferne leichter ein geeigneter Vorwand finden. Nietzsche begleitet die beiden zum Bahnhof. Lou scheint beim Abschied der arglosere Teil gewesen zu sein. Ob Nietzsche ein sicheres Wissen besessen hat, daß sie ihm in diesem Augenblick unter Wahrung aller Konventionen von Rée entführt werden sollte, läßt sich allerdings nicht belegen.

Eine Ahnung, daß sich hier für ihn wieder eine Erschütterung seiner Existenz vorbereitet, hat er nach all den kleinen enervierenden Szenen, wie sie sich zwischen den dreien abgespielt hatten, sicher gehabt.

Als sich der Zug mit Lou und Rée vom Bahnhof in Leipzig in Bewegung setzt, weiß Nietzsche noch nicht, daß in diesem Augenblick wieder einmal sein Dasein als »Prinz Vogelfrei« beginnt. Der Freundin hat er ein Geschenk mit auf die Reise gegeben, ein Gedicht, das sie, wenn sie es noch nicht genau wissen sollte, darüber aufklären mußte, mit wem sie es in der Vergangenheit zu tun hatte. Die Verse lüften der Davoneilenden ein Geheimnis und enthalten zugleich eine Drohung:

> Freundin – sprach Columbus – traue
> Keinem Genueser mehr!
> Immer starrt er in das Blaue,
> Fernstes zieht ihn allzusehr!

Hier bekommt sie zu lesen: auf den »Genueser« ist keine feste Hoffnung zu setzen. Er hat anderes, Größeres, Fernliegendes im Sinn. Es ist Mahnung zum Achthaben. Aber ist es nicht auch schon Vorbeugung, ein Signal des Verdachts künftiger Anschläge, ein Zeichen dafür, daß er ahnt, womit er zu rechnen hat?

Die »Fröhliche Wissenschaft« ist die Fortsetzung der »Morgenröte« und zugleich deren Steigerung. Hier herrscht die Höhenluft des freien Gedankens, in der zu atmen nur der ganz »kleinen
Zahl« vorbehalten ist, weil die große Masse es in diesen Luftzonen unerträglich finden müßte. »Verbotenes« hat hier im
sprachlichen Ausdruck seine gültige Form gefunden.
So jedenfalls war es von Nietzsche gedacht. Daß ihm diese Absicht mißlungen ist, wird man ihm schwerlich nachsagen können, und auch nicht, daß die vielschichtige Thematik des Buches,
hundert Jahre nach seinem Erscheinen, verbraucht wäre.
»Die fröhliche Wissenschaft« hat Nietzsche auf dem Höhepunkt
seines Lebens geschrieben. Sie steht neben dem »Zarathustra«.
Es gibt darin eine Ungebundenheit und sogar Ausgelassenheit
des Denkens, die man der »Philosophie« gewöhnlich nicht zuschreibt. Wer so denkt, scheint sich in einem Zustand der
Schwebe, mehr noch des Fliegens zu befinden. Schon das »Fröhliche« im Zusammenhang mit der »Wissenschaft« ist eine Provokation. Wie kann die »Wissenschaft«, der man »Ernst« zuschreibt und zuschreiben muß, »fröhlich« sein! Soll hier allem
Festgegründeten der Boden weggenommen werden, alles bisher
für »wahr« Gehaltene seine Sicherheit verlieren?
»Die fröhliche Wissenschaft« hat zweifellos etwas mit Lou von
Salomé zu tun, auch wenn bei ihrem persönlichen Bekanntwerden Nietzsche das Buch schon fast völlig abgeschlossen hatte, sofern man an die erste Auflage denkt. Als er damals nach Berlin
reiste, um Lou zu treffen und im Grunewald frische Luft zu
schöpfen, hatte er das Manuskript der »Fröhlichen Wissenschaft« bei sich, um es ihr zu zeigen. Nicht zuletzt darum, weil er
glaubte, Lou sei reif dafür, ihn auf diesem Höhenflug zu begleiten! Wenn Curt Paul Janz Nietzsche den zu seiner Zeit einzigen
Philosophen nennt, »der die Kraft und das Genie besaß, ein ganzes Weltbild zu formen, Positivismus, Materialismus und spe-
kulative Philosophie, ja sogar Prophetie, in einem umfassenden
Weltbild zu versöhnen«, dann gilt dies ganz besonders mit dem
Blick auf die »Fröhliche Wissenschaft«, wo das Ressentiment gegen Wagner der letzten Schriften noch nicht voll durchbricht,

wo es immerhin noch gezähmt erscheint. Hier hat Nietzsche seine Gegenstände unter Kontrolle, ist er derjenige, der sie beherrscht, ist er der »Prinz Vogelfrei« höchstpersönlich, ist er wie der »Mistral«, der »Himmels-Feger«, der »auf glatten Felsenwegen« pfeift, der den »Staub der Straßen« aufwirbelt, der »Tänzer«, der auf »tausend Rücken tanzt«. Das ist ein ganz neuer, ein bis dahin unter Philosophen ungehörter Ton der »Fröhlichkeit«, in dem über bisher angefochtene Gegenstände verhandelt wird. Schon gleich zu Beginn ein Überraschungsschlag für den »Moralisten«: alles, was der Mensch tut, steht von Anfang an im Dienste seiner einzigen Aufgabe, nämlich der Erhaltung der Art. Wo man ihn bei dieser Arbeit sieht, muß man bemerken, daß er an den Maßstäben des herkömmlicherweise »gut« oder »böse« Genannten nicht mehr gemessen werden kann. Für den, der den Geschäften der Arterhaltung nachgeht, gilt: »Auch der schädlichste Mensch ist vielleicht immer noch der allernützlichste.« Es ist in jedem Falle gut, daß es ihn gibt, »denn er unterhält bei sich oder, durch seine Wirkung, bei Anderen Triebe, ohne welche die Menschheit längst erschlafft oder verfault wäre«. Im Hinblick auf die Erhaltung der Art im Sinne Darwins müßte die ganze moralische Weltordnung liquidiert werden: »Der Haß, die Schadenfreude, die Raub- und Herrschsucht und alles was sonst böse genannt wird: es gehört zu der erstaunlichen Ökonomie der Arterhaltung, freilich zu einer kostspieligen, verschwenderischen und im Ganzen höchst törichten Ökonomie.« Aber ihr verdanken wir, daß es den Menschen überhaupt noch gibt. Was sich für die Art nicht als nützlich oder sogar als schädlich erwies, wurde ausgeschieden, es starb aus, und kein göttlicher Wille könnte dem mehr zum Leben verhelfen, das sich als unbrauchbar gezeigt hat.

Unverkennbar ist die Schopenhauersche Wurzel in dieser Gedankenausführung. Gleich zu Beginn wird der Trieb als blinder Wille ins Spiel gebracht. Was ist der Wille, wo er mit dem Trieb gleichgesetzt wird? Er kann vieles sein, Instinkt, Blindheit, Grundlosigkeit. Der Trieb sagt über die Sache selbst noch nichts aus, er steht wohl im Dienste verschiedener Sachen, die alle der *einen* unterworfen sind: der Erhaltung der Art. »Der Mensch ist allmählich zu einem phantastischen Tiere geworden«, er bildet sich von Zeit zu Zeit ein, zu wissen, »warum er existiert« und glaubt gar nicht leben zu können, wenn er dieses »Warum?«

nicht beantwortet fände. Diesen Zweck erfüllen die Religionsstifter, die neue »sittliche Schätzungen« einführen und »Gewissensbisse« und »Religionskriege« verursachen und die, wenn bei ihren Gläubigen der Glaube an ihr Dasein nicht ausreicht, noch ein zweites Dasein dazu erfinden.

Aber nicht sie sind die eigentlich vorwärtstreibenden Kräfte in der Geschichte. Es gilt: »Die stärksten und bösesten Geister haben bis jetzt die Menschheit am meisten vorwärts gebracht: sie entzündeten immer wieder die eingeschlafenen Leidenschaften«. Was würde schon eine Menschheit ohne Leidenschaften mit sich selber anfangen? Dagegen besagt nichts deren um sich greifende Verkümmerung, ihr Zusammenschrumpfen etwa in der höfischen Zivilisation Ludwigs XIV. auf den Ausdruck der schönen Form. Das halten die Leidenschaften nicht aus, sie rächen sich dafür, und »unsere Nachkommen werden eine echte Wildheit« haben.

Den auf ein erlaubtes Maß reduzierten Leidenschaften entspricht, daß es keine echte Not mehr gibt. Es gibt wohl »die Not« als soziale Frage im Sinn des Pauperismus. Aber es gibt »Not« nicht mehr im Sinne der alten Tragödie, so wenig wie »Schmerz«. Mit dem Aufkommen der Wissenschaft schiebt sich deren eigentliches Ziel in den Vordergrund, das darin besteht, möglichst viel Lust und möglichst wenig Unlust zu schaffen. Schmerzlosigkeit ist jetzt Trumpf, Schmerzlosigkeit heißt das Mittel, mit dem sich die Wissenschaft anpreist, die über ihre Vergabe verfügt. So können die Menschen in diesen fortschrittlichen Zeitläufen keine Schmerzen mehr ertragen. Sie denken, wenn davon die Rede ist, an ihre »Zahn- und Magenschmerzen« und können nicht ahnen, was Schmerz in einem Zeitalter der Gewalt, wo der einzelne zu seiner Erhaltung selbst Gewalttäter sein muß, bedeutet.

Wer so spricht, macht sich ohne Zweifel anheischig, mit dem Anspruch aufzutreten, als Richter über seine Zeit das Urteil auszusprechen. Ist dieser Anspruch zu hoch? Wenn man an die späteren Reaktionen gegenüber Nietzsche, sowohl in der Empörung wie der Bewunderung, denkt, gewiß nicht! Mit diesen und andern in Umlauf gesetzten Gedanken wird man noch zu rechnen haben. Daraus spricht eigene Vollmacht, aber auch übernommene, die Autorität Schopenhauers. Es bricht hier der alte Schopenhauersche Antikapitalismus voll durch, wenn Nietzsche der durch die aufkommende Industriegesinnung entstellten Gegenwart die Vergangenheit gegenüberstellt. Nietzsche also ein hinter seiner Zeit Zurückgebliebener, der ihre letzten Wendungen und Entwicklungen offenbar nicht mehr voll bewältigen kann? Es ist eher zu bemerken, daß er das Resümee der antikapitalistischen Gesellschaftskritik, ohne sie zu teilen, voll aufnimmt. Anders gesagt: er geht mit ihr eine kurze Wegstrecke zusammen. Er hält aber andere, ältere, bereits altertümlich gewordene Antworten bereit, die sich noch nicht aus dem Umkreis Schopenhauers entfernt haben. Ihm geht es noch um das Ideal der Muße, das der Philosoph vor allem für sich selbst durch ein befremdliches Treiben, durch »Kaufen« und »Verkaufen«, durch eine aufgeregte Geschäftigkeit um sich herum, gestört sieht. Damit ist auch die alte Vorzugsstellung der Philosophen und derer, auf die es eigentlich ankommt, wie Kontemplative aller Art, Künstler, Müßiggänger, die von der Welt der alten Verhältnisse mit ihrer Ruhe noch mitdurchgezogen werden, in Gefahr. Das mochte eine ungeheure Provokation sein und jene treffen, denen die Zeit gehört und die sich in ihr freie Bahn zu verschaffen verstehn. Das rührt an die Nerven der Matadore der Gründerzeit, die mit der ganzen Robustheit ihrer Natur den eigenen Willen durch industrielle Aktivitäten durchsetzen, die aber gerade durch »die Abwesenheit der höheren Form« zum Geburtshelfer des »Sozialismus« geworden sind, der ohne sie vielleicht gar nicht existieren würde. Durch sie sind die alten soldatischen Regelungen des Befehlens und Gehorchens auf den Verkehr zwischen »Arbeiter« und »Arbeitgeber« übertragen, auf der Grundlage der »sogenannten industriellen Kultur« mit dem Kennzeichen, daß sie die »gemeinste Daseinsform« ist, die es bisher gegeben hat.

Das konnte durchaus noch der Sympathie der alten herrschenden Klasse, die im Deutschland der 80er Jahre keineswegs aus der Macht herausgestoßen, deren ästhetisches Wertregister in den Lebensformen sogar noch voll in Kraft war, sicher sein. Hier nahm man gern zur Kenntnis, wenn es hieß: »Es ist seltsam, daß die Unterwerfung unter mächtige, furchterregende, ja schreckliche Personen, unter Tyrannen und Heerführer, bei weitem nicht so peinlich empfunden wird, als diese Unterwerfung unter unbekannte und uninteressante Personen, wie es alle Größen der Industrie sind: in dem Arbeitgeber sieht der Arbeiter gewöhnlich nur einen listigen, aussaugenden, auf alle Not spekulierenden Hund von Menschen, dessen Name, Gestalt, Sitte und Ruf ihm ganz gleichgültig sind.«

Natürlich kam für Nietzsche nicht der »Arbeiter« in Betracht, sowenig wie die »Arbeit« an sich. Aber eben darin zeigte sich die Höhe des »Philosophen«, daß von ihr aus gesehen der Unterschied zwischen dem »Arbeiter« und dem »Industriellen« bedeutungslos, ganz gering, vielleicht überhaupt nicht vorhanden ist. Nietzsche kann sich sogar herausnehmen, die Beschwerden des Ausgeplünderten anzuführen und den Saldo zu Lasten der »sogenannten industriellen Kultur« zu verbuchen.

Das waren keineswegs Positionen, die im luftleeren Raum angesetzt worden wären, sondern die des feudalen Antikapitalismus, der bei aller Schwäche immerhin noch so weit reichte, den wenig für sich einnehmenden Kräften, die auf den »Fortschritt« pochten, für alles, was noch kommen mochte, in überzeugender Weise die Schuld zuzuschieben, mit Einschluß des »Sozialismus«. Mag der »Tyrann« das Recht mißachten und der Gewalt den Vorzug geben, so kann seine Herrschaft doch inmitten der allerhöchsten Zivilisation verbunden mit der Förderung von Künsten und Künstlern, Wissenschaften und Gelehrten, Philosophen und ihren Anhängern wohl bestehen, kann er sie mit dieser Förderung fester begründen. In der »Kultur der Renaissance« hatte Jacob Burckhardt die klassische Darstellung des Zeitalters engster Zusammengehörigkeit des einen mit dem andern gegeben. Für den Nietzsche der »Fröhlichen Wissenschaft« bedeutet die Renaissance den Gipfel der Weltkultur, in ihr hat der Mensch den Beweis erbracht, zu welcher Steigerung seiner Kräfte er fähig ist. Hier liegen die Vorbilder für den späteren Entwurf des »Übermenschen«. Demgegenüber ist die Reformation als deutsche Form der Erneuerung ein Rückfall. Die Höhe des Renaissance-Menschen kann in den darauf folgenden Jahrhunderten nicht mehr gehalten werden. Die virtù-Tugend schmilzt zusammen und ist in den Zeiten der Massenbewegungen, der »Herde«, am Ende nicht mehr gefragt.

Der Gedanke hat eine gewaltige Werbekraft für künftige Diktaturen, wie sich noch herausstellen wird. Er rechnet mit zwei »Wahrheiten«; mit der ersten, daß das mit Demokratie, Industrie und Fortschritt im Bunde stehende Bürgertum der Rolle, die es sich selber zugedacht hat, nicht gewachsen sein wird, und mit der zweiten, daß die Menschen »im Grunde bereit zur Sklaverei jeder Art« sind, »vorausgesetzt, daß der Höhere über ihnen sich beständig als höher, als zum Befehlen geboren legitimiert«.

Das gehört mit zur Antwort Nietzsches auf den Verlust der Hoffnungen, den die Zukunft den auf dem Recht zur Muße bestehenden »freien Geistern« beschert. Schuld daran hat die »Herde« mit ihren Leittieren. Dem »lieber zu Grunde gehen wollen, als ohne Lust an der Arbeit arbeiten« wird durch die Herde ein Ende bereitet. Für Menschen vom Schlage des »Prinzen Vogelfrei« stehen die Aussichten in Zukunft schlecht.

Aber das zeigt mir, welchen Fall die Kultur inzwischen hinter sich hat. Gegenwart und Zukunft können das, was sie der Vergangenheit abverlangen, selber nicht mehr leisten.

Die »Fröhliche Wissenschaft« bedeutet immer und vor allem ein Wegwischen der Illusionen. Hergebrachtes, bisher für wahr Gehaltenes, gilt nicht mehr. Wer wird glauben, daß eine so umwälzende Zeit noch selbst an den überlieferten Werten festhalten möchte? Wer kann ernsthaft behaupten, daß »Millionen junger Europäer« sich beständig auf der Glücksuche befänden? Hier meldet sich wieder der »Zerrissene« zu Wort, der Weltschmerzler im Stil Byrons und Leopardis, die jetzt freilich von der Generation Baudelaires und des »Parnasse« mit der Bedrückung durch die Langeweile, das »Ennui«, überholt worden sind. Das Leiden am Leben zieht sich bei ihnen auf das Leiden an einer unerträglich gewordenen Langeweile zusammen. Der Nietzsche der »Fröhlichen Wissenschaft« ist ihr Zeitgenosse deutscher Sprache, der in der »Langeweile« eine Modekrankheit der europäischen Jugend sieht. Was sie hat, ist »Begierde nach Leiden«. Diese Millionen suchen in Wahrheit nicht nach Glück, sondern erwarten, daß das Unglück von außen über sie komme, um das »Ungeheuer daraus zu formen«, das ihre Phantasie selbst ersonnen hat. Warum? Um mit einem »Ungeheuer« kämpfen zu können und sich damit die Langeweile zu vertreiben. »Not ist nötig.« Sie verstünden sonst nichts mit sich anzufangen – »und so malen sie das Unglück Anderer an die Wand«.

Im Paradoxen der »Fröhlichen Wissenschaft« ist ihre Bedeutung als »Umwertung der Werte« fest einbegriffen. Es wird vor keinem der Tabus haltgemacht. Ihrer Bedeutung nach sind sie im Rahmen der bürgerlichen Moral tief gestaffelt. Es gibt solche von besonders empfindlicher Natur, deren Verletzung in Verhältnissen intakter Bürgerlichkeit furchtbare, ja tödliche Bestrafung nach sich ziehen kann. Andere lassen größere Nachsicht zu.

Am Zusammenleben der Geschlechter in der Ehe als Miteinander oder Gegeneinander ließ sich exemplarische Einsicht in die bürgerliche Welt und ihre Moral gewinnen. Die bis in alle menschlichen Beziehungen hinreichende »Lebenslüge« war längst erkannt, ehe Nietzsche sich in der »Fröhlichen Wissenschaft« und im »Zarathustra« darüber ausließ. An Ibsens »Nora« von 1880 entzündete sich der Protest der auf Emanzipation bedachten Frau, aber eher noch und stärker richtete er sich gegen das Stück und den Ärgernis erregenden Autor. Dabei waren die Themen Ibsens selber nur Folge eines damals in voller Blüte sich befindenden Interesses am »Wesen des Weibes«, das in Romanen und Traktaten, Szenenbildern und Sittenschilderungen alle Farben des Regenbogens aufwies. Das Pandämonium von bezaubernden Teufelinnen, Hexen, Verruchten, sexuellen Gewalttäterinnen befand sich auf der Kehrseite der Emanzipation, konnte aber von Fall zu Fall auch eigentümliche Bündnisse mit ihr eingehen. Die Romane von Leopold Sacher-Masoch standen hier für ein ganzes Programm. Übrigens hätte eine Lou Salomé leicht in ihm Aufnahme und einen festen Platz finden können. Auch sie ist eine im bürgerlichen Sprachgebrauch aus der Bahn Geworfene, eine »Perverse«, was Nietzsche mit allen Zeichen vorübergehenden Entzückens und bald eines bleibenden Schauderns vermerkt, wie er es ihr schriftlich gibt! Ein Mädchen auf der Suche nach ihrem Opfer, in die sie ihre Bereitschaft zum Leiden, zur Selbstpeinigung investiert, um nach vollendetem Triumph den von ihr Berauschten zurückzustoßen und aus der Ferne die Qual, in der er sich windet, ungerührt in ihre Betrachtungen einzubeziehen! Es lag darin der Umschlag einer Masochistin von früh auf ins Sadistische und dies – was das Schlimme dabei ist – ohne eine Spur von Erotik.

»Die fröhliche Wissenschaft« war schon so gut wie abgeschlossen, als Nietzsche mit Lou Salomé bekannt wurde, aber das Buch zeigt, wie sehr er für die Beziehung zu einer Frau wie sie eine innere Disposition besaß. Seine Urteile über die Frauen sind immer subjektiv, vom Augenblick abhängig und also schwankender Art. Eben damit gehören sie zu seiner »Lebensphilosophie«. Man kann ihrer persönlichen Authentizität vertrauen. Das Schweben, das in ihnen steckt, spielt in seine Beziehung zu Lou unmittelbar hinein: »Der Zauber und die mächtigste Wirkung der Frauen ist ... eine Wirkung in die Ferne ... dazu gehört aber, zuerst und vor Allem – Distanz!« Auch in den Tagen und Wochen intensivster Gemeinsamkeit mit Lou wird Nietzsche sich an die Geltung dieses Satzes genau halten, gemäß der alten, bewährten und von der Bürgerlichkeit strenger Observanz stets in Rechnung gestellten Wahrheit, daß die Frau aus der Nähe auf lange Sicht verliert. Darum die gebräuchlichen Mahnungen an das heiratsfähige Mädchen, sich dem Drängen des um sie Werbenden zu versagen, möglichst bis zur Ehe. Denn der Reiz läßt nach längerer Bekanntschaft mit ihm nach oder stellt sich als nicht so betörend heraus. Die bürgerliche Moral, mit der Nietzsche so erbarmungslos verfährt, beruht zu einem guten Teil auf einem Verbergen der Wahrheit, der »wirklichen Verhältnisse«. Wenn die Dinge gesehen werden, so wie sie in Wahrheit sind, kann das Interesse an ihnen bald erlahmen. Die Illusion erleidet eine gewaltige Einbuße: »Wenn wir ein Weib lieben, so haben wir leicht einen Haß auf die Natur, aller der widerlichen Natürlichkeiten gedenkend, denen jedes Weib ausgesetzt ist.« Das verlangt, an der »Natur« der Frau vorbeizudenken, denn »Der Mensch unter der Haut« gilt »allen Liebenden ein Greuel und Ungedanke, eine Gottes- und Liebeslästerung«.

Das war im Zeitalter des aufsteigenden Naturalismus ein bewegendes Problem in der Kunst. Nietzsche betitelt den § 59, wo er es streift, denn auch mit »Wir Künstler«. Aber seine angedeuteten Schlußfolgerungen liegen jenseits aller Kunst und allen Künstlertums. Was ist das schon für eine Moral, die im »Naturgesetz« bereits eine »Verleumdung Gottes« dekretieren möchte und einen Menschen herangebildet hat, der sich beide Hände fest vor das Gesicht hält, der auch nicht hören möchte, »daß der Mensch noch etwas Anderes ist, außer *Seele und Form?*« Hier zieht sich Nietzsche die Narrenkappe des »Künstlers« selbst über die Ohren und reiht sich in den Zug der »Nachtwandler des Tages«, der »Mond- und Gottsüchtigen«, der vom Träumen am Sehen Gehinderten, ein. Wer kann schon dem entgehen, was ihm von Jugend an mit auf den Weg gegeben worden ist?

Dazu der ungeheuerliche Widersinn der auf die geltende Moral setzenden Frauen-Erziehung! Es ist darin eine abgemachte Sache, daß man ein junges Mädchen in erotischen Dingen so unwissend wie möglich erzieht. Hier geht es um Sein oder Nicht-

Sein der weiblichen »Ehre«. Es muß das »Böse« vor ihren Augen und Ohren ferngehalten werden, darf ihr weder in Worten noch selbst in Gedanken begegnen. Und nun! Mit einem »grausigen Blitzschlage« wird ein so erzogenes Mädchen mit der Ehe »in die Wirklichkeit und das Wissen geschleudert«, erfährt sie das »Böse« gerade durch den, den sie am meisten liebt. Diesen Widerspruch mag auflösen wer will! Hier fechten Liebe und Scham einen Kampf aus, sind »Gott« und »Tier« mit einem Male Nachbarn geworden.

Diese Aphorismen mit ihren unzweifelhaften Spitzen gehören einer »Psychologie« an, die von Haus aus selbst sehr bürgerlicher Art ist, persönlich und zugleich verallgemeinernd. Es ist darin die Rede von *den* Frauen, *den* Männern, wie von *den* Menschen überhaupt, *den* Tieren, aber auch *den* Deutschen, *den* Juden, *den* Christen, *den* Franzosen, *den* Italienern, *den* Künstlern … Das meint offenbar immer einen Typus als statistischen Mittelwert. Darum ist in dem Aphorismus über »Die Mütter« der aus allem folgernde Schlußsatz möglich: »Bei den Tieren gilt das männliche Geschlecht als das schöne. «

In der Verallgemeinerung steckt also sozusagen der Saft aus Nietzsches »Wahrheiten«. Das gilt freilich nur beschränkt. Denn die Verallgemeinerung gibt den gewünschten Anlaß, zu unterscheiden. Sie ist es, die die Nuance erst möglich macht. Und die Nuance ist alles. Durch sie wird der »Psychologe« auf die Spur gesetzt. Mit ihr kann man – so winzig sie sein mag – auch die Peitsche schwingen. So ist Nietzsche »der Deutsche« längst anstößig geworden. Etwa die »deutschen Künstler«: »diese armen Bären, in denen versteckte Nymphen und Waldgötter ihr Wesen treiben«. In diesem Satz ist noch ein gewaltiger Schlag gegen die Romantik nachgeschickt, die als Bewegung längst nicht mehr lebte. Besonders zweifelhaft ist ihm der »Deutsche« in der Gestalt des preußischen Offiziers geworden – ein Rang, den er selbst zu seinem großen Leidwesen nicht erreicht hat –, dem er zwar »jenen bewunderungswürdigen Takt der Bescheidenheit« bescheinigt, »an dem die Deutschen allesamt zu lernen hätten (die deutschen Professoren und Musikanten eingerechnet)«, der aber für ihn »die unbescheidenste und geschmackwidrigste Figur im alten Europa« ist, »sobald er spricht und sich bewegt«.

Es ist aufschlußreich, wie Nietzsche die Frage des »Deutschen«

in der »Fröhlichen Wissenschaft« als Frage des Stils behandelt, ebenso wie das »Christentum« und auch das »Judentum«. Das dritte Buch gehört zu den Höhepunkten von Nietzsches gesamtem Denken, nicht zuletzt deswegen, weil er hier Abrechnung hält mit dem ihm Nächstliegenden, weil hier seine eigene Zugehörigkeit zum zu Verwerfenden verhandelt wird. Nietzsche nimmt sich selber nicht aus. Welches Unglück, die Kennzeichen einer so tief deprimierenden Herkunft zu haben! Es gibt die eine Möglichkeit der abrupten Abwendung von ihr durch Aufsage und offene Bekämpfung und es gibt die andere, sich die Herkunft aus einem polnischen Adelsgeschlecht anzudichten, die er jetzt so gerne gegenüber Freunden, aber auch als Schriftsteller herauszukehren beginnt.

Hier stoßen wieder Traum und Wirklichkeit hart aufeinander. Aber Nietzsches Methode, das Moralische durch das Ästhetische abzuqualifizieren, wie er sie in der »Fröhlichen Wissenschaft« auf die Spitze treibt, ist in ihrer schlagenden Wirksamkeit davon nicht betroffen. Was dem »Christentum« nachzusagen ist, ist der Mangel an Form. Auch gegen das »Christentum« entscheiden nicht Gründe, entscheidet der Geschmack.

Was gibt Nietzsche das Recht zu solcher Behauptung? Ganz einfach: der Vergleich mit den Griechen. Den Griechen war die »Sünde« fremd. Im Sündengefühl der Christen hätten sie im klassischen Zeitalter ein untrügliches Zeichen der Sklaven gesehen. Sie kannten den großen Frevel, aber sie kannten auch seine Würde. Aus dieser Gesinnung war die »Tragödie« hervorgegangen. Wenn Ajax das Vieh seines Feindes abschlachtet, wenn Medea ihre Kinder ersticht, der eine aus Neid, die andere aus Rache, dann war der Schrecken darüber bei den Griechen immer noch mit Bewunderung für die Ausmaße der Tat gemischt. Die Sünde bei den Christen dagegen ist eine jüdische Erfindung, wie überhaupt das Christentum ein aus dem jüdischen Stamm herausgewachsener Ast.

Das war Schopenhauer, aber das war auch Goethe. Und schließlich war es auch Richard Wagner, nach dem erst durch das Christentum das »Böse« auf die Welt gekommen ist. Hier taucht bei Nietzsche der gleiche Gedanke wieder auf. Die »Juden« und »Christen«, die dem *einen* Gott anhängen, können es nicht wagen, sich mit den »Griechen« zu vergleichen. Sie sind ja gerade die Zerstörer der alten klassischen Schönheit gewesen. Während die »Griechen« auf die Vollkommenheit des Menschen setzten, seine Würde, seine Höhe, die Gesundheit von Leib und Seele wollten, setzen die aus dem »Judentum« herausgewachsenen »Christen« auf seine Unvollkommenheit, seine Niedrigkeit, seine Krankheit. Die »Sünde« wird hier zum Boden, auf dem der Weizen der »Christen« voll aufgeht. Die Mitteilung Nietzsches an die Welt: »Gott ist tot«, ist darum im Sinne der »Fröhlichen Wissenschaft« immer auch eine Froh-Botschaft. Nur: vor vorschneller Freude darüber ist zu warnen; denn Gott hat noch »seinen Schatten«, den man »vielleicht noch Jahrtausende lang« in »Höhlen« zeigt – »Und wir – wir müssen auch noch seinen Schatten besiegen!«

Aber die Froh-Botschaft vom Tode Gottes ist bloß eine der Versionen. Es gibt auch eine andere von seiner Ermordung, über die der »tolle Mensch« berichtet, der zu seinen Mördern gehört und in seinem Bericht »Wahrheiten« verkündet, die es zu beherzigen gilt. Die Tat selbst, als Mord, ist nicht zu rechtfertigen und wird eine Anklage nach sich ziehen. »Was taten wir, als wir diese Erde von ihrer Sonne losketteten?« Wie war der Verlauf der Tat? Unter welchen Umständen erfolgte sie? Nun: »Das Heiligste und Mächtigste, was die Welt bisher besaß, es ist unter unseren Messern verblutet, – wer wischt dies Blut von uns ab? Mit welchem Wasser könnten wir uns reinigen?«

Das sind Spuren, die nicht leicht getilgt werden können und von außen gesehen ganz klar gegen den Täter sprechen. Aber der Täter selbst – mag man in ihm darum auch einen toll Gewordenen sehen – nimmt für sich und die Mitbeteiligten eine Rechtfertigung der Tat in Anspruch, auch wenn »die Größe dieser Tat zu groß für uns« ist, auch wenn es sein kann, daß sie *vor* der Zeit erfolgte und die Ausführenden »zu früh« gekommen sind. Doch ist zu bedenken: »Es gab nie eine größere Tat«, und die nach ihr Geborenen werden noch davon zehren, weil sie schon in ein entwickelteres Stadium, in eine »höhere Geschichte« hineingeboren werden. Oder ist die Tat nicht doch ein nachträgliches Geschehen? Denn das *Requiem aeternam*, das der »tolle Mensch« im Gedanken an den ermordeten Gott anstimmt, findet in den »Kirchen« statt, die schon seit langem »Grüfte und Grabmäler« des Verstorbenen geworden sind.

Nietzsches Mitteilung an die Welt vom »Tode Gottes« geht der Form nach weit über Schopenhauer hinaus, aber sie bewegt sich sehr im Rahmen von dessen Vermutung, daß den Deutschen als »das erste unchristliche Volk Europas« noch eine Zukunft bevorstünde. Bei der Verwirklichung des Gedankens gilt es, selber Hand anzulegen. Diese Chance unter den wenigen, die den Deutschen noch vorbehalten sind, sollte nicht vertan werden. Im dritten Buch der »Fröhlichen Wissenschaft« befindet Nietzsche sich bereits auf der Seite der Vollstrecker. Das »Christentum« ist vollendeter Widersinn, ist »zu orientalisch« im Sinn der Despotie, wo der Gott demjenigen, der an seine Liebe glaubt, noch mit Drohungen begegnet.

Der »Tod Gottes« als »Morgenröte«, als Beginn ungeheurer Hoffnungen für die Zukunft! So steht es hier geschrieben. Es gilt, eine »andere Welt« zu entdecken und sogar mehrere Welten, von denen bisher niemand eine Ahnung hat. Es gilt die Devise: »Auf die Schiffe …!«, es gilt »gefährlich leben!« als Hinausstoßen in unerforschte Zonen. Es gilt der Wagemut des Columbus, als der sich Nietzsche beim Niederschreiben der »Fröhlichen Wissenschaft« in seiner ungeheizten Kammer eines Genueser Mietshauses selber fühlte. Durch seinen Wagemut war er zum »Genueser« geworden, wie es in dem Gedicht stand, das er bei ihrer Abreise aus Leipzig Lou geschenkt hatte. Genua ist eine Stadt der Selbstherrlichkeit, wo Menschen wohnen, die ihrer Herkunft nach das Gesetz verachten, deren Vorfahren die Kraft dazu hatten, die Moral außer Kraft zu setzen.

Hier stehen grenzenlose Hoffnungen einer vollkommenen Hoffnungslosigkeit gegenüber. Eines ist klar: die Hoffnungen höherer Art können nicht von der bestehenden Religion geweckt werden. Die Religionen haben allenfalls die Funktion, Vorübungen des Menschen auf dem Wege zur »Selbsterlösung« zu sein. Sie stehen ganz dicht bei den Zauberern, Alchimisten, Astrologen und Hexen als den Vorläufern der Wissenschaft und zwar viel näher, als man von seiten der Religionen selber anzunehmen bereit ist.

Aber es droht der Verlust aller Hoffnungen höherer Art noch von einer anderen Seite. Es gibt ein unbewachtes Einfallstor für die »große Herde«, die »Majorität« mit den »Herden-Merkzeichen« wie »flach, dünn, relativ-dumm, generell« als Aufsage an alles Persönliche, als Wille zur Verallgemeinerung. Sie hat bereits Proben ihrer unwiderstehlichen Kraft gegeben mit Hilfe der »großen Zahl«, die zugleich für »Demokratie« und »Sozialismus« steht. Aber sie kennt auch schon eine beachtliche Vorgeschichte in der lutherischen Reformation als »Bauernaufstand des Geistes«.

Das ist wieder ein Schlag, den Nietzsche gegen seine eigene Herkunft, die Grundlagen des eigenen Denkens und also gegen sich selbst führt. Wenn er in Luthers Haß gegen den »Priester« einen Haß gegen den »höheren Menschen« vermutet, wenn er glaubt, hier schon den langsamen Verfall des Geschmacks und aller feineren Kultur, auf die die Geister der Renaissance noch setzten, gewahr werden zu können und dies besonders in Deutschland als dem eigentlichen Stammland der Reformation, dann spricht er etwas aus, was ihn bei allen denen, auf die es im siegreich gewordenen »Reich« ankam, unliebsam werden lassen muß. Das gehört zu seiner Abrechnung mit den »Deutschen« als den Klassikern der Barbarei, die, wenn die Stunde kommt, darin ihresgleichen nicht kennen und in Luther einen ins Gigantische gesteigerten Urahn haben. Die Deutschen, die 1871 erst zu ihrer nationalen Einheit gefunden hatten, stehen nur am Anfang, sie können von einem »Sein« noch nicht ernsthaft reden, sondern müssen ihre Erwartungen in das »Werden« setzen. Aber dazu müßten sie erst ihre ganze lutherische Erbschaft aus Bramarbasieren, Gutmütigkeit und Biertrinkerei, ihren Mangel an Stil loswerden. Das ist ein langer Weg.

Aber es gibt auch das andere, es gibt die »deutsche Musik« als »Ausdruck einer dionysischen Mächtigkeit der deutschen Seele«, in der man das »Erdbeben« hören kann, wo »eine von Alters her aufgestaute Urkraft sich endlich Luft macht«. Doch das kann über das Fehlen der Form nicht hinwegtäuschen. In der Ausbildung eines nationalen Stils hinken die Deutschen hoffnungslos hinterdrein, zeigen sie sich außerordentlich empfänglich für die »atemlose Hast der Arbeit«, die Amerika als Angebot vorzulegen hat und die an der Zerstörung jedweden Zeremoniells mitwirkt. Zum Laster der neuen Welt gehört, daß man sich jetzt schon der Ruhe schämt, daß man fortwährende Tätigkeit vorweisen muß. Das wirkt ansteckend auf das alte Europa, wo man mit der Uhr in der Hand denkt und mit dem »Auge auf das Börsenblatt gerichtet« zu Mittag ißt. Alle Formen müssen dabei zuschanden gehen.

Wer hier von den Zerrüttungen, vom Verfall und von der Krankheit durch die Moral sprach, tat dies ausdrücklich als »Immoralist« und im Namen der *großen Gesundheit*. Es lag darin von Nietzsches eigener Biographie her gesehen eine unheimliche Absurdität. Unbestreitbar war dabei auch landläufig Geltendes auf den Kopf gestellt. Der Philosoph als »Künstler« mochte angehen, aber der Philosoph als Artist, als »Tänzer«, mußte allem Hohn sprechen, was bis dahin ernsthaft in Frage kam: Es sprach daraus das volle Gegenteil dessen, was von Nietzsche selbst im gelebten Leben zu verwirklichen war. So war dieses Denken der große Entwurf eines zweiten noch zu gewinnenden Lebens, das dem ersten bei weitem den Rang abläuft. Das auf Anforderungen beruht, wie sie der Tänzer an seinen Körper stellt, um ihn geschmeidig zu halten, seinen Bewegungen Schnelligkeit und Sicherheit zu geben! Es sind die Ansprüche an die Luft, die Ernährung, die Verdauung streng zu beachten. Es gilt der Vorzug der schmalen Kost; Fett ist zu meiden. Das Gehirn, das für die Zukunft und ihre Ansprüche an den Menschen ausgerüstet ist, muß in seinen Reflexen über die Elastizität des Artisten verfügen.

Das war Absage an das alte Europa des 19. Jahrhunderts. Hier traf Nietzsche sich mit Darwin und seiner Entwicklungslehre, hier begegnete er wieder Hegel, was bei ihm auf Abneigung von langer Hand weist. Wir erfahren aus seiner Feder: Ohne Hegel kein Darwin. Aber dieses Bedenkliche muß hingenommen werden, wo feststehende Tatsachen keinen Zweifel daran erlauben. Hat Nietzsche in der »Fröhlichen Wissenschaft« bereits das Bild eines Menschen der Zukunft vor Augen, dann gibt es für ihn an Darwin kein Vorbeikommen, so wenig wie für Marx und Engels. Nur bewegte sich der »Darwinismus« auf dem Felde der empirischen Disziplin der Biologie, die Nietzsches Sache nicht war und nicht sein konnte. Die »Wissenschaft« jedoch, so hoch ihr Stand, so unerläßlich das Handwerkszeug des »Gelehrten« auch immer sein mochten, ist nicht das letzte Wort. Auch das gehört zur Einsicht der »Fröhlichen Wissenschaft«. Nietzsche macht denn auch einen Einwand, der vielleicht weniger Darwin selber als seine Schule trifft und beachtenswert ist. »Um den ganzen englischen Darwinismus herum«, so hören wir, »haucht Etwas wie Englische Übervölkerungs-Stickluft, wie Kleiner-Leute-Geruch von Not und Enge«. Das geht an der Natur vorbei, denn in ihr »*herrscht* nicht die Notlage, sondern der Überfluß, die Verschwendung, sogar bis in's Unsinnige«. Darwins »Kampf ums

Dasein« ist nur eine »Ausnahme«, er gilt nur da, wo der »Lebenswille« sich in beschränkteren Verhältnissen behaupten muß. Der Natur selbst als Unerschöpflichkeit ihrer Kraft, sich immer wieder neu zu erzeugen, entspricht er nicht.

Das war auf der ganzen Linie Abrechnung mit den bürgerlichen Harmonisierungs- und Beschwichtigungsbedürfnissen, mit der Hegelschen Philosophie der Geschichte, die überall einen verborgenen Sinn vermutet, mit der Demokratie als Triumph der grauen statistischen Mitte, mit all den von der deutschen idealistischen Philosophie seit Kant entwickelten Verheißungen von »Freiheit« und »ewigem Frieden«. Alles nur Traum und Schaum, weiß der Schüler Schopenhauers und Burckhardts dem entgegenzuhalten! Der Zweifel daran muß zum Kernstück eines neuen Glaubens, einer neuen Gläubigkeit werden.

Die »Fröhliche Wissenschaft« hat also immer das Umsichgreifen einer gewaltigen Ernüchterung in ihrem Gefolge. Wenn der »Tänzer« als ihr Verkünder seinen Vortrag im Stil des »Prinzen Vogelfrei beendet hat, müßte bedrückende Stille einkehren, sofern man ihn verstanden hat. Es wird indessen schwer sein, sich auf ihn zu berufen. Auch Spätere, die seine »Lehren« verkünden, kommen oft nicht herum, sie zu entstellen oder gar in ihr Gegenteil zu verkehren. Wenn es in Deutschland in Mode kommt, sich der »Germanen« als Vorfahren zu rühmen, wenn Hebbel den »Nibelungen« eine »Trilogie«, Wagner ihnen eine »Tetralogie« widmet, wenn man sich überall als die wahren Erben »germanischer« Gesinnung und Tugend sieht und dieser Gedanke auf die Ausbildung einer reinen germanischen Rasse ausschlägt, dann läßt sich Nietzsche für eine solche Empfehlung nicht in Anspruch nehmen. Wie die »Christen« haben die »Germanen« der Schönheit der Alten Welt nichts Gleichwertiges entgegenzustellen. Im Gegenteil! Sofern man an der Vorstellung der »Kultur« festhält, bricht durch das Vordringen beider in ihrem Zusammenwirken ein furchtbares Verhängnis herein. Es hätte »überhaupt keine Verchristlichung Europa's gegeben«, wenn nicht »die Kultur der alten Welt des Südens allmählich durch eine übermäßige Hinzumischung von germanischem Barbarenblut barbarisiert und ihres Kultur-Übergewichts verlustig gegangen« wäre. Entschiedener konnte mit dem, was im christlichen »Reich« der »germanischen Deutschen« an Werten feststand, kaum noch gebrochen werden als mit diesem Satz.

Nietzsches Abschied von Lou und Rée auf dem Leipziger Bahnhof, der ein Abschied auf Nimmerwiedersehen sein sollte, ist jedoch, als sich der Zug in Bewegung setzt, noch kein Bruch. Die beiden Abreisenden schlagen bei ihrer Fahrt nach Paris den Umweg über Berlin ein, wo eine Verabredung mit Rées Mutter getroffen war. Aber es war nur ein kurzer Aufenthalt vorgesehen. Wie ernst es Nietzsche ist, mit Lou und Rée so schnell wie möglich in Paris wieder zusammenzutreffen, zeigt sein Brief unmittelbar nach ihrer Abreise an Dr. August Sulger, den er um Hilfe bei der Suche nach einem geeigneten Zimmer für ihn als »Einsiedler« und »Gedanken-Wurm« bittet mit der Ankündigung, »ungefähr in 10 Tagen« dort einzutreffen.

Er war froh, aus Leipzig herauszukommen. Die Wiederaufnahme des persönlichen Verkehrs mit alten Bekannten hatte nicht das erbracht, was er sich davon erhoffte. Er fühlte sich nicht mit der Wertschätzung früherer Tage bedacht. Das mochte zutreffend sein oder nicht, aber vielleicht hatte er auch seine Umgebung enttäuscht. Der Professor Heinze, in dessen Wohnung Auenstraße 26, 2. Etage er als Untermieter wohnte, fand, daß Nietzsches Umgang mit Rée und Lou von Salomé, die er ausdrücklich als die Anhänger seiner Philosophie präsentierte, keinen vorteilhaften Eindruck hinterlassen hatte. Es war nicht falsch, wenn Elisabeth Nietzsche die Meinung äußerte, daß eine offen herausgekehrte Dreiecksbeziehung nach den geltenden Regeln der bürgerlichen Moral Ärgernis erregen mußte. Mit einer Erscheinung wie Rée, der als Relativist den Geruch der Anarchie um sich herum verbreitete, ließ sich in Leipzig wenig Staat machen, und Lou in ihrer herausfordernden Unbekümmertheit konnte auch nicht damit rechnen, überall Anklang zu finden. Ausgerechnet sie hatte Nietzsche den Leipzigern, die in ihm den zur strikten Genauigkeit erzogenen Schüler Ritschls kannten, als seine Adepten vorgeführt. Wenn es noch Heinrich von Stein gewesen wäre, meinte Heinze, hätte alles ganz anders ausgesehen.

Es gab auch andere, günstigere Urteile, die Lou von Salomé betrafen. So bekommt Köselitz, der in Erwartung der Urauffüh-

rung seiner Oper die Reise von Venedig nach Leipzig nicht gescheut hatte, zwar keine Szene seines Werks zu sehen – die Oper
wurde in Leipzig nie auf die Bühne gebracht –, wohl aber Lou.
Und er ist hingerissen! Sein Urteil: »ein Genie, an Geist und Gemüt.«

Es war Frau von Salomé inzwischen nicht gelungen, ihre Tochter
wieder nach St. Petersburg zurückzubringen. Und so war sie
allein heimgekehrt. Es gilt jetzt ihre Einwilligung für den Pariser
Plan einzuholen, und es ist Nietzsche als der Älteste der Drei, der
sich der Aufgabe durch einen Brief an sie unterzieht. Aus ihrer
Antwort vom 10. Nov. 1882 klingt tiefe Besorgnis um die Tochter, der in ihrem bisherigen Leben alles nach Wunsch und Willen gegangen, gegen die bei ihrer Erziehung nie irgendwelcher
Zwang angewendet worden sei. Immerhin, sie gestattet sich den
Einwand: »ob aber sie ihr wahres Glück in diesem vollkommen
freien Leben finden wird, das muß sich erst in der Zukunft zeigen.« Am Ende schickt sie sich bei allem Unbehagen am Pariser
Leben ihrer Tochter ins Unvermeidliche, zumal sie sie bei Nietzsche und Rée in beschützenden Händen glaubt.

Nachdem Nietzsche die Zweifel der Frau von Salomé, so gut es
eben geht, ausgeräumt hat, überfallen ihn plötzlich eigene und
noch viel stärkere als früher. Ob Paris wirklich das für ihn Geeignete ist? Er zieht darüber in der ersten Novemberhälfte Overbeck ins Vertrauen: »Ich fürchte mich vor dem Lärme von Paris
und möchte wissen, ob es genug heitern Himmel hat« (7. Nov.
1882). In der nächsten Woche gibt ihm mal die eigene »Melancholie«, mal das »dumme Winter-Wetter« Anlaß zu ganz erheb-
licher Klage. Es steigen bei ihm – was es sonst nie gegeben hat –
Gefühle der Unlust am Reisen auf. Kaum daß er Louise Ott seine
Ankunft in Paris in Aussicht gestellt hat, teilt er ihr auf ihre
prompte Antwort am 15. November mit: »… muß ich Ihnen
melden, daß ich noch lange nicht komme, – daß immer noch ein
paar Monate hinlaufen können«. Und Sulger, der sich sofort um
ein geeignetes Zimmer für ihn bemüht hat, bekommt am gleichen Tage von einem dankbaren Nietzsche zu hören: »wie liebenswürdig Sie mir geschrieben haben. Aber mit meiner Reise
hat es noch gute Weile.«

So war also Nietzsches ursprünglich freudige Absicht eines einjährigen Paris-Aufenthalts großer Unentschlossenheit gewichen. Indessen gab es jenseits von Lust und Unlust an dieser Rei-

se einen ganz plausiblen Grund für das Hinauszögern. Es stellte sich nämlich für den in Leipzig Zurückgebliebenen bald heraus, daß Lou und Rée Berlin weniger als eine für einen kurzen Aufenthalt vorgesehene Station betrachteten, sondern sich offenbar hier schon so wohl fühlten, daß sie nicht wie beabsichtigt nach Paris weitergereist waren. Wo die Proben, die ihm Lou in Leipzig von ihrer Fatalität gegeben hatte, ihn bis jetzt völlig unüberzeugt gelassen hätten, da würde ihm bald die ganze Wahrheit nachgereicht werden, wenn er nicht weiter die Augen vor ihr fest verschloß oder an ihr noch zu seinen Gunsten herumdeutelte. Spätestens jetzt ließ sich nicht länger verheimlichen: Lou und Rée hatten sich aus seiner Nähe wegbegeben, um ihm aus der räumlichen Distanz ihre Absage bekanntzugeben, langsam, wohldosiert, mit einer gewissen Rücksichtnahme, aber in der Sache unwiderruflich. Man spürt seinem an Lou nach Berlin geschriebenen Brief vom 8. November an, daß er sich der Unheimlichkeit der gegen ihn gerichteten Atmosphäre bewußt ist: »Ich wußte es nicht bis zu diesem Jahre, wie sehr ich mißtrauisch bin. Nämlich gegen mich. Der Umgang mit Menschen hat mir den Umgang mit mir verdorben.« Innerhalb dieser ein Gewitter ankündigenden Schwüle ist er bereit, sein Mißvergnügen an sich selbst beschwichtigend anzuführen. Und dann die ahnungsvolle Frage: »Sie wollten mir noch Etwas sagen?«

Er wußte also genau, daß von Lous Seite bisher noch nicht ausgesprochene Dinge zu erwarten waren. Und daß sie unliebsam sein konnten, darauf mußte er gefaßt sein. Dessen durfte er sogar ganz sicher sein. Über den Briefwechsel, der mit dieser Frage zwischen Nietzsche und Lou jetzt eröffnet wird, sind wir nur unzulänglich informiert, denn er fiel in seiner Hauptmasse einer aussortierenden Hand zum Opfer, die damit unerwünschtes Material vernichtete. Aber wir kennen durch das, was an Briefen und Entwürfen zu ihrer Beantwortung aus Nietzsches Feder übrig geblieben ist, die Stoßrichtung von Lous Angriffen gegen ihn. Sie richten sich gegen seinen »Größenwahn« und die »verletzte Eitelkeit«, gegen seinen die Freunde vereinnahmenden »Egoismus«.

Es scheint, daß Lou, die hier federführend auch für Rée auftritt, sich Zeit läßt, ihr Pulver nicht vorschnell verschießt, die Reaktionen abwartet und beobachtet. Aber um ihn zu treffen, bedarf es bei ihm nicht viel. Schon der erste von ihr aus Berlin eintreffende Brief muß ihn derart verwundert haben, daß ihm ein längeres Bleiben in Leipzig unmöglich erscheint. Seine Ankündigung Overbeck gegenüber, nach Basel zu kommen, weil es »sehr viel zu erzählen« (Okt. 1882) gibt, verbirgt eher, daß er in Wirklichkeit Hals über Kopf abreist. In den Overbecks hatte er von Anfang an seine Vertrauten gesehen, sie waren von ihm sehr früh über seine gegen Lou gehegten Absichten ins Bild gesetzt worden. Lou selbst war von ihnen empfangen worden und konnte durch ihr gewinnendes Auftreten viele der Bedenken zerstreuen, die sie ursprünglich gegen sie gehabt hatten. Aber in ihrer Gegenwart und aus ihrem Munde hatte Lou auch nuancierende Zwischentöne des Vorbehalts und der Warnung Nietzsche betreffend heraushören können. Diskretion war Ida Overbecks Stärke nicht.

Mit den Overbecks wünscht Nietzsche nun eine Aussprache, bei ihnen sucht er Trost und die Antwort auf die Frage »Was tun?« Aber Basel sollte auf seiner Reise nur am Weg in den Süden gelegene Zwischenstation sein. Von Paris ist keine Rede mehr. Als Ziel schwebt ihm Genua vor. Er hatte die Stadt in guter Erinnerung. Sie hatte ihm früher eine nach außen hin abgeschirmte »Einsamkeit« geschenkt. In sie flüchtet er jetzt zurück.

Aber als er dort eintrifft, in der Absicht, sein altes Quartier zu beziehen, findet er die Stadt wegen der Kälte durch und durch unwirtlich. Das erinnert ihn an die Wintermonate, die er hier ohne Heizung verbracht hatte. Das möchte er nicht noch einmal erleben. Und darum geht er nach dem nahen Rapallo, wo er im Albergo della Posta direkt am Meer ein Zimmer bezieht.

Hier an der ligurischen Küste gilt es, seine Verteidigungsposition gegen Lou aufzubauen. Das ist nicht einfach; denn von Rée trifft ein Brief ein, worin Nietzsches Abwesenheit von den Freunden tief beklagt wird. Was soll er von dieser Verschwommenheit der Ansichten halten? Versteckt sich Rée hinter Lou, macht er aus ihr sein »Mundstück«, wie es Nietzsche zu glauben geneigt ist? Darum versucht er in getrennt geführten Korrespondenzen die Wahrheit zu ermitteln. Aber das ist schwierig bei einem Paar, das einen gemeinsamen Haushalt führt und entschlossen ist, einen störenden Dritten auszuschalten. Er hat das Gefühl, einem Gegenüber ausgesetzt zu sein, das er nicht fassen kann, das ihn selbst immer wieder im unklaren darüber läßt, ob ihm mit Angriff oder Verteidigung am besten beizukommen ist.

Und so wechselt Nietzsche in seinen Briefen, die nach Berlin abgehen, zwischen dem einen und andern. Er bittet und droht, verfällt in den Ton der bitteren Selbstanklage, aber auch der strengen Zurückweisung, er fleht und beleidigt. Für die Niederschrift philosophischer Ideen ist in seiner Pension in Santa Marguerita Ligure zunächst keine Zeit. Statt dessen stellt er Kataloge mit Charakterbezeichnungen für Lou und Sammlungen von Argumenten gegen sie zusammen: »Charakter der Katze – des Raubtiers, das sich als Haustier stellt … ohne Fleiß u. Reinlichkeit ohne bürgerliche Rechtschaffenheit grausam verletzte Sinnlichkeit … schlau und voll Selbstbeherrschung in Bezug auf die Sinnlichkeit der Männer … im Affekt immer krankhaft und dem Irrsinn nahe … untreu und jede Person im Verkehr mit jeder andern preisgebend … ohne Scham im Denken … unzuverlässig …«
Diese Liste wirkt bereits wie ein Dossier in Sachen Lou von Salomé, aus dem sich nötigenfalls gegen sie schöpfen läßt. Aber ihre Anlage zeigt auch, wie schwer ihn die aus Berlin abgeschossenen Pfeile getroffen hatten. Der Nietzsche, der in Santa Marguerita Ligure seine Register zu Papier bringt, Briefe an Lou entwirft und die Entwürfe korrigiert, sie hier mildert, da schärft, um sie in ihrer vermeintlichen Wirkung zu steigern, sie genauer auf die Gefühle der Empfängerin einzustellen, und sie am Ende doch nicht abschickt, verhält sich fast wie ein verwundeter blindwütiger Stier. Doch die Hoffnung auf eine günstige Wendung, auf ein Einlenken von Lou, veranlaßt ihn ständig, in seinen Angriffen gegen sie zurückzustecken. Nur bricht der Wille, sie zu kränken, dann doch wieder durch. So heißt es in einem Briefentwurf: »… schreiben Sie mir doch nicht solche Briefe. Was habe ich mit diesen Armseligkeiten zu tun!« In einer anderen Fassung: »Aber L. was schreiben Sie denn für Briefe! So schreiben ja kleine rachsüchtige Schulmädchen. Was habe ich mit diesen Erbärmlichkeiten zu tun!« Daneben der Ton der Drohung: »… nehmen Sie sich in Acht! Wenn ich Sie jetzt von mir weise, so ist das eine fürchterliche Censur über Ihr ganzes Wesen!« Hier ist eine strafende Richterhand in Anspruch genommen. Am besten würde sein, Lou käme dem Urteilsspruch zuvor: »Ich will, daß Sie sich selbst verurteilen, u. sich Ihre Strafe bestimmen.« Die Ahndung des Vergehens kann sonst nicht ausbleiben. Lou muß einsehen, daß sie sich schwer gegen ihn vergangen hat: »Sie haben Schaden getan, Sie haben Wehe getan – und nicht nur mir,

sondern alle den M(enschen), die mich liebten: – dies Schwert hängt über Ihnen.«

Eigentümlich ist, daß er Rée in diesen Entwürfen noch ausläßt. Gegenüber Lou erscheint ihm dessen Menschlichkeit groß und erhaben. Das gehört in dieser Phase zu seiner Strategie, die er jedoch bald ändern wird, indem er Rée wieder als den eigentlich Schuldigen für den Verlauf der Dinge verantwortlich macht. Aber es bleibt bei ihm von jetzt an doch schon der Verdacht, daß Lou es war, die ihn bei seinen Angehörigen und den Overbecks verdächtigt, die den Streit mit der Schwester provoziert und so seinen Namen mit Gerüchten bedenklichster Art in Verbindung gebracht hat. Er glaubte Anzeichen dafür entdeckt zu haben, daß man ihm in seiner Umgebung nicht mehr mit dem gleichen Respekt wie früher begegnet war. Hier lagen also die Ursachen. Das bedeutet die Vorbereitung für sein Einschwenken auf die Linie der Schwester, die Lou von Anfang an bekämpft hatte, weil sie ihren wahren Charakter offenbar durchschaut haben mußte. Aber eindeutig und unrevidierbar sind diese von Nietzsche zu Papier gebrachten Gedanken nicht. Sie werden zu gegebener Zeit, wo sich ein schwacher Hoffnungsschimmer im Blick auf Lou zeigt, auch wieder preisgegeben. Die Wahrheit kann schließlich im glatten Gegenteil liegen. Sie kann auch die eigene Schuld einschließen. Lou hatte ihm in ihren Briefen unmißverständlich mitgeteilt, wie er von ihr und Rée eingeschätzt wurde. Es verletzte ihn besonders, daß es aus der Ferne geschah. Im persönlichen Umgang hatte man diese Meinung verschwiegen. Jetzt muß er sich gegen sie verwahren, kann aber nicht umhin, mit ihr zu rechnen und sie ernst zu nehmen. Er ist sogar bereit, sie als berechtigt anzuerkennen: »Was gehen Euch meine Phantastereien an!« Und: »Erwägen Sie Beide doch sehr miteinander, daß ich zuletzt ein kopfleidender Halb-Irrenhäusler bin, den die lange Einsamkeit vollends verwirrt hat.«

Er spricht damit selber aus, wie man in Berlin über ihn denkt, und bringt bei der Niederschrift der Sätze etwa Mitte Dezember die rücksichtslose Konsequenz auf, dies als durchaus erwägenswerte Selbstdiagnose ins Kalkül zu ziehen. Und noch weiter: »Zu dieser wie ich meine, verständigen Einsicht in die Lage der Dinge komme ich, nachdem ich eine ungeheure Dosis Opium – aus Verzweiflung – eingenommen habe. Statt aber den Verstand dadurch zu verlieren, scheint er mir endlich zu kommen.«

Hier geht die Auseinandersetzung mit Lou und Rée in eine Abrechnung mit sich selber über. Es stimmt: am Gerichtstag über sich läßt er kein Mitleid walten. In diesem Verfahren ist der Anspruch auf Gnade verwirkt. Hier ist jemand auf sein eigenes Ich zurückgeworfen, »Ohne Gegenüber«, wie Nietzsche ein Papier betitelt, auf das er die Sätze schreibt: »Heute Abend werde ich so viel Opium nehmen, daß ich den Verstand verliere. Ich habe nämlich wunderlicher Weise zu viel Verstand, aber nur im Dienste der Vernunft.« Und das Schlimmste: »Wo ist noch ein Mensch, den man verehren könnte!«

Das ist als zu Papier gebrachte Bestandsaufnahme des eigenen Ich erschreckend in allerhöchstem Maße. Nicht geringer dadurch, daß sie sehr viel Wahrheit enthält! Es gab nicht viele in diesem Jahrhundert, die klüger als Nietzsche gewesen wären. Gab es welche? Vernichtend ist, daß ein solches Übermaß an Verstand, wie es Nietzsche an sich selbst bemerkt, das Leben kaum noch ertragen läßt. In diesen Augenblicken der furchtbaren Einsichten bleibt die Droge das einzige Mittel, um ihn wenigstens vorübergehend zu verlieren.

Aber zur Bewältigung nächstliegender Dinge war dieser Verstand nicht geschaffen. Und ganz und gar nicht dazu, mit der Sphäre des Eros, die doch bei der Beziehung zu Lou zumindest hätte im Spiel sein sollen, fertig zu werden. Das zeigt sich darin, wie Nietzsche die Lou-Angelegenheit in der nächsten Zeit behandelt. Er hätte sich bei kühlerer Betrachtungsweise darüber im klaren sein müssen, daß es wenig Erfolg bringen würde, in getrennten Briefen mal Rée gegen Lou, mal Lou gegen Rée einzunehmen. Genau das versucht er jetzt. Hier führt er in seinen Briefkonzepten Schlachten aus, die der eine gegen den andern führen müßte, um ihm zum Recht zu verhelfen. Rée müßte wissen, so denkt er, daß Lou ihn bereits in Bayreuth an Wagner und seinen Anhang verraten hat. Bei der Aufwärmung dieser Geschichten ist nun auf einmal die Schwester, die in der Tautenburger Sommerfrische in Ungnade gefallen war, die glaubwürdige Zeugin.

Und ebenso steht sie dafür, daß im Hause Gelzer in Jena von Lou »jene abscheuliche Verunglimpfung meines ganzen Charakters und Willens« ausgegangen ist, die sie auch nachher »nicht widerrufen« hat. Hier möchte er Rée auf seine Seite ziehen. Hier müßte die Frage an den »lieben Freund« erlaubt sein: »wie kön-

nen Sie es neben einem solchen Wesen aushalten.« Nur gut, daß
Lou ein Mädchen ist: »Wie ich einen Mann behandeln würde,
der so über mich zu meiner Schwester redet, darüber ist gar kein
Zweifel. Darin bin ich Soldat und werde es immer sein, ich verstehe mich auf Waffen.«

Das war ein martialischer Ton, der nun wieder einmal seinen
eigenen Möglichkeiten überhaupt nicht entsprach. Aber er muß
sich hier Luft verschaffen, muß auf seinen oft achtstündigen
Spaziergängen am Strande, die ihm zum notwendigen Schlaf
verhelfen sollen, alle Möglichkeiten durchdenken, die ihm gegen die treulose Lou, überhaupt gegenüber der Täuschung, der
er hier erlegen war, zu Gebote stehen. In diesen Wochen beginnen die Warnungen Malwida von Meysenbugs vor Lou wieder
Wert für ihn zu gewinnen. Sie war nach anfänglicher großer
Sympathie für ihren Gast in Rom von vielen ihrer Lebensäußerungen befremdet gewesen. »Was Sie vom Charakter der Lou
Salomé sagen«, schreibt Nietzsche ihr in seinem Brief zum Ende
des Jahres aus Rapallo, »ist wahr, so schmerzlich es mir ist, es
einzugestehn. So wie sie augenblicklich erscheint, ist sie beinahe
die Karikatur dessen, was ich als Ideal verehre …« Das war noch
milde ausgedrückt. In Wirklichkeit denkt er viel unversöhnli-
cher von ihr. In einem Briefkonzept (Mitte Dez. für Rée bestimmt) nennt er sie seinen »leibhaften Scirocco«. Der Scirocco
aber gehörte zu jenem »Orta-Wetter« auf dem Ausflug zum
Monte Sacro, der Nietzsche und wohl auch Lou in einen Erre-
gungstaumel versetzt hatte. Durch ihn war er »außer sich« geraten, der Scirocco ist lebensbedrohend, vor ihm muß man sich hüten. Aber das reicht zur Charakteristik Lous noch nicht aus: »Sie
vereinigt in sich alle Eigenschaften der Menschen, die mir ekelhaft und verhaßt sind …« Und ausgerechnet ihr gegenüber hat
er sich »die Tortur auferlegt, sie gerade deshalb zu lieben«. Die
Folgerung zieht einen grausamen Entschluß nach sich, den er
anschließend ausspricht: »Auf die Dauer aber quäle ich sie zu
Tode.« Mit solchen Absichten, die ein weiteres Mal seine Mittel
weit übersteigen, schlägt sich der Gast von Rapallo um die Jahreswende 1882/83 ernsthaft herum.

Inzwischen war in Naumburg bei Mutter und Schwester die Sorge eingekehrt. Der briefliche Verkehr, den Nietzsche mit der
Mutter zunächst noch fortgesetzt hatte, war von ihm dadurch
abgebrochen worden, daß er ihr alle Briefe zurückschickte. Nun

wußte man nicht mehr, wo er sich aufhielt. Es gilt also, seine Spur wieder zu finden. Bei den Naumburgern war inzwischen der furchtbare Verdacht aufgestiegen, der »verlorene Sohn« säße heimlich mit Lou Salomé zusammen in Basel und genösse die Unterstützung der Overbecks, wie Elisabeth Nietzsche es gegenüber Ida Overbeck äußerte, die sie in kaum verhüllter Form der Komplizenschaft bei diesem schändlichen Tun bezichtigt hatte. Das war natürlich daneben gegriffen, aber zielte doch im Ganzen auf die Richtung, von der Nietzsche in seiner jetzigen Lage allein Hilfe erwarten konnte. Für Nietzsche sind denn auch gerade in diesen Tagen Overbeck und seine Frau »der letzte Fußbreit sicheren Grundes« (an Overbeck vom 25. Dez. 1882).

Es ist schwer zu sagen, ob während dieser Wochen bei der Naumburger Pastorenwitwe und ihrer Tochter nicht größer noch als die Angst das Gefühl der Scham war. Das Vorgefallene mußte um jeden Preis geheimgehalten werden. Leider war durch Rées und Lous Auftreten in Leipzig schon die schreckliche Version des Gerüchts in Umlauf gesetzt worden, »Fritz und Rée hätten sich eine Geliebte aus Italien mitgebracht und hätten sie nun wechselseitig«, was Elisabeth Nietzsche in ihrem Brief vom 29. Februar 1883 Ida Overbeck mitteilt. Verschlimmert wurde alles noch dadurch, daß jene Clara Gelzer in Jena, in deren Schlafzimmer sich die Kampfszene zwischen Elisabeth und Lou abgespielt hatte, damals gerade im Begriff stand, ausgerechnet nach Basel zu reisen. Man hatte den Inhalt des lautstark ausgetragenen Streits vor der Gastgeberin nicht ganz verbergen können und so war damit zu rechnen, daß die Geschichte sofort an die Stätte von Nietzsches ehemaligem Wirken drang.

Die Furcht war nicht unbegründet, sie hatte sogar einen recht realen Hintergrund. Damit konnte nicht nur der Ruf des Bruders geschädigt, auch seine Pension geriet beim Bekanntwerden seines liederlichen Lebenswandels in Gefahr, gestrichen zu werden. Bei den Overbecks wandte sich Elisabeth Nietzsche an die richtige Adresse, denn Overbeck war der von Nietzsche beauftragte Bevollmächtigte, die Zahlungen am Ort einzuziehen und sie im Bedarfsfalle an Nietzsche zu überweisen. Die Schwester lag nicht ganz falsch, wenn sie von hier Gefahren für den Bruder heraufziehen sah. Es war kaum auszudenken, was geschehen könnte, wenn man erführe, welcher Frauensperson der Bruder, der krankheitshalber aus dem Basler Staatsdienst ausgeschieden war, in die Hände gefallen war: »Sie hat auch sonst noch manch Tierisches an sich, kann die Ohren einzeln und die Kopfhaut bewegen«, so schrieb Elisabeth, um Ida Overbeck eine Vorstellung von diesem weiblichen Monstrum zu geben.

Elisabeth Nietzsche ist trotz des noch nicht überwundenen Tautenburger Traumas zu Beginn des Jahres 1883 wieder fest entschlossen, die Rückgewinnung des Bruders in die Hand zu nehmen. Noch sieht sie sich mit verweinten Augen in den tiefsten Wäldern von Tautenburg umherirren, noch kann sie nicht vergessen, was ihr der Bruder zugedacht hatte: »›der Teufel soll sie holen‹ hat er immer geschrien« und es »der Mama wohl fünfmal versichert«. Hier in der Korrespondenz mit Ida Overbeck dringt etwas von den Familieninterna durch, die sie mit der Vernichtung der zwischen Mutter und Sohn gewechselten Briefe sonst ziemlich erfolgreich unterschlagen hat. So fehlt immer noch der eigentliche Schlüssel, um das in manchem rätselhaft gebliebene Verhältnis zwischen Mutter und Sohn, das langsam auf den Bruch zutrieb, deuten zu können. Es gibt eine Äußerung Elisabeths gegenüber Köselitz aus diesen Tagen, die wie ein enger Spalt Licht ins Dunkel einläßt, ohne daß man viel sehen könnte: »Es ist mir doch etwas unbegreiflich, warum Fritz so gegen Mama getobt hat.« Aber die Stelle enthält auch das Geständnis der Mutter, daß sie durch ihre Ermahnungen den Bruch mit Fräulein Salomé bewirkt habe. Ob daraus allein Befriedigung sprach oder ob sich nicht doch das Gefühl der Schuld eingeschlichen hatte, läßt sich schwer sagen. Ganz ohne Selbstanklage kann es indessen kaum gemeint sein, denn der gleiche Brief enthält eine ungemein instinktsichere Voraussage der Mutter, deren Sinn damals Elisabeth Nietzsche nicht erkennen konnte, als sie Köselitz davon Mitteilung machte: »entweder er heiratet sie, oder er erschießt sich, oder er wird verrückt« (10. Februar 1883).

Für Nietzsche gab es untrügliche Beweise dafür, daß Mutter und Schwester seine um Lou gezogenen Kreise gestört hatten, daß es dabei aber gar nicht um dieses eine Mädchen ging, sondern darum, von ihm auch jedes andere, wer es auch immer gewesen sein möchte, fernzuhalten. Es mochten dabei die Beweggründe der beiden Frauen ganz verschiedene sein. Er kannte seine Schwester, wußte, daß sie ihn nicht ohne weiteres hergeben würde. Bei der Mutter mochten andere, schwerer einzusehende Dinge mit im Spiel sein. Beiden gemeinsam war die Sorge, daß ein Schwer-

kranker wie er für die Ehe nicht geschaffen sei. Das stand bei beiden Frauen nicht an erster Stelle, aber es war immer gegenwärtig. Und hier war zu fragen: Hatten sie in Wahrheit nicht recht? Meinten sie dabei nicht etwas, was er, der Biologe unter den Philosophen, der das Recht zur Fortpflanzung in einer auf »Auswahl« bedachten Menschheit von bestimmten physiologischen Erkennungszeichen des Gesunden abhängig machte, ebenso von sich weiß, was er aber nicht wahrhaben will? Jedenfalls nicht immer während einiger Sommermonate des Jahres 1882! Hier lag der Zündstoff für den Konflikt, wenn es nicht noch tiefere, im Falle der Mutter schwerer aussprechbare Gründe gab, über die vielleicht in den vernichteten Mutter-Sohn-Briefen Aufschluß zu finden gewesen wäre. Overbeck gegenüber lüftete Nietzsche aus seiner Sicht der Dinge etwas den Schleier über der Wahrheit, wenn er ihm im März anvertraute: »Ich mag meine Mutter nicht, und die Stimme meiner Schwester zu hören macht mir Mißvergnügen.« Dann freilich muß er stets eine gewaltige Kraft aufgebracht haben, seine wirklichen Gefühle zu unterdrücken und sich selbst so überzeugend zu verstellen. Er sieht darin eine unerklärliche Störung der Natur, die ihn von Anfang an (»seit meiner Geburt«) begleitet hat. Kein Wunder, daß es ihm so schlecht geht, wenn er Menschen wie seine Mutter und Schwester mit auf den Weg bekommen hat. Hier sind die wahrhaft Schuldigen für seinen Zustand zu suchen: »ich bin immer krank geworden, wenn ich mit ihnen zusammen war.«
Komprimierten Ausdruck hat Nietzsches Ablehnung der Familienangehörigen in einem wahrscheinlich zu Anfang 1884 verfaßten Briefentwurf an die Mutter gefunden. Er war natürlich in der späteren Briefausgabe der Schwester nicht zu finden. Sie hätte sonst abdrucken lassen müssen: »Verhängnisvolle Perversität meiner Schwester gegen mich ... Im Übrigen weiß ich längst, daß sie nicht eher Ruhe hat, als bis ich tot bin.« Mehr als bloß rhetorisch ist es gemeint, wenn es heißt: »Wer hat sich denn schlecht gegen mich benommen, wenn nicht Ihr?« Hier taucht der später wieder zu Papier gebrachte Gedanke vom lebensgefährlichen Umgang mit der Mutter und insbesondere mit der Schwester auf, die es im Handumdrehen dazu bringen könnte, daß er ins Gefängnis kommt. »Wer hat denn mein Leben in Gefahr gebracht, wenn nicht Ihr?« Es gärt und kocht seit langem in ihm. »Ich kenne *erst recht*, und von Kindheit an,

die moralische Distanz, die mich und Euch trennt, und habe all meine Milde, Geduld und Stillschweigen nötig gehabt, um sie Euch nicht allzufühlbar werden zu lassen. Begreift Ihr denn Nichts von dem Widerwillen, den ich zu überwinden habe, mit solchen Menschen, wie Ihr seid, so nahe verwandt zu sein.« Es steckte ein sehr konkreter Anlaß und damit die volle Wahrheit dahinter, als er damals den Satz niederschrieb: »Was bringt mich denn zum Erbrechen, wenn ich Briefe meiner Schwester lese und diese Mischung von Blödsinn und Dreistigkeit, die sich gar noch moralisch aufputzt, hinunterschlucken muß?« An anderer Stelle beschreibt Nietzsche es physiologisch. Der Magen kehrt sich um, weil zu viel Galle einfließt. Die für die Öffentlichkeit gedachte Schilderung seiner Familienmisere, der »Behandlung, die ich von Seiten meiner Mutter und Schwester erfahre«, findet sich in »Ecce homo«: »hier arbeitet eine vollkommene Höllenmaschine.« »Höllenmaschine«, »Naumburger Tugend« einschließlich der ganzen sächsischen Verwandtschaft, »Christentum« sind nur verschiedene Wörter ein und derselben verwerflichen Sache.

Nicht wenig fiel ins Gewicht: In Naumburg war man zu Zeugen des im bürgerlichen Sinne Anrüchigen geworden. Die Mutter beschwor nicht nur das »Grab des Vaters«, sondern wußte auch die Gelzers, die davon Kenntnis hatten, auf ihrer Seite, wenn sie (Nov. 1882) verzweifelt in Nietzsche drängte: »Ich sage mir immer und immer wieder: warum läuft Dein Sohn so würdelos den (!) Mädchen nach, was ihn so geringschätzig behandelt wie noch kein Mensch auf der Welt.«

Es ist übrigens gerade die Mutter, die Schlimmes befürchtet, wenn er ein Buch gegen die eigene Familie schriebe, die ihn ausdrücklich für fähig hält, ihr und der Schwester so etwas anzutun. Ihm ist zuzutrauen, seine innere Geschichte einer großen Öffentlichkeit bekanntzumachen!

Der Gedanke war nicht unberechtigt. In »Ecce homo« wird er die Befürchtungen bestätigen. Bereits der »Zarathustra«, dessen erstes Buch er in Rapallo in zehn Tagen niederschreibt, ist immer auch schonungslose Selbstaufdeckung. Nur auf eine höhere Ebene gerückt! Er erscheint ihm in diesen Tagen, wo er meint, daß die Nacht wieder über ihn gekommen ist, wie sein Testament. Alle äußeren Anzeichen sprechen ihm dafür, daß es mit ihm bald zu Ende geht. Sein Magen erträgt schon längst kein

Schlafmittel mehr. Wenigstens hier gibt es Übereinstimmung mit Lou. Auch sie erscheint ihm mit ihrem schlechten Gesundheitszustand als Todgeweihte. Trost kann hier einzig der Gedanke an einen Pistolenlauf spenden.

Ende Februar kehrt Nietzsche von Rapallo nach Genua zurück: in sein Zimmer in der saluta delle Battestine, wo er den vorigen Winter verbracht hatte und Rée sein Gast gewesen war. Nach Rom, für das er von Malwida von Meysenbug eine Einladung bekommen hatte, hat er abgeschrieben. Ihre Absicht war, ihn hier mit der Schwester, die nach Italien reisen wollte, zusammenzubringen und beide zu versöhnen. Sein einziges Mittel sieht Nietzsche jetzt darin, den alten bewährten Weg in die Zurückgezogenheit zu wählen, aus der er sich hatte herausreißen lassen. Daß er sich überhaupt darauf eingelassen hatte, war sein Fehler gewesen. Damit hatte das Elend seinen Anfang genommen, in dem er sich jetzt befand. Das hätte sich alles verhindern lassen. Rom war ein schlechtes Omen. Dort hatte die Geschichte mit Lou begonnen.

Wenn er sich dann doch entschließt, gegen seinen Vorsatz nach Rom zu reisen, so ist daran ein von der Schwester vorbereiteter Stimmungsumschwung mitbeteiligt. Und das Gefühl einer bedrückenden Notwendigkeit! In Genua ist er in diesem Jahr den dritten Winter ohne Ofen. Wenn er in Decken eingehüllt oder Tage und Nächte im Bett verbringend sich gegen Kälte und Krankheit wehrt, dann entspricht dieses Bild sehr wohl dem Vorsatz, aus der Welt als einem System menschlicher Beziehungen zu *verschwinden*, wie er es nennt. Damit macht er Ernst. Er treibt das Gefühl der »Einsamkeit« so hoch, daß er nicht einmal mehr zur Post geht, um die dort eventuell für ihn lagernden Briefe abzuholen. Als ihm dann doch der »reine Zufall«, wie er es nennt, einen Brief der Schwester beschert, worin sie einen Friedensschluß vorschlägt, gibt es für ihn keinen Grund, sich dem zu verschließen. In seinem Geständnis gegenüber der Schwester geht er weit, wenn er ihr jetzt sozusagen seine Kampfunfähigkeit bestätigt; er ist »auf einem Punkte angelangt, in dem man nicht mehr Krieg gegen mich führen *darf*, wenn man ... meine Schwester ist« (27. April 1883).

Es muß allerdings, wenn man an die vernichtenden Äußerungen denkt, die er über sie gegenüber Overbeck getan hat, weit mit ihm gekommen sein. Und die Schwester lockt. Sie lockt ihn mit ihrer Absicht, in Rom von ihm eine Büste machen und sie dort aufstellen zu lassen. Das drängt ihn in einen neuen Zwiespalt hinein, macht seine Absicht, zu verschwinden, vor der Welt in Vergessenheit zu geraten, zunächst wieder zunichte, denn der Vorschlag selbst hat für ihn, den Verfasser der »Fröhlichen Wissenschaft«, der gerade das erste Buch des »Zarathustra« an den Verleger Schmeitzner nach Leipzig geschickt hatte, etwas Unwiderstehliches. Die Schwester kannte ihren Bruder. Der Frage, ob die Büste aus Eisen oder Ton bestehen soll, kann er nicht ohne weiteres ausweichen, sie zwingt zur Entscheidung.

In den ersten Maitagen 1883 kommt Nietzsche nach Rom. Die Schwester, die bereits seit einigen Tagen in der Stadt weilt und für ihn beim Landschaftsmaler Müller, Piazza Barberini 56 im obersten Stock, ein Zimmer gemietet hat, empfängt ihn am Bahnhof. Es ist eine freudige Begrüßung zwischen den beiden. Der »Krieg«, der hier geführt worden war, beruhte auf einem Mißverständnis. Alles soll vergeben und vergessen sein. Man hat sich wiedergefunden. Alles in den nun folgenden Tagen, wo man die Stadt und Umgebung gemeinsam durchstreift, läßt darauf schließen, daß der Weg des geschwisterlichen Zusammengehens, das so abrupt abgebrochen war, in der Zukunft seine Fortsetzung finden würde. Es ließ sich nicht leugnen: Elisabeth Nietzsche hatte ihr Ziel erreicht. Sie hatte den Bruder zurückerobert. Sie war über Lou Salomé Siegerin geblieben.

Nietzsche war in Rom; »dieser für den Dichter des Zarathustra unanständigste Ort der Erde« (»Ecce homo«) hatte ihn in seinen Mauern.

Schon einige Wochen, bevor Nietzsche in Rom eintraf, hatte sich eine entscheidende Veränderung in seinem Leben zugetragen. Am 13. Februar 1883 war Wagner in Venedig im Palazzo Vendramin gestorben. Für Nietzsche bedeutete dies den Tod dessen, den er in seinem Leben am meisten verehrt hatte, von dem er aber mit Sicherheit glaubte wissen zu können, daß er vom Freund zum Feind geworden war. Zugleich war es auch der Tod dessen, der er selbst gerne gewesen wäre. Das Leben hatte ihm hart mitgespielt, daß er Friedrich Nietzsche und nicht Richard Wagner hieß.

In das Gefühl der Trauer mischt sich das der Erleichterung. Mit einem Male weicht der schwere Druck, der auf ihm gelastet hatte. Es weicht der Anlaß für tiefe Befürchtungen. Denn Wagner war nicht nur sein Feind, sondern auch sein Verfolger geworden, der Gott Wotan, der sich über die, die nach seiner Herrschaft trachten, sicheres Wissen zu verschaffen sucht, der keine List verschmäht, um ihnen auf die Spur zu kommen.

Hier von einer Wahnidee bei Nietzsche zu sprechen, geht nicht an. Es stimmte, Wagner hatte mit Nietzsches behandelndem Arzt Dr. Eiser eine Korrespondenz eigens deswegen geführt, um sich über die Ursachen von Nietzsches Krankheit Gewißheit zu verschaffen, und er war vom Frankfurter Anhänger seiner musikalischen Sache unter Mißachtung der ärztlichen Schweigepflicht gut bedient worden. In Neapel hatte Wagner bei seinem letzten Aufenthalt 1880 den dort ansässigen deutschen Arzt Dr. Schrön konsultiert, bei dem auch Nietzsche während eines Besuchs in Sorrent in Behandlung gewesen war. Bei seiner feinen Witterung für heraufziehende Gefahren glaubte Nietzsche Anzeichen dafür zu haben, daß Wagner ihm über seine Ärzte nachspionierte. Wie man Wagners Nachforschungen im einzelnen benennen mag und welche Beweggründe man dafür annehmen möchte, so zeigte Wagner jedenfalls ein auffallendes Interesse an Nietzsches Krankheitsbild, wobei die ursprüngliche menschliche Anteilnahme im Verlauf der letzten Jahre dem Mißtrauen gewichen war. Der abgefallene Lobredner Bayreuths drohte gefährlich zu werden. Es galt, sich vor ihm vorzusehen. Ihm war alles zuzutrauen. Der Verfasser der »Morgenröte« hatte deutliche Anzeichen des »Verrats« bekundet. Er war mit den geheimsten Gedankengängen seines vormaligen Herrn und Meisters vertraut, hatte Einlaß in dessen Familie gefunden. Und nun machte er Anstalten, nach und nach mit diesem Wissen, das zu großen Teilen ein verbotenes und darum geheimzuhaltendes Wissen war, vor die Öffentlichkeit zu treten. Es sprach einiges dafür, daß Nietzsche seine über Wagner angelegten Papiere in seinen Schriften verwenden würde. Hier konnte man Wagner nicht gerade nachsagen, daß er sich täuschte.

Es muß also Wagner bei seinen nicht gerade zurückhaltenden Nachforschungen zugute gehalten werden, daß er sie als Maßnahmen der Vorbeugung betrachtete. Das Wissen Wotans ist immer auch Vorher-Wissen.

Man kann nicht behaupten, daß sich hier zwei Feinde Auge in Auge gegenübergestanden hätten. Dafür waren sie zu ungleich. Nietzsche verfügte frei über seine Zeit und erklärte jeden für einen »Sklaven«, der nicht zwei Drittel des Tags über sein Tun und Lassen bestimmen kann. Er konnte sich darum ziemlich unbelastet von äußeren Pflichten auf seine Auseinandersetzung mit Wagner einstellen, ihre für die Zukunft angesetzte Steigerung weiter vorbereiten. Wagner hatte in der Schlußphase der Arbeit am »Parsifal« und der Einstudierung des Werks für die Aufführung in Bayreuth anderes im Sinn, als sich mit Nietzsche einzulassen. Er hatte einfach nicht die Zeit dazu und wandte eine von Nietzsche auch als wirksam empfundene Waffe gegen ihn an: Er hüllte sich in Schweigen. Bei der »Parsifal«-Uraufführung war Nietzsche im wahrsten Sinne ausgesperrt. Er fühlte sich auch so und stand während der Tautenburger Sommerwochen in beständiger Erwartung der Aufhebung des gegen ihn verhängten Boykotts. Die Schwester mußte bei ihrem Aufenthalt in Bayreuth erfahren, daß man ihn dort gegenüber den Besuchern der »Parsifal«-Aufführungen dezidiert für »tot« erklärte, und litt nicht wenig unter der damit auch ihr gegenüber gezeigten Zurückhaltung. Zur Bildung der unter der Hand ausgestreuten Gerüchte konnte es nichts Geeigneteres geben als das langsame Durchsickern ärztlich beglaubigter Krankheitsbefunde. Wagner wußte, warum er sich so früh bei Dr. Eiser nach seiner Diagnose erkundigt hatte.

Nietzsches zunehmende Allergie gegen den Bayreuther Geist

war nicht unbegründet. Es ist möglich, daß es die Schwester war, die ihn auch konkret über die Gerüchte informierte, die hier in Umlauf gesetzt wurden und Nietzsche auf das schwerste beleidigen mußten. So fällt in Nietzsches Brief vom 21. April 1883 an Köselitz das Wort »Päderastie«. Dessen – so glaubt er – hat man ihn ihn Bayreuther Kreisen bezichtigt. Das konnte nicht Wagners Meinung sein, der es besser wissen mußte. Es gibt auch keinen Hinweis dafür, daß er dieses Wort gegen Nietzsche jemals im Munde geführt hätte. Ebenso äußert er im Briefwechsel mit Dr. Eiser an keiner Stelle einen solchen Verdacht. Aber es genügte ja schon Nietzsches Überzeugung von dieser im bürgerlichen Sinn ungeheuerlichen Diffamierung durch den ehemaligen Freund, um ihn zu entnerven. Zum Weheruf der Mutter über die »Schande« des Sohnes, für die sie das Grab des Vaters heraufbeschwor, war jetzt ein neuer Schimpf hinzugekommen.

Aber selbst, wo dieser Verdacht Nietzsches gegenüber Wagner danebengriff, blieb noch genug, was ihn außer Rand und Band bringen mußte, was tatsächlich von Wagner stammte. Das war dessen niedergeschriebene Vermutung der Onanie. Noch in den schönsten Zeiten ihrer Freundschaft gab es Wagners joviale Empfehlungen an Nietzsche, sich zu verheiraten, die keineswegs auf einen Hintersinn schließen lassen mußten. Als Nietzsche in Neapel Dr. Schrön konsultierte, empfing er dessen Rat, seinem Junggesellenleben den Abschied zu geben, den er damals sehr ernst nahm und auch seinen Naumburger Angehörigen als der Gesundheit dienlich schilderte. Er konnte nicht wissen, daß Wagner beim gleichen Dr. Schrön, als er sich bei ihm in Behandlung begab, dieses Thema anschnitt und seine eigene Meinung bekräftigt fand. Die genaueren Zusammenhänge mußten Nietzsche unklar bleiben, aber die Ahnung, aus welcher Richtung Gefahren drohten, hatte richtige Anhaltspunkte.

Das kommt einige Tage nach Wagners Tod zur Sprache, als Nietzsche im Brief an Overbeck (22. Februar 1883) sein Verhältnis zu Wagner kurz und rücksichtslos resümiert: »Wagner war bei weitem der vollste Mensch, den ich kennen lernte, und in diesem Sinne habe ich seit sechs Jahren eine große Entbehrung gelitten. Aber es gibt etwas zwischen uns beiden wie eine tödliche Beleidigung; und es hätte furchtbar kommen können, wenn er noch länger gelebt haben würde.«

Was er unter der »tödlichen Beleidigung« versteht, ist hier nicht gesagt. Darauf weist aber die Wagner zugeschriebene Beschuldigung, die eine sexuelle Anomalie zum Gegenstand hat und die Nietzsche in seinem Brief an Köselitz erwähnt. Wenn es als ausgeschlossen gelten muß, daß Wagner sie persönlich je ausgesprochen hat, weil er wußte, daß sie nicht zutraf, dann drängt sich leicht der Verdacht auf, daß die Schwester, die als Überbringerin dieser Nachricht an Nietzsche sehr wohl in Frage kommt, hier auf verhängnisvolle Weise ihre Hand im Spiele hatte. Sie ist dabei, ihr beim Bruder verlorengegangenes Terrain Schritt für Schritt zurückzugewinnen, ihm sogar die letzte Unentschlossenheit, die Beziehung zu Lou und Paul Rée endgültig abzubrechen, zu nehmen. So ist er in seinen Argumenten gegen Lou von Salomé ganz auf die Meinung der Schwester eingeschwenkt, die ihm die Freundin des vergangenen Sommers durch Klagen über deren mangelndes körperliches Reinigungsbedürfnis endgültig glaubte verleiden zu können und auch in ihren Briefen genaue Einzelheiten darüber mitteilte. Jetzt ist Nietzsche so weit, in einem Briefentwurf an Paul Rées Bruder Georg (Ende Juli 1883) in Lou von Salomé das »dürre schmutzige übelriechende Äffchen, mit falschen Brüsten« zu sehen.

Diese der verlorenen Freundin hinterhergeschickten Worte mochten ihm helfen, sich über ihren Verlust leichter hinwegzusetzen. Aber sie waren auch ein Zeichen für den Triumph der Schwester. Es bedurfte nur weiterer eingeträufelter Dosen an Mißtrauen, um den Bruder jetzt, wo er sich als ein Verachteter und Verfemter fühlte, leichter gefügig zu machen. Das verlangte, daß dessen dünner gewordene Verbindungsfäden zur Außenwelt möglichst ganz abgeschnitten werden. An der Beziehung zu Wagner, auf der ja vieles von der Reputation Nietzsches beruhte und die sie selber kräftig für sich in Anspruch genommen hatte, störte die Schwester jetzt nichts mehr als Cosima. Das war ihre – wenn man Nietzsches Imagination einmal für die Wirklichkeit nimmt – eigentliche Gegenspielerin, über die sie glaubte, mehrfachen Grund zur Klage haben zu müssen. Vor allem hatte sie ihr nicht die schlechte Verköstigung vergessen, als sie zur Beaufsichtigung der Kinder im gerade fertiggewordenen »Wahnfried« eingeladen worden war und nachher Wochen nötig hatte, um körperlich wieder zu Kräften zu kommen. Wenn es jetzt gelang, nach dem gescheiterten Schlichtungsversuch zwischen Wagner und Nietzsche bei ihrem Bayreuther »Parsifal«-Besuch, wo sie sich bedeutungslos in den Hintergrund gedrängt sah, den Bruder in maßlose Wut zu versetzen, dann hatte sie ihr Spiel gespielt, dann hatte sie, bei allem, was darauf folgte, ihre Genugtuung. Wie leicht das war, wußte keiner besser als sie.

Das besagt doch immerhin einiges. Was meint Nietzsche mit der »tödlichen Beleidigung«? Vielleicht einen zweiten »Tod Gottes«, nachdem er gerade in der »Fröhlichen Wissenschaft« den ersten beschrieben hatte als blutige Gewalttat des »tollen Menschen«! Was auch immer darunter verstanden werden soll, eine leere Drohung war es nicht. Es steckt dahinter der in Zukunft nicht mehr zu beschwichtigende Wille zur Vernichtung Wagners in den späten Schriften Nietzsches bei aller Einsicht, daß dies im Künstlerisch-Musikalischen nie gelingen kann. Hier geht es darum, nach Gründen auszuspähen, die ästhetisch, vom Standpunkt des Geschmacks, seiner Vergangenheit, seiner Philosophie, seines politischen Denkens, das ihn bei denen, auf die es ankommt, immer noch auf das Schwerste belastet, gegen Wagner sprechen. Das muß ermittelt werden und zur Sprache kommen. Es darf angesichts des Pomps in Bayreuth mit den herangereisten Kaisern, Königen und Fürsten nicht in Vergessenheit geraten, daß sie hier einem ehemaligen Hegelianer und noch schlimmer, einem alten Anhänger des französischen Sozialismus, ihre Aufwartung machten.

Der Kondolenzbrief, den Nietzsche an Cosima richtet, läßt der Form nach nichts von den aufgebrachten Gefühlen ahnen, die er neben dem Schmerz über den Tod seines so lange unendlich verehrten Vorbilds und Meisters hegte. Cosima, die den Brief nie beantwortete, war von Nietzsches Verdächtigungen verschont geblieben. Sie besitzt für ihn – wie sich bald noch bestätigen sollte – den Charakter der Unantastbarkeit, sie nimmt die Gestalt der »Ariadne« aus der griechischen Mythologie an. Wenn dieser Tod bei Nietzsche der Spannung zu Wagner, unter der er gestanden und gelitten hatte, ein Ende bereitet, wenn sie umgesetzt wird in die Auseinandersetzung mit einem Phänomen, das für die »Neurose«, für das krank gewordene Europa sprach, dann bedeutet er zunächst die Gelegenheit zum tiefen Atemholen. Nun ist für Nietzsche auch Venedig, das von Wagner in Besitz genommen war und in das er sich darum nicht mehr hineinwagte, mit *einem* Mal wieder offen. Das heißt, daß sich Nietzsches Italienbild von jetzt ab verändert, daß er sich von der ligurischen

Küstenlandschaft mit ihren sturmgepeitschten Wellen, die ihr von einem zum andern Augenblick den Eindruck abweisender Strenge geben, der gefälligeren Adria mit dem klippenlosen Strand, mit Venedig, seinen Kanälen, den Brücken und den Gondeln zuwendet.

Am 14. Juni war Nietzsche von Rom nach den Tagen des Zusammenseins mit der Schwester abgereist. Es war zwar zur Wiederversöhnung gekommen und sogar zu der Überzeugung bei Nietzsche, daß die Schwester über eine frühere und klarere Einsicht in das Unglück verfügt hatte, in das er gegen ihre Warnungen gerannt war. Doch die Gesprächigkeit Elisabeths beantwortete er bald schon mit ausgesprochener Wortkargheit – er legte, wie er ihr später selber entschuldigenderweise erklärt, »eine wahre Eselshaut um sein Wesen«. Und so hatte er dann, weil er wußte, daß sich die alten Ermahnungen, die er alle kannte, nur wiederholen würden, zur Abreise gedrängt. Er hatte genug. Das Ziel ist das Engadin. Er will zurück nach Sils Maria, zur Geburtsstätte seines Zarathustra.

Für die Weiterarbeit am zweiten Teil des »Zarathustra« kommt Rom, überhaupt kommt Italien jetzt nicht in Frage. Rom ist als Aufenthalt für einen Nachfahren des Prometheus, dem die Peterskirche erst dann schön erscheinen kann, »wenn der reine Himmel wieder durch zerbrochne Decken blickt und hinab auf Gras und roten Mohn an zerbrochnen Mauern«, völlig ungeeignet. »Zarathustra« ist ein Buch der Einsamkeit, der Wüste und des Hochgebirges. Nach einem kleinen Abstecher durch die Abruzzen reist Nietzsche über Bellaggio in die Schweiz zurück. Am 16. Juni ist er in Sils Maria.

Von Bellaggio aus hatte Nietzsche den Overbecks die Ankunft der Schwester mitgeteilt. Daß Elisabeth nach Naumburg den Umweg über Basel nahm, hatte seine festen Gründe. Es hatte zwischen ihr und Overbecks Frau in der Lou-Angelegenheit Verstimmung gegeben. Elisabeth war sehr deutlich geworden mit ihrem gegen Ida Overbeck geäußerten Verdacht, daß der Bruder und Lou bei der ihnen nicht zu gestattenden Intimität in ihrem Hause Unterschlupf gefunden hätten. Man war hier über Elisabeth Nietzsche sehr verärgert. Hier galt es, nach der Neuregelung der Verhältnisse zum Bruder zunächst einige Dinge zu begütigen.

Aber die Stichflamme eines Willens, der auf Genugtuung wegen des an ihr begangenen Unrechts drang, sollte erst jetzt, wo die Angelegenheit ins Lot gebracht zu sein schien, richtig empor-schießen. Elisabeth hatte die Tage des trostlosen Umherirrens in den Tautenburger Wäldern nicht vergessen. War der Bruder, den sie zu schützen suchte, das Opfer gewesen, so fühlte sie sich durch das, was sich dabei abgespielt hatte, in ihrer tiefsten Ehre gekränkt. Die mußte – und das merkten die Overbecks bei ihrem Besuch sehr bald – wiederhergestellt werden. Dazu mußten Fä-den geknüpft werden zu einem Geflecht, durch das der Bruder fester, als es bisher möglich war, unter Kontrolle gehalten wer-den konnte.

Das lief bereits auf der ersten Station in Basel nach ihrer Tren-nung von Nietzsche während der Rückreise aus Rom auf dessen Isolierung von den Overbecks hinaus. Wenn sie selbst kein kla-res Gefühl dafür hatte – die Overbecks hatten es. Als sie abreiste, war deren Befremden über die Besucherin größer als zum Zeit-punkt ihrer Ankunft. Sie hatte keinen Zweifel darüber gelassen, daß sie große Taten der Rehabilitierung zu unternehmen geson-nen war. Und daß sie erst am Anfang stand! Overbeck befürch-tete sofort sehr fatale Folgen für Nietzsche, wenn sie sich erst im vollen Zuge ihrer gefürchteten brieflichen Aktivitäten befinden würde.

Vor allem sah er, daß Nietzsche nach der Wiederversöhnung mit der Schwester, die ihn ja von seiner eigenen Fehleinschätzung in der Lou-Geschichte jetzt mit Leichtigkeit überzeugen konnte, durch Einflüsterungen phantastischster Art auf ihre eigene Bahn geleitet wurde. In seinem Brief vom 31. Juli 1883 faßte Overbeck den Eindruck grenzenlosen Bedauerns Köselitz gegen-über zusammen: »Nun läßt er sich alle möglichen Greuel zutra-gen, von denen er bisher gar keine Vorstellungen gehabt haben will, beteiligt sich an den Racheplänen seiner Schwester und pei-nigt sich mit der retrospektiven Beleuchtung, in welche nun sei-ne immer wieder gereizte und ohnehin so hitzige Phantasie die ganze Sache rückt.« Seine »Einsamkeit«, so meint der Brief-schreiber, besorgt das übrige, um sie mit »Dämonen« zu bevöl-kern. Schuld daran ist die Schwester: »Tausend Mal besser, sie wieder zu verlassen. Einstweilen haben wir ihn dringend gebe-ten, sein strengstes Veto gegen alle weiteren Mitteilungen sei-ner Schwester einzulegen.«

Über den Erfolg dieser Empfehlungen zum gegenwärtigen Zeitpunkt hat sich Overbeck damals keine Illusion gemacht. Er hatte recht. Statt die Lou- und Rée-Geschichte mit dem schmerzlichen Ende auf sich beruhen zu lassen, sich zu fassen und die Dinge hinzunehmen, wie sie nun einmal waren, glaubt Nietzsche, zu neuen Schlägen gegen die am »Verrat« Beteiligten ausholen zu müssen. Es läßt ihm unter dem Eindruck der Ermunterung durch die Schwester keine Ruhe. Er schreibt Briefe. Die von seinem Vorwurf Getroffenen müssen wissen, was er von ihnen denkt. Aber es fehlt seinen Angriffen wieder die klare Linie. Sogar Richard Wagner ist ihm jetzt gegen Rée wieder ein glaubwürdiger Zeuge mit seiner Warnung: »der wird einmal schlecht an Ihnen handeln, der führt nichts Gutes im Schilde«. Lous Mutter in Petersburg soll wissen, wie es um ihre Tochter steht, wenn sie aus seiner Feder zu lesen bekommt: »Meine Schwester u. ich – wir haben Beide alle Gründe, die Begegnung mit Ihrem Frl. Tochter im Kalender unseres Lebens schwarz anzustreichen« (Mitte Juli 1883).

Dem Brief an Paul Rées Bruder Georg gehen etwa zehn Briefentwürfe voraus, bis Nietzsche ihn der Form nach für absendereif findet, um den wirklich Gemeinten auf indirekte Weise zu sagen, daß er »als schleichender, verleumderischer, verlogener Gesell an mir gehandelt« hat.

Man kann es dem eigentlich nicht selbst angesprochenen Briefempfänger kaum verübeln, wenn er mit einer Injurienklage droht, worauf Nietzsche weitere Enthüllungen in Aussicht stellt. Er ist jetzt so weit, von Lou anzunehmen, daß sie »ihrer tatsächlichen Moralität« nach »eher ins Zuchthaus oder Irrenhaus« gehöre, zumindest aber »nach Rußland zurückgeschafft«, wie es Nietzsches Schwester schon lange verlangt hatte.

Overbeck ließ auch dieses Mal die Stimmung des Augenblicks bei Nietzsche nicht unbeachtet. Das bedeutete, daß jederzeit mit einem Umschwung bei ihm gerechnet werden mußte. Wenn Nietzsche es nicht schon kurz nach dem ersten Wiedersehn mit der Schwester in Rom bemerkt hätte, so konnte er jetzt feststellen, daß die Versöhnung mit ihr einen Preis hatte. Es beginnt wieder das alte Lied, es beginnen wieder die alten Vorhaltungen und Ermahnungen, eingehüllt in den Weihrauch ihrer Bewunderung. Dagegen gibt es kein Mittel. Da hilft nur, sich mit Resignation darein zu schicken, zu schweigen, wie er es in Rom getan hatte, und auf räumliche Trennung hinzuarbeiten. Oder die

Entdeckung bisher noch nicht erkannter und ausgesprochener Gründe, die einen neuen Bruch herbeiführen konnten als Form der Selbstrettung!

Darin wird er Erfolg haben. In wenigen Monaten werden sie gefunden sein.

Das Ausscheiden aus dem Basler Universitätsdienst hatte, wenn man an die »Morgenröte«, die »Fröhliche Wissenschaft« und die jetzt rasch voranschreitende Arbeit am »Zarathustra« denkt, Nietzsche zu einer reichen Ernte verholfen. Er war bei aller Beschränkunge, die er sich auferlegen mußte, ein von seiner Pension lebender und damit unabhängiger Schriftsteller geworden, der es sich gestatten konnte, seinen Wohnsitz und auch die Zeit der Arbeit, sofern ihn seine schlechte Gesundheit nicht in Zwänge versetzte, selbst zu bestimmen. Hier stieß er auf keine Grenze. Nietzsche hatte die durch die vorzeitige Pensionierung gewonnene Freiheit dazu benutzt, die letzten Schranken für seine Reiselust zu durchbrechen und ihr seit Jahren grenzenlos zu frönen.

Insofern war die Aufgabe seiner Berufstätigkeit ein gewaltiger Gewinn für ihn. Der Basler Professor wäre nie der Philosoph geworden, der zu werden er jetzt im Begriffe stand.

Das bedeutete aber nicht, daß es ihm an gelegentlichen Anwandlungen gefehlt hätte, sich Gedanken über eine Veränderung seiner Lebensform zu machen, etwa ein neues Studium zu beginnen oder zu irgendeiner Berufstätigkeit zurückzukehren, für die er ausgebildet war. Hierzu hatte auch seine Absicht gehört, mit Lou von Salomé und Paul Rée in Paris zusammen zu studieren. Er war ohnehin der Meinung, daß seine eigene Studienzeit viel zu kurz gewesen sei und seine Kenntnisse außerhalb des Fachgebiets große Lücken aufwiesen. Vor allem sein Wissen in der schulmäßig erlernbaren Philosophie war sehr gering. Sich damit zu beschäftigen, wurde von seinem Lehrer Ritschl nicht gern gesehen. Es war in Leipzig ein eher verbotenes Interesse, das auf Vorwitz schließen ließ, die philologische Sauberkeit des Denkens beeinträchtigte und darum von Ritschl auch immer wieder zurückgewiesen wurde. Das Gefühl, hier viel nachholen zu müssen, hat Nietzsche in der Folge sehr gequält.

Aber es gab auch andere Pläne. Es gab die Absicht, sich mehr auf die Geschichte zu verlegen und die Nachfolge Jacob Burckhardts anzutreten. Lou von Salomé gegenüber hatte er davon gesprochen; sie mußte den Eindruck bekommen, als ob hier reale

Chancen auf Grund seines ausgezeichneten Verhältnisses zum väterlichen Freund bestünden.

Es war ohnehin ratsam, sich über die Zukunft Gedanken zu machen, denn die Pensionszahlungen seitens der Basler Fonds beruhen auf Freiwilligkeit. Sie können eines Tages ausgesetzt werden. Overbeck macht Nietzsche einen Vorschlag, von dem er begeistert ist und den er in der fraglichen Sache für den besten hält; er empfiehlt ihm, als Professor zu unterrichten, an einem Gymnasium, aber nicht Griechisch und Latein, sondern Deutsch. Das wäre eine Lösung, die von Overbeck wohl durchdacht war, weil sie Nietzsche bei dem Elan, mit dem er die alten Fächer in Basel gelehrt hatte, gesundheitlich nicht so in Anspruch nehmen würde. Der scheint bereit, unmittelbar darauf einzugehen. Aber es ist dann sehr schnell ruhig um das Thema, schließlich wird nie wieder davon gesprochen.

Länger beschäftigt ihn ein anderer Plan. Er hat die Absicht, ihn von langer Hand vorzubereiten, weil er sich offensichtlich aus verschiedenen Gründen nicht von heute auf morgen verwirklichen läßt. Es ist der Versuch, an der Leipziger Universität Fuß zu fassen. Die Mutter scheint hier zeitweilig die treibende Kraft gewesen zu sein. Sie hätte ihren Sohn, den sie in ihrem Naumburger Bekanntenkreis lange Zeit so lobend anerkannt fand, gern wieder in einer Universitätsstellung gesehen. Nietzsche macht sich diesen Wunsch zu eigen. Mit einem Vortrag unter dem Titel »Die Griechen als Menschenkenner« möchte er sich den Leipzigern in Erinnerung bringen, als ersten Schritt zum Ziel hin, wieder Vorlesungen zu halten. Er denkt an ein viersemestriges Kolleg über »griechische Kultur«, eines der großen Themen Jacob Burckhardts, durch dessen Umgang er zusätzliche Kompetenz dazu erhalten hatte. Nietzsche schätzt die Aussichten zunächst recht günstig ein. Professor Heinze, bei dem er während seiner Leipziger Besuche Unterkunft mit großzügig eingeräumtem Recht auf Benutzung von dessen Arbeitszimmer und Bibliothek gefunden hatte, ist gerade Rektor und Nietzsche sehr gewogen. Nietzsche reicht ein Gesuch ein. Es scheint nicht schlecht für ihn zu stehen. Und dann kommt die Ablehnung, die bei den Gründen, die angeführt wurden, eigentlich keine Überraschung bedeutete. Nietzsche hatte offenbar vergessen, daß er es mit einer deutschen Universität zu tun hatte. Es ist nicht Leipzig allein. Heinze schenkt ihm am 14. August 1883 reinen Wein ein, daß sein Gesuch ohne Aussicht sei und »wohl auch an allen deutschen Universitäten« und zwar »wegen«, wie Nietzsche es schreibt, »meiner Stellung zum Christentum und den Gottesvorstellungen«.

Nietzsche quittiert diese Mitteilung an Köselitz vom 26. August 1883 mit einem »Bravo« und erklärt, gerade durch diese Begründung wieder neuen Mut gefaßt zu haben. Er hätte wissen müssen und hat es im Grunde auch genau gewußt, daß ein entschiedener Feind der christlichen Religion, ein offener Bestreiter der Existenz Gottes, in Deutschland kein beamteter Universitätslehrer, überhaupt kein Lehrer sein kann. In der Schweiz mochte es angehen. Overbeck war ein Beweis dafür, wie eine theologische Fakultät einen durch und durch nichtchristlichen Wissenschaftler berief. Dabei stand der »Zarathustra« noch aus. Nietzsche bezweifelte gegenüber Overbeck, ob man ihn nach seinem Erscheinen überhaupt noch als Lehrer an Höheren Schulen würde haben wollen. Er hatte sein Gesuch, Vorlesungen in Leipzig halten zu können, in jedem Fall mit dem sicheren Vorwissen von den wohl unüberwindlichen Schwierigkeiten eingereicht. Dabei konnte er auch kaum den geringsten Zweifel daran haben, daß man sich in Leipzig über ihn nicht in Unkenntnis befand. Hier, wo seine Verleger wohnten, wußte man, wie nirgendwo sonst, wer er war. Und hatte er nicht Lou von Salomé und Paul Rée, einen »Blaustrumpf« und einen zersetzenden Relativisten, ausgerechnet hier als seine »Anhänger« vorgeführt? Sehr zum Verdruß von Heinze, den er jetzt als Rektor um seine Unterstützung bat! Heinze scheint sich bei aller persönlichen Sympathie für Nietzsche in einem Zwiespalt befunden zu haben, aber es hätte seiner vermutlichen Untätigkeit in der Angelegenheit gar nicht bedurft, um Nietzsches Gesuch abschlägig zu bescheiden.

Es war angesichts der im »Reich« herrschenden Verhältnisse so grotesk, wie es ein Versuch des in London inzwischen verstorbenen Karl Marx gewesen wäre, sich um den Eintritt in die Britische Kolonialverwaltung zu bemühen.

Als Philosoph wird also Nietzsche der Einzug in die Leipziger Hörsäle, wie er ihn sich gewünscht hätte, verwehrt bleiben. Aber war die Hochgebirgswelt des Engadin ihm nicht angemessener? Hatte er nicht eine eigentümliche Verwandtschaft mit dieser Landschaft schon bei seinem ersten Besuch herausgespürt? Gab es für ihn überhaupt eine Alternative zum einfachen Leben inmitten des rustikalen Mobiliars eines kleinen schweizerischen Gebirgshauses von Sils Maria, wo er als Zimmerherr seine Mahlzeiten im Gasthof »Edelweiß« einnimmt und sich im Kolonialwarenladen, den die Vermieter betreiben, mit seinem sonstigen schlichten Bedarf eindecken kann? An seinem Zimmer mit Tisch, einigen Stühlen und der Waschschüssel stören ihn allein die weißgetünchten Wände, weil sie seine empfindlichen Augen blenden. Die Durischs, mit denen er auf gutem Fuße steht, lassen sie darum grün anstreichen.

In Wirklichkeit war der Weg ins Engadin von Nietzsche mit der vollen Absicht gegangen worden, sich wieder in die »Hundehütte« zu begeben. Hier hatte er die Tonne des Diogenes gefunden, hatte er entdeckt, was ihm als würdiges Dauerziel vorschwebt: das Leben in einfachem Holzhaus, das dem Verfasser des »Zarathustra« besser ansteht als das Wohnen in einem der alpinen Bauernhäuser.

Aber die Idyllik dieser Wochen von Sils Maria täuscht. Innerlich kocht es in ihm. Die Wiederversöhnung mit der Schwester hat eigentümliche Gefühle bei ihm hervorgerufen. In ihrem Vergeltungsdrang gegen Lou von Salomé scheint sie ihm nun doch zu weit zu gehen. Und vor allem: er fühlt sich als Opfer, wenn er zusehen muß, wie sie bei der Vereinnahmung seiner Person keine Grenzen kennt und sich zu Schritten hinreißen läßt, die er entschieden mißbilligt.

Das war nicht der einzige Grund. Elisabeth hatte die Aussöhnung mit dem Bruder unter Einsatz aller ihr zur Verfügung stehenden Mittel betrieben, wozu vor allem ihre genaue Kenntnis seiner Reaktionen gehörte, sie hatte zugleich ihre Konsequenzen gezogen. So unwillkommen ihr des Bruders Bekanntschaft mit Lou von Salomé war, so abstoßend sie die ganze Geschichte fand, die ganz auf ihre Kosten ging, so gab sie ihr doch das Recht, unbefangener sich dem eigenen privaten Glück, das ihr bis dahin versagt geblieben war, das sie sich auch selbst mit Rücksichtnahme auf den Bruder versagt hatte, zuzuwenden. Und das schien ihr, der mit allen Attributen der bürgerlichen Moral voll ausgestatteten Pastorentochter, in der Gestalt des Dr. Förster zu begegnen. Die Aufnahme dieser Beziehung ließ sich nach allem, was geschehen war, nicht mehr rückgängig machen.

Was Nietzsche in der Eingezogenheit von Sils Maria sich bei seinem immer mehr anschwellenden Ärger über die Schwester sich vor Augen führen konnte, war die unzweifelhafte Tatsache, daß es sich bei dieser Beziehung um eine »Parallelaktion« handeln könnte. Dem Ärgernis, das er durch Lou gegeben hatte, setzte sie ein eigenes mit Dr. Förster entgegen. Ihr diesen Dr. Förster vorzuwerfen, beruhte bei allem, was er ihr an Recht auf eine Ehe überhaupt zubilligen mochte, darauf, daß Nietzsche sich gerade durch ihre mit äußerster Heftigkeit unternommenen Rehabilitierungsanstrengungen düpiert fand. Wer bisher von der Immoralität der Lou-Geschichte und Nietzsches Verwicklung darin noch nichts wußte, bekam es jetzt zu hören. Und noch dazu genauere und sehr peinliche Details! An Overbeck, der das Treiben der Schwester scharf verurteilt hatte, kann Nietzsche schreiben: »ein wahrer Haß auf meine Schwester« ist die Folge der Wiederversöhnung. Besser nicht nach Naumburg reisen: »es könnte zu schauderhaften Augenblicken kommen.« Wie in seinem Verhältnis zu Wagner rechnet Nietzsche auch hier mit unwägbaren Ausbrüchen, die alle Möglichkeiten offen lassen.

Was tut er, der sich selber vor dieser Reise gewarnt hat? Er setzt sich in den Zug und reist nach Naumburg. Warum? Er hat den Grund gefunden, den er der Schwester vorhalten und mit der er sie auf das schwerste belasten kann: es ist der »Antisemitismus« des Dr. Förster, der zugleich ihr eigener sein muß. In dieser unblutigen »Atridengeschichte« bürgerlicher Maßverhältnisse kommt es übrigens zum Parteiwechsel der Mutter. Die Mutter, die bei einem Weggang der Tochter aus dem Hause für die Formen ihrer bisherigen Lebensführung fürchtet, steht bei Nietzsches heftigen Beschwörungen, der Schwester die Ehe auszureden, jetzt entschlossen auf seiner Seite.

Mit Dr. Förster hatte Nietzsche selbst keine nähere persönliche Berührung gehabt. Förster hielt sich damals nicht in Deutschland auf, sondern war im Februar 1883 an den Rio de la Plata gereist, um die von ihm in eigenen Schriften und Vorträgen propagierte Idee einer Kolonisierung Südamerikas durch deutsche Auswanderer an Ort und Stelle in die Tat umsetzen zu helfen. Mit seinen Vorstellungen einer deutschen Besiedlung Südamerikas an Stelle der Auswanderung nach Rußland oder in den Balkan, dessen Zukunft er durch die Juden bedroht sieht, gehörte Bernhard Förster zu den frühesten Verfechtern des Gedankens vom »Lebensraum«. Wenn Förster dabei die Möglichkeiten

Südamerikas für seinen Plan nicht einmal so unrealistisch einschätzte, wie es auf den ersten Blick aussehen mochte, so blieb noch genug Phantastik in seinen Gedanken. Auf Elisabeth Nietzsche hat er jedenfalls mit seinen Vorstellungen Eindruck gemacht, so daß sie bereit war, ihm dahin zu folgen, ohne daß sie seine Weltanschauung insgesamt und auch seinen Antisemitismus darin geteilt hätte.

Hier nun wird Nietzsche ansetzen. Hier hatte er die schwache Stelle gefunden, dieselbe, die ihm bei Wagner so bedenklich erschien, daß er sie wie kaum eine andere mit Ausnahme seiner Vergangenheit als Anhänger der »Revolution« zur Zielscheibe seiner Angriffe machen wird. War gegen dessen Musik kein Ankommen, was man auch theoretisch wider sie vorbringen mochte, so konnte Wagner hier vor aller Öffentlichkeit auf das schwerste getroffen werden. Diese Gelegenheit durfte er sich nicht entgehen lassen. In der Frage des Antisemitismus war die Schwester offensichtlich durch den Einfluß Dr. Försters auf die bedenkliche Linie Wagners gekommen. Mit diesen Vorhaltungen wird Nietzsche sie zur hellen Verzweiflung treiben. Die Stunde, Elisabeth ihr Verhalten in der Lou-Affäre, wo sie ihn durch breites Ausspielen kompromittierender Vorkommnisse schwer gedemütigt hatte, jetzt endlich und unvergeßlich heimzuzahlen, war gekommen.

Das hieß aber auch, daß Nietzsche selbst eine eigentümliche Wandlung durchgemacht haben mußte. Oder hatte er vergesen, wie wenig schmeichelhaft seine eigenen bisherigen Urteile über Juden und Judentum gewesen waren? Konnte er sich nicht mehr daran erinnern, daß er den »Zorn über das jüdische Berlin« geteilt hatte, den er dem Vater seines Freundes Mushacke nachsagte? So im schon erwähnten »Rückblick!« War es seinem Gedächtnis entfallen, wie seit seinem ersten Besuch in Triebschen die Freundschaft zu Wagner auf der Zurückweisung des Judentums als ausdrücklicher Voraussetzung beruhte? Das war der Boden, auf dem man sich gefunden hatte und Nietzsche von nun an Bannerträger Wagners werden konnte.

Es läßt sich nicht behaupten, daß Nietzsche dabei stehengeblieben wäre. An Äußerungen über Juden, die auch aus dem Mund Wagners kaum anders geklungen hätten, gab es bei ihm auch in der Folge keinen Mangel, so daß er kaum Grund hatte, sie andern vorzuwerfen. Er hatte sich deswegen nicht davon abhalten lassen, persönliche Beziehungen zu Juden, wie etwa die zu Lippiner und vor allem zu Rée, einzugehen. Gerade mit dem Verhältnis zu Rée und dem Festhalten daran trotzte er Wagner, der beim Aufenthalt in Sorrent seine Abneigung deutlich spüren ließ, forderte er ihn sogar bewußt heraus, kündigte er ihm die Vasallität auf. Aber das besagt nicht mehr, als daß er auch hierin Wagners Vorbild folgte, der sich wie im Falle des Kapellmeisters Levi, dem von ihm ausdrücklich für die Aufführung des »Parsifal« bestimmten Dirigenten, von seiner Theorie des Judentums an der persönlichen Beziehung zu Juden nicht hindern läßt. Nur: mit seiner Warnung vor Paul Rée hatte Wagner recht behalten. Wenn Nietzsche jetzt aus Rées Herkunft keine generalisierenden Rückschlüsse zog, dann bedeutete dies freilich eine Abwendung von alten und ihm sehr geläufigen Vorstellungen.

Allerdings ist das auch wiederum nicht von solch einschneidender Bedeutung, wie er selber glaubt, als er die Frage zur öffentlichen Sache erklärt. Noch ist er erst bei der Vorbereitung seiner neuen Positionen. Aber er hat erkannt, wie ihm unabhängig von der Kraft der Überzeugung, die dahinter steht, unerhörte Chancen im »Fall Wagner« wie im »Fall Elisabeth« daraus erwachsen. Es war noch gar nicht lange her, daß er in den »Juden« eine »welthistorische Veranstaltung zur Züchtung von Schauspielern« und mehr noch: »eine eigentliche Schauspieler-Brutstätte« gesehen hatte. Der Satz war nagelneu, er stand in der »Fröhlichen Wissenschaft« und bedeutete wahrlich kein Kompliment. Wer ist für Nietzsche ein »Schauspieler«? Nun: derjenige, der sich Kompetenzen anmaßt, die er nicht hat, über Dinge spricht, von denen er eigentlich nichts versteht. Der Schauspieler »spielt den ›Sachkundigen‹, den ›Fachmann‹«. Er steht für alles Unechte und Unwahre. Wagner ist ein »Schauspieler«.

Das wird die Sprache sein, die Nietzsche in der fortgeschrittenen Phase seiner Bekämpfung Wagners nach dessen Tod sprechen wird. Übrigens mit großem Erfolg! Aus diesem Brunnen werden die Wagner-Gegner in den folgenden hundert Jahren unentwegt schöpfen. So weit wird Nietzsche das Steuer seiner Argumentation herumreißen, daß er »Wagner« und »Judentum« sich im Medium des »Schauspielers« begegnen läßt.

Aber noch ist hier alles im Fluß. Nietzsche jedenfalls setzt sich in den Zug und fährt nach Naumburg. In der heftigen Familiendebatte, die er Försters wegen mit der Schwester während seines vierwöchigen Aufenthalts führt, wo die Arbeit am »Zarathustra« völlig ruht, darf Nietzsche seine alten Vorstellungen nicht mehr wahrhaben wollen. Oder er müßte dem, was er früher niedergeschrieben hat, einen neuen Sinn geben, wenn er die Vorwürfe, die er der Schwester macht, aufrechterhalten will. Wenn sich in den schweren Auseinandersetzungen mit ihr alles auf die Antisemitismus-Frage zuspitzt, hat er *seine* Debatte und hat er sie so, wie er sie will, aber auch mit einer auffälligen Trübung seines Gedächtnisses. Die Schwester hat Grund, ihn nicht mehr wiederzuerkennen. Nietzsche scheint dabei zu sein, vieles und gerade Allerschmerzlichstes für ihn aus dem Bewußtsein zu verdrängen und hier im Privaten, was sonst seine Sache nicht ist, sich um größte Vereinfachung zu bemühen. Die Schwester wird später brieflich Zuflucht bei Köselitz suchen, der sich übrigens in dieser Materie bei Nietzsche bestens auskannte, und den während der Naumburger Wochen immer wieder heraufbeschworenen Gegenstand ihres Streits mit dem Bruder beim Namen nennen: »daß mein Antisemitismus die Schuld an Allem trägt« (26. April 1884). Das entsprach der Meinung, wie sie sich in diesen Naumburger Wochen bei Nietzsche ausbildete. Nun wußte er genau, worin die Ursache für seine persönliche Misere der letzten Jahre lag, die er Overbeck unter dem 2. April 1884 im Rückblick mitteilte: »Die verfluchte Antisemiterei verdirbt mir alle meine Rechnungen auf pekuniäre Unabhängigkeit, Schüler, neue Freunde, Einfluß, sie hat Richard Wagner und mich verfeindet, sie ist die Ursache eines *radikalen* Bruchs zwischen mir und meiner Schwester ...«

Hier hören wir es: alles, was ihm in den letzten Jahren jene Querelen bereitet hat, unter denen er so hatte leiden müssen, ist auf eine einzige Wurzel zurückgeführt. Wenn dies stimmte, hätte er sich in der sonst so klaren Sprache seiner Briefe bisher sehr ungenau ausgedrückt, hätte er zumal in allen Wagner betreffenden Dingen an der Sache vorbeigeredet. War es bei der »tödlichen Beleidigung«, die Wagner ihm zugefügt hatte, nicht um ganz anderes gegangen als um seine Ansichten über das Judentum? Und selbst wenn, warum machte Nietzsche sich nicht selbst einmal Gedanken darüber, was er persönlich darüber gesagt und geschrieben hatte? Hatte er vergessen, daß er die sokratische »Dialektik« als Zerstörerin der griechischen Tragödie auch im modernen Sokratismus der »jüdischen Presse« am Werk sehen wollte? Das war Gegenstand seiner Gespräche in Triebschen gewesen. Von Cosimas ausdrücklicher Warnung in ihrem Brief vom 6. Februar 1870: »Nennen Sie die Juden nicht«, war ihm vielleicht jetzt bloß in Erinnerung geblieben, wie sehr er sich immer auf ihren Rat hatte verlassen können. Selbst Wagner – das will etwas heißen –, dem Nietzsches Gedanken von der Dialektik und dem Ende der Tragödie sehr gelegen kamen und der ihn seiner persönlichen Zustimmung versicherte, fand den Bogen überspannt und empfahl ihm Vorsicht, weil er deren Überzeugungskraft bezweifelte.

Und doch waren gerade Nietzsches Äußerungen gegenüber Overbeck von einer verblüffenden Ehrlichkeit. Er faßt hier gewissermaßen generalstabsmäßig das Resümee seiner neuen Strategie zusammen, mit der er vor allem gegen Wagner auftreten will. Das ist seine neue Linie. Wenn es für ihn eine einzige Möglichkeit gibt, gegen den inzwischen verstorbenen Wagner noch nachträglich anzukommen und zwar durch den »Zarathustra« auch als Künstler, dann gilt es, ihr zu folgen, dann gilt es mit den »Juden«, die er in der »Fröhlichen Wissenschaft« selbst »tatsächliche Beherrscher der europäischen Presse« genannt hatte, in ein offiziell geregeltes Verhältnis zu gelangen. Es hätte nicht Nietzsches Verstandes bedurft, um hier Wagners Schwachstelle zu entdecken. Hatte er sich mit seiner Bewerbung um eine Professur an der Universität Leipzig eine Absage geholt, durch die nun für alle Zeit eine öffentliche Wirksamkeit ausgeschlossen sein mußte, so blieb jetzt die »Presse« die einzige Institution, auf die er noch Hoffnungen setzen konnte. Das bedeutete aber auch, daß er sich von seinem Verleger Schmeitzner trennen muß, den man ihm dabei zum Vorwurf machen könnte und auch schon gemacht hatte, wie er Overbeck im gleichen Brief mitteilt. Es ließ sich in den Zeilen an Overbeck freilich nicht übersehen, daß Nietzsche in der »Antisemiterei« ausdrücklich eine Gefahr für seine »pekuniäre Unabhängigkeit« sah, daß er sich in der fraglichen Sache von ihr wenig für einen Erfolg in der Öffentlichkeit versprach. Das war etwas Neues. Insofern konnte auch die Schwester beim Streit in Naumburg von seinen Anschauungen überrascht sein. Es handelte sich hier wohl um einen raschen Gesinnungswandel, denn sie hatte vorher dergleichen Vorwürfe wie die, mit denen Nietzsche sie und ihren Dr. Förster jetzt abqualifizierte, nie gehört. So verwahrt sie sich denn auch dagegen bei Köselitz, der von Bruder wie Schwester in dieser Angelegenheit ins Vertrauen gezogen wird: »mein Antisemitismus war bis jetzt ein so sanfter, verträglicher Gedanke« (26. April 1884); sie habe bisher gar nicht gewußt, daß man sie damit würde in Zusammenhang bringen können. Erst durch die Vorwürfe des Bruders sei sie überhaupt darauf aufmerksam und schließlich – wie sie in ihrem Buch »Der einsame Nietzsche« erklärt –, um Förster zu verteidigen, »zur Verteidigerin des Antisemitismus« geworden, »der mir eigentlich unangenehm war und zu welchem ich nie die geringste Veranlassung gehabt hatte«.

Das alles gibt zu denken. Der Bruder erklärt seinen Gesinnungswandel u. a. damit, daß er sich vom Antisemitismus *pekuniär* nichts verspricht, die Schwester ist nach eigener Bekundung nur durch ihre Loyalität zu Förster, den sie heiraten wird, zum Antisemitismus gelangt, obwohl er ihr eigentlich fern liegt. Auf dieser für beide Beteiligten schiefen Ebene hat also die Naumburger Familiendebatte stattgefunden, die keineswegs abgeschlossen ist, als Nietzsche am 5. Oktober wieder abreist, und zwar über Basel nach Genua. Im nachfolgenden Briefwechsel wird sie fortgesetzt, allerdings mit Störungen merkwürdiger Art. Nietzsche macht die Entdeckung, daß seine an die Mutter geschriebenen Briefe nicht alle ihr Ziel erreichen. Es gibt jemand, der im Naumburger Haus um sein privates Glück kämpft, es sich durch das Zusammenspiel von Mutter und Bruder nicht nehmen lassen will.

Auf der Fahrt von Naumburg in den Süden hatte es eine freudige Überraschung gegeben. Als Nietzsche in Frankfurt den Zug nach Freiburg wechselt, begegnet er den Overbecks, die auf der Rückreise von Dresden nach Basel sind. Man hatte, ohne es zu wissen, vorher im gleichen Zug gesessen und kann die Weiterfahrt gemeinsam machen. Dafür, daß Nietzsche in Freiburg aussteigt, besteht keine zwingende äußere Notwendigkeit – so wenig wie für die Reise überhaupt und am wenigsten für den Entschluß, nicht nach Sils Maria zurückzukehren, sondern nach Genua. Der Zwang liegt nur in der Notwendigkeit, sich aus dem Bannkreis der Schwester herauszubegeben und für den Aufenthalt während der nächsten Monate eine klimatisch günstigere Region zu wählen. Sils Maria war für den bevorstehenden Winter dazu weniger geeignet. In Genua dagegen hatte sich Nietzsche durch seine mehrfache Überwinterung in dem ungeheizten Zimmer sozusagen schon ein Heimatrecht erworben.

In Freiburg bleibt ihm nach seinem Verlassen des Zugs nichts anderes übrig, als sich wegen Unwohlseins mit Erbrechen im Hotel gleich ins Bett zu legen und dort die Zeit bis zur Abreise nach Basel zu verbringen, wo ein Besuch bei Overbeck und seiner Frau verabredet war. Als er dort eintrifft, muß er sich am zweiten Tag des Aufenthalts wegen starker Kopfschmerzen zurückziehen. Basel war nur als flüchtige Zwischenstation auf der Reise nach Genua gedacht.

In Genua begibt sich Nietzsche nach der Ankunft gleich zur alten Wohnung, findet sie aber für den Augenblick vermietet. Hier erfährt er, daß sich Malwida von Meysenbug in der Nähe von Spezia aufhält. Das ist ein Grund für ihn, sich zu einem sofortigen Besuch bei ihr zu entschließen. Es ist eine Fahrt ins Ungewisse. Ihre Adresse scheint man ihm nur ungenau oder unrichtig mitgeteilt zu haben, vielleicht beruhte das Ganze auf einem Mißverständnis. Er macht sich auf die Suche nach der alten bewährten Freundin, deren Rat ihm immer so willkommen gewesen war, auch wenn er ihn so oft nicht befolgt oder sich in der Frage der Frauenemanzipation zu ihrem bewußten Gegenspieler entwickelt hatte. Seine Bemühungen sind vergeblich. Er findet sie nicht. Es bleibt ihm nichts anderes übrig, als sich ein paar Tage in Spezia umzusehen, bevor er nach Genua zurückreist. Aber in Genua, wo er sich in sein inzwischen freigewordenes altes Domizil begibt, hat der Wunsch, auf längere Dauer zu bleiben, dann doch seine Kraft verloren. Als er hört, daß in Nizza die Zahl der sonnigen Tage im Jahre größer als in Genua sei, faßt er seinen Entschluß. Er folgt dem Ruf der Sonne. Am 23. November reist er nach Nizza. In einer Pension, Rue Ségurance 38, zweiter Stock, bezieht er sein erstes vorläufiges Quartier.

Der Abschied von Genua war Nietzsche trotz der Erwartungen, die er an Nizza knüpfte, nicht ganz leicht gefallen. Er hatte sich an die Stadt gewöhnt, sie war der Boden für seine Columbus-Existenz gewesen. Genua entsprach gar nicht der schwelgerischen Lebensweise, die der Italienreisende suchen mochte und in Venedig, Florenz, Rom oder Neapel auf damals schon klischeehafte Manier bestätigt finden konnte. Im Rückblick auf das spartanisch Eingezogene seiner Lebensführung und die durchfrorenen Wintermonate durfte Nietzsche mit Recht sagen: »Genua ist mir eine ausgezeichnete Schule harter einfacher Lebensweise gewesen; ich weiß jetzt, daß ich wie ein Arbeiter und Mönch leben kann.« Das war seinem körperlichen Befinden zugute gekommen. Er wußte, was er an Genua hatte.

Wenn ihn etwas neben dem Mißlichen der Wochen nach seiner Rückkehr aus Naumburg jetzt von Genua vertrieb, dann war es außer den Aussichten auf bessere Klimaverhältnisse das Bedürfnis nach größerem Ungestörtsein. Es irritierte ihn, daß man ihn in Genua schon kannte. Er kann nicht mehr so leben, wie er möchte. Was er jetzt als notwendig für sich betrachtet, ist die »Einsamkeit« des Zarathustra. Sie hofft er, in Nizza bei viel Licht und blauem Himmel zu finden.

Der erste Eindruck, den Nizza bei ihm und noch für Wochen nach seiner Ankunft hinterläßt, ist der einer wenig einladenden Stadt. Die Eleganz, die hier vorherrscht, entspricht ganz und gar nicht seinem Geschmack. Vor allem der Lärm stört ihn. Die Stadt scheint ihm zunächst für einen längeren Aufenthalt ungeeignet. Dazu kommt, daß ihm mit seiner Pension Schwierigkeiten entstehen, die ihn zum Wechsel veranlassen. Das wiederum ist mit ärgerlichen Unkosten verbunden.

Doch es gibt dann einiges, was ihn mit Nizza schnell aussöhnt. Die Lichtfülle, wie er sie hier empfindet, übt eine elektrisierende Wirkung auf ihn aus, der schmerzhafte Druck auf das Gehirn, den er noch in Naumburg beständig gespürt hatte, ist weg. Die Restaurants, obwohl er geringe Ansprüche stellt, bieten besseres Essen, die Preise sind bescheiden. Er kann sich hier das Leben so einrichten, wie er will. Es ist keine Badestadt, wo man viele

Kranke zu sehen bekommt. Besonders – sehr wichtig für ihn – die italienischen Quartiere von Nizza ziehen ihn an.

Eine Belebung von außen scheint dann in die Welt dieser so ostentativ gesuchten »Einsamkeit« durch den Verkehr mit Dr. Paneth gelangt zu sein. Josef Paneth war ein junger aus Wien stammender Naturwissenschaftler, der in einem physikalisch-geologischen Institut im nahe gelegenen Villefranche studienhalber arbeitete. Der Nietzsche-Leser, der er war, mußte erfahren haben, daß sich der Autor in Nizza aufhielt, und hatte sich bei der Post über seine Anschrift informiert. Hier erklärte man Nietzsche, daß sich jemand nach ihm erkundigt habe. Es war Nietzsche selbst, der einen Spaziergang nach Villefranche unternahm, um denjenigen kennenzulernen, der seine Bekanntschaft so angelegentlich suchte, ihn aber nicht angetroffen hatte. Nietzsches Bemühung war bei den Umständen, unter denen er in den ersten Wochen nach seiner Ankunft in Nizza lebte, der sehr verständliche Versuch, sich von der selbst auferlegten »Einsamkeit« einen vorübergehenden Dispens zu verschaffen.

Der zunächst vergebliche Besuch, bei dem er seine Karte und die mit Bleistift geschriebene Adresse hinterläßt, zeigt, wie erwünscht ihm der Verkehr mit Menschen wieder zu werden beginnt.

Dr. Paneths Gegenbesuch erfolgt drei Tage später – am 17. Dezember –, ist aber ebenso vergeblich. Paneth versucht, Nietzsche zweimal während des gleichen Tages zu erreichen. Dabei wird er von der Vermieterin in die Wohnung geführt: ein »Zimmerchen«, »kahl und unfreundlich«, ohne Ofen und Teppich und »eisige Kälte« darin, wie er in seiner Schilderung festhält. Verständlich, daß Nietzsche sich, so gut es ging, außerhalb der gemieteten Räumlichkeiten aufhielt! Er bereitete damals den Wechsel in eine andere, ansprechendere Unterkunft vor, wenn es dazu überhaupt irgendwelcher Vorbereitungen bedurfte. So findet der für einige Tage später fest verabredete neue Besuch in einer behaglichen Wohnung statt. Nietzsche hat jetzt allen Grund, in die Begrüßung des Gastes und die Unterhaltung seine Zufriedenheit mit sich selbst und der Welt einfließen zu lassen.

Was der Besucher über seinen Gastgeber und auch später über die Begegnungen und Spaziergänge mit ihm an seine Braut in Wien berichtet, zeigt viel Sympathie gegenüber Nietzsche. Er hat es mit einem Nietzsche zu tun, der sich in diesen Monaten eines außergewöhnlichen körperlichen Wohlbefindens erfreut, ausgeglichen ist und seiner Umgebung mit ausgesuchter Liebenswürdigkeit begegnet. Es ist der »liebe halbblinde Professor«, wie ihn Resa von Schirnhofer kennenlernt, die ihn ebenfalls in Nizza besuchen wird. Paneth schildert Nietzsche (26. Dezember 1883) an Sophie Schwab in Wien »ungemein freundlich, es ist auch nicht eine Spur von falschem Pathos oder Prophetentum in ihm, wie ich nach dem letzten Werke wohl befürchtet hatte …«, er ist »ohne die mindeste Affektation« und »hat gar nichts Schwärmerisches und Gesuchtes«.

Dies Urteil steht nicht allein. Es paßt sehr wohl zu einem Nietzsche in ausgewogenen Lebensumständen, besonders in Zeiten relativer Schmerzfreiheit, ist aber darum auch sehr selten auf ihn anwendbar. In Nizza haben sich diese Augenblicke gehäuft und zu einer länger gestreckten Periode ausgedehnt. Mutter und Schwester sind weit entfernt, Wagner ist tot, die Post holt sich Nietzsche am Postamt nur ab, wenn er das Gefühl hat, daß durch Beschäftigung mit ihr seine Arbeit am »Zarathustra« nicht leidet oder sein Wohlbefinden dadurch nicht beeinträchtigt werden kann. Um ihn herum gibt es sonst niemanden, der ihm beschwerlich werden könnte.

Inmitten dieser Lichtfülle und einer vorzüglichen Luft zu leben, kann ihm jetzt ein sonst selten empfundenes Glücksgefühl bescheren, das noch größer wird, wenn er auf die Höhen steigt, um mit Blick auf das Meer am »Zarathustra« weiter zu schreiben. In zehn Tagen ist der erste Teil verfaßt worden, in vierzehn Tagen der zweite. Nietzsche schreibt es gerade der auf den Körper und das körperliche Befinden sich auswirkenden Begeisterung zu, daß er beim Dichten des dritten Teils so gute Fortschritte macht. Die »Muskel-Behendigkeit« bei seinen oft beschwerlichen Bergwanderungen gibt seinen schöpferischen Kräften Auftrieb. So sieht er es. Der »Begriff der Ermüdung« ist ihm in diesen Wochen fremd, er kann im Rückblick sagen: »Man hat mich oft tanzen sehn können.« Auf dem Weg zum maurischen Felsennest Esa dichtet er das Stück »Von alten und neuen Tafeln«. Der dritte Teil, zu dem es gehört, ist im Februar fertig, wie er Rohde unter dem 22. d. M. mitteilt.

Die andere Bekanntschaft dieser Monate, die offenbar um die gleiche Zeit, im Dezember 1883, begonnen hat und sich dann in den nächsten Monaten fortsetzt, ist die mit Paul Lanzky. Lanzky stammte aus der Niederlausitz und hatte sich nach Sprachstudien in Italien niedergelassen. Er war im Grunde ein Privatier, der von den Einkünften lebte, die ihm als Mitbesitzer eines Hotels in Vallombrasa nahe Florenz zuflossen. Seine besonderen Interessen galten der Astronomie. Lanzky hatte sich an Schmeitzner, Nietzsches Verleger, gewandt, um von ihm dessen Anschrift zu erfahren. Selbstverständlich war sie ihm nicht mitgeteilt worden, aber der Verleger hatte ihn auf seinen Aufenthalt in Genua bzw. Nizza verwiesen und ihm empfohlen, ihn über »poste restante«, Nietzsches bevorzugte Adresse, direkt anzuschreiben. Auch hier erfährt Nietzsche, wie bei Paneth, an der Post von Erkundigungen über ihn und läßt sich sagen, wo der Interessent wohnt. Lanzky hatte offenbar Nietzsches Spur von Genua nach Nizza verfolgt und hält sich inzwischen ganz in seiner Nähe auf: in jener »Pension de Genève«, wo Nietzsche selber logiert, ein ruhiges, zuverlässiges Haus im Schweizer Stil. In seinem Zimmer kann Nietzsche Lanzky mit seinem Besuch überraschen.

In einem Ende Dezember geschriebenen Brief an Overbeck stellt er Lanzky als »Freund der Einsamkeit und Einfachheit« vor mit der Hinzufügung: »31 Jahre alt, philosophisch gesinnt, mehr Pessimist als Skeptiker.« Verbindendes Element ist ihre Abneigung gegen das Deutsche, gegen das Deutschland, das in der Gestalt des Bismarckschen »Reichs« für Nietzsche zum »Überdeutschland« geworden ist. Dieser Einstellung Ausdruck zu geben, wird ihm in Lanzkys Gegenwart dadurch leicht, daß sich Lanzky als »Pole« fühlt und Nietzsche gerade in seiner Gegenwart in das imaginäre Kostüm des »polnischen Edelmanns« schlüpfen kann. Der Basler Professor in Pension, der als aus Genua herangereister Columbus zur erfundenen Familientradition der polnischen Herkunft zurückfindet, aber angesichts des von der Côte d'Azur aus bei günstigem Wetter mit dem bloßen Auge zu erkennenden Korsika schon seine eigene Nähe zu Napoleon spürt – Napoleon als »Übergangstyp zum Übermenschen«, wie er ihn in Nizza einem andern Gast gegenüber (Resa von Schirnhofer) noch nennen wird!

Lanzky ist den Bedürfnissen Nietzsches bei der Bewältigung seiner »Aufgabe«, die er gerade jetzt mit seiner Arbeit am »Zarathustra« zu erfüllen trachtete, von Anfang an entgegengekommen. Er hatte sich Nietzsche ausdrücklich mit allergrößter

Dienstwilligkeit genähert. Nietzsche hat denn auch keine Einwände dagegen, wenn er von ihm bald mit »verehrter Meister« angeredet wird. Er läßt sich von ihm vorlesen – insbesondere Stendhal – und scheint bald in ihm einen zweiten Peter Gast gesehen zu haben.

Mit Lanzky und auch Paneth ergeben sich aus den Lebensumständen und der Bereitschaft der beiden, sich als »Jünger« zu fühlen, erste Ansätze zur Gemeindebildung – übrigens das, was Nietzsche selbst Jahre vorher bei Wagner mit großem Befremden hatte beobachten müssen. Es ist nicht verwunderlich, wenn er gerade jetzt wieder daran denkt, eine »Schule« zu gründen nach dem Vorbild der Platonischen Akademie in Athen, eine Versammlung freier Geister, für die er aber doch als eigentliches Schulhaupt zu gelten hätte. Die Idee war im Kreise von Rée und Brenner beim Aufenthalt in Sorrent schon ausführlich behandelt worden. Jetzt, in der Gegenwart von Leuten wie Lanzky und Paneth wird sie wieder ernsthafter Betrachtungen für würdig befunden. Es könnten sich auch Paul Rée und Lou von Salomé hier einfinden, damit er bei dem jetzt aufkeimenden schlechten Gewissen ihnen gegenüber Gelegenheit hätte, an ihnen wieder einiges gutzumachen.

Ein dritter Besuch stellt sich im April in der Gestalt der Zürcher Studentin Resa von Schirnhofer bei ihm an der Riviera ein. Resa von Schirnhofer war Österreicherin, aus Krems gebürtig, hatte nach ihrem Besuch des Linzer Staatsgymnasiums in Paris studiert und war dann in die Schweiz gegangen. Ihre Eltern lebten in Graz, der Vater gehörte als Statthaltereirat den höheren Rängen der k. u. k.-Administration an.

Mit Resa von Schirnhofer wird die Reihe jener jungen Damen fortgesetzt, die Nietzsche im Laufe einiger Jahre von Malwida von Meysenbug zugeführt worden waren. An Malwidas feinsinnigem diplomatischem Takt hatte es nicht gelegen, wenn aus keiner dieser über sie angeknüpften Beziehungen etwas Ersprießliches zustande gekommen war. Das galt insbesondere für das Verhältnis zu Lou von Salomé, die Nietzsche auch in Malwidas römischer Wohnung kennengelernt hatte.

In mancher Hinsicht ergaben sich bei der neuen Besucherin Vergleiche zu Lou von Salomé. Beide kannten sich übrigens von Bayreuth her, wo Resa von Schirnhofer als Begleiterin Malwidas aufgetreten war und auffallende Sympathien für Lou bekundet hatte, die in Gegenwart Nietzsches wieder offen zum Ausdruck gelangten. Auch Resa von Schirnhofer, wie Lou eine Zürcher Studentin, gehörte einer Familie des neueren kaiserlichen Beamtenadels an. Daß es einmal der russische, das andere Mal der österreichische war, machte einen nur unerheblichen Unterschied aus. Gerade ihre Zugehörigkeit zu Malwidas Zirkel zeigt dessen Anziehungskraft auf beide und das Gefühl der gesellschaftlichen Übereinstimmung, das hier herrschte.

Resa von Schirnhofer war Nietzsche durch Malwida avisiert worden. Malwida hatte ihr auf den brieflich geäußerten Wunsch, sie in Cannes zu besuchen, geantwortet, daß sie sich im Augenblick dort nicht aufhielte, sie aber auf Nietzsche verwiesen, der sich im benachbarten Nizza sehr über ihre Gesellschaft freuen würde. So erreicht ihn plötzlich der Brief einer Unbekannten, die unter Berufung auf Malwida bei ihm anfragt, ob ihr Besuch willkommen sei. Postwendend antwortet er unter dem 31. März: »Kommen Sie nur, mein verehrtes Fräulein! … In bezug auf mich selber haben Sie den günstigsten Zeitpunkt getroffen. Gestern wurde der letzte Korrektur-Bogen meines letzten Teils ›Zarathustra‹ fortgeschickt, – nun bin ich frei, freier vielleicht als ich je war.« Als Unterkunft schlägt er ihr die Pension vor, in der er selber wohnt.

Am 3. April 1884 trifft die von ihm bis dahin nie Gesehene mit dem Morgenschnellzug von Genua in Nizza ein. Es empfängt sie am Bahnhof der vollendete Kavalier, der ihr mit den ausgesuchten Manieren des polnischen Edelmannes aufwartet, als der er sich der Dame des weiteren zu erkennen gibt. Resa von Schirnhofer hat in ihren nachgelassenen Aufzeichnungen später die Tadellosigkeit seiner Umgangsformen und sein rührendes Feingefühl ausdrücklich hervorgehoben. Sie wird zehn Tage bleiben. Nietzsche läßt es sich nicht nehmen, seinen Gast in die Schönheiten von Nizza und der Umgebung einzuführen. Um ihre Unterhaltung und Zerstreuung zeigt er sich auf das äußerste besorgt. Man besteigt gemeinsam den Mont Boron. In eine Osteria kehrt man ein und trinkt einen »Vermuth di Torino«. Nietzsche serviert, er ist vom Mistral angeregt, redet in Tönen höchster Begeisterung, der Geist der Mediterranée, der auch der Geist Homers und des Empedokles war, spricht aus ihm. Die Bergtour erinnert an den Aufstieg auf den Monte Sacro mit Lou von Salomé und den berauschenden Begleitumständen.

Aber es gibt auch andere Kurzweil, so der Besuch eines Stier-kampfs, allerdings in der milderen südfranzösischen Version, nach der das Tier nicht getötet werden darf. Die beiden Besucher amüsieren sich über die Stiere, die das offensichtlich wissen und sich entsprechend verhalten. In der Arena klingt Musik aus »Carmen« von Bizet auf. Nietzsche ist elektrisiert, wie seine Begleiterin bemerkt. Er hat sogar unter dem Eindruck ihrer anregenden Gegenwart die Kühnheit, sie nach Monte Carlo ins Spielkasino einzuladen. Sie ist entsetzt über den Vorschlag und lehnt ab. Er wird ihn nicht mehr wiederholen. Die stimulierende Wirkung dieser Tage treibt Nietzsche noch höher; der »polnische Edelmann«, der auf das Meer hinausblickt und den Punkt ausmacht, wo Korsika liegen müßte, weist plötzlich auf seine biologische Verwandtschaft mit Napoleon hin: die Gemeinsamkeit von 60 Pulsschlägen in der Minute als Vorankündigung des »Übermenschen«. In der Ausgelassenheit dieser Tage erklärt er seinem Gast die Peitschenstelle im »Zarathustra« und nennt sogar den Namen derjenigen, die er damit meint. Es gibt sehr wohl eine Frau, an die Nietzsche gedacht hat. Resa von Schirnhofer hat gute Gründe, den Namen, der in diesem Gespräch gefallen ist, zu verschweigen.

Die Tage lassen an Lou von Salomé erinnern. Es ist noch einmal ein für eine kurze Zeitspanne erreichter Höhepunkt – ein später Rauschzustand in diesem Leben sehr privater Art, ohne ernsthafte erotische Färbung. Aber die hatte es in der Beziehung zu Lou von Salomé auch nicht gegeben. Gerade im Mangel am Eros war das Disaster zwischen ihm und Lou klar zutage getreten. Eine solche »Liebe« trug von Anfang an den Tod in sich, machte auch das Giftige des Endes einigermaßen erklärbar.

Von alledem ist in Nietzsches Verhältnis zu Resa von Schirnhofer nicht die Rede. Es sind flüchtige Tage, die Malwida von Meysenbug zweien ihrer Schützlinge durch ihre Vermittlung beschert hatte. Und so steht die von beiden unendlich Verehrte immer wieder im Mittelpunkt ihrer Gespräche. Nietzsche konnte damals nicht wissen, daß er Malwida von Meysenbug, derentwegen er vergeblich nach Spezia gereist war, nicht mehr wiedersehen würde.

Das galt auch für Resa von Schirnhofer. Ihre später verfaßte Niederschrift über die mit Nietzsche verbrachten Tage war zur Zeit seines aufsteigenden Ruhms zustande gekommen und stellte ihn dar als einen Napoleon des Geistes, als der Nietzsche damals nicht im geringsten feststand. So jedenfalls, läßt sie durchblicken, will sie ihn, der sich als solcher verstanden wissen wollte, in den Apriltagen des Jahres 1884 schon gesehen haben. Sie schied von ihm mit dem Eindruck der Faszination. Es gab nichts an ihm, was sie gestört hätte. Sie war dem Prometheus in der Gestalt des Kavaliers begegnet, der sich unter den Palmen der *Promenade des Anglais* besser ausnahm als der verabschiedete Philologe aus Basel.

Nietzsche selbst ist in diesen Wochen des Aufenthalts an der Riviera dabei, sich mit ungeheuren Schritten von der eigenen Vergangenheit zu entfernen. Seine neue Umgebung fordert ihre Tribute. Erst aus den nachträglichen Briefgefechten mit den Naumburgern läßt sich schließen, daß die Familiendebatte eigentlich Antisemitismus-Debatte mit den von Nietzsche gegen die Schwester erhobenen Vorwürfen im Zusammenhang mit ihrer Beziehung zu Dr. Förster war. Jetzt wird ihm klar, daß er selber andere Wege als bisher gehen muß und daß ihm Schmeitzner dabei von Schaden sein würde. »Ich erfuhr hier«, schreibt er am 2. April aus Nizza an Overbeck, »wie sehr man mir in Wien einen solchen Verleger zum Vorwurf macht.«

Wieso kommt er an der Côte d'Azur plötzlich auf Wien zu sprechen? Woher will er wissen, was man in Wien über *seinen* Verleger mit Rückschlüssen auf den Autor sagt? Als Informant kommt niemand anders in Frage als Dr. Paneth, der aus Wien stammt, ebenso wie Lanzky Jude ist und nach dem Ausfall von Paul Rée und der räumlichen Entfernung von Köselitz für die Gemeinde-Bildung um Nietzsche als ernsthafter Anhänger des »Meisters« in Betracht zu ziehen ist. Bildung einer Gemeinde aus einigen *Auserwählten*! Diese Vorstellung wird gerade in diesen Wochen im Zusammenhang mit der Gründung einer »Schule« – vielleicht auf Sizilien – nach verschiedenen Seiten neu erwogen. Rücksichtnahme Nietzsches auf den Stamm seiner Anhänger wie auf das Echo in der Öffentlichkeit ist dabei dringend geboten. Der »Fall Wagner« dient ihm als Warnung. Wenn sich die Universitäten auch vor ihm verschließen, so bleibt ihm doch die »Presse«. Sein andächtigster »Jünger« in diesen Wochen ist Paul Lanzky, Privatier und Redakteur der »Rivista Europea«.

Die strategische Umorganisation von Nietzsches Denken in der

Antisemitismusfrage, die im April 1884 so gut wie abgeschlossen ist, ist ein Beweis dafür, mit welcher Klarheit Nietzsche seinen künftigen Ruhm selber vorbereitet, wie er als Schriftsteller den Widerstand *aller* bestehenden Institutionen vorauszusetzen hat und ihm als Chance bei der Eingezogenheit seines Lebens nichts bleibt als der irgendwann einmal, aber mit Sicherheit erfolgende große Widerhall seiner Ideen. Er glaubt an seinen Nachruhm so fest wie Stendhal, den er als Geistesverwandten entdeckt und sich gerade jetzt in Nizza immer wieder vorlesen läßt. Es ist richtig gesehen: einen Vorwurf wie den gegen seinen Verleger kann er sich in der Öffentlichkeit nicht leisten; was ihm bleibt, ist die Verheißung, als Schriftsteller »Immoralist«, Ärgernis von bis dahin unvorstellbarer Ungeheuerlichkeit zu sein, damit seinen Namen verbunden zu finden. Diese Verheißung sollte sich dann schon in den letzten Lebensjahren erfüllen.

Durch Paneth war Wien, wohin er seiner akademischen Laufbahn wegen zurückkehren und wo er auch mit dem jungen Sigmund Freud in Beziehung treten würde, zum ersten Mal ins Blickfeld Nietzsches geraten. Wien wird schon in einigen Jahren den Heraufzug einer Ära im Zeichen Nietzsches erleben. Nietzsche als Geheimtip der »Jung-Wiener« um Hermann Bahr mit Hofmannsthal als dem sublimiertesten Anhänger des »Immoralisten« auf dem Boden der Großstadt mit der »Freien Presse«; als literarische Sensation des Feuilletons! Das bald in Umlauf befindliche Wort vom »Willen zur Macht« steht später als methodisches Leitwort über der Wiener Psychoanalyse des von Freud abgefallenen Alfred Adler.

In Nizza war die Wende in die von Nietzsche damals als möglich anerkannte Richtung definitiv geworden. Nizza war sein Winterquartier gewesen, das ihm klimatisch den Frühling und den frühen Sommer beschert hatte. Am 13. April hatte Resa von Schirnhofer die Stadt verlassen, am 21. reist er selber ab. Das Ziel, dem eine längere Vorbereitung und der Briefwechsel mit Köselitz gegolten hatte, ist Venedig. Der äußere Anlaß der Reise nach Venedig ist die Musik des von ihm sozusagen erfundenen »Peter Gast«, den als Gegenspieler und Überwinder Wagners aufzubauen er in diesen Wochen die Hoffnung noch nicht aufgegeben hatte. Am Abend trifft er ermüdet von der Reise in San Canciano ein, wo Köselitz – Peter Gast – calle nuova 5256 wohnt.

Die »Lehre von der ewigen Wiederkunft des Gleichen ist die
Grundlage in Nietzsches Philosophie«, meint Martin Heidegger
in seinem Nietzsche-Buch mit einer bildhaften Verdeutlichung
des Gedankens: »Ohne diese Lehre als Grund ist Nietzsches Philosophie wie ein Baum ohne die Wurzel.«
Mit dieser Lehre hat es eine eigentümliche Bewandtnis. Ihr Sinn
ist dunkel, bei allem was man zu ihrer Interpretation gesagt hat;
ihr Verständnis erschließt sich nur schwer, wenn überhaupt und
bleibt immer vieldeutig. Sie ist eine Entdeckung, die über Nietzsche gekommen ist, ein Gedanke, den er plötzlich hat. Als sie ihn
auf seinen Wanderungen im Engadin ereilte, erschien sie ihm
wie eine plötzlich aufleuchtende Intuition. Köselitz erfährt
davon am 14. August 1881: »… es wird friedlicher und stiller auf
den Bergen und in den Wäldern. An meinem Horizonte sind Gedanken aufgestiegen, dergleichen ich noch nicht gesehen habe, –
davon will ich nichts verlauten lassen, und mich selber in einer
unerschütterlichen Ruhe erhalten. Ich werde wohl *einige* Jahre
noch leben müssen.« Es wird in der Folge bei ihm von einer »ungeheuren Aufgabe« gesprochen, die mit dieser Erleuchtung ihm
übertragen worden sei, es ist die Rede von zehn Jahren, die darauf zu verwenden wären, um sie zu lösen, aber auch von der
Furcht, nicht fertig zu werden. Vor allem: die Gedanken müssen
immer bei Vollbesitz der geistigen und körperlichen Kräfte entstehen. Was in depressivem Zustand und bei Kopfschmerzen
niedergeschrieben worden ist, gilt nicht und muß vernichtet
werden. Also muß er für das Bedenken der Lehre immer die
schmerzfreien Stunden, in denen er sich gleichzeitig auch ausge-
ruht fühlt, verwenden. Das nimmt ihm natürlich viel Zeit, aber
es ist gerade dieser beständige Wechsel in seinem Zustand zwischen Kranksein und Wiedergesundwerden, dem er seine neugewonnenen Einsichten verdankt. Auf ihn muß gesetzt werden.
Hier gibt es immer unerwartete Beschenkungen.
Ein systematisches Ausbeuten seines Leidens zugunsten der aus
ihm gewonnenen Erkenntnis also! Es ist die Krankheit, die ihm
zum Genuß des Gesundwerdens verhilft, es ist die aus solchen
Augenblicken geschöpfte Kraft, die in den »Gedanken« zur

Wirksamkeit gelangt. Die Art und Weise, in der er von ihnen gewissermaßen überwältigt worden ist, erinnert an ein religiöses Bekehrungserlebnis, bei dem Ort und Zeitpunkt eine Rolle spielen. Auch wenn es hier spätere Verwischungen und Widersprüche gibt, dann fällt es doch in die in Sils Maria verbrachten Sommermonate. Freilich sind die »Gedanken« noch lange in der Embryonalform dessen, was erst langsam ausreifen muß. Um sie zur Entfaltung zu bringen, denkt er, sich für ein Dezennium ganz in Schweigen hüllen zu müssen. Eine »Erkenntnis«, die man »mitteilt«, »liebt« man »nicht genug«, heißt es in »Jenseits von Gut und Böse«. Er wird sich freilich an diese von ihm geschätzte Lebensregel selbst nicht halten.

Die Aphorismen der »Morgenröte« fallen zweifellos in die Zeit der Vorbereitung zur Lehre von der »ewigen Wiederkehr des Gleichen«, von der sich Andeutungen am Ende der ersten Auflage der »Fröhlichen Wissenschaft« finden. Was unter dem Titel »Die Fröhliche Wissenschaft« veröffentlicht wird, war in seinen Anfängen jedenfalls als Fortsetzung der »Morgenröte« gedacht gewesen. Wenn Nietzsche die neue Sammlung seiner Essays und aphoristischen Teilstücke von der alten abgrenzt, dann ist dies durchaus gerechtfertigt. Der Gesamtton der »Fröhlichen Wissenschaft« liegt höher, die Aussagen werden – das will etwas heißen – provokativer, der Bogen, der den Pfeil entläßt, gespannter.

Das beginnt bereits mit dem Titel. »Fröhliche Wissenschaft« – »gaya scienza« – meint eine »Wissenschaft«, die von der Furchtbarkeit des Seins nicht erschüttert, die im Gegenteil durch sie hart geworden ist und zur fröhlichen Gelassenheit oder gelassenen Fröhlichkeit gefunden hat. Der Verfasser, der der Schrift diesen Titel gibt, weiß schon, daß es eine »ewige Wiederkehr des Gleichen« gibt, aber er verschweigt noch fast sein ganzes Wissen und läßt es nur kurz und kleine Teile davon aufleuchten. Erst in der zweiten Auflage, im Abschnitt 341, wird er deutlicher: »Wie, wenn dir eines Tages oder Nachts ein Dämon in deine einsamste Einsamkeit nachschliche oder dir sagte: ›Dieses Leben, wie du es jetzt lebst und gelebt hast, wirst du noch ein Mal und noch unzählige Male leben müssen; und es wird nichts Neues daran sein, sondern jeder Schmerz und alles unsäglich Kleine und Große deines Lebens muß dir wiederkommen, und Alles in derselben Reihe und Folge – und ebenso diese Spinne und dieses

Mondlicht zwischen den Bäumen, und ebenso dieser Augenblick und ich selber. Die ewige Sanduhr des Daseins wird immer wieder umgedreht – und du mit ihr, Stäubchen vom Staube!‹«

Der Gedanke mochte für Nietzsche Trost in seiner Einsamkeit mit den kleinen Freuden und den großen Schmerzen bedeuten. Was besagt die Winzigkeit meiner Existenz angesichts der unzähligen Lebewesen, aus deren Asche die Welt besteht?

Das Wissen darüber, der »Gedanke« selbst, ist ein Wissen »höherer Art«, nicht eins, über dem das Licht der hellsten Aufklärung liegt, in das vielmehr ekstatische Stimmungen eingedrungen sind. Dem entspricht auch seine Verbreitung durch Singen und Sagen nach dem Vorbild des Empedokles. Nietzsche war nach dem Bericht der Schwester in Sils Maria während der Sommermonate 1881 »mit einem Jauchzen des Glückes durch diese herrliche Natur geschritten«. Die »ungeheuren Ausblicke auf die Zukunft der Menschheit« waren ihm in einer Phase der körperlichen Revitalisierung und dem damit verbundenen Hochgefühl gekommen. Der Tonfall seines Sprechens geht jetzt über die Prosa, die er so meisterhaft beherrscht, weit hinaus und schlägt schon ins Lyrische. Ein Ausdruck davon sind die »Lieder des Prinzen Vogelfrei«. Was sich für Nietzsche in Sils Maria ereignet hatte, sagt ein Gedicht gleichen Namens:

> Hier saß ich, wartend, – doch auf Nichts,
> Jenseits von Gut und Böse, bald des Lichts
> Genießend, bald des Schattens, ganz nur Spiel,
> Ganz See, ganz Mittag, ganz Zeit ohne Ziel.
>
> Da, plötzlich, Freundin! wurde Eins zu Zwei –
> – Und Zarathustra ging an mir vorbei …

Was hier vorliegt, ist orphisches Sprechen, Sprechgesang jenes griechischen Sängers, der in die Unterwelt gelangt und aus ihr neues Wissen mitbringt. Aber orphisch war auch Pythagoras gestimmt, der neben der Mathematik eine eigene Wiederkunftslehre entwickelte und auf die Zusammengehörigkeit von Ton und Zahl wies. Nietzsches Beschäftigung mit Pythagoras konnte ihn überzeugen, daß er auf dem Weg über die Mathematik wieder in seine eigene Sphäre, die Musik, gelangte, in der sowohl Orpheus, der dem Schöngesang anhing, als auch der mächtige Dionysos zu Hause waren. Hier war der Ring zu den Anfängen wieder geschlossen. Dionysos, der auch ein großer Tänzer war, und die »Fröhliche Wissenschaft« sind nicht so weit auseinander. Das sagt Nietzsches in Mentone verfaßtes Gedicht »An den Mistral«, das er ausdrücklich ein »Tanzlied« nennt. Mit dem Vergleich: der Wind als »Wolken-Jäger, Trübsal-Mörder, Himmels-Feger« ist er ganz auf die Wiederkunftslehre eingeschworen:

> Sind wir Zwei nicht Eines Schoßes
> Erstlingsgabe, Eines Loses
> Vorbestimmte ewiglich?

Der »Prinz Vogelfrei«, der dies singt, den die Einsicht in die Lehre von der Wiederkunft in seiner Kunst »frei«, in seiner Wissenschaft »fröhlich« gemacht hat, gehört in die Gesellschaft des Windes.

Aber es gab auch schon andere Einsichtige, es hatte sogar den lebendigen Dionysos gegeben, an den Nietzsche jetzt nicht erinnert sein wollte, an den er nicht erinnert werden mußte, weil er insgeheim unausgesetzt mit ihm beschäftigt war. Wagners »Ring des Nibelungen« war dichterisch-musikalisch angewandte Wiederkunftslehre. »Alles was ist, endet.« Aber dem Untergang der alten Welt wird der Beginn einer neuen folgen, der freilich das gleiche Schicksal beschieden sein wird. Wenn alles endet, kehrt auch alles wieder: »ewig dreht sich das Rad des Seins.« Aber auch: »Alles geht, Alles kommt zurück; ewig läuft das Jahr des Seins.« So läßt Nietzsche Zarathustras Tiere reden.

Nietzsche hat seine »Aufgabe«, als die er seine Wiederkunftslehre vom ersten Augenblick an empfand, am See von Silvaplana »6000 Fuß jenseits von Mensch und Zeit« empfangen, wie er später in »Ecce homo« ausführt: »bei einem mächtigen pyramidal aufgetürmten Block unweit Surlei machte ich Halt. Da kam mir dieser Gedanke«. Er ist »Aufgabe« in *dem* Sinne, daß er das Denken darüber wie Denken überhaupt jetzt als Handeln versteht. Der Denker wird zum Täter, wie irgendeine andere welthistorische Gestalt, sei es Alexander der Große oder Napoleon. Als Denkender – so sieht sich Nietzsche seit dem Sommer 1881 in Sils Maria – handele ich maßgebend für das Schicksal des Seins. Für Augenblicke ist es sozusagen in meine Hand gelegt. In ihnen, wo Entscheidungen über das Sein gefällt werden, ist diese Hand mit im Spiel.

Das bedeutete von außen gesehen eine unüberbietbare Hybris, eine Steigerung des prometheischen Geniebewußtseins, das schon beim jungen Goethe seine Blüten getrieben hatte. Daraus mußte wahnhafte Verstiegenheit sprechen. Hier lag ein Symptom für völligen Realitätsverlust vor – konnte man glauben.

Aber so abwegig waren die Erhobenheitsgefühle, wie sie in Nietzsche angesichts seiner »ungeheuren Aufgabe« aufstiegen, in Wirklichkeit gar nicht. Die Folgen sollten es noch zeigen. Heidegger spricht von Nietzsches Wiederkunftslehre als »der härtesten Auseinandersetzung mit der platonisch-christlichen Denkweise«. Von dieser Denkweise als unangefochtenem abendländischen Monopol gilt es für Nietzsche Abstand zu nehmen. Die damit verbundenen herkömmlichen Denkbewegungen werden in der Zukunft außer Kurs gesetzt sein, sie gelten nichts mehr; statt dessen gelten andere, die gewissermaßen wie ein in andere Umlaufbahnen gebrachtes Raumschiff kreisen.

Eine Veränderung des Seins also, an der Friedrich Nietzsche aus Röcken mitbeteiligt ist, die nur von ihm geleistet werden kann! So sieht er es und so muß er es sehen. Es ist hier seine ganze Existenz aufgeboten , denn der Abbau alter Vorurteile hat bei den eigenen ererbten zu beginnen. »Die Zeit kommt, wo wir dafür bezahlen müssen, zwei Jahrtausende lang Christen gewesen zu sein: wir verlieren das Schwergewicht, das uns leben ließ, – wir wissen eine Zeit lang nicht, wo aus, noch ein,« heißt es später in den unter dem Titel »Der Wille zur Macht« vereinten Papieren.

Es ist hier mit einer Übergangszeit gerechnet, die etwa mit dem *Zeitalter der großen Kriege* zusammenfällt, wo die bisher geltenden Orientierungswerte aufhören zu funktionieren. Nietzsches Lehre von der »ewigen Wiederkunft des Gleichen« ist zur Hälfte Katastrophenlehre. Aber die Katastrophe gilt nur für die nächste Zukunft, gilt dem Bestehenden, durch die herrschende Moral Qualifizierten. In diesem Sinne ist sie das große Reinigungsbad zur Erneuerung des Menschen, ist sie Unheil im Dienste des Heils.

Solange Wagner gelebt hatte, war Venedig für Nietzsche eine bedenkliche Stadt gewesen. Wagners Tod in Venedig im vorausgegangenen Jahr hatte dessen tiefe Beziehung zu ihr noch einmal sinnfällig gemacht. Sie zu betreten, auf die Gefahr hin, hier als »Abgefallener« seinem früheren Gebieter begegnen zu können, bedeutete zu Lebzeiten ein Wagnis. Das galt nun nicht mehr.

Der Wechsel von Genua nach Venedig war mehr als ein Wechsel von Ligurien zur Adria, er war für Nietzsche der Eintritt in eine ganz andere Welt. Venedig: »Ich rechne es nicht zu Italien: irgend etwas vom Orient ist da hinuntergefallen«, hatte er Köselitz am 5. März 1884 geschrieben. Daß in dieser im wahrsten Sinne des Wortes bodenlosen, alle Wirklichkeit verleugnenden Stadt des Traums Wagner am »Tristan«, dem todesnächsten seiner Werke, komponiert hatte, konnte Nietzsche in keinem Augenblick seines Aufenthalts vergessen. Aber mit dieser Erinnerung hatte es jetzt bei der Ankunft in Venedig seine eigentümliche Bewandtnis. Eigentlich sollte die Stadt in ihm, dem Dichter des »Zarathustra«, den Nachfolger Wagners sehen. Vierzehn Tage vor seiner Abreise nach Venedig, am 7. April, hatte er an Overbeck im Ton unerschütterlicher Überzeugung geschrieben: »… es beginnt schon, was ich lange prophezeit habe, daß ich in manchen Stücken der Erbe R. W.'s sein werde.« Mit dem »Zarathustra«, dessen dritter Teil gerade im Druck war, war ein Mann gleichen Ranges in die Stadt gekommen.

Wenn ihn die Erinnerung an den »Tristan« in einen ekstatischen Höhenrausch hineinriß, dann hätte ihn allerdings die Berührung mit Köselitzens Musik bald zur Ernüchterung über das Werk des Freundes führen müssen. Aber nichts dergleichen geschah. Köselitz hatte, von Nietzsche ermuntert, die unglückliche Idee gehabt, den Text von Cimarosas »Heimlicher Ehe«, ein Mozart nicht fernstehendes Werk, einer neuen, eigenen Opernkomposition zugrunde zu legen. Wobei ihm die Absicht gar nicht fremd war, ähnlich wie Nietzsche sie bei Schumanns »Manfred« so unentwegt zu verwirklichen trachtete, die Musik Cimarosas zu verbessern! Selbst wenn er sie nicht gehabt hätte, so war ja Nietzsche schon bei den Freunden vorstellig geworden und hatte jedem bei entsprechender Gelegenheit verkündet, daß mit der Musik Peter Gasts als dem *neuen Mozart* die Überwindung Wagners unmittelbar bevorstehe.

Man muß hier fragen: War Nietzsche nach seiner Ankunft in Venedig wirklich taub, um das durch und durch Unzulängliche der Köselitzschen Komposition nicht herauszuhören? Köselitz hatte keine Mühe gescheut, die seinem Werk hätte zugute kommen können. Er war nach Venedig übergesiedelt, weil sich hier eine freie Künstlerexistenz führen ließ, das Leben an der Peripherie der Stadt und seine eigene Anspruchslosigkeit keine großen Kosten erforderlich machten, nicht zuletzt aber, weil er sein Werk auf italienischem Boden komponieren wollte, weil er – als Pietro Gasti – ein Komponist war, der mit »Il matrimonio segreto« zur vor-wagnerschen »italienischen Oper« zurückkehren wollte. Die »italienische Oper« als Oper der »Mediterranée«! Das verbindet sie mit Bizets »Carmen« und zwar *gegen* Wagner und seine so unerträglich gewordene todesverhangene Christlichkeit als sein Verrat an der alten Tragödie, begangen im »Parsifal«.

Hier zeichnen sich allerdings die Umrisse einer großen Konzeption ab, die Peter Gast in der Folge noch weiter ausbauen sollte, die auch theoretisch durchaus tragfähig ist, nur mit einem Einzigen *nicht* standhält: der Peter Gastschen Musik. Nietzsche hatte also Gründe, so unentwegt auf eine Musik zu hoffen, die, wenn sie sich durchsetzte, allen zeigen mußte, wie sehr er im Recht war. Und dies mit der Musik eines Anhängers seiner »Lehre«, den er sich in der noch zu gründenden philosophischen Akademie als Mitglied wünschte!

Kaum war Nietzsche in Venedig, traf – am 1. Mai – ein Brief von der Schwester an Köselitz ein. Sie ist auf der Suche nach dem Bruder. Ihre Vermutung, daß Köselitz Genaueres wußte, traf noch mehr zu, als sie ahnen konnte. Köselitz' Befremden über dieses »Aushorchenwollen«, wie er es nennt, war so groß, daß er Nietzsche den Brief zu lesen gab. Die Folge seiner Erregung darüber ist eine Gallenkolik am gleichen Tage. Elisabeth Nietzsche hatte mit dem Brief noch einen Nachtrag zum Naumburger Familienstreit geliefert. Aber so unangenehm die Angelegenheit war, die dem Bruder einen Kollaps eintrug, so mochte ihre Auffassung der Wahrheit gar nicht so fern liegen, daß der ihr nachgesagte »Antisemitismus« nur »die fable convenue« sei, mit der in Wirklichkeit die »Rée-Salomégeschichte« gegen sie herausgeputzt wurde. Das alles bekam Köselitz und eben auch Nietzsche selbst zu lesen. Vor allem konnte er jetzt die Schwester wieder unmittelbar am Werk sehen mit dem Versuch, ihn aufs neue von sich abhängig zu machen. Sie möchte in ihrem Brief Erkundigungen über Nietzsches Verleger Schmeitzner einziehen und zwar in der sie so bewegenden »Antisemitismus«-Frage, durch deren Beantwortung sie dann Köselitz als unverdächtigen Zeugen dafür anführen könnte, daß, was Nietzsche längst wußte, sein Verleger Leuten wie seinem zukünftigen Schwager Dr. Förster weltanschaulich sehr nahe kam. Kein Wunder, daß Köselitz am Tage, der den Brief Elisabeths hereinflattern ließ, von Nietzsche vermerkte: »viel Galle gebrochen und leidet am heftigen Kopfschmerz.« Kein Wunder auch, daß Nietzsche von seiner Sicht aus recht hatte, wenn er in Nizza einige Wochen vorher an die Mutter geschrieben hatte: »Mein Ekel, mit einer so erbärmlichen Kreatur verwandt zu sein. Woher hat sie diese ekelhafte Brutalität, – woher jene verschmitzte Manier, giftig zu stechen? …, die dumme Gans …«

Mit dem Brief der Schwester an Köselitz hatte ihn in Venedig die Naumburger Vergangenheit, der er zu entfliehen versucht hatte, wieder eingeholt. Es ist nicht falsch zu sagen, daß diese Vergangenheit zur Stadt der Dogen mit ihren Kanälen und Gondeln, mit San Marco, den Palästen und dem Rialto gerade jetzt in erheblichem Kontrast stand, daß er sich jetzt von den Widrigkeiten weg einer wie zum Träumen geschaffenen Welt der Wunder mit aller Entschiedenheit zuwandte. Diese Wochen mit Köselitz haben ihn zum Dichter der Stadt mit ihrem ganzen Zauber gemacht. Vieles ist erst nachträglich geschrieben worden, so die Passagen in »Ecce homo«, aber der Blick dafür ist jetzt, weniger während des ersten Aufenthalts, der flüchtiger war, ganz offen geworden. Was Nietzsche über Venedig gesagt hat, gehört zum Bedeutendsten, was überhaupt über die Stadt in Worten festgehalten worden ist. Venedig gilt ihm als Stadt, die von der Welt vergessen worden, die weltvergessen ist, wie Wagners »Tristan«. In der »Morgenröte« heißt es: »hundert tiefe Einsamkeiten bilden zusammen die Stadt Venedig«; in »Ecce homo« hören wir: »Wenn ich ein andres Wort für Musik suche, so finde ich immer nur das Wort ›Venedig‹.« Und Musik, »Gesang«, »Saitenspiel«, das »Gondellied« durchklingt das kleine Gedicht, das selbst nichts anderes als Musik gewordenes Wort ist.

> An der Brücke stand
> jüngst ich in brauner Nacht.
> Fernher kam Gesang:
> goldener Tropfen quoll's
> über die zitternde Fläche weg.
> Gondeln, Lichter, Musik –
> Trunken schwamm's in die Dämm'rung hinaus …
>
> Meine Seele, ein Saitenspiel,
> sang sich, unsichtbar berührt,
> heimlich ein Gondellied dazu,
> zitternd vor bunter Seligkeit.
> – Hörte Jemand ihr zu? …

Aber bei solcher Beanspruchung der »Musik«, bei solchem Zauberklang, der »vor bunter Seligkeit« erzittern ließ, war kaum die Verbindung zur Musik Peter Gasts herzustellen, derentwegen Nietzsche eigentlich die Reise nach Venedig unternommen hatte. Auch die Worte aus »Ecce homo« sind verräterisch, wo »Venedig« und »Musik« zusammengedacht werden und sicherlich nicht an die Musik von »Il matrimonio segreto« gedacht ist, die im Gegenteil eher bekräftigen, daß er die ursprünglichen Hoffnungen darauf hatte niederringen müssen. Es hatte dem Werk nichts geholfen, daß Nietzsche ihm den neuen Titel »Der Löwe von Venedig« gab, so wenig wie die komplimentheischende Ankündigung an Overbeck, das Werk werde dank seiner Bemühungen zu Weihnachten in Dresden aufgeführt werden.

Der »Zarathustra« ist unter Nietzsches in Prosa geschriebenen Werken die Ausnahme. Es ist ein Gedicht, aber keines in Versen. Als Gedicht ist es der Gipfel, den er als Denker erreicht und wo der Denker mit dem Künstler zusammenfällt. Was ihm als Musiker versagt blieb, wollte er hier mit seinen ureigenen Mitteln, in deren Gebrauch ihm zu seiner Zeit in Deutschland keiner gleichkam, der Sprache, erreichen. Wenn dabei die Grenze zwischen Denken und Dichten, Singen und Sagen aufgehoben wurde, dann war damit der Wunsch erfüllt, es seinem immer gegenwärtigen Vorbild Empedokles gleichzutun. Es dürfte schwerfallen, die Behauptung zu wagen, Nietzsche habe sein Vorbild nicht erreicht. Der Zarathustra, von dem Nietzsche spricht, den er sprechen läßt, war eher Empedokles als Zoroaster, der persische Religionsstifter des sechsten vorchristlichen Jahrhunderts.

Noch ein anderer, ebenso starker Wille, in dem wiederum die alte homerische Form des »Wettkampfs« zum Ausdruck gelangte, war an der Hervorbringung des »Zarathustra« mitbeteiligt. »Also sprach Zarathustra« ist die nachträgliche Herausforderung Wagners: das Buch ist Nietzsches »Ring« mit »Übermensch« und »ewiger Wiederkunft des Gleichen«, den beiden Hauptthemen von Wagners Tetralogie, im Namen der Beethovenschen Symphonie. Wenn sich das Werk heute in seiner Vierteiligkeit präsentiert, so zufällig das angesichts des ursprünglich auf größere Maße hin angelegten Konzepts sein mochte, so war damit die klassische Form der Symphonie eingehalten. »Zarathustra« als »Symphonie« und »Attentat« auf die bestehende Moral im Sinne eines neuen, erst noch zu schaffenden Menschen!

Das Kunst-Element des »Zarathustra« mildert dabei den gewaltigen Einschlag in das bestehende Gebilde von Moral und Zivilisation, den er verursacht, keineswegs, es macht ihn im Gegenteil bedenkenswerter. Was hier verkündet wird, ist unstatthaft in jedem Sinne. Wer richtig hinhörte, mußte finden, daß hier eine ungewohnte Sprache gesprochen wird. Nietzsches Unbescheidenheit, seinen »Zarathustra« aus jedem Vergleich mit andern zeitgenössischen Werken herauszunehmen, bedeutete keineswegs etwas Verstiegenes. Was hier ausgesprochen wurde, war, noch dazu in dieser Form, sonst nirgendwo zu hören. Eben dies ließ einen so allem Neuen aufgeschlossenen jungen Mann wie den Wiener Gymnasiasten Hugo von Hofmannsthal, um nur einen Namen zu nennen, so früh aufhorchen.

Es ist schwierig, bindende Antworten über darin vorherrschende Tendenzen zu erfragen, um aus dem »Zarathustra« Grundlagen für irgendeine in Frage kommende Politik zu gewinnen. Nichts geht hier auf. Wer zwischen »Revolution« und »Reaktion« wählen möchte, geht leer aus, im Sinne der Politik des Tages sowieso. Beim Umpflügen wird nicht danach gefragt, wie es auf dem hinterlassenen Boden aussieht. Der Pflügende tut keinen Blick zurück.

Das Verbotene, quasi Polizeiwidrige seines Denkens war Nietzsche schon in Leipzig amtlich bestätigt worden. Der Philosoph und damalige Universitätsrektor Heinze hatte ihm eröffnet, daß er mit seinen Vorstellungen in Leipzig und anderen deutschen Universitäten fehl am Platze sei. Gegen die Richtigkeit dieser von persönlichem Wohlwollen begleiteten Mitteilung war nichts einzuwenden. Aber Heinze kannte den »Zarathustra« noch nicht. Hier ließ Nietzsche mit entliehener Vollmacht verkünden. Ob Zarathustra oder Empedokles: das Gedicht kam aus einem fremden Munde, es stand wie bei Homer »ewige« Autorität dahinter, die jetzt mit andern angemaßten Autoritäten wie den Werten der herrschenden Moral oder der Religion schonungslos verfährt. Mit der Ankündigung vom »Übermenschen« als neuem Typus ist dem Ideal demütigen Dienens der Kampf angesagt; wo von den Predigern überirdischer Hoffnungen als »Giftmischer« und »Verächter des Lebens« die Rede ist, muß sich jeder betroffen fühlen, auch wenn er im System der herrschenden Religion auf die Leidensseite geraten ist. Statt dessen gelten Aussichtseröffnungen anderer Art: »Man muß noch Chaos in sich haben, um einen tanzenden Stern gebären zu können.« Aber dazu stehen die Chancen schlecht, wie es mit der Zukunft schlecht bestellt ist: »Wehe! Es kommt die Zeit, wo der Mensch keinen Stern mehr gebären wird.« Von einem »Fortschreiten« der »Weltgeschichte« zur »Freiheit« im Sinn Hegels kann nicht gesprochen werden.

Das heißt auch, nur jetzt in der Sprache des Sehers und Verkünders ausgedrückt: der Verlauf der bisherigen Weltgeschichte mit »Judentum« und »Christentum« ein einziger Irrweg! Dafür steht »jener Hebräer« selbst; denn, so kann Zarathustra sagen, »er hätte seine Lehre widerrufen, wäre er bis zu meinem Alter gekommen«. Die geltenden Gesetzestafeln müssen zerbrochen werden! Zarathustra ist Zerbrecher.

Die Folge zeigte, daß das, was sich als »Christentum« von Nietzsche angesprochen fühlte, gewaltige Mühe aufwandte, Nietzsches Kritik zurechtzuweisen. Es wurde der Eindruck erweckt, als ob bei Nietzsche das »Christentum« nicht in seiner »wahren« Gestalt, sondern als Zerrbild seiner selbst, als zur Theaterhexe geschminkte Person dargestellt worden sei. Karl Jaspers hat in seinem Buch »Nietzsche und das Christentum« den Sachverhalt in seinen ganzen Ausmaßen erkannt und für seine Zeit abschließend behandelt. Jaspers konnte bemerken, daß die Institutionen, die immer zur Stelle sind, wenn es gilt, das Attribut »christlich« in Anspruch zu nehmen, sich von Nietzsche auf das schwerste aufgerüttelt fühlten. Er hatte an ihr zentrales Nervensystem gerührt mit noch nicht abgeschlossenen Nachwirkungen. Die Leichenbittermiene, die Nietzsche bei den »Christen« bemerkte, machte es schwer, zu glauben, daß sie selbst große Erwartungen in die »Frohe Botschaft« setzten, daß sie mit der »Fröhlichkeit« viel im Sinn hatten.

Die Flut der schon vor dem Ersten Weltkrieg gegen Nietzsche gerichteten Schriften, denen dann in den zwanziger Jahren noch zahlreichere folgten und in denen sehr oft aus christlicher Sicht Nietzsche für »überwunden« erklärt wurde, zeigt, wie tief, wie genau ins Schwarze er getroffen hatte. Noch dazu bei einem »Christentum«, das in seiner staatskirchlichen Form des Bündnisses mit dem herrschenden Regime wie etwa im protestantischen Preußen den Eindruck des Freudlosen und sogar des Bündnispartners der Gewalt nicht vermeiden konnte! Hier waren biographische Erfahrungen verarbeitet. Naumburg hatte auf lebensbedrohende Weise in seine Existenz eingegriffen.

Und doch bewegt sich Nietzsche im »Zarathustra« von sich selber weg, entzieht er sich, was in der »Fröhlichen Wissenschaft« schon offen zur Sprache gekommen war, jetzt der Schopenhauerschen Gefolgschaft. Schopenhauers Lehre ist von ihren Ursprüngen Willenverneinungs- und Mitleidslehre. Beides: Aufgabe des Willens als Weg zur Schmerzfreiheit und Mitleiden als allumfassendes Mittel, um zum Gefühl der Einheit mit allem kreatürlichen Leben zu gelangen, war aus jedem Zusammenhang mit dem Christentum herausgelöst und dem Geist der buddhistischen Versenkung entsprungen, also durch und durch atheistisch. Zarathustras Warnung vor dem Mitleid schließt das Schopenhauersche »Mitleid« mit ein. Wie unrecht hatte Wagner gehabt, wenn er im Nietzsche der »Fröhlichen Wissenschaft« noch einen ganz unoriginalen Adepten Schopenhauers sehen wollte. Im neuen Willen zum Leben als Umkehrung von Schopenhauers Aufgabe des Willens war schon die Richtung zu den unter dem Titel »Der Wille zur Macht« vereinten Papieren eingeschlagen.

Das mußte unerhört klingen und war es auch. Aber was im »Zarathustra« ausgesprochen wurde, ließ durch seinen Ton alte Erinnerungen wach werden. Der »Zarathustra« mit seinen Bildern, Vergleichen, Gleichnissen und Parabeln war in der Sprache der Bibel, genauer im Deutsch der Lutherbibel, in der Nietzsche sich auskannte, aus der seine Vorfahren väterlicher- wie mütterlichrseits das Evangelium verkündigt hatten, geschrieben. Alte Schläuche, in die frischer Wein gegossen wurde, um beim biblischen Vergleich zu bleiben! Zarathustra, der Prophet, der sich in die Wüste begibt, der Einkehr hält, Zwiesprache mit den Tieren führt, der vom Gebirge herabsteigt und als Lehrer einer neuen Weisheit auftritt, Weisheit von ganz ungewohnter Art, daß sich die Haare sträuben, wie: »Ich würde nur an einen Gott glauben, der zu tanzen verstünde« oder: »Voll ist die Erde von Überflüssigen, verdorben ist das Leben durch die Viel-zu-Vielen.«

Das waren Sprachschrapnelle mit unberechenbarer Wirkung; aber keineswegs ganz gegen den Geist der Zeit. Das Preußen, das der Absolvent von Schulpforta und preußische Soldat inzwischen haßte, vor dem er sich auf der Flucht befand und dem er noch den offenen Kampf ansagen würde, steckte ihm selbst zugleich in allen Gliedern. Die Verhöhnung der »Viel-zu-Vielen« im Namen einer Elite, das Bekenntnis zum Krieg als Prinzip des Lebens, weil er Schwaches beiseiteräumt, nahm sich in einem Staat, der zunächst Herrschaft der Militäraristokratie war, nicht schlecht aus. Mit Zarathustras Satz: »der gute Krieg ist es, der jede Sache heiligt«, hatte Friedrich der Große seinen Krieg gegen Österreich gewonnen und ihm Schlesien abgenommen. Er war auch unausgesprochen Teil der herrschenden Staatsdoktrin. Mit der Warnung vor dem »Volk« als der »Herde« sprach Nietzsche nur in gleichnishafter Weise aus, was auf dem Boden der Furcht vor der heraufziehenden Demokratie, die Bismarck auf seine Weise im Parlament bekämpfte, bei denen, die diesen Staat trugen, gedacht wurde. Hier war man ohne weiteres bereit, mit dem Exponenten aller Aufsage an die »Gleichheit« gemeinsame Sache zu machen. Über die »Arbeit« den »Kampf« zu stellen, den »Kampf« zur »Arbeit« zu erklären, hatte in Preußen als Kriegerstaat stets gegolten. »Krieg« und »Mut« höher zu schätzen als »Nächstenliebe« war in der Praxis des Staates bei aller Christlichkeit seiner Bewohner immer unbestritten geblieben. »Was liegt am Lang-Leben!« ist ein Satz, der in einem Militärstaat einen guten Klang hat.

Der »Zarathustra« ist ein Buch des Gebirges, des Waldes, der Heide, wo Nietzsche sich auf seinen langen Spaziergängen in Sils Maria so oft zum Ausruhen niedergelassen hatte. »Ich liebe den Wald«, läßt er Zarathustra sagen: »In den Städten ist schlecht zu leben.« Das Werk ist eine Postille gegen jeden Glauben an die Überlegenheit der Majorität. Die Herrschaft der »Viel-zu-Vielen« steht Nietzsche für die Städte mit den großen Märkten, dem Lärm und dem Wesen der Schauspieler, für die todbringende Verstädterung. Der »Zarathustra« ist immer auch Lob der Einsamkeit, das große Thema, das sich seit mehr als zweitausend Jahren durch die Weltliteratur hindurchzieht. Es gibt kein wirkliches »Leben« in den Städten. »Leben« ist Landleben, von den Dichtern so oft zur Pastorale hochstilisiert. Es gibt auch kein »Leben« im Staat. Der Staat ist »für die Überflüssigen«, in deren Händen die Verwaltung der Staatsgeschäfte liegt. »Leben« beginnt erst jenseits des Staats. Was ist der Staat? »Staat heißt das kälteste aller kalten Ungeheuer« und kalt ist seine Lüge, mit der er immerfort auftritt: »Ich, der Staat, bin das Volk.« Vorsicht vor den zugreifenden Händen des Staates: »Was er auch hat, gestohlen hat er's.«

Hier sind nun alle Brücken zu Nietzsches Herkunftsland Preußen, dem Staat par excellence, abgerissen. Die Abschaffung des Staates aber, sein langsames Absterben als Ziel gehört auch zum Programm der sozialistischen Internationale. Hier begegnen sich Marx und Nietzsche auf eigentümliche Weise; jeder bohrt den Berg von der anderen Seite an. Der Staat zählt wie »Gut« und »Böse« zu den Vorurteilen, die überwunden werden müssen. Doch wird die Moral Zarathustras, die für morgen gelten soll, nicht aus einer Moral von gestern oder gar vorgestern geschaffen? Der »Mann« ist darin allem voran als »Krieger« verstanden, das »Weib« als seine »Erholung«, als sein »Spielzeug«, wenn auch als das »gefährlichste Spielzeug«; denn der »echte Mann« will »Gefahr und Spiel«. Hier sind die Rollen genau verteilt und müssen durchgehalten werden. Der Mann wird zum Krieg erzogen. Das ist eindeutig. Anders zunächst bei der Frau: »Alles am Weibe ist ein Rätsel«, aber das Rätsel kennt eine einzige Lösung und die heißt »Schwangerschaft«. Hier macht die Frau, die ihm als Spielzeug zu seiner Erholung dient, den Mann zu ihrem Mittel: mit dem Kind als Zweck.

Das bedeutet, das Spiel ist nicht so harmlos, wie es aussieht. In Wirklichkeit geht hier auch gar kein Spiel vor sich. Es sind in dieser »ewigen Wiederkunft des Gleichen« zwischen den Geschlechtern nicht nur die Rollen mit gleichem Gewicht verteilt, sondern auch die Gefahren. Da heißt es Achthaben, denn der Verkehr der Geschlechter untereinander geht in einer permanenten Gefahrenzone vor sich. Die Verhältnisse einer Gesellschaft von Kriegern stellen die Archetypen sozusagen für den Normalfall der Vergangenheit. In der auch die Furcht des Mannes vor der Berührung mit der Frau noch in Schauder übergeht, wie bei Siegfried, der beim Anblick Brünnhildes zurückweicht! Und Brünnhilde ist es, die ihn, den Furchtlosen, das Fürchten lehrt.

Mann und Frau also als Archetypen gesehen, für die der Sockel der geltenden Moral weit in das Grau vorhistorischer Zeiten hinabreicht! Der Mann als Krieger, in dem aber auch »ein Kind versteckt« ist, das spielen will, die Frau, die an ihrer überkommenen Rolle zu leiden hat, die ihr verwehrt, frei zu sein!

Das war mehr als Zusammenstellen zu einer Summe dessen, was gestern galt und heute noch nicht überholt ist. Dahinter steckt der in die Worte Zarathustras gekleidete Wille zum Umsturz aller an der überlieferten Geschlechtermoral beteiligten Werte. Durch sie war die Frau – das konnte Nietzsche aus dem Munde Malwida von Meysenbugs und ihrer jungen Anhängerinnen, unter denen er sich so lange bewegt hatte, hören – auf den Leidensweg geraten. Sie war durch die Rollenverteilung in einen Rückstand versetzt, der ihr immer wieder nachhing. Was die Frau vom Manne unterschied, war ihr Mangel an Freiheit. Das hatte eine Lou von Salomé und eine Resa von Schirnhofer zur

Gesinnungsgenossin Malwidas gemacht. In der »Liebe« der (unterdrückten) Frau steckt noch ein weit aus der Vorzeit stammendes archaisches Element. In ihr schleppt sie die Bürde ihrer Unfreiheit durch die Jahrtausende. »Allzulange war im Weibe ein Sklave und ein Tyrann versteckt. Deshalb ist das Weib noch nicht der Freundschaft fähig: es kennt nur die Liebe.«

Das war für das 19. Jahrhundert noch voll in Geltung. »Freundschaft«, wie sie Nietzsche seit seinen frühen Schülertagen in Naumburg über alles gestellt hatte, galt als eine Sache unter heranwachsenden Männern. Freundschaftskult unter Mädchen und jungen Frauen war, auch in der Literatur, spärlich vorhanden. Die Formel für die Beziehung der Geschlechter lautete: »Das Glück des Mannes heißt: ich will. Das Glück des Weibes heißt: er will.«

Aber für Zarathustra ist dies nicht der Regelung letzter Schluß. Die Formel wird ausgesprochen in seinem Gespräch mit dem »alten Weiblein«, von dem er hört, daß »beim Weibe kein Ding unmöglich ist«. Auch Zarathustra ist nicht bloß Lehrender, sondern wird hier selbst ausdrücklich darüber belehrt, daß er nur »wenig die Weiber« kennt. Das so berühmt-berüchtigt gewordene »Du gehst zu Frauen? Vergiß die Peitsche nicht!« stammt aus dem Munde des »alten Weibleins«, es ist keine Weisheit Zarathustras, sondern wird ihm mit auf den Weg gegeben.

Das alles bedeutet nicht Aufsage an die Ehe schlechthin, wohl aber Aufsage an die Ehe als bürgerliche Institution, als die nach Ibsen sichtbar gewordene »Lebenslüge«. Darüber hinaus ist hier eine noch viel größere Hoffnungslosigkeit mit im Spiel, die Nietzsche, der sich von den sogenannten alten bewährten Werten wegwendet, bald die Annäherung an August Strindberg suchen läßt. Strindberg als der neben Zola in den 80er Jahren literarisch gewichtigste Zeuge für die Vererbungstheorie!

Für die Vererbungslehre als einer der Grundfragen der »Naturalisten« war Nietzsche seiner eigenen Herkunft und seines eigenen Falles wegen außerordentlich empfänglich gestimmt. Mit ihr ließ sich über seine eigene Lebens- und Leidensgeschichte Klarheit gewinnen. So gab es an der Erblichkeit seiner Kopfschmerzen von seiten des Vaters, der an einer Gehirnkrankheit gestorben sein sollte, für ihn keine Zweifel. Die Darwinsche Vererbungslehre bot hier neue und damals sehr in Mode gekommene Einsichten, wie ja gerade die »naturalistische Schule«

zeigt. Was Nietzsche als entschiedener Anti-Naturalist aus der Darwinschen Selektionslehre in den »Zarathustra« hinüberzieht, befand sich ganz auf der Höhe der Zeit und war noch durch die Vorstellung der »Zuchtwahl« im Sinne der gesteigerten Auslese von Darwin her voll beglaubigt. Teilt er mit den »Naturalisten«, mit Ibsen, Zola, Strindberg, die Vorstellung von der bürgerlichen Ehe als Verfallserscheinung, als eine den Menschen von sich selbst entfremdende, ihn tief entstellende Institution, so sieht er die Ehe selbst davon nicht betroffen, wo sie, statt den Menschen fortzupflanzen, ihn zu einer höheren Art hinaufpflanzt. Denn seine eigentliche Bestimmung hat der Mensch noch gar nicht gefunden. Sie steht erst noch bevor. Auf sie führt die Entwicklung zum »Übermenschen« hin unter Ausschluß der »Überflüssigen«, deren Sinn nur darin liegt, wie Karyatiden auf starken Schultern seinen schweren Druck zu ertragen.

Damit war die Wendung eingeschlagen, die der politischen Reaktion zur programmatischen Vorlage und noch mehr zur Rechtfertigung verhelfen konnte. Es wird hier mit einer durch die Ehe als Institution zur Zuchtwahl erzeugten Elite gerechnet. Einer Elite mit eigner Moral, wo alles das nicht mehr zählt, was bis jetzt für wahr gegolten hat! Dazu gehört das Recht zum »freien Tode«, das Sterben als Fest, das zu feiern freilich gelernt sein muß. Denn es gibt den Fall, wo mancher »für seine Wahrheiten und Siege zu alt« ist. Der »Übermensch« selbst bestimmt, wann für ihn der Zeitpunkt des Todes gekommen ist. Er weiß, wann er ihn zu wollen hat.

Die Verfügungsgewalt des »Übermenschen« über seinen Tod ist hier als Wille zum Leben verstanden, Leben in der vollen Kraft, die sich durch Krankheit und Alter nichts abhandeln läßt. Krankheit und Alter mit seinen Schwächen werden hier in einem einzigen Zug besiegt. Welche Gefahren diese Lehre vom »rechten Leben und Sterben« in sich barg, war damals nicht zu sehen. Aber gefährlich ist nicht die Lehre selbst, an der Epikur und die Stoa mitgewirkt hatten, sondern wird sie durch den Mißbrauch, der sich mit ihr treiben läßt.

Das ändert nichts an ihrer Eignung für autoritäre Regimes. Der Boden allerdings war dazu schon in der Frühzeit des »Reichs« bereitet worden durch das aufstrebende Bürgertum seit den 70er Jahren, das im Zuge des imperialen Machtgewinns und der eigenen Erfolge in Wirtschaft und Industrie für das Angebot, selbst Elite zu sein, sich sehr empfänglich zeigte. Das erklärt auch, daß der »Zarathustra« als »Buch für Alle und Keinen« schon bald zur Jedermanns-Lektüre wurde. Nietzsche, dem der militärische Idealstaat Sparta näher stand als das bürgerliche Athen, rührt hier mit seinen Forderungen an einen neuen Heroismus, spricht unmittelbar die Instinkte des Kriegers an, dessen Welt schon längst dabei ist, von der Aufspaltung in »Arbeitgeber« und »Arbeitnehmer« untergraben zu werden.

Wenn Zarathustra ausdrücklich *für* den Unterschied der Stufen, die zur Höhe geleiten, das Wort führt, dann war das in Nietzsches Zeit ein Wort gegen die Egalität. Es war kein erfolgloses Wort.

Aber es war auch ein Wort gegen die Kunst und den Künstler. In der Welt des »Übermenschen« gibt es beides nicht mehr, weil kein Bedürfnis danach mehr besteht. Kunst und Künstler existieren stets aus einem Mangel an gelebtem Leben, das dafür vom Künstler in die Kunst eingebracht wird. Aber daß Leben und Mensch sich in Einklang befinden, macht das Eigentliche des »Übermenschen« aus.

Man wird zu fragen haben: Enthielt die Zukunftsvision Nietzsches nicht auch einen merkwürdigen Realismus, der gegen das idealistische Denken, das in Deutschland so lange regiert hatte und noch regierte, erheblich abstach? Der Gedanke vom »Willen zur Macht«, der im »Zarathustra« wieder auftauchte, hatte solche realistischen Züge. Wir wissen, daß daraus Jacob Burckhardt sprach, für den Macht in der Geschichte unerläßlich war und sehr wohl Wege zum Guten weisen konnte. Alle Macht ist ihrer Natur nach böse, wußte Burckhardt, doch nicht alle Mächtigen haben deswegen Böses bewirkt.

Nietzsche geht im »Zarathustra« noch weiter: »Wo ich Lebendiges fand, da fand ich den Willen zur Macht«. Das war wieder – darwinistisch gesehen – Formulierung eines Lebensgesetzes. Der Starke regiert über das Schwache, das sich gern in diese Herrschaft fügt, weil es selbst über noch Schwächeres herrschen will.

Was besagen gegen solche Einsichten die »Wahrheiten« der »Gelehrten« oder der »Dichter«. Die »Gelehrten« sind Leute der »kleinen Schlauheiten«. Sie verstehen es, das »Korn klein zu mahlen und weißen Staub daraus zu machen«. Weil jeder vom andern die Manier kennt, die seine eigene ist, darum sind sie sich so oft schlecht gesonnen. Die »Dichter lügen zuviel; sie sind Gaukler, auf sie ist kein Verlaß; sie trüben all ihr Gewässer, daß es tief scheine«. Vor ihnen muß man sich hüten.

Hier wird Zarathustra zum Sprachrohr einer Kunstfeindlichkeit, die ihn so dezidiert vom »Künstler« Nietzsche abhebt, aber zugleich ihre Macht in der zukünftigen Welt vor aller Augen stellt. Nichts ist einfacher als der Triumph der Kunstfeinde über die Kunst durch mutwillige Zerstörung, Neid, Haß, Verständnislosigkeit, Entzug der Grundlagen in einer Zukunft, die glaubt, ohne Kunst auskommen zu können. Wieder ein Realismus! Denn was spricht dafür, daß ein Zeitalter der Technik, der Naturwissenschaften, der Raumfahrt, der Atom- und Wasserstoffbombe, der Neutronenwaffe die Kunst zur Höhe eines Aischylos, eines Michelangelo, eines Shakespeare, eines Beethoven entwickelt? Zarathustras »Verkündigung« ist auf einer von Sachen und Gerät schon langsam überschwemmten Erde Bekenntnis zur Beschränkung. Gegen den Überfluß wird der Mangel gestellt, der Verzicht auf das Genießen, den Kunstgenuß eingeschlossen. Allen »Segenströmen«, die von dem künftig zu erwartenden Staat ausgehen werden, wird hier schon mit Mißtrauen begegnet. Verbrauch, Konsum im Sinne der großen Stadt führt zwangsläufig zur Schwächung, zum Nachlassen der Widerstandskräfte, schließlich in den Untergang. »Ich lobe das Land nicht, wo Butter und Honig – fließt«, ist als Wort Zarathustras Warnung vor den in Aussicht gestellten Paradiesen. Im Paradies lauert, von den darin Anwesenden unbemerkt, der Tod. Aber ein Tod von der unerwünschten Art. Denn es gibt auch den Tod, den man herausfordern kann, dem man sich stellt und dem man sich darum stellen kann, weil er grandioser Triumph über das Leben ist. Denn Leben als herabgedrücktes, zusammengepreßtes, in der Stadtluft verkümmertes, verdorrendes Leben zählt nicht mehr ganz als Leben. Das ist wieder Anklage, die gegen die Stadt mit ihren »Zeitungen« und den klugen Wortspielen als »Wort-Spülicht« erhoben wird, wo der Tod auf dem Sprung steht. Hier sind die »Schlachthäuser und Garküchen des Geistes«, in ihr »verwesen alle großen Gefühle«. Aber es ist nicht Zarathustra, der sie ausspricht, sondern der Narr, der als »Affe Zarathustras« gilt, weil er sich aus der Weisheit Zarathustras verköstigt, sie auf seine Weise unter die Leute bringt. Denn in der Stadt weiß man selbst, was gegen sie einzuwenden ist. Die »Leute« sind so dumm nicht, daß sie sich darüber täuschten, wie schlecht es um sie steht. Sie verschanzen sich in den »Reihen neuer Häuser« und harren aus, gestärkt durch ihre »Lehre« vom »Glück« und von der »Tugend«.

Weiter ließ sich die Gegnerschaft zum »Fortschritt« nicht mehr treiben. Die »Gleichheit« ein einziges Irrlicht! Mittelmaß und Mittelmäßigkeit wären hier Empfehlung zum rechten Leben! Das setzt freilich Gegenkräfte in Tätigkeit, von denen ungeheure ästhetische Verführung ausgeht. Das Bild vom jungen Hirten, dem eine Schlange aus dem Munde hängt, macht das für sie Werbende sichtbar. Zarathustra tritt als Retter auf, er versucht die Schlange aus seinem Schlunde zu ziehen – vergeblich. Befreiung bringt erst sein hilfreicher Schrei: »Beiß zu! Den Kopf ab! Beiß zu!« Es ist Hilfe, die sich der in Todesgefahr befindliche Hirte als Selbsthilfe leistet.

Mit dem leicht eingängigen Wort »Kulturkritik« ließ sich das alles nicht mehr belegen. Der »Zarathustra« war mehr, er gab Regeln zur Lebensbewältigung, zeigte sie schon in der Anwendung. Er enthielt eine schreckliche Zukunftsvision dessen, was über die Stadt-Welt mit den in ihr zusammengetriebenen Menschenmassen hereinbrechen würde: Männer, die keine Männer, Frauen, die keine Frauen mehr sind. In ihr ist die alte Geschlechtermoral völlig außer Kurs gesetzt. Wo von den Männern wenig übrig bleibt, »vermännlichen sich ihre Weiber«. Das ist ein kurzes, aus der Natur der Dinge selbst abgeworfenes umkehrbares Resultat. Aber es ist auch die Einsicht eines »Gottlosen«, wie Zarathustra sich selber nennt. Nur ist der »Gottlose« das letzte Glied in der Kette der Gottesprediger, wie Nietzsche sich von seiner Herkunft aus zwei lutherischen Pastorenfamilien selber versteht. »Gottlosigkeit« gilt hier als Steigerung, als höchste Erhebung der Gottespredigt, die in ihr völliges Gegenteil umschlägt. Wie Christus begibt sich Zarathustra auf den Ölberg – und spottet »allen Mitleids«.

Im »Zarathustra« hat Nietzsche das, was er als seine »Lehre« verstand, in eine dichterische Form zusammengegossen. Zarathustra ist Verbreiter der Kunde, daß »Gott tot ist«, er lehrt den »Übermenschen«. Das eine gehört zum andern. Der leer „gewordene Platz muß aufs neue, aber auf andere, bisher nicht dagewesene Weise besetzt werden. »Der Übermensch ist der Sinn der Erde.« Alles, was ihm vorausgeht, hat darum nur Sinn als

Vorgeschichte, die zu ihm hinführt, ist Station auf dem Wege. Das heißt, daß das Ziel der Geschichte noch aussteht, daß man jetzt, wo der »Übermensch« erst Kreatur im Gehirn seines Schöpfers ist, noch nicht weiß, was es eigentlich sein wird. Es ist der »Übermensch«, der es steckt. Was der Affe für den Menschen, das soll der Mensch für den Übermenschen sein. So sehen die Maßverhältnisse aus, in denen in Zukunft gedacht wird.

Das ist die Sprache des »Tänzers«. Zarathustra ist »Tänzer«. Daraus spricht Dionysos, aber auch der »Prinz Vogelfrei«. Der Mensch ist etwas, was erst überwunden werden muß. Er ist selber das, was er beim Affen belacht, bei seinem Anblick als Scham empfindet.

Am 15. Juni 1884 steht Nietzsche in Basel vor Overbeck, plötzlich, unangekündigt. Der Eindruck auf den Freund ist erschütternd. Overbeck nimmt ihn »in einem Zustande verzweifelter Hilflosigkeit in seiner nachgerade entsetzlich gewordenen Vereinsamung« auf, wie er Rohde am 27. Juli mitteilt.

Warum war Nietzsche nach Basel gereist? Äußere zwingende Gründe lagen nicht vor. Vielleicht genügte es ihm, elf Wochen in Venedig geblieben zu sein, wo der Aufenthalt mit Köselitz und die Beschäftigung mit dessen Musik ihm zeigen konnten, daß der Komponist an die Grenzen des für ihn Erreichbaren gelangt war. Das hätte ihm jedenfalls, der in der Beurteilung Peter Gasts so schwer von seinen Vorurteilen abzubringen war, am Ende aufgehen dürfen.

Die Reise nach Basel hatte dennoch eine innere Folgerichtigkeit. Basel stand ihm für Overbeck mit Einschluß von Ida Overbeck, der gegenüber er lange mißtrauisch gewesen war, die aber gerade durch die Abwehr der unerhörten Aktivitäten der Schwester in seinen Augen ohne Makel geblieben war. Die Overbecks bildeten für ihn im stürmisch bewegten Meer dieser Jahre eine Insel, auf die er sich gern für einige Tage zurückzog. Das war auch in der Vergangenheit so geschehen und der Schwester nicht unbekannt geblieben.

Aber ebenso schien es ihm darum zu gehen, die Beziehung zu seiner alten Wirkungsstätte wieder aufzunehmen. Wenn er sich in Leipzig vergeblich um eine Professur beworben hatte und ihm für alle deutschen Universitäten schlechte Aussichten bescheinigt worden waren, so gab es eben darum wiederum manches, was für Basel sprach. Er konnte nicht behaupten, daß er mit Basel schlecht gefahren war.

Übrigens war es in Basel an der Zeit, sich über Burckhardts Nachfolge Gedanken zu machen. Wenn einer es schon vorher getan und auch sich selbst dafür in Vorschlag gebracht hatte, dann war es Nietzsche gewesen, der damit bei Lou von Salomé gewinkt hatte.

Es gab überdies noch Overbecks Vorschlag, Lehrer für Deutsch an einem Gymnasium zu werden, den Nietzsche so lebhaft begrüßt hatte und der sich vielleicht in Basel würde verwirklichen lassen. Außerdem war inzwischen seit den Wochen in Nizza das eingetreten, was die Basler Erziehungsbehörde interessieren mußte: Nietzsches körperliches Befinden hatte sich, wenn nicht Nachrichten von Naumburg ihn zurückwarfen wie in Venedig, gebessert. Die Kraft, mit der er nach eigenen erstaunten Bekundungen im Eiltempo die Berge von Nizza gestürmt hatte, schrieb er der Begeisterung durch die Gedanken des Zarathustra zu. Resa von Schirnhofer hatte ihn während ihres Besuches ohne jedes Anzeichen eines Leidens »voll sprudelnder Laune« erlebt. Wie würde die Basler Erziehungsbehörde auf eine solche Nachricht reagieren? Dieser Gedanke mußte jetzt ernsthaft erwogen werden!

Der vierzehntägige Aufenthalt in Basel stellt sich allerdings, auch wenn nicht offen darüber gesprochen wird, als große Enttäuschung heraus. Falls Nietzsche hier bestimmte Hoffnungen gehabt haben mochte, so wird er sehr bald ernüchtert. Das gilt auch für die Begegnung mit Burckhardt. Burckhardt wird es Nietzsche gegenüber kaum verbergen, wie wenig er mit seinem »Zarathustra« anfangen kann. In den Augen Nietzsches kann kaum etwas ein größeres Mißverständnis verraten als dessen Vorschlag, es in Zukunft einmal als »Dramatiker« zu versuchen. Basel, diese Stadtrepublik mit ihrer großen Vergangenheit und auch Gegenwart, zu der er sogar selber gezählt hatte und auch jetzt wieder zählte, die in den Jahren der Auseinandersetzung mit Wilamowitz-Möllendorff und den Angriffen aus Deutschland gegen ihn auf seiner Seite gestanden oder ihm doch Asyl im wahrsten Sinne geboten hatte, diese Stadt mit dem eigenen Selbstbewußtsein und dem der großen Familien, das er auf seine Weise so bewundert hatte, erscheint ihm mit einem Mal unerträglich eng geworden. Es würde hierhin ein Zurück nicht mehr geben. Overbeck läßt er wissen, was sein Eindruck ist (10. Juli 1884): »Basel, oder vielmehr mein Versuch, in alter ehemaliger Weise mit den Baslern und der Universität umzugehn, hat mich tief erschöpft ... Tausend Mal lieber Einsamkeit! Und wenn es sein muß, allein zu Grunde gehn.«

Die Folge dieser bedrückenden Einsicht ist eine fast schon zur Regel gewordene Flucht: die Flucht ins Gebirge. Für diese neue Erschütterung ist Sils Maria das geeignete Refugium, bietet der Aufenthalt in der Natur seine befreiende Kraft an. Das erklärt die Plötzlichkeit von Nietzsches Abreise. So unvermutet, wie er gekommen ist, reist er wieder ab und auch ohne alle offenkundigen Anzeichen des Planmäßigen. Er wählt nicht den direkten Weg, sondern fährt zunächst zum Ritomsee, wo er das Hotel Piora bezieht. Warum er hierhin reist, ist nicht genau auszumachen, vielleicht, weil die Gegend durch ihre abseitige Lage für allerhöchste Einsamkeitsansprüche keinen Wunsch offen läßt.

Für einen längeren Aufenthalt scheint Nietzsche aber dann doch wenig innere Ruhe gehabt zu haben. Er muß offenbar bereits, als er von Venedig aufbrach, von der Nebenabsicht geleitet worden sein, in Zürich Resa von Schirnhofer wiederzutreffen, die ihres Studiums wegen dorthin zurückgekehrt war. Ob man in Nizza schon einen Termin festgelegt hatte, ist schwer zu sagen. Es spricht einiges dafür, daß man den genauen Zeitpunkt offenließ, denn anders ist es schwer zu erklären, warum Nietzsche vor seiner Abreise nach Zürich einen Brief an eine ihm bis dahin persönlich unbekannt gebliebene Dame, Meta von Salis, abschickte, die ebenfalls in Zürich wohnte und von Resa von Schirnhofer über Nietzsche unterrichtet worden war, mit der Bitte, »Ihre Bekanntschaft zu machen« (12. Juli 1884). Die gewählte Form der Annäherung zeigt Züge des Absonderlichen. Warum wendet er sich brieflich an die Dame mit Angabe des Hotels Habis als seiner Zürcher Adresse, wenn er weiß, daß Resa von Schirnhofer, die sie kennt, die Bekanntschaft mühelos würde vermitteln können? Das wäre der konventionelle Weg gewesen, auf den er sonst so großen Wert legte. Der vorher abgeschickte Brief könnte zumindest vermuten lassen, daß eine gewisse Unsicherheit darüber bestand, ob er seine Besucherin von Nizza jetzt in der vorgesehenen Weise zu sehen bekommen würde. Hieraus hätte dann wieder einmal sein beim privaten Verkehr auf Vorsicht eingestelltes Naturell gesprochen.

Der Gang der Dinge in Zürich zeigt dann allerdings, daß solche vorbeugenden Maßnahmen unnötig gewesen waren. Die erste Begegnung mit Meta von Salis kommt zufällig zustande. In der Nähe des Bahnhofs sieht sie in einiger Entfernung ihre Freundin Resa von Schirnhofer im Gespräch mit einem Fremden. Sie verläßt ihre Droschke und erfährt, daß dieser Fremde der unbekannte Briefschreiber ist. Nietzsches Brief hatte sich in diesem Augenblick als überflüssig herausgestellt.

Aber so absonderlich war dieser Brief, den die Empfängerin unerwartet in Händen hielt, auch wiederum nicht. Wenn sie sich auch nie gesehen hatten, so hatten sie beide schon voneinander gehört. Sie hatten sogar schon wochenlang in unmittelbarer Nähe nebeneinander gelebt. Meta von Salis war nämlich Erzieherin bei der Baronin Wöhrmann in Naumburg gewesen, einer guten Bekannten der Pastorenwitwe Nietzsche. Zwischen ihnen bestand engster Verkehr. Es zeugt für die Eingezogenheit Nietzsches in Naumburg, der während der Besuche bei der Mutter sich in den Schutz seiner Krankheit begab und über unanfechtbare Gründe dafür verfügte, sich abschließen zu dürfen, wenn es hier nie ein persönliches Kennenlernen gegeben hatte. Nietzsche war in Naumburg jemand, über den die Mutter im Kränzchenwesen des Städtchens lange Zeit Rühmliches hören konnte, der aber, wenn er sich zu seinen meist flüchtigen Aufenthalten entschloß, schwer zu Gesicht zu bekommen war; in dessen Verhalten sich die von ihm selbst ausgesprochene Einsicht längst durchgesetzt hatte, im bürgerlichen Sinne nicht vorzeigbar zu sein.

Mit Meta von Salis war er wieder einmal einer jungen Dame aus dem Kreis um Malwida von Meysenbug begegnet. Er hatte ihre nähere Bekanntschaft mit einigem Drängen zu machen gesucht. Nach allem, was vorausgegangen war, darf man fragen: warum erst jetzt und mit solcher Eile, warum nicht schon früher? Eine Antwort darauf läßt sich eindeutig nicht ohne weiteres geben. Aber zumindest dürften die Gespäche mit Resa von Schirnhofer über sie in Nizza, in denen ja auch Malwida von Meysenbug allgegenwärtig war, eine Rolle gespielt haben. Es mußte ihm plötzlich sehr viel daran liegen, mit Meta von Salis in nähere Beziehung zu treten.

Mit dieser neuen Bekanntschaft bewegt sich Nietzsche fast schon in ausgetretener Spur. Wie Lou und Resa ist die neunundzwanzigjährige Meta von Salis ebenfalls Studentin in Zürich und als solche wie als Anhängerin Malwidas eine jener früh auf Gleichberechtigung bedachten Frauen, denen die Zürcher Hochschule im Gegensatz zu Basel und den deutschen Universitäten damals die Erlaubnis zur Immatrikulation bot. Die glatte Aufeinanderfolge des Bekanntwerdens mit ihnen war eben durch die Vermittlerrolle Malwidas als Schutzpatronin nicht ganz zufällig, bedeutet aber für Nietzsche privat tatsächlich so etwas wie eine »ewige Wiederkunft des Gleichen«. Sind die Beziehungen zu diesen Frauen von grundsätzlich verschiedener Art und steht die Rolle Lou von Salomés im Leben Nietzsches ohne jeden Vergleich da, so treffen für alle drei die archetypischen Merkmale der »Landedelfrau« zu, zumindest als ferne Möglichkeiten, deren Timbre für einen persönlichen Umgang ihm jetzt mehr und mehr als unumgänglich erscheint.

Es war Resa von Schirnhofer gewesen, durch die Nietzsche in Nizza auf jene Meta von Salis wieder aufmerksam gemacht worden war. Jetzt im Gebirge drängt es ihn, sich ganz unvermittelt an sie zu wenden mit einer Formel, in der vorsichtige Rücksichtnahme und Keckheit auf einen Nenner gebracht sind: »... angenommen, daß Sie wissen, wer ich bin, dürfen Sie sich nicht wundern, wenn ich wünsche, Ihre Bekanntschaft zu machen.« Und dies mit der Ankündigung seiner Ankunft in Zürich!

Tatsächlich mußte die Schweizerin in einer bis dahin noch nicht vorgekommenen Weise seinen Rangvorstellungen entsprechen. Sie entstammte einer der ersten Familien Graubündens und überhaupt der deutschen Schweiz. Zu ihrem Besitz gehörte das bei Chur gelegene Schloß Marschlins, eine Wasserburg, deren Graben damals bereits trockengelegt und die selber ein Erziehungsheim geworden war. Die Beziehung, die mit dem ersten Treffen der beiden am 14. Juli beginnt, scheint sich von Anfang an in einer Bahn glücklicher Ausgewogenheit bewegt zu haben. Es fehlt ihr freilich der Tiefgang der Gefühle, wie er bei Lou von Salomé vorgelegen hatte. Aber das gereicht nicht zu ihrem Nachteil! Die Urteile, die Meta von Salis Nietzsche betreffend in ihrem schon 1897 erschienenen Buch »Philosoph und Edelmensch« veröffentlichte, bestätigen den gleichen gewinnenden Eindruck, den er auch in Nizza auf seine Umgebung gemacht hatte.

Nietzsche hatte, bevor er von Zürich nach Sils Maria reiste, mit einer Emphase, die ihm oft eigen und aufrichtiger Ausdruck seiner Gefühlsbewegung war, am Ende der Begegnung beidhändig die Hand seiner darüber etwas erstaunten neuen Freundin ergriffen. Für ihn war damit das Verhältnis, das er zu Meta von Salis in den wenigen Zürcher Tagen gefunden hatte, fest besiegelt.

Die nun folgenden Wochen in Sils verlaufen übrigens in einer anderen Weise als der erste Aufenthalt dort, der zum großen Teil Alleinleben gewesen war. Als Nietzsche jetzt eintrifft, um sein Zimmer in dem kleinen, an einen Felsen angelehnten Haus zu beziehen, trifft er eine Gesellschaft im Ort an, die sich ihm mit allen Anzeichen der Aufgeschlossenheit nähert: Sommergäste aus Basel, zwei Engländerinnen, ein Sohn der Baronin Wöhrmann, die Fürstin von Mansuroff, die er in seinem Brief (an die Mutter vom 2. September) als Ehrendame der russischen Kaiserin und leibhaftige Schülerin Chopins vorstellt. Das weibliche Element überwiegt und hier wieder eine leichte Majorität älterer Damen. Das war seine frühe Lebenssituation gewesen. In sie war er hineingeboren worden: »Ewige Wiederkunft des Gleichen.« Hier kennt er sich aus. Was ihn mit diesen Sils-Besuchern zunächst zusammenführt, ist die »table d'hôte« im Hotel »Alpenrose«, wo er täglich seinen Lunch einnimmt. Wie in der »Pension de Genève« in Nizza ist man hingerissen von dem durch Herzensgüte und Bescheidenheit geleiteten Takt, mit dem der Verfasser des »Zarathustra« seine Umgebung bezaubert.

Das will besagen, daß er den offenen Ausbruch der Krankheit abgewehrt hatte, daß es ihm gelungen war, ihr Vorwärtsrücken nach außen hin zu verbergen. Welche Krankheit? Gegenüber Resa von Schirnhofer, die ihn in Sils aufsucht, erklärt er, beim Schließen der Augen phantastische Blumen mit weitverzweigten Ranken zu sehen. »Nie habe ich Ruhe«, klagt er und scheint von ihr die Bestätigung bekommen zu wollen für seinen schrecklichen Verdacht: »Glauben Sie nicht, daß dieser Zustand ein Symptom beginnenden Wahnsinns ist?« Er behauptet, die Ursachen seiner Erkrankung genau zu kennen, es ist die Gehirnkrankheit, an der der Vater gestorben war.

Es war ein erschütternder Blick, den Nietzsche hier Resa von Schirnhofer in seinen Zustand tun ließ, in Tiefenschichten, von denen sie bisher nichts geahnt hatte. Sie hatte ihn in Nizza in der Stimmung einer zuweilen ausgelassenen Heiterkeit erlebt. Als sie sich, nachdem er einige Male bei der gemeinsamen Mittagstafel nicht anwesend war, beunruhigt mit einer Freundin zu seinem Quartier begab, war ihr Nietzsche mit einem »verstörten Ausdruck im bleichen Gesicht« entgegengetreten. So hatte sie ihn nie gesehen. Das war ein anderer, jemand, der sich im Verkehr mit bedrängenden unheimlichen Mächten befinden mußte. Zu der Stimme, von der er auf einem undatierten Papier gesprochen hatte, waren jetzt visionäre Gebilde von Pflanzen in den ausschweifendsten Formen hinzugekommen.

Es hinterläßt einen geradezu gespenstischen Eindruck, wenn

man bedenkt, daß in diesen Wochen Malwida von Meysenbug von Rom aus noch einmal versucht, für Nietzsche eine Ehe zustande zu bringen. Zum letzten Mal und zwar mit Berta Rohr, einer Baslerin, die Nietzsche aus früheren Tagen kannte! Am 8. Sept. 1884, im Brief an die Schwester, lockt Malwida: »Sie ist noch schön, reich, ganz frei« und außerdem »einem solchen Plane nicht abgeneigt«. Sollte Nietzsche vielleicht noch einmal nach Rom gehen, um die Angelegenheit in eigener Sache hier einzuleiten? Aber mit Rom, der Stadt der »Priester«, verband sich für ihn als dem neuen Prometheus der bittere Geschmack der Erinnerung. Hier war seine unglückselige Bekanntschaft mit Lou von Salomé zustande gekommen und ebenso die Wiederversöhnung mit der Schwester, die nur kurze Zeit gedauert hatte. Rom ist für ihn eine Unglücksstadt. Hier hatte er es nie lange ausgehalten. Noch einmal wegen einer ihm von Malwida empfohlenen Dame sich hierhin zu begeben, hätte ihm gerade noch gefehlt.

Es sieht schlecht mit ihm aus. Trauer befällt ihn, als er mit Resa von Schirnhofer am Ufer des Sees von Silvaplana entlanggeht und sie zu jenem Felsblock hinführt, wo die Vorstellung des Zarathustra zuerst in ihm aufgestiegen war. Er bittet sie, auf dem Stein Platz zu nehmen, und während er von Wagner spricht, sieht Resa, wie sich seine Augen mit Tränen füllen. Hier am Felsen von Silvaplana beklagt er wie einst Chateaubriands René auf den Ruinen von Rom die Zeiten unwiederbringlicher Herrlichkeit. In dieser Szene, wie sie uns seine Freundin berichtet, ist Nietzsche, der begeisterte Leser Byrons, dessen Manfred im Hochgebirge zugrunde geht, selbst zur Gestalt des Weltschmerzes geworden.

Aber dann taucht in Sils plötzlich ein Besucher auf, an den Nietzsche die höchsten Erwartungen knüpft. Ende August kommt Heinrich von Stein. Ein Briefwechsel war vorausgegangen. Mit ihm kommt jemand, der Wagners Gunst und sogar ungetrübte Freundschaft besessen hatte und dessen Ankunft im Hochgebirge für Nietzsche sehr wohl als Beweis dafür verstanden werden konnte, wie hier ein unzweifelhafter Gewährsmann Wagners die von Hans von Wolzogen in den »Bayreuther Blättern« gegen ihn verhängte Quarantäne durchbricht. Wie groß die Erregung Nietzsches gewesen sein muß, läßt sich schwerlich ermessen. Mit Heinrich von Stein erscheint ein Bote aus der alten Welt des Dionysos, die ihn verstoßen hatte. Das geht über seine physische Kraft. Seine Nerven versagen. Stein bleibt drei Tage, aber der von Kopfschmerzen geplagte Nietzsche kann nur einen Tag sich ohne Beschwerden seinem Gast widmen.

Er hatte ihm seinen »Zarathustra« zugeschickt. Der Besuch gehörte zur Antwort, die Stein darauf gab. Was das für Nietzsche bedeutete, sagt später seine Schwester, die ihn »nur mit bewegter Stimme von diesem wundervollen Menschen sprechen« hörte. Hier sieht Nietzsche die Möglichkeit eines ungeheuren Triumphes heraufziehen. Stein neben Köselitz und andern Freunden als Mitglied der um ihn vereinten Schule der Philosophie! Ein beglaubigter Mann Wagners wäre dann zu einem seiner eigenen »Jünger« geworden. Ein Glücksfall, wie er größer kaum gedacht werden konnte!

Natürlich hatte die Mutter inzwischen nichts unversucht gelassen und auf Möglichkeiten gesonnen, die verfeindeten Geschwister wieder zusammenzubringen. Das beste, so schien ihr, wäre eine Aussöhnung in Naumburg. Aber gerade diese Idee fand Nietzsche höchst suspekt. Denn Naumburg hätte die Mutter in eine für ihn bedenkliche Schiedsrichterrolle hineingebracht. Man konnte nicht wissen, was am Ende dabei herauskam. Er schlägt darum Zürich vor. Treffpunkt soll die »Pension Neptun«, ein angesehenes Haus der Stadt, sein. Und ohne die Mutter!

Das bedeutete zunächst einmal wieder Revision seiner Meinung vom Frühjahr, wo er Anfang Mai aus Venedig Malwida von Meysenbug definitiv geschrieben hatte: »zwischen einer rachsüchtigen antisemitischen Gans und mir gibt es keine Versöhnung.« Und wo er auch schon das Rezept zur Hand hatte, nach dem am besten zu verfahren sei: »Es ist durchaus nötig, daß sie möglichst bald nach Paraguay absegelt.«

Damit spielte er auf die Auswanderungspläne Dr. Försters an, die sich die Schwester inzwischen mit Begeisterung selbst zu eigen gemacht hatte. Es klang glaubhaft, wenn Elisabeth Nietzsche jetzt davon sprach, wie erleichtert sie war, daß sie nicht mehr die Meinung ihres Bruders vertreten mußte. Bei ihrem tiefen Bedürfnis nach weltanschaulicher Eindeutigkeit hatten die Ideen Bernhard Försters etwas Verführerisches für sie, sie boten ihr Ersatz für das, was ihr nach dem Bruch mit dem Bruder vorenthalten wurde, was einerseits schwere Last, andrerseits auch schon liebgewonnene Gewohnheit geworden war. Aus dem, was Nietzsche gegen die Schwester anführt, sprach die Verdrossenheit eines tief Gekränkten, der die von ihr in der Vergangenheit gegen ihn gespielte Partie noch einmal und jetzt umgekehrt aufzieht. Malwida hatte zu hören bekommen: »was sich zur Entschuldigung meiner Schwester sagen läßt«, ist »die Liebe«. Aber das sprach sie darum in keinem Falle frei, sondern klagte sie gerade an, weil sie »im Hintergrunde ihres für mich so schmählichen und unwürdigen Verhaltens steht«. Hier war es heraus: »die Liebe« ist schuld am neuerlichen Bruch, sie hat der Schwester den Kopf verdreht und sie mit Blindheit geschlagen. Für ihn war diese Schwester nicht mehr zu gebrauchen (Anfang Mai 1884).

Damit hatte er vor den Augen Malwidas mit der Schwester eine alte Rechnung beglichen. Und Malwida war eine gewichtige Zeugin.

Was Elisabeth Nietzsche ihrerseits zur Rechtfertigung aufbot, schoß nun keineswegs am Ziel vorbei. Sie kannte ihren Bruder und wußte, was ihn stach. Bei den Briefzeugnissen, die sie in ihrer Schilderung seines Lebens zur eigenen Verteidigung anführt, ist allerdings gerade für diese Krisenzeit wieder äußerste Vorsicht geboten. Als Biographin stützt sie sich auf den Satz aus der Feder des Bruders: »Lisbeth und ich, wir laufen wie zwei gute Pferdchen im Geschirr nebeneinander her und tun uns kein Leides.« Wenn die Harmonie zwischen ihr und Fritz dann doch immer wieder gestört wird, so handelt es sich um Mißverständnisse, vor allem um Anschläge böser Zwischenträger wie Frau Overbeck, die Mißtrauen säen und den für die Verblendung leicht anfälligen Bruder ihrer zur sicheren Leitung bestimmten Hand entreißen, oder um teuflische Verführungen wie durch Lou und Rée, aber auch durch im Dunkel belassene anonym bleibende Personen. Ihnen, wozu übrigens auch Cosima Wagner in gewisser Weise gehört hatte, war die zeitweilige Trübung des geschwisterlichen Verhältnisses zuzuschreiben.

Wenn es gelungen war, so nur darum, weil ihnen die Täuschung des Bruders gelungen war.

Dessen Schuld lag darin, daß er nicht auf sie gehört hatte, ihren Warnungen, Ermahnungen und Vorstellungen nicht gefolgt war. Denn sie selbst ließ sich nicht täuschen, sie hatte immer den Sitz möglicher Gefahren für ihn und das geschwisterliche Einvernehmen von Anfang an ausgemacht. Sie wußte, woher der Wind wehte. Und weil sie immer alles richtig vorausgesehen hatte, waren auch die Folgen prompt die gewesen, als die sie sich am Ende herausstellten.

Hier war Nietzsche einer Allwissenheit begegnet, die sich nichts ausreden ließ. Hier hörte die Macht des Prometheus auf. Gegen diese Intransigenz half nur der stumme Rückzug. Soll die Schwester am Ende ihrem eigenen Schicksal überlassen bleiben! Aber eben dieses Schicksal hatte eine unerwartete und für ihn befremdliche Wendung genommen. Elisabeth Nietzsche war inzwischen Braut geworden und zwar eines Mannes, gegen den Nietzsche schwerste Bedenken anmeldet. Es wäre noch zu fragen, ob jeder andere Ehekandidat bei ihm nicht auf ähnliche Ablehnung gestoßen wäre. Die Schwester führt einen Brief an, worin er »diese Verlobung als Beleidigung« betrachtet und sie den »Mißhandlungen« zurechnet, durch die seine »Genesung« immer wieder in Frage gestellt worden sei. Kein Wunder, wenn sich sein Gesundheitszustand nicht bessert! Ganz offenbar brach die Eifersucht im Vorwurf an die Schwester durch: »Du bist zu meinen Antipoden übergegangen« und »zeigst Du durch den extravaganten, weithin sichtbaren Schritt mit Förster, zu deutlich, daß Du nicht *meinen* höchsten Zielen, sondern jenen ›Idealen‹, die ich überwunden habe und jetzt bekämpfen muß (Christentum, Wagner, Schopenhauerisches, Mitleid etc.), Dein Leben opfern willst«. Hier lag der Fall eines unverzeihbaren Treubruchs vor.

Wenn sich Nietzsche jetzt doch entschloß, noch einmal Gnade vor Recht ergehen zu lassen, dem Wunsch der Mutter nachzugeben und einen neuen Versuch zu unternehmen, um mit der Schwester ins reine zu gelangen, obwohl er genau wußte und es ja auch schon ausgesprochen hatte, daß dem Verhältnis mit ihr von Anfang an eine Störung zugrunde liegen mußte, dann war neben andern möglichen Gründen an dieser Bereitschaft auf jeden Fall der Stimmungsumschwung Nietzsches mitbeteiligt. Folgt man dem Bericht, den Elisabeth Nietzsche über die September- und Oktoberwochen in Zürich mit ihrem Bruder gibt, dann bedeuten sie eine Zeit voller Glück und Sonnenschein. Das war – äußerlich gesehen – so abwegig nicht. Solche Perioden hatte es nach stattgefundener Versöhnung auch früher immer wieder gegeben. Aber sie hielten nie für längere Zeit an. Außerdem verschweigt die Schwester eben den eigentlichen Anlaß für ihre Verabredung in der Zürcher Pension. Sie erwähnt nur die Verlobung und die Erlaubnis, die ihr dazu vom Bruder und zwar mit allergrößtem Verständnis erteilt worden sei. Womit sie auch schon überleitet auf das gute Verhältnis, das sich von nun an zwischen Nietzsche und Förster angebahnt habe und von dem sie einige Proben zum besten gibt. Sie ist in ihrer Darstellung voll des Lobes für den Bruder, aber noch mehr für sich selbst. Ja sie läßt dieses Lob durch seine Feder selbst verkünden, wenn er sie Overbeck gegenüber als ein »Pracht-Tierchen« schildert, das er nun nach Übersee abtreten muß.

Übrigens hatte Nietzsche vor der Abreise von Sils Maria seine Ankunft in Zürich einem von ihm hochgeschätzten und überdies angesehenen Bürger der Stadt angekündigt. In einem Brief an Gottfried Keller hatte er ihm seine Zürcher Anschrift mitgeteilt und ihn um ein Zeichen seiner Bereitschaft, ihn zu empfangen, gebeten. Es war ihm unbekannt geblieben, daß Keller sich über seine David-Friedrich-Strauß-Schrift nicht ohne Spott ausgelassen hatte. Was sollte der Verfasser der »Leute von Seldwyla« mit der »Geburt der Tragödie« anfangen? Daß Nietzsche ein Bewunderer des »Grünen Heinrich« war und ihn ganz langsam – ähnlich wie Stifters »Nachsommer« – Seite für Seite gelesen hatte, besagte nicht, daß er von Keller Verständnis für seinen »Zarathustra«, den er ihm vorsorglich vorausgeschickt hatte, erwarten konnte. Der Zürcher Demokrat, der Schilderer handwerklichen und bäuerlichen Lebens, der nirgendwo größer ist als da, wo er als Humorist erzählt – und der Verkünder des »Übermenschen«, der Elite und des neuen Heroismus, der aller Idylle der Gegenwart ein Ende bereiten wird: das ließ sich schwer über einem Kamm scheren. Keller hatte geantwortet, und Nietzsche machte ihm seine Aufwartung. Man scheint auch einige Spaziergänge unternommen zu haben. Was zwischen ihnen gesprochen wurde, ist nicht schriftlich niedergelegt worden. Viel Verbindendes wird es bei diesen beiden Junggesellen, an die die Nachwelt fälschlicherweise das Kennzeichen der Frauenfeindschaft geheftet hat und von denen Keller fast zur Vätergeneration Nietzsches gehörte, nicht gewesen sein. Daß Keller den Verfasser der ersten »Unzeitgemäßen Betrachtung« einmal einen »Spekulierbuben« genannt hatte, dem der »stille Schulmeisterberuf zu langweilig und langsam ist« und der deswegen einen

»Coup« plant, stand gewiß nicht zur Diskussion. Aber Nietzsche selbst hätte jetzt, nachdem er von seiner Basler Existenz abgerückt war, noch nicht einmal sagen können, daß der Urheber solch markiger Worte sich ganz im Unrecht befunden hätte.

In den letzten Wochen seines Zürcher Aufenthalts war es Nietzsche schließlich doch einmal geglückt, für seinen Schützling Peter Gast eine Förderung seiner Musik zu bewirken. An Versuchen von seiner Seite hatte es nicht gefehlt. Es gelang ihm, den Dirigenten Friedrich Hegar in Zürich dafür zu gewinnen, sich die Partitur des »Löwen von Venedig« anzuschauen. Hegar übersah zwar nicht die großen Schwächen, vor allem in der Instrumentation, aber sein Urteil war keineswegs ablehnend. Natürlich kommt eine Aufführung der ganzen Oper nicht in Frage, aber Nietzsche setzt durch, daß wenigstens die Ouvertüre vom Tonhallenorchester einmal gespielt wird in einer Aufführung mit ihm als einzigem Zuhörer. Er kann dies dem Freund in Venedig sogleich als großen Erfolg melden und ihm raten, persönlich nach Zürich zu kommen. Das braucht man Köselitz, der wie Nietzsche frei über seine Zeit verfügt, nicht zweimal zu sagen. Einige Tage darauf ist er bereits in der Stadt, die ihm Gelegenheit gibt, als Dirigent vor einem Orchester seine eigene Musik zu hören. Der Auftritt zeigt sofort seine ganze Ungeübtheit, ist also keineswegs überwältigend, aber doch respektabel.

Noch anderes tritt jetzt während dieser Zürcher Wochen zutage und zwar gerade im Verhältnis Nietzsches zu Köselitz. Es stellt sich heraus, daß Köselitz in seinem Auftreten ganz und gar nicht nach Nietzsches Geschmack ist. Nietzsche stößt sich an seiner Schwerfälligkeit, an seinem – wie er es findet – tollpatschigen Wesen. Sein Geschmack fühlt sich beleidigt, die vernachlässigte Kleidung stört ihn. In der Korrespondenz mit der Mutter über den Realschullehrer aus Annaberg mit seinen angelesenen Kenntnissen als Sujet tiefster ästhetischer Mißbilligung kommt der hintertreibende Zug Nietzsches wieder voll zur Geltung, der anzeigt, daß seine Gefühle für den von ihm vorher zum Mozartähnlichen Anti-Wagner erklärten Freund heftigen Schwankungen unterworfen sind.

Er faßt denn auch schnell den entsprechenden Entschluß. Zwei Tage war der von ihm herbeigerufene Köselitz in Zürich, als Nietzsche abreist. Er hat es eilig. Er muß sich wieder in die Einsamkeit zurückbegeben.

Es ist diesmal nicht die Einsamkeit des Hochgebirges, die er sucht, sondern die des Mittelmeeres.

Für seinen Aufenthalt an der Riviera hatte er diesmal zunächst Mentone ausgewählt, etwa 25 km von Nizza bei Monte Carlo gelegen. Es mochte der stark italienische Charakter der auf französischem Boden gelegenen und damals schon vom internationalen Publikum frequentierten Stadt sein, der ihn anzog. Am 2. November, nach sehr umständlicher Anreise, trifft er ein. Der Ankömmling ist zunächst sehr angetan, bezieht ein »Arbeitszimmerchen« und trifft Anstalten, sich für längere Zeit einzurichten. Er hat noch einen andern Plan, der aus der Zeit seines Aufenthalts in Nizza stammte. Es ist die Absicht der Reise nach Korsika, die er von hier aus anzutreten gedenkt. Mentone wäre dann die Vorstation zur Überfahrt auf die Insel, wo Napoleon geboren ist, der Stätte, deren Besuch Nietzsche für seine Studien zum »Übermenschen« darum jetzt unerläßlich erscheint. Wieder wie schon in Nizza wird der Punkt am Horizont ausgemacht, wo Korsika liegen muß und noch mehr: der Freund Lanzky, der ihm Gesellschaft leistet, erhält den Auftrag, nach Ajaccio zu fahren, um in der Quartierfrage Erkundigungen anzustellen. Aber dessen Berichte sind nicht ermunternd und können das Unwirtliche der Insel nicht verschweigen. Also ist man gezwungen, vom Vorhaben Abstand zu nehmen.

Inzwischen haben sich bei Nietzsche die ersten mißlichen Eindrücke über Mentone eingestellt. Beim Abwägen des »Für« und »Wider« gibt »eine gewisse Luft-Feuchtigkeitsdifferenz« den Ausschlag für Nizza. Dafür ist er bereit, manch andere Gefahren der »Franzosenstadt« wie »Lärm« auf den Promenaden und den dichten Verkehr, wo er fürchten muß, überfahren zu werden, in Kauf zu nehmen. Und so ist er froh, bald wieder in seiner alten Schweizer Pension zu sein.

Was ihn jetzt in Nizza beschäftigt, ist die Fortsetzung des »Zarathustra«, die Arbeit am vierten Teil, der sich von den drei vorausgehenden grundlegend unterscheiden wird. Diese Andersartigkeit ist nicht nur in Kauf genommen, sondern von Anfang an gewollt. Das »Ärgernis« des »Zarathustra« muß in einem neuen Sturmlauf noch einmal heraufgesetzt werden, mit dem Preis, daß sein Dichter zum Wahnsinnigen erklärt wird. Darüber ist Nietzsche sich im klaren, aber eben das gehört zum eingegangenen Wagnis.

Damit kommen Sorgen wegen des Verlegers ins Spiel. Auf Schmeitzner ist nicht mehr zu rechnen. Das hatte verschiedene Gründe. Nietzsche will sich von ihm lösen, aber der Verleger mehr noch von einem Autor, der für ihn buchhändlerisch uninteressant ist. Keine seiner Schriften hatte eingeschlagen, der »Zarathustra«, den Nietzsches engste Freunde als unverständlich zurückgewiesen hatten, und dies mit höflichen Wendungen zu verbergen suchten, beinahe am wenigsten. Nietzsche ist für seinen Verleger nicht nur unrentabel, er weiß es auch. Außerdem scheint Schmeitzner vor dem Bankrott zu stehen.

Wenn Nietzsche jetzt, wo er über Geldsorgen klagt, angelaufene Honorarforderungen anmahnt, so ist das nicht unverständlich. Aber er weiß auch, daß er mit dem vierten Teil des »Zarathustra« bei Schmeitzner auf wenig Gegenliebe treffen würde. Es wird – so erfahren es bald die Freunde – ein Buch ohne Verleger und nur für einige auserwählte Leser sein.

Hier ist Nietzsches Bruch mit Schmeitzner, der die Antwort schuldig bleibt und auf Forderungen Nietzsches mit Ausflüchten reagiert, schon vorweggenommen. Vorbereitungen dazu hatte er von langer Hand getroffen. Der »Antisemitismus« Schmeitzners war ihm anstößig geworden, mit ihm möchte er um keinen Preis mehr in Zusammenhang gebracht werden.

Die »Sache Schmeitzner« gehört zu den Sorgen, die ihn jetzt in Nizza wie bald in Venedig in Bewegung halten. Dazu zählen auch die Vorbereitungen zur Hochzeit der Schwester, für die er allerdings eine Patentlösung bereit hat. Bei der Naumburger Familienfeier am 20. Mai 1885 ist er nicht anwesend: »so ein ›krankhafter‹ Philosoph gäbe einen schlechten Brautvater ab!« schreibt er als Begründung mit tief treffendem Stachel. Als Hochzeitsgeschenk erhält das Brautpaar Dürers Kupferstich »Ritter, Tod und Teufel«, sozusagen ein Trostmittel, eine Gabe zur Ermutigung für die »Auswanderer«, die sie noch nötig haben werden.

Es kommt aber dann doch noch knapp fünf Monate später zu einem persönlichen Treffen mit dem frischgebackenen Ehepaar und damit auch zur persönlichen Begegnung mit Förster, der einzigen, die es geben sollte. Nietzsche findet Förster nach einigen Worten »nicht unsympathisch«, er bemerkt seine Art des raschen Zupackens. Der Mann ist ständig in Bewegung, hat offenbar das, was Eindruck auf seine Schwester macht und nicht

Nietzsches Sache ist. Hier liegen ganze Welten dazwischen. In Förster sieht Nietzsche den neuen Typus des Aktivisten, des »Agitators«, wie er ihn nennt, am Zeithorizont aufsteigen.

Die persönliche Begegnung in Naumburg, der ein kurzer Briefaustausch vorausgegangen war, verlief indessen auf beiden Seiten in der Weise äußersten Entgegenkommens. Das lag bei Förster ohnehin auf der Hand, der sich der Sympathie des künftigen Schwagers beinahe um jeden Preis versichern mußte und der vor der Heirat von seiner Südamerika-Reise früher als ursprünglich beabsichtigt zurückgekehrt war, weil er fürchtete, daß Widerstände aus der Familie der Braut die Ehe am Ende noch verhindern könnten. Die treibende Kraft war hier Nietzsche, dem darin die Mutter bedingungslos zustimmte. Nietzsche hatte vor allem an den Fähigkeiten des künftigen Kolonisators gezweifelt, dem man die Zukunft Elisabeths nicht anvertrauen könne. Was machte ein »Kunsthistoriker« und »Gymnasialprofessor«, noch dazu ein entschiedener Anhänger der Pflanzennahrung, im südamerikanischen Urwald? Wo als die besten Kolonisatoren sich gerade die »›fleischfressenden‹ Engländer« erwiesen haben? Zu solchen Unternehmungen gehören ein starker Wille und Klugheit, gehört alles das, was nicht zu den Qualitäten des »deutschen Gelehrten« zählt. Solcherart waren die Reden, die Nietzsche unter dem Beifall der Mutter bei seinen Besuchen in Naumburg führte.

Auf den Brief, den Förster ihm in werbender Absicht nach Venedig geschrieben hatte, ließ Nietzsche eine sehr konziliante, um nicht zu sagen an Freude überschäumende Antwort folgen. »Es ist gar nicht möglich, daß ich einen Brief unter herzlicheren Empfindungen lesen kann«, hieß es darin. Das ließ alles vergessen, was er sonst gegen Förster einzuwenden hatte.

Aber eben dies gehört zur Mehrschneidigkeit seines Denkens überhaupt, wie es in seinen Aphorismenbüchern zu Tage trat, wo er sich in einer Schwebelage der festen Begriffe entzieht, wo der Artist der Sprache alles in Bewegung hält. Nietzsche, der europäische Schriftsteller, der er jetzt sein will, ist immer auch der Zeitgenosse der französischen Impressionisten, der Manet, Monet, Renoir, die die Gegenstände in der flackernden Unruhe sehen, wo sie in ihren Erscheinungen und den sinnlichen Eindrükken davon wahrgenommen werden. Nichts steht fest, alles kann in das Spiel von Licht und Schatten, der Luft, die wie ein Schleier und mit verschiedenen Graden der Durchsichtigkeit über die Dinge gelegt ist, einbezogen werden. Das wird bei Nietzsche unmittelbar aus den Lebensvorgängen heraus entwickelt und auch wieder in sie hineingetragen wie etwa hier, wo er gegen die Auswanderungspläne Försters und der Schwester energisch zu Felde zieht und zugleich mit Overbeck ernsthaft überlegt, ob sich für ihn selbst in Paraguay nicht auch noch eine Möglichkeit des Unterkommens böte: »Es kann im Handumdrehen jetzt für mich Europa unmöglich werden; und siehe da, vielleicht findet sich dort in der Ferne auch für einen solchen verflogenen Vogel, wie ich es bin, ein Ast« (2. Juli 1885). Zwar wird dieser Gedanke bald wieder beiseite geschoben, aber keineswegs aus weltanschaulichen Gründen, sondern weil ihm die »klimatischen Bedürfnisse widersprechen«, wie der gleiche Overbeck von ihm erfährt. »Sonst aber ist an der ganzen Sache viel Vernunft. Es ist ein prachtvolles Stück Erde für deutsche Landbebauer«, weiß er den Plan gar nicht genug zu rühmen.

Es gibt bei den Einwänden Nietzsches gegen die Auswanderung der Schwester, die am Ende dominieren, einen neuen Gesichtspunkt, der jetzt ins Blickfeld tritt und ihn tief beunruhigt. Was wird aus der Mutter? In der Mißbilligung der Auslandspläne Elisabeths waren Mutter und Sohn aneinandergerückt. Es erfolgte hier eine Annäherung von seiten des Sohnes, die von nun an mehr und mehr zur Anlehnung an die Mutter wird, eine instinktive Suche ihrer Gegenwart. Das bedeutete, wenn man an Nietzsches flüchtige Besuche in Naumburg denkt, etwas Neues und sicherlich nichts Uneigennütziges. Wie wäre es, wenn er jetzt bei seinen künftigen Aufenthalten in Venedig wenigstens einen Teil des Jahres mit der Mutter dort zusammenlebte? »Mir selber geschieht damit eine große Wohltat«, so zieht er Overbeck ins Vertrauen, »denn für meine leibliche Verfassung und halbe Blindheit ist eine fürsorgliche Pflegerin immer notwendiger geworden, von meiner seelischen Vereinsamung zu schweigen, aus welcher auch der beste Wille mich jetzt nicht herauszuziehen vermöchte« (Oktober 1885).

Die hier ausgesprochene Befürchtung enthält noch eine andere Einsicht, nämlich die von seiner unaufhaltsamen Loslösung aus jedem menschlichen Beziehungssystem, für die es schon seit Jahren unübersehbare Anzeichen gab und über die er selbst die allergrößte Klarheit besitzt. Dazu gehörte, daß er bei aller

Freundschaft gegen Köselitz zahlreiche Vorbehalte hatte, auch wenn äußerlich alles so weiterläuft wie bisher. Und selbst von Heinrich von Stein, auf den er als neuen Schüler so fest gebaut hatte, in dem er für Monate das Ideal des Menschen auf lebendige Weise verwirklicht sah – aber eben nur für Monate –, fühlte er sich mißverstanden. Stein hatte ihn gebeten, an dem von ihm geplanten Wagner-Lexikon mitzuwirken. Ein unverzeihlicher Verstoß gegen jeden Takt, den er gerade bei Stein vorausgesetzt hatte! Welche Verwechselung mußte da vorgelegen haben, wenn er – auf dem Wege zum perfekten Anti-Wagner – in ein solches Unternehmen der Wagner-Ehrung hineingezogen werden sollte? Nietzsche demonstrierte Ansprüche, denen in seiner Umgebung niemand gewachsen war. In der Gesellschaft eines neuen Prometheus läßt sich nicht leicht atmen. Auch und gerade im Verkehr mit seinen Freunden gibt es die »ewige Wiederkunft des Gleichen«.

In den ersten Februartagen des Jahres 1886 hatte sich das Ehepaar Förster in Hamburg nach Paraguay eingeschifft. Nietzsche wird das kolonisatorische Experiment Försters weiter mit allergrößter Skepsis verfolgen. Die Post aus Südamerika läßt bald verschiedene Schlüsse zu. Es war zu erwarten gewesen, daß die »Auswanderer« beim Aufbau ihrer neuen Existenz mit großen materiellen Schwierigkeiten zu rechnen hatten. Eine Förderung von Försters Projekt für deutsche Aussiedler durch die Reichsregierung hatte, was Nietzsches Schwester ihm vorwarf, Bismarck abgelehnt. Darum ist man auf Gelder angewiesen, die man sich durch den Verkauf von Grundstücken an mögliche Interessenten in Deutschland beschaffen möchte.

So erhält Nietzsche von der Schwester ein solches Angebot zum Erwerb eines sogenannten »Landloses«, das ihn für 300 Mark zum »südamerikanischen Grundbesitzer« machen würde. Nietzsche versteht die Sache so, wie sie gemeint ist: als Geldbitte der Schwester und setzt sich deswegen mit Overbeck ins Benehmen. Der rät mit dem Hinweis auf seine eigene prekäre Finanzsituation ab.

Nietzsche war jetzt wieder in den vollkommenen Zustand der Unstete eingetreten. Es ist nach außen hin ein Reisen ohne erkennbaren Sinn. Er vertauscht das Hochgebirge mit der Ligurischen Küste, entscheidet sich wieder einmal für Nizza, wo er einen Winter in einem ungeheizten Zimmer und mit klammen

Fingern in Kauf nimmt, taucht dann plötzlich in Zürich oder in Naumburg auf.

Eine Begegnung mit Rohde in Leipzig verschafft ihm Genugtuung. Er hatte einer Vorlesung des von Tübingen nach hier übergewechselten Freundes beigewohnt und war über die Art und Weise des akademischen Betriebs enttäuscht. Gut, daß er sich diesen Regeln nicht unterwerfen muß. Mit Rohde möchte er nicht tauschen. In die Beziehung zwischen beiden hatte sich inzwischen ein unübersehbares Unbehagen eingeschlichen. Daß Rohde den »Zarathustra« teilweise unverständlich fand, muß ihm zugestanden werden. Damit stand er nicht allein. Die Verstimmung wird sich in der Folge steigern durch Nietzsches Urteil über Rohde. Der Verfasser eines Buchs über den »Griechischen Roman« und vorzügliche Altertumswissenschaftler muß sich als ein in Reih'und Glied gebrachtes Bäumchen einer Pflanzschule für Philologen verstehen. Ein Buch wie Rohde hätte er – so läßt Nietzsche verlauten – nicht schreiben können. Rohde konnte der Eindruck, den Nietzsche von ihm als Autor und Wissenschaftler hatte, nicht verborgen bleiben. Solche Worte wogen bei Rohde schwer. Er hatte sich in vielen Punkten zweifellos als Gefolgsmann Nietzsches erwiesen und mußte nun erleben, daß er von ihm als recht ordinärer Universitätsgelehrter angesehen wurde. In das Sperrfeuer von Nietzsches rigorosem Aburteilen zu geraten, war schrecklich. Rohde wußte zu genau, was die in feiner Dosierung gereichten Vorbehalte bei Nietzsche bedeuteten. In der Kritik des »Nihilisten« Nietzsche, den er gegen Rohde herauskehrt, weht ein Luftstrom der Eiseskälte.

Die Begegnung in Leipzig hat die seit langem bestehenden Schäden in dem persönlichen Verhältnis zwischen beiden noch vergrößert. Rohde wird später auf indirekte, aber darum nicht weniger wirksame Weise Nietzsche an einer empfindlichen Stelle treffen, als er Hippolyte Taine, den Nietzsche hoch schätzt, einen mittelmäßigen Geist nennt, den man keineswegs mit Burckhardt vergleichen könne. Aber warum schätzt Nietzsche den französischen Historiker so hoch? Weil Taine ihm einen zustimmenden Brief geschrieben hatte, an den sich eine kurze Korrespondenz anschließt. Das hatte er Rohde wissen lassen, der dies zum Anlaß nimmt, um den neuen Korrespondenten Nietzsches in seiner intellektuellen Qualität herabzusetzen. Was Nietzsche mit einem brieflich geäußerten Zornesausbruch erwidert, der das Ende der Freundschaft herbeiführt! Eine nachträgliche Zurücknahme seiner Angriffe hat bei Rohde nichts mehr ausrichten können. Er hatte mit Nietzsche abgeschlossen.

Wieder hatte Nietzsche einen alten und um ihn verdienten Freund verloren. Und er konnte, wenn er es recht bedachte, seine eigene Schuld daran nicht in Abrede stellen. Das System menschlicher Beziehungen war bei Nietzsche schon seit langem dem Zerfall ausgesetzt. Jetzt hatte es eine neue Erschütterung erlebt. Und nicht die letzte! Es wird sich demnächst zusehends weiter auflösen, bis es am Ende so gut wie ganz zu existieren aufhört.

Deussen war als erster aus dem Kreis von Nietzsches Anhängern ausgeschieden. Im Grunde hatte er nur kurz und auch dann schon mit einer gewissen Reserve, auf die Nietzsche gereizt reagierte, dazugehört. Dadurch war die Beziehung zwischen beiden sehr gelockert worden, aber sie war nie ganz abgerissen. Deussen, inzwischen außerordentlicher Professor für Indologie in Berlin, der seine Wissenschaft auf den Positionen Schopenhauers aufbaute und eine Gesamtausgabe von dessen Werken vorbereitete, hatte seinen Weg zu Schopenhauer durch Nietzsche gefunden. Dabei war er stehengeblieben. Er sah keine Veranlassung, Nietzsches Wegwendung von Schopenhauer mitzumachen, von dessen neuerlicher Bekämpfung ganz zu schweigen.

Im August 1886 hatte sich Deussen in Berlin verheiratet. Nietzsche gratuliert mit warmen, aber auch etwas resignierenden Worten, wenn er jetzt aus seiner Lage der privaten Isolation einen Vergleich zum hoffnungsvollen Freunde von gestern anstellt. Der möge das Glück, das ihm zuteil geworden, festhalten, rät er ihm ausdrücklich. Das junge Ehepaar antwortet u. a. mit einem Besuch bei Nietzsche in Sils, wobei sich hier der Ton alter persönlicher Verbundenheit sehr wohl wieder einstellt, aber Verbundenheit ohne Einklang in den Anschauungen. Und das empfand Nietzsche stets als zu wenig.

Aber welcher Wandel der Dinge! Deussen und seine Frau standen gerade im Begriff, nach Korfu zu reisen. Nietzsche führte die Gäste »in seine Höhle«. Was sie bemerken und Deussen in seinen Erinnerungen anführt, ist »ein bäurischer Tisch mit Kaffeetassen, Eierschalen, Manuskripten, Toilettengegenständen in buntem Durcheinander, welches sich weiter über einen Stiefelknecht mit darin steckendem Stiefel bis zu dem noch ungemachten Bette fortsetzte. Alles deutete auf eine nachlässige Bedienung und auf einen geduldigen, sich in alles ergebenden Herrn.« Der ist für den Fall des Todes vorbereitet. Das Requiem, das er unter seinen Notenpapieren hervorsucht, um es den Besuchern zu zeigen, ist längst komponiert.

Erschüttert hat ihn dann der Tod Heinrich von Steins. An den jungen Stein hatte er zu dessen Lebzeiten noch einmal Hoffnungen ungewöhnlicher Art geknüpft. Selbst wenn sie sich nicht erfüllten, wenn Nietzsche erkennen mußte, daß Stein auf der Seite der Wagner-Partei blieb, so hatte ihm immerhin ein von Wagner selbst anerkannter Mann seiner Richtung die Hand gereicht. Auch das war nun vorbei.

Wer ihm blieb und ihn langweilte, weil er ihn mit all seiner Dienstbeflissen entsetzte und nicht im geringsten zu unterhalten versand, war Lanzky. Und gerade Lanzky hatte sich herausgenommen, nach Nietzsches »Morgenröte« eine Schrift unter dem Titel »Abendröte« zu veröffentlichen, die Nietzsche nach der Lektüre einiger Seiten weglegte, um sie nie wieder hervorzuholen. Das, was er da las, genügte ihm.

Das Mißvergnügen an seiner Umwelt, von dem nur einige wenige Menschen ausgenommen waren – dazu gehörte, wie wir wissen, nicht die Mutter in Naumburg, wohl aber der alte General Simon, in dessen Gesellschaft er sich bei seinen Aufenthalten in Sils wohlfühlte – war Dauerzustand geworden.

Das Werk, das Nietzsche zeitweilig als sein Hauptwerk betrachtete, für das er Seite für Seite zusammengetragen hatte und das dann nie erschien, war »Der Wille zur Macht«. Was seine Schwester unter diesem Titel später herausgab und womit sie den Eindruck erwecken konnte, als handelte es sich um einen autorisierten Text, war in Wirklichkeit eine Zusammenstellung hinterlassener Papiere, der sich eine gut ordnende redaktionelle Hand nicht leicht nachsagen ließ. Um so größer muß das Erstaunen sein, daß erst Karl Schlechta auf diesen Sachverhalt aufmerksam gemacht hat und die Autorenschaft Nietzsches für die von Elisabeth Förster-Nietzsche veranstaltete Ausgabe zurückweisen konnte.

Wenn man sich vor Augen hält, wie sehr Nietzsche an seinen Manuskripten und auch noch an den Abschriften feilte, wie er beständig an Überarbeitungen, Streichungen wie Erweiterungen dachte, fällt die Entdeckung Schlechtas besonders schwer ins Gewicht. Nein: ein Buch unter dem Titel »Der Wille zur Macht« hat, was mehrere Generationen seiner Leser geglaubt haben, Nietzsche nicht geschrieben. Aber er hat es geplant, er hat einen Titel-Entwurf dazu angefertigt und viel Zeit auf die Niederschrift der dem Thema gewidmeten Gedanken verwendet.

Diese Niederschrift fällt in die Zeit der Arbeit am »Zarathustra«, aber in sie fällt zugleich die Arbeit an zwei Manuskripten, die dann durch den Druck mit dem Siegel des Verfassers versehen wurden. Sie verraten darum »Zarathustra«-Nähe und sind gleichzeitig auch, wenn man richtig hinsieht, Gegenschriften zum »Zarathustra«. Das besagt bei Nietzsche nicht viel, weil der »Aphoristiker« in ihm von Pointe zu Pointe springt und sich durch Widersprüche nicht beeindrucken läßt. Mit Werken aus *einem* Guß ist bei Nietzsche ohnehin nicht zu rechnen. Die Thematik vom »Willen zur Macht« taucht, so komplex wie sie ist, in den den »Zarathustra« flankierenden Schriften wieder auf, ausgeführt und zugleich umgebrochen. Es sind dies, als »Vorspiel einer Philosophie der Zukunft« bezeichnet, das Buch »Jenseits von Gut und Böse« und »Zur Genealogie der Moral«. Beides wieder Werke des Hochgebirges, fern von jeder Stadtluft und auch aus jeder Beziehung zur Universität als der wissenschaftlichen Institution, wo der berufene Philosoph wirkt, herausgenommen! Das Impressum der Vorrede vom Juni 1885: »Sils-Maria, Oberengadin« besagt nicht wenig für das erste Buch und findet sich auch im zweiten mit »Juli 1887« datierten Vorspann. »Jenseits von Gut und Böse« wird noch ein »Nachgesang« unter der Überschrift »Aus hohen Bergen« beigefügt.

Die Themen der beiden Bücher, auf einen gemeinsamen Grundstrang durchaus festlegbar, sind nicht neu. Neu dagegen und von weiter her geholt ist das beglaubigende Material. Es läßt sich – platt gesagt – auf einen Nenner bringen und der heißt: alle bisher für wahr gehaltenen und in der Moral verfestigten Einsichten sind in Wahrheit falsch, so falsch wie unser Wissen davon. Was als »Wahrheit« ausgegeben und weiterempfohlen wird, beruht in Wirklichkeit auf »Vorurteilen«. Es steckt in den Menschen ein eigentümlicher, auf Eigennutz gegründeter Wille zur Täuschung. Der Beweis dafür ist das Heraufziehen einer Weltkrise. Bei ihrem Ausbrechen – niemand weiß, wann das geschieht – werden die Karten offen auf den Tisch gelegt. Bis dahin gilt: was als »Wahrheit« auftritt, hat nur den Anschein für sich. Damit ist alles Geltende in die Schranken gefordert: die historisch gewordenen Religionen und ihre »Wahrheiten«, aber auch Spinoza, Kant mit seinem »kategorischen Imperativ«, seine »sittsame Tartüfferie« und die »dialektischen Schleichwege«, natürlich Hegel und der Schwierigste, weil so lange unangefochten verehrt: Schopenhauer. Alles Denken beruht auf der Biographie derer, die gedacht haben. Ganz zu schweigen von den »Gelehrten«: deren eigentliche Interessen liegen gewöhnlich woanders als da, wo man sie vermutet: in der Familie, beim Erwerb von Geld oder in der Politik. Auch an den Philosophen der Alten Welt, an Plato besonders, wird kein gutes Haar gelassen.

Was Nietzsche gegen diese von der Antike bis zur Neuzeit vererbten »Vorurteile« stellt, ist das Leben selbst, ist Psychologie, die auf Physiologie, auf die körperliche Natur, die organische Beschaffenheit des Lebewesens, des Menschen, gegründet ist, sich von ihr aus entwickelt. Das ist in der Tat etwas Neues und hat, auch wenn es sich gegen ihn wendet, Darwin im Rücken. Es ist eine Psychologie, die sich schon auf ihr Freudsches Stadium zurüstet und doch noch von Schopenhauer, den sie mit Ausdauer bekämpft, auf mehr als eine Weise abhängig ist. Hier schwingt die in der christlichen Lehre unbewältigte Frage nach dem »freien« oder »unfreien« Willen mit, die Thomas von Aquin anders als Augustin beantwortet hatte. Für Schopenhauer war »Wille« eine Urkraft, die weit über den »Trieb« der Sexualpsychologen hinausgeht und noch die unorganische Natur einschloß. Nietzsche verweist den »unfreien Willen« ins Reich der Mythologie und läßt nur einen einzigen Unterschied gelten: der Wille ist entweder »stark« oder »schwach«. Darin liegt die Entscheidung selbst angelegt für Verantwortlichkeit oder Fatalismus als Hingabe an das Mitleid. Hier erklärtes Anrecht auf Verdienst, dort Selbstverachtung oder auch die Neigung der Bücherschreiber, alles auf die Umstände abzuwälzen. So kommt die »naturalistische Schule«, in die engste Verwandtschaft mit dem »Sozialismus« gestellt, schlecht weg, der Nietzsche in der Gestalt Strindbergs dann auch wieder seine Aufwartung macht. Wir wissen, wie Nietzsche optiert: natürlich für den starken Willen oder den Willen der Starken, wie er den schwachen Willen als Verkleidung des Mitleids noch in dessen geheimste Schlupfwinkel hineinverfolgt, nämlich in jene schönen Gewänder, die es sich bei der Religion und dem von ihr kultivierten Stil des menschlichen Leidens borgt.

Wieder ein Bruch mit allem Vorausgegangenen, ein doppelter sogar, wenn man daran denkt, daß Schopenhauer, dieser Urfeind des jüdisch-christlichen Monotheismus, unversehens von Nietzsche, an dieser Stelle jedenfalls, über den gleichen Leisten geschlagen wird. Wille zur Macht bedeutet eine Steigerung des Lebens-Willens und zwar unter dem Druck besonderer Bedrohungen, von »Härte, Gewaltsamkeit, Sklaverei, Gefahr auf der Gasse und im Herzen, Verborgenheit, Stoizismus, Versucherkunst und Teufelei jeder Art«, sozusagen den Menschen heraufzüchtender Verhaltensbedingungen, die ihn zur »mimicry« zwingen, ihn Raubtier unter Raubtieren, Schlange unter Schlangen werden lassen und somit »zur Erhöhung der Spezies ›Mensch‹« dienen. Er muß »Gegensatz« alles dessen werden, was er bisher sein sollte, er muß Antipode der »Herde« sein, Gott und dem Teufel danken für Schickungen, die er an sich erfährt, ein von Geld und Amt Unabhängiger, Not und Krankheit noch als Gewinn verbuchend.

Ausgesprochen war dies im Namen des »Freigeistes«. Will man Nietzsche in seiner weltanschaulichen Position umschreiben, stößt man immer wieder auf die Selbstbezeichnung des »freien« oder des »*sehr* freien Geistes«. Hier ist ein Rest, der bleibt, wenn alles sich im Aphoristischen aufzulösen scheint, wenn eine eigentümlich Indifferenz bei ihm zutage tritt. »Aber wir, die wir weder Jesuiten, noch Demokraten, noch selbst Deutsche genug sind, wir *guten Europäer* und freien, *sehr* freien Geister – wir haben sie noch, die ganze Not des Geistes und die ganze Spannung seines Bogens!« heißt es am Ende der Vorrede zu »Jenseits von Gut und Böse«. Darin lag Verweis auf einen Platz, der nur gehalten werden konnte innerhalb des liberalen Bürgertums, wie es in der Schweiz existierte und sich in Deutschland mehr und mehr ausbreiten konnte. Der aber keineswegs Dauer verhieß und auch in den Zukunfterwartungen Nietzsches selbst nichts für sich erhoffen durfte! Der »freie Geist« bedeutete nach der Vorgeschichte im Frankreich Voltaires und der Enzyklopädisten oder in Deutschland bei Lessing, der sich zu seinen Idealen bekannte, bürgerlicher Individualismus reinsten Wassers. Für ihn sah es – wenn man Nietzsche Glauben schenken durfte – nicht gut aus. Auch wenn die Weltgeschichte in ihrem weiteren Verlauf die Arbeit des Zermahlens nur langsam besorgt! »Übermensch« und »freier Geist« waren, behutsam gesagt, nicht die gleiche Sache, eher vollendeter Gegensatz. Hier standen Zukunft und Optimismus eines David Friedrich Strauß, den der Nietzsche der »Unzeitgemäßen Betrachtungen« offen bekämpft hatte, sich gegenüber. Auch Strauß konnte das Etikett des »freien Geistes« für sich in Anspruch nehmen. Daran läßt sich das Schillernde, das vom Namen ausging, absehen. Bei Nietzsche ist die Bedeutung des Worts unendlich radikalisiert. Alle Brücken zur Gegenwart sind abgerissen. Der »freie Geist« steht in letzter Einsamkeit da. Kein Luftzug des Zeitgemäßen weht ihn mehr an.

Denn das steht fest: das Werk der Überwindung aller Moralität, des Systems, wo das bisher geltende »Gut« und »Böse« einen festen Platz einnehmen, kann nur geleistet werden durch den Abbruch aller Beziehungen. Es ist nur möglich durch vollendetes Draußensein, Verlust der Anteilnahme an ihnen. Und das heißt wieder zuerst und zuletzt Verlust der Anteilnahme an den vom »Christentum« geregelten Beziehungen! Denn »Christentum«, welche Färbung es sich auch gibt, heißt immer: »Opferung aller Freiheit, alles Stolzes, aller Selbstgewißheit des Geistes; zugleich Verknechtung und Selbst-Verhöhnung, Selbstverstümmelung«. »Christentum« ist »Grausamkeit und religiöser Phönizismus«. Man muß an Flaubert als den französischen Geistesverwandten Nietzsches denken, für den das »Christentum« als »Katholizismus« ein Synonym für »Sadismus« ist. »Christentum« bedeutet »Orient, der *tiefe* Orient«, der »Christ« ist der »orientalische Sklave, der auf diese Weise an Rom und seiner vornehmen und frivolen Toleranz … Rache nahm«. In der Paradoxie vom »Gott am Kreuze«, in dieser Umkehrung alles dessen, was der Antike als gut und schön galt, wurde ihr feinstes Geschmacksempfinden auf das tiefste beleidigt. Als in Griechenland die Instinkte ihre alte Feinheit verloren hatten und der Pöbel im Aufstieg begriffen war, da war die Stunde des »Christentums« mit seiner Fähigkeit zur Furchteinflößung gekommen.

Und weiter: das Register der religiösen Grausamkeit ist groß. Dazu kommt das Fehlen jeglichen Sinns für die »delicatezza« beim grob-bäuerlichen Luthertum. Von Augustin, »einem unverdient begnadeten oder erhobenen Sklaven«, hat man sich zu merken, daß er »auf eine beleidigende Weise aller Vornehmheit der Gebärden und Begierden ermangelt«. Im Grunde ist – so sieht es Nietzsche – jede Philosophie seit Descartes »unter dem Anschein einer Kritik des Subjekt- und Prädikat-Begriffs« nichts anderes als »ein Attentat auf die Grundvoraussetzung der christlichen Lehre«. Sie hatte sich nur immer die Mühe zu geben, ihr antichristliches Wesen hinter manchen Vorwänden zu verbergen.

Das ist Anspielung auf die Vorgeschichte des »freien Geistes«, der hier seine Herkunft erkennt, sich aber erhaben gegenüber solchen schlauen Winkelzügen dünkt; der weiß, daß er »sich der Religionen zu seinem Züchtungs- und Erziehungswerk bedienen« kann, dem Religion beste Vorbereitung zum Machterwerb und zur Machterhaltung bedeutet, wie sie auch erste Friedensstifterin sein kann, um die Macht sonst unerträglicher Herrn ertragen zu können. Das ist Huldigung an Jacob Burckhardt, von dem Nietzsche diese Einsicht hat. Denn die Religion stellt den Menschen mitten in den Sonnenglanz, sie legt eine Aureole um ihn, die noch dem häßlichsten unter ihnen eine eigentümliche Schönheit gibt. Er hat dadurch plötzlich in einer höheren Schein-Ordnung der Dinge einen Platz bekommen. Mit Askese und Puritanismus können aus dem Pöbel Aufgestiegene sich zur

Herrschaft emporarbeiten. Und wo wäre jemals die Religion mehr zum Mittel gemacht worden, Macht in die Hände zu bekommen, als im christlichen Mittelalter? Religion als perfekt angewandter Wille zur Macht!

Hier konnte die Rechnung dieser Formel aufgehen. Und sie ging auch auf, wo die Religion im Verlaufe des 20. Jahrhunderts in eine offen von jedermann zu erkennende Krise hineingeriet. Marx hat die Religion als »Opium des Volkes« nie einer solchen Feindschaft für wert gehalten, wie Nietzsche es getan hat. Sie war für ihn Illusion, die da, wo sie weggewischt wird, ihre Macht verlieren muß, ein durch das Erwachen der Menschheit zu Ende gehender Traum. Aber Religion als perfider Anschlag der Mißratenen auf die Gesunden, um so an der »Verschlechterung der europäischen Rasse zu arbeiten«: einen solchen Satz kann man Marx wirklich nicht nachsagen. Hier ist der christlichen Religion die Gegenrechnung aufgemacht. Sie bedeutet immer Parteinahme für den »Überschuß von Mißratenen, Kranken, Entarteten, Gebrechlichen, notwendig Leidenden« gegen die »gelungenen Fälle«, und Wille, die Herrschaft dieser Majorität immer und immer wieder zu erneuern. Sie erhält, was eigentlich zum Absterben verurteilt wäre, »was zu Grunde gehn sollte«, mit der Folge, daß der Typus Mensch sich auf einer niedrigeren Stufe bewegt als biologisch an Möglichkeiten in ihm steckt.

Es gibt bei Nietzsche, wenn er bei der Herkunftsfrage des Christentums aus der jüdischen Wurzel weit ausholt, immer wieder den »Rückfall« auf die überwundenen Schopenhauerschen Grundlagen seines Denkens. Das »Elend« des Christentums ist durch seine jüdische Vorgeschichte schon programmiert. Das ist reiner Schopenhauer. Aber hier schlägt Nietzsche sozusagen seine Kapriolen. Das jüdische Volk der Antike, das sich selbst das »Auserwählte« nennt, ist nach Tacitus als Gewährsmann Nietzsches »geboren zur Sklaverei«. Es hat jenes »Wunderstück« in der Umwertung der Werte zustande gebracht, das Wort »Welt« zum »Schandwort« umzumünzen. »Welt« ist das, was hinfort einen bösen Klang hat. Dahinter steckt ein Stück »Sklaven-Moral«, die das Unbefriedigtsein an der Welt schon durchgemacht hat und den »Sklaven-Aufstand in der Moral«, mit dem das Christentum aufwartet, einleitet.

Das ist inhaltlich wieder etwas ganz Neues, an das auch Schopenhauer nicht gedacht hatte. Von den »Christen«, die später mit Aristokratie und Monarchie im Bunde standen, die die Noblesse feinsten kultischen Zelebrierens pflegten, zu sagen, in Geschmack und Sitte die »Plebejer« am Ende der Antike gewesen zu sein und ihre Instinkte noch den Revolutionären von 1789 weitervererbt zu haben, war schon eine Ungeheuerlichkeit. Aber die Ungeheuerlichkeit bestand immer auch darin, daß bei den »Christen« die Geschichte ihrer Herkunft selbst in Vergessenheit geraten war und immer nach alten erprobten, sie selbst unentwegt in ein gutes Licht stellenden Schablonen erzählt wurde. Was von ihnen zu erwarten war, hatte Burckhardt den Lesern seines Buchs über den Kaiser Diokletian mitgeteilt.

Doch der Wille zur Macht tut denen, die einem römischen Kaiser die Herrschaft nehmen wollen, oder tut auch einem Cesare Borgia im Blick auf die Lebenssteigerung keinen Abbruch. Im Gegenteil: Es ist dies der Willenstrieb des großen Raubtiers, dem die Zukunft gehört, es ist die grandiose Lebenskraft, die das Überdauern in der Krise garantiert.

Es steckte schon Sprengstoff in der Schrift, wie ihr der Rezensent I. V. Widmann in der Besprechung vom 16. und 17. September 1886 im Berner »Bund« bestätigte: »Jene Dynamitvorräte, die beim Bau der Gotthardbahn verwendet wurden, führten die schwarze, auf Todesgefahr deutende Warnungsflagge. Ganz nur in diesem Sinne sprechen wir von dem neuen Buche des Philosophen Nietzsche als von einem *gefährlichen* Buche«, einem Werk, »das noch vor zwei Jahrhunderten den Autor unfehlbar aufs Schafott gebracht haben würde«. Es war nicht verwunderlich, daß Nietzsche dafür, ebenso wie für den vierten Teil des »Zarathustra«, keinen Verleger fand und er es bei C. G. Naumann in Leipzig auf eigene Kosten drucken lassen mußte. Desgleichen kann es nicht erstaunen, wenn die Resonanz bei den Freunden ausbleibt. Von ihnen ist nur Köselitz, der Unentwegte unter ihnen, voll begeistert. Aber dafür gibt es, was alles aufwiegt, eine vorsichtige Anerkennung des Buchs durch Jacob Burckhardt, der die »Kunst der nuancierenden Bezeichnung des Einzelnen« hervorhebt, und das Lob Hippolyte Taines, wenn er Worte wie »unendlich suggestiv« dafür findet. Burckhardt und Taine hinter sich zu wissen: das kann sich sehen lassen. Und so teilt Nietzsche der Mutter in Naumburg unverzüglich mit, von wem ihm, dem »verlorenen Sohn«, Zuspruch zuteil geworden war.

»Jenseits von Gut und Böse« war nun keineswegs ein Buch, das, wie man vielleicht bei einer grundsätzlichen Ablehnung von Nietzsches Gedanken zum »Christentum« vermuten könnte, zu seiner Zeit im luftleeren Raum verfaßt worden wäre. Es konnte auf Zustimmung der herrschenden Klassen überall da rechnen, wo es unmittelbar die politische Seite der aufkommenden Zeitströmungen berührte. Denn es wurde nicht nur dem »Christentum« die Rechnung präsentiert, sondern auch der »Demokratie«, die in Deutschland von jeder Form der Herrschaft weit entfernt war, aber als Wunsch, als Glaube an den »Fortschritt«, von sich reden machte. »Fortschritt« als Hoffnung, »daß es irgendwann einmal Nichts mehr zu fürchten gibt«, daß sich ohne Furcht alles von selbst erledigt, als die Voraussage von der großen Gleichheit aller! Diesem Gedanken ist hier vom Autor der Laufpaß gegeben worden. Die Schwäche der Demokraten besteht darin, daß sie in zu geringen Zeiteinheiten denken, sie wissen zu wenig von der Geschichte, wollen ihren Ablauf in der Vergangenheit nicht zur Kenntnis nehmen, weisen den Gedanken von der »ewigen Wiederkunft des Gleichen« zurück. Demokratie bedeutet Verfall, die demokratische Bewegung ist das genaue Gegenteil einer politischen Organisation, nämlich ihre Auflösung, die unmittelbar auf die »Verkleinerungs-Form des Menschen« aus ist, seine »Vermittelmäßigung und Wert-Erniedrigung« im Sinne hat. Sie führt zum Unsinn der »größten Zahl«, komplettiert ihn durch die Rechtfertigung seitens der Majorität, der dadurch, daß sie die »Vielen« stellt, nichts zuzutrauen ist. Der Mensch ist »noch unausgeschöpft für die größten Möglichkeiten«: Alles, was von der Seite der Demokratie dem »Menschen der Zukunft« in Aussicht gestellt wird, bedeutet in Wahrheit seine »Entartung«, seine »Verkleinerung« und schließlich seine »Vertierung«, er wird zum »Zwergtiere der gleichen Rechte und Ansprüche«.

Das ließ sich hören in der Gesellschaft preußischer Großgrundbesitzer, von Pensionsgästen in Sils-Maria, die von der »Zukunft« weniger als von ihrer rentengesicherten Gegenwart zu erwarten hatten, von englischen Damen der upper classes und russischen Prinzessinnen, war Wasser auf ihre Mühle. Hier führte Nietzsche unzweifelhaft eine im Dienste der politischen Reaktion stehende Feder, die ihm in der Gestalt Bismarcks wiederum so suspekt war. In der Kombination des Kampfes, gegen die historisch gewordenen Religionen mit dem »Christentum« als dem Hauptschuldigen auf der einen Seite und der Absage an den demokratischen Fortschritt auf der anderen beginnen die Dinge bei Nietzsche im Blick auf die Folgen kompliziert zu werden. In Nietzsche setzt sich in der Religionsfrage die »Linke« durch, die eigentlich durch ihn hier ihr Schlußresümee zieht, der er aber selbst mit seinem Kampf gegen den Fortschrittsglauben auf der Grundlage des egalitären Prinzips jedes Existenzrecht abspricht. Die Auswirkungen zeigen sich im Verlaufe des 20. Jahrhunderts, als Nietzsche von der staatsautoritären Seite in Anspruch genommen wird. Aber da war der Verfasser des »Antichrist« längst, ohne solche möglichen Entwicklungen in Erwägung gezogen zu haben, mit seinen Gedanken über das »Christentum« an unerwarteter Stelle bekräftigt worden. Die Praxis hatte ihnen recht gegeben. Die russische Oktoberrevolution 1917 hatte sie in Wirklichkeit verwandelt; in ihr war er – der dabei Ungenannte – stumm gegenwärtig.

Hier wurde der christlichen Religion als Priesterherrschaft ein Ende bereitet, das an Deutlichkeit nichts zu wünschen übrig ließ. Es lag eine eigentümliche Ironie der Weltgeschichte darin, daß die auf »Gleichheit« setzende Revolution bei der Verabschiedung der »Religion« von Argumenten getragen wurde, die vom entschiedensten Gegner der »Gleichheit« stammten. Der darüber hinaus in seiner Gegnerschaft zur Religion in der Form des »Christentums« weit über Marx hinausging, sie zumindest persönlicher faßte, aus der Frage selbst eine Sache *seiner* »Psychologie« machte!

Daß Nietzsche in Rußland seine Botschaft vom Ende der Religion auf eine solch beispielhafte Weise hätte verwirklicht sehen können, wenn er siebzehn Jahre länger gelebt hätte, ergab sich nicht ganz unvermittelt aus seinem Werk. Rußland ist für den Verfasser von »Jenseits von Gut und Böse« das Land der Zukunft. Warum? Weil »in jenem ungeheuren Zwischenreiche, wo Europa gleichsam nach Asien zurückfließt«, die größten Willenskräfte aufgespeichert sind. Im gegenwärtigen Frankreich der Zweiten Republik – damit nimmt Nietzsche Positionen von Zola oder Flaubert an – ist »die Kraft zu wollen« am schwächsten. Das französische »Kultur-Übergewicht« muß zwangsläufig mit einer biologisch angelegten Willensabschwächung bezahlt werden. Von solchen Erkrankungen ist Rußland frei. Es genießt die unendliche Begünstigung, Kräfte aus Asien zu ziehen, von dem Europa nur ein geographisch kleines westliches Anhängsel ist, mit dem Hang zur Reflexion und Skepsis als Schwächeelementen.

Wenn Nietzsche von der »Zunahme der Bedrohlichkeit Rußlands« spricht, dann zeigt das, wie er, ohne es direkt zu wollen, voll auf die Gegenpositionen der Bismarckschen Außenpolitik der 80er Jahre zusteuert, der der Ausgleich mit Rußland näher liegt als die beständige Beschwörung der »russischen Gefahr«, für deren Erklärung Nietzsche eine biologische Untermauerung zu geben versucht. In Rußland staut sich für Europa Bedrohliches zusammen. So sieht es Nietzsche jetzt. Wohin die Bewegung führt, ob der »Wille der Verneinung oder der Bejahung« Oberhand gewinnen wird, weiß noch niemand. Es ahnt auch in diesem Augenblick der »Nihilist« Nietzsche nicht, daß der russische »Nihilismus« als Vorhut der kommunistischen Revolution den Weg zu bahnen im Begriff ist, womit er ihm – dem Gegner, der Egalität – in der Religionsfrage zur Bestätigung verhilft.

Was der »Wille der Verneinung oder der Bejahung« bei Nietzsche hier bedeutet, ist nicht ohne weiteres erkennbar. Ist für den »Nihilisten« die »Verneinung« nicht die »Bejahung« und umgekehrt, wenn es um den Sieg der nihilistischen Sache geht? Bemerkenswert bleibt, daß Nietzsche Rußland in den Zusammenhang mit dem »Kampf um die Erd-Herrschaft« hineinstellt. Das nächste Jahrhundert wird ihn bringen und Rußland einer der Hauptbeteiligten daran sein. Der »Wille zur Macht« als das einzige, worauf es ankommt, verlangt nach der »großen Politik«; die »Zeit für kleine Politik«, für die hergebrachte »dynastische wie demokratische Vielwollerei« in Europa ist vorbei.

Das gehört zu den äußeren Auswirkungen bei der sich im vollen Zuge befindlichen Veränderung der Welt. Ihre Dringlichkeit bleibt unbestritten, auch wenn man von den großen zu den kleinen Dingen übergeht. Da ist vor allem die Überheblichkeit der »Gelehrten« mit den »Philologen« und den »Schulmännern« an der Spitze. Sie sind die Gebildetsten und Armseligsten zugleich; »Sklaven«, brauchbar, aber nur in der Hand eines Mächtigeren. Die Aussage wäre weniger ernst zu nehmen, wenn sie nicht auf der Eigenbeobachtung und Selbstprüfung des »Philologen« und »Lehrers« Friedrich Nietzsche beruhen würde. Es ist dies alles ein Stück Abrechnung mit dem eigenen Ich und der Welt, in der er sich bewegte, die er nie aufhörte zu bewundern, die ihm zeitweilig als die einzige erschien, in der zu leben sich lohnte und die ihm so schweren Verdruß bereitet hatte. Den Weg des »Gelehrten« zu gehen, war etwas, das in der bürgerlichen Gesellschaft noch zählte. Wenn ihn seine Erwartungen getrogen hatten, dann war viel eigene Schuld daran beteiligt gewesen. Aber seine Erfahrungen hatten ihn hellsichtig gemacht und ließen ihn aussprechen, was andern verborgen blieb und die Organisation der Wissenschaft in einer Welt im Wandel betraf. Der »Gelehrte«, der auf »Objektivität« setzt, kann dies nur, weil er zu allem ohne große Liebe und ohne großen Haß ist, weil er zu dem, über das er urteilt, selbst eine gewisse Distanz einhält. Denn vom Großen selbst ist er, der nie Anteil an der Macht gehabt hat, durch ganze Welten geschieden. Dafür hat er »ein Luchsauge für das Niedrige solcher Naturen, zu deren Höhen er nicht hinauf kann«. Darum muß das Hohe, wenn es nach ihm geht, möglichst am Boden gehalten werden. Sein Instinkt rät dem »Gelehrten« an, den ungewöhnlichen Menschen zu bekämpfen, ihn auf das Maß der eigenen Mittelmäßigkeit zu reduzieren.

Eine solche Sprache mag heute in einer Zeit egalisierter Ansprüche befremdlich klingen. Aber in einer Welt, die noch auf große Naturen, auf unverwechselbare Menschen setzte, ging sie durch Mark und Bein, bedeutete sie tatsächlich »Dynamit«, von dem der Rezensent Widmann sprach. Hier war aus der Höhe Leonardos und Beethovens geurteilt. Kein Wunder, daß selbst die alten Freunde zurückschauderten: Deussen und Rohde, die »Philologen«, Overbeck, der auf »Objektivität« bedachte Kirchenhistoriker. Unter dem Titel »Wir Gelehrten« hatte Nietzsche im »Sechsten Hauptstück« des Buches »Jenseits von Gut und Böse« in der »freiherrlichsten« Manier als Mann der »Fröhlichen Wissenschaft« das Geheimnis des »Gelehrten« und zwar seines ersten Garanten, des »Philologen«, preisgegeben. Mochten sein Scheitern als akademischer Lehrer, seine Niederlage durch Wilamowitz-Möllendorff, das zu Bruch gegangene Verhältnis zu Ritschl daran erheblich mitgewirkt haben, so ließ sich nicht sagen, daß der Schlag gegen die »objektive Wissenschaft« unbemerkt und ohne bleibende Folgen sein sollte. Nietzsche hatte hier einen Zweifel ausgestreut, der als Saat voll aufging. Das alte Selbstbewußtsein, das Gefühl der Unangefochtenheit beim »Philologen«, der zur emsigen, ungenialen Sammlernatur von

Berufs wegen erklärt wurde, war von nun an größten Prüfungen ausgesetzt. Er mochte sich nicht daran kehren, aber der Glaube an diesen Typus hatte seine Kraft verloren.

Es gehört in die Bestandsaufnahme der Zeit und als Zeichen einer in die Krise geratenen »Moral« auch die »Frauenfrage«, auf die sich Nietzsche durch seine Beziehung zu Malwida von Meysenbug und deren Anhängerinnen, die seinen engsten weiblichen Verkehr ausgemacht hatten, nicht schlecht verstand. Wenn er von der »ewig-feindseligen Spannung« spricht, die zwischen den Geschlechtern herrsche, dann kommt er Strindberg als dem extremeren Nachfolger Ibsens sehr nahe. War Strindberg als Dramatiker immer ein an der gestörten Beziehung zur Frau Leidender gewesen, so faßt sich Nietzsche, der die Geschichte mit Lou von Salomé hinter sich gebracht hatte, ungleich definitiver. Er gibt Empfehlungen aus, die jede demokratische Zivilisation verhöhnen: der Mann, »der Tiefe hat«, so kann er erklären, »muß das Weib als Besitz, als verschließbares Eigentum, als etwas zur Dienstbarkeit Vorbestimmtes und in ihr sich Vollendendes fassen – er muß sich hierin auf die ungeheure Vernunft Asiens, auf Asiens Instinkt-Überlegenheit stellen, wie dies ehemals die Griechen getan haben, die besten Erben und Schüler Asiens«.

Byzantinische Despotie als Weg zur Beglückung der Frau ist hier die Parole. Aber das enthält wiederum nur die halbe Wahrheit. In Wirklichkeit hatte – so weiß es Nietzsche als Kenner des »Christentums« genau – die christliche Religion sich einer solche Praxis gar nicht mit Entschlossenheit entgegengestemmt, sie hatte durch Auflagen an die Frau, die Verbote, mit denen sie gegen die Frau im Gemeindeleben aufwartete, ihr kräftig Vorschub geleistet. Die Achtung vor der Frau von seiten der Männer ist eher eine sporadische Erscheinung, sie gilt für die höfische Kultur des Mittelalters, für eine mit dem französischen Absolutismus einsetzende Ära und für die erwachende Demokratie. Aber die Demokratie holt sich das, was sie der Frau gibt, durch mangelnde Ehrerbietigkeit gegenüber dem Alter wieder zurück. Das Phänomen reicht noch weiter: »Seit der französischen Revolution ist in Europa der Einfluß des Weibes in dem Maß *geringer* geworden, als es an Rechten und Ansprüchen zugenommen hat.« Und darüber hinaus: »Wo nur der industrielle Geist über den militärischen und aristokratischen Geist gesiegt hat, strebt jetzt das Weib nach der wirtschaftlichen und rechtlichen Selbständigkeit eines Commis: ›das Weib als Commis‹ steht an der Pforte der sich bildenden modernen Gesellschaft« mit der Folge, daß sich die Frau als Frau zurückbildet. So wie sich der Mann als Mann zurückbildet! Beide Geschlechter büßen angesichts der aufsteigenden industriellen Organisation Erhebliches ihrer geschlechtlich angelegten Instinkte ein. Die Frau folgt hier dem Mann, der es verlernt hat, sie das »Fürchten« zu lehren, wie es in einer auf militärischer Grundlage bestehenden Welt über Jahrtausende hinweg der Fall gewesen war.

Hier ist Nietzsche unmittelbar in die Auseinandersetzung mit der Frauenemanzipationsbewegung und seiner alten mütterlichen Freundin Malwida von Meysenbug hineingeraten, die er nicht mehr wiedersehen sollte. Die »Verdüsterung und Verhäßlichung Europas« zusammen mit der »Entzauberung des Weibes« zu denken: das ist an ihre Adresse gerichtet. »Die Verlangweiligung des Weibes kommt langsam herauf? Oh Europa! Europa!« ist zu hören, Gedanken, die die Herrlichkeit der Zustände in der Vergangenheit beschwören, an die heranzureichen keine Zukunft mehr imstande sein wird, Gedanken, die sich jeder politischen Reaktion empfehlen müßten! Nietzsche sagt der Frauenbewegung »eine beinahe maskulinische Dummheit« nach, die die Frau mit ihrer »Witterung« dafür bezahlen läßt, wie sie mit ihren eigenen Waffen am sichersten zum Siege kommt. Die Frau ist dabei, einige ihrer echten Qualitäten einzubüßen, als da sind: die »Tigerkralle unter dem Handschuh«, die »Naivität im Egoismus«, die »Unerziehbarkeit und innerliche Wildheit«, Verluste, die nicht wieder eingebracht werden können und den Namen des »Fortschritts« zum Ausdruck für ein gewaltiges Manko werden lassen.

Nietzsche hat das, was als »Frauenfrage« gehandelt wurde, als »physiologische« Frage in einem in Gärung befindlichen Europa verstanden. Das setzt voraus und bringt zugleich den immer wieder erneuerten Beweis: Der Mensch ist nicht das, was er war, er bleibt nicht das, was er ist. Er befindet sich von seinen biologisch angelegten Instinkten her in fortwährender Bewegung. Die Bewegung ist in Europa unmittelbar auf den Beginn eines Zeitalters der Massen gerichtet. Nicht zu vergessen: Nietzsche gehört zu seinen Entdeckern. Er ist mit seinem Auge für das Heraufziehn der »Herde« unter ihnen der größte. Und dieses

Auge bemerkt in den 80er Jahren bereits Umwälzendes, das ebensolche Folgen haben wird: die Europäer werden sich einander fortwährend ähnlicher, es gibt bei ihnen eine zunehmende Unabhängigkeit von jedem »Milieu«, von »Klima« und »Rasse«, wodurch sie bisher bestimmt waren; das eröffnet die Wendung zum Typus des neuen Nomaden mit einem Maximum an Anpassungsfähigkeit. Denn die wird zum Überleben gefordert. Natürlich ist beim Prozeß des »werdenden Europäers« mit großen Rückschlägen und Tempoverzögerungen zu rechnen, den jedoch selbst zeitweilige Anstürme des »National-Gefühls« nicht aufhalten können.

Das verlangt Nietzsche zunächst ein klärendes Wort über »Deutschland« und die »Deutschen« ab. Hier wäre vorschneller Optimismus fehl am Platze. Was »deutsch« ist, demonstriert er am Beispiel von Wagners »Meistersingern«. Für beides gilt: »keine Schönheit, kein Süden, Nichts von südlicher feiner Helligkeit des Himmels, Nichts von Grazie, kein Tanz, kaum ein Wille zur Logik«. Die Deutschen sind als Volk durch ihre Herkunft zum Volk der »Mitte« geworden, »mehr zusammen- und übereinandergesetzt als wirklich gebaut«. Durch ihre widerspruchsvolle Natur geben sie den Ausländern beständig neue Rätsel auf. Sie haben es schwer, mit sich selber fertig zu werden; sie schleppen mühselig an allem, was sie erleben. Dazu eine »bäurische Gleichgültigkeit« gegenüber dem, was mit Dingen des »Geschmacks« zu tun hat!

Das ist kein günstiges Urteil, es läßt allerdings für Hoffnung noch Raum. Der Deutsche hat sich, obwohl er gerade als Volk durch Bismarck zur Einheit gelangt ist, noch gar nicht gefunden. Das führt Nietzsche zu der Formel: »Der Deutsche selbst *ist* nicht, er wird, er ›entwickelt sich‹.«

Gemessen war dies zweifellos an Frankreich, das Nietzsche als den »Sitz der geistigen und raffiniertesten Kultur Europas und die hohe Schule des Geschmacks« betrachtet, Vorzüge, die in seinen Augen sich auch hier nur in einem immer kleiner gewordenen Kreis von Kompetenten antreffen lassen. Statt Kraft gibt es hier einen hohen Anteil an Verkünstelung, an Kranken, Verzärtelten, Verdüsterten, Fatalisten und sogar die Bereitschaft, sich im Namen Wagners zu germanisieren und das heißt zu vergröbern.

Aber es lebt in Frankreich noch der Wille zur artistischen Leidenschaft, Hingabe an die »Form«, alles, was in Deutschland leicht Anstoß erregen könnte. Das ist als Gegenüberstellung zum Deutschland Bismarcks mit dem »Grau in Grau«, dem »Übermaß«, gedacht. Dort »Blut und Eisen« und »große Politik«, hier die Kunst der »Psychologie« Stendhals, dort Wagner, hier Bizet. Dort ein wolkenverhangener nordischer Himmel, hier Zugang zur Helle des Südens, ein Zusammengehen des Provençalischen mit dem Ligurischen.

Daraus spricht die Wiederaufnahme der Auseinandersetzung mit Richard Wagner. Vorsicht ist geboten, ihm zu verfallen – eine Warnung an die Franzosen, überhaupt an den nicht-germanischen Süden! Die Warnung schließt Abscheu mit unendlicher Bewunderung ein: »zu Ehren der deutschen Natur Richard Wagners« sei gesagt, »daß er es in Allem stärker, verwegener, härter, höher getrieben hat, als es ein Franzose des neunzehnten Jahrhunderts treiben könnte – Dank dem Umstande, daß wir Deutschen der Barbarei noch näher stehen als die Franzosen«. Der »lateinischen Rasse« – so vermutet Nietzsche – sei Wagner für alle Zeit letztlich »unzugänglich«, für sie nicht nachfühlbar. Warum? Wagner ist »für den Geschmack alter und mürber Kulturvölker« einfach »zu antikatholisch« – seine Wendung nach Rom im »Parsifal« demnach ein Abfall von sich selbst, Untreue gegenüber der eigenen Natur.

Nietzsche versteht seine europäische Bestandsaufnahme selbst nur als ein Provisorium. Die gegenwärtigen Zustände werden bald mitgerissen vom Strom der »demokratischen Bewegung«, die unaufhaltsam und unwiderstehlich über alles Bestehende, auch über den »Nationalitäts-Wahnsinn«, hinweggehen wird. Es gibt Anzeichen dafür, daß »Europa Eins werden will«. Einigung und Einheit Europas – ein großer Gedanke, eine am Ende nicht zu verhindernde Tatsache auf dem Boden seiner Demokratisierung! Aber auch die große Falle, die die Geschichte im Namen der »Entwicklung« selbst aufgestellt hat! Denn daran duldet Nietzsche keinen Zweifel, daß »die Demokratisierung Europas auf die Erzeugung eines zur *Sklaverei* im feinsten Sinne vorbereiteten Typus hinausläuft«, den die von der Demokratie begünstigten, in ihr herangezüchteten »Tyrannen« in Empfang nehmen. Es erwarten ihn Herren, die mit ihm, der anstellig und anpassungsfähig, aber willensschwach ist, leichtes Spiel haben, leicht darum, weil der »starke Mensch«, der dann ein Ausnahmefall sein wird, stärker ausfällt, als er es in der Vergangenheit war.

Diese Voraussage Nietzsches ist von irgendeiner Zusicherung künftigen Heils weit entfernt. Das Heil in der Einheit Europas wird vom Unheil, das es enthält, weit übertroffen. Dessen Botschaft lautet: Wartet nur, ihr, die ihr an die Versprechungen und Verheißungen glaubt, die euch gegeben werden! Es stehen, wenn die Zeit da ist, schon diejenigen bereit, die sich mit ihren intakten Machtinstinkten eurer annehmen, sich mit ungebrochenen Willenskräften auf die Schwächeren und Friedlichen werfen werden. So hat noch jede bestehende Kultur angefangen. Das ist wieder Burckhardt. Am Anfang steht immer die Gewalt und ihre Anwendung durch Stärkere gegenüber den bereits Geschwächten, insbesondere durch ältere Kulturen mürbe Gemachten, deren Widerstandskräfte erlahmt sind. Das gilt auch da, wo mit dem Aufkommen der *demokratischen Bewegung* die Fäden in der Beziehung der Herren zu ihren Knechten feiner gesponnen sind. Am System der Sache ist dadurch nichts geändert. Die In-Besitz-Nehmenden verfügen über das entscheidende Plus ihrer Barbarei. Sie sind als Naturen noch »ganz« geblieben, noch nicht von der Skepsis, von Vorbehalten innerlich angenagt. Sie sind, wie Wagners Siegfried, die »Ganz Andern«, der »Kaste« derer zugehörig, die auf Überwältigung aus ist, »Bestien«, die sich auf jeder Stufe der Kultur wieder einfinden und als solche die Züchtung ihrer Art immer im Auge behalten.

Hier wird der Geschichtsrealismus Burckhardts, von dem Nietzsche ausging und mit dem er sich seinem Basler »Lehrer« näherte, übertrumpft durch die Zweiteilung in »Herren-Moral« und »Sklaven-Moral«. Das führt über das System der bisherigen Regelungen durch die bestehende Moral weit hinaus. Es kann von ihr überhaupt nicht mehr erfaßt werden. Und soll es auch nicht mehr! Was »gut« und »böse« ist, bestimmen die Herrschenden. Das mochte bisher nicht anders gwesen sein, aber die Neusetzung der Moral beruht auf einer Umwertung der Werte. Alles hebt von neuem an. Was »schädlich« ist, gilt darum als »schädlich«, weil es dies für die »Herren« ist. Nur: die neuen »Herren« sind von »Mitleid«, diesem christlichen Erzübel, frei, sie behalten bei der Durchsetzung ihrer Tugenden durch Anwendung von Gewalt, durch Härte, durch gnadenloses Behaupten ihrer neuen Moral, ein gutes Gewissen. Skrupel ist nicht ihre Sache.

Sie haben das »Ganze« im Auge gegen alle Vorbehalte des »Halben«, des Kleinen und Kleinlichen, des Nützlichen oder für »nützlich erklärten«, das den »Mittelmäßigen« dient.

Unverkennbar lagen in diesem Vokabular Versuchungen für das schon vor dem Beginn des Wilhelminischen Zeitalters in breitem Aufsteigen befindliche deutsche Bürgertum. Es konnte hier finden, was ihm bei der Entdeckung seines erwachten Selbstbewußtseins wohltat, es bei seinem Expansionsdrang beflügelte, es abhob von allem, mit dem es nicht zusammengedacht werden wollte. Das erklärt auch den bald einsetzenden Erfolg von Nietzsches Vorstellungen in der deutschen Öffentlichkeit. Mochte der Warner vor der christlichen Tugend des »Mitleids« mißverständlich sein, über den Verkünder der »Herren-Moral«, des »Herren-Rechts« und des »Herren-Volks« mußte man nicht unglücklich sein. »Herrenmensch« und »Übermensch« gingen hier ineinander über und waren als Postulate einer neuen Politik, die in großen und noch nicht zugänglichen Räumen dachte, sehr wohl annehmbar. Strich man vom gewünschten und für die »große Politik« brauchbaren Resümee einer solchen Lehre alles Befremdliche und Unverständliche, dann ließ sich eine solche »Lehre« zur Anwendung bringen.

Militärdenken durch Rangdenken begründet zu sehen, ging an, gegen die Egalität die Wertverschiedenheit gestellt zu finden mit der Absage an die »Mittelmäßigen«, durfte auf Anklang hoffen. Umgeben von denen, die durch die »demokratische Bewegung« nach oben getragen wurden und hier bessere Bedingungen zur Erhaltung und Fortpflanzung hatten, konnte man sich leicht dem »höheren Menschen« zugehörig glauben, dem Nietzsche bei der Heraufkunft der »modernen Ideen« den Untergang in Aussicht stellte. Brach man der »Lehre« von der umzuwertenden Moral die Speerspitze um und popularisierte sie, ging hier manches voll auf, konnte der alte »Unzeitgemäße« durchaus für einen recht »Zeitgemäßen« gehalten werden.

Aber das galt nur für den »unter das Volk« gebrachten Nietzsche. Denn der »Immoralismus« als »neue Moral« ist nicht ohne weiteres zugänglich. Er greift überdies ins Ästhetische hinüber und rechnet mit einem Menschen, der beinahe einer ganz andern Gattung zugezählt werden muß, von dem eine unvergleichliche Kraft der Verführung ausgeht, in dem die ganze Schönheit des »Raubtiers« zum Ausdruck gelangt. Mensch und

Tier sind im Darwinschen Sinne immer Produkte ihrer Züchtung. Die »demokratische Bewegung« wird freilich dahin wirken, daß beim Menschen überhaupt nicht nach alten Züchtungsmerkmalen gefragt wird, sie arbeitet aber damit Verhältnissen vor, die nach andern Gesichtspunkten wie etwa Anpassungsfähigkeit, »mimicry«, Effektivität, Bewältigung des Nützlichen selektieren. So geht bei fortschreitender Beseitigung der Unterschiede von Nationalitäten, Klassen, Rassen das gleiche Spiel der Zuchtwahl weiter. Es überlebt am leichtesten der »Mittelmäßige«. Aber wer ist der »Mittelmäßige«? Derjenige, der sich am leichtesten den geltenden Lebensbedingungen anpaßt! Es gilt also: »Werdet mittelmäßig!« Es gilt, alle bestehenden Unterschiede verschwinden zu lassen.

In seinem Buch »Zur Genealogie der Moral« nimmt sich Nietzsche dieses Themas noch einmal an. Er nennt es eine »Streitschrift«. Wir wissen, daß es in vielem ein Aufbereiten von Gedanken aus »Menschliches, Allzumenschliches« ist. Der Titel besagt dem Inhalt nach nichts anders als »Jenseits von Gut und Böse«, läßt auf eine Variation des darin Vorgebrachten schließen. Der Mensch ein Wesen, das sich selbst noch gar nicht kennt! Das noch nicht aus seiner Vorgeschichte herausgelangt ist! Das gilt als beständige Voraussetzung dessen, was in der Sache verhandelt wird. Und wieder die Frage, die Nietzsche damals mit Paul Rée zusammengeführt hatte: Wo liegen die Ursprünge unserer heutigen Moral? Sie reicht zwar tief ins Graue der Vorzeit zurück, man kann dort ihre Wurzeln schon erkennen. Auf die Linie einer ständig fortschreitenden Entwicklung zu setzen, ist freilich trügerisch. Denn im Lichte des »Fortschritts« wird der Mensch immer »besser«, immer »klüger«, er richtet sich behaglich ein. Er ist am Ende nicht mehr zu fürchten. Aber wo man die Furcht vor ihm verliert, büßt er auch die Liebe ein. Der Mensch beginnt, »auf Kosten der Zukunft« zu leben.

Das ist schon Fazit der »neuen Moral«, ein gefährliches, leicht zum Mißbrauch verleitendes, das sich ohne große Umstände von der Politik zur Anwendung bringen läßt. Es ist in jedem Falle Ankündigung dessen, womit in Zukunft zu rechnen ist. Auf solche Fragen hat sich der Mensch einzustellen, auf sie wird er sich biologisch hinentwickeln, um zu bestehen. Oder er wird zugrunde gehen.

Die Sprachgewalt Nietzsches, die den Klang des Hämmerns beständig mit sich führt, die Zwischentöne und einen Feinschliff ohnegleichen kennt, aber auch den Eindruck von wie aus Felsgestein herausgeschlagenen wuchtigen Blöcken hinterläßt, macht ein bloßes Resümieren seiner Anschauungen schwer. So einfach ist die mitgetragene Gedankenmasse nicht zu bewältigen. Die »Moral« wächst aus blutigem Boden heraus. In ihr hat sich Archaisches verfestigt, das mit »Schuld« und »Sühne«, mit »Rache« und »schlechtem Gewissen« droht und in die »Religionen« und ihre »Kulte« eingegangen ist, von ihnen verwaltet wird, das hier seine Beschwichtigung erfährt. Das »schlechte Gewissen« kommt dabei dem menschlichen Bedürfnis entgegen, eine »Schuld«, etwa als »Schuld gegen Gott«, bei sich selbst zu suchen. Der Mensch kann es dann wie als Instrument zur »Selbstmarterung« gegen sich ansetzen, indem er »Gott« zu seinem »Richter« und »Henker« ernennt. Daraus spricht die noch nicht überwundene Grausamkeit des »Tiermenschen«, der, wo denn einmal gestraft werden muß, dies mit Folterwerkzeugen geschehen läßt. Daraus spricht auch der Wille im Menschen, sich schuldig und verwerflich zu finden. Für seine Schuld will er sich bestraft sehen. Was ersinnt er nicht alles, um sich selbst die Schuld geben zu können? So die Idee der »Sünde«! Wieder eine »Krankheit«! Sie kommt ihm gelegen, um sich sogar für Vergehen anzuklagen, die er selbst gar nicht begangen hat. Tiefe Abgründe der menschlichen Natur tun sich auf. Hier kann einen das Grausen erfassen: »Im Menschen ist so viel Entsetzliches!« Aber die »Griechen« haben sich durch ihre Götter das »schlechte Gewissen« vom Leibe gehalten. Sie hatten nicht den »bösen Blick« für die »natürlichen Hänge« des Menschen.

Damit mochten die »Griechen« zu einer Idealität erhoben worden sein, die gerade Burckhardt ihnen absprach, aber sie bedeuteten für Nietzsche das Gegenbild zur geltenden Moral mit ihrer Hochschätzung der Askese. Für Nietzsche gilt: Der Asket ist eine Natur, die es nicht wagen kann, aus dem Überfluß zu leben. Und so ist das asketische Ideal ein Kunstgriff, sein Leben zu erhalten. Wenn es das asketische Ideal nicht gäbe, wäre er zu schwach, das Leben zu ertragen.

Hier ist es zu hören: décadence als biologische Schwäche, die den »Nihilismus« zur Folge haben wird, jenen »Nihilismus«, der notwendig ist, um zu zeigen, wie es mit der bestehenden Moral in Wahrheit bestellt ist.

»Die Geburt der Tragödie aus dem Geiste der Musik« hatte Nietzsche unter dem Eindruck des Krieges von 1870 geschrieben. Das Geschehen selbst, an dem er durch seinen Einsatz als Sanitäter unmittelbar teilgenommen hatte, schien ihm nicht in der Gegenwart allein angelegt, sondern bereits Folge einer veränderten Zeit zu sein, die mit Napoleon begonnen hatte und sich noch auf eine große Zukunft einrichten würde.

Der Krieg als Weltprinzip des Heraklit, das nach einer Zeit relativer Ruhe jetzt wieder elementar durchbricht und sich freie Bahn schafft! Das ist ein Gedanke, der heute Befremdliches an sich hat. Krieg als das »Urelement« alles Seins, wie das Feuer, kann in einer Welt der Demokratie, deren Wesen der Ausgleich ist, nicht leicht hingenommen werden. In ihr gilt es, die Schrecken des Kriegs zu bannen, möglichst auf ewig. Alle Kräfte der Regierungen sind darauf zu verwenden, seinen Ausbruch zu verhindern, ihn zu einer Sache der Vergangenheit zu machen. In unserer Zeit sind die Vernichtungspotentiale für einen Krieg der Zukunft zwischen den großen Weltmächten so gewaltig, daß die Menschheit oder erhebliche Teile davon ihn nicht überleben würden. Zu seiner Verhinderung sind darum besondere Instanzen eingerichtet, internationale Gremien, damit befaßt, Gefahrenherde für mögliche Ausbrüche auszumachen; es gibt Gesellschaften und Ligen, die eigens zur Sicherung des Friedens oder sogar ausdrücklich zur Erforschung der Bedingungen gegründet worden sind, unter denen er erhalten werden kann. In ihnen gilt als Ziel, Konflikte unter Kontrolle zu halten oder ihnen wie eine Art Feuerwehr durch Löschaktionen beizukommen. Dazu zählen wiederum Gespräche der Staatsmänner untereinander, Einberufung von Konferenzen, Verhandlungen und die Bereitschaft zu Konzessionen auf beiden Seiten.

Daran hat es im 20. Jahrhundert, das für Nietzsche zur Zukunft gehörte, nie einen Mangel gegeben. Es waren nicht nur bloße feierliche Beteuerungen zu hören, es steckte viel ehrlicher Wille dahinter.

Allein das Fazit ist verheerend: zwei Weltkriege, für deren Ausmaße die Vergangenheit keinen Vergleich bietet und dazu eine

Unzahl von Kriegen und kriegerischen Auseinandersetzungen über alle Kontinente hinweg. Und dies ohne Unterbrechung! Eine bessere Bestätigung des Heraklit kann es gar nicht geben: Das Feuer des Krieges verlöscht nie. Es bricht manchmal als helle Stichflamme aus, es kennt aber auch Augenblicke des scheinbaren Verglimmens. Doch dann ist es mit einem Male ein alles verschlingender Weltenbrand. Der Krieg im Sinne Heraklits ist ein ewiges Feuer und in Revolutionen wie in ihrem Niederschlagen, im Morden wie im Stechen, Würgen und Plündern als Alltagsgeschehen zu jeder Stunde allgegenwärtig. Wohin man schaut – und die »Freie Presse« ist der Zeuge: Tumult und Terror beherrschen die Szene. Der Krieg des Heraklit ist Souverän in den Formen des absoluten Herrschers, der nur mit vorübergehenden Machteinbußen zu rechnen hat.

Eine Welt ohne Krieg mag Ziel eines ehrlichen und sehr heftigen Wunsches sein. Die Tatsachen sprechen dagegen. Eine Welt ohne Krieg ist so undenkbar wie eine Welt ohne Sexualtrieb und ohne den Kampf der Geschlechter. Auch für Kant ist Krieg der Naturzustand, Friede das, was immer wieder erst gestiftet werden muß. Bei Nietzsche ist das Thema des Krieges aus den Einsichten in den Naturaufbau nach dem Verständnis der Vorsokratiker entwickelt. Der Krieg vernichtet, aber er schafft auch Neues, er legt den Weg frei für das, dem die Zukunft gehört. Am fortwährenden Frieden gehen die Völker mit ebensolcher Zwangsläufigkeit zugrunde, in ihm verkümmern ihre besten Eigenschaften, wie der Krieg sie stählt, ihre Erfindungsgaben, die List zum Zwecke der Lebenserhaltung ausbildet. Nietzsches Theorie vom Krieg und das Verständnis der Tragödie als Jasagen zum Leben gehören zusammen.

Es bedeutet ein großes Mißverstehen Nietzsches, seine Vorstellung vom Krieg in Zusammenhang zu bringen mit ihrer Nutzanwendung durch reaktionäre Regimes. Denn gerade hier kommt für den im antiken Materialismus fußenden Nietzsche die Konjunktion mit Marx zustande: Nietzsche und Marx sind hier zwei philosophische Gestirne im gleichen Längengrad. Für Marx ist die »Diktatur des Proletariats« nur durch Anwendung von Gewalt zu erzwingen. Daß sie sich gegenüber der Bourgeoisie, zu deren Charakter es gehört, auf ihr Eigentum nicht freiwillig zu verzichten, mit friedlichen Mitteln würde durchsetzen lassen, ist von Marx an keiner Stelle seines Werks ausgesprochen worden. Revolution als Wirbel der Atome im Sinne Demokrits, als »Krieg«, der zum »Wechsel der Dinge« führt, wie Heraklit es lehrte, ist es, die den Umsturz herbeiführen muß. Das Sprechen vom Frieden mag strategischen Erwägungen von Parteiführern und Komitees entsprechen, es mag ein Gebot der Stunde sein: auf den Frieden als Instrument der »Weltrevolution« zu setzen, hat die Unversöhnlichkeit des zu expropriierenden Gegners und die Summe der Marx-Engelsschen Lehre gegen sich. Ein anderes Urteil über »Krieg und Frieden« läßt der Weltzustand in seiner demokritisch-heraklitischen Beschaffenheit überhaupt nicht zu. Und eben hier schöpft Nietzsche aus der gleichen Quelle. Krieg ist Alpha und Omega der Weltgeschichte trotz beständiger Versicherungen des Gegenteils. Ohne ihn müßte die Welt zusammenbrechen: »So sei es denn ausgesprochen«, heißt es in der »Geburt der Tragödie«, »daß der Krieg für den Staat eine ebensolche Notwendigkeit ist, wie der Sklave für die Gesellschaft.« Das mag eine heute ungewohnte, eine befremdliche Sprache sein. Aber ist ihr Resümee darum, wenn man es auf den Verlauf der Weltgeschichte anwendet, unglaubwürdig? Es hatte den Zuspruch Jacob Burckhardts für sich, in dessen Gesellschaft Nietzsche dazu gelangt war. Das ist nichts Geringes. Es gibt kein politisches Regime, das nicht seine Herrschaft in direkter oder indirekter Weise der Anwendung gewaltsamer Mittel verdankt.

Als Nietzsche sich mit der Demokratie auseinandersetzt, als er dabei ist, zu ihrem Erzfeind zu werden, hat ihm das in Deutschland kaum nennenswerte Anfechtung eingebracht. Als Land der Demokratie kam das Bismarcksche Deutschland nicht in Betracht. Ihre westeuropäischen Bastionen lagen in England und Frankreich und neben der Schweiz in den konstitutionellen Kleinmonarchien. Es sind Länder, bei denen Wirtschaftsaktivitäten im Spiele sind, die weit nach Übersee hinüberreichen, durch Aktiengesellschaften und Handelskontore im Kolonialstil erwirtschaftete Gewinne erbringen, denen gegenüber die deutschen Unternehmungen bestürzende Harmlosigkeit verraten. Für den Militärstaat Preußen, aus dem Nietzsche kam, bedeutet Demokratie durch und durch Fremdartiges, etwas das die Ansprüche der dort herrschenden Kriegerkaste mißachtet. Von Schulpforta her war es ihm geläufig: in der athenischen Demokratie lernt der Spartaner die Symptome stadtzivilisatorischer Verweichlichung fürchten, die Freude am Krieg wich der Vorsicht, der Mut schlägt um in Achtgeben aus Furcht vor den Gefahren. Der Krieger hat seine überkommene Vormachtstellung abzutreten. An seine Stelle tritt der Händler mit der Verdienstspanne als seiner Lebensgrundlage. Demokratisch gewordene Völker haben ihre großen Zeiten hinter sich, ihre Nerven sind schwächer geworden, die Lust an der Eroberung weicht dem Bedürfnis nach Ruhe, um darin das Erworbene in Frieden verzehren zu können. Ihre Lehre ist Lehre vom Frieden.

Spätestens hier hatte bei den an das Mittelmeer anrainenden Völkern, den graeco-lateinischen Nachfahren, ein bis auf die Gegenwart reichendes Mißtrauen beim Wort »Demokratie« um sich gegriffen. Gegenüber den Verfechtern der neuzeitlichen, der angelsächsischen Demokratien, befanden sie sich im Vorteil. Sie kannten das »Schicksal« der Demokratie in der Alten Welt, wußten, welche Stelle in der Abfolge der Herrschaftsformen sie eingenommen hatte, konnten sich an das »Nichts« erinnern, in das sie gefallen war.

Mit der Demokratie ließ sich also kein Ewigkeitsanspruch behaupten. Selbst da, wo wie im Perikleischen Athen sie in eine Hoch-Zeit fällt, gibt sie keinen Anlaß zu größeren zukünftigen Erwartungen. »Eine Gesellschaft, die endgültig und ihrem Instinkt nach, den Krieg und die Eroberung abweist, ist im Niedergang: sie ist reif für Demokratie und Krämerregiment.« Ihr fehlt der Wille zur Macht. Mehr als der Krieg gilt ihr der Frieden, den zu rechtfertigen ihre Führer immer neue Gründe finden. Aber mit dem Willen zum Obensein um jeden Preis, dem der bestehende Staat seine Größe verdankt, ist es nicht mehr gut bestellt. Dabei mögen die Führer in der Demokratie sehr wohl von der richtigen Einschätzung ihrer Kraft geleitet sein, sie mögen ihren Völkern das alte Maß an Opferbereitschaft und Wagemut nicht mehr zutrauen, das ihnen einmal eigen war. Ihre Erfahrungen sind Erfahrungen der Schwäche, die ihnen raten, nicht auf die Stärke zu setzen.

In Staaten mit einer Kriegerkaste an der Spitze wie in Sparta oder Preußen war die »Kriegsfurcht« keine ernst zu nehmende Reaktion bei denen, auf die es ankommt. Wie sollten sie das fürchten, was zu ihrer Existenz, zu ihrem Obenseinwollen, dazugehört, was ihnen ihr Daseinsrecht und ihre Notwendigkeit ausdrücklich bestätigt! Die »Kriegsfurcht« ist nach Nietzsche in erster Linie eine Sache der »Geldeinsiedler«, der Leute der Börse, die um ihr Geld fürchten und den Staat als Bereicherungsapparat benutzen, des Marxschen *bourgeois*. Denn der Weg des Liberalismus war seit der französischen Revolution ein Weg von der Staatstendenz zur Geldtendenz. Aber der *bourgeois*, der dabei die Oberhand gewinnt und um seinen Besitz bangt, ist feige. Er verteidigt ihn auch längst nicht mehr mit Leib und Leben, sondern durch die Institutionen im Dienst des Eigentums. Er ruft nach der Polizei. Vom Krieger ist der Bürger durch den Verlust seiner kriegerischen Gesinnung wie durch Welten geschieden. Ihm und seiner Kraft mißtraut er. Ihn aber auch bewundert er um dessentwegen, was er nicht besitzt, so wie der Kanonier Nietzsche gebannt ist von dem Eindruck vorbeisprengender Reiter, die ihn zwingen, seinen Körper an die Kasernenmauer zurückzulehnen, um von den Galoppierenden nicht überrollt zu werden. Als er ihnen nachschaut, steigt die Vision der Zusammengehörigkeit von körperlicher Kraft und Gesundheit in der biologisch intakten Natur auf, der die Zukunft gehören wird.

In dieser Vision zieht sich der Gedanke der Unvereinbarkeit von »Krieger« und »Bürger« auf bildhafte Weise zusammen. Der Aufstieg des Bürgertums während des 19. Jahrhunderts, die Erwartungen in die »Demokratie«, die mit dem »Bürger« verbunden und für ihn wie maßgeschneidert war, gab zu großen Hoffnungen Anlaß. Die Entwicklung zeigt sich trotz zeitweiliger Rückschübe damals schon in ihrer ganzen Unwiderstehlichkeit. Es kann der Eindruck entstehen, als ob sich damit die Menschheit auf ihr Endstadium in der Form des »ewigen Friedens« in »Freiheit« hinbewegte, utopische Entwürfe Kants und Hegels der baldigen Erfüllung näherkommen würden.

Gegen solche Endvorstellungen wendet sich Nietzsche mit seiner Lehre von der »ewigen Wiederkehr des Gleichen«. Es gibt in der Geschichte keinen Ariadnefaden, an dem in unveränderter Manier weitergesponnen würde. Es gibt Weltuntergänge, das »Weltende«, die »Götterdämmerung«, wo das Bestehende als eine einzige Trümmermasse in den Orkus gestürzt wird. Aber es gibt mit dem Tod alter Götter und Götzen auch die Geburt neuer. Hier war für ihn Wagner als Künstler und Prophet zusammengefallen. Es gibt in der drohenden Weltmisere mit Mord, Verrat, Korruption, Nervenschwäche als Zeichen biologischen Verfalls die Chance des »neuen Geschlechts«, das aus der Asche aufsteigt und eine Welt des Morgen aufbaut.

Hier hat nun Nietzsches Lehre vom Krieg als Zeugungselement für neues Leben eine frappierende Stimmigkeit. Kriege setzen Anfang und Ende einer Epoche. In den Gefahren des Krieges, in Augenblicken, wo zwischen Sein oder Nichtsein die Entscheidung fällt, kommt es zu unvorstellbaren Leistungen der menschlichen Natur. Gespanntheit setzt sich wie beim Bogen in Energie um, die auf nichts anderm als der Bedrohung beruht.

Das ist Krieger-Moral, für deren letztliche Durchsetzung gegenüber der Bürger-Moral mit ihrem Liberalismus, ihrem Optimismus, mit dem Glauben an das Stimmrecht, dem Versicherungswesen alles spricht. Aber erst nach gewaltigen Kriegen, aus denen der »starke Typus«, der »oberste Typus« Mensch, hervorgehen wird. Das ist nicht der »Künstler« wie Wagner, nicht der Erkennende aus der Familie der »Philologen«, der sich Nietzsche selber widerstrebend zuzählen muß, auch nicht der akademische »Philosoph«, dem nach Schopenhauer das Kennzeichen der Brotsuche anhaftet.

Man darf für keinen Augenblick vergessen: Nietzsche war ein an der Schreckensvision von Wagners Weltenbrand in der »Götterdämmerung« Mitbeteiligter, er war in Triebschen zeitweilig dabei gewesen, als Wagner daran komponierte. Und für Wagner bedeutete die Geschichte vom Weltende ein Stück vorausgeschauter Wirklichkeit. Das alles steht in Wahrheit noch bevor. Noch mehr: Der Horror der Zukunft wird größer sein, als ihn menschliche Phantasie überhaupt ersinnen kann: »Es wird Kriege geben, wie es noch keine auf Erden gegeben hat.«

Die Unheils-Vision Nietzsches mit den Heilsfolgen für ein aus der Zerstörung hervorgehendes neues Menschentum hat Wirkungen unglaublicher Art gehabt. Hinter der Vision steckte immer auch die Absage an die satte und platte Bürgerlichkeit, insbesondere an jene der hochtrabenden Jahre nach der Reichsgründung, und hatte als Adressaten vor allem das Deutschtum in der törichten Siegerpose, das sich so viel auf Sedan, wo die französische Armee kapituliert hatte, zugute tat und für seinen Triumph die Ewigkeit angebrochen wähnte. »Der Sieger wird meistens dumm«, war in dieselbe Richtung hinein gesagt. Mit dem neuen Geschlecht konnten unmöglich diejenigen gemeint sein, die sich durch das laute Schellengeklingel ihrer Überheblichkeit hervortaten. Gerade der Unheilsvisionär Nietzsche ist extremer Antinationalist. Nicht zuletzt das hat ihn als amtslosen Schriftsteller zu einer europäischen Autorität in Untergangsfragen werden lassen, wenn man an seine Resonanz in Frankreich und Italien, aber auch in Skandinavien durch Georg Brandes' Vermittlung denkt. Der Krieg als »Erlösung« aus der Sterilität der Friedenswelt vor 1914, die so oder so zum Tode führt, ist von Nietzsche maßgeblich für eine ganze Generation vorgedacht worden und ließ sich sehr wohl auf die wirklichen Ereignisse dieser Jahre anwenden.

Devise für ein Dasein, das im Krieg seine Erfüllung findet, war Nietzsches kurze Formel vom »gefährlich leben«! Nietzsches Lehre vom Krieg ist nicht vor allem politisch zu verstehen, sondern anthropologisch. Sie gehört zu seiner Lehre vom Menschen als biologische und das heißt von Zeit zu Zeit der Erneuerung bedürftige Natur. Durch Darwin waren Demokrit und Heraklit ins Naturwissenschaftliche gewendet worden: In der »Auswahl« selbst steckt bereits das Kriegsprinzip, wo der genetisch Überlegene im Interesse der Natur übrig bleibt. Oder besser: die Dinge müssen so konstelliert werden, daß er übrigbleibt, um sich in der Zukunft weiter fortzusetzen. Dazu gehört Einübung und Stählung. Darum: »Baut eure Städte an den Vesuv! Schickt eure Schiffe in unerforschte Meere! Lebt im Kriege mit Euresgleichen und mit euch selber!«

Das war gegen den Geist der Kontemplation gesagt, gegen jene Form des Betrachtens aus der Ferne. Es war gegen die ganzen Ermüdungs- und Ermattungserscheinungen gesagt, mit denen das Zeitalter aufwartete, das sich in seinem Optimismus so sehr »auf der Höhe« zu befinden glaubte. Getroffen ist hier das Ruhebedürfnis des aufsteigenden Bürgertums mit seinem Beschaulichkeits- und Gemütlichkeitswesen, das nach dem Erklimmen des stolzen Gipfels durch militärische Siege sowie den eingebrachten Gewinnen der Gründerjahre dem Risiko vorbauen möchte. Beim genaueren Hinhören bemerkt man die Spitze gegen Schopenhauer als dem obersten von Nietzsches philosophischen Göttern während der Jugend. Nicht mehr Lebensverneinung, sondern Aktivierung des Lebens, das sich täglich aufs neue der Gefahr stellt! Herausforderung der Gefahr, die Suche nach ihr überall da, wo man sie finden könnte!

Wer das sagt? Es sagt ein von der Gesellschaft an ihre Ränder, ins Walliser Hochgebirge, an den Strand des Mittelmeeres, in die

Stadteinsamkeit von Genua Vertriebener, ein Zimmerherr mit Morgenkaffee, der von jeder aktiven Teilhabe am Leben ausgeschlossen ist. Der »Zerrissene«, der »Kontemplative« feiert den großen Täter! Predigt des Angriffs! Laudatio auf den Angreifer als den großen Täter, der auf den Feind einschlägt, wo er ihn trifft! Der Feind: das Christentum mit seinem Mitleid, Richard Wagner mit seiner Falschheit, überhaupt alles, was in der Gegenwart siegreich ist, sich auf dem Vormarsch befindet wie die Demokratie als organisiertes Versicherungswesen auf der Grundlage des Stimmrechts, die »Arbeiterfrage« im Gefolge, das Bismarcksche Deutschland mit seinem Großsprechertum, dem Grobschlächtigen, dem Hang zur Theaterdekoration, ohne das Raffinierte der Mediterranée. Nur: das Kennzeichen des Feindes ist in jedem Fall: er muß stärker sein als der Angreifer. Der Angreifer darf im Augenblick des Angriffs keine Aussicht auf einen guten Ausgang haben: »ich greife nur Sachen an, die siegreich sind – ich warte unter Umständen, bis sie siegreich sind … ich greife nur Sachen an, wo ich keine Bundesgenossen finden würde, wo ich allein stehe, – wo ich mich allein kompromittiere … ich habe nie einen Schritt öffentlich getan, der nicht kompromittierte …«

In diesem Angriff auf die Zeit mit ihren Göttern sieht der Basler Pensionär die einzige Möglichkeit, in den Lauf der Weltgeschichte einzugreifen, den Zipfel zu fassen, den sie ihm als »Unzeitgemäßen« in seiner Isolation und seiner Kontemplation läßt. Und zwar im Namen des Krieges! »Ein ander Ding ist der Krieg«, sagt Nietzsche später in »Ecce homo«: »Ich bin meiner Art nach kriegerisch. Angreifen gehört zu meinen Instinkten. Feind sein *können*, Feind sein – das setzt vielleicht eine starke Natur voraus, jedenfalls ist es bedingt in jeder starken Natur. Sie braucht Widerstand, folglich *sucht* sie Widerstand …«

Die Burckhardtsche Stufe von der Anerkennung der Macht als des in der Geschichte Zulässigen, weil Unabänderlichen und möglicherweise Aufbauenden, ist hier übersprungen; in seiner Philosophie des Krieges hat Nietzsche den Standpunkt des realistischen Buchhalters der Weltgeschichte aufgegeben und den Täter-Standpunkt eingenommen. Der Krieg ist ein »Glücksfall«. Er bedeutet biologischen Stoffwechsel in der Geschichte, Einsetzung neuer Organe an die Stelle der verbrauchten. Der Krieg ist Faszinosum. Er bedeutet Eintreten in ein Stadium ungeheuerlichster Erwartungen: »Man hat auf das *große* Leben verzichtet, wenn man auf den Krieg verzichtet«, sagt der Verfasser der »Götterdämmerung«. »Der Krieg war immer die große Klugheit aller zu innerlich, zu tief gewordnen Geister; selbst in der Verwundung liegt noch Heilkraft.«

Es war richtig: es haben immer alle diejenigen die »Heilkraft« des Krieges genossen, die nach seiner Beendigung sich als Sieger aus der Trümmermasse verkostigten, die Besiegten niedergeschlagen, ausgeplündert, ihnen die Macht entrissen oder sie deklassiert hatten, um selbst an die Stelle der Herrschenden zu treten. Für sie war, wenn sie an ihr Vorkriegs-Elend dachten, der Krieg ein »Glücksfall«. Nichts hätte ihnen erwünschter sein können als der Krieg, dem sie ihren Platz an der Sonne verdankten. Auch und gerade dann, wenn sie einen neuen Krieg aus eben diesen Gründen sehr zu fürchten hatten; wenn sie als Verfechter des Friedens an ihre alte Rolle der Erbarmungswürdigen von ehedem um nichts in der Welt mehr erinnert werden mochten! Das war nichts Neues. So hatte schon Thukydides die Geschichte Griechenlands erzählt.

Aber eben das stand dafür, daß »Krieg« oder »Frieden« am Ende nicht in das Belieben des guten oder bösen Willens, der Beschlußfassung von Konferenzen, des Verhandlungsgeschicks oder -ungeschicks von Politikern fallen. »Der Krieg ist König«, meint Heraklit; er ist selbst beschließende Instanz, von niemandem abhängig.

Wenn Nietzsches Denken sich ganz auf der Heraklitischen Spur bewegte, dann kam er, der »Unzeitgemäße«, zumindest hier den in Preußen-Deutschland vorliegenden Bedürfnissen auf eminente Weise entgegen. Das war eine Sprache, auf die man sich verstand. In Stellung aufgefahrene Krupp-Kanonen, blitzende Bajonette, das Hurra der Sieger, die in Paris einmarschiert waren, ließen sich gut in Einklang bringen mit dem Gedanken vom Immerwiederkehren des Kriegs bei einer Armee, die ihn gerade gewonnen, die den Beweis angetreten hatte, daß es rechtens ist, wenn der Stärkere über den Schwächeren triumphiert. Die Kapitulation des französischen Heeres mit Napoleon III. an der Spitze war für die »Darwinisten« eine Probe aufs Exempel. So wurde sie übrigens nicht nur in Deutschland, sondern – noch viel tiefer, weil sehr schmerzlich – auch in Frankreich erfahren. Man muß bloß ein paar Seiten von Zolas »Debakel« oder in den Briefen Flauberts lesen, um zu sehen, wie sehr man hier ein Gefühl für den tiefen moralischen und biologischen Verfall Frankreichs hatte.

Dieses biologische Schema ist bei Nietzsche voll in Geltung. Es ist das Schema Darwins: nur jetzt zum Kern einer aktivistischen Lebenslehre gemacht gegen die das organische Leben hemmenden, niederhaltenden, es zum Verkümmern und schließlich zum Absterben bringenden Mächte, gegen die »Sklavenmoral«, die die Schwachen und Zukurzgekommenen in den Stand versetzt, über die Starken und Lebenstüchtigen im Namen des »Mitleids« zu triumphieren.

Enthielt das »Christentum« die Moral der Lebensschwachen, der am Leben Verzweifelnden, aller derer, die Mißtrauen setzen in das organisch Gesunde, die mit der Krankheit und der Schwäche sympathisieren, so konnte es dazu nur eine Alternative extremster Art geben: die Frohe Botschaft von der Überlegenheit der Gesunden, der Wohlgeratenen, der Lebenstüchtigen, der auf das Leben Vertrauenden, der Furchtlosen, die Verkündigung Zarathustras, den Nietzsche in einem nicht ins Werk eingebrachten Satz sagen lassen wollte: »Ich will Kriege, bei denen die Lebenstüchtigen die anderen vertreiben«.

Das ist es: auf das Wagnis setzen als dem, was die Hoffenden von den Verzagenden trennt. Hier ist – in Analogie zu Marx – dem Bürgerlichen für die Zukunft keine Chance gelassen:

> Wo Gefahr ist,
> da bin ich daheim,
> da wachse ich aus der Erde.

Von der für die größere Öffentlichkeit bestimmten Kritik war Nietzsche bis dahin weniger stiefmütterlich als überhaupt nicht in Betracht gezogen worden. Darüber brauchte es keine Verwunderung zu geben bei einem Autor, für den kein Verleger mehr bereit war, Risiko und das eigene Geld zu wagen.

Es gab Ausnahmen wie Widmanns Worte über »Jenseits von Gut und Böse«, die Nietzsche so geschmeichelt hatten, daß er darüber der Mutter nach Hause berichtete, und es gab Spittelers ebenfalls im Berner »Bund« mit vielen Vorbehalten ausgesprochene Anerkennung. Aber das waren Stimmen aus der Schweiz. In Deutschland herrschte zunächst großes Schweigen.

Ein Erfolg von Nietzsches unzweifelhaft geschäftigen Bemühungen um die Kritik wird in dem Augenblick angebahnt, als sich Georg Brandes für die Zusendung von »Jenseits von Gut und Böse« und die »Genealogie der Moral« in einem Brief bedankt, den Nietzsche einige Tage später beantwortet. Nietzsche ist von dem Briefschreiber beeindruckt; dessen Bezeichnung seiner Philosophie als »aristokratischer Radikalismus« gefällt ihm: so will er verstanden werden. Brandes ist Dozent an der Universität Kopenhagen und ein Schriftsteller, der Dänemark mit den modernen Zeitströmungen der europäischen Literatur bekannt macht. Sein bedeutender Einfluß erstreckt sich über ganz Skandinavien. Durch sein Buch über die Romantik gilt er dort als ausgezeichneter Kenner der deutschen Literatur.

Die Nietzsche-Lektüre hatte Brandes' Interesse geweckt; nun wendet er sich an den Autor, um von ihm nähere Auskünfte über seine Person zu erhalten. Er plant, dessen Philosophie in seinen Vorlesungen zu behandeln. Nietzsche bekommt eine Photographie von ihm mit der Bitte, ihm ebenfalls ein Bild zu schicken. Gleichzeitig wünscht er einen Lebenslauf, den Nietzsche ihm in kürzester Frist zukommen läßt. »Ich bin am 15. Oktober 1844 geboren auf dem Schlachtfelde von Lützen«, beginnt darin der Verfasser. »Der erste Name, den ich hörte, war der Gustav Adolfs. Meine Vorfahren waren polnische Edelleute (Niëtzky); es scheint, daß der Typus gut erhalten ist, trotz dreier deutscher ›Mütter‹. Im Ausland gelte ich gewöhnlich als Pole; noch diesen Winter verzeichnete mich die Fremdenliste Nizzas comme Polonais.« Es schließt sich daran ein knapper Bericht über seine früh beginnende Karriere durch Ritschls Förderung und die Berufung nach Basel an: »ich hatte nötig, mein deutsches Heimatrecht aufzugeben, da ich als Offizier (reitender Artillerist) zu oft einberufen und in meinen akademischen Funktionen gestört worden wäre. Ich verstehe mich nichts desto weniger auf zwei Waffen: Säbel und Kanonen ...«

Hier haben wir die selbstgesponnenen Fäden seiner Lebenslegende: Krieg als von der Geburt mitgegebenes Element seiner Philosophie, polnischer Edelmann und Offizier, zu dem er sich hinaufstilisiert, Daten, die er jetzt für Georg Brandes aktenkundig werden läßt. Einem so beredten Anwalt des militärischen Rangdenkens wie Nietzsche mußte es in der Tat eine Einbuße an Prestige einbringen, wenn er nicht ausdrücklich die Zugehörigkeit zur Offizierskaste als sichtbarsten Ausdruck des Herrenstandes in seinem Herkunftsland Preußen hervorgekehrt hätte. Anders wäre das Bild, das man sich von ihm machen sollte, erheblich beschädigt worden.

Brandes' Ankündigung, an der Universität Kopenhagen öffentliche Vorträge über ihn zu halten, versetzt Nietzsche in einen wahren Freudentaumel, der in den Briefen an die Mutter zum Ausdruck kommt. Gerade ihr gegenüber kann er sich bestätigt fühlen. Er hatte recht behalten. Das Leben in der Öde der Einsamkeit mit seinen Entbehrungen war nicht umsonst gewesen. Sein Ruhm wird aufsteigen; nicht von Deutschland, sondern von Dänemark aus wird zum ersten Mal sein Name genannt und gelobt werden. Er erfährt hier Ehren – so reflektiert er –, wie sie Schopenhauer nicht zuteil geworden sind. Und Brandes hatte ihn gut verstanden: »Wenn Sie Schwedisch lesen, mache ich Sie auf das einzige Genie Schwedens, August Strindberg, aufmerksam. Wenn Sie über Frauen schreiben, sind Sie ihm sehr ähnlich« (3. April 1888).

Durch Brandes' Vorhaben, einen akademischen Zuhörerkreis mit seiner Philosophie bekannt zu machen, ist in die sonst bedrückenden Wintermonate 1887/88, die Nietzsche in Nizza durchzustehen sich zur Aufgabe gemacht hatte, ein Strahl der Hoffnung eingefallen. Das bedeutet keineswegs Zustimmung auf der ganzen Linie. Der dänische Literat hält Abstand. Sich mit einem Autor zu identifizieren, ist ohnehin nicht seine Sache. Es geht ihm immer um »Hauptströmungen«, wie er ein Buch nennt, das Richtungsangaben der neuesten literarischen Tendenzen in Europa besorgt. In Nietzsche glaubt er eine neue Tendenz und zugleich eine Wende sich anbahnen zu sehen. Aber er hat sofort beachtliche Schwächen bei ihm erkannt und zögert nicht, sie gegen ihn vorzubringen: »Mich verletzt es aber ein wenig, wenn Sie in Ihren Schriften so schnell und heftig über Phänomene wie Sozialismus oder Anarchismus absprechen«, teilt er ihm mit und ebenso den Vorwurf, der Nietzsche treffen muß: »Ihr Geist, der in der Regel so blendend ist, scheint mir ein wenig zu kurz zu kommen, wo die Wahrheit in der Nuance liegt« (17. Dez. 87). Unempfindlichkeit gegenüber der Nuance! Das ist hart. Aber diese Einschränkung wiegt wenig gegen Brandes' Ausdruck eines forschenden Interesses, das sich unerwartet auf eine neue Spur gebracht sieht: »Sie gehören zu den wenigen Menschen, mit denen ich sprechen möchte«, hatte er Nietzsche am 26. Nov. 1886 wissen lassen.

Brandes' anerkennende Worte konnten Nietzsche in vielem über den Verlust Rohdes hinweghelfen, der auch zu den Empfängern der letzten Schriften gehört hatte, sich aber stumm verhielt. Rohde stand inzwischen aus persönlichen Gründen wie auch wissenschaftlicher Vorbehalte wegen Nietzsches Büchern mehr als reserviert gegenüber, er hatte aufgehört, überhaupt etwas von ihnen zu halten. Dafür meldet sich Gersdorff wieder und zeigt sich glücklich, mit Nietzsche die alten freundschaftlichen Verhältnisse aufnehmen zu können.

Mit der Mutter gibt es in dem Briefwechsel während des Winters Erörterungen über sein ungeheiztes Nordzimmer, die zeigen, wie es äußerlich um Nietzsche steht. Die Kosten für einen Mietofen sind ihm mit 50 Franken zu hoch, dazu kommen noch zusätzliche Aufwendungen für Transport und Aufstellen. Deswegen erbittet er sich von der Mutter ein Heizöfchen »nebst 2 Zentner Material« und zwar auf dem am wenigsten zeitraubenden Zustellungswege. Zwei Wochen später kann er ihr berichten, daß er zum ersten Mal in einem geheizten Zimmer sitzt und neben dem üblichen Tee nur noch Wasser trinkt.

An gesellschaftlichem Umgang fehlt es Nietzsche in diesen Wochen, die er in Nizza verbringt, keineswegs. Wir hören in Briefen an die Mutter von dem Kreis hofnaher Damen der preußischen Gesellschaft, in deren Mitte er seine Mahlzeiten einnimmt, wo er mit den neuesten Interna über die kaiserliche Familie versorgt wird und eine streng deutsch-hohenzollernsche Gesinnung an den Tag zu legen scheint. Das Gefühl des gesellschaftlichen Dazugehörens, das dem Prediger des »Herrenmenschen«, der sich in den Fragen der Etikette sehr wohl auskennt und sie dezent zu handhaben versteht, ein unablässiges Bedürfnis ist, hätte in diesem Zirkel anders keine Befriedigung finden können. Und wenn er die Damen mit ihren erlauchten Namen nacheinander aufführt, dann weiß er, von welchem Stolz die Mutter, die das las, erfüllt war.

Von Georg Brandes' Absicht, seine Zuhörer in Kopenhagen mit seinen Gedanken bekannt zu machen, erfuhr Nietzsche in einem Augenblick, in dem er sich damit beschäftigte, sein eigentliches Hauptwerk ernsthaft in Angriff zu nehmen. Der Titel, den er im August 1888 in Sils Maria handschriftlich zu Papier bringt, sollte lauten: »Der Wille zur Macht«, ergänzend bezeichnet als »Versuch einer Umwertung aller Werte«.

Die Grundkonzeption war bereits von langer Hand vorbereitet; Teile von ihr hatten in »Jenseits von Gut und Böse« Eingang gefunden. Auch die »Umwertung aller Werte« bedeutete jetzt, als Nietzsche das Titelblatt mit kalligraphischer Sorgfalt beschriftete, nichts Neues. Sein ganzer »Immoralismus« war schließlich nichts anderes als Verabschiedung einer alten Moral durch eine neue. Zur weiteren Ausführung des »Macht«-Gedankens hatte Nietzsche seit Jahren Niederschriften in allerdings oft nur unabgeschlossener Form angefertigt. Vieles war bloß stichwortartig gefaßt, gedankliches Rohmaterial, das später aufbereitet werden sollte. Letzter und sogar vorletzter Schliff fehlte dem meisten. Diese von Nietzsche mit 372 Nummern versehenen und in die Bücher I–IV eingeteilten Einzelstücke später als authentisches Werk zu veröffentlichen, bedeutete ein völliges Mißverständnis der Herausgeberin Elisabeth-Förster-Nietzsche.

Und doch verbanden sich gerade mit diesem Titel Nietzsches Name und künftiger Ruhm im besonderen. Die Schwester hatte nicht falsch spekuliert, wenn sie auf ihn setzte. Nietzsche und »Der Wille zur Macht« bekommen dadurch eine eigentümliche Zusammengehörigkeit. Der Name reiht sich an den »Übermenschen«, die »blonde Bestie«, den »Immoralisten«. Mit ihm läßt sich aus Nietzsches Denken ein Programm machen, nach dem die »Weltgeschichte«, wie Jacob Burckhardt sie sah, abläuft.

»Wille zur Macht« ist die vollendete Annullierung Schopenhauers, der nicht auf den »Willen«, sondern auf seine Verneinung baute: blinder, triebhafter Wille als Prinzip des Lebens. Alle Verzweigungen des gesamten Trieblebens wie Zeugung und Ernährung erklären sich aus »einer Grundform des Willens«, nämlich »des Willens zur Macht« Auf ihn sind alle organischen Funktionen zurückzuführen. War die Heraufkunft des Nihilismus notwendig, so meint Nietzsche, »weil der Nihilismus die zu Ende gedachte Logik unsrer großen Werte und Ideale ist, – weil wir den Nihilismus erst erleben müssen, um dahinter zu kommen, was eigentlich der Wert dieser ›Werte‹ war«, so kommt im »Willen zur Macht« auch die »Gegenbewegung« zum Ausdruck, »welche in irgendeiner Zukunft jenen vollkommenen Nihilismus ablösen wird«.

Hier ist mit jenem Vokabularium gesprochen, das später im Namen Nietzsches Schule machen sollte. Der Spekulation um seine richtige Ausdeutung können dabei nicht leicht Grenzen gesetzt werden. Das war schon in der wuchtigen Gedankenführung und in der Sprache angelegt. Der Verfasser dieser gebündelten Niederschriften, die er von Nizza nach Turin expedieren ließ, aber hatte, nachdem er durch seinen »Entdecker« Georg Brandes in seinen Hoffnungen bestärkt worden war, jetzt schon allen Grund, an seiner bald anstehenden Berühmtheit keinen Zweifel mehr zu hegen.

Nietzsche hatte am »Christentum« Anstoß genommen. Er war dabei nicht dem gefälligeren und bequemeren Verfahren verfallen, das Objekt seiner Kritik auf einem fernen Erdteil, in irgendeiner weit entlegenen Kultur auszumachen. Seine Auseinandersetzung mit dem »Christentum« hatte bei ihm eine in tiefste Privatzonen hineinreichende Vorgeschichte, sogar einen familiären Strang. Er gehört zu den Söhnen, die ihren Vätern in die Karten geschaut haben und wissen, wie man den Donner rollen läßt.

Nietzsches Bruch mit dem »Christentum« hat nun in seinen Anfängen so gut wie nichts abrupt Neuartiges an sich. Das Gymnasium in Preußen mit den Toleranzpatenten seit Friedrich des Großen Zeiten stand vielfach zum »Christentum« auf kühler Distanz. In Sachsen war es übrigens nicht viel anders. In der Fürstenschule von St. Afra in Meißen konnte sich Lessing neben seinen theologischen Kenntnissen die noch weit tieferen über die heidnische Antike verschaffen. Die Weimarer Klassik hatte trotz Herder als studiertem Theologen und Generalsuperintendenten des kleinen Landes mit dem »Christentum« vollends wenig im Sinn. Es gehörte mit zur Größe der deutschen klassischen Bewegung, daß sie in keinem Augenblick Glauben an irgendwelche christlichen Verheißungen gesetzt oder ihn ermuntert hätte. Griechenland oder Palästina? Der Vergleich war für die klassische Ästhetik, wie sie in Weimar und Jena galt, durch und durch unstatthaft. Goethe sah in Christus eine große sittliche Persönlichkeit, im »Christentum« eine wohltätige reinigende Macht, der die Menschheit eine höhere Stufe moralischer Kultur verdankte, aber die Einrichtung der Kirche war ihm fremd, in ihrer römischen Form sogar tief befremdlich. Sie allerdings zu bekämpfen, lag außerhalb seiner Natur.

Die radikale Infragestellung des »Christentums« ist in Deutschland eigentlich erst eine Angelegenheit des zeitlich weit fortgeschrittenen 19. Jahrhunderts. Das bedeutete gegenüber dem französischen 18. Jahrhundert mit Voltaire, Diderot, den Enzyklopädisten, Mechanisten und Sensualisten, einen erheblichen Verzug. In Frankreich hatte im Gefolge der Revolution der Atheismus durch die siegreiche Bourgeoisie bereits den Charakter einer anerkannten Konfession erhalten, unter der man alles, was nach geistigem Freisinn roch, zusammenfaßte. Dazu zählte auch Voltaire, der die Existenz Gottes nie zu bestreiten gewagt hat. Stendhal, der von Nietzsche gerühmte Verfasser der »Kartause von Parma«, war ein »athée«. Was in Deutschland unter dem philosophischen Deckmantel der Kritik am Christentum oder der Religion auftrat, galt durchweg selbst als eine Form der Theologie. So erkannte Schopenhauer im »Absoluten« Hegels, von ihm zum »Herrn von Absolut« hinaufstilisiert, niemand anders als den alten Gott der Juden und Christen wieder. Das meint Nietzsche, wenn er die »deutsche Philosophie« einen »Schleichweg« zum Christentum nennt. Es wird in ihr der Eindruck einer Unabhängigkeit erweckt, die in Wirklichkeit gar nicht existiert; ein Berührungspunkt mit Marxens Auffassung von der »deutschen Ideologie«. »Man hat nur das Wort ›Tübinger Stift‹ auszusprechen, um zu begreifen, was die deutsche Philosophie im Grunde ist – eine hinterlistige Theologie … Die Schwaben sind die besten Lügner in Deutschland, sie lügen unschuldig …«

Das war gegen die beiden Schwaben Schelling und Hegel gerichtet, die als Tübinger Stiftler mit dem Theologiestudenten Hölderlin zusammen Stubengenossen gewesen waren. Aber gerade diese Ausführungen im »Antichrist« enthalten wieder unendlich viel aus Nietzsches eigener Lebensgeschichte und ebensosehr der seiner Familie. Wenn Nietzsche meint, daß der »Großvater der deutschen Philosophie« der »protestantische Pfarrer« sei, dann war der Philosoph Nietzsche als sächsischer Pfarrerssohn und -enkel beglaubigter Zeuge für solchen Satz. Nur plaudert er damit ein Geheimnis der »deutschen Philosophie« aus. Hier hat ein Ausgestiegener das Wort ergriffen, einer, der die Zunft belastet, die Zunft der in Deutschland angesehenen Philosophen wie auch die Berufsklasse der protestantischen Theologen. Zu einem Satz wie: »Unter Deutschen versteht man sofort, wenn ich sage, daß die Philosophie durch Theologen-Blut verderbt ist«, war von der Herkunftsseite keiner mehr berechtigt als Friedrich Nietzsche. Sie gab ihm auch die sachkundige Einsicht in das Wesen des Protestantismus als »halbseitige Lähmung des Christentums und der Vernunft«. Hier ist nichts mehr ganz intakt, das eine hält das andere in Schach.

Der Protestantismus als Christentum in der Verkümmerung, das in Wirklichkeit gar keins mehr ist! Hierfür kann Nietzsche als Zeugen seinen Freund Overbeck anführen, für den das Christentum längst eine tote Sache bedeutete, Christen Wesen einer lange zurückliegenden Zeit waren. Der Protestantismus ist als Christentum nichts Halbes und nichts Ganzes mehr, es fehlt ihm die herkömmlicherweise der Religion eigene gefährliche Seite. Es fehlt ihm der »Priester«.

Das macht den Protestantismus als Phänomen der Religion in den Augen Nietzsches uninteressant. Zu ihr gehört eigentlich ein Schrecken verbreitendes Element, gehören Ranküne, List, das Raubtierhafte, das dem Priester der unverfälschtesten Art eingeboren ist. Dagegen: »wieviel Bier ist wieder in der protestantischen Christlichkeit!«

Es wäre falsch, Nietzsches Vorstellungen vom Priester und Priesterlichen, die für sein Denken von grundlegender Bedeutung sind, eine tiefere historische Beglaubigung zuzuschreiben. Seine Charakteristiken sind keine Beiträge zu einer objektiven Religionsgeschichte, sie sind Teil seiner Philosophie. Der Priester ist in seinen Augen nicht nur Angehöriger einer das Numinose verwaltenden Berufsklasse, Magier, Beschwörer, sondern anthropologisch bestimmter Typus mit bestimmten Kennzeichen und zwar solchen, die Nietzsche – auch hier wieder durch und durch unhistorisch – vom Christentum, wie er es als erlittene Erfahrung kannte, abgeleitet hat.

Das war nur im Zusammenhang mit der großen zeitbewegenden Jahrhundertfrage zu sehen, die sich auch Proudhon, Marx und Engels, Feuerbach und anderen stellte, die für Schopenhauer galt und auf die die verschiedensten Antworten gegeben wurden. Die auch in Triebschen der Gegenstand langer Verhandlungen zwischen Wagner und Nietzsche gewesen war: Was ist die Ursache für das Elend in der Welt?

Die Frage war nicht neu. Sie war eine Version der Frage: Wie ist das Böse in die Welt gekommen? Es war die Frage nach der Schuld, die Leibniz, Voltaire und Kant tief bewegt hatte. Wer trägt die Schuld an dem mit der wachsenden Weltbevölkerung immer größer werdenden Elend? Das war eine Zuspitzung Schopenhauers, der als erster den Blick für das Zusammengehören des einen mit dem andern gehabt hatte. Jetzt im Jahrhundert des Aufsteigens der Massen, der Aufstände in den Großstädten, der Demokratie oder besser dem Verlangen nach ihr, wird es vor aller Augen evident.

Nietzsches Zuwendung zu dieser Frage zeigt den Willen zur Innenschau. Sie ist Existenzfrage, will kehren im eigenen Hause. Es gilt, bei ihrer Beantwortung aus sich selbst herauszuholen, was immer die mitbekommene Substanz an Kraft, auch zur Zerstörung enthält. Zu gleicher Zeit sind die Gegenkräfte lebendig, meldet sich das »Griechische«, das große Erlebnis von Schulpforta als das der Zerstörung Entgegenwirkende. Da, wo Nietzsche vom »Priester« als von einer Schrecken und Tod verbreitenden Gefahr spricht, erscheint ihm Griechenland in hellem Lichte. Warum? Weil »das griechische Priestertum merkwürdig unmächtig« war, »es fehlen die Züge der Herrschsucht und List, die Anmaßung politischer Gewalten, es fehlt das Ringen mit dem Staat, die Organisation der priesterlichen Macht, der große Riß zwischen Laienhaftem und Priesterlichem: kurz, es fehlt der *asiatische* Typus der Priesterschaft«, heißt es im Basler Vorlesungsmanuskript über den »Gottesdienst der Griechen«.

Das ist ein Wort, das den Priester in der unverfälschten Form mit Asien als Kontinent, von dem alle großen Religionen ihren Ausgang genommen hatten, in Verbindung bringt. Aber dem so verstandenen Asien hängt die Despotie an. Als älterer Zeitgenosse Nietzsches spricht Marx von der *asiatischen Despotie* auf dem Boden Rußlands als grausiger Unterdrückung. Das gleiche gilt vom *asiatischen Typus* des Priesters, mit dem es kraft seines Anspruchs keine Übereinkunft geben kann, mit dem sich nicht verhandeln läßt: Nach Nietzsche »der Priester an sich«. Mitten in einer Zeit relativer bürgerlicher Sicherheit, der ungefährdeten Herrschaft der Religion nennt Nietzsche diesen in der europäischen Zivilisation frei einher sich bewegenden Gast aus Asien als den unerkannten Fackelträger des Todes beim Namen. Der Priester ist es, der »die Not, den Tod, die Lebensgefahr der Schwangerschaft, jede Art von Elend, Alter, Mühsal, die *Krankheit* vor Allem« im wahrsten Sinne »erfindet«, sozusagen als zweite Erfindung der »Sünde«. Im paulinischen »der Tod ist der Sünde Sold« bereitet sich der Gläubige seinen eigenen Strang.

Der Priester also nicht als Heiler! Wie der Arzt unter der Voraussetzung der Krankheit lebt, aber sich in der Nachfolge des Hippokrates ihr zuwendet, um ihr ein Ende zu bereiten, widmet sich der Priester der »Sünde«, um sie zu verewigen. Dazu bedarf es, schon um die »Sünde« als eigentümlich timbrierte Schuld und als entsprechendes Schuldgefühl herzustellen, der vorausgehenden Maßnahme der Naturzerstörung. Die »Natur« muß herabgesetzt, verdächtigt, verleumdet werden, den Menschen als »Natur« muß beim Gefühl seiner Zugehörigkeit zu ihr das bare Entsetzen fassen. Er muß vor sich als einem Stück »Natur« zurückschaudern. Denn der Priester kann das Ende der »Sünde« nicht zulassen. Das Ende der »Sünde« wäre das Ende des Priesters.

Priester-Sein ist dabei eine Form des Oben-Sein-Wollens, es ist die systematischste Form des Oben-Sein-Wollens in der Geschichte, und zugleich die dauerhafteste.

Es gehört zur Strategie des priesterlichen Oben-Sein-Wollens, sich selbst als »höchsten Typus« des Menschen aufzubauen und als seinen eigentlichen Gegensatz »die tiefste Gattung Mensch« zu schaffen. Bei ihrer kontinuierlichen Anwendung kommt der Mechanismus jeder Priesterherrschaft zur Geltung, stellt sie sich immer wieder sicher. Dabei ist jede Priesterherrschaft selbst im Triebhaften begründet. Hinter ihr steckt, in ihr wirkt der »Wille zur Macht«. Der Priester will herrschen. Wo er in dem einen oder andern Fall nicht herrschen will, hat er bereits Attribute der Kaste oder gar die Kaste selbst preisgegeben. Oder aber die Kaste ist bereits so schwach, die Aussichten auf Durchsetzung ihres Willens sind so gering, daß sie ihn in sich selbst unterdrückt. In einer intakten und auf weitere Intaktheit bedachten Priesterherrschaft jedoch muß es dem herrschenden Typ darum gehen, den Antitypus verächtlich zu machen: er entwirft den »Tschandala«, den Unwürdigen, den zu Meidenden, denjenigen, der nicht dazu gehört, der von anderer Art, unrein, verwerflich, durch und durch pervertiert, eine von Anfang an zur Hoffnungslosigkeit bestimmte elende Kreatur ist. Der Sprachgebrauch des »Sünders« als »Tschandala« geht auf Nietzsches Besuche in Triebschen zurück, wo Wort und Inhalte bei den ausgedehnten Gesprächen zwischen Wagner und ihm ausführlich behandelt wurden. Nietzsches Vorstellungen über »Priester« und »Tschandala« hatten gerade in diesem hier vorgebrachten Verständnis Wagners volle Billigung. Im »Parsifal« sind später die Blumenmädchen des zweiten Akts »Tschandala-Mädchen«. Auch Kundry ist eine echte »Tschandala-Natur«. Beim »Kuß« schaudert Parsifal vor der »Sünderin« zurück: Vereinigung des Reinen mit der Unreinen, überhaupt Berührung von Naturen ungleicher Art darf es nicht geben.

Der Gedanke vom »Tschandala« hat weder Wagner noch Nietzsche zeitlebens mehr verlassen. Mit der Erfindung der »Sünde« schafft sich der Priester den »Tschandala« als Objekt der Verachtung, das er für sein Oben-Sein-Wollen braucht: Der Mensch »soll so leiden, daß er jeder Zeit den Priester nötig hat«, weiß Nietzsches »Antichrist«. Er setzt dagegen das »Heilige« als sein Ideal und setzt es als Wüten gegen die Instinkte des Lebens. Der Asket hat die »Natur« überwunden; er hat sie überwunden, weil er sie geringschätzt, und er schätzt sie gering, weil er sie haßt. Es ist der Naturhaß des klassischen Priesters, der korrigieren will. Der Priester gilt für Nietzsche als der typische »Verbesserer«. Er will verbessern, indem er zähmt, und er zähmt, indem er schwächt. Die Bestie muß geschwächt und dadurch weniger schädlich gemacht werden: »sie wird durch den depressiven Akt der Furcht, durch Schmerz, durch Wunden, durch Hunger zur *krankhaften* Bestie.« Aber die degenerative Rückbildung der Natur geht weiter, der »Sünder« wird zur »Karikatur des Menschen«, er wird eine »Mißgeburt«, kurz: er wird »Christ«.

Hier schließt sich bei Nietzsche der Ring. Das Ende findet zu den Anfängen zurück, in denen das Christentum die Religion nicht nur der Entrechteten und Deklassierten, sondern der biologisch und physiologisch von der Natur Vernachlässigten, von den Großstädten der ausgehenden Antike an ihren Nerven Geschädigten, einer durch und durch plebejischen Majorität, die Religion der großen Zahl, einer gleichmacherischen Anti-Elite ist. Hier wird mit der Fackel des Todes, mit Furcht und Schrecken die »Erlösung« verkündet. Der Priester findet hier die ideale Herde, der alle anderen in der Folge zu gleichen hätten. Sie gibt den Maßstab für das Kranke, macht es zur Richtschnur für das Gesunde. Nietzsche hat dabei ein tiefes Gefühl der Bewunderung für die Zielstrebigkeit, mit der priesterlicher »Wille zur Macht« seine Zwecke verfolgt, wie er sich in der Logik bei der Anwendung seiner Mittel treu bleibt. Des Priesters Anweisung ist immer die gleiche: »Physiologisch geredet: im Kampf mit der Bestie *kann* Krankmachen das einzige Mittel sein, sie schwach zu machen. Das verstand die Kirche: sie *verdarb* den Menschen, sie schwächte ihn – aber sie nahm in Anspruch, ihn ›verbessert‹ zu haben ...« Das war im Blick auf die christliche Mission bei den Germanen mit ihrem als unangekränkelt geltenden Menschentum gesagt. Der Wille, der sich im Priester manifestiert, meint dabei immer das gleiche, er meint, daß der Mensch nicht in seinem Naturzustand bleiben darf. Er muß verändert werden, um ihm seine naturgegebene Gefährlichkeit zu nehmen. Er muß domestiziert werden.

Diese Rolle des Christentums war schon Gegenstand tiefer Überlegungen im Briefwechsel zwischen Goethe und Wilhelm von Humboldt gewesen. Aber es war auch hier nicht vergessen worden, welcher Preis für die Verchristlichung hatte gezahlt werde müssen. Von Humboldt bekam Goethe zu hören – in einem Brief vom 23. August 1804, der seinen eigenen Ansichten entsprach –, daß das Christentum den Menschen »so mürbe gemacht« habe, »daß natürliche Ruhe, ungestörter innerer Friede auf ewig für ihn verloren war und beide jetzt uns erst durch einen sauern Sieg erkämpft werden müssen«. Hier konnte man erfahren: vor dem Hintergrunde der versinkenden Antike war der Mensch ruiniert worden; das aus der jüdischen Wurzel herauswachsende Christentum hatte mit seinen Gedanken von Armut, Demut und Sünde eine Tyrannei aufgerichtet, wie sie die vorchristliche alte Welt nicht kannte.

Nietzsches Gedanke war also so neu nicht. Mehr noch: er gehörte zu dem auf dem Gipfelpunkt der gesamten deutschen Kulturentwicklung vorherrschenden Bewußtsein. Es fehlt darin nicht der Vergleich von griechischer und christlicher Welt, der, wenn man alles zusammenrechnet, den Zweifel am welthistorischen Fortschreiten nachdrücklich empfiehlt. Dafür sprach nach Nietzsche die eigentümliche Milde im griechischen Priesterwesen. Sein Satz aus »Ecce homo«: »Aber der Priester *will* gerade die Entartung des Ganzen, der Menschheit, darum *conserviert* er das Entartete«, traf für Griechenland darum nicht zu, weil das Priestertum hier auffallend zurücktrat, weil es sich in das allgemeine Harmoniebedürfnis des »Griechischen« fügte. Das Voyeurtum des Priesters klassischer Observanz, der mit dem Schuld- und Strafe-Begriff sein »Priester-Attentat« auf den Gläubigen ausübt und ihn in den ausgelegten Fallstricken sich verfangen sieht, ist hier nicht zur Ausbildung gelangt.

Aber wo war es denn zur richtigen Ausbildung gelangt? Natürlich im »Christentum« als der einzigen existentiell für Nietzsche bedeutsamen Religion. Die Auseinandersetzung mit ihm ist für ihn eine Lebensfrage, das Durchdenken der Malaise gehört zur Lebensphilosophie. Sie ist immer auch ein Abfragen und Aushorchen der körperlich-geistigen Existenz, ein Prüfen dessen, was in sie durch Leben, Erbe, Erziehung, Bildung, Erfahrung, Leiden hineingeschüttet worden ist. Das »Christentum« mit seiner Schwächung der Instinkte des Lebens wird darum – über große Zeiträume der Menschheitsgeschichte hinweg – zur Frage des Überlebens: des Überlebens der Starken und der Gesunden.

Hier erhält Nietzsches Lebensphilosophie ihren aktivistischen Schwung, dreht sich ihre Konstruktion sozusagen in den Scharnieren, kennt sie in der Frage des »Tschandala« die Umkehrung des Spießes. Alles hat – und wenn es über Jahrtausende geht – seine Zeit. »Alles was ist, endet«, konnte ihm der Dichter und Komponist des »Ring« als Bekräftigung mitgeben. »So lange der *Priester* als oberster Tyrann galt, war *jede* Art Mensch entwertet«, heißt es in der »Götzendämmerung«. »Die Zeit kommt – ich verspreche das – wo er als der niedrigste gelten wird, als *unser* Tschandala, als die verlogenste, als die unanständigste Art Mensch …«

Vor dieser »Umwertung aller Werte«, vor diesem Heraufziehen eines neuen Zeitalters hat sich der »Priester« vorzusehen, mit ihm kommt die alte Rangordnung zu Fall, erfährt er das Schicksal an sich, das er jahrtausendelang den durch die Erfindung der »Sünde« von ihm Verachteten bereitet hat. Der »Priester« als ganz bestimmter physiologischer Typus – denn das ist er bei Nietzsche – hat dann ausgedient. Sein »bleiches Abseits« ist nicht mehr gefragt. Sein Blick kann dann keinen Schaden mehr stiften. Die »Natur«, als deren Feind er aufgetreten war, läßt sich nicht in alle Ewigkeit verspotten.

Das ist – wie immer bei Nietzsche – ohne auf den Tag gerichtete Neben- oder gar Hauptabsichten gesagt. Hier wird in größeren, Jahrhunderte währenden Zeiträumen gerechnet. Das »Prinzip Hoffnung« steckt in der Erwartung vom Ende der christlichen Religion, als Freiheit von ihr durch das Ende der Priesterherrschaft. Eine Welt ohne Priester gehört übrigens der Phantasielandschaft Julien Sorels in Stendhals »Rot und Schwarz« an, das Nietzsche zu den wenigen ausgewählten Büchern seiner Privatlektüre zählt. Das Glück, in solcher Welt zu leben, ist kaum zu ermessen. Hier liegen Verheißungen, die Nietzsche teilt, die er aber ins Anthropologische hinüberzieht, in die Erwartungen des neuen Menschen, der sich von der Priesterherrschaft als Sieg des Kranken über den Gesunden befreit hat.

Dieser utopische Zug gelangt in der Zarathustra-Welt zum vollen Wachstum. In seinem Entwurf liegt das Denken Nietzsches näher bei Marx, als man gewöhnlich bereit ist, zuzugeben. Wie bei zwei konvexen Körpern kommt es hier zu einer kurzen Berührung, bevor jeder sich vom andern wieder löst. Aber auch in der Utopie steckte ein gewaltiger Realismus, der bei den Erschütterungen der alten Rangordnung während des 20. Jahrhunderts, dem Zusammenbrechen der hierarchischen Organisation in den historischen Religionen zutage trat. Die Verächter von ehemals werden zu den Verachteten.

Am 2. April 1888 – es ist ein Ostermontag – verläßt Nietzsche frühmorgens mit dem 6-Uhr-Zug Nizza. Sein Reiseziel ist Turin. Schon am Mittag hätte er an seinem Ziel mühelos ankommen können. Aber er erreicht seinen Bestimmungsort nicht beim ersten Versuch. In Savona muß er umsteigen, setzt sich in den falschen Zug und entdeckt, daß er in Richtung Genua fährt. Das Gepäck ist ihm dabei abhanden gekommen, seine Koffer hatte er nach Turin aufgegeben.

Es bleibt ihm nichts anderes übrig, als den Dingen ihren Lauf zu lassen. Und so entschließt er sich zu einem Wiedersehen mit Genua, seiner Schicksalstadt. Da er nun einmal dort angelangt ist, läßt er es sich nicht nehmen, die ihm liebgewordenen Stätten aufzusuchen, und findet: Genua war ein Glücksfall für ihn. Genua mit seiner Vergangenheit, mit dem Charakter des Kühnen und Verwegenen, die Stadt des Columbus und seines Wagemuts, der Paläste ohne falsches Pathos hatte ihm etwas von sich selbst vermittelt. Er war selbst »Genueser« geworden.

Er wird seine Wiederbegegnung mit Genua auf zwei Tage ausdehnen. Am 5. April kommt er schließlich in Turin an.

Welche Veränderung der Szenerie! Er ist überrascht. Turin ist nicht die moderne Großstadt, die er erwartet hatte, sondern erscheint ihm sofort als das, was sie so lange gewesen war: eine Residenz, die in ihrer Architektur, ihrem Stil, ihrem Geschmack am Hof orientiert ist. Die Häuser sind alle gelb oder rotbraun gestrichen, Paläste, Arkaden, majestätische Straßen, freie Plätze, Denkmäler, viel Marmor – kurz eine Stadt, die ihm als dem Philosophen der »Herren-Moral« völlig angemessen erscheint. Warum hat er Turin mit diesem Klima, das ihn an das Engadin erinnert, nicht schon zehn Jahre früher kennengelernt? Turin, die Hauptstadt des Königreichs Sardinien, die zwischen 1861–65 Hauptstadt des vereinigten Italien gewesen war, ist für Nietzsche »eine kapitale Entdeckung«, aber eine späte.

Des Rühmens aller hier angetroffenen Vorzüge in den Briefen will denn auch kein Ende nehmen. Es gibt keine schäbigen Vorstädte, die Menschen sind sympathisch. Vor allem, das Leben hier ist billig. Für sein Zimmer mit Balkon in der Via Carlo Alberto 6, das der Zeitungsverkäufer Fino vermietet, zahlt er 25 Franken mit Bedienung inklusive Stiefelputzen. In der Trattoria gibt er 1,15 Fr. für eine Mahlzeit aus, fügt das hier nicht übliche Trinkgeld hinzu und erhält dafür die allerbesten Bissen. Besonders die Cafés haben es ihm angetan. In einem Konzertcafé, immer voll besetzt, kann man zwölf musikalische Programmnummern zu hören bekommen, weiß er lobend zu erwähnen. Dann die Theater! In einem ist Bizets »Carmen« zu hören. Besser konnte er es nicht treffen. Unter den Turiner Säulengängen mit ihrer Gesamtlänge von 10000 Metern schaut er plötzlich in dunkle blitzende Frauenaugen, wie er sie schöner nie gesehen zu haben glaubt. Es ist nicht von ungefähr, daß in diesen Wochen das Phänomen der Prostitution blitzartig vor ihm aufsteigt als ein – wie immer – von der »christlichen Moral« unbewältigtes. Die Arbeit hat er trotz der vielen von außen auf ihn eindringenden Eindrücke, denen er sich bereitwillig hingibt, gleich in den ersten Tagen nach seiner Ankunft wieder aufgenommen. Seine veränderte Beziehung zu Richard Wagner bedarf eines neuen klärenden Worts. Die Mißverständnisse, die sich gegen ihn als den Verfasser der in Wagners Namen verfaßten »Geburt der Tragödie« richten könnten, müssen ausgeräumt werden. Denn Wagner war »abtrünnig« geworden, er war von der eigenen Sache abgefallen. Der »Parsifal« war der Beweis dafür. Mit ihm hatte er all das widerrufen, wofür er gekämpft und wobei Nietzsche der Mitkämpfer an seiner Seite gewesen war.

Das alles galt jetzt nicht mehr. Wagner – ein Künstler der »décadence«, eine Angelegenheit der Pathologie, ein Fall, der »Fall Wagner«. Woher Nietzsche das wußte: »Ich bin so gut wie Wagner das Kind dieser Zeit, will sagen, *ein décadent*« mit dem Unterschied: »nur daß ich das begriff, nur daß ich mich dagegen wehrte.« Das hieß: in den Sachen Wagner kenne ich mich aus, hier gibt es niemanden, der mich darin übertreffen könnte, dank meiner Zugehörigkeit zur gleichen Art Mensch. Also wieder der Vergleich und die Gleichsetzung mit Wagner und dann der ausgespielte Trumpf des besseren Verstehens und der größeren Widerstandskräfte!

»Der Fall Wagner« ist als Endabrechnung mit Wagner ebenso wie die »Götzendämmerung« aus dem gleichen Jahr ein Pamphlet, in dem der Verfasser nicht die geringste Mühe aufwendet, seine persönliche Verbitterung zu verbergen. Er gibt seinem

»Turiner Brief vom Mai 1888« den Untertitel »Ein Musikanten-Problem«. Das Motiv für die Abrechnung ist nichtbewältigte Bewunderung. Das macht die Schrift so zwiespältig, ändert aber nichts an der seismographischen Bedeutung für ihre Zeit. Alles, was spätere Generationen gegen Wagner vorgebracht haben, ist darin schon kernhaft zusammengefaßt. Wagner der »Verführer«, der »Schauspieler«, der als »décadent« die Musik »krank« gemacht, der den »Geschmack verdorben«, der gegen seine alten Ideale im »Parsifal« die »Erlösung« ins »Christliche«, dem so lange sein Kampf gegolten hatte, herübergezogen habe; das war hier schon auf eine blendende Formel gebracht. Und darin der Einspruch Nietzsches! Er macht den Bayreuther Geist des Wagnerschen Anhangs für den veränderten Wagner verantwortlich. Bayreuth mit seinen »Wagnerianern« und »Wagnerianerinnen« ist ein geglücktes »Plebiszit *gegen* den guten Geschmack«. Hier begegnen sich im genialen Nachspüren dessen, was zur Bayreuther Szene nach Wagners Tod gehörte, Perfidie und Widerspruch. Hauptziel von Nietzsches Angriffen auf Wagner ist in seinem »Turiner Brief« der »Parsifal«, Wagners Rückfall ins Christentum, wie Nietzsche meint. Auf ihn als das Werk der Geschmacksverderbnis wird er sich einstellen, ihn wird er nicht mehr aus dem Auge lassen, aus ihm wird er die Indizien für den Abstieg Wagners beziehen. Aber hatte er nicht am 21. Januar 1887 über das »Parsifal«-Vorspiel, das er in Monte Carlo gehört hatte, an Köselitz geschrieben: »Rein ästhetisch gefragt: hat Wagner je etwas besser gemacht? ... Dergleichen gibt es bei Dante, sonst nicht. Ob je ein Maler einen so schwermütigen Blick der Liebe gemalt hat, als Wagner mit den letzten Akzenten seines Vorspiels.«

Hier ist beides zusammen. Das »böse Auge« macht hellsichtig über alle Maßen und es macht blind. Nietzsche spürt den veränderten Wagner des Alterswerks heraus, aber die Partiturkenntnis wie auch die Absicht, den »Parsifal« von seiner ganz anderen Struktur her beurteilen zu wollen, ist nicht sehr groß, besser: fehlt hier ganz. Er mißt den alten Wagner an dem, den er gekannt hat, und beides an seiner eigenen Elle, die klar auf ein Vorurteil hinausläuft. Denn es hätte ihm sonst mit seinem Gefühl für musikalische Formen nicht entgehen können, daß Wagner im »Parsifal« musikalisch nicht *am Kreuze niedersank*, sondern im zweiten Akt in der Gestalt des Dionysos unverändert schaltete und waltete, ja mit einem Zauberkunststück ohnegleichen aus dem christlichen Gott den »Teufel« hervorgehen ließ.

Aber auch da, wo Nietzsche irrt, steckt in seinem Irrtum immer noch ein tiefer Kern Wahrheit. Wagner war nicht den Weg gegangen, den er – Friedrich Nietzsche – hoffte, daß er ihn gehen würde. Das weist schon auf den Nietzsche am Ende seiner Produktivität hin, auf den Verfasser des »Antichrist«. In seinem Tagebuch hatte er festgehalten: »Das was ich an Wagner schätzte, war das gute Stück Antichrist, das Wagner mit seiner Kunst und Art vertrat.« Es ist eine Kommentierung aus höchst persönlichen Gründen, an die er eine verallgemeinernde Sentenz über den Charakter der »Deutschen« anschließt, wenn er fortfährt: »Ich bin der Enttäuschteste aller Wagnerianer, denn in dem Augenblick, wo es anständiger als je war, Heide zu sein, wurde Wagner Christ. Wir Deutschen, gesetzt, daß wir es je mit ernsten Dingen ernst genommen haben, sind allesamt Spötter und Atheisten.«

Das hieß nichts anderes als: wenn einer das Zeug zum »Antichrist«, als dem, was der Zukunft not tut, gehabt hätte, so wäre es Wagner gewesen. Daß Wagner diesen Weg nicht gegangen war, darin lag Nietzsches maßlose Enttäuschung. Aber das war nicht Wagner selber zuzuschreiben. Es gab Schuldige daran, und Nietzsche nennt die Hauptverantwortliche in einer Tagebuchaufzeichnung vom 25. November 1887 beim Namen: »Frau Cosima Wagner ist das einzige Weib großen Stils, das ich kennengelernt habe; aber ich rechne es ihr an, daß sie Wagner verdorben hat …« Er geht noch weiter und weiß auch die näheren Gründe: »Der Parsifal Wagners war zu allererst und anfänglich eine Geschmacks-Condeszendenz Wagners zu den katholischen Instinkten seines Weibes, der Tochter Liszts.«

Das waren merkwürdige Töne, die hier der Verehrer der »Ariadne« anschlug. Allerdings konnte er die höchst private Zeugenschaft von Bülows für sich in Anspruch nehmen, der ihm von Cosima anvertraut hatte: so wie sie mich ruiniert hat, wird sie noch Wagner ruinieren. Hinter diesem Verfahren Nietzsches stand ein beständiger Wechsel der Positionen, es lag darin ein Auskundschaften der ganzen Landschaft mit der Einsicht, daß die Tochter Franz Liszts, der am Ende seines Lebens in den Priesterstand getreten war, Wagner um die tragische Gesinnung des Aischylos, als dessen Nachfahre er sich sah, gebracht hatte.

Der Wechsel von Abscheu und Bewunderung herrscht im »Fall Wagner« von Anfang bis Ende. Die Schrift enthält die Warnung vor Wagner als der »Neurose« mit europäischer Auswirkung und bestätigt zugleich: Wagner »hat das Sprachvermögen der Musik in's Unermeßliche vermehrt«. Nietzsche hat diese Schrift übrigens in den Wochen seines ersten Aufenthalts in Turin nicht mehr abgeschlossen, sondern das Manuskript in die Sommerfrische nach Sils mitgenommen, wo er die letzte Hand daran legte. Ihrer Form nach zeigt sie viele Züge einer gewisse Unbesorgtheit um die Tatsachen. Sie will weniger aufklären als aufdecken. Die Karten, mit denen Wagner gespielt hat, müssen offengelegt werden. Seine Herkunft als Sohn des Schauspielers Geyer, seine Vergangenheit, die Arbeit in seiner Kunstwerkstatt: alles das muß ans Licht, und der Briefschreiber aus Turin ist durch seine Kenntnis davon der rechte Mann, das noch im dunkeln liegende an dieses Licht zu bringen. Gemessen am Druck, der durch seine Arbeit an der »Umwertung aller Werte« auf ihm lastet, bedeutet die Niederschrift des »Fall Wagner« eine Entspannung, die er sich in den Frühjahrstagen nach seiner Ankunft in Turin selber gönnt. Der Form nach ist das Pamphlet ein Nebenprodukt mit dem Inhalt nach unüberbietbarer lebensgeschichtlicher Bedeutung, ein letzter Versuch des Schriftstellers, sich vom Wagner-Trauma zu befreien.

Daneben bewegt den Verfasser etwas anderes, etwas, dem die Philosophie über die Jahrtausende hinweg in großem Bogen aus dem Wege gegangen ist: das Phänomen der Prostitution. Aufzeichnungen darüber finden sich bei Nietzsche schon früher und zwar im Sinne der Aufwertung. Jetzt in einer Turiner Notiz heißt es: »Die Prostitution schafft man nicht ab; es gibt Gründe, selbst zu wünschen, daß man sie nicht abschafft. Folglich – sollte man sie ennoblieren …« Das könnte zunächst wie ein Widerspruch zur neuen Moral mit dem »Übermenschen« als dem Vollstrecker erscheinen, ist es aber nicht. Denn die Prostitution fällt als Mittel zur »Züchtung« des neuen Menschen ohnehin weg, sie ist immer nur nicht-integrierte, nicht-offizielle Begleiterscheinung, die noch dazu der Heuchelei Vorschub leistet. Dagegen kann nur die Kultivierung der Prostitution etwas ausrichten.

Nietzsche hat die Behandlung dieses Themas in den für den Druck bestimmten Schriften unterlassen. Er schneidet es in persönlichen Niederschriften nur sporadisch an. Abschließende Urteile darüber abzugeben schien selbst ihm außerordentlich problematisch. Aber: man komme nur nicht mit den Einwänden des »Christentums«: »Es gibt Kulturen Asiens, wo sie sogar hohe Ehren genießt. Die Infamie liegt durchaus nicht in der Sache, sie ist erst durch die Widernatur des Christentums hineingelegt, jener Religion, welche selbst noch den Geschlechtstrieb beschmutzt!«

Soweit dieser Gegenstand einen weiteren Beweis für den Charakter des »Christentums« lieferte, den Menschen als Menschen herabzusetzen, ließ er sich schon in der Vorform der unabgeschlossenen handschriftlichen Aufzeichnung abhandeln. Wo es darum ging, dem »Christentum« diese Schwäche nachzuweisen, war Nietzsche sofort zur Stelle. Und hier war er auch wieder scharfäugig: »Man höre damit auf, die Huren zu verachten: dann werden sie keinen Grund mehr haben, sich zu verachten. Zuletzt steht es überall in diesem Punkte bereits besser als bei uns: die Prostitution ist in der ganzen Welt etwas Unschuldiges und Naives.«

Woher kam diese Beschäftigung mit dem Thema? Was hatte daran sein Interesse so sehr geweckt? Vermutungen, daß Nietzsche in der Turiner Zeit, wo er im Gegensatz zu Nizza zunächst ohne jeden menschlichen Verkehr persönlicher Art lebte, sich selbst der Prostitution bedient habe, sind ausgesprochen und auch auf den Stand vermeintlichen sicheren Wissens hinaufgerückt worden. Das gilt, wie zu sehen war, schon für die Leipziger Aufenthalte und die Bonner Zeit. Dr. Eiser hatte am 17. Oktober 1877 Richard Wagner zur Kenntnis gebracht, »daß der Kranke von Tripper-Ansteckungen während seiner Studentenzeit berichtet, – dann auch, daß er jüngst in Italien auf ärztliches Anraten den Coitus ausgeübt haben will.« Thomas Mann, der von der künstlerischen Freiheit des Romanciers weidlich Gebrauch macht und über Nietzsche die Maske des Doktor Faustus stülpt, weiß sogar noch Genaueres: er weiß, daß der Liebhaber der Hetaera Esmeralda, »da sie ihren vorigen Gewerbsplatz um einer Hospitalbehandlung willen hatte verlassen müssen«, ihren neuen Aufenthaltsort ausmacht, um sie dort in einem einschlägigen Haus zu besuchen.

Sieht man sich den Kreis der Frauen und Mädchen näher an, mit dem Nietzsche in den letzte Jahren Umgang hatte, so könnte zunächst einiges für die Prostitutionsthese sprechen. Seine Freundinnen wie Lou von Salomé, Resa von Schirnhofer, Meta von Salis sind alles Frauen von geistiger Aufnahmebereitschaft, wie sie bei Lou zu ungewöhnlicher Höhe gesteigert ist, aber ohne jede erotische Ausstrahlung auf den durchaus triebstarken Nietzsche. Gerade dieses unübersehbare Minus in der Beziehung zu Lou hat an ihrem Ende beträchtlichen Anteil.

Es ist die Nähe dieser Frauen, die Nietzsche unentwegt sucht, die er zugleich nie ernsthaft vermeiden kann, obwohl von hier keine persönliche Lösung zu erwarten ist. Es scheint, daß er gerade deswegen zu ihnen, Lou von Salomé nach dem Bruch abgerechnet, immer wieder zurückfindet. Er sucht diesen Typus, der gesellschaftlich den Damen der von ihm in Nizza wie in Sils gern frequentierten »Kränzchen« entspricht und nur durch seinen weiblichen Akademismus intellektuell von ihnen absticht. Aber diese Intellektualität bildet die Barriere. Nietzsches Sache ist das »Weiblein«, die Frau mit der »Tigerkralle unter dem Handschuh«, die »Tänzerin«. Und die sind für ihn trotz nachdrücklichen Umschauens nicht zu finden. Sie sind ihm auch in Wirklichkeit weder sozial noch psychologisch noch biologisch zugänglich. Und so bewegt er sich auf jener Straße, die ihn immer wieder auf den Emanzipiertentyp zurückführt, den er für sich nicht wünscht, den er ausdrücklich zurückweist, der ihm aber eine Beständigkeit des Umgangs und entgegenkommendes Verständnis gewährt.

Insofern würde Nietzsche tatsächlich den klassischen Fall des auf die Prostitution verwiesenen Bürgers darstellen, der mit ihrer Hilfe aus dem »Impasse«, das ihm die bestehende Organisation der Gesellschaft und die physisch-psychische Veranlagung beschert, von Fall zu Fall provisorisch herausfinden kann. Nur ist hier mit einem mächtig ihn bewegenden Umstand nicht gerechnet: dem Schauder vor der Frau, der ihm eigen ist. In entscheidenden Augenblicken wagt er es nie, den letzten Schritt zu tun, er weicht aus, verzögert, legt Beziehungen von vornherein auf ihr Scheitern an. Jene Szene im Kölner Bordell, wo er das Angebot der anwesenden Weiblichkeit mit dem Anschlagen der Klaviertasten beantwortet, bevor er, ohne daß etwas geschieht, den Ort verläßt, zeigt den wirklichen Nietzsche.

Es sagt einiges, wenn er den dritten Akt des »Siegfried«, auf dessen musikalisches Gelingen wegen seiner Anwesenheit in Triebschen er sich selbst viel zugute hält, so befremdlich findet. Hier, wo Siegfried die schlafende Brünnhilde, die ihn »das Fürchten gelehrt«, wachküßt, ist Nietzsches eigene Situation in ihrer Pathologie des Zauderns erhellt.

Aber von der pathologischen Seite her gibt es keine sicheren Erklärungen. Mögliche Rückschlüsse sind so vage wie die Vermutungen über Nietzsches Kontakte zur Halbwelt. Es hilft hier auch nicht weiter, daß Nietzsche in Turin sich Gedanken über Geschlechtskrankheiten macht und sie zu Papier bringt. »Der Syphilitiker«, so heißt es in einer Niederschrift, »der ein Kind macht, gibt die Ursache zu einer ganzen Kette verfehlter Leben ab.« Daraus auf Eigenbeobachtungen und mögliche Folgen in eigener Sache sehen zu wollen, ist höchst bedenklich. Die Darwinsche Vererbungslehre gehört bei allen Einwänden Nietzsches gegen Darwin zum integralen Bestand seines Denkens überhaupt. Als erblich sah er die nicht näher bestimmte Gehirnerkrankung des Vaters und ihren Ausbruch bei sich selbst im gleichen Lebensjahr, in dem der Vater daran gestorben war. Zu weiteren Folgerungen fehlen die Beweise.

Es gibt während seines Turiner Aufenthalts, bei dem er sich zumindest in den ersten Wochen »kompromittierend abseits« gefühlt hatte, wie er dem ihm aus Basler Tagen bekannten und jetzt in Danzig wirkenden Musikdirektor Carl Fuchs am 14. April mitteilt, eine Unterbrechung. Seine alte Gewohnheit treibt ihn dazu, die Sommermonate im Engadin im Kreise der jährlich wiederkehrenden befreundeten Silser Gäste zu verbringen. Am 5. Juni reist er dahin ab. Es gab eine Verabredung mit Resa von Schirnhofer, die aber dann ausbleibt. Dafür tauscht er die ebenso liebgewordene Gesellschaft mit Meta von Salis ein. Natürlich sind die hochgeschätzten englischen Damen da. Die wichtigste Bekanntschaft dieser Wochen ist zweifellos die mit dem Berliner Theologieprofessor Julius Kaftan. Hier trifft Nietzsche jemanden, der die ihm seit der Jugend vertrauten Anschauungen vertritt. Kaftan hat nach eigenen später geäußerten Worten in den auf langen Spaziergängen geführten Gesprächen nichts Exzentrisches an ihm gefunden. Irgendein Anzeichen heraufkommender Geisteskrankheit konnte er nicht bemerken. Er war einem Nietzsche begegnet, der es genoß, in Kaftan einem Angehörigen des ihm so vertrauten evangelischen Pastorenstandes zu begegnen, und mit allen Mitteln der Konventionen, die ihm reichlich zur Verfügung standen, gegen ihn aufwartete. Die Sprache, die Kaftan redete, verstand Nietzsche gut; er verstand sie zu gut, zwischen beiden gab es ein vortreffliches Miteinanderauskommen.

Mit ins Hochgebirge genommen hatte Nietzsche einen unerhörten Schaffensdrang, der schon in den letzten Turiner Wochen vor seiner Abreise an ihm zu bemerken war und sich gegen Ende des Jahres noch steigerte. Er schreibt wie ein Besessener. Die Abfassung vom »Fall Wagner« über die »Götzendämmerung«, den »Antichrist« bis zu »Ecce homo« und seinen schriftlich niedergelegten politischen Konspirationsplänen erfolgt Schlag auf Schlag, ohne genau feststellbare Übergänge. Und das immer im Blick auf die unter dem Titel »Umwertung aller Werte« angelegten Papiere. Den »Fall Wagner« hatte Nietzsche in Sils zu Ende gebracht und von hier an den Verleger Naumann geschickt. Aber er bekommt zu spüren, daß ihm sein alter bewährter Helfer Köselitz fehlt, denn Naumann schickt das Manuskript als unleserlich an den Verfasser zurück. Er muß sich – was ihm bei seiner Sehschwäche so schwer fällt – daranmachen, es noch einmal neu zu schreiben. In Sils entsteht denn auch der »Müßiggang eines Psychologen«, ein Titel, der aber vom Verfasser selbst wie von Köselitz als unbefriedigend empfunden wird. Die Schrift, deren Veröffentlichung Nietzsche, ohne klares Bewußtsein, nicht mehr zur Kenntnis nehmen konnte, erschien als »Götzendämmerung« und war der Beweis dafür, daß der Komponist der »Götterdämmerung« bis zuletzt bei Nietzsche alle Hebel des Denkens in Bewegung gesetzt hatte. Ihre Form rückt sie in die Nähe der kurzen Aphorismen von »Menschliches, Allzumenschliches«, dem Inhalt nach steht sie genau zwischen dem »Fall Wagner« und dem »Antichrist«.

Was so wie in einem Zuge niedergeschrieben wurde, bildet denn auch eine Einheit. Nietzsche hatte es ja Wagner vorgeworfen, daß er seine Bestimmung verfehlt habe, nämlich der »Antichrist« zu werden, und hatte damit zwei Themen unterschiedlichster Art miteinander verbunden. In der »Götzendämmerung« lag haargenau die Mittellinie dieser Verbindung. Er nennt die »kleine Schrift«, die er Ende September in Turin abschließt, »eine große Kriegserklärung«. Von nun an befindet sich der Schriftsteller Friedrich Nietzsche offiziell im Kriegszustand mit dem Deutschland Bismarcks und seinem jungen Kaiser.

»Deutschland«, ist hier zu hören, »gilt immer mehr als Europa's Flachland.« In der »Kultur«, so heißt es, »kommen die Deutschen nicht mehr in Betracht«. Sie haben keine Dichter mehr, keinen Goethe, keinen Heine, sie haben keine Philosophen mehr, keinen Hegel, keinen Schopenhauer. Ein Volk, ein Land, das seinen politischen Aufstieg mit dem kulturellen Abstieg teuer erkaufen muß, das seine Kräfte für den Gewinn äußerer Weltgeltung verwendet, so daß in dem inneren Energiehaushalt für anderes nicht viel übrig bleibt! Das war sehr pauschal geurteilt, aber die Richtungsangabe hatte, wie die Zukunft zeigen sollte, vieles für sich.

Es war nach dem Eintreffen Nietzsches in Turin übrigens eine auffallende Veränderung mit ihm vorgegangen. In der Hochstimmung dieser Monate, die auch während der Unterbrechung durch den Sommeraufenthalt in Sils anhält, kommt sein während der letzten Jahre etwas benachteiligtes Bedürfnis nach peinlicher Ordnung, insbesondere nach Eleganz der Kleidung, zum Durchbruch. Er kauft sich neues Schuhwerk, läßt sich beim Schneider einen Maßanzug anfertigen, dazu englische Handschuhe *dernier cri*. Mit der äußerlichen Vernachlässigung muß es nun ein Ende haben. Seine einsamen Mahlzeiten nimmt er mit untergelegter Serviette ein, die ihm die Mutter geschickt hatte. Neueste Errungenschaft ist eine Brille mit Goldrand. Der »europäische Schriftsteller«, über den Georg Brandes in Kopenhagen Kollegs veranstaltet, weiß, was er sich selber schuldig ist. Als Flaneur unter den Säulengängen Turins, der in den »ersten Cafés« mit ihrem Marmor und ihrem Stuck seinen Kaffee, »ein kleines Kännchen von bemerkenswerter Güte, sogar erster Güte« zu 20 Centimes, einnimmt, kehrt er zu den erlesensten Formen zurück, die geboten sind, wenn man sich zum letzten Gefecht mit dem Gott der Juden und Christen, dem Herrn Zebaoth, dem Herrscher über die »himmlischen Heerscharen«, vorbereitet.

Der Nietzsche des »Antichrist«, den er als erstes Buch der »Umwertung der Werte« zur Veröffentlichung vorsieht, tritt als »Ankläger« auf: »Ich erhebe gegen die christliche Kirche die furchtbarste aller Anklagen, die je ein Ankläger in den Mund genommen hat.« Das war nicht unrichtig. Alles, was die »französische Philosophie«, ein Voltaire oder Diderot gegen die Kirche anzuführen wußten, ist an Schärfe hier weit übertroffen. Feuerbachs »Wesen des Christentums« und Marx' Auslassungen über die Religion nehmen sich demgegenüber ausgesprochen milde aus. Nietzsches Methode der Spießumkehrung ist jetzt auf die Spitze getrieben. Die Kirche, gewohnt, das Anathema über »Ketzer« und »Ungläubige« auszusprechen: hier wird ihr mit gleicher Münze zurückgezahlt. »Fluch auf das Christentum« heißt das Buch in seinem Untertitel: »Das Christentum hat die Partei alles Schwachen, Niedrigen, Mißratenen genommen.« Es waren die plebejischen Instinkte, die es beim Niedergang der Alten Welt auf diese erfolgversprechende Karte setzen ließ. Das Christentum war der »Vampyr« des Imperium Romanum, der in dessen Schwäche die eigene Chance witterte, aus seinem Organismus sich mit Blut versorgte. Mit dem Ressentiment des Schwachen hat es alles Schöne, Edle, Erhabene der römischen Kultur heruntergezogen und nahm somit Rache an allem, was höher, was oben war. Etwas wie das feine skeptische Genießen Epikurs konnte es nicht dulden. Hinweg damit! Was es dagegenzusetzen hatte, war die »unio mystica im Bluttrinken«. Es ist mit dem »Pöbel« als seinem originären Anhang in das Paradies von Hellas eingebrochen und hat der schönen Ordnung, die hier herrschte, ein Ende bereitet. Aber noch schlimmer: »Die ganze Arbeit der antiken Welt *umsonst.*« Alle Voraussetzungen zur Tradition der Kultur befanden sich auf dem besten Wege: da kommen die »Christen« mit ihrem »Bleichsuchts-Ideal«, mit ihrem »Heiligkeits-Ideal«, ihrem »Wurm der Sünde«, der alle Menschen zur Niedrigkeit zwingt. Sie sind die »Nihilisten« des »Römischen Reichs«. »Christ« gleich »Nihilist«, das reimt sich. Hinter ihnen und ihrem schließlichen Sieg stand die Strategie des Paulus in der Krise der römischen Welt: »Was er erriet, das war, wie man mit Hülfe der kleinen sektiererischen Christen-Bewegung abseits des Judentums einen ›Weltbrand‹ entzünden könne, wie man mit dem Symbol ›Gott am Kreuze‹ alles Unten-Liegende, alles Heimlich-Aufrührerische, die ganze Erbschaft anarchistischer Umtriebe im Reich, zu einer ungeheuren Macht aufsummieren könne.«

Die hier vertretenen Vorstellungen über die Sache des »Christentums« selbst sind bei Nietzsche nicht neu, aber sie erfahren im »Antichrist« ihre schärfste Ausmünzung, es sind Fassungen »letzter Hand«. Hier verwandelt sich der Ankläger in den Richter, dessen Urteilsspruch lautet: »das Christentum war bisher das größte Unglück der Menschheit.« Was hat es nicht alles am »Menschen« verschüttet, was hätte nicht aus dem »Menschen« werden können, wenn es ihm erspart geblieben wäre? Verhängnisvoll bis zum äußersten war am Ende noch die Sinnumwandlung der »frohen Botschaft« durch Paulus. In Paulus, dem »Epileptiker«, verkörperte sich der Gegentypus zum »frohen Botschafter«, er war das »Genie im Haß«, der die jüdische Wurzel der neuen Lehre wieder freilegte. Was hinter diesem gewaltigen Anarchisten in der untergehenden römischen Welt für ein Antrieb steckte: »*Sein* Bedürfnis war die Macht; mit Paulus wollte nochmals der Priester zur Macht.«

Mit Paulus führt Nietzsche im »Antichrist« wieder an die strittige Frage des Verständnisses von »Juden« und »Judentum« heran. Im Gegensatz zu Wagner, dessen Antisemitismus er jetzt offen bekämpft, verhält sich Nietzsche in ihrer Behandlung wieder, wie so oft, zweischneidig. Der Antisemitismus als Bewegung des 19. Jahrhunderts mit seinem Schwager Förster als einem ihrer Wortführer ist nicht seine Sache. Hier hatte es jetzt einen Abbruch aller offiziellen Beziehungen gegeben, allerdings ohne größere private Folgen, denn Förster weilte mit seiner Frau im fernen Paraguay. Aber das Judentum, von dem im »Antichrist« die Rede ist, ist etwas anderes. Der Schlüssel dafür ist bei Schopenhauer zu suchen, für den das Christentum ein genuiner Sproß aus dem jüdischen Stamm war und nichts anderes. Gemessen an der jüdischen Schaffung des »Einen Gottes« ist die christliche Zutat seiner Offenbarung in Christus nach Schopenhauer relativ bedeutungslos. Die Frage hat für ihn allerdings nichts Bedrängendes. Schopenhauer geht es nicht um »Erlösung« von der »Sünde« – darüber mögen sich die Christen Gedanken machen –, sondern um »Erlösung« vom »Leiden«, wie sie der Buddhismus bietet. Bedeutet der Monotheismus einen Irrweg, dann ist er auf seine Anfänge im Judentum zurückzuverfolgen. Doch Nietzsches »Antichrist« ist ausdrücklich Auseinandersetzung mit dem Christentum. War hier zu fragen: wer ist für das Christentum verantwortlich? – dann gab es im Sinne Schopenhauers eine einzige Antwort: die Juden als das somit »verhängnisvollste Volk der Weltgeschichte«. Sollte nur der Ast abgeschlagen oder der ganze Baum gefällt werden?

Ist die Ablehnung des Antisemitismus bei Nietzsche jetzt unmißverständlich, so nimmt er in seinen Urteilen über »die Juden« eine schwankende Haltung an. Positive und negative Urteile halten sich bei ihm etwa die Waage. Objekte eines *j'accuse* sind die Juden nicht. Sie haben für ihn nicht die existentielle Bedeutung wie die »Christen« oder die »Deutschen«. »Unter Ausländern kann man hören, daß die Juden noch nicht das Unangenehmste sind, was aus Deutschland ihnen zukomme«, hatte er in seine Papiere unter dem Titel »Der Wille zur Macht« eingetragen. Und Köselitz kann von ihm erfahren: »Wissen Sie bereits, daß ich für meine internationale Bewegung das ganze jüdische Großkapital nötig habe.«

Am 20. September war Nietzsche aus dem Engadin wieder nach Turin zurückgekehrt, körperlich außerordentlich gestärkt durch die Gebirgsluft und die unternommenen Wanderungen. Er fühlt sich in einer gehobenen Stimmung. Die Hochstimmung, die ihn schon in den ersten Wochen seines Turiner Aufenthaltes leitete, die auch seine Feder begleitete, seinen Sätzen eine so auch bei ihm früher nicht anzutreffende Tollkühnheit eingab, scheint noch einmal gesteigert. Er hört plötzlich auf, Schmerzen zu haben. Ein Wohlbefinden stellt sich ein, daß er sich selber nicht wiedererkennt, das Glücksgefühl eines Menschen, der mit einem Mal die Anzeichen der Krankheit von sich gewichen vermeint. Und dann seine Existenz in Turin! Hier ist es »lebenswert«. Nizza – das wird ihm jetzt klar – war die »reine Torheit«. Wie hatte er es nur so lange dort aushalten können? Er kann sich keiner vergleichbar ebenso günstigen Lebensumstände erinnern. Wie käme er dazu, ein so wohlfeiles Logis wie sein jetziges aufzugeben! Hier scheinen plötzlich Anfänge eines neuen Lebensstils sich zu ergeben.

Das ist Entdeckung einer ihn jetzt erfüllenden Kraft und auch schon Verblendung. Sein Freisein von den Schmerzen bedeutet bereits Mangel an Fähigkeit, sie zu fühlen. Die Erleichterung treibt sein Ich-Bewußtsein noch einmal in die Höhe. Das Gefühl von einem Ich, das keine Grenzen kennt und über sich hinauswächst, muß daher nicht zwangsläufig im Wahn befangen sein. Es kann darin sehr wohl der Auftrag empfunden werden, im Dienste einer höheren Sache zu stehen, mit der Vollmacht des Berufenen ausgestattet zu sein, als Prophet selbst die Wende einzuleiten. Das war mehrtausendjährige Tradition, auf die sich Nietzsche berufen konnte und nach der er handelt. Hier wird das Sprechen freilich leicht zum Orakel. Nehmen wir die Zeugnisse für die Identitäten, auf die er Anspruch erhebt, so wohnen wir einem erregenden Wechselspiel der Masken bei, begegnen wir Prometheus, Empedokles, Zarathustra, am Ende sogar dem »Gekreuzigten«. Selbst der Wagner vorbehaltene Part des Dionysos wird von Nietzsche mit Beschlag belegt und der Komponist des »Ring« auf die Rolle des Theseus verwiesen. Hier beginnt ein großes Irrlicht aufzuleuchten, das im »Ecce homo« heraufzieht und letzte Klarheit versagt.

Es ist ein hoher Ton, der in dieser autobiographischen Schrift angeschlagen wird. In ihr wird Nietzsches ganze skandalöse Existenz der Öffentlichkeit in beglaubigter Form dargelegt: »Seht, welch ein Mensch!« Mit ihrem Ausspruch geht sie über alles hinaus, was Nietzsche vorher geschrieben hatte. Er selbst spricht darin vom »Mißverständnis« zwischen der »Größe meiner Aufgabe und der Kleinheit meiner Zeitgenossen«. Darum kennt er auch keine Rücksichtnahme da, wo sich Zweifel oder Vorbehalte einstellen könnten. Es ist ein Buch, das Höhenluft atmet. Unmißverständlich bekommt der Leser zu hören: »Warum ich so weise bin«, »Warum ich so klug bin«, »Warum ich so gute Bücher schreibe.« Der letzte Zug stilisierter Autorenbescheidenheit wird hier weggewischt. Statt dessen ist zu lesen, was Nietzsche von seinem »Zarathustra« sagt: »Ich habe mit ihm der Menschheit das größte Geschenk gemacht, das ihr bisher gemacht worden ist.« Woher ihm die darin vermittelten Einsichten gekommen sind? Durch nichts anderes als seine Krankheit. Er ist seiner Krankheit zu tiefstem Dank verpflichtet. Sie hat ihn gelehrt, daß die Dialektik ein Beweis der »décadence« ist, schon und vor allem bei Sokrates.

»Ecce homo« ist sicher von allen Büchern Nietzsche das erschreckendste, und dies vor allem darum, weil er sich hier die strengste Auskunftspflicht über sich selbst auferlegt. Man soll ihn so sehen, wie er ist und wie er selber gesehen werden möchte.

Wieder aufgelegt ist hier die Legende vom polnischen Edelmann, ausdrücklich von der Vater-Seite her. Darum lehnt er die Verwandtschaft mit der Mutter und natürlich der Schwester ab. »Wenn ich den tiefsten Gegensatz zu mir suche, die unausrechenbare Gemeinheit der Instinkte, so finde ich immer meine Mutter und Schwester – mit solcher Canaille mich verwandt zu glauben, wäre eine Lästerung auf meine Göttlichkeit!« ist hier in einem Manuskript zu lesen, für dessen Buchform Nietzsche schon das Titelblatt mit dem Namen des Verlegers Naumann und dem Jahr 1889 eigenhändig ausgezeichnet hat. Falsche Rücksichtnahme auf Angehörige der Familie hat der Wahrheit in der Sache zu weichen. Das gleiche gilt gegenüber der bestehenden Obrigkeit: »ich würde dem jungen deutschen Kaiser nicht die Ehre zugestehn, mein Kutscher zu sein.« Vor jeder Verwechslung möchte sich der Verfasser der Schrift geschützt sehen. Wohin man auch sieht, nirgendwo ist ein Gefährte von gleicher Art, eine Erscheinung gleicher Größe und gleichen Rangs wahrzunehmen. Bis auf eine Ausnahme: »Es gibt einen einzigen Fall, wo ich meines Gleichen anerkenne – ich bekenne es mit tiefer Dankbarkeit, Frau Cosima Wagner ist bei Weitem die vornehmste Natur.« Richard Wagner selbst kann sich allenfalls in ihrem Umkreis behaupten. Alles andere gilt nicht: »Der Rest ist Schweigen.«

Das Ärgernis mochte hier nicht in dem aufgesagten Respekt oder sogar der erklärten Verachtung zu suchen sein, die der Autor unmißverständlich zum Ausdruck bringt, sondern im maßlos übersteigerten Ich, das sich selber Gottgleichheit attestiert. Aber mit solchem Urteil wird man Nietzsche nicht gerecht. Er kann etwas anführen, das ihn heraushebt, ihn nicht nur ins Gespräch bringt, sondern ihn beständig darin beläßt. Er kann erklären, nur siegreiche Sachen anzugreifen: das Christentum als herrschende Religion, Wagner, der sich auf den Opernbühnen durchzusetzen längst begonnen hat, das aus dem Sieg über Frankreich hervorgegangene »Deutsche Reich«. Sich hiergegen vorzuwagen, sich im Auftreten gegen diese Mächte in aller Öffentlichkeit zu kompromittieren, will erst einmal nachgemacht werden.

»Ecce homo« ist von vornherein als Provokation gedacht. Nietzsche will die so rühmend hervorgehobene Pressefreiheit im hohenzollernschen Deutschland auf die Probe stellen. Die Hohenzollern sind jetzt als seine erklärten Gegner von ihm ausgemacht worden, als seine Konkurrenten um die Weltherrschaft. Denn sein Buch ist aus der Sicht des Weltregierenden geschrieben. Das ist nicht nur Anspruch, sondern auch literarischer Stil, in jedem Falle aber Herausforderung des Gegners, ihn zu unklugem Handeln zu bewegen. Nietzsche führt in seinen Papieren den »Fall Geffcken« an. Wegen einer Tagebuchveröffentlichung war der Straßburger Juraprofessor Geffcken in Untersuchungshaft genommen worden. Das war eine dienliche Vorlage. Zu solchem Zugreifen muß der Hohenzollernstaat gegen den Verfasser des »Ecce homo«, der sich allerdings vorerst noch klugerweise in Italien befindet, gebracht werden. Daß seine Bücher in Rußland bereits verboten sind, ist ein gutes Zeichen. Mit einem »Menschen« wie dem von »Ecce homo« kann sich ein »Staat« nicht einlassen, ihn, der aus eigener Machtvollkommenheit erklärt: »Ich bringe den Krieg«, kann er nicht dulden. Sein Verfasser ist schon in vollem Zuge, eine Kriegserklärung gegen das hohenzollernsche Deutschland und Bismarck als seinen eigentlich regierenden Staatsmann zu Papier zu bringen. Der »Krieg«, den er anzukündigen hat, kennt nichts Vergleichbares in der Vergangenheit. In unveröffentlichten Niederschriften heißt es von diesem »Krieg«: »*Nicht* zwischen Volk und Volk: ich habe kein Wort, um meine Verachtung für die fluchwürdige Interessen-Politik europäischer Dynastien auszudrücken ... *Nicht* zwischen den Ständen. Denn wir haben keine höheren Stände, folglich auch keine niederen: was heute in der Gesellschaft obenauf ist, ist physiologisch verurteilt ...«

In diesen Monaten beginnt nun auch das bereits lange anfällig gewordene System der menschlichen Beziehungen rapide zusammenzubrechen nach der Devise: »Wer nicht für mich ist, ist wider mich.« Darunter fallen, da der geringste Vorbehalt bereits als Ablehnung gilt, alle. Allen Freunden ohne Ausnahme hält Nietzsche vor, daß sie seine Bücher nicht, wie es notwendig gewesen wäre, studiert hätten. Dafür bringt er unwiderlegbare Beweise. Bülows Schweigen auf seine Bitte, in Hamburg sich für eine Aufführung von Köselitz' »Der Löwe von Venedig« einzusetzen, ahndet er mit folgenden Zeilen: »Sie haben auf meinen Brief nicht geantwortet. Sie sollen ein für alle Mal vor mir Ruhe haben.« Und dann der Vorwurf eines ungeheuerlichen Verstoßes: »Ich denke, Sie haben einen Begriff davon, daß der erste Geist des Zeitalters Ihnen einen Wunsch ausgedrückt hatte« (9. Okt. 1888).

Malwida von Meysenbug, die während vieler Jahre beschwichtigend auf ihn eingewirkt und sogar seine Angriffe auf die Frauen-Emanzipationsbewegung ohne Grollen über sich hatte ergehen lassen, ist die nächste, die er sich vornimmt. Er stößt brieflich vor mit dem sicheren Gefühl, bei ihr auf eine unbeirrbare Wagnerianerin zu treffen, der damit ihr eigener Anteil an der Geschmacksverirrung durch die Bayreuther Sache vorgehalten werden kann. Ihre Antwort ist eine milde Absage in einem Ton, der ihm neu an ihr erscheinen mußte, aber jetzt nicht ungelegen kommt, weil er das Ende ihrer Beziehung zu besiegeln scheint. Sicher hatte Nietzsche alle Veranlassung, von der Bayreuther Seite her auf das Schlimmste gefaßt zu sein. Seine Frontbegradigung unter Ausschaltung aller unsicheren Bundesgenossen oder gar Wagnerianer in den eigenen Reihen war darum nicht unbegründet. Am 25. Oktober erschien im »Musikalischen Wochenblatt« ein Artikel von Richard Pohl: »Der Fall Nietzsche«. Das war die offizielle Entgegnung aus dem Hause Wahnfried. Denkt man an Wagners Recherchen bei Nietzsches Ärzten, so hatte man sich hier in einer gewissen Erwartung von Unvorhergesehenem seitens Nietzsche auf dem laufenden gehalten. Wagner jedenfals war stets der Meinung gewesen, über Nietzsche wohl informiert zu sein. Es stand in Bayreuth fest, man »wußte« etwas über ihn, glaubte die Ursachen seiner Krankheit zu kennen. Und so liest sich denn auch Pohls Traktat über Nietzsche wie ein Beitrag zu seiner Krankengeschichte; d. h. der Verfasser suchte mit seinen wesentlich bescheideneren Mitteln zurückzuschlagen und bewies damit nur, wie sehr Nietzsche in Form und Methode bereits Schule gemacht hatte.

Nietzsche aber war sich in der Turiner Euphorie inzwischen über *ein* gewaltiges Dilemma seiner Existenz und seines Denkens klar geworden: das gebrochene Verhältnis zur Praxis. Am Eingang der »Götzendämmerung« steht der Satz: »Müßiggang ist aller Psychologie Anfang«. Das bedeutet auch ein ironisches Eingeständnis von Schwächen des eigenen Denkens und des verfehlten Zusammenhangs mit der Forderung des Tages. Es ist bewegend zu sehen, wie Nietzsche mit einem einzigen Schlag die Konsequenz dieser bitteren Einsicht zu ziehen gedenkt durch den Übergang in einen politischen Aktionismus unter dem Zeichen der Gewalt. Der von ihm der geltenden Moral und Religion erklärte Krieg, der auch gegen den bestehenden Staat zu führen wäre, muß in die Tat umgesetzt werden: er will selbst dabei der große Täter sein. Bewußtsein vom gottgleichen Ich und Wille zur Konspiration gehen hier ineinander über. August Strindberg, mit dem ein Briefwechsel eingeleitet worden war, stellt er sich in einem im November 1888 geschriebenen Brief als der

»unabhängigste und vielleicht der stärkste Geist, der heute lebt«, vor, der angesichts der Verflachung Deutschlands »Ohren« vor allem »in Frankreich« sucht, dem ersten Land in allen Fragen der Kultur, wie er es sieht. Daraus spricht unmißverständlich eine neue Richtung, die unmittelbar auf Revision der seit 1871 eingetretenen Verhältnisse, des Kaisertums und besonders der Herrschaft Wilhelms II., dringt. So phantastisch der Plan ist, den er Overbeck am 28. Dezember mitteilt, er bringt damit geheimste Gedanken, die glühendem Wunschdenken entsprechen, ans Licht: »Ich selber arbeite eben an einem Promemoria für die europäischen Höfe zum Zwecke einer antideutschen Liga. Ich will das ›Reich‹ in ein eisernes Hemd einschnüren und zu einem Verzweiflungskrieg provozieren. Ich werde nicht eher die Hände freibekommen, als bis ich den christlichen Husaren von Kaiser samt Zubehör in den Händen habe.«

In diesen Fieberträumen, um die es sich offenbar handelt, kommt mit einemmal der politische Verschwörer zu Wort. Aber das Verfahren selbst ist nicht neu: wieder muß aufgedeckt werden, muß ans Licht gelangen, was sich an Gefahren drohend über Europa zusammenzieht. Es muß gewarnt werden und alle sollen es wissen, wo der eigentliche Gefahrenherd liegt. Strindberg erfährt noch Genaueres: »Ich habe einen Fürstentag nach Rom zusammenbefohlen; ich will den jungen Kaiser füsilieren lassen.« In den Delirien dieser Wochen scheint Nietzsche sich in einem Gefühl der Allmacht befunden zu haben, die ihn über unzählige Helfer gebieten und unsichtbare Armeen nach seiner Strategie operieren läßt; zu den sich durch das »Reich« bedroht fühlenden Potentaten sind offenbar geheime Drähte gespannt, über die sie aus Turin ihre Anweisungen erhalten.

Gegen Ende des Jahres erfahren diese ausgefallenen Bekundungen Nietzsches sowohl an Zahl wie an Originalität eine weitere Steigerung. Was im »Fall Wagner« noch als Zweifel nachklingen mochte, ob der »Ankläger« sich ganz auf der Ebene des »Angeklagten« befand, wird mit einigen dem gleichen Gegenstand gewidmeten und sozusagen nachgereichten Seiten erledigt. Jetzt zieht Nietzsche endgültig gleich: »Nietzsche contra Wagner« bedeutet die feste Formel für ihre Ebenbürtigkeit, die sich der Verfasser, während er zu Gericht sitzt, nachdrücklich bestätigt. Nun nehmen auch die unmittelbaren Botschaften an die Freunde zu. Meta von Salis erhält, schon im neuen Jahr, am

3. Januar 1889, die Mitteilung: »Die Welt ist verklärt, denn Gott ist auf der Erde. Sehen Sie nicht, wie alle Himmel sich freuen? Ich habe eben Besitz ergriffen von meinem Reich, werfe den Papst ins Gefängnis und lasse Wilhelm, Bismarck und Stoecker erschießen.« Einige Schriftstücke haben Cosima als Adressatin. Kein Zweifel: Nach Wagners Tod ist Nietzsche als bevollmächtigter Dionysos an dessen Stelle getreten und gesteht nun auf feinstem Büttenpapier: »Ariadne, ich liebe Dich«. Eine andere Version seiner Huldigung findet sich in seinem Brief vom 5. Januar an Jacob Burckhardt: »Der Rest für Cosima Wagner —— Ariadne —— Von Zeit zu Zeit wird gezaubert.« Burckhardt selbst, der einzige in Nietzsches eigener Lebenswelt, den er nie angefochten hatte, wird darin »unser großer größter Lehrer« genannt.

Was diesen inhaltlich so weit auseinanderfallenden Papieren eigentümlich ist: sie sind Fassungen von Nietzsches letzten »Werten« wie auch »Unwerten«. Cosima und Jacob Burckhardt stehen außerhalb aller Erwägungen durch irgendwelchen Zweifel. Sie gelten als Festes, das nie verwischt worden ist und werden kann, als Unzerstörbares. In der »Ariadne« lebt die Zauberwelt der Mediterranée auf, ist sie auf eine einzige Gestalt zusammengezogen; der »Lehrer« ist das Ideal des Schülers von Schulpforta, das er nie preisgegeben, dem er in Basel auf großartige Weise nachgestrebt hatte mit dem glühenden Wunsch, es in einer die Welt umspannenden Weise zu verwirklichen, nämlich Menschheitslehrer zu werden. In der Botschaft, die er zu verkünden hat, gilt das Absolute, nur das, was keine Einschränkung zuläßt. Dem entsprechen auch die Unterschriften dessen, der als »Antichrist«, als »Der Gekreuzigte«, als »Dionysos« zeichnet.

Dagegen die »Unwerte«: die »Christen«, die »Hohenzollern«, das »Reich« in der Gestalt »Bismarcks«, »Stoecker« als Mann des Antisemitismus, die »Deutschen«, denen es zuzuschreiben ist, daß das »Christentum« überhaupt noch existiert. Es war ja schon auf dem besten Wege, »abgeschafft« zu werden: »Cesare Borgia als Papst ... Versteht man mich? ... wohlan, das wäre der Sieg gewesen, nach dem *ich* heute allein verlange ...« Und statt dessen: »Ein deutscher Mönch, Luther, kam nach Rom ... und Luther stellte die Kirche wieder her: er griff sie an ...« Das war die Botschaft des »Antichrist« mit dem daraus gezogenen persönlichen Schluß »Es sind meine Feinde, ich bekenne es, diese

Deutschen ... Wenn man nicht fertig wird mit dem Christentum, die Deutschen werden daran schuld sein«. So zerfahren, so scheinbar zusammenhanglos diese Kundgebungen aus Nietzsches Turiner Logis auch klingen, ihr Kern zeigt keinerlei Bruchstellen auf.

Zwischen dem 28. Dezember 1888 und dem 3. Januar 1889 muß, ohne daß sich ein Zeuge dafür in seiner Nähe befunden hätte, die Nacht der Sinnesverwirrung über Nietzsche hereingebrochen sein. Ein erstes Anzeichen davon drang nach Basel, als der dortige Professor für Privatrecht und Rechtsgeschichte, Andreas Heusler, von Nietzsche, mit dem ihn keine besonders engen Beziehungen verbanden, einen Brief erhielt, worin der Briefschreiber ihn bat, ihm vierzehntausend Franken zu leihen, um den Rückkauf der noch im Besitz seines alten Verlegers Fritzsch befindlichen Schriften zu finanzieren. Der Gedanke selbst war wohl begründet und beruhte auf den Hoffnungen, die ihm Naumann gemacht hatte, der für seinen Autor Nietzsche eine gute Zeit anbrechen sah. Nietzsche selbst fand gerade in diesen Wochen seinen Ruhm in kometenhaftem Aufsteigen begriffen. »Ecce homo« würde seinen Namen in Europa und der Welt bekannt machen. Er denkt an Übersetzungen. Strindberg soll die französische Ausgabe besorgen, Miß Helen Zimmern die englische; für die italienische hat er Ruggero Bonghi, Platoübersetzer und ehemaligen italienischen Unterrichtsminister, in Aussicht genommen. Natürlich waren hier wieder Wunsch und Wirklichkeit aufs engste miteinander verwoben. Aber seine Aktivitäten in dieser Richtung verraten äußerste gespannte Zielstrebigkeit auf dem Boden eines keineswegs unbegründeten Glaubens.

Der Brief an Heusler traf auf einen verwunderten Leser, der sich keine Erklärung dafür zu geben weiß, daß gerade auf ihn als Gläubiger Nietzsches die Wahl gefallen war. Seiner Ansicht nach wäre Burckhardt eher in Frage gekommen. Er unterläßt denn auch nicht, ihn über diesen merkwürdigen Brief und seinen Inhalt in Kenntnis zu setzen.

Burckhardt hatte allen Anlaß, beunruhigt, zumindest auf einiges gefaßt zu sein, als er einige Tage später ebenfalls einen Brief Nietzsches erhält, den dieser am 6. Januar geschrieben hatte. Der Absender konzediert dem Empfänger: »Sie können von diesem Brief jeden Gebrauch machen, der mich in der Achtung der Basler nicht heruntersetzt.« Seiner Form nach hat der Brief nichts mit den Botschaften im Stil der »Dionysos«- oder »Antichrist«-Papiere zu tun, sondern stellt ein Stück echter Nietzsche-Prosa dar und ist mit dem eigenen Namen unterzeichnet. Nur daß sein Verfasser sich auch hier auf einer von Ausgeburten der Phantasie ins Schwanken gebrachten Realitätsebene befindet. Er stellt sich Burckhardt als »Gott« höchstpersönlich vor, gesteht ihm aber, eigentlich sehr viel lieber »Basler Professor« zu sein. Doch er habe es nicht über sich gebracht, seinem »Privategoismus« nachzugeben und auf seine eigentliche Berufung, die Umwertung und Neuschaffung der Welt, zu verzichten. Eine Änderung seiner Lebensgewohnheiten sei damit nicht verbunden. Auch wenn er im Palazzo Carignano als König Victor Emanuele geboren sei, denke er nicht daran, sein kleines Studentenzimmer zum Preis von 25 Fr. incl. Bedienung aufzugeben. Im letzten Herbst habe er bereits in bescheidener Kleidung zweimal dem eigenen Begräbnis beigewohnt »zuerst als Conte Robilant (– nein, das ist sein Sohn, insofern er Carlo Alberto ist, seiner Natur untreu), aber Antonelli war er selbst«. Schließlich lädt er Burckhard nach Turin zu einem Glas Veltliner, dessen Lieblingswein, ein, alles würde natürlich ganz ungezwungen vor sich gehen. Auch beim Umgang mit Königen, die der Gast aus Basel dort zu erwarten habe, brauche er sich nicht den geringsten Zwang anzutun. So empfange er beispielsweise morgen seine königlichen Gäste nur in »Hemdsärmeln«.

So wie Heusler sich auf Nietzsches Brief mit Burckhardt in Verbindung gesetzt hatte, begibt sich jetzt Burckhardt stehenden Fußes zu Overbeck. Es scheint, daß Burckhardt, dessen Beziehung zu Nietzsche stets vom Bedürfnis der Distanz geleitet war, sofort den Sachverhalt richtig erkannte und allergrößte Eile für angebracht hielt. Es konnte jetzt nicht darum gehen, erst einmal auf schriftlichem Wege bei Nietzsche Erkundigungen einzuziehen, wie es denn um ihn stünde. Es gab nur noch Hilfe durch Overbecks sofortige Reise nach Turin.

Die allerletzten Zweifel werden schon am nächsten Tag ausgeräumt, als auch bei Overbeck ein Brief Nietzsches eintrifft. »Dem Freunde Overbeck und Frau. Obwohl Ihr bisher einen geringen Glauben an meine Zahlungsfähigkeit bewiesen habt, hoffe ich doch noch zu beweisen, daß ich jemand bin, der seine Schulden bezahlt – zum Beispiel gegen Euch ... Ich lasse eben alle Antisemiten erschießen ... Dionysos.« Overbeck, der auch durch Burckhardts Besuch sich nicht davon hatte abbringen lassen, an Nietzsche zu schreiben, er möge sofort zu ihm nach Basel kommen, sieht jetzt selbst das Aussichtslose solcher schriftlichen Aufforderung ein.

Mit den beiden Briefen wendet er sich an den Vorsteher der Basler Psychiatrischen Klinik, Professor Wille, der ihm nach deren Durchsicht zur Aufgabe macht, unverzüglich seine Ankunft telegraphisch anzukündigen und seinen Freund aus Turin persönlich abzuholen. Overbeck fährt noch mit dem Nachtzug ab. Am Dienstag nachmittag, nach anstrengender zwölfstündiger Reise, kommt er in Turin an und hat zunächst Mühe, Nietzsches Behausung zu finden. Es ist ein erschütternder Anblick, der sich ihm da bietet. »Ich erblicke Nietzsche in einer Sofaecke kauernd und lesend – wie sich dann ergab, die letzte Korrektur von Nietzsche contra Wagner – entsetzlich verfallen aussehend, er mich und stürzt sich auf mich zu, umarmt mich heftig, mich erkennend, und bricht in einen Tränenstrom aus, sinkt dann in Zuckungen aufs Sofa zurück ...«, so schildert es Overbeck in seinem Bericht an Köselitz vom 15. Januar. Auf dem Sofa fällt der Kranke sogleich unter Stöhnen in Zuckungen. Man gibt ihm vom Bromwasser zu trinken, das auf dem Tisch steht, und erreicht damit, daß er sich augenblicklich beruhigt, zu lachen beginnt und von dem großen Empfang berichtet, der für den Abend vorbereitet sei. Damit befindet er sich im Kreis seiner Wahnvorstellungen, bei völliger Klarheit über andere Personen. Er gibt sich als »Nachfolger des toten Gottes« zu erkennen, wozu er begleitende Intonationen auf dem Klavier findet, fällt dann wieder in Konvulsionen und Ausbrüche des Leidens zurück. Doch wiegen aufs Ganze die Augenblicke einer über alles erhobenen Fröhlichkeit vor, wo er sich als »Possenreißer der neuen Ewigkeiten« fühlt und dem durch Tanzen und Springen Ausdruck gibt. Sobald man auf seine Vorstellungen von königlichen Empfängen, Umzügen und Festmusiken eingeht, zeigt er sich unbedingt lenksam. Seine Bestimmung, Dionysos zu sein, nimmt er ernst. So hält es Overbeck fest.

Bei Overbecks Ankunft war Nietzsches Vermieter abwesend gewesen. Bei seiner Rückkehr stellte sich heraus, daß er beim deutschen Konsulat und der Polizei um Hilfe nachgesucht hatte. Die ganze Familie Fino befand sich in hellster Verzweiflung. Wie wollte sie sich gegenüber dem in einen Zustand der Raserei verfallenen Untermieter verhalten, welche Schritte waren zu unternehmen? Nicht umsonst hatte der Basler Psychiater Wille auf Overbecks sofortiger Abreise bestanden. Der Patient mußte, ehe die italienischen Behörden seine Fortschaffung verhindern konnten, bereits über die Grenze gebracht sein. Der Krankentransport selbst aber war eine Aufgabe, der sich Overbeck nach eigenem Eingeständnis nicht gewachsen fühlte.

Was ihm auffiel, war das »Bromwasser« in Nietzsches Zimmer. Es ergab sich, daß es auf Verordnung des Turiner Psychiaters Dr. Turina, der Nietzsche auf Veranlassung Finos zu Hause untersucht hatte, gereicht worden war. Nietzsche befand sich also bereits seit einigen Tagen in ärztlicher Behandlung. Das Medikament, das zur Linderung dienen sollte und hier auch unmittelbare Folgen zeigte, konnte also nicht Ursache für den Zusammenbruch sein, wenn man nicht eine Langzeitwirkung durch über Jahre hinaus währenden Gebrauch annehmen will. Allerdings hatte Malwida von Meysenbug auch während der Monate des gemeinsamen Aufenthalts in Sorrent im Winter 1876/77 Brom an Nietzsche verabreicht.

Was hatte sich in den vorausgegangenen Tagen ereignet? Nietzsche war wiederholt auf der Straße durch merkwürdiges Gebaren aufgefallen und hatte bei den Passanten Aufsehen erregt. Bei einem Sturz mußte es einen Auflauf gegeben haben, der durch Seltsamkeiten des Fremden mit seinem betont distinguierten Betragen viele Schaulustige angezogen hatte, ein echt italienisches Straßenspektakel. Durch Zufall war Fino gerade vorbeigekommen und hatte seinen Mieter nach Hause gebracht. Die Geschichte, daß Nietzsche an einem Droschkenstand Zeuge gewesen sei, wie ein Kutscher auf sein Pferd wild eingeschlagen und Nietzsche, von einer gewaltigen Bewegung des Mitleids ergriffen, sich dem Tier um den Hals geworfen habe, bis er bewußtlos zusammengebrochen sei, findet sich bei Overbeck als frühestem Berichterstatter noch nicht. Offenbar deswegen nicht, weil er sie nicht gekannt hat. Sie taucht auch erst bei Podach auf, der sie in Turin erfahren haben will. Sie scheint eine dort kursierende Lokalversion gewesen zu sein, die zutreffen mag oder nicht, jedenfalls nicht fest verbürgt ist.

Für Overbeck gab es jetzt das schwierige Problem, den Kranken mit der Bahn von Turin nach Basel zu bringen. Das konnte bei dessen Zustand, den Unwägbarkeiten seines Verhaltens und den Gefahren, die eine Reise noch zusätzlich bringen mußte, von

Overbeck allein nicht bewältigt werden. Overbeck war in Basel bereits von Wille geraten worden, sich nach einem geeigneten Wärter umzusehen. So hält er nach seiner Auskunft sofort Umschau und findet ihn auch in der Gestalt eines Dr. Bettmann, einem in Turin ansässigen Zahnarzt, der sich damit empfiehlt, schon verschiedene Krankentransporte ähnlicher Art erfolgreich hinter sich gebracht zu haben.

Mit seinem Helfer hat Overbeck außerordentliches Glück, denn Bettmann versteht es, durch kluge Einfühlung in die Psychologie des Patienten ihn gefügig zu machen. Das ist nicht einfach. In den letzten drei Nächten vor der Abreise hatte Nietzsche durch sein Toben die Familie Fino um ihren Schlaf gebracht. Aus dem Bett aufzustehen weigert er sich. Aber Bettmann versteht es, seine kindlichen Hoffnungen anzusprechen. Als er ihm die in Basel eigens zu seinem Einzug vorbereiteten Festlichkeiten in ihrer ganzen Schönheit vor Augen stellt, gelingt es ihm mühelos, Nietzsche zur Mitfahrt zu bewegen. Auf dem Bahnhof von Turin müssen sie vor der Abfahrt des Zugs um 14.20 Uhr nachmittags noch eine halbe Stunde warten. Nietzsche möchte an die Menge Reden halten. Aber Bettmann empfiehlt ihm, daß es für ihn als großen Herrn unerläßlich sei, sein Inkognito zu wahren; alles jetzt und auch in Basel beim Verlassen des Bahnhofs komme darauf an, unerkannt zu bleiben, damit der Eindruck des späteren Einzugs in die Stadt nicht gestört werde. So werden Versuche von kleineren Rebellionen des Patienten wie beim Umsteigen in Novara mit dreistündigem Aufenthalt, wo er sich erneut ans Volk wenden möchte, mühelos niedergehalten. Das übrige besorgen Schlafmittel, die man ihm gibt. Wenn er zwischendurch erwacht, kann es vorkommen, daß er zu singen anfängt. Während der Fahrt durch den St. Gotthard hört Overbeck von ihm ein Lied, dessen Worte ihm unbekannt sind und dessen Melodie offenbar vom Sänger stammt. Erst später erfährt er: es war das venetianische Gondellied gewesen.

Am 10. Januar, einem Donnerstag, kommen Overbeck und Bettmann mit ihrem Patienten um 7.45 Uhr auf dem Bahnhof in Basel an. In gesetzter Haltung, wie es sich für jemanden ziemt, der die Weltregierung bereits übernommen hat, ohne Blick für die sich auf dem Bahnhof aufhaltenden Menschen, begibt sich Nietzsche in die Droschke, zu der man ihn geleitet. Die Fahrt führt gleich in die Nervenklinik. Im Wartezimmer werden die

Ankommenden vom Anstaltsleiter empfangen. Die Szene, die jetzt folgt und von Overbeck berichtet wird, ist eine Schauer-Groteske, die auf dem Theater Shakespeares sich abgespielt haben könnte. Nietzsche wünscht unter Aufbietung der erlesensten Manieren, die ihm immer viel bedeutet hatten, daß sich nach dem üblichen Begrüßungszeremoniell auch der Empfangende vorstelle, und wendet sich deswegen direkt an ihn: »Ich glaube, daß ich Sie früher schon gesehen habe und bedaure sehr, daß mir nur Ihr Name nicht gegenwärtig ist.« Auf dessen Erwiderung: »Ich bin Wille«, findet Nietzsche, ohne eine Miene zu verziehen: »Wille? Sie sind Irrenarzt. Ich habe vor einigen Jahren ein Gespräch mit Ihnen über religiösen Wahnsinn gehabt. Der Anlaß war ein verrückter Mensch, der damals hier oder in Basel lebte.« Wille ist starr vor Erstaunen über die buchstäbliche Genauigkeit dieser sieben Jahre überspringenden Erinnerung und kann nur zustimmend nicken. Aber welche Diskrepanz zwischen solcher Klarsicht über ihn selbst betreffende Vorgänge und dem Unvermögen, seine eigene augenblickliche Lage richtig einzuschätzen! Der »Irrenarzt« ist offenbar jemand, der ihn nicht das geringste angeht, dessen Anordnungen er allerdings sogleich befolgt: als erstes sind für den Patienten Bad und Frühstück vorgesehen. Willig läßt er sich dem Assistenzarzt, der mit seiner Betreuung beauftragt ist, übergeben und verläßt mit formvollendeter Verabschiedung das Zimmer.

Es war ein Meisterstück der Menschenbehandlung, mit dem Bettmann für ein Honorar von 200 Franken und Spesen für Hotelübernachtung Nietzsche von Turin nach Basel befördert hatte. Ohne ihn, das war auch Overbecks Meinung, wäre es schwerlich gelungen.

Es stimmte, was Overbeck nach der Rückkehr Köselitz mitteilte: Er hätte keine Stunde später in Turin eintreffen dürfen. Die Polizei, die schon unterrichtet war, konnte eben noch am Eingreifen gehindert werden und ein Einlieferungsverfahren in eine italienische Anstalt einzuleiten. Vertrauenerweckend waren die Verhältnisse der Familie Fino, die sich so rührend um Nietzsche besorgt gezeigt hatte. Was an Nietzsches Habe für einen Transport nach Basel in Betracht kam, war wenig. Sie war auf einen Koffer mit Kleidungsstücken und Büchern zusammengeschmolzen. Dazu kamen 900 Franken, von denen 500 nach Nietzsches Angaben von Meta von Salis stammten. So sah die ganze Hinterlassenschaft eines Mannes von fünfundvierzig Jahren aus, der bei seiner Berufung nach Basel zwei Jahrzehnte vorher ernsthaft daran gedacht hatte, sich einen eigenen Bediensteten zu leisten. Für Overbeck war es das Wichtigste, die Manuskripte und Privatbriefe sicherzustellen und unter strengstem Verschluß zu halten.

In der Heilanstalt hält das Krankenjournal sofort einen »ungeheuren Appetit« fest. An den Nachmittagen geht der Patient meist im Garten spazieren, »singt, johlt, schreit daselbst. Zieht sich manchmal Rock und Weste aus, legt sich auf die Erde.« Willes Diagnose lautet »progressive Paralyse«. Der Kranke selbst hat kein rechtes Bewußtsein von seiner Krankheit, fühlt sich im Gegenteil außerordentlich wohl und gehoben, so daß er nach eigener Aussage »am liebsten alle Leute auf der Straße umarmt und geküßt« hätte. Dann erfolgt wieder ein schneller Umschlag in eine Stimmung mit dem Selbstvorwurf, »verschiedene Personen in's Unglück gestürzt zu haben«.

Overbeck hatte sich gleich nach der Rückkehr aus Turin der Pflicht unterzogen, die Mutter in Naumburg von den Geschehnissen in Kenntnis zu setzen. Sie begab sich in offener Auflösung sofort auf die Reise und traf am 13. Januar abends in Basel ein. Bei den Ärzten muß sie ein ungünstiges Bild von sich hinterlassen haben, was auf ihre Verzweiflung und auch ihre Uneinsichtigkeit zurückzuführen sein mochte, wie mit ihrem Sohn weiter zu verfahren sei. Sie war wohl in der Hoffnung gekommen, daß ihre Nähe genüge, den kranken Sohn wieder gesund zu machen, daß ihre christliche Zuversicht und ihre Gebete alles schon würden zum Guten wenden können. Das Krankenblatt, in das ihre Mitteilungen eingetragen wurden, vermerkt: »Mutter macht einen beschränkten Eindruck.« Daß sie jetzt nach Overbecks Worten einen »Trümmerhaufen« von Sohn vorfand, mit dem es zu Ende war, konnte und wollte sie nicht begreifen. Die Angaben, die sie als Beiträge zur Krankengeschichte des Sohns machte, zeigen, daß die ärztlicherseits an sie gerichteten Fragen für deren Verlauf sehr beziehungsreiche Daten ans Licht brachten, so: »Vater starb 35 ½ Jahre alt an Hirnerweichung ... wurde durch einen Fall von einer Treppe hirnkrank.« Oder: »Die Schwestern des Vaters waren hysterisch und etwas exzentrisch«. Beim Sohn hebt sie hervor: »exzessiver Verkehr mit Wagner und seiner Musik«.

Am 14. Januar kommt es dann laut Krankenjournal zum Besuch der Mutter, der den Patienten sichtlich »erfreute«. Man spricht in aller Form über Familiäres, bis der Sohn sich plötzlich der Mutter, die er bei der Begrüßung herzlich umarmt hatte, als der »Tyrann von Turin« zu erkennen gibt und in verworrenes Reden verfällt. Der Besuch muß daraufhin abgebrochen werden.

Aber gerade die äußerlich gesehen unendliche Hoffnungslosigkeit des Falles bestärkte die fromme Pastorenwitwe darin noch, daß nur unter ihrer Pflege der Zustand des Sohnes sich würde bessern können. Das bedeutete, man durfte ihn um keinen Preis in der Basler Anstalt lassen. Für Wille, der besser wußte, wie es um den Patienten stand, sahen die Folgen einer solchen Verlegung, vor allem, wenn sie sofort vor sich gehen sollte, weniger günstig, ja sogar gefährlich aus.

Was war geschehen? In Turin hatte um die Wende zum Jahr 1889 die Lebensgeschichte Nietzsches als Geschichte eines der größten europäischen Geister des Jahrhunderts ein abruptes Ende gefunden. Was jetzt folgte, war nach einer kurzen Zeit des Übergangs das Versinken in die Anonymität des Patienten einer Irrenanstalt. Es gibt hier noch einige Momente, die den Sturz in die Geschichtslosigkeit verzögern. Dazu gehörte, daß Nietzsche im »heiligen Wahnsinn« der griechischen Tragödie tatsächlich seine im geheimen immer gewünschte Bestimmung gefunden hatte. Er, der nach Stunden des Verharrens in der Düsternis der tiefsten Depression während der Gartenspaziergänge zu tanzen und singen anhob, war zur ganzen »Fröhlichkeit« des Dionysos gelangt. »Dionysos« neben dem »Gekreuzigten« als seinem Gegentypus und mit ihm zur Einheit zusammengeschmolzen! Im »Tänzer« von der »Friedmatt«, der sich als »Fürst«, als »Sohn von Königen« und selbst als »König« verstand, war aus eigener Machtvollkommenheit diese Einheit vollzogen. Wer hätte es in diesen Augenblicken bestreiten können, daß ihm als dem Einzigen »Ariadne« als Gefährtin zustand?

Demgegenüber die Wirklichkeit, ein Bild des Elends, aus dem sich »Sehr bescheidene ökonomische Verhältnisse« schließen ließen, wie es das »Turiner Gutachten« festhält, das allerdings wahrscheinlich von Dr. Bettmann während seines Aufenthalts im Basler Hotel »Schweizerhof« verfaßt wurde! Aber gerade als Bezeugung eines zunächst Außenstehenden, der dann in kurzer Zeit mit dem Kranken vertraut wurde und sich in wenigen Stunden auf ihn einzustellen verstand, war es glaubwürdig, so daß die Kompetenzfrage beim Verfasser, der von Beruf Zahnarzt war, hier unerheblich ist. Für Wahrnehmungen am Patienten, der »nicht im Stande« sei, »für sich zu sorgen« und die Beobachtung: »verlangt fortwährend Frauenzimmer«, war Bettmann, wenn er als der Autor des mit »Dr. Baumann, Turin« unterzeichneten Dokuments zu gelten hat, allemal gut, nachdem er seine Aufgabe als Krankenbegleiter so vorzüglich erfüllt hatte.

In Basel stand jetzt die Verlegung des Kranken aus der »Friedmatt« an, auf die Frau Nietzsche drängte. Sie wollte ihren Sohn in Jena in der Klinik von Professor Binswanger untergebracht wissen, so daß er von Naumburg aus für sie leicht erreichbar wäre. Auf ihre Veranlassung wendet sich Overbeck an Binswanger und erhält postwendend die Zusicherung, daß der Patient dort aufgenommen werden kann.

Wie sehr sich Bettmann als Krankenbegleiter auf der Reise von Turin bewährt hatte, erweist sich eigentlich erst jetzt. Denn alle die Schwierigkeiten, die der Patient bei der Verlegung nach Jena bereitete, waren damals durch Bettmanns diplomatischen Zuspruch vermieden worden, der Aufstandsversuche im Keim erstickte. Neben der Mutter sind diesmal der Assistenzarzt Dr. Mähly und der handfeste Krankenwärter Jakob Brand aus der Basler Anstalt, der Nietzsche schon acht Tage studiert hatte, die Begleitpersonen. Schon vor der Ankunft des Zugs in Frankfurt kommt es zu den ersten Tobsuchtsanfällen. Ziel von Nietzsches Angriffen ist die Mutter, in der er schon immer die heimliche Feindin gesehen hatte. Was hat der »Gott Dionysos« mit dieser »Canaille« zu tun, mit der ihn nichts anderes als der Zufall der Geburt verbindet? Die nicht zur polnischen nobilità gehört wie der Vater! Nur durch das Zugreifen von Wärter und Arzt kann er an der Gewaltanwendung gehindert werden. Den Rest der Reise verbringt die Mutter in einem andern Coupé, um durch ihre Anwesenheit nicht noch weitere Zwischenfälle hervorzurufen. Hinter Weimar kommt es dann nochmals zu bedenklichem Grollen des selbsternannten Weltenherrschers, was aber die Mutter der Unbequemlichkeit der harten Bänke zuschreibt, die es nicht zuläßt, daß er sich, um auszuruhen, darauf niederlegen kann. Die Begleiter sind erleichtert, als man schließlich in Jena ankommt.

Für die rechte Klassifizierung des Patienten und die Aushandlung der Unkosten mit der Anstaltsleitung hatte Overbeck brieflich bereits Vorsorge getroffen. Auch Dr. Mähly, ein ehemaliger und begeisterter Schüler Nietzsches, konnte Professor Binswanger Aufschluß darüber geben, mit wem er es bei Nietzsche zu tun hatte. Overbeck und die Mutter, denen verständlicherweise an einer moderaten Unkostenregelung gelegen sein mußte, treffen sofort auf das allergrößte Entgegenkommen bei der Klinikverwaltung. Der Sekretär schlägt Übernahme in die 1. Klasse, Preisgruppe b, vor, was die Kosten von 5,50 M. um eine Mark vermindert, während Binswanger sich bereit erklärt, ihn in der 2. Klasse unterzubringen mit allen Vergünstigungen, die die erste Klasse bietet. Andersherum ausgedrückt hieß dies: 1. Klasse zum Tarif der 2. zu 2,50 M. pro Tag und war, wenn auch bloß für die Zeit der Nichtbelegung durch einen anderen vollzahlenden Patienten gültig, der zahlenden Seite gegenüber kulant.

Der »König« und »Sohn von Königen« fühlt sich durch solche der eigenen Sphäre wenig angemessene Verhandlungen zum Zweck seiner künftigen Unterbringung nicht im geringsten gestört. Ganz im Gegensatz zur Mutter! Denn nach der Deponierung einer Geldsumme schließen sich hinter ihm die Tore der Anstalt. Die Mutter, die sich von seiner Verlegung in ihre heilende Nähe so viel versprochen hatte, bekommt ihn zunächst nicht mehr zu sehen.

Mit »majestätischem Schritt« und »unter vielen höflichen Verbeugungen«, wie das Krankenjournal vom 19. Januar 1889 vermerkt, war der Kranke dem Arzt und Wächter nach der ihm zugedachten Abteilung gefolgt. Er bezieht hier seinen »Palast«, spricht von seinen »Legationsräten und Dienern« und bedankt sich für den großartigen Empfang. Während er von den ihn behandelnden Ärzten ein klares Bewußtsein hat, sieht er sich selbst zeitweise als »Herzog von Cumberland« oder als »Kaiser«, im Februar ist er dann zeitweise in die Gestalt König Friedrich Wilhelms IV. geschlüpft, dem sein Vater die Pfarrstelle von Röcken verdankte. Er weiß auch genau, wem er den Aufenthalt in diesem Palast verdankt: »Meine Frau Cosima Wagner hat mich hierher gebracht« (27. März).

Trotz der von ihm signalisierten Anerkennung für die Aufnahme in diesen hochherrschaftlichen Räumen, wo es jetzt nur noch gilt, seine Kompositionen aufzuführen, hat er bald Anhaltspunkte dafür, daß Anschläge auf ihn geplant sind. Es ist notwendig, entsprechende Vorsichtsmaßnahmen in die Wege zu leiten. Er braucht einen Revolver, »wenn der Verdacht wahr ist, daß die Großherzogin selbst diese Schweinereien und Attentate gegen mich begeht«. In Augenblicken der Erregung und des Zornes kann es auch vorkommen, daß der Patient einige Fensterscheiben einschlägt. Es gibt auch Gründe für ihn, sich neben dem Bett schlafen zu legen, er hat auch schon hinter dem Fenster den Lauf einer Flinte auftauchen sehen. Für eine Persönlichkeit seines Ranges kann es bei den besten Schutzmaßnahmen keine vollständige Sicherheit geben. Er muß auf alles gefaßt sein.

Aber es fehlt nicht an Augenblicken, Stunden, Tagen der Ausgeglichenheit. Bei weit zurückliegenden Geschehnissen ist seine Erinnerung ungetrübt. Über die Lehrer von Schulpforta spricht er später mit der Mutter wie von Personen der Gegenwart. Sobald die Ereignisse näher rücken, sich auf ihn konzentrieren, von ihm ihren Ausgang nehmen, legt sich ein immer dichter werdender Bewußtseinsschatten auf sie. Von seinem ehemaligen Rektor in Schulpforta hat er, als ihm die Mutter von dessen Halbblindheit und Fußleiden erzählt, eine klarere Vorstellung als von sich selbst. Ihren Bericht quittiert er mit den Worten: »Sollte man es glauben! Diese stattliche Erscheinung!« Den Hörsaal der psychiatrischen Universitätsklinik, in den sich Mutter und Sohn wegen der Überfüllung des Wartezimmers begeben, kann er in ein Leipziger Auditorium umfunktionieren mit der Beteuerung: »hier halte ich meine Vorlesungen vor ausgewähltem Publikum.« Das Trauma seiner damaligen Nichtberufung wirkt sogar noch weiter: »auch sind mir von Leipzig aus die besten Anerbietungen gemacht worden, ebenso wurde mir Rohdes herrliche frühere Wohnung angetragen.« Es war das Gute an der Binswangerschen Anstalt, die ihm bald das Gefühl der Geborgenheit gab, daß sich hier im Leben bisher versagte Wünsche erfüllen ließen. Zu dieser Verwandlung gehört auch der »Leutnantston«, den die Mutter als »etwas Affektiertes« an ihm bemerkt. Selbst »Fürst Bismarck«, neben dem deutschen Kaiser sein Intimfeind, ist jetzt für ihn bloße Randfigur geworden, seit er den Oberwärter der Anstalt so zu benennen beliebt.

Gegen Ende des Jahres stellte sich bei ihm ein seltsamer Besucher ein, der bald die Rolle eines Gesellschafters übernehmen sollte. Es war der später unter dem Namen des »Rembrandt-Deutschen« bekannt gewordene Julius Langbehn. Langbehn war von Hause aus Kunsthistoriker, eine eigenbrötlerische Natur mit verstiegenen Ideen und damals auf der Suche nach Mitstreitern gegen den nivellierenden Geist der Zeit. Daß er dabei auf den Namen Friedrich Nietzsche stieß, war nicht weiter zu verwundern. Im Dichter des »Zarathustra« hatte er schon seit längerem einen der am feinsten angelegten Köpfe seiner Zeit erkannt. Die Nachricht von seiner Erkrankung traf ihn auf das heftigste. Hier schien ihm dringende Hilfe angebracht, um Nietzsche vor dem gleichen Schicksal zu bewahren, das Unverständnis und Barbarei einem Hölderlin bereitet hatten.

Langbehns gewinnendes Wesen hat es vor allem der Mutter angetan. Ihr gegenüber macht er sich anheischig, die völlige Heilung des Kranken in Aussicht zu stellen. Verständlich, daß sie bald in Langbehn ein Geschenk des Himmels sieht und auf alle seine Vorschläge und Wünsche eingeht. Es gelingt ihm, bei der Anstaltsleitung durchzusetzen, mit Nietzsche täglich morgens und nachmittags je zwei Stunden spazierengehen zu können.

Was Langbehn vorschwebt und er an Nietzsche praktizieren möchte, ist eine doppelte Kur. Es ist ein romantischer Heilungsplan mit vorausgegangener Teufelsaustreibung. Dionysos muß durch Nietzsches eigene Einsicht verjagt werden; denn Dionysos – so versucht der auf den Patienten außerordentlich geschickt eingehende Langbehn ihm verständlich zu machen – sei selbst schon eine Erscheinung des Verfalls. Anschließend habe dann eine neue Einübung ins Christentum zu erfolgen, dies aber wohlgemerkt in Formen, die Nietzsche als »König« und »Königskind« berücksichtigen. Einen solchen Heilungsplan würde man natürlich nicht in der Anstalt mit der Roheit der hier angewandten Mittel realisieren können, dafür sollte Nietzsche nach Dresden gebracht werden mit einem eigenen Irrenarzt zu seiner Disposition, der Mutter als Pflegerin, drei bis vier Wärtern, die zugleich den Hofstaat bildeten und Langbehn als Haushofmeister. Auch zur Beschaffung des Geldes erklärte sich Langbehn bereit.

Der Plan erschien viel zu verführerisch, als daß der Patient, sofern er ansprechbar war, sich nicht richtig hätte verstanden fühlen können. Vor allem die Mutter sah sich durch ihn endlich mit der Rolle der Pflegerin bedacht, die sie immer gewünscht hatte. Von hier aus gesehen war Langbehn grenzenlose Zustimmung sicher. Der Anstalt gegenüber gab er sich als »Schüler« Nietz-

sches aus und begann gleichzeitig, eine Liste mit schweren An-
schuldigungen die Pflege Nietzsches betreffend anzulegen, die
schließlich, wenn auch nie als offizieller Grund angeführt, daran
mitwirken sollte, Nietzsche aus dem Institut herauszunehmen.
Langbehns persönliche Bemühungen um Nietzsche haben allerdings nur vierzehn Tage gedauert. Es hatte schon Verstimmung
mit Nietzsches Mutter gegeben, der er eine Vollmachtserklä-
rung zur Übernahme der Vormundschaft für sich abnötigen
wollte. Sie beginnt nun auch zu schwanken, sieht darin eine Zumutung, möchte aber auch nicht auf die von ihr als für den Sohn
förderlich erachteten Dienste des neuen Freundes verzichten. Da
setzt Nietzsche allem ein Ende. In einem Zornanfall, der sich gegen Langbehn richtet, wirft er einen Tisch um, ruft nach dem
Wärter und stürzt mit geballten Fäusten weg. Damit hatte Langbehn für alle Zeit die Lust verloren, seine Heilkünste gegenüber
diesem Patienten anzuwenden.
Die Reaktionen bei der Mutter sind zwiespältig. Sie fürchtet,
Langbehn könne mit irgendeiner Publikation zum »Fall Nietzsche« aufwarten. Das wäre peinlich gewesen.
Von nun an ist sie entschlossen, die Behandlung des Sohnes,
noch mehr als bisher der göttlichen Hilfe und der eigenen Hand
anzuempfehlen. Am 18. Februar siedelt sie von Naumburg nach
Jena über. Jetzt ist sie ganz in seiner Nähe. Täglich wird er um 9
Uhr morgens aus der Anstalt geholt und bleibt bei ihr bis um 6
Uhr abends. Sie will ihn so langsam der Anstalt entziehen, ihn
schrittweise aus der dortigen Atmosphäre und der Gewöhnung
daran herausholen. Aus den ersten kleineren Erfolgen werden
bald größere.
Als sich das Zusammenleben in dieser Form eingependelt hat,
soll der Aufenthalt in der Stadt auch über Nacht ausgedehnt
werden. Das ist der Grund, daß die Mutter am 13. Mai und diesmal zusammen mit dem Sohn ihren festen Wohnsitz wieder in
Naumburg nimmt.
Äußerer Anlaß für diesen Entschluß, den sie im stillen schon
längere Zeit gefaßt hatte, war ein Verstoß Nietzsches gegen die
öffentliche Ordnung. Er war bei einem Spaziergang der Mutter
entwischt und hatte in einer Pfütze auf offener Straße zu baden
versucht, sich dabei schon der Kleidung entledigt und war von
einem Polizisten aufgegriffen worden. Die Anstalt reagierte mit
dem Entzug der Erlaubnis für die täglichen Spaziergänge in der

Stadt. Damit aber wäre das Heilungsprogramm der Mutter zunichte gemacht worden.

Zu dessen Fortsetzung schien ihr Naumburg jetzt doch am geeignetsten. Hier ließ sich die »Spaziergehe-Existenz« ungestört führen. Morgens gleich nach dem Frühstück brechen Mutter und Sohn gewöhnlich zu ihrem Gang durch den Bürgergarten und den Buchwald mit seiner Chaussee auf. Um etwaigen Unwägbarkeiten im Verhalten des »Herrn Professor« begegnen zu können, folgt ihnen Herr Tittel, ein Rentner und Mieter im Hause der »Frau Pastor«, in einem Abstand von etwa 50 Metern, allerdings von Nietzsche unbemerkt, der sonst nicht zum Ausgang zu bewegen gewesen wäre. So wächst Tittel gegen den Erlaß seiner Miete und bei freiem Mittagessen in die Funktion des Wärters hinein. Auch die Nachmittage sind fast immer dem Aufenthalt im Freien gewidmet. Die Mutter in ihrem unerschütterlichen Optimismus glaubt beständige Fortschritte bei der Besserung seiner Gesundheit bemerken zu können. Es war in Jena öfter vorgekommen, daß Nietzsche auf der Straße ganz unbekannten Personen die Hände schüttelte, gegen andere wiederum eine drohende Haltung einnahm oder sie schlagen wollte. Daß diese Vorkommnisse seltener werden, kann die Mutter als Erfolg ihrer heilsamen Pflege betrachten. Was nach wie vor Schwierigkeiten bereitet, ist das rechte Verhalten bei entgegenkommenden Menschen, die man kennt, aber nicht grüßen will. Hier folgt der Sohn schon bald der Anweisung der Mutter, sich umzudrehen oder ein Schaufenster zu betrachten.

Aber es gibt für den Kranken auch Kurzweil in Naumburg, so ein historischer Festzug, fröhliches Treiben auf dem Schützenplatz mit aufgebauten Buden und Musik. Hier ist der Sohn nach dem Urteil der Mutter ein forschender und zugleich belustigter Betrachter. Er scheint sich jetzt auch mehr und mehr auf die Denkgewohnheiten seiner Pflegerin und zwar bis in den Sprachgebrauch hinein einzustellen. Die Nachricht vom Tode einer bekannten Person entlockt ihm ein »Selig sind die Toten, die im Herrn sterben«. Das war der Mutter aus dem Herzen gesprochen, war Rückfall in den Ton des evangelischen Predigers. Aber Prediger zu sein, hatte Nietzsche nie aufgehört. Nur der Inhalt der Verkündigung war ein anderer geworden. Doch seine Philosophie oder besser der Inhalt seiner Schriften tritt jetzt bei ihm mehr und mehr zurück. Sein Bewußtein scheint sie langsam zu verdrängen. Dafür wird die Zeit von Schulpforta mit den Lehrern und Mitschülern wieder lebendig. Hier kann er sich genau erinnern. Ungetrübt fast erscheint sein Verhältnis zur Musik. Er spielt Beethoven, eine der drei Sonaten op. 31, allerdings auf den Rat der Mutter hin piano, um seine Nerven nicht zu beunruhigen. Und immer wieder eigene Kompositionen!

Wenn die Mutter geneigt ist, in jedem treffenden Wort aus seinem Munde und in jeder Bereitwilligkeit zeigenden Geste Zeichen zunehmender Genesung zu sehen, so spricht daraus ein ungebrochener Glaube. Allein die Freunde sehen es anders. Overbeck, der sich für drei Tage von seinen Basler Amtspflichten freigemacht hatte, kann von Jena nur einen sehr betrüblichen Eindruck mit nach Hause nehmen. Deussen kommt mit seiner Frau für einige Stunden nach Naumburg auf Besuch und fährt ohne Hoffnung für den alten Freund wieder ab: »geistig schien er fast völlig erloschen«, teilt er am 25. Oktober Overbeck mit: »Meist hörte er still zu und seine Antworten waren abgerissene Reminiszenzen aus der Vergangenheit, z. B. daß Schopenhauer in Danzig geboren sei und dgl. Als ich ihm von Spanien erzählte, unterbrach er mich mit der Bemerkung, daß Deussen auch dort gewesen sei, und als ich ihm sagte: ich bin ja Deussen, sah er mich verwundert an. Er hatte also von mir noch eine Erinnerung in abstracto, begegnete mir auch zutraulich wie einem alten Freunde, wußte aber Anschauung und Begriff nicht mehr zu verknüpfen.« In seinen Erinnerungen hält Deussen von der Begegnung mit Nietzsche fest: »Seine Interessen wurden wieder die eines Kindes; einem trommelnden Knaben blickte er lang nach, und die hin- und herfahrende Lokomotive fesselte seine besondere Aufmerksamkeit. Zu Hause saß er meistens auf einer sonnigen, weinlaubumrankten Veranda in stilles Brüten versunken, mitunter führte er Selbstgespräche, oft über Personen und Verhältnisse von Schulpforta, in wirrem Durcheinander.«

Als Rohde mit dem Zug auf der Reise nach Berlin über Naumburg fährt und die Türme der Stadt auftauchen sieht, steigen ihm die Erinnerungen an den jungen Nietzsche zur Zeit der Anfänge ihrer Freundschaft auf. Welche hinreißende Kraft des Geistes sprach damals aus ihm! Rohde hat Angst, dieses Bild zerstört zu sehen und die Züge eines Entstellten zeitlebens nicht mehr loswerden zu können. Deswegen zieht er es vor, an der Station nicht auszusteigen.

Zusammen mit der Mutter war Nietzsche jetzt wieder in die Stadt zurückgekehrt, von der er seinerzeit seinen Ausgang genommen hatte. Es war eine Heimkehr, eine sehr wenig gewünschte und unerwartete, in die Welt der Jugendfreunde und ihrer Familien, der Pinder und Krug, der Stadt-Honoratioren, der sich die Mutter während all dieser Jahre mehr und mehr angenähert hatte und der sie sich selbst zugehörig fühlte. Zwischen dem Aufbruch über Schulpforta und der Rückkehr lag eine weltbewegende Spanne. In ihr hatte Nietzsche sich Wunden und Zerstörung geholt, hatte er aber auch selber Wunden geschlagen und an Zerstörungen mitgewirkt, deren Ausmaß erst das 20. Jahrhundert wahrnehmen sollte. Er war dabei zum Invaliden geworden. Niemand, der dem pensionierten Basler Professor mit seinen nervösen Gliedmaßen, von der Mutter geleitet, über die Wege des Bürgergartens achselzuckend nachsehen mochte oder scheu auswich, konnte ahnen, was sich hinter der Stirn dieses seltsamen Spaziergängers im Verlaufe eines Vierteljahrhunderts abgespielt hatte. Hinter ihr war der Verlauf von zweitausend Jahren Weltgeschichte für fragwürdig befunden worden. Mochte sich die Welt damals noch nicht daran stören, so bekam sie in wenigen Jahren die ersten Folgen des Befunds zu spüren.

Durch die trostlose Eintönigkeit des Naumburger Zusammenlebens von Mutter und Sohn fährt gegen Ende des Jahres einige Bewegung. Aus Paraguay kommt großer Besuch. Im Dezember 1890 reist die Schwester an.

Der Zweck ihrer Überseereise war keineswegs der, den kranken Bruder zu sehen. Sie kam aus Südamerika, weil es um das dortige Kolonisationsunternehmen schlecht stand. Es galt, in Deutschland für die Sache neu zu werben und Unterstützung locker zu machen. Dabei hatte sie etwas zu verbergen, worüber bereits die Zeitungen berichtet hatten: den Selbstmord ihres Mannes Dr. Bernhard Förster, den sie als Tod durch Herzschlag darstellte und so der Pastorenwitwe annehmbar machte. Der kranke Dritte in der kleinen Familienrunde wußte längst nicht mehr, worum es ging und daß es sich dabei auch um seine zwei Landlose handelte, die er bei Schwester und Schwager trotz mancher Einwände schließlich doch erstanden hatte und womit er Kleineigentümer in Paraguay geworden war.

Dem Ehepaar Förster waren dunkle Machenschaften vorgeworfen worden, es wurde ihm nachgesagt, die Ansiedlung deutscher Auswanderer als Spekulationsobjekt betrieben zu haben. Die Kolonie selbst hatten die beiden als Fürstentum und sich selbst als regierende Fürstlichkeiten verstanden, wobei die absolutistisch ausgeübte Oberherrschaft fest in der Hand von Frau Förster lag. Ein »Paradies«, wie man sich das erträumt hatte, war bisher nicht daraus geworden. Unter den Kolonisten herrschten Streit und Armut. An eine gedeihliche Zukunft war vorerst nicht zu denken.

Das kolonisierende Ehepaar aber hatte sich dadurch nicht hindern lassen, mit den schmalen Gewinnen unübersehbaren privaten Aufwand zu treiben. Wovon Nietzsche in Turin und Basel träumte: die von Dienern umsorgte fürstliche Existenz, dies hatte sich die Schwester im Urwald von Paraguay auf ihre Weise geschaffen. Wie man so etwas aufzog, hatte sie Cosima Wagner in Bayreuth abgesehen. Der »Försterhof« war ihre Residenz, wo nach ausgewähltem Zeremoniell empfangen wurde und wo sich die Eigentümer, die offenbar den Warenhandel der Kolonisten ganz an sich gezogen hatten, zeitweilig mit einer gewissen Mühelosigkeit unterhalten konnten.

Nun hatte sich Försters Witwe auf die Reise nach Deutschland, ins neue Bismarcksche »Reich« begeben. Die preußische Regierung war offiziell zu einer Unterstützung des kolonisatorischen Unternehmens nicht bereit. Das einzige, womit die resolute Urwaldunternehmerin rechnen konnte, war die Bereitschaft der protestantischen Kirche, für die kleine Gemeinde in Übersee einen Pastor zu unterhalten. Darüber ließ sich reden. Alles andere beruhte auf dem Erfolg, den die persönlichen Appelle an förderungswillige Kreise, Private und Industrie, vor allem an die damals aus dem Boden schießenden Vereine zur Unterstützung der Auslandsdeutschen bringen konnten. Es handelte sich bei der Schwester, die anderer Sorgen wegen als der um den kranken Bruder nach Europa gekommen war, um eine Frage unbedeutenden Ranges: ob Nietzsche von Förster in seinem Testament mit einem Landlos oder zwei Landlosen für das gewährte Darlehen bedacht worden war. Die Frage hatte, so wie die Dinge lagen, etwas Irreales. Sein Erbe würde der Kranke, selbst wenn er gewollt hätte, gar nicht antreten können und an eine Geld-Ablösung war bei den wirtschaftlichen Verhältnissen der Kolonie, wie die nächsten Jahren zeigen würden, überhaupt nicht zu denken.

Ohne daß die Schwester es wollte, kam aber mit dieser Frage ein anderer Stein ins Rollen. Bevor die Erbschaftsangelegenheit behandelt werden konnte, war nämlich noch eine delikate Frage zu klären: die der Vormundschaft. Denn daß der Anspruchsberechtigte zu irgendeiner annehmbaren Willensäußerung nicht mehr fähig war, lag auf der Hand.

Aber welches Gericht ist dafür zuständig? Nietzsche als ein in Naumburg wohnhaft gewordener pensionierter Basler Professor erhält seine Bezüge aus der Schweiz. Die Pastorenwitwe läßt darum in Basel bei Dr. Thurneysen-Gemuseus, Präsident des Strafgerichts in Basel und Vater der befreundeten Clara Thurneysen, die mit dem Jenenser Professor Gelzer verheiratet ist und die erste Quartiergeberin der Mutter nach der Verlegung des Sohns in die Binswangersche Anstalt war, nachfragen, ob Basel zuständig sei. Die Antwort lautet: das Zivilgericht in Basel befaßt sich nur mit Entmündigungen baslerischer Kantonsbürger.

Damit ist an die empfindliche Frage von Nietzsches Staatsbürgerschaft gerührt. Basler Kantonsbürger ist er nicht. Das bekommt die Mutter schriftlich zugestellt. Aber auf seine Rechte als preußischer Untertan hatte er bei der Berufung nach Basel ausdrücklich verzichtet, um im Falle eines Krieges sein Amt nicht aufgeben zu müssen.

Bei der Behandlung der Vormundschaftsangelegenheit stellt sich jetzt heraus, daß die Frage seiner Staatsbürgerschaft bisher unerledigt geblieben war und Nietzsche es dahin gebracht hatte, als »Staatenloser« zu gelten. Das kommt im Schreiben des Basler Waisenamts zum Ausdruck, wenn angesichts der Nichtkompetenz schweizerischerseits der Mutter empfohlen wird, sich an das Gericht des letzten Wohnorts von Nietzsches Vater zu wenden. Nietzsche selbst wird hier gar nicht mehr in Betracht gezogen. Er als Generation wird gewissermaßen übersprungen. Hatte er seine preußische Staatszugehörigkeit aufgegeben und dagegen das Bürgerrecht des Kantons Basel nicht erworben, so ist bei der Feststellung, wie jetzt zu verfahren sei, das für Röcken zuständige Gericht anzurufen.

Und das alles als Vorfrage in der Angelegenheit der Übereignung eines Erbes im Urwald von Paraguay, das vom Erben weder angetreten werden konnte noch überhaupt, auch nicht in der Form einer Entschädigung, jetzt und später zur Verfügung stand!

Mit der ihr eigenen Energie greift nun Elisabeth Förster sofort in Bereiche ein, wo sie für die Zukunft ein aussichtsreicheres Betätigungsfeld glaubt gefunden zu haben. Die ersten Anzeichen von Nietzsches Berühmtheit ließen sich nach seiner »Entdeckung« durch Georg Brandes, der nicht nur in Skandinavien, sondern auch in St. Petersburg und Paris gelesen wurde, einfach nicht mehr übersehen. Nietzsches Bücher hatten es geschafft, in Rußland verboten zu werden. Hier war ein kommender Markt im Auge zu behalten.

Es steht jetzt die von Naumann vorgesehene Veröffentlichung des vierten Teils des »Zarathustra‹ an. Dabei ist für die künftige Bevollmächtigte in allen Angelegenheiten des schon gedruckten Werks wie des Nachlasses Vorsicht am Platze, will sie die Verhandlungen mit der Kirche in Preußen, die der Bitte um einen Seelsorger für ihre Schutzbefohlenen in Paraguay entgegenzukommen schien, nicht gefährden. So erwirkt sie beim Verleger die Stagnierung der schon für die Rezensenten gedruckten Exemplare, indem sie die Gefahr des Eingreifens von seiten des Staatsanwalts anführt.

In der Frage der Nichtauslieferung der gedruckten Exemplare kann Frau Förster ihren Standpunkt durchsetzen, Naumann hat den Schaden zu tragen, läßt sich aber dafür die Rechte für die Gesamtausgabe von der Schwester des noch lebenden Autors, der nach amtlichem schweizerischen Wortgebrauch bereits »mundtot« ist, zusichern.

Als Sachbestellerin ihres Bruders hatte sich Frau Förster jetzt schon erste Sporen verdient. Der wußte freilich nicht mehr, was um ihn herum geschieht und dämmert apathisch vor sich hin. Selbst bei der Mutter tauchen jetzt ernste Zweifel an der Möglichkeit einer Besserung auf. Der Verfall des Gedächtnisses konnte auch von ihr, die bis dahin jedes freundliche Lächeln ihres Pfleglings schon für ein Heilungssymptom gehalten hatte, nicht unbemerkt bleiben.

Elisabeth Förster-Nietzsche hatte Grund zur Zufriedenheit, als sie am 2. Juni 1892 in Hamburg das Schiff nach Montevideo bestieg. Ihr Wirken in Amerika hatte in der deutschen Öffentlichkeit keine ungünstige Resonanz gefunden, ein vormundschaftlich von ihr für den Bruder geschlossener Vertrag mit dessen Verleger über das Gesamtwerk war unter Dach und Fach. Aber sie hat doch schon bei der Abreise das Gefühl dafür, daß sie auf dem Boden des kleinen Kolonialreichs, das Förster und sie sich gegründet hatten, nicht mehr lange bleiben würde.

Der Bruder war indessen von dem geschäftigen Treiben um sich herum, das mit der Schwester im Hause geherrscht hatte, unbeeindruckt geblieben. Er spielt mit Geldmünzen, brütet im Sessel vor sich hin, lächelt und frappiert durch überraschende Einfälle und die Erfindung eigener Wörter. Die Spaziergänge mit dem Sohn hat die Mutter jetzt in den Schutz der abendlichen Dunkelheit verlegt, sie müssen aber bald schon endgültig eingestellt werden wegen einer fortschreitenden Lähmung im Kreuz. Es zeigt sich, daß die Krankheit mit immer weiter vor sich gehendem Abbau der Persönlichkeit ganz nach der Prognose von Binswanger verläuft. Die Mutter mit ihrer aufopfernden Pflege macht sich auf alles gefaßt. Ihre Belastungen wachsen noch zusätzlich durch die Sorge um ihre materielle Zukunft. Alles hängt von der Basler Pension in Höhe von 1600 Mark und ihrer Weiterzahlung ab. Die Einkünfte aus Nietzsches Schriften sind zwar wegen eines immer mehr sich ausbreitenden Interesses daran nicht unerheblich, bedeuten aber nur ein willkommenes Supplement. An eigenen Einkünften verfügt die Pastorenwitwe über die schmale Pension von 170 Mark halbjährlich und das Haus mit zwei Mietern. Gerade hier liegt aber der wunde Punkt. Denn die Mieter wechseln rasch. Es handelt sich meist um junge in der Ausbildung befindliche Juristen am Naumburger Gericht oder auch solche, die vertretungsweise eine Funktion übernehmen. Mal gibt es zwei Mieter, dann nur einen und schließlich gar keinen. Die Pastorenwitwe hat das Gefühl, man stößt sich am Anblick des im Hause befindlichen Patienten.

Ihre Sorgen um die Zukunft sind nicht unbegründet. Mit dem Ausbleiben der Basler Überweisungen, die Overbeck regelmäßig und pünktlich vornimmt, wäre der Naumburger Haushalt, zu dem bei ihrem Aufenthalt die Schwester sowie die treue Alwine als Gehilfin gehört, seiner tragenden Stütze beraubt gewesen. Darum stellt sich bei der Mutter sofort Nervosität ein, wenn die Zahlungen aus irgendeinem Grunde am vorgesehenen Tage nicht eintreffen. Denn wie schwach die Rechtsgrundlage für ihren Anspruch war, hatte sie durch Overbeck erfahren.

Es waren bekanntlich drei Quellen, aus denen die zur Pension zusammengesetzten Zuwendungen ursprünglich flossen. 1000 Franken zahlte die Basler Staatskasse, weitere 1000 Franken steuerte der »Heuslersche Vermächtnisfond« bei, die restlichen 1000 Franken brachte die »Freiwillige Akademische Gesellschaft« über eine Subskriptionsliste ihrer Mitglieder auf. Der »Heuslersche Vermächtnisfond«, der Zuwendungen für hilfsbedürftige Professoren oder Lehrer sowie deren Witwen oder Waisen gewährte, hatte Jahr für Jahr den Auszahlungen zugestimmt. Von der »Freien Akademischen Gesellschaft« waren deren Zeichner zunächst auf sechs Jahre verpflichtet worden. Anschließend erfolgten alle drei Jahre Verlängerungen des Stipendiums für den entsprechenden Zeitraum.

Von den beiden privaten Einrichtungen waren die zur Weitergewährung vorgeschriebenen Verfahren eingehalten worden. Allein einen Rechtsanspruch darauf seitens des Empfängers gab es hier wie dort nicht. Die Zahlungen konnten jeweils nach Ablauf der eingeräumten Fristen eingestellt werden.

Das hätte den Kranken und seine Angehörigen unerträglich hart getroffen, denn ab 1. Juli 1889 hatte die Basler Staatskasse zu zahlen aufgehört. Bei einer Durchsicht der Akten war der Staatskassierer auf einen überraschenden Umstand gestoßen. Er hatte die Entdeckung gemacht, daß die Frist für die Nietzsche auf sechs Jahre gewährte Pension bereits 1885 abgelaufen war. Seitdem hatte man sie »aus Versehen« weitergezahlt, wie das offizielle Schreiben an Overbeck, der mit der Weiterleitung an Nietzsche befaßt war, vermeldet. Eine Neubeantragung war von Nietzsche nie erfolgt, der auch, wenn er daran gedacht hätte, zunächst einmal abwarten konnte, ob die Leistungen weitergingen und, sobald er dies feststellte, keinen Grund sehen mußte, sich dagegen zu verwahren. Selbstverständlich hatte Overbeck als sein Basler Vertrauensmann ebenfalls zu keinem Augenblick Anstalten gemacht, an die Tatsache der stillschweigenden Weitergewährung durch unnötige Fragen bei der Verwaltung zu rühren.

Overbeck nahm jetzt in den Verhandlungen mit der Kantonalen Administration das längst überfällig gewordene Auslaufen von Nietzsches Staatspension anstandslos hin. Für irgendeinen Versuch, sich mit ihr im Namen seines Schützlings doch noch zu arrangieren, sah er keine Chance mehr. Der befand sich, als die Sache anstand, in der Euphorie der Turiner und allerletzten Silser Zeit, war also wegen ganz andrer Dinge besorgt, um sich mit der Basler Pensionsangelegenheit und deren Folgen ausdauernd befassen zu können. Unter der Hochspannung der Niederschrift von »Ecce homo« und dem »Antichrist« sowie der Auseinandersetzung mit Wagner als seinem abschließenden Wort in dieser Sache lebte er gerade damals in der Höhenluft, die ihn der Katastrophe zuführte.

Overbeck glaubte den Ausfall der Basler Staatspension für Nietzsche trotz wenig rosiger Lage darum hinnehmen zu können, weil ihm ja zunächst noch die Gelder aus den beiden privaten Stiftungen verblieben. Dazu kamen einige Ersparnisse, die – wie die Mutter berechnete – Zinserträge von jährlich über 1000 Mark erbrachten, sowie ein Anlagevermögen in Papieren, etwa 30000 Mark. Demgegenüber standen die erheblichen Unkosten für den Druck seiner Schriften auf eigene Rechnung. Naumann war, strenggenommen, nicht Nietzsches Verleger, sondern sein Kommissionär und versuchte ja auch in den Verhandlungen mit Nietzsches Schwester, sich jeweils die Vorzüge von beiden Rollen zuzuschanzen und dem Autor deren Lasten. Aber eben durch die Übernahme der Druckkosten, die ihm entstanden waren, weil sich nach der Trennung von Fritzsch und Schmeitzner kein Verleger mehr gefunden hatte, der bereit war, das Risiko seiner Schriften zu tragen, war Nietzsche in Geldverlegenheit geraten. Ihr hatte er durch geeignete Kreditoren entgegenzuwirken versucht, deren zuverlässigste Meta von Salis war, die deswegen auch später von der Schwester noch einmal angegangen wird. Der größte Teil des Bargelds, das Overbeck in Nietzsches Turiner Unterschlupf fand, stammte nach Nietzsches eigenen Angaben von Meta von Salis.

Nach dem Wegfall der Basler Staatspension hätte jede weitere Einbuße wegen der steigenden Kosten kaum auszudenkende Folgen haben müssen. Man hatte, um den Kranken besser transportieren zu können, Umbauten in der Naumburger Wohnung vornehmen müssen. Die Mutter denkt an ihre Gehilfin Alwine, vielleicht sollte sogar noch ein Wärter angestellt werden, der weitere Verlust der Mieteinkünfte ist in Betracht zu ziehen. Dazu kommt, zunächst noch als zusätzlicher Posten im Haushaltsetat, die aus Paraguay zurückgekehrte Tochter. Ein Jahr nach ihrer Abreise hatte ausgereicht, um ihr jede Hoffnung auf das weitere Gedeihen der Försterschen Gründung zu nehmen. Sie kam mit leeren Händen. In den ganzen Verhandlungen wegen der Landlose, die aus Nietzsche einen Landeigentümer im Urwald hatten machen sollen und um derentwillen zuerst die Vormundschaftsfrage aufgerollt worden war, war leeres Stroh gedroschen worden.

Die Angst der Pastorenwitwe vor der Zukunft war verständlich. Sie hatte gar keine andere Wahl, als ihre ganze Hoffnung auf die »lieben Basler« zu setzen, daß sie die um ein Drittel geminderten Zahlungen nicht weiter kürzen oder ganz streichen würden. In Basel war Overbeck unermüdlich tätig, Verhandlungen über das »Gnadengeld« bei beiden Fonds einzufädeln und seine Weitergewährung von Termin zu Termin durchzusetzen. Die altfränkische Biederkeit der Instanzen, ihrer Vorstände und der Subskribenten, von denen die meisten im Laufe der Jahre gar nicht mehr wußten, wer derjenige war, für den sie ihren Namen mit den Beträgen zeichneten, ist dabei seine beste Helferin.

Frau Förster war zwar mit leeren Händen aus Übersee nach Hause zurückgekehrt, aber sie bringt dafür etwas mit, was alles Fehlende voll aufwiegt. Wie eine Naturgewalt bricht sie jetzt in ihre

Naumburger Umwelt ein. Daß ihr Betätigungsdrang keine Grenzen kennt, sollten alle bald merken, die mit ihr zu tun hatten. Nur dem Bruder blieb dies seines Zustands wegen erspart. In richtiger Einschätzung des wachsenden Interesses an seinen Schriften hatte sie sofort klar erkannt, daß alles auf sehr umsichtig geplante Verwertung ankommt. Es muß eine Zentralstelle für ihre Sammlung zur Vorbereitung einer authentischen Werkausgabe, wie sie zusammen mit Naumann geplant war, eingerichtet werden, die selbstverständlich ihrer Verantwortlichkeit untersteht. Mögliche Ansprüche, die von seiten Overbecks und Köselitz' bei der Edition und Ausdeutung veröffentlichter und noch im Nachlaß befindlicher Schriften erhoben werden könnten, werden vorsorglich und unmißverständlich zurückgewiesen. Im Untergeschoß der mütterlichen Wohnung richtet die Schwester ihr »Nietzsche-Archiv« ein. Hier sollen schon zu Lebzeiten des darüber wohnenden Bruders alle ihn betreffenden Dokumente gesammelt und katalogisiert, entsprechende und bald in Fülle zu erwartende Anfragen beantwortet werden. Dazu stellt sie ihre eigene Mannschaft zusammen, die Archivare Dr. Kögel und Dr. Zerbst, die auch für die Erstellung der Gesamtausgabe vorgesehen sind.

Später, nach der Übersiedlung in die Grodlitzer Straße 7, wo mehr Raum zur Verfügung steht, tritt an Stelle von Zerbst der aus dem Goethe-Archiv in Weimar geholte Eduard von der Hellen.

Das macht auch ersichtlich, in welchen Maßstäben die Archivleiterin und Editorin denkt. Kein Vorbild ist groß genug, daß es für die Sache des Bruders nicht in Betracht käme. Weimarer Goethe-Archiv und Weimarer Goethe-Ausgabe geben für das von ihr Geplante die Beispiele ab. Das verschafft ihr in der Frage, wie das Archiv aufzubauen sei, die Möglichkeit, die Verfügungsgewalt über alle Entscheidungen beim Zusammentragen, Ordnen und Ausscheiden der in Frage kommenden Archivalien zu monopolisieren. Und gerade davon wird sie ausgiebig Gebrauch machen.

Die Vormundschaftsrechte für das schriftstellerische Werk lagen bis dahin unwidersprochen in den Händen der Mutter, aber sie hatte sie zu teilen mit ihrem Neffen Adalbert Oehler. Gerade darauf muß sich jetzt im folgenden Frau Försters Augenmerk richten. Um die Rechte der Mutter zu entwinden, setzt sie eine

Waffe ein, der die Mutter nichts entgegenzustellen hat. Sie erweckt in ihr Furcht wegen des bald zu erwartenden Entzugs der bis dahin noch gezahlten Zuwendungen aus den beiden Basler Privatfonds, obwohl sie genau weiß, daß die Zahlungen aus der »Heusler-Stiftung« wie der »Akademischen Gesellschaft« vorerst noch weitergehen. Aber gegen die Panik bei der Mutter angesichts der nicht auszudenkenden Zukunft des geliebten Kranken wie ihrer eigenen hat sie ein Mittel, das hier abhelfen kann. Zur Bestreitung ihres Unterhalts bei ausbleibender Pension ist sie bereit, die Vormundschaftsrechte der Mutter für 30000 Mark abzukaufen und zusätzlich 1600 Mark an jährlicher Rente zu zahlen.

Der Vorschlag begegnet sofort dem Mißtrauen der Mutter. Sie berät mit Oehler, was zu tun ist. Auch Oehler, der als Gesprächspartner von Frau Förster einfach ignoriert wird, ist davon nicht angetan. Natürlich wird Overbeck als Ratgeber brieflich ins Vertrauen gezogen. Es tritt darin die ganze Rat- und Hilflosigkeit der Pastorenwitwe, die die immer schwerer werdende Last des kranken Sohnes zu tragen hat, gegenüber der Tochter zu Tage. »Das Ganze ist eine Komödie, aber man muß zum schlimmen Spiel gute Miene machen, wenn man sich nicht die wenigen Jahre, welche einem vielleicht noch beschieden sind, verderben will …« schreibt sie nach Basel. Vor allem beunruhigt sie die Frage: wo hat die Tochter das Geld her?

Aber das Mißtrauen und die Beunruhigung über das dringliche Anerbieten, vor allem die Absicht, ihr kostbares Pfand gegenüber der Tochter nicht herauszurücken, reichen nicht aus, der eigenen Angst vor dem, was kommen könnte, und dem Willen Elisabeths standzuhalten. Oben in der Etage muß sie zwanzig Eimer Wasser in eine Wanne gießen und sie auf die gleiche Weise wieder entleeren, um dem Sohn alle zwei Tage ein beruhigendes Bad anzurichten, muß sie ihn vereint mit den ebenso schwachen Kräften der Alwine in die Wanne legen. Das ist keine Kleinigkeit, denn der Kranke ist gut genährt und hat einen starken Knochenbau, ist als biologischer Typus, was bis in sein Denken hineingeht, kein Astheniker. Und während ihn Schreikrämpfe befallen, die aus offenbarem Protest gegen die Mutter noch gesteigert werden, wenn sie ihn zu beschwichtigen sucht, trägt die Schwester im Erdgeschoß bereits Manuskripte, beschriebene Blätter, Briefe, Bilder als archivarische Schätze zusammen, um für die mit Gewißheit kommenden Tage des großen Ruhms gerüstet zu sein.

Die Hinterlassenschaft des Bruders ist zugleich ihr Erbe, das einzige große, auf das sie sicher rechnen kann. Sie wartet auch dessen Tod nicht erst ab: schon fünf Jahre vor seinem Ableben kann sie der Öffentlichkeit ein Buch mit dem Titel »Das Leben Friedrich Nietzsches« vorlegen.

In diesen Monaten, wo Elisabeth Förster um die Autorenrechte des Bruders kämpft, wo sie sie auf dem Vertragswege durch Kauf und Pensionszusage an sich zieht, ist in der Atridentragödie der Familie Nietzsche der Schlußakt eröffnet. Die Hauptperson lebt zwar noch körperlich, ist aber geistig fast tot. Mutter und Schwester, in denen er stets seine Feinde gesehen hatte, sind bereits beim Streit um sein Erbe. Die in Naumburg geltende »christliche Moral« war der Würgegriff gewesen, der zu den feinen familiären Strangulierungen mit sublimen Folgen geführt hatte. Daran ändert auch nichts, daß sich die Mutter des Sohnes als dem Opfer mit der letzten Hingabe annimmt, die keinen Vorbehalt, auch nicht den geringsten, kennt.

Das ist keine psychoanalytische Hypothese, sondern durch den Bruder schriftlich niedergelegt und wird durch die Auseinandersetzung zwischen Mutter und Tochter beglaubigt. Die Mutter weicht vor den Forderungen der Tochter schweigend zurück; es bleibt ihr nichts anderes übrig, als ihrer Resignation in Briefen Ausdruck zu verleihen. Overbeck bekommt davon zu hören. Frau Försters Nervosität in diesen Monaten ist verständlich. Sie muß 30000 Mark aufbringen, die sie nicht hat, um damit die Autorenrechte zu bezahlen. Oder denkt sie an das Effekten-Vermögen in etwa gleicher Höhe, für das der Bruder als Erbe nicht in Frage kommt, das ihr so oder so zufallen wird? Das Geld wiederum ist nur zu bekommen, wenn sie die Autorenrechte als Sicherheiten anzubieten hat. Hier befindet sie sich in einem Teufelskreis. Aus ihm kommt sie nur heraus durch zu erbringende Bürgschaften. Sie muß das Geld leihen und braucht dafür Garantien. Das war ein Verdacht, den die Mutter immer gehabt hatte. Elisabeth Förster hat den für die Werkausgabe engagierten Dr. Kögel beauftragt, in Berlin nach einem Bankkredit Ausschau zu halten. Als Hauptbürgin glaubt sie von vornherein auf Meta von Salis rechnen zu dürfen. Fräulein von Salis hatte Nietzsche selbst schon mit Beträgen zur Bestreitung der Druckkosten beigestanden. In Frau Försters Finanzierungssystem gilt sie denn auch als die tragende Säule, die mit 10000 Mark im Bürgschaftsvertrag zu Buche steht. Zu dem aus »Freunden und

Verehrern Friedrich Nietzsches« bestehenden Kreis der übrigen Bürgen gehören Dr. Hermann Hecker, Graf Harry Kessler und Dr. Raoul Richter, die es mit je 6000 Mark ermöglichen, daß das Bankhaus Mendelssohn die erforderlichen 30000 Mark flüssig macht. Elisabeth steuert nur die demgegenüber bescheidene Summe von 2000 Mark dazu bei. Mit dem Abschluß des Bürgschaftsvertrages am 26. Januar 1896 kann die einige Wochen vorher – im Dezember 1895 – ebenfalls vertraglich vereinbarte Abtretung der Autorenrechte an Frau Förster in Kraft treten. Das bedeutet ihren Sieg auf der ganzen Linie, der ihr im § 1 der Abmachungen ausdrücklich bestätigt wird: »Der Tätigkeit und Umsicht der verwitweten Frau Dr. Förster ist es zu verdanken, daß zur Zeit eine Gesamtausgabe der Werke Friedrich Nietzsches im Verlage der Firma C. G. Naumann in Leipzig erscheint, welche die sämtlichen für die Veröffentlichung geeigneten und bestimmten Schriften des Verfassers mit unverfälschtem, kritisch durchgesehenen Inhalt in geordneter Aufeinanderfolge, sowie in würdiger äußerer Ausstattung enthält und dem Verfasser ein angemessenes Honorar sichert.«

Damit war Elisabeth Förster am Ziel angelangt. Allerdings hätte es im Blick auf die Mutter so anstrengender Veranstaltungen gar nicht bedurft. Im folgenden Winter erkrankt sie und stirbt – Ostern 1897 – bald darauf. Sie hatte, was sie so gefürchtet hatte, das Ende der Basler Pensionszahlungen, nicht mehr erlebt. Für den zu erwartenden Ausfall war durch Elisabeth Förster auf das umsichtigste Sorge getragen worden. Die Einnahmen aus der geplanten Gesamtausgabe der Werke würden dem Autor und angesichts von dessen Zustand ihr zufließen.

Hier war für die Zukunft etwas zu erwarten. Zur alles niederzwingenden Energie kam bei der Schwester ein die Verhältnisse richtig einschätzendes Auge. Das schriftstellerische Werk des dahinvegetierenden Bruders wird zu seinem Ruhm ihr zur Disposition stehen.

Jetzt gilt es zunächst einmal: weg aus der erdrückenden Enge Naumburgs! Die Wahl des Sitzes ist nicht schwer. Weimar liegt ganz in der Nähe. Dem Namen Goethes und Schilllers jetzt Nietzsche als dritten dieser erlauchten Gesellschaft hinzuzufügen, ist es, was nottut. Wieder geht Frau Förster mit der Übersiedlung an diesen Hauptsitz der deutschen Klassik aufs Ganze, und wieder ist es Meta von Salis, die mit 39000 Mark das Geld zur Verfügung stellt, das für den Erwerb des Hauses »Silberblick«, Luisenstraße 30, wo das Archiv untergebracht werden soll, beschafft werden muß.

Hier war ganz bewußt der Weg zum nationalen Monument, zur Gedenkstätte für jemanden, der noch lebte, eingeschlagen. Es liegt auf der Hand, daß Frau Förster dazu Männer wie Overbeck und Köselitz nicht gebrauchen kann. Im Gegenteil: Sie mußten ihr mit dem, was sie wußten, für das Bild vom Bruder, wie sie es der Nachwelt vermitteln wollte, höchst unwillkommen sein. Dazu paßt es sehr wohl, daß sie als biographischen Berater und Mitarbeiter für die Werkausgabe Rohde heranzieht, der sich von Nietzsche wegen dessen veränderten Anschauungen abgewandt hatte. Rohde ließ sich Schopenhauer und Wagner, die ihm beide durch Nietzsche nahegebracht worden waren, nicht ausreden. Ungetrübt erschien ihm, der damals schon ein körperlich leidender Mann und mit seinem Werk unter dem Titel »Psyche« als Wissenschaftler seinen eigenen Weg gegangen war, in seiner Erinnerung das Bild des jungen, vornehmlich des Leipziger Nietzsche. Gerade für *den* Nietzsche, mit dem in seiner Lauterkeit des Charakters als Denker und Mensch und vor allem als Bruder Elisabeth Förster die Welt bekannt machen will, hat sie darum in Rohde einen viel brauchbareren Zeugen als in den intimen Weggenossen der späteren Jahre. Deren Urteile können gefährlich werden und ihre Kreise stören. Darum die Schroffheit im Umgang mit Köselitz und Overbeck, den sie selbst zunächst vom Verdacht ausschließen möchte und die Schuld deswegen auf seine Frau wälzt, womit sie die Beziehung noch mehr belastet. Ihre Biographie, in der Overbecks Frau sehr schlecht wegkommt, wirft ein Licht auf ihre Gefühle und nicht weniger auf die Strategie, mit der sie alles ihr Unpassende beiseite rückt.

Die Übersiedlung von Naumburg nach Weimar mit dem Bruder war zunächst in das Haus Wörthstraße 5 erfolgt. Zum Wohnungswechsel in den »Silberblick« kommt es erst, nachdem dort die notwendige Herrichtung mit baulichen Veränderungen abgeschlossen ist. An Hingabe in der Pflege des Bruders, die sie sich mit der alten Alwine teilt, ist die Schwester nicht zu übertreffen. Alles, was zwischen ihnen gestanden hatte, weicht dem Gefühl der Pflicht, aber ebenso echter geschwisterlicher Fürsorge. Der Eindruck, der nach ihrer ersten Rückkehr aus Paraguay hätte entstehen können, Elisabeth Nietzsche würde sich ihrer

Aufgabe entziehen und alles der Mutter überlassen, erweist sich als falsch. Um zu verstehen, wie sie diese Aufgabe selber sah, muß man die letzten Seiten ihres Buches »Der einsame Nietzsche« lesen. Ihre Hingabe hat sich bereits zur Besessenheit gesteigert, bei der Nietzsche wie ein lebendes Pfand in der Hand der Schwester erscheint, die dabei ist, für ihn eine Kultstätte zu errichten. Gespenstische Szenen stellen sich ein. Den Freunden und interessierten Fremden, die Weimar passieren, wird eine auf dem Diwan oder der Veranda sitzende, meist in Schweigen versunkene Gestalt mit durchsichtiger Haut im weißen Gewand eines katholischen Ordensgeistlichen, das sie für ihn aus Flanell hatte anfertigen lassen, gezeigt: der Philosoph, der Prophet, der Priester, beinahe wie zur Mumie ausgestopft. In der innigen Verbundenheit mit dem Bruder, wie sie sie selber empfindet und nicht ohne Exaltiertheit vor Augen führt, brechen grausame Züge durch, die Nietzsche an ihr immer gefürchtet hatte. »Ich habe mich seit Jahren gegen Lisbeth gewehrt wie ein verzweifeltes Tier, und sie hört nicht auf, mich zu quälen und zu verfolgen«, hatte er, noch im Vollbesitz seiner geistigen Kräfte, während einer der vielen Zerwürfnisse mit der Schwester einige Jahre zuvor niedergeschrieben. Jetzt, wo sie ihn zusammen mit Handschriften, Büchern, Möbelstücken, Bildern in den Etageräumen des »Silberblick« in die eigene Pflege nimmt, hat die Verfolgerin den Verfolgten endgültig eingeholt. Jetzt in ihrem Totenkult für einen noch Lebenden kann er ihr nicht mehr entkommen.
Es entspricht ganz ihrem ausgeprägten Publizitätsstreben, wenn sie über Jahre hinaus die Öffentlichkeit, deren Aufmerksamkeit längst geweckt ist, wissen läßt, daß sich ein nur mit Sokrates und Zarathustra vergleichbarer Geist, deren Nachfolger und Doppelgänger, seit Jahren im Zustand der Agonie befinde, als Sterbender in ihren Händen aber auf das allerbeste aufgehoben sei. In diesem Sinne beginnt sie jetzt schon den Anfängen der sich mit dem Bruder befassenden Memoirenliteratur entgegenzuwirken, die mit Lou Salomés Buch »Friedrich Nietzsche in seinen Werken« aus dem Jahre 1894 angekündigt wird und ihr nichts Gutes verheißt. 1896 war es dann zur Huldigung Nietzsches aus einem Kreis gekommen, aus dem er es am wenigsten hätte erwarten können. Es gelangte nicht mehr in sein Bewußtsein, daß Richard Strauß' Tondichtung »Also sprach Zarathustra« die Harmonik des »Tristan« durchgemacht hatte und der Komponist, der in

den Bayreuther Hofstaat um Cosima eingetreten war, ohne es zu wissen, was er tat, sich auf nachwagnerschen Wegen zu Nietzsche befand. Die von Nietzsche in Gang gebrachte Bewegung des Jahrhunderts in seinem letzten Jahrzehnt war nicht mehr zu übersehen, sie war auch nicht aufzuhalten. Elisabeth Försters Spekulation auf die allernächste Zukunft konnte sich darum auf sehr sichere Anzeichen berufen.

Im »Abtretungsvertrag« über die Verfügung der Autorenrechte hatte sie ausdrücklich schon die Übersetzung ins Französische und Englische mit separater, für Amerika bestimmter Ausgabe angekündigt.

Aber sie tut noch mehr. Aus Berlin läßt sie im Frühjahr 1898 den Bildhauer Max Kruse anreisen. Zur Büste in Marmor, die er von Nietzsche anfertigt, kommt einige Monate später die Statuette des Dredners Arnold Kramer. Hochstilisiert, mit den kultischen Zügen der Heroenverehrung des *fin de siècle*, ist das Bild des Malers Hans Holde. Es stammt aus den letzten Wochen vor Nietzsches Tod und zeigt einen in tiefer Anschauung der untergehenden Sonne versunkenen Nietzsche.

So: als Riese des Denkens mit einer ins Monumentale gesteigerten hochragenden Stirn, als vom Willen geprägter »Übermensch«, dessen Kraft das breite mit der Stirn fast ein Quadrat bildende schnurrbartverzierte Kinn verrät, wie ihn Kruse darstellt, sollte er nach den Vorstellungen der Schwester gesehen werden. Oder auch als Visionär Holdes, der schon einen Blick in eine andere, von keinem Licht mehr beschienene Welt getan hat. Das ließ sich alles halten, wie überhaupt die Energie, mit der Frau Förster die Organisation des brüderlichen Lebens und Denkens aufzieht, eine Leistung von imponierender Ungeheuerlichkeit ist. Es bleibt immer zu fragen, wie die Wirkungen Nietzsches ohne sie gewesen wären. Nur daß sie den verehrten Sterbenden schon in die Starre des Historienbildes hineinbannt! Das Elend des Untergehens wird durch Einlagen und Szenen, die sie ihm jetzt noch zu bieten hat, verschönt auf eine grausige Weise: »Unter den Händen von Meister Peter Gast entquollen dem Flügel herrliche Klänge, mächtige Tonwellen, die den Kranken wie mit Zaubergewalt ergriffen und, einem elektrischen Funken gleich, seinen Organismus durchzuckten. Seliges Entzücken malte sich in seinen Mienen, der ganze Körper erbebte in fieberhafter Erregung – und siehe da, neues Leben durchströmte die durchscheinenden, gelähmten Hände. Sie brachen die Fesseln der Erstarrung und bewegten sich gegeneinander zum Zeichen des Beifalls. Nicht genug konnte er sich tun in dieser Kundgebung der Freude; schon schwiegen die Saiten – doch Aug in Aug mit der Schwester, beredtes Mitempfinden dort heischend und findend – zitterte die wonnige Erregung, ein wahrer Sturm der Begeisterung, nach, in Mienenspiel und nicht endenwollendem Beifallsklatschen. Ein Schauspiel für Götter, das zu schauen mir beschieden.«

Dieser Bericht über einen Klaviervortrag von Köselitz aus der Feder der Isabella von Ungern-Sternberg, deren Reisebekanntschaft Nietzsche im Zug von Genf nach Genua im Herbst 1876 gemacht hatte und die jetzt zu Besuch in Weimar weilte, war so sehr nach dem Geschmack der Schwester, daß sie ihn in ihre Darstellung von Nietzsches letzten Lebenswochen einfügte. Authentisch an diesem Zeugnis, aus dem die Übersteigerung sprach, war, daß es tatsächlich auf den »Tod des Dionysos« wies, aber auch auf »Die Geburt der Tragödie aus dem Geiste der Musik«. Denn die Familiengeschichte der Atriden bleibt hier, wo sich die Schwester im Rauschzustand des Bruders bemächtigt, gegenwärtig.

Das Elend von Nietzsches Dahinsiechen war grausam und lang. Es zieht sich über die letzten zehn Jahre des Jahrhunderts hinweg. Der Ausruf im »Zarathustra«: »Was liegt am Lang-Leben!« war von dem, der ihn niederschrieb, nicht beherzigt worden. Es hatte der Wille, der eigenen Lehre nachzuleben, der Apathie des Kranken nichts mehr entgegenzusetzen.

In der aufopfernden Zuwendung der Schwester zum langsam Sterbenden bleibt immer ein Zug des Eisigen. Die Freunde, vor allem Köselitz, der sich in inzwischen in Weimar niedergelassen hat, haben ein Auge dafür. Elisabeth Förster war ohne Mittel aus ihrer Kolonie »Neu-Germania« nach Naumburg zurückgekehrt. Die Verlegung ihres Wohnsitzes nach Weimar brachte den Bruder durch das als Gedenkstätte gedachte Archiv nicht nur als Gleichen unter Gleichen in die Nähe Goethes und Schillers, sondern sie selbst jetzt in die Sphäre der Residenz, in deren Formen sich zu bewegen ihr immer als das Höchste vorgeschwebt hatte. Dem entspricht auch ihr neuer Lebensstil, von dem Köselitz am 4. August 1900 Overbeck berichtet: »Sie tut keinen Schritt in die Stadt, sie fährt nur noch in der Equipage, mit Kutscher und Diener in Livree auf dem Bock. Sie ist die reine Hofdame geworden, als unterhaltliches Wesen in aristokratischen und Hofkreisen viel begehrt.« Mit dem frischen Ruhm des dahindämmernden Bruders hat sie in die Gesellschaft etwas vorzuweisen.

Dessen Leben hatte sich inzwischen auf ein stilles Erdulden des Leidens zusammengezogen. Darin war sein Wille durch mehr als ein halbes Leben gestählt worden. Hier gibt es keinen Bruch mit seinem Denken. Im Ertragen von körperlichen Schmerzen, von Einsamkeit im ungeheizten Zimmer, im Ausharren in der Wüste einer Welt der Zerstörung, die er voraussagte, weil er sie schon selbst an sich erlebte, hatte er sich über Jahre hinweg an der Grenze des Menschenmöglichen bewegt. Darin war er, Dionysos und Zarathustra zugleich, unbeirrbarer Stoiker geworden.

Im August 1900 ist es dann soweit. Am 20. erkrankt Nietzsche an einer mit Fieber verbundenen Erkältung. Ein Katarrh scheint auch auf die Lunge übergegriffen zu haben. Vier Tage später bekommt er einen nächtlichen Schlaganfall. Der herbeigerufene Arzt findet ihn am Morgen zitternd und bewußtlos röchelnd. Zwischen 11 und 12 Uhr – Sonnabend den 25. August – ist er tot. Die Schwester war für alle Fälle gerüstet. Am gleichen Tage wird die Todesanzeige mit ihr als einziger Unterzeichnenden aufgegeben. Der behandelnde Arzt fährt anderntags nach Röcken, um die Beisetzung auf dem Dorffriedhof im Erbgrab der Eltern vorzubereiten. Für den Montag, den 27., ist eine Trauerfeier im »Silberblick« angesetzt. Die Gedächtnisrede Ernst Horneffers, eines Mitarbeiters im »Archiv«, wird umrahmt von Brahms- und Palestrina-Gesängen. Köselitz hatte eine würdige, auf den Verstorbenen genau abgestimmte Auswahl getroffen. Am folgenden Dienstag finden sich die trauernden Hinterbliebenen um 4 Uhr zur Beerdigung in Röcken ein. Unter dem »Geläute der alten Glocken, die Friedrich Nietzsche am Tage seiner Geburt zuerst begrüßten«, wie es der Ablauf der Beisetzung vorschreibt, wird der »Antichrist« zu Grabe getragen. »Kein Geistlicher hat ihn begleitet.« Mit ihm war das »Ende der Neuzeit« gekommen. Die Grabrede an Pfarrers Statt hält Nietzsches Vetter und Vormund, der inzwischen Naumburger Oberbürgermeister gewordene Dr. Oehler. Es folgen Abschiedsworte der Freunde, zunächst Heinze, dann Gersdorff, Fuchs, Köselitz. Overbeck fehlte. Er war nicht gekommen, weil die Todesanzeige falsch adressiert war und er sich mit seiner Frau in den Ferien im Elsaß befand.

Es erklang Honoratioren-Deutsch am offenen Grabe, getragen vom Pathos der am deutschen Gymnasium eingeübten Figuren der antiken Rede, feierlich, würdevoll. Aber was den Rahmen der Rhetorik durchbrach, war das einhellige Zeugnis der Freunde. Dies Zeugnis wog schwer und war glaubhaft. Was Gersdorff in seinen Worten des Danks aussprach, daß »Du vor fast 40 Jahren mich Deiner Freundschaft würdigtest, welche mir mein Leben erst wahrhaft lebenwert machte«, galt für jeden der am Grabe als Redner auftretenden Freunde. Allen gemeinsam war in dieser Stunde das Gefühl des Glücks, in der Beziehung zu Nietzsche an der Weltbewegung teilgenommen zu haben, die von seinem Denken ausging. Dafür gab es jetzt schon, als die Trauergemeinde den Toten auf das feierlichste bestattete, untrügliche Zeichen.

Eine »Lehre«, von der Carl Fuchs sprach, durch die er »den Sinn auch seines Daseins vertieft« fand, hatte Nietzsche nicht hinterlassen. Dafür war er als Gestalt und in seinem Denken zu irrlichternd gewesen. Aber es gab Einsichten, deren Geburtsstunde viele aus der Trauergemeinde miterlebt hatten und die Licht auf das zu dieser Stunde noch junge, aber bald düster drohende Jahrhundert warfen.

Es gehört zum »Fall Nietzsche« der Übergang der Lebensgeschichte in die Krankengeschichte mit der unendlichen Trostlosigkeit eines Endes, das den Lebenden nur noch als dumpf vor sich hin Vegetierenden kennt. Der Begründung seines Ruhms, der ja schon zu Lebzeiten beginnt, haben die elf Verfallsjahre keineswegs im Wege gestanden, sie scheinen ihm eher förderlich gewesen zu sein. Gab es hier Zusammenhänge? War ein solches Leben aus einer inneren Zwangsläufigkeit auf ein solches Ende fixiert? Hätte es überhaupt anders ausgehen können?

Das alles war sehr vieldeutig und ist auch so verstanden worden. Machte nicht das Heillose der letzten Jahre etwas vom Faszinierenden dieser Existenz aus? War es nicht die Probe aufs Exempel? Hier hatte sich jemand hervorgewagt, hatte sein Jahrhundert mit seiner bürgerlichen Christlichkeit, eine fast zweitausendjährige Epoche der Weltgeschichte als Irrweg erkannt und bekämpft und war zerschunden und zerschlagen am Wegesrand liegengeblieben. Diese Lebensgeschichte mit ihrem Ausgang blieb vorzeigbar. Als Warnung! Die Züge des dahindämmernden Nietzsche, des mißhandelten Prometheus, ein einziges Bild des Jammers, das zurückschaudern läßt! Und so mischen sich Bewunderung für den Willen zur radikalen Wahrhaftigkeit mit andern Gefühlen wie Genugtuung über den verdienten Sturz eines Blasphemikers, Mitleid für einen Kranken, Abscheu vor einem Infizierten.

Das alles hat Anteil am schwankenden Charakterbild Nietzsches, wie ihn schon mit ihm Lebende gesehen hatten und wie es sich in den folgenden Jahrzehnten unseres Jahrhunderts mal in dem einen, mal in dem andern Lichte zeigt. Aber hier liegen unmittelbare Gefahren durch eine Betrachtungsweise, die es auf den »kranken« Nietzsche abgesehen hat, aus ihm und seinem Denken ein pathologisches Ereignis machen möchte. Wer Nietzsche überhaupt von der Seite seiner »Psychologie« her angeht, was er als Sehweise selbst ins Spiel gebracht hat, läßt ihn schlechter wegkommen als jeden anderen Philosophen vergleichbaren Ranges, weil sich keines Krankengeschichte besser belegen läßt als seine – bei allen Lücken, die sie in der Dokumentation aufweist. Hier waren dem Willen, zur »Diagnose« zu kommen, von Anfang an Tür und Tor geöffnet, worüber eine recht stattliche Literatur Aufschluß gibt. In ihr wird das Arsenal der psychopathologischen Begriffswelt weit ausgebreitet, feiern aber auch die bloßen Vermutungen gewaltige Triumphe.

Die Konzentration gilt mit auffallendem Vorzug der Frage nach der Möglichkeit von Nietzsches syphilitischer Infektion und ihren allfälligen Nachfolgeerscheinungen. Die Frage ist kontrovers beantwortet worden, begegnet aber, obwohl die Fragesteller von ungesichertem Boden ausgehen, der weitverbreiteten Neigung, sie zu bejahen. A. H. Moussa weiß in seiner Pariser These von 1928 sogar, daß Nietzsche erblich syphilitisch war, wofür das Leipziger Studentenleben des Vaters verantwortlich gemacht wird. Dafür sprach auch die konventionelle Diagnose Binswangers, die aber noch weiterging und mit den exzentrischen Tanten Nietzsches als Beweis für den Erbschaden den Verdacht sogar noch auf den Großvater ausweitete. Das mochte vage klingen, war aber nicht unglaubwürdiger als Vermutungen in andere Richtungen. Oder Nietzsche müßte sich in seiner eigenen Leipziger Universitätszeit auf entsprechenden Spuren bewegt haben, wenn Vermutungen der Selbstinfektion zutreffen sollen.

Hier beginnen die Schwierigkeiten bereits mit der Datierung. Stammen die Ursachen der Erkrankung aus der ersten Leipziger Zeit oder den Jahren nach der Rückkehr aus Bonn, wo Nietzsche die Abendstunden mit auffallender Regelmäßigkeit außerhalb seines kleinen Zimmers verbringt? Oder rühren sie aus der Zeit des Bonner Studienaufenthaltes mit seinen zahlreichen Besuchen in Köln, insbesondere dem Musikfest vom 2.–6. Juni 1865? Kommt vielleicht der Bordellbesuch, zu dem Nietzsche ein Kölner Touristenberater aus Mißverständnis verleitet hat, in Frage, der nach Nietzsches Erzählung mit der Verlegenheitsgeste, die Tasten auf dem Klavier anzuschlagen, und dem Rückzug endet. Es gibt übrigens keine Veranlassung, seine eigene, dem Deussenschen Bericht zugrunde liegende Mitteilung davon zu bezweifeln; denn sie zeigt einen glaubwürdigen Nietzsche. Die biographischen und medizinischen Rechercheure haben natürlich weitergebohrt. Hat Nietzsche es vielleicht nicht bei diesem einen Besuch bewenden lassen? Denn im gleichen Sommer muß er längere Zeit das Bett hüten.

Die Frage nach dem Zeitpunkt der syphilitischen Infektion ließ sich natürlich nicht ausklammern, wenn man an der Diagnose der »progressiven Paralyse« festhalten wollte, über die nach Lange-Eichbaum in seinem resümierenden Krankenbericht »kein Zweifel mehr« besteht. Der gleichen, von verschiedener Seite geäußerten Ansicht war freilich von anderen medizinischen Autoritäten widersprochen worden, denn der über 30 Jahre sich erstreckende Zeitraum, in dem eine Krankheit dieses Namens zum Ausbruch gelangt sein soll, hat alle Züge des Unwahrscheinlichen für sich. P. Cohn meint darum schon in der »Deutschen medizinischen Presse« (1910) »keine echte Paralyse« annehmen zu müssen. An Erklärungen, die graduell zu staffelnde »Paralyse« zu beglaubigen und die Diagnose über eine solche Zeitspanne zu rechtfertigen, gibt es keinen Mangel, etwa indem man sie als »atypische Paralyse mit langen Stillständen« (Lange-Eichbaum) annimmt. Allein die Beweise dafür fehlen. Die Erklärungen haben, wie die Kontroverse in den verschiedenen medizinischen Lagern zeigt, keine Überzeugungskraft. Wie sollten sie auch bei einer solchen Intimfrage und einer sehr unzulänglichen Methodologie der seinerzeitigen medizinischen Praxis? Dazu noch aus nachträglicher Sicht!

Man hat den Zeitpunkt der angenommenen luetischen Infektion und ihre Folgen andrerseits erst viel später anzusetzen versucht. In den letzten Tagen des Jahres 1889 stürzt Nietzsche in der Nähe seiner Turiner Wohnung und kann sich nicht mehr erheben. Die Infektion könnte demnach viel später erfolgt sein und erschiene, wenn man daran festhielte, mit der »progressiven Paralyse« als Folge glaubwürdiger. Über den initiierenden Zeitpunkt wäre dann aber auch noch nichts ausgesagt. Die Rauschzustände und wahnhaften Selbsterhebungen reichen viel weiter zurück, sie sind ja schon in der Selbstsetzung als Empedokles während der ersten Basler Zeit enthalten, aber sie haben auch, was Nietzsches Selbstgefühl als »Philosoph« und »Dichter« angeht, eine realistische Wurzel. Nietzsches Hang zum gesteigerten Ich-Gefühl muß keineswegs eine Gehirnschädigung vorausgegangen sein. Wer will ihm denn seinen Rang als empedokleischer Dichterphilosoph streitig machen? Er war es wirklich.

Indiskretionen aus der Krankengeschichte Nietzsches sind nach dessen Tode zuerst von Möbius verbreitet worden. Möbius, der selber Nervenarzt war, hatte sich mit Erlaubnis von Frau Förster

Einsicht in die Krankenjournale der Jenenser Klinik verschafft und darin die Angabe einer zweimaligen luetischen Erkrankung Nietzsches gefunden. Die Eintragung stammte von Binswanger und wurde von ihm bestätigt. Aber von Binswanger war nicht die Folgerung daraus gezogen worden, die auf Möbius' Rechnung geht, wenn er aus der luetischen Infektion die »progressive Paralyse« herleitet. Im Gegenteil hatte Binswanger, der als Spezialist in der Erkennung der »progressiven Paralyse« galt, vor deren genereller Zurückführung auf Lues ausdrücklich gewarnt. Und noch eine zweite Unrichtigkeit hatte sich Möbius zuschulden kommen lassen; er hatte, offenbar um seine Veröffentlichung durch einen glaubwürdigen Zeugen zu stützen, als Quelle für die Binswangersche Eintragung Overbeck genannt. Das konnte von diesem entschieden in Abrede gestellt werden. Binswanger sprang ihm bei und erklärte ihm in einem an seine Frau gerichteten Brief, dergleichen von ihm nie gehört zu haben.

Wenn Frau Förster gewußt hätte, was sie mit der Möbius erteilten Genehmigung bewirken würde, hätte sie sie ihm in jedem Fall verweigert. Sie muß im Hinblick auf die gegenüber dem Bruder in der Folge geäußerten Verdächtigungen arglos gewesen sein, es für einfach unvorstellbar gehalten haben, daß er sozusagen ein von seiner Bürgerlichkeit getrenntes sexuelles Geheimleben geführt haben könnte. Das alles stand im Widerspruch zum mit seherischer Vollmacht ausgestatteten Verkünder, zum Prediger einer neuen Moral, aber auch zum Bruder, wie sie ihn sich immer gewünscht hatte. Es gab außerhalb der Krankengeschichte manches andere, Private, Familiäre, was dem Auge der Öffentlichkeit zu entziehen ratsam sein mußte. Mit der Einrichtung ihres Archivs konnte sie leicht jedem Schaden in dieser Hinsicht vorbeugen. Diese Gelegenheit hat sie sich nicht nehmen lassen und besorgte es durch genaues Sichten der Dokumente, Aussondern, Vernichten von Unpassendem, Fälschen von nicht Angenehmen. Mit Material, das gegen den Bruder und besonders gegen die behauptete Eintracht der Geschwister zu Diensten stand, würde der von ihr gehütete Schatz der Weimarer Dokumente nicht aufwarten. Hier hat – bis auf kleine Unaufmerksamkeiten, die ihr unterliefen – Frau Förster ausgezeichnete Arbeit geleistet.

Mit Möbius' Nietzsche-Pathographie von 1902 war über alle internen medizinischen Erwägungen hinausgehend die »progressive Paralyse« zum Stichwort einer schnell öffentlich geführten Fachdiskussion geworden, die dem Namen Nietzsche angehängt wurde. Die Literatur darüber ist in den mehr als acht Jahrzehnten seither erheblich angeschwollen und kann, wenn man sie, was vielfach geschehen ist, vom Werk löst, als selbständige Themen-Sezession angesehen werden. Wilhelm Lange-Eichbaum, der den nach Möbius angereicherten Forschungsertrag zur Bekräftigung von dessen Krankheitsbefund arbeiten läßt, macht aus Nietzsches Krankengeschichte geradezu ein klassisches Beispiel für die Verbindung von »Genie, Irrsinn und Ruhm«, wie er sein mit Wolfram Kurth verfaßtes Buch nennt.

In Lange-Eichbaums Arbeiten sind die Vermutungen, die auf eine paralytische Erkrankung Nietzsches hinauslaufen, bisher am konsequentesten zusammengefaßt. Es bleibt merkwürdig, wie Lange-Eichbaum sich über die Quellen für deren Bestätigung ausläßt: »Die wichtigste war die eines bekannten Berliner Nervenarztes, der über zahlreiche persönliche Beziehungen verfügte. Er teilte uns mit, daß über Nietzsches syphilitische Infektion durchaus Authentisches bekannt sei. Nietzsche hat sich als Student in einem Leipziger Bordell mit Lues angesteckt. Er ist von Leipziger Ärzten antisyphilitisch behandelt worden. Die Namen dieser Ärzte sind bekannt (auch Möbius, der ja in Leipzig wohnte, muß sie gekannt haben).«

Hier erfahren wir: die Behauptung beruht auf Hören-Sagen. Der namentlich nicht genannte Berliner Nervenarzt ist selber nur ein Informant zweiter Hand. Er gibt ein Wissen weiter, das nicht von ihm stammt, das vielmehr über eine Zwischenstation zur Auswertung gelangt. Und wieder werden keine Namen genannt. Es gab Gründe genug, die zur privaten Rücksichtnahme in einer so delikaten Angelegenheit zwangen. Natürlich war von der Schwester keine Auskunft über diesbezügliche Dinge zu bekommen. Wenn man sich davon etwas versprach, nach ihrem Tod vielleicht auf dokumentarische Spuren zu stoßen, die solche Annahmen bekräftigten, konnte die Enttäuschung nicht größer sein als sie tatsächlich war.

Was immer man am Umgang der Schwester mit dem Quellenmaterial beanstanden kann, so gibt dies noch kein Recht, die schwache Beweislage für solch schwerwiegende Behauptungen über Nietzsches Krankheit außer Betracht zu lassen. Die Sicherheit, mit der über die »syphilitische Infektion« und das Milieu, wo Nietzsche sie sich geholt haben soll, verhandelt wird, steht im umgekehrten Verhältnis zur überzeugenden Gewähr, die der schlußfolgernde Mediziner für seine Informanten geben kann. Er läßt sie entweder wie den Berliner Nervenarzt im Dunkel der Anonymität oder gibt wieder, was er von der Behandlung Nietzsches durch Leipziger Ärzte, die ihm selber unbekannt waren, gehört hat. Kein Gutachten, nicht eine einzige Zeile einer Krankengeschichte!

Für die daraus hergeleitete Erkrankung war das, was von Lange-Eichbaum mitgeteilt wird, auffallend dürftig. Alles blieb vage Vermutung, nirgendwo gab es ein sicheres Wissen. Auch über den Zeitpunkt ist nichts gesagt, nur wird aus Nietzsches Mitteilung über seine Bettlägrigkeit an Gersdorff vom 4. August 1865 oder Deussens Erzählung von Nietzsches Köln-Besuch im gleichen Jahr auf die Infektion und ihre spätere Leipziger Behandlung geschlossen. Bis 1873 stellt sich dann bei Nietzsche ein leidliches Befinden ohne größere Beschwerden ein.

Das ändert sich, als Mitte des Jahres schwere Anfälle von Kopf- und Magenschmerzen mit Sehstörungen auftreten. Er ist zeitweise fast blind und leidet unter starkem Erbrechen. Die Bezeichnung »Migräne« läßt Nietzsche selbst nicht gelten und spricht statt dessen von »ernstem Gehirnleiden«. Lange-Eichbaum glaubt durch diesen »Symptomenkomplex« bereits den Beweis für die »tertiäre Hirnsyphilis« erbracht zu haben, ein Stadium, das er bis zum Frühjahr 1881 ansetzt. Hier scheint sich Nietzsche für ihn an einem Wendepunkt zu befinden. Es erwacht bei ihm ein neues gesteigertes Selbstgefühl, die Thematik beginnt sich zu verändern und auch zu verfeinern. Der Gedanke von der »ewigen Wiederkehr«, vom »Willen zur Macht«, die Vorstellungen vom »Übermensch« und »Nihilismus« tauchen jetzt erst auf. Über längere Zeiträume hat er den Eindruck einer fortschreitenden Besserung seines Gesundheitszustandes, der schließlich in die Euphorie vom Herbst 1888 mit Zuständen völliger Schmerzfreiheit übergeht. Die bis dahin verfaßten Werke – also auch der »Zarathustra« – zeigen nach Lange-Eichbaum noch keine Krankheitssymptome. Hier urteilt er im Gegensatz zu Max Kesselring, der den 4. Teil des Buchs als »paralytisch« bezeichnet. Karl Jaspers legt Wert auf die Feststellung, »daß vor dem 27.12.88 keinerlei Wahnsinnsinhalt auftaucht«. Das Plötzliche an der Krankheit sei nur die »Psychose«. Die Krankheit, die

hier mit einem Schlage durchbricht, hat ihre Vorgeschichte:
»Wie lange vor dem 27. 12. 88 dieser Zerstörungsprozeß begonnen hat, läßt sich mit heutigen Mitteln nicht feststellen. Um
die Paralyse mit Sicherheit zu diagnostizieren und ihren Beginn
festzulegen, bedarf es neben den psychopathologischen Feststel-
lungen körperlicher Untersuchungsmethoden (vor allem der
Lumbalpunktion), die man damals noch nicht besaß.«
Diese Ausführung von Jaspers rät dringend zur Vorsicht gegenüber der definitiven Festlegung auf Paralyse. Sie nachträglich zu
verifizieren und eine eindeutige Antwort auf die Frage zu geben,
in der Wille und Binswanger voneinander abwichen, ist doppelt
schwer. Jaspers hat diese Mahnung bei seinem Urteil selbst beherzigt, wenn er meint, »daß die abschließende Geisteskrankheit
fast gewiß eine Paralyse war«. Im »fast« liegt die riesige Kluft
zwischen Vermutung und sicherem Wissen, über die sich im
Falle Nietzsche keine Diagnose hinwegsetzen kann.
Jaspers' Urteile haben besonderes Gewicht, weil er als einziger
die doppelte Kompetenz des Philosophen und des Psychiaters in
Anspruch nehmen kann. Insofern ist seine Methode des Sehens
auf den Höhepunkt ihrer Leistungsfähigkeit gebracht. Für Jaspers steht die »organische Hirnerkrankung« fest, er kann keinen
»durch Mißbrauch von Giften entstandenen Zerstörungsprozeß« noch »eine in Nietzsches Konstitution und Wesen begründete und als solche vererbliche Krankheit« erkennen.
Das wäre dann freilich eine neue Frage, die mit den Jaspers zuzu-
gestehenden Kompetenzen schwer zu beantworten ist. Nietzsche jedenfalls denkt bei dem von ihm bei sich selbst diagnostizierten *ernsten Gehirnleiden* immer auch an dessen Erblichkeit
väterlicherseits und hat es als solches in seinem Fortschreiten
verfolgt. Letzte Gewißheit ist hier natürlich, zumal nachträglich, nicht zu schaffen. Aber die Annahme läßt sich auch nicht
ohne weiteres abweisen. Nietzsche hat hier den »Darwinismus«,
der in seinem Denken Einlaß gefunden hat und der Hauptpunkt
im Programm der seit den 60er Jahren im Aufstieg befindlichen
»naturalistischen Schule« ist, bei sich selbst zur Anwendung gebracht. Zola schrieb seine »Rougon-Macquard« nach der These,
daß der Untergang der Familie über vier Generationen Folge der
biologischen Schwächung durch Schlechterwerden des Bluts, organische Erkrankungen als Nachwirkungen von Alkohohl, Sy-
philis, ererbter Nervenschwäche ist. War die »Wissenschaftlich-

keit«, die Zola seiner Darstellung beimaß, leicht anzuzweifeln, so lag das an ihrem Verfasser, der Romancier und kein Biologe war, aber die Vererbungslehre, wie sie Haeckel in Deutschland weiterführte, war dadurch nicht betroffen. Die Zeitgenossenschaft Haeckels und Nietzsches läßt sich nicht ausstreichen.

Doch ist der »Mißbrauch von Giften«, den Jaspers nicht gelten lassen will, ganz und gar abwegig? Elisabeth Förster-Nietzsche hat später den übermäßigen Gebrauch von Drogen als Ursache für die Krankheit des Bruders herausgekehrt. Das gehörte zu ihrer Strategie, um den Heiligenschein, mit dem sie ihn versah, nicht zu trüben. Was hätte sie auch anderes tun sollen, wenn sie das von ihr für die Nachwelt entworfene Bild nicht selbst wieder zerstören wollte! Schon die Mutter, von der der Gedanke einer luetischen Infektion überhaupt nicht gedacht werden konnte, spricht davon, daß Nietzsche Chloralhydrat »pfundweise« gekauft habe. Es lag im Interesse der Verteidigung ihres Glaubens, den Gebrauch eines verhältnismäßig harmlosen Schlafmittels mengenmäßig so anschwellen zu lassen, daß sich dessen Krankheit von selbst ergab. Nietzsche spricht in einem Brief vom 3. Februar 1883 an Overbeck davon, »in den letzten zwei Monaten 50 Gramm Chloral-Hydrat (puro) verbraucht« zu haben. Er ist auch sonst über die Anwendung von Betäubungsmitteln recht mitteilsam. So hat Rée von »unvernünftig großen Drogen Opium« erfahren. Der Gedanke an den Empfänger dieser Nachricht und die gemeinsame Freundin Lou von Salomé hat Nietzsche über Monate hinweg bei diesem Mittel Zuflucht nehmen lassen. Es ist darüber hinaus für Jahre ein treuer schmerzstillender Begleiter gewesen. »Heute abend werde ich so viel Opium nehmen, daß ich die Vernunft verliere«, schreibt er an Förster in einem Brief, den die Schwester einige Monate nach dem Ausbruch von Nietzsches Krankheit findet, allerdings in der Biographie des Bruders umstilisiert wiedergibt, indem sie »Opium« wegläßt und dafür »Schlafmittel über Schlafmittel« setzt.

Der andauernde Gebrauch von Opium läßt die Krankengeschichte schon in anderem Licht erscheinen. Wie weit die Droge zu materiellen Gehirnschädigungen geführt hat, ist schwer abzuschätzen. Wenn ihr Genuß allein nicht zu Organveränderungen führt, was Jaspers mit guten Gründen meint, so ergeben schwer dosierte Verabreichungen bei bereits beschädigten Gehirnorganen ein anderes Bild.

Dazu kamen die Wirkungen des zweifellos leichteren Haschisch, die Einnahme von Chinin, aber auch die nachträglich nicht zu kontrollierenden Reaktionen auf ein javanisches Präparat des »alten Holländers«, der Nietzsche seinen Gebrauch empfahl und dessen Zusammensetzung wir nicht kennen. Als Overbeck in Turin eintraf, fand er in Nietzsches Behausung »Bromwasser« vor, offenbar eine Verordnung des ihn behandelnden Arztes. Er sah einen von Körperzuckungen befallenen, Grimassen schneidenden Nietzsche kurz vor dem Zusammenbruch, bei dessen Anblick die Menschen auf der Straße stehenblieben und um den als eine öffentliche Sehenswürdigkeit sich Trauben von italienischen Schaulustigen bildeten. Im Mißbrauch von Giften liegen natürlich nicht die Ursachen von Nietzsches Krankheit. Er gehört zu deren Folgen, hat aber zweifellos konstituierend an ihrem endlichen Ausbruch mitgewirkt.

Es gab andere Gefahren, die ihn an Schwere überboten. So war die Freundschaft mit Wagner in eminentem Sinne lebensgefährlich. Jeder Umgang mit einem »Gott« führt in Todesnähe. Die Loslösung von Wagner, der Kampf gegen ihn und seine Musik, war für Nietzsche ein verzweifelter und nie ganz gelungener Versuch, aus der Todeszone des »Dionysos« und den Exzessen, denen seine Nerven dabei ausgesetzt waren, herauszugelangen. Es bedeutete keine Übertreibung, wenn er der Wagnerschen Musik seine Nervenerkrankung zuschrieb. Aber der Bruch mit Wagner wirkte weiter, bis zum abrupten physischen Ende. Ihm voraus liegt ein langsam sich hinziehendes Sterben. »Nietzsche contra Wagner« und die Dionysos-Hymnen waren die letzten Worte vor dem endgültigen Verstummen.

Nietzsche griff nicht fehl, wenn er auch nach dem Bruch das Auge Wagners auf sich ruhen fühlte. Die Auskünfte, die Wagner von Nietzsches behandelndem Arzt Dr. Eiser skandalöserweise bekam, liefen auf eine verschlüsselte Infektdiagnose hinaus, allerdings ohne letzte Sicherheit. Nietzsches Erklärung »daß er nie syphilitisch gewesen sei«, ist, auch wenn er an ihrer Wahrheit zweifelte, nicht ganz ohne Eindruck auf Eiser geblieben. Nietzsche täuschte sich nicht, wenn er vermutete, daß Wagner mehr über ihn wußte, als er über sich selbst. Nun glaubte Wagner eine bündige Erklärung für das aufsässige Treiben des alten Freundes bei der Hand zu haben, die er noch durch eine zusätzliche Vermutung über Nietzsche ausbaute. Die Falle im Fuchsbau von Wagners Hypothesen, aufgebaut auf ärztlicher Diagnose und Annahme, war über ihm zugeschlagen. »Ich trage mich«, so schrieb Wagner am 23. Oktober 1877 an Dr. Eiser, »für die Beurteilung des Zustandes Nietzsches seit langem mit den Erinnerungen von gleichen und sehr ähnlichen Erfahrungen, welche ich an jungen Männern von großer Geistesbegabung machte. Diese sah ich an ähnlichen Symptomen zugrunde gehen, und erfuhr nur bestimmt, daß Folgen der Onanie vorlagen. Seitdem ich Nietzsche von jenen Erfahrungen geleitet, näher beobachtete, ist an allen Temperamentszügen und charakteristischen Gewohnheiten meine Befürchtung zu einer Gewißheit geworden.« Dem hatte Eiser bedingt zugestimmt. Ein solcher während der hochbürgerlichen Ära in der Öffentlichkeit bekannt gewordener Verdacht bedeutete Schande ohnegleichen. Das schlimmste war: Nietzsche hatte von dem Inhalt dieser Korrespondenz Kenntnis bekommen. Auch darum dieses verzweifelte Aufbäumen gegen die Wagnersche Übermacht bis zur letzten Regung seiner geistigen Kräfte!

Wagner hatte ihn krank gemacht. Es war eine Krankheit zum Tode. Darin lag keine Übertreibung. Aber krank gemacht hatte ihn auch die von der Geburt an mißglückte Beziehung zur Mutter, die komplette Disharmonie des Verhältnisses zur Schwester. Verbürgerlichte Christlichkeit und verchristlichte Bürgerlichkeit schufen nur äußerlich erträglich scheinende Formen. Die Schlachtmesser im Haushalt der Atriden lagen stets geschliffen im Hintergrund.

Dazu die Begegnung mit Lou von Salomé. Liebe ohne Eros! Und dies beim Sachwalter des Dionysos! Allein das hätte für einen tödlichen Ausgang gereicht. Deussen machte Nietzsches »unnatürliche Lebensweise« für seine Krankheit verantwortlich.

Es gab in der Lebensgeschichte Nietzsches bei der Anlage seines Charakters genug, was imstande gewesen wäre, ihn im wahrsten Sinne »um den Verstand« zu bringen. Dazu muß nicht erst eine paralytische Erkrankung als Folge einer Infektion herangezogen werden. Sie kann nicht ausgeschlossen werden, aber Gewißheit darüber ist nicht zu bekommen. Lange-Eichbaum als konsequentester Diagnostiker der Hirnsyphilis, der mit Sicherheit zu wissen glaubt, daß sie aus einer Infektion in Bonn oder Leipzig 1865 hervorgegangen ist, sieht denn auch die Annahme der »progressiven Paralyse« gefährdet durch die außergewöhnlich lange Dauer von fünfundzwanzig Jahren bis zum Ausbruch der Geisteskrankheit und fünfunddreißig Jahren bis zum Tod. Er hilft sich indessen, indem er einen »atypischen« Verlauf konstatiert. Aber die Infektion könnte ja auch in späterer Zeit erfolgt sein, wie es Podach in seiner Studie über die Krankheit Nietzsches meint. Das hat aber auch bloß hypothetischen Charakter, bringt allerdings wiederum Lange-Eichbaums Konstruktion der Krankengeschichte ins Wanken und stützt unfreiwillig Jaspers' Vorbehalte gegen jede zweifelsfreie Diagnose. Die heutige medizinische Sprache macht es sich einfacher, wenn sie von Gehirntumor spricht. Es muß immerhin gefragt werden, warum Binswanger als Spezialist für die Beziehungen luetischer Erkrankungen zur »progressiven Paralyse«, der in seiner Jenenser Klinik Nietzsche länger als jeder andere Arzt beobachtet hat, nicht auf infektiöse Paralyse erkennt, sondern einen Erbschaden konstatiert. Empört hatte sich die Pastorenwitwe in einem Brief vom 21. November 1889 an Overbeck über die Taktlosigkeit Binswangers ausgesprochen, der den »Gehirnschlag« des Sohnes damit erklärte, »auch meine Tochter habe etwas exaltiertes, Fritz schon als Knabe etwas verschrobenes«. Die Erbkrankheit paßt nicht in ihr Konzept, sie ahnt in ihrer Einfalt nicht die beängstigende Alternative. Sie setzt auf den Drogenmißbrauch, hier im besonderen wieder auf das verhältnismäßig harmlose Chloralhydrat. Für Binswanger, der nach der Entlassung Nietzsches aus seiner Klinik den Patienten noch wiederholt im Hause der Mutter besucht, geht die Prognose des ständigen Abbaus und schließlichen Verfalls vollständig auf, ohne daß er eine Infektion beim Kranken bemühen müßte. Natürlich hatte die Pastorenwitwe instinktiv recht, sich so heftig gegen die Vererbung der Krankheit auszusprechen. Sie hätte dann auf den Vater, Pastor in Röcken und ebenfalls Leipziger Student oder gar noch auf den Großvater, dem die beiden »hysterischen« Tanten anzulasten wären, als Krankheitsherd zurückgeführt werden können, eine These, die dann in den pathographischen Arbeiten über Nietzsche immer wieder auftaucht.

So lassen sich die Ursachen für Nietzsches Krankheit schwer ans Licht holen. Sie mit überzeugender Wirkung beim Namen zu nennen und dabei allerletzte Unsicherheiten auszuschließen, ist im nachhinein ausgeschlossen. Hier steht Gutachten gegen Gutachten, Wahrscheinlichkeit gegen Wahrscheinlichkeit.

Die Folgezeit nach seinem Tod sollte zeigen, daß Nietzsche nie von seiner gut dokumentierten, doch weit auslegbaren Krankengeschichte getrennt werden konnte. Ihr unbestreitbarer Sensationswert trieb seine Berühmtheit höher, aber sie hing ihm auch an. Die Kombination von »Genie und Irrsinn« hatte hier ihren Paradefall. Es ist dies freilich eine Formel mit zwei Taschen; in die eine steckt man hinein, was man aus der andern herausholt. Über Nietzsches Organismus, den biologischen Typus mit kräftigem Knochenbau und Stiernacken, der alles Asthenische im körperlichen Bereich von vornherein ausschließt, sind wir durch ärztliche Bezeugungen unvergleichlich gut informiert. Aber die Krankheit mit den ungelösten Rätseln darin verführt leicht dazu, sie für seine Philosophie verantwortlich zu machen, ihr das Beängstigende, Ärgernis Erregende, Blasphemische zuzuschreiben, das sich mit seinem Namen verband.

Beweger des 20. Jahrhunderts gewesen zu sein, mit seinen Händen an der Weltkugel gedreht zu haben, wurde ihm am meisten von seinen Gegnern bestätigt, die im Bekämpfer von Sozialismus und Demokratie einen Vorläufer des Faschismus sahen. Ihm ließ sich nachsagen, daß sein Denken nachgerade verhängnisvolle und überdies reiche Frucht getragen habe. Aber abgesehen davon, daß hier aus unterschiedlicher Sphäre Hergeholtes und Vieldeutiges über den gleichen Kamm geschoren wurde, stand der halben Wahrheit eine Hälfte gegenüber, die sie aufwog. Demokratie und Sozialismus, die für Nietzsche aus dem gleichen Schoß geboren sind, stellten in seinen Augen, aufs Ganze der Geschichte gesehen, im Grunde Unerheblichkeiten dar. Er sah sie kaum, weil er weit über sie hinwegsehen wollte. Georg Brandes, ihm sonst wohl gewogen, hatte ihm brieflich jede Kompetenz abgesprochen, darüber zu urteilen.

Hier waren Graustellen im Landschaftsbild, ließ sich von Nietzsche jedenfalls nicht irgendeine neue Kenntnis gewinnen. Seine Wahrheit lag in der Ankündigung künftiger Kriege. Für sie stellt er Gewißheit in Aussicht.

Aber diese Kriege stehen nicht im Dienst bestimmter Staaten, Völker oder Parteirichtungen. Sie stehen im Dienst eines aus dem Unheil der Kriege hervorgehenden neuen Menschen. Krieg tut not, weil er allein der fehl gehenden Menschheitsentwicklung Halt gebietet. Er besorgt, was der Frieden gar nicht könnte, er macht reinen Tisch, er stellt die Ordnung der Natur und die Natur der Ordnung her, die durch das Christentum als dem Hauptschuldigen gestört waren. Wie nach langem Stau kann jetzt das Blut wieder durch die Gefäße strömen. Im »Übermenschen« wird die Welt aufs neue ihren Anfang nehmen.

Die Lehre vom »Übermenschen« hat Nietzsche in der Vorrede zum »Zarathustra« bildhaft vor Augen gerückt: »Ein Adler zog in weiten Kreisen durch die Luft, und an ihm hing eine Schlange, nicht einer Beute gleich, sondern einer Freundin: denn sie hielt sich um seinen Hals geringelt.« Adler und Schlange also als die Tiere Zarathustras: »Das stolzeste Tier unter der Sonne und das klügste unter der Sonne.« In diesem Bild war das Undenkbare Wirklichkeit geworden wie im biblischen Bild vom friedlichen Zusammenweiden von Löwen und Lämmern. Der »Übermensch« führt zu Zuständen, wo die Freiheit von der Rache gilt. Statt auf Rache ist alles auf die »Wiederkunft des Gleichen« gesetzt. Rache ist nur Nachstellung, niedrige Vergeltung! Hier ist eine Welt angekündigt, zu der wie bei Richard Wagners Siegfried ursprünglich gegen die Macht des »Eigentums«, der »Verträge«, des »Geldes« und des »Verrats« aufgebrochen worden war. Adler und Schlange in ihrer Vereinigung stehen für ein mit Hoffnung umstrahltes Reich, dem allerdings schreckliche Wirren, Kriege unvorstellbaren Ausmaßes vorausgehen: ein Heil, das nur über die Wegstrecke zeitweiligen Unheils, wo in Jahrtausenden Altgewordenes abgestreift wird, zu erreichen ist.

Mit Vorstellungen der politischen Reaktion ließ sich das alles nicht in Übereinklang bringen. Die Erhaltung der alt gewordenen Welt mit der Herrschaft der »himmlischen Heerscharen« war eine Sache des »Priesters« als der stärksten Stütze des Bestehenden. Nietzsche konnte nicht ahnen, wie schnell an verschiedenen Stellen der Welt der Zusammenbruch von für unzerstörbar gehaltenen Herrschaftssystemen der historisch gewordenen Religionen erfolgte, wie unvermutet der »Priester« als der Bewahrende mit dem »bösen Blick« plötzlich aus der Macht herausgeschleudert wurde. Über diese Frage waren die beiden durch eine knappe Generation voneinander getrennten ehemaligen Bonner Studenten Marx und Nietzsche beinahe zu Zwillingsbrüdern geworden. Der Kapitalismus als Herrschaftsmittel der Bourgeoisie hat »alle bisher ehrwürdigen und mit frommer Scheu betrachteten Tätigkeiten ihres Heiligenscheins entkleidet«, heißt es im »Kommunistischen Manifest«; »die heiligen Schauer der frommen Schwärmerei, der ritterlichen Begeisterung« wurden »in dem eiskalten Wasser egoistischer Berechnung ertränkt«. Alles was über Jahrhunderte galt, mit dem Nimbus des Unantastbaren ausgestattet war, gilt nichts mehr angesichts der *einen* Wahrheit, daß der Warenwert der Ware nicht mit ihrem Tauschwert zusammenfällt. Nichts steht angesichts dieser Tatsache mehr fest, über alles kann man reden, Tabus gibt es keine. Die Religion wird außer Kraft gesetzt, die Familienbande werden zerschnitten. Aber es lassen sich auch keine Übereinkünfte mehr herstellen. Beliebige Anschauungen können vorgetragen werden, aber nur darum, weil es keine gibt, der irgendein Wert von Bedeutung zuzuschreiben wäre.

Hier ist genau das gemeint, was Nietzsche unter »Nihilismus« versteht. Die gültigen Werte werden zersetzt, die Menschen sind imstande, ein von aller Gesinnung freies Leben zu führen. Das beginnt schon, wo sie bereit sind, einen Teil ihrer Gesinnung für einen Kompromiß aufs Spiel zu setzen. Der Mensch wird zu »Sand«, es wird aus ihm das »arbeitsame Herdentier« in einer Verwandlung, die durch alle Schichten hindurchgeht.

Für den Verlauf der Weltgeschichte zur Zukunft hin bedeutet das Zeitalter des »Nihilismus« nur einen Zwischenakt. Nicht Handeln, sondern Zerfall, aber Zerfall schon als Vorbereitung, Zerfall, der erfolgen muß, um die Materialien zu sammeln und zusammenzustellen, aus denen die Architekten einer neuen Welt ihre Bauten errichten. So wie nach Marx und Engels die Herrschaft der Bourgeoisie notwendig ist, um die Vereinigung der Arbeiter zu schaffen und aus ihr die »Diktatur des Proletariats« hervorgehen zu lassen, bereitet sich nach Nietzsche im »Nihilismus« ein Menschentum vor, das dem Triumph der »Masseneigenschaften« ein Ende setzt, das alle Fähigkeiten mitbringt, an die Stelle Gottes treten zu können. Absichten und Bedürfnisse der Gehorchenden fallen mit dem Willen der Herren zusammen. Das ist etwas Neues. Das Regime der Herrschenden muß so überzeugend sein, daß es den Glauben an die eingreifende Hand Gottes überflüssig macht. Für die Einrichtung einer solchen Herrschaft leistet der »Nihilismus« mit der Gesinnungslosigkeit, der Unsicherheit, die zum Einlenken rät, der Bereitschaft, den Dingen ihren Lauf zu lassen, allem und jedem nach dem Schema des »einerseits« und »andrerseits« recht zu geben, unerläßliche Dienste. Das Chaos ist schließlich so groß, daß die Menschen sich *jeder* Willenskraft, die befiehlt, beugen, daß sie auf den Augenblick warten, wo sie in den Staub sinken dürfen. Hier liegen Maßgaben vor, nach denen in der Zukunft »große Politik« vor sich geht. Wie die Entwicklung im Konkreten aussieht, darüber läßt sich nichts sagen. Nietzsche schwankt in seinen Urteilen, er legt sich nicht fest. So liegt für ihn die Zukunft Europas im dunkeln. Die Einheit Europas ist unabwendbar, aber ob es dem Schicksal des Untergangs entgehen kann, hängt wieder von den Widerstandskräften ab, die es den untergrabenden Kräften entgegenzusetzen hat.

Die Gegenwart kann keine Blanko-Schecks für das Verhalten kommender Generationen ausstellen. Auch was Deutschland und die Deutschen angeht: nichts steht fest. Es ist mit der Möglichkeit zu rechnen, daß die Geschichte über sie hinweggeht. Aber noch ist nichts entschieden. Vielleicht ist Europa jetzt schon eine untergehende Welt; in jedem Falle sieht Nietzsche hier die einzige Chance, die der Mensch hat. Für das Überleben sind damit keine Garantien gegeben. Im Gegenteil: Zivilisation und Intelligenz sagen nichts über die Willensstärke aus, sie wirken eher an ihrem Abnehmen mit.

Im Kampf um die Erdherrschaft, der bereits voll entbrannt ist, gibt es fallende und aufsteigende Mächte. England und Frankreich sind im Niedergang begriffen. Für England traf Nietzsches Prognose exakt zu: »Niemand glaubt mehr daran, daß England selber stark genug sei, seine alte Rolle nur noch fünfzig Jahre fortzuspielen ...« Frankreich ist gerade wegen seines Kulturübergewichts und seiner Willenserkrankung zum Abstieg verurteilt. Beide Nationen haben weltpolitisch ausgespielt.

Von den zwei in Betracht kommenden Konkurrenten um die Nachfolge, Amerika und Rußland, hat nur Rußland ernsthafte Aussichten. Was ihm Vorteile einräumt, ist die »Nähe der Barbarei« mit den gewaltigen Ressourcen an biologischer Kraft. Nietzsches Urteil über die Zurückgebliebenheit der Russen deckt sich hier voll und ganz mit dem Lenins. Im Zuge der weltgeschichtlichen Entwicklung verwandelt sich das Minus in ein gewaltiges Plus. Das 20. Jahrhundert steht nach Nietzsche im Zeichen des Eintretens der Russen in die Kultur. Ihr Kapital ist die »Großherzigkeit der Jugend«, ihre Unverbrauchtheit und die unmittelbare Nachbarschaft Asiens mit den von hier einströmenden Kräften. Rußland hat alle Chancen, seine Herrschaft über Europa und Asien auszudehnen. In dieser Konstellation wäre Europa eine Art Griechenland unter der Herrschaft Roms. Durch die Verbindung mit Rußland könnte freilich auch Deutschland neue Hoffnung schöpfen. Darum: »... wir brauchen ein unbedingtes Zusammengehen mit Rußland« oder: »ein deutsch-slavisches Erdregiment gehört nicht zu dem Unwahrscheinlichsten«. Das würde nichts anderes bedeuten als die Anerkennung der natürlichen Einheit des euro-asiatischen Kontinents.

Aber das ist für Nietzsche nur eine Hypothese unter anderen, allerdings eine, die keineswegs die Wahrscheinlichkeit gegen sich hat. Warum sollte die künftige Entwicklung auf lange Sicht nicht diesen Verlauf nehmen? Rußland und die Kirche sind sich darin gleich: »sie können warten«: Allerdings könnte die Bedrohlichkeit Rußlands so groß werden, »daß Europa sich entschließen müßte, gleichermaßen bedrohlich zu werden«, d. h. Europa könnte zu einer kaum für möglich zu haltenden Anspannung aller Kräfte gelangen, es könnte »einen langen furchtbaren eigenen Willen« bekommen, »der sich über Jahrtausende hin Ziele setzen« würde. Ein solches erwachtes europäisches Bewußtsein würde in Rußland seine Gefahr sehen und sich zur Gegenwehr rüsten.

Über diese von Nietzsche durchdachten Möglichkeiten werden erst spätere Umstände entscheiden, die jetzt noch nicht voraussehbar sind. Eigentümlich ist seine pessimistische Einschätzung der Rolle (Nord)Amerikas. Es wird lakonisch angemerkt: »... keine amerikanische Zukunft!« Besticht Rußland durch seine unverbrauchten Kräfte, so heißt es von dem künftigen Rivalen: »Der Amerikaner zu schnell verbraucht – vielleicht nur anscheinend eine zukünftige Weltmacht.« Warum? Die von der Entwicklung der Technik hervorgerufenen Veränderungen, für die Amerika steht, sind einer großen Gefahr ausgesetzt. Kulturen gehen leicht an ihren Mitteln zugrunde. Ein größerer Feind der Kultur als der Mangel ist der Überfluß, der Überschuß an Wissensmöglichkeiten. Die Überinformiertheit wird so groß, daß zum Handeln die Motive und auch die Kraft fehlen.

Im Kampf um die Erdherrschaft verschafft die Kraft des Willens und der Nerven über lange Zeiträume hinweg einen Vorsprung. Wagner war in Nietzsches Augen der musikalische Ausdruck für die europäische Nervenschwäche und damit auch ein Beweis, daß Europa bei diesem Kampf um die Erdherrschaft gar nicht mehr in Betracht kommt, es sei denn, es gelingt ihm angesichts heraufziehender Gefahren die Erweckung: Das ist nicht auszuschließen, obwohl die noch verbliebene, allerdings schon im Rückgang befindliche kulturelle Überlegenheit dabei ein Handicap bedeutet. Denn Kultur zeigt bei der engen Verbindung zwischen Herrschaft und Verdummung eine eigentümliche Nähe zur Machtlosigkeit.

Aber keine der möglichen weltpolitischen Konstellationen hat die volle Sicherheit für sich, jede Möglichkeit kann an den Punkt kommen, wo sie an der Wirklichkeit zerbricht. Aus dem Weltzustand kann man weder für jetzt noch für die Zukunft Gewißheit gewinnen: Jeder Eindruck, daß die Welt in Ordnung ist, beruht auf bloßem Schein.

Nietzsche in die Vorläuferschaft einer auf »Reich«, »Rasse« und »Volk« bauenden Bewegung hineinzustellen, war das Schlimmste, das man ihm antun konnte. Mehr als alles andere ist Nietzsche ein kosmopolitischer Schriftsteller, der das »Staatenlose« in geradezu extremer Weise durchlebt hat und bezeugt. Am falschen Mythos hat auch hier wieder die Schwester, der er zeitweilig nur recht war, kräftig mitgewirkt.

Fast genau trifft das glatte Gegenteil solcher Unterstellung zu. Am Anfang steht für Nietzsche der »Süden« als »Antike« und »Mediterranée«. Hier und nur hier gibt es Leben und Erkennen, das der Betrachtung wert ist. Das Einströmen nordischer Völker war im Haushalt der Natur unerläßlich, es brachte überschüssige Kräfte, die gebraucht wurden, aber sie haben nichts zur Erhellung beigetragen. Dies – ob es nun richtig oder falsch ist – kommt seinen Grundanschauungen eher nahe. Mit der ihm zugemuteten Familie der plump Nationalen hat kaum einer weniger zu tun als Nietzsche.

Und auch der Meister der Sprache, insbesondere der Aphoristiker, läßt auf eine ganz andere Familienzusammengehörigkeit schließen. Wo er Gegenstände und Beziehungen mit Wörtern psychologisch und autobiographisch ausleuchtet, muß man an Stendhal denken und noch mehr an Montaigne. Jeder niedergeschriebene Satz hat Platz in seiner Lebensgeschichte, ist ein Teil davon.

Es haben nicht zuletzt diejenigen, gegen die er auftrat, von ihm gelernt. Daß es mit dem »Christentum« als Form der Kulturüberlieferung schlecht bestellt, daß es in der Welt der Zukunft ohne Hoffnung sein wird, hat ihm gerade die von Karl Barth ausgehende dialektische Theologie immerfort bestätigt. Ihr Ausgang war Basel, wo man sich noch des kirchenhistorischen Seminars von Overbeck erinnerte, in dem die Wahrheiten der »Baumannshöhle« galten. Vor allem mußten die »Christen« den von Nietzsche gegen sie erhobenen Vorwurf der Körperfeindschaft durch betontes Hervorheben des Gegenteils entkräften, sie mußten den Eindruck ihres *Unerlöstseins*, den Nietzsche ihnen nachsagte, durch ostentative Fröhlichkeit auslöschen. Die Anklage gegen das Zerknirschte, Gequälte des »Christenmenschen« mußte zu unrecht erhoben worden sein. Nietzsche durfte nicht recht behalten.

Aber genau das zeigte, wie gut er getroffen hatte. Der Wandel, der durch Nietzsche einsetzte, ging während des 20. Jahrhunderts, das er als geistig stumm Gewordener eben noch erreichte, in das inoffizielle Denken von Philosophen und Literaten und sogar zeitweilig in offizielles Staatsdenken ein.

Einiges galt, anderes war unbrauchbar. Aber auch da, wo man ganz gegen ihn andachte, blieb er gegenwärtig. Die Auseinandersetzung mit Nietzsche war zu einer Generationsfrage geworden, die noch bis weit in die zweite Hälfte des 20. Jahrhunderts hineinreichte. Liest man die erste Fassung von Blochs »Geist der Utopie« aus dem Jahre 1917, dann bemerkt man, daß er in der Abrechnung mit den herrschenden philosophischen Strömungen Nietzsche ausspart. Die Frage nach dem »Warum?« ist einfach zu beantworten. Bloch hatte selbst die Schule Nietzsches durchgemacht; bis in die Sprache und den Anspruch hinein, den der »Moralist« stellt, ist die Gebärde des Peitsche schwingenden Zarathustra nachgeahmt. Das »Ubi Lenin ibi patria« tritt bei Bloch erst später vorübergehend hinzu und spricht für das Vermögen des Gottes Janus, in zwei Richtungen gleichzeitig zu sehen. Denn in der Frage des »Christentums« läßt sich ja aus Nietzsche ohne große Mühe ein Mann der politischen »Linken« machen, wenn man seine Teilhabe am Irrationalismus ausstreicht. So bedeutet es für Sartre gar keinen Bruch, einen von

Heidegger her gesehenen Nietzsche und auch einen von Nietzsche her gesehenen Heidegger mit Marx in einen gewissen Übereinklang zu bringen, der ja durch ihren gemeinsamen Vater Demokrit tatsächlich besteht.

So blieb Nietzsches Denken vielseitig verwendbar. Es lebte auch in Ernst Jüngers Hoffnung auf die »Stahlgewitter« des Ersten Weltkriegs als Glaube an einen erneuerten Menschen. Nietzsches Lehre vom Menschen, die in einem gewissen Sinne seine Lehre von der *großen Politik* ist, war dabei nicht auf den Tag oder die nähere Zukunft berechnet, sie denkt in längeren Zeiträumen, deren geringster die im Zeichen des Krieges stehenden nächsten Jahrhunderte sind.

Aufruhr in den Elementen, Bewegung als Lageveränderung der Atome, Krieg als das Ewige, die Abwesenheit der Götter: das war Demokrit und Heraklit. Demokrit und Heraklit aber: das war der gleiche antike Materialismus, der in Marx' Konzept des »Klassenkampfs« einging. Im »Klassenkampf« und im »Zeitalter der großen Kriege« wird ein einziger Strang an verschiedenen Enden aufgeknüpft. Aussichten auf Beschwichtigung, Harmonisierung, Abbrechen der Spitze, Abbiegen, Kompromisse gelten hier nichts. Hier wird unabhängig von Wünschen und guten Absichten befunden. Neu war bei Nietzsche die Verbindung der Lehre vom Krieg mit der Lehre von der ewigen Wiederkehr des Gleichen. Lehre vom Krieg ist Lehre von der ewigen Wiederkehr des Gleichen. Lehre von der ewigen Wiederkehr des Gleichen ist Lehre vom Krieg. Versöhnung in der Ewigkeit des Krieges! Natürlich ließ sich bei allem der Eindruck der Gespaltenheit nicht wegwischen. Thomas Mann, einer seiner größten Kenner, als Künstler mit ihm lebenslang verbunden, nannte ihn, den »Liebhaber der Maske«, einen »Hamlet«. Es war dies eine Gespaltenheit, die auf dem Grund des zu Ende gehenden bürgerlichen Zeitalters hervorbrach. Nietzsche, der Verdächtiger der Askese, hat die Askese selbst gelebt wie nur einer, dem er sie als Vorsichtsmaßnahme eines Lebensschwachen vorwarf; er, der den »Sozialismus« bekämpfte, hatte selbst die Vision vom »Arbeiter«, der nicht mehr beherrscht wird, sondern selber herrscht. Sie war in sein Bild vom »Übermenschen« eingegangen.

Mißdeutungen und falsche Beanspruchungen haben nach dem Ende des Zweiten Weltkriegs am Vorurteil mitgewirkt, man könne sich mit Nietzsche nun nicht länger mehr einlassen. Aber im selbst auferlegten Verzicht auf das Befragen Nietzsches wurde das Kind mit dem Bade ausgeschüttet. Das führte zur großen Abwanderungsbewegung in den Kompetenzen. Frankreich – so wie Nietzsche es sich gewünscht hatte – war mit einemmal das Land, wo man ihn verstand, wo Unverdächtige wie Camus und Sartre die Erbfolge antraten, wo Jean Hyppolite die Grundlage des neueren Denkens in Hegel, Marx, Nietzsche und Freud ausmachte, wo für Michel Foucault feststand, daß »schlechte Herkunft« immer etwas mit dem Körper, der Gesundheit der Nerven, des Bluts, der Verdauungsvorgänge, dem Funktionieren der Atemorgane, der richtigen Ernährung zu tun hat. Für Verstöße und Fehler darin werden die Nachkommen zu bezahlen haben. Das gilt für einzelne wie ganze Völker.

Zu Frankreich kam Italien, das zu Nietzsches Lieblingsland geworden war, wo sich heute mit den Herausgebern seines Gesamtwerks die im höchsten Maße Zuständigen in Sachen Nietzsche befinden, kommen neuerdings die USA mit Zentren hochorganisierter Nietzsche-Forschung im Rahmen der Universität.

Einwände dagegen, in Nietzsche einen Philosophen zu sehen, und ihn eher für einen geistvollen Kopf und Stilkünstler zu nehmen, spielen heutzutage keine ernsthafte Rolle mehr. Dafür ist sein Name auf der Tafel der die Geschichte vorwärtstreibenden Denker zu tief eingeritzt worden. Auf die klassischen Fragen der Philosophie nach »Gott«, »Freiheit« und »Unsterblichkeit« hatte er in der Sache und der Form neue und nicht überhörbare Auskünfte gegeben.

Und die Zukunft? Nach Nietzsche, dem »ekstatischen Nihilisten«, gibt die Zukunft für das »Prinzip Hoffnung« mit der Platitüde des Glaubens an eine Menschheit im steigenden Wohlbefinden nichts her, hat sie in Gestalten wie Aischylos, Leonardo oder Beethoven schon längst stattgefunden.

1844	15. Oktober: Nietzsche in Röcken bei Lützen geboren
1849	30. Juli: Tod des Vaters
1850	Übersiedlung der Witwe und ihrer Kinder nach Naumburg
1858–1864	Schüler in Schulpforta
1864	Studium der Theologie und klassischen Philologie in Bonn
1865–1869	Fortsetzung des Studiums in Leipzig. Erste Lektüre von Schopenhauers »Die Welt als Wille und Vorstellung« Freundschaft mit Erwin Rohde. 8. November 1868: erste Begegnung mit Richard Wagner
1869	Februar: Berufung nach Basel als Professor der klassischen Philologie
1870	August: Als Sanitäter Teilnahme am deutsch-französischen Krieg Oktober: Beginn der Freundschaft mit Overbeck.
1872	Januar: Erscheinen der »Geburt der Tragödie« April: Wagners Weggang von Triebschen nach Bayreuth
1873	Erste »Unzeitgemäße Betrachtung« (»David Strauß, der Bekenner und Schriftsteller«)
1874	Zweite »Unzeitgemäße Betrachtung« (»Vom Nutzen und Nachteil der Historie für das Leben«) Dritte »Unzeitgemäße Betrachtung« (»Schopenhauer als Erzieher«)
1876	Vierte »Unzeitgemäße Betrachtung« (»Richard Wagner in Bayreuth«) August: Erste Bayreuther Festspiele mit Wagners »Ring des Nibelungen« Oktober: Beginn des Urlaubs von der Universität Basel.

	Winter in Sorrent mit Malwida von Meysenbug und Paul Rée.
1876–1878	»Menschliches Allzumenschliches«, erster Teil
1879	Aufgabe der Basler Professur
1880	»Menschliches Allzumenschliches«, zweiter Teil
	März–Juni: Erster Aufenthalt in Venedig
	Ab November: Erster Winter in Genua
1880–1881	»Morgenröte«
	Erster Sommer in Sils Maria
1880–1882	»Die fröhliche Wissenschaft«
1882	März: Reise nach Sizilien
	April–November: Freundschaft mit Lou von Salomé
	Ab November: Winteraufenthalt in Rapallo
1883	Erster Teil von »Also sprach Zarathustra«
	Ab Dezember: Erster Aufenthalt in Nizza
1884	Arbeit am »Zarathustra« in Mentone und Nizza
1885	Erscheinen des »Zarathustra«, vierter Teil als Privatdruck
1886	»Jenseits von Gut und Böse«
1887	»Genealogie der Moral«
1888	April: Übersiedlung nach Turin
	Mai–August: »Der Fall Wagner«
	August–September: »Götzendämmerung«
	Oktober-November: »Ecce homo«
	Dezember: »Nietzsche contra Wagner«
1889	Anfang Januar: geistiger Zusammenbruch in Turin.
	Einlieferung in die Basler Psychiatrische Klinik und anschließend nach Jena
1897	Ostern: Tod der Mutter in Naumburg.
	– Übersiedlung mit der Schwester nach Weimar in die Villa »Silberblick«.
1900	25. August: Nietzsches Tod in Weimar.

BIBLIOGRAPHIE
(Auszug)

Ausgaben:

Großoktav-Ausgabe, 19 Bde. und 1 Reg. Bd., Leipzig 1905–1911

Kleinoktav-Ausgabe, 16 Bde., Leipzig 1895–1904

Kröner-Taschenbuchausgabe, 12 Bde., Leipzig 1913 ff. (Dünn-
druckausgabe, Stuttgart 1965)

»Klassikerausgabe«, 23 Bde., hg. von Friedrich Wurzbach,
München 1920–1929

Historisch-kritische Gesamtausgabe der Werke und Briefe, hg.
vom Nietzsche-Archiv, München 1933 ff.
Wurde nach Erscheinen von 5 Werk- und 4 Briefbänden abgebrochen.

Werke in 3 Bdn., hg. von Karl Schlechta, München 1954 ff.
Dazu Nietzsche-Index, München 1965

Kritische Gesamtausgabe, hg. von Giorgio Colli und Mazzino
Montinari mit Briefen, Berlin 1967 ff.
Noch nicht abgeschlossen.

Kritische Studienausgabe in 15 Bdn., hg. von Giorgio Colli und
Mazzino Montinari, München, Berlin 1980

Friedrich Nietzsches Werke des Zusammenbruchs, hg. von
Erich F. Podach, Heidelberg 1961

Gesammelte Briefe, 6 Bde., Berlin, Leipzig 1900 ff.

Briefwechsel mit Franz Overbeck, hg. von R. Oehler und C. A.
Bernouilli, Leipzig 1916

Die Briefe Peter Gasts an Friedrich Nietzsche, hg. von A. Mendt,
2. Bde., München 1923/24

Die Briefe des Freiherrn von Gersdorff an Fr. Nietzsche, 3 Bde.
und 1 Nachtragsband, hg. von K. Schlechta und E. Thierbach,
Weimar 1934–1937

Die Briefe Cosima Wagners an Friedrich Nietzsche, 2 Bde., hg.
von E. Thierbach, Weimar 1939/1940

Periodica, Sammelbände, biographische Hilfsmittel:

Société française d'études Nietzschéennes, Études et témoigua-
ges du cinquantenaire par Geneviève Bianquis u. a., Paris
1950

International Nietzsche Bibliography, hg. von Herbert W.
Reichert, Karl Schlechta, Chapel Hill, 1968[2] (wird von H. W.
Reichert in den Nietzsche-Studien weitergeführt)

Würzbach, Friedrich, Nietzsche. Sein Leben in Selbstzeugnissen, Briefen und Berichten, München 1966

Pfeiffer, Ernst, Friedrich Nietzsche, Paul Rée, Lou Salomé. Die
Dokumente ihrer Begegnung, Frankfurt/M. 1970

Krummel, Richard F., Nietzsche und der deutsche Geist. Ausbreitung und Wirkung des Nietzsche-Werkes im deutschen
Sprachraum bis zu seinem Todesjahr (1867–1900), Lexington
1971

Nietzsche-Studien. Internationales Jahrbuch für die Nietzsche-
Forschung, hg. von M. Montinari, W. Müller-Lauter, H.
Wenzel, Berlin 1972

(Friedrich) Nietzsche, A collection of critical essays, ed. by Robert Charles Solomon, Garden City, N. Y., 1973

(Friedrich) Nietzsche, Werk und Wirkungen, hg. von Hans Stef-
fen, Göttingen 1974

(Friedrich) Nietzsche, Imagery and thoughts, ed. by Malcolm
Pasley, Berkeley 1978

Hillebrand, Bruno, Nietzsche und die deutsche Literatur, 2 Bde.,
Tübingen, München 1978

Guzzoni, Alfredo (Hrsg.), 90 Jahre philosophische Nietzsche-
Rezeption, Königstein 1979

(Friedrich) Nietzsche, Red. Nicolas Born, Jürgen Manthey, Delf
Schmidt, Reinbek 1980

Montinari, Mazzino, Nietzsche-Chronik in der Studienausgabe
Colli, Montinari, Bd. 15.

Einzeluntersuchungen:

Abegg, Emil, Nietzsches Zarathustra und der Prophet des alten
Iran, Zürich 1945

Adler, Max, Arbeiterbriefe über Nietzsche, Zürich 1921

Andler, Charles, Nietzsche, sa vie et sa pensée, 6 Bde., Paris 1920–31

Nietzsche und Jacob Burckhardt, Basel 1926

Bäumler, Alfred, Bachofen und Nietzsche, Zürich 1929

Nietzsche in seinen Briefen und Berichten der Zeitgenossen, Leipzig 1932

Nietzsche, der Philosoph und Politiker, Leipzig 1937[3]

Benz, Ernst, Nietzsches Ideen zur Geschichte des Christentums und der Kirche, Leiden 1956

Bernouilli, Carl Albrecht, Franz Overbeck und Friedrich Nietzsche, eine Freundschaft, Jena 1908

Bertram, Ernst, Nietzsche, Versuch einer Mythologie, Bonn 1965[8]

Bianquis, Geneviève, Nietzsche en France, Paris 1929

Binion, Rudolf, Frau Lou: Nietzsches Wayward Disciple, Princeton 1968

Biser, Eugen, Gott ist tot. Nietzsches Destruktion des christlichen Bewußtseins, München 1962

Blunck, Richard, Der junge Nietzsche, München, Basel 1953

Brann, Henry Walter, Nietzsche und die Frauen, Bonn 1978[2]

Borland, Harold, H., Nietzsches Influence on Swedish Literature, Göteborg 1956

Boudot, Pierre, L'Ontologie de Nietzsche, Paris 1971

Bueb, Bernhard, Nietzsches Kritik der praktischen Vernunft, Stuttgart 1970

Camus, Albert, L'Homme revolté, Paris 1951

Colli, Giorgio, Nach Nietzsche, Frankfurt/M. 1980

Cresson, A., Nietzsche, sa vie, son œuvre, sa philosophie, Paris 1942

Danto, Arthur C., Nietzsche as Philosopher, New York 1971[2]

Deleuze, Gilles, Nietzsche et la philosophie, Paris 1962 (deutsch München 1976)

Deussen, Paul, Erinnerungen an Friedrich Nietzsche, Leipzig 1901

Mein Leben, hg. von Erika Rosenthal-Deussen, Leipzig 1922

Dippe, Gerhard, Nietzsche und Wagner, Leipzig 1934

Drain, Herbert, Nietzsche et Gide, Paris 1933

Fink, Eugen, Nietzsches Philosophie, Stuttgart 1973

Förster-Nietzsche, Elisabeth, Das Leben Friedrich Nietzsches, 2 Bde., Leipzig 1894 ff.

Der junge Nietzsche, Leipzig 1912

Der einsame Nietzsche, Leipzig 1914

Wagner und Nietzsche zur Zeit ihrer Freundschaft, München 1915

Friedrich Nietzsche und die Frauen seiner Zeit, München 1935

Frenzel, Ivo, Friedrich Nietzsche in Selbstzeugnissen und Bilddokumenten, Hamburg 1966

Goedert, Georges, Nietzsches critique des valeurs chrétiennes, Paris 1977

Granier, Jean, Le problème de la verité dans la philosophie de Nietzsche, Paris 1969[2]

Halévi, Daniel, Vie de Nietzsche, Paris 1909, 1944, 1977

Hayman, Ronald, Nietzsche. A critical life, London 1980

Hechel, Karl, Nietzsche, sein Leben und seine Lehre, Leipzig o. J.

Heftrich, Eckhard, Nietzsches Philosophie. Identität von Welt und Nichts, Frankfurt/M. 1962

Heideggger, Martin, Nietzsche, 2 Bde. Pfullingen 1961

Hesse, Hermann, Zarathustras Wiederkehr.
Ein Wort an die deutsche Jugend, Berlin 1919,
wieder abgedruckt in »Krieg und Frieden«, Zürich 1946

Hildebrandt, Kurt, Wagner und Nietzsche. Ihr Kampf gegen das XIX. Jahrhundert, Berlin 1924

Hofmiller, Josef, Nietzsche, Lübeck 1953

Hollingdale, R. J., Nietzsche. The man and his philosophy, London 1965

Howald, Ernst, Friedrich Nietzsche und die klassische Philologie, Gotha 1920

Howey, Richard L., Heideggers and Jaspers on Nietzsche, A critical examination of Heideggers and Jaspers' interpretation of Nietzsche, The Haag 1973

Janz, Curt Paul, Friedrich Nietzsche, 3 Bde., München 1978 f.
Nietzsche, der musikalische Nachlaß, Basel 1976

Jaspers, Karl, Nietzsche, Einführung in das Verständnis seines Philosophierens, Berlin u. Leipzig 1950[3]
Nietzsche und das Christentum, München 1952

Joël, Karl, Nietzsche und die Romantik, Jena und Leipzig 1905

Jünger, Friedrich Georg, Nietzsche, Frankfurt 1949

Kaftan, Julius, Das Christentum und Nietzsches Herrenmoral, Berlin 1897

Kaufmann, Walter A., Nietzsche. Philosopher, Psychologist, Antichrist, Princeton 1974[4] (Deutsche Übersetzung von Jörg Salaquarda, Darmstadt 1982)

Kerényi, Karl, Bachofen und die Zukunft des Humanismus. Mit einem Intermezzo über Nietzsche und Ariadne, Zürich 1945

Klages, Ludwig, Die psychologischen Errungenschaften Nietzsches, Leipzig 1926, Bonn 1958[3],
Stettiner Nietzsche-Vorträge, Stettin 1928

Köhler, Joachim, ›Die fröhliche Wissenschaft‹, Versuch über die sprachliche Selbstkonstitution Nietzsches, Würzburg 1977

Kunnas, Tarma, Nietzsche ou l'esprit de contradiction, Etude sur la vision du monde du poète-philosophe, Paris 1980

Kutzner, Heinrich, Nietzsche. Diesseits der Kräfte, diesseits der Bilder, Hildesheim 1978

Lance, Pierre, Au–delà de Nietzsche, Paris 1976

Lange, Friedrich Albert, Geschichte des Materialismus, Leipzig 1921[10]

Lange-Eichbaum, Wilhelm, Nietzsche. Krankheit und Wirkung, Hamburg 1946
mit Wolfram Kurth, Genie, Irrsinn und Ruhm, München, Basel 1961[4]

Lessing, Theodor, Nietzsche, Berlin 1925

Lippiner, Siegfried, Der entfesselte Prometheus, Leipzig 1876

Lombardi, R., Nietzsche, Rom 1945

Love, Frederic R., Nietzsches Saint Peter. Genesis and cultivation of an illusion, New York 1981

Löwith, Karl, Nietzsches Philosophie der ewigen Wiederkehr des Gleichen, Berlin 1935; Stuttgart 1978[3]
Von Hegel bis Nietzsche, Stuttgart 1964[5]

Lukács, Georg, Die Zerstörung der Vernunft, Berlin 1955
Von Nietzsche zu Hitler oder der Irrationalismus und die deutsche Politik, Frankfurt/M. 1966

Magnus, Bernd, Nietzsches Existential Imperative, Bloomington/London 1978

Mann, Thomas, Nietzsches Philosophie im Lichte unserer Erfahrung, (Neue Studien), Stockholm 1948

Margreiter, Reinhard, Ontologie und Gottesbegriffe bei Nietzsche, Meisenheim am Glan 1978

Martin, Alfred von, Nietzsche und Burckhardt. Zwei geistige Welten im Dialog. München 1947

Mette, Hans Joachim, Der handschriftliche Nachlaß Friedrich Nietzsches, Leipzig 1932

Meysenbug, Malwida von, Memoiren einer Idealistin, 3 Bde., Berlin 1905[3]

Der Lebensabend einer Idealistin, Berlin 1898

Möbius, Paul Julius, Über das Pathologische bei Nietzsche, Wiesbaden 1902

Most, Otto J., Zeitliches und Ewiges in der Philosophie Nietzsches und Schopenhauers, Frankfurt/M. 1977

Muckle, Friedrich, Friedrich Nietzsche und der Zusammenbruch der Kultur, München 1921

Müller-Lauter, Wolfgang, Nietzsche. Seine Philosophie der Gegensätze und die Gegensätze seiner Philosophie, Berlin, New York 1971

Nigg, Walter, Friedrich Nietzsche 1844–1900, Bern, Leipzig 1946

Prophetische Denker, Zürich 1957

Obenauer, Karl Justus, Friedrich Nietzsche. Der ekstatische Nihilist, Jena 1924

Oehler, Adalbert, Nietzsches Mutter, München 1940

Oehler, Max, Mussolini und Nietzsche. Ein Beitrag zur Ethik des Faschismus, 1930

Nietzsches Ahnentafel, Weimar 1938

Oehler, Richard, Nietzsches Verhältnis zur vorsokratischen Philosophie, Leipzig 1904

Friedrich Nietzsche und die deutsche Zukunft, Leipzig 1935

Otto, Walter F., Der junge Nietzsche, Frankfurt 1936

Overbeck, Franz, Über die Christlichkeit unserer heutigen Theologie, Leipzig 1873; Selbstbekenntnisse, Basel 1941

Pannwitz, Rudolf, Einführung in Nietzsche, München 1920

Paronis, Margot, Also sprach Zarathustra. Die Ironie Nietzsches als Gestaltsprinzip, Bonn 1976

Peters, H. F., Das Leben der Lou Andreas-Salomé, München 1964

Podach, Ernst F., Nietzsches Zusammenbruch, Heidelberg 1930

Gestalten um Nietzsche, Weimar 1932

Der kranke Nietzsche, Wien 1937

Friedrich Nietzsche und Lou Salomé, Zürich 1938

Friedrich Nietzsches Werke des Zusammenbruchs, Heidelberg 1961

Ein Blick in Notizbücher Nietzsches, Heidelberg 1963

Prinzhorn, Hans, Nietzsche und das XX. Jahrhundert, Heidelberg 1928

Pütz, Peter, Friedrich Nietzsche, Stuttgart 1974
Kunst und Künstlerexistenz bei Nietzsche und Thomas Mann, Bonn 1975[2]

Reinhardt, Karl, Nietzsches Klage der Ariadne, Frankfurt 1936

Richter, Raoul, Friedrich Nietzsche. Sein Leben und sein Werk, Leipzig 1903

Riehl, Alois, Friedrich Nietzsche. Der Künstler und der Denker, Stuttgart 1923[8]

Rittelmeyer, Friedrich, Friedrich Nietzsche und die Religion, München 1920[3]

Rohde, Erwin, Friedrich Nietzsches Geburt der Tragödie aus dem Geiste der Musik, in: »Norddeutsche Allgemeine Zeitung«, 26. Mai 1872, wieder abgedruckt in »Kleine Schriften«, Tübingen 1902
Afterphilologie. Sendschreiben eines Philologen an Richard Wagner, Leipzig 1872

Rosenberg, Alfred, Friedrich Nietzsche, München 1944

Ross, Werner, Der ängstliche Adler, Stuttgart 1980

Röttges, H., Nietzsche und die Dialektik der Aufklärung, Berlin 1972

Rohrmoser, Günther, Nietzsche und das Ende der Emanzipation, Freiburg/Br. 1971

Rukser, Udo, Nietzsche in der Hispania, München 1962

Russel, Bertrand, Power, a new social analysis, New York 1941

Salin, Edgar, Jacob Burckhardt und Nietzsche, Heidelberg 1948
Vom deutschen Verhängnis. Gespräch an der Zeitenwende: Burckhardt – Nietzsche, Reinbek 1959

Salis-Marschlins, Meta von, Philosoph und Edelmensch, Leipzig 1897

(Andreas)-Salomé, Lou, Friedrich Nietzsche in seinen Werken, Dresden 1924
Lebensrückblick, hg. von Ernst Pfeiffer, Frankfurt/M. 1974

Schestow, Leo, Tolstoi und Nietzsche (aus dem Russischen übersetzt von N. Strasser), Köln 1923
Dostojewski und Nietzsche, Philosophie der Tragödie (aus dem Russischen übersetzt von R. von Walter), Köln 1924

Scheuer, O. F., Friedrich Nietzsche als Student, Bonn 1923

Schlechta, Karl, Der Fall Nietzsche, München 1959[2]

Nietzsches Großer Mittag, Frankfurt/M. 1954

mit Anni Anders, Friedrich Nietzsche. Von den verborgenen Anfängen seines Philosophierens, Stuttgart-Bad Cannstadt 1962

Schulze, F., Der junge Nietzsche in den Jahren 1865–1869, Leipzig 1941

Simmel, Georg, Schopenhauer und Nietzsche, Leipzig 1923[3]

Spitteler, Carl, Meine Beziehungen zu Nietzsche, München 1908

Stambaugh, Joan, Untersuchungen zum Problem der Zeit bei Nietzsche, Den Haag 1959

Nietzsche Thought of Eternal Return, Baltimore and London 1972

Steiner, Rudolf, Friedrich Nietzsche. Ein Kämpfer gegen seine Zeit, Dornach 1926

Stern, J. P., A Study of Nietzsche, Cambridge 1979

Strecker, Karl, Nietzsche und Strindberg, 1921

Stroux, Johannes, Nietzsches Professur in Basel, Jena 1925

Thatcher, David S., Nietzsche in England, 1890–1914, Toronto 1970

Ulmer, Karl, Nietzsche. Einheit und Sinn seines Werks, Bern und München 1962

Ungern-Sternberg, Isabella von, Nietzsche im Spiegelbild seiner Schrift, Leipzig 1902

Vaihinger, Hans, Nietzsche als Philosoph, Berlin 1916[4]

Valadier, Paul, Nietzsche et la critique du christianisme, Paris 1974

Vermeil, Edmund, Das Problem der Dekadenz und der Regeneration.

Goethe und Rousseau, Richard Wagner und Nietzsche, Stuttgart 1954

Verrecchia, Anacleto, La Catastrofa di Nietzsche a Torino, Torino 1978

Vogel, Martin, Nietzsches Wettkampf mit Wagner, Regensburg 1965

Apollinisch und Dionysisch, Regensburg 1966

Vollmann, Rolf, Winter-Landschaft, Tübingen 1977

Wagner, Cosima, Tagebücher, 2 Bde., München 1976 f.

Wahnes, Günther, Heinrich von Stein und sein Verhältnis zu

Richard Wagner und Friedrich Nietzsche, Jena 1926

Welte, Bernhard, Nietzsches Atheismus und das Christentum, Darmstadt 1958

Westernhagen, Curt von, Nietzsche, Juden, Antijuden, Weimar o. J. (1936)

Wilamowitz-Möllendorff, Ulrich von, Zukunftsphilologie. Eine Erwiderung auf Friedrich Nietzsches Geburt der Tragödie, Berlin 1872

Erwiderung auf die Rettungsversuche für Friedrich Nietzsches Geburt der Tragödie, Berlin 1873

Erinnerungen, Leipzig 1928

Wilcox, John, Truth and Value in Nietzsche, Ann Arbor 1974

Zahn, Leopold, Friedrich Nietzsche. Eine Lebenschronik, Düsseldorf 1950

Ziegler, Theobald, Friedrich Nietzsche, Berlin 1900